Viagem à Itália

FUNDAÇÃO EDITORA DA UNESP

Presidente do Conselho Curador
Mário Sérgio Vasconcelos

Diretor-Presidente
Jézio Hernani Bomfim Gutierre

Superintendente Administrativo e Financeiro
William de Souza Agostinho

Conselho Editorial Acadêmico
Carlos Magno Castelo Branco Fortaleza
Henrique Nunes de Oliveira
João Francisco Galera Monico
João Luís Cardoso Tápias Ceccantini
José Leonardo do Nascimento
Lourenço Chacon Jurado Filho
Paula da Cruz Landim
Rogério Rosenfeld
Rosa Maria Feiteiro Cavalari

Editores-Adjuntos
Anderson Nobara
Leandro Rodrigues

JOHANN WOLFGANG VON GOETHE

Viagem à Itália

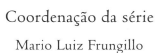

Coordenação da série
Mario Luiz Frungillo

Tradução, apresentação e notas
Wilma Patricia Maas

© 2017 Editora Unesp

Título original: *Italienische Reise*

Direitos de publicação reservados à:

Fundação Editora da Unesp (FEU)
Praça da Sé, 108
01001-900 – São Paulo – SP
Tel.: (0xx11) 3242-7171
Fax: (0xx11) 3242-7172
www.editoraunesp.com.br
www.livrariaunesp.com.br
feu@editora.unesp.br

Dados Internacionais de Catalogação na Publicação (CIP)
Vagner Rodolfo CRB-8/9410

G593v
Goethe, Johann Wolfgang Von
  Viagem à Itália / Johann Wolfgang Von Goethe; coordenação Mario Luiz Frungillo; tradução Wilma Patricia Maas. – São Paulo: Editora Unesp, 2017.

  Tradução de: *Italienische Reise*
  ISBN: 978-85-393-0697-8

  1. Literatura alemã. 2. Crítica. 3. Interpretação. 4. Itália. 5. Goethe, Johann Wolfgang Von, 1749-1832. I. Frungillo, Mario Luiz. II. Maas, Wilma Patricia. III. Título.

2017-497   CDD 830
                                           CDU 821.112.2

Editora afiliada:

Johann Wolfgang von Goethe não deve sua fama como gênio universal apenas à sua obra literária. Homem de múltiplos talentos e interesses, dedicou-se também à reflexão sobre a literatura e as artes e a estudos e pesquisas no campo das ciências da natureza. Mas, se sua obra literária é bastante divulgada e conhecida, as obras não literárias, de importância fundamental para quem queira conhecer o autor e sua época mais a fundo, ainda são de conhecimento restrito aos especialistas.

O objetivo desta coleção é oferecer ao leitor brasileiro um acesso tão amplo quanto possível à variedade de sua obra não literária. Ela foi planejada em três grandes seções, tendo como abertura as *Conversações com Goethe* de Johann Peter Eckermann. A primeira seção reunirá as principais obras de caráter autobiográfico e os relatos de viagem, a segunda será dedicada aos escritos de estética, e a terceira, às suas incursões no campo das ciências da natureza.

Sumário

Prefácio . *11*

De Karlsbad ao Brenner . *21*

Do Brenner a Verona . *37*

De Verona a Veneza . *55*

Veneza . *81*

De Ferrara a Roma . *119*

Roma . *147*

Nápoles . *207*

Sicília . *257*

Nápoles . *355*
   A Herder . *355*

Segunda temporada romana – De junho de 1787 a abril de 1788 . *383*
   Junho – Correspondência . *383*
   Nota . *389*
   Tischbein a Goethe . *389*

Johann Wolfgang von Goethe

Adendo Tapeçaria papal . *395*

Julho – Correspondência . *399*

Em retrospecto – Julho . *411*

Observações impertinentes sobre a natureza . *412*

Agosto – Correspondência . *418*

Em retrospecto – Agosto . *427*

Setembro – Correspondência . *431*

Em retrospecto – Setembro . *441*

Outubro – Correspondência . *451*

Em retrospecto – Outubro . *462*

Novembro – Correspondência . *471*

Em retrospecto – Novembro . *475*

Dezembro – Correspondência . *484*

Em retrospecto – Dezembro . *489*

Moritz como etimologista . *500*

Filipe Néri, o santo humorista . *502*

Memorando de Filipe Néri ao papa Clemente VIII . *513*

Resolução de próprio punho do papa, a respeito do memorando . *514*

Janeiro – Correspondência . *514*

Em retrospecto – Janeiro . *517*

Admissão na Sociedade da Arcádia . *518*

Carnaval romano . *524*

    O Corso . *525*

    Passeio no Corso . *526*

    Clima e vestes sacerdotais . *527*

    Início . *527*

    Preparativos para os últimos dias . *527*

    Sinal da plena liberdade carnavalesca . *529*

    Vigilância . *530*

    Fantasias . *530*

    Coches . *534*

    A massa humana . *536*

    O cortejo do governador e do senador . *537*

    O mundo elegante no Palácio Ruspoli . *538*

Confetes . 539

Diálogo na extremidade superior do Corso . 541

O rei dos Polichinelos . 542

Ruas laterais . 542

À noite . 543

Preparativos para a corrida de cavalos . 544

O ponto de partida . 545

Suspensão da ordem . 546

Noite . 547

Teatro . 548

Festina . 548

A dança . 549

Manhã . 549

O último dia . 550

Moccoli . 550

Quarta-Feira de Cinzas . 552

Fevereiro – Correspondência . 554

Em retrospecto – Fevereiro . 558

Março – Correspondência . 562

Em retrospecto – Março . 571

Abril – Correspondência . 580

Em retrospecto – Abril . 581

Prefácio

Wilma Patricia Maas

Goethe esteve na Itália entre setembro de 1786 e abril de 1788. A infinidade de assuntos dos quais se ocupou ao longo dessa permanência reflete os múltiplos interesses do autor, ao mesmo tempo em que confere ao texto seu caráter enciclopédico. Mas é preciso determo-nos aqui no sentido do termo "enciclopédico". Assim como Friedrich Schlegel, cerca de dez anos mais tarde, enfatizará o caráter "universal e progressivo" da obra de arte, sua abrangência épica e sua natureza fragmentária, o Goethe "clássico" proverá o texto da temporada italiana de uma dicção variada e ao mesmo tempo autoral, inserindo ali observações que bem podem ter sido colhidas no calor da hora, ao lado de longos trechos extraídos de obras de outros viajantes que o precederam, além de reproduzir sua correspondência e alguns textos de terceiros, como o pintor Tischbein e Karl Philipp Moritz, ambos companheiros de jornada.

Viagem à Itália não é apenas o relato fiel de uma experiência em um país estrangeiro, mas também um texto extremamente pessoal, que ultrapassa o registro autobiográfico. As idiossincrasias, anseios e obsessões do homem de 37 anos emergem sob o texto, desestabilizando a dicção clássica encontrada por aqueles que desejam ver na obra o ponto de passagem, o momento em que o artista amadurece por completo para prover a Alemanha de seu Classicismo. É certo que foi na Itália que Goethe teve a primeira experiência com a Antiguidade. O Anfiteatro de Verona é "o primeiro monumento significativo da Antiguidade" que seus olhos contemplam e marca também o começo da permanente perplexidade e espanto do "cimério" nas terras italianas. O anfiteatro, contemplado vazio, faz o observador perder a "medida de quão extraordinariamente grande é o todo, [...] não se tem a medida, não se sabe se o anfiteatro é grande ou pequeno". Muitas vezes Goethe reconhecerá que aquilo que vê vai além de sua capacidade de verbalização. Seja o espanto causado pelas enormes massas arquitetônicas, seja a alegria de se ver em meio à rica vegetação da Sicília, onde Goethe terá por fim a intuição da planta primordial [*Urpflanze*]; todos esses momentos estão marcados pelo reconhecimento da incapacidade de expressão diante dos fenômenos da natureza e dos colossais empreendimentos da indústria humana. Goethe chegará a dizer que, perante a arte, toda palavra é inútil e inócua. Decorre daí que o texto da experiência italiana aponte muitas vezes para a questão do sublime na arte e na natureza, como uma experiência que corresponde a um abalo.

Viagem à Itália é também o texto no qual Mikhail Bakhtin identificou a "especial aptidão de Goethe para ver o tempo no espaço". Trata-se, na definição de Bakhtin, de uma percepção para a "coexistência dos tempos em um único ponto no espaço", que se manifesta claramente em Roma, "o grande cronotopo da história humana". Utilizando-se de uma afirmação de Goethe em 7 de novembro de 1786, logo à chegada a Roma, na qual este confessa que "a tarefa de fazer emergir a velha Roma a partir da nova" é "triste e amarga", porém necessária, Bakhtin revela a noção de tempo histórico em Goethe. Na literatura mundial, diz Bakhtin, Goethe atinge

> [...] um dos ápices da visão do tempo histórico. [...] A simples contiguidade espacial dos fenômenos era profundamente estranha a Goethe; ele costumava preenchê-la, penetrá-la com o *tempo*, descobria nela o processo de formação, de desenvolvimento, distribuía as coisas que se encontravam juntas no *espaço* segundo os elos temporais, segundo as épocas de geração. Para ele, o contemporâneo, tanto na natureza como na vida humana, se manifesta como uma diacronia essencial: ou como remanescentes ou relíquias de diversos graus de evolução e das formações do passado, ou então como germes de um futuro mais ou menos remoto.[1]

---

1 Bakhtin, *Estética da criação verbal*, p.244-6.

Também em Reinhard Koselleck, outro leitor de Goethe, encontramos a mesma noção de tempo histórico. A percepção do tempo histórico se dá, segundo Koselleck em *Futuro passado*, "quando se evoca na memória a presença, lado a lado, de prédios em ruínas e construções recentes, vislumbrando assim a notável transformação de estilo que empresta uma profunda dimensão temporal a uma simples fileira de casas". Também quando se observa "o diferente ritmo dos processos de modernização sofrido por diversos meios de transporte, que, do trenó ao avião, se mesclam, superpõem-se e assimilam-se uns aos outros". "[...] A sucessão de gerações dentro da própria família, assim como no mundo do trabalho", são lugares privilegiados para a *apreensão do tempo histórico*, uma vez que são lugares "nos quais se dá a *justaposição de diferentes espaços da experiência e o entrelaçamento de distintas perspectivas de futuro, ao lado de conflitos ainda em germe*".[2]

No que diz respeito à trajetória de Goethe como artista, *Viagem à Itália* pode ser entendido como a narração da experiência da falha. Muitas vezes o texto deixa claro que o viajante pretendia para si a experiência da formação como pintor. Primeiro Tischbein, depois Hackert, Kniep e Reiffenstein revezam-se como companheiros de jornada e mestres de desenho e pintura; dentre as muitas promessas que Goethe faz a seus "queridos" que deixou em Weimar está a de levar consigo esboços do próprio punho. No entanto, a partir da segunda temporada romana, são mais frequentes no texto as alusões a um progressivo afastamento, em direção ao reconhecimento final da falta de talento. O afastamento da pintura acontece simultaneamente à retomada dos textos para teatro, sendo que três deles — *Ifigênia*, *Claudine de Villabella* e *Erwin e Elmira* — são terminados na Itália. Sete anos mais tarde, em Weimar, Goethe narrará o percurso do jovem Wilhelm Meister no segundo romance[3] da trilogia. Ali, assim como a Goethe faltara o talento, a despeito da mais autêntica disposição para o aprendizado, também a Meister faltará a maestria.

---

2 Koselleck, *Futuro passado*, p.13-4, grifo meu.

3 A trilogia compõe-se de *Wilhelm Meisters teatralische Sendung* [Missão teatral de Wilhelm Meister], *Os anos de aprendizado de Wilhelm Meister* e *Wilhelm Meisters Wanderjahre* [Os anos de peregrinação de Wilhelm Meister].

Em fevereiro de 1788, poucas semanas antes de sua partida, Goethe comporá o ensaio sobre o Carnaval romano, "essa festa da liberdade e da licenciosidade universal, essa Saturnal moderna". A descrição, que contém já o germe das mascaradas do segundo *Fausto* e mesmo da noite de Walpurgis da primeira parte da tragédia, tem no fenômeno da multidão, até então estranha a Goethe, seu fio condutor. O aperto nas ruas, a licenciosidade e a abolição temporária dos limites entre as classes populares e a aristocracia são descritos com a vivacidade de quem experimentou o processo. Em Roma, onde "tantas cenas do cotidiano [são] passadas sob o límpido e alegre céu ao longo do ano todo", onde "nenhum morto é levado ao túmulo sem os ornamentos da irmandade a que pertence", não parecerá estranho ver uma multidão fantasiada ao ar livre, dirá Goethe.

> Da mesma forma, os trajes costumeiros de todos os estamentos da sociedade podem servir como fantasias. Empregados de estábulo vêm, munidos de suas grandes escovas, esfregar as costas de quem bem lhes aprouver. Cocheiros oferecem seus serviços com sua costumeira impertinência. [...] A distinção entre as camadas mais elevadas e as mais baixas parece anulada por um instante. Todos se aproximam de todos, cada um agarra, com facilidade, aquilo que vem a seu encontro, e a ousadia e a liberdade se alternam uma à outra, sendo equilibradas por um bom humor geral. (Goethe, HA, 2002, p.493)[4]

O delírio carnavalesco antecede em poucas semanas a melancolia da partida. Se, no começo da narrativa, Goethe confessara seu doloroso desejo pela Itália, sua doença, "da qual poderia ser curado apenas pela visão e pela presença", seus últimos dias em Roma são agora os dias de um exilado. Como o poeta Ovídio, Goethe entrega-se à tristeza de sua última noite em Roma, certo de que não a terá mais sob os olhos:

> Nesse estado de espírito, como não evocar na memória Ovídio, o qual, banido, assim como eu, teve de deixar Roma em uma noite de luar. Eu não conseguia tirar da cabeça seu poema "Cum repeto noctem", composto junto

---

4 HA (Edição de Hamburgo).

ao Mar Negro, em um estado de tristeza e lamentação. Consegui então evocar parte do poema na memória, palavra por palavra, mas o efeito disso foi frustrar e impedir o surgimento de uma composição própria, que, mais tarde retomada, nunca pôde chegar a bom termo.

> *Quando me vem à mente a tristíssima imagem daquela noite,*
> *A última para mim na cidade de Roma,*
> *Relembro a noite quando perdi tudo que amava*
> *E uma lágrima cai-me dos olhos.*

> *...*
> *Aquietavam-se as vozes dos homens e dos cães,*
> *Luna altiva guiava sua carruagem noturna*
> *Elevei o olhar e vi o Capitólio,*
> *Tão próximo de nosso lares, inutilmente.*

Falha, banimento e melancolia. É assim que o relato da ansiada viagem à Itália, realizada sob anonimato e sob o risco de perder a amizade do duque de Weimar e de amigos como Herder e Charlotte von Stein, demarca o amadurecimento intelectual do artista, antes pela renúncia e resignação do que pelo triunfo:

> Já sou velho demais para fazer alguma outra coisa que não seja obra de amador. [...] Acontece com o desejo artístico o mesmo que com a sorte e a sabedoria: suas imagens primordiais dançam a nossa frente, mas só conseguimos tocar de leve as fímbrias de suas vestes.

Também no plano pessoal um enternecido Goethe dirá que sua partida

comoverá profundamente três pessoas. Elas nunca mais encontrarão em outro o que tiveram de mim. Também as deixo dolorosamente. Em Roma, encontrei primeiramente a mim mesmo. Ao entrar em harmonia comigo, tornei-me feliz e racional. Foi esse homem que esses três amigos conheceram, possuíram e desfrutaram, em diferentes sentidos e graus.

Johann Wolfgang von Goethe

Uma segunda viagem à Itália ocorrerá em março de 1790. Encarregado de encontrar a duquesa mãe Anna Amalia em Veneza, Goethe deixa-se ficar por algumas semanas, ocupando-se principalmente da visita detalhada às coleções de arte. No entanto, a segunda experiência italiana está muito longe de ter o mesmo peso e encanto da primeira. Empreendida algo a contragosto, uma vez que Goethe teve de se afastar de sua mulher Christiane Vulpius e do filho, August, nascido havia pouco mais de três meses, a segunda experiência italiana pode ser resumida pelas palavras de Goethe em uma carta enviada de Veneza, em 3 de abril de 1790, ao duque de Weimar, seu amigo pessoal e mecenas: a viagem, que certamente lhe "fará bem ao corpo e à alma", desfere ao mesmo tempo um "golpe mortal" ao amor de Goethe pela Itália. "Não que seja de todo modo uma experiência ruim, como poderia sê-lo? Mas o primeiro despontar da inclinação e da curiosidade não existe mais." E mais tarde, um dos *Epigramas venezianos*, em boa parte compostos durante essa viagem, termina assim: "Esta não é mais a Itália que deixei imerso em dor".[5]

---

5 MA (Edição de Munique, v.3.2, p.85).

Goethe tomado por espião no lago de Garda, de Hermann Junker.

Eu também na Arcádia!

De Karlsbad ao Brenner[1]

3 de setembro de 1786

Logo cedo, às 3 horas, escapei sorrateiramente de Karlsbad, pois de outro modo não me deixariam partir. Meus amigos, que tão amavelmente desejaram comemorar o dia 28 de agosto, meu aniversário, pensavam ter adquirido assim também o direito de me deter ao pé de si, porém eu não podia esperar mais. Meti-me em um coche expresso, completamente só, tendo por bagagem apenas um alforje e uma mochila de pele de texugo. Cheguei às 7h30 a Zwota, em uma bela e tranquila manhã de nevoeiro. As nuvens superiores, alongadas e lanosas, e as inferiores, pesadas, pareceram-me um bom presságio. Esperava desfrutar de um outono ameno, depois de um verão terrível. Alcancei Eger às 11 horas, sob sol quente; lembrei-me então de que essa cidade tinha a mesma latitude que minha terra natal e alegrei-me por poder almoçar sob um céu claro, na altura do paralelo 50. Na Baviera, deparei-me imediatamente com o mosteiro de Waldsassen — bela propriedade dos clérigos, que se mostraram espertos em adquiri-la antes de qualquer um. A construção se encontra em uma depressão em forma de prato, ou melhor, em forma de bacia, em um belo vale rodeado por colinas suaves e frutíferas. O mosteiro possui ainda outras propriedades mais à

---

[1] Este capítulo tem por base o "Diário de viagem para a sra. Von Stein", primeira parte.

frente. O solo é de xisto argiloso decomposto. O quartzo que se encontra nesse tipo de rochas não se desfaz nem sofre erosão, tornando o solo ainda mais macio e fértil. Até Tirschenreuth o terreno continua subindo. As águas correm ao encontro do Egger e do Elba. A partir de Tirschenreuth o terreno desce em direção ao sul, e as águas seguem em direção ao Danúbio. Concebo mais rapidamente o caráter de uma região se consigo investigar o curso de suas correntes, mesmo da menos copiosa, determinando a que baía fluvial pertencem. Mesmo em regiões das quais não se pode ter uma visão geral, é possível reconhecer, em um esquema mental, as relações entre as montanhas e os vales. Pouco antes de Tirschenreuth, começa a excelente estrada de granito arenoso. Não se pode imaginar nenhuma outra mais perfeita. Isso se dá porque ali o granito é composto por sílica e terra argilosa, de modo que se tem tanto um solo firme quanto uma boa liga, o que deixa a trilha lisa como se fosse pavimentada, o que é muito desejável, uma vez que a região pela qual a estrada se estende é rasa e pantanosa. Assim que o caminho começa a descer, pode-se prosseguir de modo extremamente rápido, um agradável contraste depois da lentidão durante a viagem pela Boêmia. Em uma folha anexa encontram-se os nomes das estações percorridas. Pois bem, na manhã seguinte, às 10 horas, encontrava-me em Regensburg, tendo portanto percorrido 24,5 milhas em 31 horas. O dia começava a clarear e eu estava entre Schwandorf e Regenstauf, quando notei que o solo começava a melhorar. Não era mais o solo constituído por erosão da região montanhosa, mas sim um solo misto de aluvião. Em tempos imemoriais, as enchentes do Danúbio devem ter ultrapassado o rio Regen, invadindo todos os vales que hoje desembocam suas águas naquela bacia, de modo que se formaram então esses pôlderes naturais sobre os quais se estende hoje o solo cultivado. Essa observação vale para as cercanias de todos os rios, grandes e pequenos, de modo que, de posse desse raciocínio, o observador pode chegar rapidamente a uma conclusão sobre os tipos de solo apropriados à cultura.

Regensburg tem uma belíssima localização, que não poderia deixar de atrair a construção de uma cidade. Foi assim que pensaram também os clérigos. Todo o campo ao redor lhes pertence e na cidade há igrejas e mosteiros um após o outro. O Danúbio me lembra o velho rio Main. Em Frankfurt, o rio e a ponte são mais belos do que aqui. Porém, o pequeno povoado conhecido como Stadtamhof ajuda a compor um belo quadro. Logo fui recebido no Colégio dos Jesuítas, onde os estudantes apresentavam o espetáculo anual. Vi o fim da ópera e o começo do drama apresentado. Eles não deixavam nada a dever a uma trupe de amadores corriqueira e, além disso, estavam belamente vestidos, quase se podia dizer que de maneira suntuosa. Essa apresentação pública convenceu-me, mais uma vez, da inteligência dos jesuítas. Eles não desprezam nada que possa produzir algum efeito e sabem cuidar disso com amor e atenção. Não se trata aqui de inteligência *in abstracto*, como se costuma pensar, mas sim de uma alegria, um contentamento com a própria coisa, um prazer gozado individual e coletivamente, como o prazer que resulta dos hábitos e costumes que cultivamos na vida. Dentre os homens que pertencem a essa grande sociedade religiosa há construtores de órgãos, gravadores e douradores. Com certeza deve haver também alguns deles que se dedicam ao teatro, com conhecimento e talento. Do mesmo modo que decoram suas igrejas com suntuosidade capaz de agradar, esses homens sábios conseguem comunicar a sensualidade mundana por meio de um teatro pio.

Hoje escrevo sob o paralelo 49, localização bastante agradável. A manhã foi fria, e também aqui as pessoas se queixam da umidade e do frio do verão. O dia, entretanto, tornou-se claro e tépido. O ar ameno trazido por um grande rio é algo realmente único. As frutas não são lá tão especiais. Já provei boas peras, mas continuo buscando uvas e figos.

Os costumes e modo de ser dos jesuítas continuam a chamar minha atenção. Igrejas, torres, edifícios, tudo tem algo de grandioso e perfeito em sua construção, que incute respeito e temor nos homens. Na decoração amontoam-se ouro, prata, metais e pedras preciosas, pompa e riqueza capazes de cegar os mendigos provenientes de todos os estamentos. Não falta mesmo um pouco de mau gosto para atrair e reconciliar a humanidade. Consiste nisso, acima de tudo, a genialidade do culto católico. Ninguém melhor do que os jesuítas para conduzi-lo com inteligência, habilidade e bons resultados. Tudo se conjuga da melhor maneira para que eles, ao contrário de outras ordens religiosas, restaurem a crença velha e exaurida por meio de luxo e pompa, de acordo com o espírito de época.

Aqui se usa nas construções uma pedra singular, com brilho parecido ao de uma rocha permiana, mas que de fato deve ser considerada mais antiga, autóctone e primeva, semelhante ao pórfiro. É esverdeada, misturada ao quartzo, porosa, com grandes manchas de jaspe do mais sólido por dentro, nas quais se mostram pequenas manchas redondas de mármore tipo *breccia*. Um pequeno fragmento bastou para me instruir e aguçar meu apetite. A pedra, no entanto, era muito pesada, sendo que eu jurei não me arrastar por aí carregado de pedras, nesta viagem.

Munique, 6 de setembro

Parti de Regensburg no dia 5 de setembro às 12h30. Em Abach há uma bela região, onde o Danúbio quebra de encontro às rochas calcárias, até Saale. É o mesmo calcário que se encontra em Osterode am Harz, denso, mas cheio de poros. Às 6 horas estava em Munique, e, depois de doze horas de andanças, quero fazer apenas umas poucas anotações. Não me senti em casa na galeria de pintura.[2] É preciso antes acostumar meus olhos aos quadros. Há ali coisas preciosas. Os esboços de Rubens, na Galeria de Luxemburgo, causaram-me grande satisfação.

Aqui se encontra também aquela obra tão distinta, um modelo da coluna de Trajano. O fundo é lápis-lazúli e as figuras, douradas. É sempre um belo trabalho, que se contempla com prazer.

No Salão da Antiguidade Clássica pude claramente perceber que meus olhos não estão exercitados na contemplação desses objetos, de modo que não quis me deter no local e perder tempo. Muito do que está ali não me disse nada, sem que eu soubesse dizer por quê. Um Druso chamou-me a atenção, dois Antoninos agradaram-me, assim como mais uma ou outra coisa. No todo, os objetos não se encontram dispostos de maneira feliz, seria desejável um pouco de arrumação, de modo que o salão, ou antes,

---

2 A Bildergalerie encontrava-se então na ala norte do Hofgarten. Os mencionados desenhos de Rubens são esboços para a sequência de pinturas encomendada em 1622 para o novo Palácio de Luxemburgo por Maria de Médici, viúva do rei Henrique IV da França. Atualmente estão na Alte Pinakothek de Munique. A sequência de pinturas encontra-se no Louvre.

Viagem à Itália

o porão adquirisse melhor aparência. Sente-se falta de mais limpeza e cuidados. No gabinete de Ciências Naturais deparei-me com belas peças originais da região do Tirol, que eu já conhecia ou já possuía um pequeno exemplar.

Veio ao meu encontro uma mulher trazendo figos, de sabor delicioso, por serem os primeiros. Mas a fruta não cai tão bem aqui no paralelo 48. Os habitantes do local queixam-se do frio e da umidade. Ao chegar a Munique hoje cedo, fui recebido por uma névoa que bem poderia significar chuva. Durante o dia todo soprou um vento muito frio vindo das montanhas do Tirol. A vista que se tem dali a partir da torre mostra-se fechada, o céu coberto de nuvens. Apenas ao pôr do sol brilhou um raio sobre a velha torre diante de minha janela. Perdoem-me se dedico tanta atenção aos assuntos meteorológicos: aquele que viaja por terra depende das condições do tempo quase tanto quanto o viajante marítimo, e seria uma grande maçada se meu outono em terras estrangeiras fosse tão pouco ameno quanto o verão na terra natal.

Chego neste momento a Innsbruck. O que não tive de deixar para trás, para seguir um certo desejo que já quase envelheceu em minha alma!

Mittenwald, 7 de setembro, à noite

Parece que meu anjo da guarda disse amém a minhas preces. Eu o agradeço por ter me conduzido até aqui em um dia tão bonito. O último cocheiro foi quem disse com um tom animado e prazeroso na voz: é o primeiro dia assim de todo o verão. De minha parte, tenho como nutrir minha crença de que tudo continue dessa forma. Perdoem-me os amigos se a conversa ainda é sobre o ar e as nuvens.

Quando deixei Munique, às 5 horas, o céu se abriu. Na direção das montanhas tirolesas, as nuvens ainda se acumulavam em um maciço e as camadas das regiões mais baixas não se moviam. A estrada subia agora, era possível ver o rio Isar seguindo seu curso para baixo, por sobre colinas de cascalho de aluvião. Aqui podemos entender o trabalho das correntes do mar primordial. Em muitas camadas de granito reconheci amostras semelhantes às que tenho em meu gabinete, pelas quais sou grato a Knebeln.

A névoa que subia do rio e dos prados concentrou-se ainda por um momento, desfazendo-se por fim. Por entre as colinas de cascalho, que perduram por longo trecho, encontra-se um solo extremamente fértil, como no vale do rio Regen. O caminho retorna agora ao Isar, pode-se ver o ponto onde a colina de cascalho termina em um declive de cerca de 150 pés de altura. Cheguei a Wolfsrathhausen, alcançando o paralelo 48. O sol queimava forte, mas ninguém confiava no tempo bom que fazia. Os habitantes lamentavam-se a respeito do mau tempo do ano anterior e queixavam-se de que o bom Deus não queria de modo algum tomar as providências para trazer tempo mais ameno.

Abria-se agora à minha frente um novo mundo. Eu me aproximava das montanhas, que se tornavam cada vez mais nítidas. Benediktbeuern tem uma localização muito aprazível e surpreende à primeira vista. Sobre um prado fértil ergue-se um edifício branco alto e amplo, secundado por uma costa escarpada larga e elevada. A estrada segue para o lago Kochel. Um pouco mais acima, em direção às montanhas, chega-se a Walchensee. Aqui eu saúdo os primeiros picos cobertos de neve e, surpreendido por me encontrar já tão perto deles, fico sabendo que ontem houve trovões e raios aqui na região, tendo até nevado nas montanhas. Essas precipitações fazem a gente do lugar ter esperança de um tempo mais ameno e de que as primeiras neves tragam uma alteração da atmosfera. As rochas que me rodeiam são todas calcárias, oriundas das formações mais antigas, que não contêm fósseis. Essas montanhas calcárias seguem em linhas surpreendentemente contínuas da Dalmácia até São Gotardo e mais adiante. Hacquet[3] percorreu grande parte dessa cadeia. Elas se inclinam na direção das cadeias mais antigas, ricas em quartzo e argila.

Cheguei ao lago Walch às 16h30. Encontrava-me ali há cerca de uma hora quando uma bela aventura se deu: um harpista[4] e sua filha, uma menina de seus 11 anos, aproximaram-se e pediram-me que levasse a menina

---

3 Belsazar de La Motte Hacquet (1739-1815), médico e naturalista austríaco de origem francesa. Goethe se refere a sua obra *Physikalische-politische Reise auf die dinarischen, Julischen, Kärtner, Rätischen und Norischen Alpen, gemacht in den Jahren 1781-1783* [Viagem científico-política aos Alpes dináricos, julianos, de Caríntia, réticos e nóricos, nos anos de 1781 a 1783].

4 Esse encontro servirá de inspiração para a criação das personagens de Mignon e o Harpista, no romance *Os anos de aprendizado de Wihelm Meister* (1795-6).

comigo no carro. Ele continuaria a pé, levando o instrumento. Deixei-a sentar-se a meu lado quando ela cuidadosamente depositou uma caixa grande e nova a seus pés. Era uma bela menina de boa compleição, que já vira boa parte do mundo. Fizera com a mãe a peregrinação até Maria-Einsiedel e estavam planejando fazer a longa viagem até Santiago de Compostela quando a mãe faleceu e não pôde cumprir seu voto. Nunca é demasiado o que se fez em honra da mãe de Deus, dizia ela. Depois de um grande incêndio, no qual ela vira sucumbir ao fogo uma casa inteira, até a última parede, vira também, sobre uma das portas, atrás de uma vidraça, a imagem da mãe de Deus, imagem e vidraça incólumes, o que seria um milagre evidente. Toda a viagem deles fora cumprida a pé. Por fim, em Munique, exibiram sua música ao príncipe eleitor e 21 convidados da corte. Ela soube me entreter com sua conversa. Tinha belos e grandes olhos castanhos, e uma testa voluntariosa, que às vezes franzia um pouco. Quando falava, soava agradável e natural, especialmente quando ria de modo infantil. Ao contrário, quando se calava, parecia querer dizer algo importante, dando uma expressão dramática ao rosto com um movimento do lábio superior. Palestramos bastante ao longo do caminho; ela se mostrava desinibida e observava os objetos com atenção. Perguntou-me em determinado momento que árvore era aquela. Tratava-se de um belo e alto bordo, o primeiro com o qual eu me deparara ao longo de toda a viagem. Ela logo aprendeu as características da árvore e alegrou-se com o fato de poder distingui-la das outras, pois vimos ainda muitas delas ao longo do caminho. Estava a caminho da feira em Bolzano, dizia, para onde também eu me dirigia, acreditava ela. Se me encontrasse lá, eu deveria comprar-lhe uma prenda, o que também lhe prometi.

Quando estivesse na feira, usaria sua touca nova, que mandara fazer em Munique com o que recebera em pagamento. Ela então abriu a caixa e eu não pude deixar de compartilhar de sua alegria ao ver um adorno de cabeça ricamente bordado e finamente adornado de fitas. Compartilhamos ainda mais uma pequena alegria. Ela afirmava que faria tempo bom. Trazia consigo seu barômetro, que não era outra coisa senão sua harpa. Quando o soprano soava afinado, era sinal de tempo bom, e isso acontecera hoje. Aceitei o bom presságio e nos despedimos na melhor das disposições, na esperança de um breve reencontro.

Johann Wolfgang von Goethe

No Brenner, 8 de setembro, à noite

Cheguei finalmente. Pode-se dizer que fui mesmo levado a esse lugar de repouso, um sítio tranquilo, de acordo com meus desejos. Este foi um dia a ser guardado na memória por anos a fio. Deixei Mittenwald às 6 horas, um vento fino limpara completamente o céu claro. Fazia frio, um frio como só se pode ter em fevereiro. Porém, sob o brilho do sol nascente, os arredores cobertos de pinheiros ladeando as rochas calcárias de cor cinza, tendo ao fundo os altos picos nevados sob um céu azul profundo, compunham um quadro belo e variado.

Em Scharnitz chega-se ao Tirol. A fronteira é fechada por uma parede de rocha que se liga às montanhas. É uma visão interessante. De um lado, a rocha é fortificada; do outro, sobe em linha vertical até as alturas. A partir de Seefeld o caminho fica mais interessante, e quando, depois de Benedikt-beuern, começa a subir cada vez mais e todos os cursos de água buscam o Isar, avista-se lá embaixo o vale do Inn com Inzlingen à nossa frente. O sol ia alto e fazia calor, tive de livrar-me de algumas peças de roupa, que troco várias vezes ao longo do dia conforme as mudanças atmosféricas.

Em Zirl, começa-se a descer para o vale. O vapor solar torna magnífico esse lugar, por si só já indescritivelmente belo. O cocheiro apressava-se mais do que eu gostaria: não ouvira ainda missa, queria ouvi-la em Innsbruck, aquele era o dia da Virgem Maria, que despertava ainda maior devoção. Descíamos portanto, a toda pressa, em direção ao Inn, passando pela Muralha de Martinho, uma formação calcária formidavelmente íngreme. No ponto onde dizem que o imperador Maximiliano se perdeu[5] teria eu mesmo ousado aventurar-me, sem um anjo da guarda, ainda que se tratasse de empresa traiçoeira.

Innsbruck está magnificamente disposta em um vale amplo e rico, por entre altas rochas e montanhas. De início pensei em ficar ali, mas não havia como preservar meu sossego. Em pouco tempo o filho do hospedeiro, um

---

5 A aventura junto à Muralha de São Martinho no Tirol é um dos episódios mais recorrentes no anedotário da vida do imperador Maximiliano (1459-1519), desde o século XVI.

Viagem à Itália

Söller[6] em carne e osso, deu-me nos nervos. Parece que continuo encontrando na vida real os personagens que criei. Tudo estava arranjado para a comemoração do dia consagrado ao nascimento da Virgem Maria. Aos bandos, chegava gente de aparência saudável e próspera. Peregrinavam até Wilten, um lugar de culto, a um quarto de hora da cidade em direção às montanhas. Às duas, quando também meu coche atravessou a multidão animada e colorida, tudo corria da melhor maneira.

A partir de Innsbruck tudo fica ainda mais bonito e as descrições são insuficientes. Pela estrada, em ótimas condições, escala-se um desfiladeiro que faz confluir a água para o rio Inn, uma passagem que oferece aos olhos incontável diversidade. Quando o caminho passa a contornar a rocha íngreme, pode-se dizer que, penetrando nela, descortina-se à frente o outro lado, cujo relevo é suavemente inclinado, de modo que o solo aí pode ser cultivado. Veem-se aldeias, casas, casinholas e cabanas, tudo pintado de branco, por entre campos e sebes sobre a superfície inclinada e ampla. Logo tudo muda de aparência. A área habitada e cultivada torna-se prado até se perder em uma inclinação íngreme. Ali foi possível conquistar muita coisa para minha concepção cosmológica, ainda que nada fosse completamente novo e inesperado. Também sonhei muito com o modelo, de que falo há tanto tempo, por meio do qual anseio tornar visível o que vai por meu interior e que não sou capaz de oferecer aos olhos de outrem em meio à natureza.

Escurecia cada vez mais, não se viam os objetos com nitidez, os maciços tornavam-se pouco a pouco maiores e mais formidáveis, até que tudo passou a se mover a minha frente como uma imagem misteriosa, quando me deparei com altos cumes de neve iluminados pela lua. Desejei então que a luz da manhã iluminasse esse abismo no qual me encontrava premido, precisamente na fronteira entre o Sul e o Norte.

Acrescento ainda algumas observações meteorológicas, que talvez me sejam tão caras justamente porque lhes dedico tanta consideração. Nos sítios planos experimenta-se o bom e o mau tempo quando já estão formados, ao passo que nas montanhas presencia-se seu surgimento. Isso tem ocorrido com muita frequência em viagens e passeios, durante os dias e

---

6 Personagem da comédia de Goethe *Die Mitschuldigen* [Os cúmplices], de 1768.

Johann Wolfgang von Goethe

noites de caça nos bosques circundados de montanhas, nos penhascos nos quais passo as noites, portanto se tornou uma pequena obsessão, que não posso tomar por outra coisa, mas da qual também não consigo me livrar, uma vez que não se logra justamente se livrar de uma obsessão. Eu vejo os fenômenos por toda parte, como se fosse uma verdade, de modo que quero declará-la, testando assim, mais uma vez, a benevolência de meus amigos.

Quer contemplemos as montanhas de perto ou de longe, quer vejamos seus cumes brilharem ao sol, quer cobertos de neblina, bafejados pelas nuvens de tempestade, açoitados pela chuva ou cobertos de neve, tudo isso atribuímos à atmosfera, cujos movimentos conseguimos ver e compreender muito bem. As montanhas, no entanto, apresentam-se imóveis aos nossos sentidos externos. Consideramo-las mortas porque são sólidas, acreditamo-las inativas porque repousam. Já há muito tempo não consigo deixar de atribuir as alterações que se deixam perceber na atmosfera em grande parte a um efeito interior, silencioso e secreto dessas mesmas montanhas. Acredito que a massa da terra, especialmente seus sólidos e formidáveis fundamentos, exercem uma força de atração que não é contínua nem regular. Trata-se de uma força de atração que se dá de modo pulsante, que aumenta ou diminui, a partir de uma origem interna necessária, talvez também externa e contingente. Ainda que todos os outros experimentos que tentam apresentar essa oscilação sejam muito limitados e toscos, a atmosfera é suficientemente sensível para nos fazer notar aqueles efeitos silenciosos. Uma vez que essa atração diminua, logo também a diminuição da gravidade e da elasticidade do ar nos indicam a presença desse efeito. A atmosfera não consegue mais suportar a umidade que se distribui nela por força de reações químicas e mecânicas, as nuvens baixam, as chuvas se precipitam e as torrentes cobrem o solo. Mas se as montanhas aumentam sua força de gravidade, logo se restabelece a elasticidade do ar e dois fenômenos importantes ocorrem: as montanhas acumulam ao redor de si enormes massas de nuvens, mantendo-as firmes e imóveis como um segundo cume, até que as nuvens se precipitam em forma de tempestade, neblina e chuva, devido à batalha interna das forças elétricas. Então o ar elástico, agora novamente capaz de absorver e processar mais umidade, consome o restante das nuvens. Pude ver claramente uma dessas nuvens ser absorvida pelo ar: ela pairava ao redor de um cume bastante íngreme, banhada pela luz do crepúsculo. Distendia vagarosamente suas pontas. Alguns flocos se dispersaram e elevaram-se às alturas, desaparecendo depois e, com eles, também toda a massa da nuvem, gradativamente, como um tecido desmanchado por mão invisível.

Aos amigos que fizeram troça do meteorologista ambulante e suas estranhas teorias, dou-lhes talvez ainda outra oportunidade de riso por meio de novas observações. Aqui é preciso confessar que minha viagem foi de fato uma fuga, fugi sobretudo do mau tempo que tive de suportar à altura do paralelo 51, pois tinha esperança de adentrar, à altura do paralelo 48, a verdadeira Terra de Gósen.[7] Acontece que me enganei. Pois não apenas a latitude determina o clima e as precipitações atmosféricas, mas também as cadeias de montanha que cortam a terra de leste a oeste. Nelas se dão sempre grandes transformações atmosféricas, sendo que as terras mais ao norte são as que mais sofrem seus efeitos. É assim que parecem ter sido determinadas também as condições para toda a região norte neste verão por sobre a grande cadeia dos Alpes, onde me encontro agora. Aqui a chuva foi frequente nos últimos meses, sendo que os ventos do sudoeste e do sudeste conduziram a chuva para o norte. Na Itália devem ter tido tempo bom, até mesmo seco demais.

Ainda algumas palavras sobre a vegetação, que tanto depende do clima, da altura e da umidade. Também aqui não distingui diferenças extraordinárias, embora tenha aprendido um pouco. Maçãs e peras pendem aos montes no vale à frente de Innsbruck. Já os pêssegos e as uvas são trazidos da Itália, ou do sul do Tirol. Ao redor de Innsbruck cultiva-se muito o milho e o trigo sarraceno. Ao subir o Brenner vi os primeiros lárices, em Schönberg, os primeiros pinheiros. A jovem harpista teria aqui também indagado o nome das árvores?

---

7 Gósen: região do Egito em que os israelitas residiram por 215 anos, de 1728 a 1513 a.C. (Gn 45:10; 47:27). Embora não haja certeza sobre a localização exata de Gósen, esta parece ter sido na parte oriental do delta do Nilo, à entrada do Egito propriamente dito. Isso é indicado pelo fato de que José, partindo de sua moradia egípcia, encontrou-se com seu pai (que procedia de Canaã) em Gósen (Gn 46:28,29).

No que diz respeito ao reconhecimento das plantas, sinto que me apoio muito ainda em meu conhecimento escolar. Até Munique pareceu-me ter visto apenas as mais comuns. Meu hábito de viajar rapidamente, seja de dia ou de noite, decerto não favorece observações mais finas. Tenho agora aqui comigo meu exemplar de Lineu e estou completamente familiarizado com sua terminologia, mas onde encontrar tempo e sossego para a análise, a qual, se me conheço bem, nunca foi meu forte? Eu então aguço os olhos na direção do que é geral, e quando avistei a primeira genciana junto ao lago Walchen, ocorreu-me que até aqui encontrara novas plantas apenas onde havia água.

Chamou-me ainda a atenção a influência que a altitude parecia exercer sobre a vegetação. Não apenas encontrei novas plantas ali, como percebi variações no crescimento das já conhecidas. Nas regiões mais baixas, os ramos e caules eram mais fortes e robustos, com os nós mais próximos uns dos outros e folhas mais largas, ao passo que nas regiões mais altas os ramos e caules eram mais tenros e os nós mais distantes uns dos outros, de modo que entre eles se formava um grande espaço livre. Tinham também as folhas mais estreitas, em forma de lança. Pude verificar isso em uma genciana e em um salgueiro, o que me convenceu de que tal fenômeno não está relacionado à diferença entre as espécies. Observei o mesmo fenômeno em um junco no lago Walchen, mais longo e esbelto do que os juncos nas terras baixas.

Os Alpes calcários, que venho atravessando até agora, têm uma cor cinza e formas belas, estranhas e irregulares, ainda que a rocha se divida entre camadas formadas por veios e paredes. Mas por isso mesmo, porque os veios são sinuosos e a rocha se deteriora de modo irregular, é que as paredes e os cumes têm essa forma não usual. Esse tipo de formação montanhosa acompanha todo o curso do Brenner. Na região superior do lago pude notar uma alteração. Ao micaxisto verde e cinza-escuro, com grandes veios de quartzo, mistura-se calcário branco e espesso, que absorveu a mica durante a separação dos minerais e está presente em grande quantidade, ainda que bastante fragmentado. Acima dele, encontrei novamente micaxisto, que me pareceu mais macio do que o anterior. Mais adiante, encontra-se um tipo especial de gnaisse, ou, melhor dizendo, um tipo de granito semelhante ao gnaisse, como o que se encontra na região de Elbogen. Aqui em cima, em

Viagem à Itália

frente à hospedaria, a rocha é novamente micaxisto. As águas que correm das montanhas trazem apenas essa pedra e calcário cinza.

Não deve estar longe o maciço de granito na direção do qual tudo se inclina. O mapa indica que me encontro exatamente na encosta do Grande Brenner, a partir do qual as águas brotam em todas as direções.

Pude ver muito da aparência da população daqui. Trata-se de um povo destemido e altivo. Os traços e formas são parecidos entre si, olhos castanhos muito abertos e sobrancelhas negras e bem desenhadas nas mulheres. Os homens, por sua vez, as têm largas e alouradas. Usam chapéus verdes, que lhes dão um aspecto festivo, em contraste com as rochas acinzentadas da paisagem. Os chapéus são ornados com fitas ou largas franjas de tafetá graciosamente cosidas ao chapéu. Todos trazem também uma flor ou uma pena no chapéu. As mulheres, por sua vez, desfiguram-se com toucas brancas de algodão muito largas e moles, como se fossem bonés masculinos disformes. Isso lhes dá um aspecto estranho. Quando no estrangeiro, usam o chapéu masculino verde, que lhes cai melhor. Pude observar ainda o valor que a gente comum dá às penas de pavão e como toda pena colorida é cultuada por aqui. Aquele que quiser viajar por essas montanhas deveria trazer consigo uma provisão delas, que, levadas ao lugar certo, poderiam certamente substituir a gorjeta mais bem-vinda.

Enquanto separo, recolho e encaderno estas folhas de modo que possam garantir aos meus amigos em breve a rápida visão geral de meu destino até esse ponto de minha jornada, comunicando-lhes também tudo o que vivenciei e pensei até agora, tudo o que me vai pela alma, enfim, observo, com certo terror, alguns pacotes dos quais devo tomar conhecimento em breve: ainda que sejam minha companhia de viagem, não exercerão muita influência em meus próximos dias!

Levei comigo até Karlsbad o conjunto de meus escritos, a fim de organizar finalmente a edição que está sendo preparada pelo editor Göschen. Já possuía os manuscritos havia bastante tempo em belas cópias, preparadas pela mão habilidosa de Vogel.[8] Esse bravo homem acompanhara-me tam-

---

8 Christian Georg Karl Vogel (1760-1819) foi secretário de Goethe entre 1782 e 1786 e o acompanhou em viagens à França (1792) e a Karlsbad (1786).

bém dessa vez, a fim de me prestar serviço com suas habilidades. Com isso, fiquei em posição de enviar os quatro primeiros volumes ao editor, com a fiel contribuição de Herder, tencionando ainda fazer o mesmo com os quatro últimos volumes. Parte destes consistia de trabalhos apenas rascunhados, fragmentos mesmo, uma vez que meu mau hábito de iniciar muitas coisas e abandoná-las quando diminuía o interesse cresceu com o passar dos anos, as tribulações e distrações. Uma vez que trazia comigo a coisa toda, obedeci prazerosamente aos pedidos da sociedade culta de Karlsbad, lendo-lhes tudo o que ainda permanecia desconhecido do público. A cada vez a audiência queixava-se amargamente do estado inconcluso das obras que tanto teriam apreciado discutir por mais tempo.

Meu aniversário fora comemorado sobretudo por meio dos muitos poemas que recebi, em nome de meus trabalhos já iniciados mas abandonados, motivo pelo qual se queixava cada um dos remetentes. Dentre eles se distinguia um poema em nome das aves no qual essas vivazes criaturas, por meio de uma comissão enviada a um Amigo Fiel,[9] pediam insistentemente que o reino que lhes fora prometido fosse efetivamente fundado e devidamente ornamentado. Não menos espirituosas e graciosas foram as declarações a respeito de outras partes de minhas obras, de modo que elas se tornaram vívidas de novo. Confiei então prazerosamente aos amigos o que tinha até agora terminado, assim como os planos já completos de outras obras por começar. Isso tudo provocou demandas urgentes e desejos, dando vantagem a Herder quando este procurou convencer-me a levar esses papéis comigo, e, sobretudo, conceder um pouco mais de atenção à *Ifigênia*, a qual, dizia ele, ela bem merecia. A peça, no estado em que se encontra, é antes um esboço do que algo com começo, meio e fim. Foi escrita em prosa poética, que por vezes se perde em um ritmo iâmbico, assemelhando-se às vezes a outras medidas silábicas. Isso causa certamente um entrave ao seu efeito, a não ser que seja lida com muita habilidade e que se logre esconder as falhas por meio de determinados artifícios. Ele me pedira tão calorosamente e, uma vez que eu ocultara também dele meu

---

9 Goethe traduzira *As aves*, de Aristófanes. "Amigo Fiel" é o nome de uma das personagens.

grande plano de viagem, pensou tratar-se de apenas mais uma excursão às montanhas. Sempre mostrando certo escárnio pela mineralogia e geologia, dizia que eu deveria voltar minhas ferramentas ao trabalho literário, em lugar de martelar a pedra surda. Eu obedecera a muitas dessas admoestações bem-intencionadas. Até hoje, porém, não me fora possível dirigir minha atenção a esta em especial. Retiro agora a *Ifigênia* do pacote e a tomo como companheira nesta bela terra quente. O dia é tão longo, o pensamento corre sem entraves e os maravilhosos quadros da paisagem ao redor não impedem a disposição poética. Ao contrário, evocam-na ainda mais rapidamente, na companhia do movimento e do ar livre.

Do Brenner a Verona[1]

Trento, 11 de setembro, pela manhã

Depois de boas cinquenta horas viajando, cheguei ontem às 20 horas aqui e me entreguei imediatamente ao descanso. Encontro-me agora de novo em condições de continuar minha narrativa. Na noite do dia 9, depois de encerrar a primeira parte de meu diário, quis ainda desenhar a hospedaria, uma casa de correio localizada sobre o Brenner; debalde, não fui capaz de reproduzi-la a contento e retornei algo abatido para casa. O hospedeiro perguntou-me se não desejava continuar a viagem: havia luar e o caminho estava muito bom. Embora eu soubesse que ele precisaria dos cavalos logo cedo para o transporte da colheita do feno e que gostaria de tê-los de volta então, isto é, que sua sugestão era feita em proveito próprio, aceitei-a de bom grado, uma vez que coincidia com minha própria disposição interior. O sol deixou-se ver ainda uma vez, o ar estava suportável, fiz as malas e parti às 19 horas. As nuvens se dispersaram e a noite era muito bela.

O cocheiro dormitava, e os cavalos levavam o carro com rapidez montanha abaixo, por sobre um caminho já conhecido; ao chegarem a um terreno plano, iam então mais devagar; o cocheiro acordara e conduzia novamente o carro, de modo que cheguei bem depressa, por entre as altas rochas, ao rio

---

[1] Este capítulo tem por base o "Diário de viagem para a sra. Von Stein", segunda parte, e os diários de Goethe.

Ádige, que corria por entre altas rochas. A lua nascera e iluminava as massas gigantescas. Moinhos por entre pinheiros imemoriais sobre a torrente que espumava eram puro Everdingen.[2]

Quando cheguei a Vipiteno, às 21 horas, deram-me a entender que queriam que eu fosse embora logo. Em Mittenwald, exatamente à meia--noite, encontrei tudo mergulhado no sono mais profundo, com exceção do cocheiro, de modo que logo me pus a caminho de Bressanone, de onde fui posto a correr novamente, chegando assim a Colma ao raiar do dia. Os cocheiros iam tão rápido que não se podia ver nem ouvir nada. Entristeceu--me percorrer essa magnífica região a uma tal velocidade, à noite, como se estivesse em fuga, ainda que me alegrasse intimamente pensar que ventos favoráveis soprassem, impelindo-me ao encontro de meus desejos. Ao raiar do dia avistei as primeiras colinas cobertas de vinhedos. Uma mulher ofereceu-me peras e pêssegos. Continuamos até Teutschen, onde cheguei às 7 horas e de onde fui novamente instado a partir. Agora avistava eu finalmente, sob o sol já alto, depois de ter viajado novamente em direção ao norte, o vale no qual se encontra Bolzano. Circundado por íngremes montanhas cultivadas até boa altura, o vale abria-se para o sul, fechado mais ao norte pelas montanhas do Tirol. Um ar tépido e suave pairava na região. Aqui o Ádige volta-se novamente para o sul. As colinas ao pé das montanhas servem ao cultivo da uva. As parreiras crescem sobre latadas longas e baixas, de cujo teto pendem graciosamente brilhantes uvas azuis, amadurecendo ao calor do solo, que está próximo. Também na superfície do vale, onde predominam as campinas, as videiras são cultivadas em filas muito próximas umas das outras, por entre as quais cresce o milho, que atinge alturas cada vez maiores. Frequentemente vi caules de até dez pés de altura. As florescências masculinas, agora fibrosas e vazias, não foram ainda retiradas, o que ocorre apenas quando a fase da frutificação já terminou há um certo tempo.

Cheguei a Bolzano sob sol quente. Alegrei-me à vista dos rostos dos muitos comerciantes ali presentes. Percebia-se neles a expressão nítida de um modo de vida confortável e prático. Na praça havia vendedoras de

---

2 Allart van Everdingen (1621-1675), pintor e gráfico holandês.

frutas com cestos redondos e baixos, de cerca de 4 pés de largura, onde os pêssegos estavam arrumados um ao lado do outro, de modo que não ficassem amassados. O mesmo com as peras. Aqui me ocorreu algo que eu vira escrito à janela do hospedeiro em Regensburg:

> *Comme les pêches et les mélons*
> *Sont pour la bouche d'un baron,*
> *Ainsi les verges et les bâtons*
> *Sont pour les fous, dit Salomon.*[3]

É evidente que isso fora escrito por um barão nórdico, assim como também é natural que ele fosse levado a mudar seus conceitos aqui na região.

Na feira de Bolzano há um forte comércio de seda; também lenços se vendem ali, bem como todo o couro que se consegue das regiões montanhosas. Ainda assim, muitos comerciantes vão à feira principalmente para receber dinheiro, aceitar encomendas e renovar a concessão de crédito. Eu teria tido grande prazer em olhar todos os produtos que se encontram aqui, mas um impulso, um desassossego que me persegue, não me permite descansar, e eu me ponho novamente a caminho. Consolo-me, entretanto, com o fato de que, nestes nossos tempos estatísticos, tudo já deverá ter sido impresso, e oportunamente poder-se-á aprender a mesma coisa dos livros.[4] No momento, porém, interessam-me apenas as impressões sensíveis, que nenhum livro e nenhuma imagem podem dar. O fato é que volto a tomar interesse pelas coisas do mundo, investigando o alcance de meu espírito de observação, para ver até onde minha ciência e meus conhecimentos podem me levar. Quero saber se tenho os olhos desimpedidos e límpidos, quero medir o quanto posso compreender por meio de um olhar tão rápido lançado às coisas. Quero saber, por fim, se as rugas que se abateram sobre meu ânimo podem ser novamente atenuadas. Já agora, o fato de ter de servir a

---

3 Assim como os pêssegos e os melões/ São para a boca de um barão,/ As varas e os bastões/ São para os tolos, diz Salomão.

4 Em *Os anos de aprendizado de Wilhelm Meister*, escrito cerca de dez anos mais tarde, o protagonista fará uso desses livros e documentos para forjar um diário de viagem de negócios que enviará depois ao pai.

mim mesmo, estar sempre atento e presente, nesses poucos dias proveu-me de uma elasticidade de espírito totalmente nova; tenho de me preocupar com o câmbio, trocar dinheiro, pagar, anotar, escrever, em vez de apenas pensar, querer, refletir, ordenar e ditar, como fazia antes.

De Bolzano a Trento percorrem-se nove milhas ao longo de um vale cada vez mais fértil. Tudo o que tenta brotar nas montanhas mais altas tem aqui mais força e mais vida, o sol brilha forte, e volta-se a acreditar na existência de um Deus.

Uma pobre mulher pediu-me que levasse seu filho no carro, pois o chão quente queimava-lhe os pés. Fiz essa boa ação em honra da poderosa luz celeste. A criança estava singularmente limpa e arrumada, mas não consegui arrancar-lhe nada em qualquer língua que tentasse.

O rio Ádige corre agora mais manso e forma largas ilhas de seixos em muitos pontos. No campo, às margens do rio, a vegetação das colinas é tão densa e tudo foi plantado tão próximo que se tem a impressão de que uma planta poderia sufocar a outra. Vinhedos, milho, amoreiras, maçãs, peras, marmelo e nozes. O sabugueiro anão lança-se com força sobre as cercas. A hera cresce com caules fortes, acompanhando a curva ascendente das rochas e espalhando-se sobre elas; os lagartos enfiam-se nos buracos entre as rochas e a vegetação, e tudo o que aqui se transforma e altera faz lembrar o mais belo quadro. As tranças das mulheres, o peito nu dos homens e seus leves casacos, os magníficos bois que eles conduzem da feira para casa, os jumentos de carga, tudo forma um quadro vivo e movimentado como um Heinrich Roos.[5] E quando a noite chega, no ar tépido, poucas nuvens repousam sobre as montanhas, antes paradas do que se movimentando no céu, e quando ao cair da noite a algazarra dos grilos começa a se fazer ouvir mais alto, a gente se sente por fim em casa neste mundo, não como se estivesse escondido ou no exílio. É como se eu, nascido e crescido aqui, estivesse voltando de uma viagem à Groenlândia, de uma caça à baleia. Não deixo de saudar também o pó desta terra, que por vezes se ergue em redemoinho recobrindo o carro. O tilintar e chacoalhar dos grilos é adorável, contínuo e agradável aos ouvi-

---

5 Johann Heinrich Roos (1631-1685), pintor e gráfico alemão, notabilizado principalmente por suas pinturas de animais.

Viagem à Itália

dos. Soa engraçado quando garotos travessos entram em disputa de assobios com um bando de tais cantores. Tem-se a impressão de que se superam uns aos outros na maestria. Também a noite é tépida, como o dia.

Se algum habitante e originário do sul percebesse meu encantamento, tomar-me-ia por um caráter bastante infantil. Ora, o que expresso aqui já o sabia há muito, por todo o tempo em que tive de suportar um céu fechado, e agora quero gozar essa alegria como uma exceção, como uma eterna necessidade da natureza da qual devemos fruir continuamente.

Trento, 10 de setembro, à noite

Dei um passeio pela cidade, que é velhíssima, mas tem casas novas e bem construídas em algumas de suas ruas. Na igreja há uma imagem na qual o concílio reunido ouve uma prédica do jesuíta-mor. A mim interessaria muito saber o que ele lhes diz. A igreja desses padres distingue-se já em sua parte externa por pilastras de mármore vermelho na fachada. Uma cortina pesada cobre as portas, de modo a impedir a entrada do pó. Levantei a cortina e penetrei em um pequeno átrio. A igreja em si permanece fechada por uma grade de ferro, por entre a qual, no entanto, se pode vislumbrar toda a nave. Tudo estava calmo e sem vida, uma vez que não se rezam mais missas ali. A porta da frente só estava aberta porque na hora das vésperas todas as igrejas devem ficar abertas.

Enquanto eu permanecia ali contemplando o estilo da construção, que me parece semelhante a outras igrejas desses padres, entrou um homem idoso, tirando da cabeça o solidéu preto. Seu velho traje negro e desbotado o denunciava como antigo clérigo, provavelmente sem fortuna. Ajoelhou-se diante da grade e se levantou logo em seguida, depois de uma prece curta. Ao virar-se, disse a si mesmo à meia voz: "Pois expulsaram então os jesuítas. Deveriam ter restituído a eles o que lhes custou a igreja. Sei muito bem o quanto ela e o Seminário custaram". Saiu imediatamente, deixando cair a cortina atrás de si, da qual eu sacudi então o pó. Ele estava em pé sobre o degrau mais alto, dizendo: "Não foi o imperador quem fez isso, foi o papa". Com o rosto voltado para a rua, sem me encarar, continuou: "Primeiro os espanhóis, então nós, depois os franceses. O sangue de Abel recairá sobre seu irmão Caim!". Continuou então subindo a escada em direção à rua, sempre falando consigo mesmo. Talvez tenha sido outrora acolhido na Ordem dos Jesuítas. Tendo perdido o juízo depois da terrível queda da ordem, passou a vir todos os dias, procurando os antigos habitantes na nave vazia e amaldiçoando os inimigos, depois de uma breve oração.

Um jovem, a quem indaguei sobre as coisas notáveis da cidade, mostrou-me um espaço chamado Casa do Diabo. Segundo consta, o Grande Destruidor em pessoa carregara as pedras, erguendo a casa em uma noite. O bom rapaz não percebera, entretanto, o que era realmente notável no caso. Tratava-se da única casa de bom gosto que eu vi em Trento, construída por um bom italiano em tempos mais antigos.

Parti às 17 horas; novamente o cenário de ontem e os grilos, que começavam sua algazarra. Percorrida uma boa milha, viaja-se por entre muros sobre os quais se veem parreiras. Outros muros, não altos o suficiente, foram alongados com pedras, cercas de espinhos e outras coisas, no intuito de proteger as parreiras da cobiça dos passantes. Muitos proprietários borrifam as primeiras fileiras com cal, que torna as uvas intragáveis, mas não altera o sabor do vinho, uma vez que a fermentação dá conta de expulsar tudo novamente.

11 de setembro, à noite

Encontro-me aqui em Roveredo, onde a língua muda abruptamente. Mais ao norte, alterna-se entre o alemão e o italiano. Agora tenho pela primeira vez um autêntico cocheiro italiano. O hospedeiro não fala uma palavra em alemão, e eu tenho de ensaiar meus talentos linguísticos. Como estou feliz por ver viva essa língua querida, vê-la tornar-se a língua do uso cotidiano!

Torbole, 12 de setembro, depois do jantar

Como eu gostaria de ter meus amigos por um momento a meu lado, alegrando-se com a vista que se abre a minha frente!

Eu poderia ter chegado hoje à noite a Verona, mas a meu lado se estendia uma maravilha natural, um belíssimo cenário, o lago Garda, que eu não quis

Viagem à Itália

deixar de ver, tendo sido então magnificamente recompensado por minha mudança de planos. Depois das 17 horas, deixei Roveredo, subindo em direção à encosta de um vale, que faz correr suas águas para o Ádige. Lá em cima, deparamo-nos com uma formidável lasca de rocha ao fundo, a qual é preciso transpor para chegar ao lago. Aqui se encontram as mais belas formações calcárias, adequadas aos estudos de desenho. No ponto mais alto divisa-se um pequeno povoado, na ponta norte do lago, que é um pequeno porto, ou melhor, um ancoradouro. Chama-se Torbole. As figueiras acompanharam-me ao longo de todo o caminho até aqui, e quando penetrei no anfiteatro formado pela rocha, encontrei as primeiras oliveiras, cheias de azeitonas. Aqui encontrei também pela primeira vez figos brancos como uma fruta comum, os quais me foram prometidos pela condessa Lanthieri.[6]

No aposento onde me encontro agora há uma porta que se abre para o quintal; empurrei minha mesa para a frente dessa porta e esbocei a vista com algumas linhas. É possível contemplar o lago quase em toda a sua extensão, apenas sua extremidade esquerda escapa à nossa vista . A margem, rodeada por colinas e montanhas, é pontilhada por incontáveis pequenos povoados, que resplandecem.

Depois da meia-noite, o vento sopra do norte para o sul. Aquele que deseja subir em direção ao lago deve fazê-lo a essa hora, pois já algumas horas antes do nascer do sol a direção do vento muda e passa a soprar no sentido do norte. Agora, ao meio-dia, o vento sopra forte em minha direção, refrescando amavelmente o calor do sol. Volkmann[7] ensina-me que esse lago se chamou outrora Benacus, e cita um verso de Virgílio, que alude a ele:

Fluctibus et fremitu resonans Benace marino[8]

---

6 A condessa Aloysia von Lanthieri (1750-1821), de Grätz. Goethe a conheceu em Karlsbad.

7 Johann Jacob Volkmann (1732-1803), escritor alemão. Goethe se refere às suas *Historische-kritischen Nachrichten von Italien* [Notícias histórico-críticas da Itália], publicadas em Leipzig em 1770-71.

8 Virgílio, *Geórgicas*, Livro II, verso 160: "*fluctibus et fremitu adsurgens Benace marino*" (na tradução de Agostinho da Silva: "Benaco, cujas vagas como se fossem em alto-mar bem alto rugem").

Johann Wolfgang von Goethe

É o primeiro verso latino cujo significado se me aparece vivo, exatamente no momento em que o vento sopra mais forte e o lago lança ondas maiores em direção ao ancoradouro, hoje da mesma forma como tem sido há muitos séculos. Muita coisa já se alterou, mas o vento ainda fustiga o lago, cuja vista é enobrecida pelo verso de Virgílio.

(Escrito aos 45 graus e 50 minutos.)

Fui dar uma volta no ar fresco da noite e constatei que me encontrava realmente em um novo lugar, em uma vizinhança completamente estranha. As pessoas vivem aqui confiadamente uma vida idílica, de fantasia. Para começar, as portas não têm fechadura. O hospedeiro assegura-me que eu poderia ficar totalmente tranquilo, mesmo que as coisas que trago comigo fossem feitas de diamante. Em segundo lugar, as janelas fecham-se com papel encerado, e não com vidraças; em terceiro, sente-se muita falta aqui do necessário conforto, uma vez que se vive muito próximo do estado natural. Quando perguntei ao criado sobre um determinado aparato doméstico, ele apontou para o quintal lá embaixo. *"Qui abassi può servirsi!"* Perguntei: *"Dove?"*. *"Da per tutto, dove vuol!"*,[9] respondeu ele amistosamente. Por toda parte se vê a maior despreocupação, mas também vida e operosidade suficientes. Durante o dia todo, as vizinhas conversam entre si, aos gritos, ao mesmo tempo em que têm algo a fazer, algo a providenciar. Não vi ainda mulheres ociosas.

O hospedeiro anuncia, com a ênfase italiana, que ele tem o prazer de me servir a mais deliciosa truta. São pescadas em Torbole, ali onde a água desce das montanhas e o peixe tenta subir contra a corrente. O imperador recebe como arrendamento por essa pesca 10 mil escudos. Não são exatamente trutas, são peixes grandes, às vezes com até 50 libras de peso, escamadas ao longo do corpo todo até a cabeça; o gosto varia ente truta e salmão, delicado e delicioso.

Meu verdadeiro deleite, entretanto, são as frutas, figos e peras, que devem ser deliciosos na terra onde crescem os limoeiros.

---

9 "Lá embaixo, ao seu dispor! [...] Onde? Em qualquer lugar, onde quiser."

Viagem à Itália

13 de setembro, à noite

Hoje cedo, às 3 horas, parti de Torbole com dois remadores. No começo o vento foi-nos favorável, de modo que puderam usar a vela. A manhã estava magnífica, nublada, sim, mas tranquila e com céu limpo no alvorecer. Passamos por Limone, cujas montanhas ajardinadas, aradas como o solo plano e cultivadas com limoeiros, oferecem uma vista rica e organizada. Todo o jardim consiste de fileiras de quadrados brancos, dispostos a uma certa distância uns dos outros e organizados em níveis que sobem em direção à montanha. Sobre esses quadrados foram colocadas toras de madeira bastante fortes, a fim de proteger no inverno as mudas de árvore plantadas no entremeio. A contemplação desses objetos agradáveis à vista foi favorecida por uma viagem lenta, e já estávamos perto de Malcesine quando o vento mudou completamente, retomando seu curso habitual ao longo do dia, passando a soprar em direção ao norte. Os remos pouco ajudavam contra tal força poderosa, de modo que tivemos de parar no porto de Malcesine. Essa é a primeira localidade veneziana no lado leste do lago. Quando se vive junto à agua, não se pode dizer "hoje estarei lá ou cá". Quero aproveitar ao máximo essa oportunidade, especialmente para desenhar o castelo à margem do lago, um ótimo objeto. Hoje, ao passar por ele, fiz um esboço.

14 de setembro

O vento contrário que me trouxe ao porto de Malcesine preparou-me uma aventura perigosa, a qual enfrentei com bom humor e que agora, na lembrança, me parece engraçada. Como planejara, fui pela manhã ao velho castelo, o qual, sem portões, sem guarda e sem vigia, tinha a entrada franqueada a qualquer um. No pátio, sentei-me de fronte à torre incrustada nas rochas. Encontrara ali um lugarzinho muito cômodo para desenhar, um assento de pedra delicadamente escavado na parede, junto a uma porta colocada no alto de três ou quatro degraus, como se pode encontrar ainda em antigas construções.

Não estava lá havia muito tempo quando algumas pessoas entraram no pátio, observando-me e andando de um lado para o outro. O número de

Johann Wolfgang von Goethe

pessoas aumentou, e por fim todos se postaram ao meu redor. Logo percebi que o fato de estar desenhando causava algum alvoroço, mas não me deixei perturbar e continuei tranquilamente. Então um homem, que não tinha a melhor das aparências, avançou em minha direção e perguntou o que eu estava fazendo. Disse-lhe que desenhava a velha torre, para levar comigo uma lembrança de Malcesine. Retrucou ele que isso não era permitido e que eu deveria parar de desenhar. Ele falara no dialeto veneziano popular, e eu mal pude compreender suas palavras, o que de pronto lhe comuniquei. Ato contínuo, com a verdadeira intrepidez italiana, tomou-me das mãos a folha, rasgando-a, mas deixando-a sobre o bloco das outras folhas. Nesse ponto, pude perceber um tom de desagrado entre os que nos rodeavam, especialmente vindo de uma senhora mais velha que disse que isso não estava certo, era preciso chamar o *Podestà*, o qual deveria saber julgar coisas desse tipo. Eu permanecia em meu degrau, com as costas contra a porta, e observava o público cada vez maior. Os olhares fixos e curiosos, a expressão benevolente na maioria dos rostos e tudo o mais que caracteriza uma multidão desconhecida provocavam-me a mais engraçada das impressões. Parecia-me estar vendo o coro das aves no teatro de Ettensburg, o qual eu frequentava como um fiel espectador. Isso me deixou na melhor das disposições, de modo que, quando chegou o *Podestá* acompanhado de seu secretário, saudei-o amistosamente. À sua pergunta, por que eu desenhava a fortaleza da vila, respondi humildemente que não reconhecera nessa construção uma fortaleza. Fi-los, a ele e à população ao redor, atentar para o estado decadente daqueles muros e torres, para a falta de portões, em poucas palavras, para a ausência de qualquer aparato de defesa no conjunto todo, e assegurei-lhes que eu não vira ali nada mais do que uma ruína, que me aprazia desenhar.

Retrucaram-me: se era uma ruína, o que poderia haver de notável nela? Respondi, de modo muito modesto e cortês, pois procurava ganhar tempo e o favor deles, que decerto sabiam quantos estrangeiros vinham à Itália apenas por causa das ruínas; que Roma, a capital do mundo devastada pelos bárbaros, era cheia de ruínas, as quais foram desenhadas centenas de milhares de vezes, e que nem tudo o que provinha da Antiguidade se mantivera em bom estado, como o Anfiteatro de Verona, que eu esperava poder visitar em breve.

O *Podestá*, em pé à minha frente, mas num degrau mais baixo, era um homem alto mas não muito magro, de cerca de 30 anos. Os traços obtusos de seu rosto desprovido de espírito estavam em total acordo com a maneira lenta e obscura como fazia suas perguntas. O ajudante, mais baixo e mais ágil, parecia estar um pouco perdido, de um modo inédito e estranho. Continuei a falar ainda coisas semelhantes, e, quando me dirigi a alguns rostos femininos de expressão benevolente, pensei encontrar aprovação e acordo.

Quando, entretanto, mencionei o Anfiteatro de Verona, que aqui se conhece por "arena", disse o ajudante, que nesse meio-tempo parecia ter recobrado a si mesmo, que isso poderia ser verdade no caso do anfiteatro, pois se tratava de uma construção romana conhecida no mundo todo; já nestas torres nada havia de notável, além do fato de demarcarem a fronteira entre a região de Veneza e o Estado Imperial Austríaco, e que, portanto, não deveriam ser espionadas. Opus-me a ele explicando com detalhes os motivos pelos quais não apenas os objetos e construções da Antiguidade grega e romana mereciam atenção, mas também os da Idade Média. Parecia não os aborrecer o fato de não terem notado tantas belezas artísticas quanto eu notara nesse edifício que lhes era familiar desde a juventude. Afortunadamente, o sol da manhã expunha a torre, as rochas e os muros à mais bela luz, e eu passei a lhes descrever tal quadro com grande entusiasmo. Uma vez que tais louváveis e louvados objetos encontravam-se às suas costas e não desejavam tirar os olhos de mim completamente, voltaram bruscamente a cabeça, como aqueles pica-paus aos quais se dá o nome de "torcicolos", de modo a poder ver com os olhos aquilo que eu lhes louvava aos ouvidos. O próprio *Podestà* voltou-se, ainda que um pouco mais discretamente, em direção ao quadro descrito. A cena parecia-me tão engraçada que meu bom-humor aumentara e não lhes poupei nada, nem mesmo a hera que há séculos enfeitava ricamente muros e rocha.

O ajudante replicou que estava tudo muito bem, mas o imperador Joseph era um homem belicoso, que certamente tramava algo contra a República de Veneza, e eu bem podia ser seu súdito, um enviado com a missão de espionar as fronteiras.

"Longe de mim", repliquei, "dever obediência ao imperador, posso orgulhar-me, tanto quanto vós, de pertencer a uma República, a qual não pode ser comparada em poder e grandeza ao ilustre Estado veneziano, mas que também governa a si própria e suplanta qualquer outra cidade alemã na atividade comercial, riqueza e sabedoria de seus patronos. Eu mesmo, a propósito, sou um filho da cidade de Frankfurt am Main, uma cidade cujo nome e fama já devem, certamente, ter chegado a vós."

"De Frankfurt am Main!", exclamou uma bela jovem. "O senhor pode logo ver, senhor *Podestá*, o que há nesse forasteiro que logo tomei por um bom homem; chamemos o Gregorio, que lá serviu, e poderá decidir da melhor forma neste caso."

Logo aumentaram os rostos amistosos a meu redor. O primeiro oponente desaparecera e, assim que chegou Gregorio, a coisa virou-se totalmente a meu favor. Era um homem de cerca de 50 anos, uma face italiana bronzeada, como as muitas que se veem por lá. Ele se dava ares de alguém a quem nada parece estranho, ainda que de fato o seja. Contou-me logo que estivera a serviço de Bolongaro[10] e alegrou-se em ter notícias dessa família e da cidade, da qual tinha boas lembranças. Afortunadamente, sua estada lá coincidira com meus anos de juventude, de modo que eu tinha a dupla vantagem de poder descrever como as coisas tinham sido em seu tempo e como depois tinham se alterado. Eu lhe dava notícias de todas as famílias italianas, que não me eram estranhas, em absoluto. Agradou-lhe imensamente saber de algumas particularidades, como o fato de que o sr. Allesina festejara suas bodas de ouro em 1774, mandando cunhar uma medalha comemorativa, da qual eu mesmo possuía um exemplar. Ele se lembrava perfeitamente que a esposa desse rico comerciante era nascida Brentano. Falei-lhe também dos filhos e netos dessas casas, como foram criados, como se estabeleceram na vida, casaram-se e multiplicaram-se.

Uma vez que lhe dei exata notícia sobre quase tudo aquilo que me perguntara, a satisfação e a sinceridade alteravam-se nos traços de seu rosto. Ele estava a um tempo satisfeito e comovido, enquanto o povo ao redor ficava cada vez mais animado e não se fartava de acompanhar nossa conversa, a qual ele tinha primeiro de traduzir no dialeto deles.

---

10 Marco Bolongaro (1712-1779), fundador de uma casa comercial em Frankfurt.

Por fim, ele disse: "Senhor *Podestá*, estou convencido de que este é um homem excelente e talentoso, de boa educação, que viaja para se instruir. Deixemo-lo ir, amistosamente, de modo que ele, de volta a seus compatriotas, lhes fale bem de nós e os incentive a visitar Malcesine, cuja bela situação geográfica bem que merece ser admirada por estrangeiros". Eu intensifiquei o significado dessas amáveis palavras louvando a região, a paisagem e os habitantes, sem esquecer de saudar as autoridades como homens sábios e precavidos.

Tudo saiu da melhor maneira, e a mim foi permitido conhecer o que quisesse da cidade e da região, na companhia de mestre Gregorio. Meu hospedeiro juntou-se a nós, regozijando-se antecipadamente com os viajantes que lhe correriam à porta, quando as excelências de Malcesine passassem a ser conhecidas. Com viva curiosidade observava ele as pequenas pistolas que eu comodamente trazia presas à bolsa. Ele considerava afortunados aqueles que podiam portar tão belos artefatos, que ali eram proibidos, sob a mais rigorosa lei. Interrompi essa simpática intromissão a fim de agradecer a meu libertador. "Não me agradeça", replicou ele, "o senhor não me deve nada. Se o *Podestá* entendesse de seu ofício, e se o ajudante não fosse o homem mais interesseiro do mundo, o senhor não teria sido libertado assim de pronto. O primeiro estava menos à vontade do que o senhor, ao passo que, ao segundo, sua prisão, os necessários relatórios e a subsequente condução de sua pessoa até Verona não lhe teriam garantido sequer um *heller*.[11] Ele logo percebeu isso, e a decisão de libertá-lo já estava tomada antes de que nossa conversa tivesse terminado."

À noitinha, o bom homem levou-me para conhecer sua videira, muito bem situada no declive do lago. Acompanhava-nos seu filho de 15 anos, que subia às árvores oferecendo-me os melhores frutos, enquanto o pai buscava as videiras mais maduras.

Ali, entre esses dois seres humanos bondosos e isolados, sem outra companhia na infinita solidão desse canto do mundo, senti vivamente, quando rememorei a aventura do dia com o *Podestá* e seu ajudante, que criatura singular é o homem, pois ele muitas vezes torna desagradável e perigoso

---

11 Moeda do Império Austro-Húngaro.

aquilo de que poderia desfrutar comodamente e em boa companhia, apenas pelo capricho egoísta de exercer seu poder sobre o mundo.

Por volta da meia-noite, meu hospedeiro acompanhou-me até a barca, carregando o cesto de frutas com o qual me presenteara Gregorio. Um vento favorável acompanhou minha despedida daquelas margens que, para mim, ameaçaram tornar-se a costa dos lestrigões.[12]

Agora, sobre minha viagem lacustre! Ela teve bom termo, depois que o magnífico espelho d'água entre as margens de Brescia deu-me alento ao coração. A oeste, onde a montanha deixa de ser íngreme e a paisagem torna-se mais plana depois do lago, em uma hora e meia de navegação descortinaram-se, uma após outra, as seguintes localidades: Gargnano, Boiacco, Cecina, Toscolano, Maderno, Verdon e Saló. Não há palavras para descrever a graciosidade dessa região tão ricamente habitada. Às 10 horas, desembarquei em Bartolino, carreguei minha bagagem em um lombo de mula, montando eu mesmo um outro. O caminho se fazia agora por uma encosta que separava o vale do Ádige do nível do mar. As águas primordiais parecem ter atuado aqui dos dois lados em formidáveis torrentes, provocando assim, por erosão, o surgimento desses colossais aterros de quartzo granulado. Em épocas tranquilas, formou-se ali um solo fértil. Mas o homem do campo é repetidamente afetado pelo surgimento de novas camadas de pedra e tenta livrar-se delas de diferentes maneiras, dispondo-as seja em fileira, seja umas sobre as outras, o que resulta na construção de muros maciços, quase muralhas, ao longo do caminho. A amoreira não parece muito satisfeita nessas alturas, devido à falta de umidade. Fontes são inexistentes. De tempos em tempos encontram-se vasilhas para coletar a água da chuva, das quais bebem os animais de carga, assim como seus condutores. Mais abaixo, junto ao rio, foi instalado um sistema de rodas d'água, que possibilita irrigar as plantas situadas na parte mais baixa.

Não se pode reproduzir em palavras o encanto dessa nova região que se descortina à medida que se desce. Trata-se de um jardim de cerca de

---

12 Os gigantes antropófagos que jogaram rochas contra os navios de Ulisses e seus companheiros, na *Odisseia*.

Viagem à Itália

uma milha de comprimento e largura, situado em terreno bastante plano ao pé de altas montanhas e rochas íngremes. E assim, a 10 de setembro, por volta das 13 horas, cheguei a Verona, onde agora escrevo isto, fechando assim a segunda parte de meu diário e encadernando-o. Com alegria na alma, espero ver o anfiteatro hoje à noite.

Sobre o clima nesses dias, tenho o seguinte a observar: a noite do dia 9 para o dia 10 foi alternadamente clara e nublada, e a lua conservava sempre um halo brilhante a seu redor. Por volta das 5 horas o céu foi coberto por nuvens cinzas, mas não muito espessas ou pesadas, as quais se dissiparam com a chegada do dia. Quanto mais eu descia, melhor ficava a temperatura. Como agora a grande cadeia de montanhas ficou para trás, o ar mostra uma qualidade totalmente nova. Isso pode ser percebido nos diferentes tons de azul adquirido pelo fundo da paisagem, uma vez que a atmosfera está carregada de vapor, que, distribuído de forma homogênea, não se precipita como orvalho ou chuva, tampouco forma nuvens. Ao descer um pouco mais, pude notar nitidamente que todo o vapor que se eleva do vale de Bolzano, assim como todas as faixas de nuvens que se erguem a partir das montanhas ao sul, se deslocam para as regiões mais altas ao norte, mas não as encobrem, envolvendo-as antes em um tipo de neblina alta. A uma boa distância, por sobre as montanhas, pude observar o fenômeno do arco-íris incompleto. Os habitantes do sul de Bolzano tiveram a melhor das temperaturas durante todo o verão, só um pouco de água de vez em quando (aqui usam o termo *"aqua"* quando querem se referir a uma chuva fraca), seguida depois novamente pelo brilho do sol. Também ontem caíram algumas gotas esparsas, sempre seguidas pelo sol. Há tempos não tinham um ano tão bom. Parece que o mau tempo ficou todo para nós.

Cito apenas rapidamente os tipos de rocha que formam as montanhas porque a viagem de Ferber[13] à Itália e a de Hacquet pelos Alpes instruem--nos suficientemente sobre esse trecho do caminho. A um quarto de hora de Brenner há um maciço de mármore pelo qual passei antes do raiar do dia. Deve estar situado sobre rochas metamórficas, assim como aquele do outro lado. Encontrei-o em Colma, já dia claro. Mais à frente é possível ver pórfiro.

---

13 Johann Jacob Ferber (1743-1790), médico e geólogo sueco, aluno de Lineu.

As rochas eram tão suntuosas, e suas camadas desenhadas de modo tão preciso, que teria sido possível levá-las comigo na bagagem, para formar um pequeno Gabinete de Voigt.[14] Sem esforço eu conseguiria pegar um fragmento de cada tipo, se conseguisse acostumar os olhos e minha cobiça a uma pequena quantidade apenas. Logo depois de Colma encontrei um tipo de pórfiro que se divide em discos regulares, e entre Bronzolo e Egna, mais um, cujos discos dividem-se por sua vez em colunas. Ferber acreditava serem produtos vulcânicos, mas isso foi há catorze anos, quando se pensava que o mundo todo ardia em lava. O próprio Hacquet já dá risada disso.[15]

Sobre os tipos humanos tenho pouco a dizer, e pouca coisa agradável. Assim que o dia clareou, eu, viajante que descia do Brenner, notei uma alteração decisiva na forma. Desagradou-me especialmente a cor pálido-amarronzada das mulheres. Os traços de seu rosto indicam miséria, também as crianças tinham o mesmo aspecto miserável. Os homens tinham aparência um pouco melhor, a constituição regular e forte. Eu acredito que a causa de tal estado doentio resida no uso frequente do milho e trigo-sarraceno. Aquele, que eles chamam de grão amarelo, e este, que chamam de grão negro,

---

14 Coleção de espécimes minerais reunida por Johann Karl Wilhelm Voigt (1752-1821), mineralogista e secretário de minas em Ilmenau.

15 Trata-se da polêmica entre o vulcanismo e o netunismo. O próprio Goethe toma partido nessa questão, defendendo o netunismo. Como explica Izabela Kestler: "À época de Goethe, acreditava-se ainda na cronologia mosaica, ou seja, datava-se a idade da Terra a partir dos registros dos patriarcas, de Adão até Noé, os quais apontavam a criação do planeta no ano de 4004 a.C. Somando-se 4.004 aos 1.800 anos após o nascimento de Cristo, chegava-se então à data de mais ou menos 6 mil anos de idade (Göres, 1981, p.182). Acreditava-se, portanto, na ocorrência de um dilúvio universal, tal como descrito na Bíblia. Havia à época duas tendências conflitantes no campo do estudo da evolução geológica da Terra: a primeira, a dos vulcanistas (alusão ao deus greco-romano Vulcão), que considerava a incidência de terremotos e erupções vulcânicas como as forças naturais que teriam moldado e continuariam moldando a evolução da Terra; a segunda, a dos netunistas (em uma alusão ao deus dos mares Netuno da mitologia greco-romana), defendia a ideia de uma evolução bem menos conturbada. Ou seja, pressupondo o dilúvio, a Terra em seu estado atual teria sido formada por camadas que teriam se sedimentado umas sobre as outras. Goethe era adepto dessa teoria do netunismo" (Kestler, *História, ciência e saúde*).

Viagem à Itália

são moídos, a farinha depois é cozida na água até o ponto de um mingau grosso e é então comida. Os alemães lá do outro lado fazem a massa em pedaços e fritam-na na manteiga. Aqui, no Tirol italiano, comem-na dessa maneira, algumas vezes com queijo ralado por cima, e não comem carne o ano todo. Necessariamente, as vias de passagem se tornam assim grudadas e constipadas, especialmente no caso das crianças e mulheres, e a cor doentia da decrepitude é um indício dessa deterioração. Alimentam-se ainda de frutas e vagem, cozida em água e refogada em alho e óleo. Perguntei se não haveria camponeses mais prósperos. "Sim, claro." "Não vivem em melhores condições? Não se alimentam melhor?" "Não, já estão acostumados assim." "O que fazem então com o dinheiro? Têm algum tipo de poupança?" "Ah, eles têm seus patrões, que lhes tomam aquilo que sobra." Esse é o resumo de meu diálogo com a filha de meu hospedeiro em Bolzano.

Mais tarde, soube ainda por meio dela que os camponeses que cultivam uvas, e que parecem ser os mais prósperos, são aqueles em maiores dificuldades. Isso porque estão nas mãos dos comerciantes das cidades, que, nos anos ruins, lhes financiam a sobrevivência cobrando juros a seu bel-prazer e, nos anos bons, compram-lhes a produção de vinho em troca de uma soma irrisória.

Minha opinião sobre as consequências da má nutrição foi confirmada, uma vez que as habitantes da cidade têm melhor aparência. As moças têm rostos jovens e belos, a altura do corpo algo insuficiente para o tamanho das cabeças, mas em suma rostos joviais e amáveis. Os homens, já os conhecemos como os peregrinos do Tirol. Aqui eles parecem menos saudáveis do que as mulheres, provavelmente porque estas se movimentam mais no trabalho físico, ao passo que os homens passam o tempo sentados, como pequenos vendedores e comerciantes. No lago de Garda achei as pessoas muito bronzeadas e sem o mínimo colorido nas faces, ainda que não pareçam doentes, mas sim saudáveis e com aparência agradável. A causa talvez sejam os fortes raios solares aos quais essa gente está exposta, aos pés das rochas de sua terra natal.

De Verona a Veneza[1]

Verona, 16 de setembro

O Anfiteatro é o primeiro monumento significativo da Antiguidade que vejo, e em tão bom estado! Assim que entrei, melhor dizendo, quando de cima dei a volta ao edifício, pareceu-me estranho estar vendo algo enorme e ao mesmo tempo não estar vendo nada. Não é uma construção para ser vista vazia, mas sim cheia de gente, como aconteceu recentemente, em homenagem a José II e Pio VI.[2] Dizem que o imperador, ainda que acostumado a ter multidões sob os olhos, se viu perplexo diante de tal amplidão. Mas só os tempos antigos conheceram esse efeito em sua totalidade, pois o povo era mais imponente do que agora. Um anfiteatro como esse faz jus a um povo que se impõe por si mesmo, que sabe tirar de si o melhor.

Se algo digno de ser visto acontece no terreno plano e todos correm a ver, os que estão atrás tentam, de todos os modos, se elevar acima dos que estão a sua frente; sobem em bancos, usam barris, vão buscar carroças, deitam tábuas de um lado e de outro, ocupam uma pequena elevação do terreno na vizinhança, e com esse movimento todo acaba se formando uma cratera.

---

1 Este capítulo tem por base o "Diário de viagem para a sra. Von Stein", terceira parte, e os diários de Goethe.

2 Em honra ao imperador José II e ao papa Pio VI foram realizadas, respectivamente em 1771 e 1782, duas lutas de touros. Goethe tomou conhecimento disso pela leitura de *England und Italien* [Inglaterra e Itália, 1785, segunda edição revista e ampliada em 1787], de Johann Wilhelm von Archenholz (1841-1812).

Se a encenação ocorre repetidas vezes no mesmo lugar, constrói-se uma frágil arquibancada para aqueles que podem pagar, e o resto da massa se arranja como pode. A tarefa do arquiteto aqui é a de satisfazer a essa necessidade coletiva. Ele constrói essa cratera com arte e artifício, de modo tão simples quanto possível, para que o povo seja o próprio adorno e acabamento. Este fica perplexo de se observar a si mesmo, quando se junta em multidões. Pois, acostumado a se ver andando disperso, em volteios desordenados, como uma manada extraviada, um animal vagante de muitas cabeças e muitos sentidos, indo de lá para cá, vê-se agora reunido em um organismo nobre, tornado em unidade, amalgamado e solidificado em uma massa, em uma forma habitada pelo espírito. A simplicidade da forma oval é perceptível aos olhos e pode ser experimentada de maneira muito agradável aos sentidos, sendo que cada cabeça é em si uma medida de quão extraordinariamente grande é o todo. Mas agora, ao vê-lo vazio, não se tem a medida, não se sabe se o anfiteatro é grande ou pequeno.

Os habitantes de Verona devem ser louvados por terem conservado essa obra. É feita em mármore vermelho, que sofreu a erosão das intempéries, o que levou à restauração continuada dos degraus atingidos, que têm assim a aparência de quase novos. Uma inscrição agradece a um certo Hyeronimus Maurigenus[3] e ao incrível dispêndio de forças e trabalho dedicados a esse monumento. Do muro exterior sobrou apenas uma parte, e eu me pergunto se ele algum dia chegou a ser terminado. As arquibancadas inferiores, que se erguem sobre a grande praça chamada Bra, eram alugadas aos artesãos, e seria bem divertido ver esses lugares novamente ocupados.

Verona, 16 de setembro

A mais bela porta da cidade, sempre fechada, chama-se Porta Stuppa ou Porta del Palio.[4] Para uma porta que se pode ver já à distância, não está bem localizada, uma vez que só podemos perceber o valor da construção quando já próximos.

---

3 A inscrição original data de 1569: *Hieronymo Marmoreo V.C. cuius incredibili studio, dum urbi prae est, quod temporis injuria huic amphiteatro perierat, reddi coeptum est, Veronenses P.P.MDLXIX.*

4 A Porta Stuppa (porta fechada) ou Porta del Palio foi construída pelo arquiteto veronense Michele Sanmicheli (1484-1559) e chamada por Giorgio Vasari de *miracolo del Sanmicheli* (milagre de Sanmichelli). Encontra-se aberta desde 1866.

Viagem à Itália

Dão-nos os mais diferentes motivos para justificar o fato de que continua fechada. De minha parte, tenho uma suposição: fora intenção do artista construir, por meio dessa porta, uma nova saída para a Rua do Corso, uma vez que aquela que existe agora é totalmente inadequada. O lado esquerdo está cheio de construções precárias, choupanas mesmo, ao passo que o ângulo da direita desemboca em um convento de freiras, que teria de ser necessariamente derrubado. Percebe-se assim muito bem por que os habitantes distintos e os ricos não tiveram a mínima vontade de se aquartelarem nesse canto afastado e ermo. O artista talvez tenha morrido e, assim, fechou-se a porta de uma vez por todas.

Verona, 16 de setembro

O pórtico do edifício do teatro é bastante apropriado, com suas seis grandes colunas jônicas. O busto em tamanho natural do marquês de Maffei encimado por uma grande peruca aparenta ser ainda menor, disposto sobre duas colunas coríntias, em frente a um nicho pintado. A praça é bastante distinta, mas, para suportar de algum modo a magnitude das colunas, o busto teria de ser colossal. Ele parece agora apequenado sobre um diminuto balaústre, desarmônico em relação ao todo.

Também é acanhada a galeria que circunda o pátio externo, e as colunas dóricas anãs, em relevo, perdem muito junto às gigantescas colunas jônicas, de pedra lisa. É certo que se pode perdoar isso ao contemplar a beleza da coleção posta ao abrigo dessa colunata. Aqui foram expostas lado a lado peças da Antiguidade, em sua maioria escavadas na própria cidade de Verona. É possível que algumas delas tenham sido encontradas aqui mesmo no Anfiteatro. Trata-se de objetos gregos, etruscos e romanos, desde os tempos mais remotos, mas também de peças mais recentes. Os baixos-relevos, que Maffei[5] numerou quando os descreveu em sua obra *Verona illustrata*, foram colocados sobre os muros. Altares, fragmentos de colunas e outros mais; um precioso tripé feito em mármore branco, encimado por gênios que se ocupam dos atributos divinos. Rafael copiou-os, transfigurados, nas galerias da Farnesina.

---

5 Francesco Scipione Marchese di Maffei (1675-1755), escritor e arqueólogo. Autor de *Verona illustrata* (1731) e *Museo veronese* (1749).

O vento que sopra dos túmulos dos antigos traz aromas como se emanasse de colinas cobertas por roseiras. Os monumentos funerários são serenos e comoventes e representam sempre a vida. Lá está um homem que, junto de sua esposa, debruça-se por sobre um nicho, como se olhasse por uma janela; ali à frente, um pai e uma mãe, ao lado do filho, olhando uns para os outros com indizível naturalidade. Aqui um casal de mãos dadas. Logo à frente um pai, descansando em sua poltrona, parece estar sendo entretido por sua família. Estar na presença imediata dessas pedras comoveu-me profundamente. São obras de uma arte mais recente, mas do mesmo modo simples, naturais e universalmente significativas. Não há aqui um homem de armadura ajoelhado aguardando pelo feliz evento da ressurreição.[6] O artista logrou, com maior ou menor habilidade, retratar apenas o cotidiano, a simplicidade do tempo presente dos homens, ampliando e fixando assim sua existência. Eles não torcem as mãos, não dirigem os olhos para o céu, mas estão aqui embaixo, são aquilo que foram e o que ainda são. Ficam ao lado uns dos outros, participam do destino um do outro, amam-se, e isso é expresso nas pedras com uma certa inabilidade comovente. Aprendi ainda alguma coisa a partir de um pilar de mármore ricamente decorado.

Tudo aqui constitui uma obra digna de nossa admiração, mas logo se vê que o espírito de conservação que a criou não vive mais nela. O precioso tripé logo se estragará, exposto que está às intempéries a oeste. Uma proteção de madeira poderia facilmente prolongar a existência de tal tesouro.

Se o Palácio do Proveditore, apenas começado, tivesse sido terminado, resultaria em uma bela peça de arquitetura. Os nobres, entretanto, continuam construindo muito, mas, desafortunadamente, nos mesmos lugares em que ficavam suas antigas residências, muitas vezes em ruelas estreitas. Agora, por exemplo, estão construindo a suntuosa fachada de um seminário em uma pequena rua da periferia mais afastada.

Quando, junto a meu acompanhante casualmente arregimentado, passei pelo grande e sóbrio portal de um magnífico edifício, perguntou-me ele, de

---

6 Provável alusão ao monumento funerário do cavaleiro alemão Götz von Berlichingen (*c.* 1480-1562) na Abadia de Schöntal, reproduzido numa edição de 1731 de sua autobiografia. O livro inspiraria a peça *Götz von Berlichingen com a mão de ferro* (1773), uma das principais obras do período *Sturm und Drang*.

bom humor, se eu não gostaria de dar uma olhada no pátio. Era o Palácio da Justiça, e, em virtude da altura dos edifícios, o pátio parecia apenas um enorme poço. "Aqui são mantidos os criminosos e os suspeitos", disse ele. Olhei à volta e observei, em todos os andares, inúmeras portas pelas quais se podiam ver corredores providos de barras de ferro. O prisioneiro, ao sair de seu cárcere para ser conduzido ao interrogatório, punha-se sob céu aberto, ao mesmo tempo em que se expunha a todos os olhares. E uma vez que deveria haver muitas salas de interrogatório, ouviam-se as correntes fechando-se ora neste, ora naquele corredor por todos os andares. Era uma visão desagradável, e eu não nego que o bom humor com o qual me despedira de "minhas aves"[7] encontraria aqui uma dura prova.

Subi até as arquibancadas do anfiteatro, a fim de desfrutar, ao pôr do sol, da bela vista da cidade e da região. Eu estava totalmente sozinho, e sobre as largas pedras da praça Bra passavam magotes de gente: homens de todos os estamentos e mulheres das camadas médias. Estas últimas, da perspectiva elevada na qual me encontrava, pareciam múmias, envoltas em seus mantos negros.

O *zendale* e a *vesta* que servem de vestimenta a essa classe compõem um traje bem apropriado para um povo que nem sempre cuida da limpeza e que, ainda assim, aparece sempre em público, quer na igreja, quer em passeios. A *vesta* é uma longa saia de tafetá preto, que é vestida sobre outra saia. Se a mulher tem por baixo uma outra saia branca e limpa, ela então cuida de levantar a saia preta de um lado. Esta é presa à cintura de tal maneira que recorta o talhe e cobre a estola do corpete, que pode ser de qualquer cor. O *zendale* é uma capa longa com franjas, sendo que a própria capa é presa ao alto da cabeça por uma espécie de rede, ao passo que as franjas são atadas ao corpo como uma echarpe, de modo que as pontas caiam para trás.

Verona, 16 de setembro

A uma distância de cerca de mil passos da Arena, cheguei a um moderno espetáculo público. Quatro veronenses da aristocracia jogavam bola contra

---

7 Referência ao episódio ocorrido em Malcesine, a 14 de setembro.

quatro habitantes de Vicenza. Eles jogam entre si, ao longo do ano todo, cerca de duas horas de tardezinha. Dessa vez, por conta do adversário forasteiro, a multidão acorreu em um número inacreditável. Podem ter sido de 4 mil a 5 mil espectadores. Não vi mulheres, de qualquer estamento.

Há pouco, quando falei de como a multidão se arranjava em tais ocasiões, descrevi o anfiteatro natural e caseiro que os vira construir, uns sobre os outros. Podia-se ouvir um vívido aplauso já à distância, cada lance de bola significativo era acompanhado do aplauso do público. O jogo ia seguindo: em uma distância apropriada um do outro havia dois tablados algo oscilantes. O rebatedor fica em pé sobre a elevação maior, segurando na mão direita, como uma arma, uma espécie de anel largo de madeira guarnecido de pontas de metal. Quando seu companheiro de time lhe lança a bola, ele corre atrás dela, imprimindo força ao golpe com o qual a atinge. Os adversários tentam fazer que a bola retroceda, e assim a coisa segue para lá e para cá, até que a bola jaz enfim parada no campo. As mais belas posições, dignas de ser eternizadas em mármore, podem ser vistas então. Trata-se de jovens de boa compleição, viris, vestidos em ínfimos trajes brancos, de modo que os partidos se diferenciam por meio de algum brasão colorido. Especialmente bela é a posição na qual se vê o rebatedor, quando ele desce correndo a superfície inclinada e tenta apanhar a bola; a imagem assim criada assemelha-se aos gladiadores da Galeria Borghese.

Pareceu-me muito peculiar o fato de organizarem esse jogo junto aos velhos muros da cidade, sem o mínimo conforto para os espectadores. Por que não fazê-lo no anfiteatro, onde haveria um espaço tão apropriado?!

Verona, 17 de setembro

Gostaria de aludir brevemente às pinturas que vi, acrescentando algumas considerações. Não faço essa maravilhosa viagem com o intuito de iludir a mim mesmo, mas sim com a finalidade de conhecer e familiarizar-me com os objetos. Reconheço honestamente em meu íntimo que entendo pouco da arte e do ofício do pintor. Minha atenção e minha contemplação podem ser dirigidas de modo geral apenas à parte prática, ao objeto e ao tratamento que se dá a este.

Viagem à Itália

San Giorgio é uma galeria de bons quadros, todos os painéis de ornamentação de altares são notáveis, ainda que desiguais em valor. Mas os desafortunados artistas, o que foram obrigados a pintar! Uma chuva de maná, talvez com 30 pés de largura por 20 pés de altura! E de contraponto o milagre dos cinco pães! O que há nisso para ser pintado? Homens famintos caindo sobre grãos minúsculos, ao lado de um número incontável de pessoas às quais se apresenta o pão. Os artistas devem ter se torturado para tornar significativos temas assim tão pobres. E ainda assim, despertado por essa penúria, o gênio criou coisas belas. Um artista, incumbido de pintar Santa Úrsula com as 11 mil virgens, saiu-se da coisa com muita inteligência. A santa está em primeiro plano, como se, vitoriosa, tivesse tomado posse da terra. Foi retratada como uma jovem e virginal amazona com aspecto muito nobre, sem encantos. À distância, apequenado, aparece seu bando de acompanhantes, que desembarcam e se aproximam em procissão. *A ascensão de Maria*, de Ticiano, na catedral, está bastante enegrecida pelo tempo; louvável a ideia de representar a divindade, em sua ascensão, com o olhar voltado para os amigos abaixo dela, e não para o céu.

Na Galeria Gherardini encontrei belas obras de Orbetto e conheci por fim esse valoroso artista. À distância, pode-se ouvir falar apenas dos artistas de primeira grandeza, e frequentemente nos contentamos com seus nomes; mas quando nos aproximamos mais desse céu estrelado, também aqueles de segunda e terceira grandeza começam a luzir, e cada um dos astros que fazem parte da constelação aparecem, o mundo se torna mais amplo e a arte, mais rica. É preciso louvar aqui a ideia de alguns quadros. Duas figuras em meio corpo, Sansão adormecido no colo de Dalila; ela faz o gesto de apanhar por cima dele, cuidadosamente, a tesoura que está ao lado da lâmpada sobre a mesa. A composição é obra de grande valor.[8] No Palácio Canossa chamou-me a atenção uma Danae.

O Palácio Bevilacqua contém as obras mais valiosas. Um assim chamado *Paraíso* de Tintoretto: trata-se de fato da coroação de Maria como Rainha do Céu na presença de todos os Pais da Igreja, profetas, apóstolos, santos, anjos etc., uma oportunidade para desenvolver toda a riqueza do gênio afor-

---

8 O quadro *Sansão e Dalila*, de Alessandro Turchi, conhecido como Alessandro Veronese ou L'Orbetto (1578-1649), encontra-se hoje no Museu do Louvre, em Paris.

tunado. Para admirar condignamente e se regozijar com a leveza do pincel, o espírito e a diversidade da expressão, seria preciso possuir a obra e tê-la sob os olhos por toda a vida. O trabalho segue ao infinito, até mesmo as últimas cabeças de anjos a submergir na glória têm ainda expressão reconhecível. As figuras maiores devem ter cerca de 1 pé de altura; Maria e Cristo, que lhe põe a coroa, medem cerca de 4 polegadas. A mais bela mulher no quadro, entretanto, é Eva, algo libidinosa, certamente um efeito da idade.

Alguns retratos feitos por Paolo Veronese só fizeram aumentar minha consideração por esse artista. A coleção de antiguidades é magnífica. Um filho de Níobe prostrado é precioso. Os bustos, a despeito dos narizes restaurados, em geral são muito interessantes, um Augusto coroado, um Calígula e outros mais.

É meu natural honrar de bom grado o belo e o grande, de modo que construir dia a dia, hora a hora esse patrimônio formado por objetos assim magníficos é o mais afortunado de todos os sentimentos.

Em uma terra na qual os habitantes aproveitam o dia, mas principalmente se regozijam com a noite, a chegada desta é um evento bastante significativo. Cessa então o trabalho, o viandante retorna, o pai quer ver a filha de volta à casa, o dia finda. No entanto, nós, cimérios, sabemos muito pouco sobre o que é um dia. Na eterna neblina e cerração, é-nos indiferente se é dia ou noite, pois quanto tempo podemos de fato vaguear e desfrutar do tempo sob céu aberto? Aqui, quando chega a noite, o dia, formado pela tarde e pela manhã, decididamente terminou. As 24 horas são verdadeiramente vividas, começa-se a contar novamente o tempo, batem os sinos, reza-se o rosário, a criada entra no quarto com o lampião e diz: *"Felicissima notte!"*. Esse momento altera-se conforme a estação do ano, e o homem, que vive a vida, não se confunde, porque cada gozo de sua existência não diz respeito à marcação das horas, mas sim ao período do dia. Se o povo daqui fosse pressionado pelo modo alemão de contar as horas do dia, sentir-se-ia bastante confuso, pois sua medida de tempo está intimamente ligada a sua natureza. Cerca de uma hora ou uma hora e meia antes da noite a nobreza começa a sair em direção à Bra, toma-se a rua larga e comprida que leva à Porta Nuova, atravessa-se o portão em direção à cidade e, quando os sinos anunciam a chegada da noite, todos retornam. Alguns vão à igreja para

Viagem à Itália

rezar a "Ave Maria della sera", outros deixam-se ficar na Bra. Os cavalheiros sobem aos coches e conversam com as senhoras. Isso dura um certo tempo. Eu nunca esperei pelo fim, mas os pedestres ficam até tarde da noite. Hoje choveu muito, o que ajudou a baixar o pó, resultando em uma paisagem realmente viva e animada.

Com o fito de me orientar em um dos mais importantes costumes da terra, inventei uma estratégia que pode tornar mais fácil minha adaptação ao modo deles de contar as horas. O desenho que se segue pode dar uma ideia do que pensei. O círculo interior representa nossas 24 horas, de meia-noite a meia-noite, divididas em doze horas, do modo como costumamos contá-las e como as mostram nossos relógios. O círculo do meio indica o número de badaladas dos sinos aqui nessa época do ano, também duas séries de um a doze completando as 24 horas; a diferença é que aqui os sinos batem 1 hora quando em nosso país soariam as 8 horas, e assim, continuamente, até se completarem doze horas. Às 20 horas em nossos relógios soam aqui novamente 13 horas e assim por diante. O círculo mais exterior mostra, por fim, como se contam as horas na sequência de 24 horas. Ouço por exemplo, à noite, sete badaladas e sei que, no círculo noturno das doze horas, meia-noite corresponde às 17 horas, subtraio então cinco de sete e obtenho assim 14 horas. Se ouço de dia as sete badaladas do sino, e sei que o meio-dia corresponde às 5 horas, procedo do mesmo modo e obtenho 2 horas. Se eu quiser dizer as horas à maneira local, preciso saber que meia-noite corresponde às 17 horas. Acrescento então mais duas horas e digo 19 horas. Quando se ouve isso pela primeira vez, parece extremamente confuso e difícil de realizar. Mas logo nos acostumamos e passamos a considerar essa ocupação muito divertida, vendo como o povo daqui se diverte no eterno vaivém dos cálculos, como crianças em tarefas que por fim realizam com facilidade. Eles têm sempre um dedo levantado, calculam tudo de cabeça e gostam de lidar com números. Para os habitantes do interior a tarefa é muito mais fácil, uma vez que não consideram o meio-dia e a meia-noite e, ao contrário do forasteiro aqui nessas terras, não comparam os ponteiros do relógio. Eles contam apenas as horas noturnas, conforme soam, e durante o dia adicionam-nas ao valor cambiante do meio-dia, que já lhes é conhecido. O restante explicam as observações que acompanham a figura.

Johann Wolfgang von Goethe

Círculo comparativo
dos
horários italianos e alemães, e também dos relógios italianos
para a segunda quinzena de setembro

Meio-dia

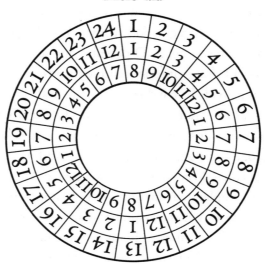

Meia-noite

		A noite se alonga meia hora a cada quinze dias.				O dia se alonga meia hora a cada quinze dias.	
Mês	Dia	Anoitece pelo nosso horário	Portanto é meia-noite às	Mês	Dia	Anoitece pelo nosso horário	Portanto é meia-noite às
Ago.	1	8½	3½	Fev.	1	5½	6½
–	15	8	4	–	15	6	6
Set.	1	7½	4½	Mar.	1	6½	5½
–	15	7	5	–	15	7	5
Out.	1	6½	5½	Abr.	1	7½	4½
–	15	6	6	–	15	8	4
Nov.	1	5½	6½	Maio	1	8½	3½
–	15	5	7	–	15	9	3
		A partir daí o horário permanece constante e é				A partir daí o horário permanece constante e é	
		Noite	Meia-noite			Noite	Meia-noite
Dezembro Janeiro		5	7	Junho Julho		9	3

Verona, 17 de setembro

O povo circula aqui de maneira muito viva e animada. Especialmente em algumas ruas onde há lojas e oficinas umas ao lado das outras, tudo parece bem alegre e engraçado. Não há algo como uma porta na frente da loja ou da oficina de trabalho, não, a casa está aberta em toda a sua largura, de modo que se pode ver até o fundo e tudo o que lá dentro se passa. Os alfaiates costuram, os sapateiros esticam e martelam, tudo já um pouco pelo meio da rua; é possível mesmo dizer que as oficinas são parte das ruas. À noite, quando brilham as luzes, tudo adquire um tom festivo.

Nos dias em que há feira, as praças ficam cheias, legumes e frutas a perder de vista, alho e cebola a gosto. Os habitantes gritam, gracejam e cantam o dia todo, lançam-se uns sobre os outros e brigam, suspiram e riem sem descanso. O clima ameno e a nutrição barata e farta tornam a vida mais fácil. Todas as suas atividades se dão ao ar livre, quando possível.

À noite, o alarido e a cantoria tomam conta de tudo. Ouve-se a cançãozinha de Marlborough[9] por todo canto, ali uma rabeca, aqui um violino. Exercitam-se na arte de imitar todos os tipos de pássaro com o assobio. Por todo lado despontam os sons mais prodigiosos. Uma tal efusão do sentimento de se estar vivo empresta um ar ameno também à pobreza, e a sombra do povo parece ela própria mais respeitável.

A falta de limpeza e pouco conforto das casas que nos saltam aos olhos provém também daí: eles vivem a maior parte do tempo no espaço exterior, e, em sua despreocupação, não pensam em coisa alguma. Ao povo tudo se lhe parece bom e justo, e também o homem médio vive apenas para o dia seguinte, ao passo que os ricos e fidalgos trancam-se em suas casas, aliás, não tão aconchegantes quanto as do Norte. Os habitantes daqui exercem sua sociabilidade em lugares públicos onde podem se reunir. Pátios e colunatas são em regra maculados por todo tipo de sujeira, o que parece aqui muito natural. O povo concede a precedência sempre a si próprio. Os ricos podem ser ricos e construir seus palácios, o nobre pode ter o direito

---

9 Trata-se da canção popular "Malbrough s'en va-t-en guerre", que se cantava por todas as ruas então, metade em italiano, metade em francês, em 1786.

de governar, mas quando constrói uma colunata ou um pátio, o povo se serve destes para suas necessidades, e nada é para eles mais urgente do que se aliviar rapidamente, o que fazem amiúde sempre que têm oportunidade. Aquele que não quiser suportar isso não deve usar da prerrogativa de grande senhor, isto é, não deve agir como se parte de seu patrimônio pertencesse ao público. Ao contrário, ele cerra suas portas, e assim se está muito bem. Já nos edifícios públicos, o povo não deixa que tomem seus direitos, sendo isso razão de queixa dos estrangeiros em toda a Itália.

Pude observar hoje, por diferentes caminhos pela cidade, os trajes e os modos principalmente dos membros da classe remediada, que se veem amiúde ocupados com seus negócios. Todos balançam os braços ao andar. Já as pessoas pertencentes a uma classe mais elevada, que costumam portar uma pequena adaga em determinadas ocasiões, balançam apenas um dos braços, pois estão acostumadas a manter o esquerdo parado.

Embora o povo se ocupe de seus negócios e necessidades de modo muito tranquilo e despreocupado, tem olhos aguçados para tudo que lhe pareça estranho. Pude observar, nesses primeiros dias, que todos notaram minhas botas, uma vez que não usam acessórios assim tão caros nem mesmo no inverno. Agora que uso sapatos e meias, ninguém mais se preocupa em olhar-me. Hoje cedo, entretanto, notei que, enquanto se deslocavam com suas flores, legumes, alho e tantos outros produtos para o mercado público, não lhes escapou o ramo de cipreste que eu carregava nas mãos. Algumas pinhas verdes ainda se prendiam às hastes, e junto a isso eu levava também algumas mudas em floração. Todos, crianças e adultos, olhavam o que eu levava nas mãos e pareciam pensar as coisas mais estranhas.

Eu trouxera esses ramos do jardim Giusti, onde há um excelente parque e enormes ciprestes, que apontam suas agulhas para o céu. Provavelmente o tipo de pontas afiadas que há na jardinagem do Norte é um simulacro desse extraordinário produto da natureza. Uma árvore cujos ramos, ordenados de baixo para cima, tanto os mais jovens quanto os mais velhos, voltam-se para o céu, e que dura já seus trezentos anos, bem merece nosso respeito. Alcançaram essa idade avançada por conta da época em que o jardim foi construído.

Vicenza, 19 de setembro

O caminho de Verona até aqui é muito agradável. Viaja-se em direção ao noroeste com destino às cadeias de montanhas, tendo-se sempre à esquerda a cordilheira anterior, formada principalmente de arenito, calcário, argila e marga. Sobre os picos há cidades, castelos e casas. À direita abre-se a planície sobre a qual viajamos. A estrada, ampla e bem conservada, avança por entre campos cultivados e produtivos. Há longas filas de videiras, nas quais os ramos novos crescem para o alto, pendendo então para baixo, como se sustentados pelo ar. Aqui se pode ter uma ideia de como se constroem os festões! As uvas, maduras, pesam nos ramos, que pendem então carregados e oscilantes. A estrada é cheia de gente de todo tipo e traje. Gosto principalmente dos carros com rodas baixas em forma de pratos, que, tracionados por quatro bois, carregam grandes tinas de madeira para lá e para cá, nas quais as uvas são recolhidas e depois esmagadas com os pés. Quando esses barris estão vazios, os condutores dos carros alojam-se dentro deles, o que dá à cena a aparência de um cortejo báquico. Entre as fileiras plantadas com uvas, o solo é ocupado com todo tipo de grão, sobretudo o milho e o sorgo.

Quando nos aproximamos de Vicenza, despontam novamente as colinas de norte a sul, fechando a planície. Dizem que são vulcânicas. Vicenza fica a seus pés, recolhida no seio das montanhas.

Vicenza, 19 de setembro

Cheguei há algumas horas e já percorri a cidade, visitei o Teatro Olímpico e as construções de Palladio.[10] Para a comodidade do viajante, editaram aqui um livrinho com gravuras em cobre provido de textos bastante inteligíveis. Apenas quando se veem tais obras é que se pode finalmente reconhecer seu valor. Com sua real grandeza e concretude, elas nos enchem os olhos e nos apaziguam o espírito com a bela harmonia de suas dimen-

---

10 Andrea de Pietro della Gondola, conhecido como Andrea Palladio (1508-1580), foi o mais importante arquiteto italiano da Renascença. Inspirou-se na arquitetura greco-romana, sobretudo nas obras de Vitrúvio (séc. I a.C.). É autor do célebre tratado *I quattro libri dell"architettura* [Os quatro livros da arquitetura, 1570].

sões, não apenas em esboços abstratos, mas sim com toda a perspectiva de seus avanços e recuos. Digo o mesmo de Palladio. Foi um grande homem, a partir já de sua constituição interior. A grande dificuldade com a qual esse homem teve de se confrontar foi o emprego adequado da ordem das colunas na arte da construção das residências patrícias. É sempre uma contradição unir colunas a paredes. Mas o modo como ele elaborou essa união, o modo como ele consegue, por meio da concretude de sua obra, impô-la a nós, ao mesmo tempo que nos faz esquecer de que está nos convencendo! Há mesmo algo de divino em seus talentos, algo como a força de um grande poeta, capaz de construir uma terceira coisa, a partir da verdade e da mentira, cuja existência emprestada nos encanta.

O Teatro Olímpico[11] é um teatro dos antigos, em pequena escala e indizivelmente belo. No entanto, ele se me afigura, quando contraposto aos nossos, como uma criança distinta, rica e cultivada, diante do experiente homem do mundo, o qual, nem tão distinto, nem tão rico ou tão cultivado, sabe melhor o que é capaz de conseguir fazer por seus próprios meios.

Ao contemplar aqui em seu lugar as magníficas construções realizadas por Palladio, vê-se o quanto já se encontram desvirtuadas pelas estreitas e impuras necessidades dos homens, o quanto seus projetos eram superiores aos meios dos empreendedores, o quão esse monumento ao espírito humano mais elevado ajusta-se pouco à vida do homem comum. Ocorre-nos então que em todas as coisas se procede assim, pois se ganha bem pouco agradecimento dos homens quando tornamos mais altas suas aspirações íntimas, quando lhes oferecemos uma ideia mais elevada de si próprios, quando lhes permitimos sentir a magnificência de uma vida verdadeira e nobre. Mas se nos dispomos a encantar "as aves", a contar histórias da carochinha, dia a dia contribuindo para que os homens se tornem piores, ganhamos então sua simpatia, e é exatamente por isso que os tempos modernos apreciam o que é de mau gosto. Não digo isso para desanimar os amigos, digo-o apenas porque assim são os homens, acrescentando que não devemos nos admirar de que seja dessa maneira.

---

11 Teatro projetado por Palladio em 1580 e terminado de construir, depois de sua morte, por Vincenzo Scamozzi (1552-1616).

Viagem à Itália

Nem é preciso dizer o quanto a Basílica de Palladio[12] se distingue da construção ao lado, um velho edifício em forma de castelo com janelas irregulares, o qual o arquiteto deve ter planejado pôr abaixo, junto com a respectiva torre. Tenho de fazer um esforço extraordinário para me conter, pois infelizmente encontro aqui, lado a lado, aquilo que busco, mas também aquilo que me causa repulsa.

20 de setembro

Fui ontem à ópera, que se estendeu até a meia-noite, deixando-me ansioso por meu descanso. Fragmentos de *As três sultanas* e *O rapto do serralho*[13] reunidos com pouca habilidade. A música era agradável, mas executada provavelmente por algum amador, sem que algum conceito novo me tivesse chamado a atenção. Os balés, ao contrário, foram adoráveis. O par de bailarinos principais dançou uma *allemande* com uma graciosidade ímpar.

Trata-se de um teatro novo, agradável e belo, moderadamente suntuoso, com uma decoração uniforme, como convém a uma cidade provincial. Cada um dos camarotes é provido de cortinas da mesma cor, e a do *capitan grande* distingue-se apenas pelo comprimento um pouco maior.

A prima-dona, muito apreciada pelo povo, foi aplaudida de modo entusiástico, e quando ela de fato acertava, o que acontecia com frequência, as aves se comportavam de modo bastante inapropriado, de tanta excitação.

---

12 Basílica de Palladio, edifício público em Vicenza, antigo Palazzo della Ragione (Palácio da Justiça). Palladio o remodelou, acrescentando ao edifício em estilo gótico, como elemento mais importante, as *loggias* em mármore branco, que se tornariam célebres como um dos primeiros exemplos do que viria a ser conhecido como janela palladiana, serliana ou veneziana.

13 *Les Trois sultanes ou Soliman II* (1761), comédia em versos de Charles-Simon Favart (1710-1792). *Die Entführung aus dem Serail* (1782), ópera de Wolfgang Amadeus Mozart (1756-1791), com libreto de Johann Gottlieb Stephanie (1741-1800). Em Roma, Goethe escreverá mais tarde a respeito de seu próprio esforço para compor uma peça musical: "Todos os nossos esforços para excluir o que havia de simplório e limitado foram a pique com a entrada em cena de Mozart. *O rapto do serralho* bateu todas as outras peças, de modo que nunca mais se falou no teatro sobre a nossa *Scherz, List und Rache* [Jogos, perfídia e vingança], à qual dedicáramos tanto cuidado".

Johann Wolfgang von Goethe

Uma criatura natural, de bela figura e bela voz, com um rosto agradável e de uma dignidade honesta; poderia ter mais graça nos gestos dos braços. A propósito, não voltarei mais lá, acho que não sirvo para pássaro.

21 de setembro

Visitei hoje o dr. Turra. Ao longo de uns bons cinco anos, ele se ocupou apaixonadamente de botânica, tendo construído um herbário da flora italiana, além de ter criado um jardim botânico, sob a regência do último bispo. Mas agora não há mais nada disso. A prática da medicina tomou o lugar da botânica, o herbário está entregue aos vermes, o bispo morreu e o jardim botânico novamente é cultivado com couve e alho.

O dr. Turra é um homem fino e bom. Contou-me sua história com toda a sinceridade, pureza de alma e modéstia, falando de modo claro e gentil. Não quis, porém, abrir seus armários, que talvez não se encontrem em estado apresentável. A conversa logo se estancou.

21 de setembro, à noite

Visitei o velho arquiteto Scamozzi,[14] que publicou um livro sobre as obras de Palladio e é um artista ousado e apaixonado. Deu-me algumas instruções, satisfeito com meu envolvimento no assunto. Entre os edifícios construídos por Palladio há um pelo qual sempre nutri especial predileção. Supõe-se que tenha sido a residência do arquiteto. Mas quando se vê de perto, vê-se muito mais do que nas reproduções. Apraz-me desenhá-lo e iluminá-lo com as cores que lhe foram dadas pela matéria-prima e pelo tempo. Não se deve pensar, porém, que o arquiteto ergueu para si um palácio. Trata-se da casa mais modesta do mundo. Tem apenas duas janelas, separadas por um amplo espaço, que por certo deveria portar a terceira

---

14 Ottavio Bertotti (1719-1790), arquiteto italiano. Acrescentou ao seu nome o sobrenome do grande arquiteto Vincezo Scamozzi (1552-1616), condição testamentária para se beneficiar de um fundo criado por ele para financiar estudos de jovens arquitetos de Vicenza. Contribuiu grandemente para a difusão do palladianismo, publicando em quatro volumes as plantas das obras de Palladio.

Viagem à Itália

janela. Se alguém fosse pintá-la, de forma que também as casas vizinhas fossem reproduzidas, seria prazeroso perceber o modo pelo qual ela se encaixa entre as outras. Canaletto poderia tê-lo feito.[15]

Hoje visitei uma suntuosa casa, conhecida por Rotonda,[16] localizada a cerca de meia hora da cidade em uma agradável colina. É um edifício quadrado, que contém em si uma sala redonda, iluminada por cima. De todos os quatro lados sobe-se por escadas de largos degraus, chegando-se então a um átrio, formado por seis colunas coríntias. A arte da construção talvez tenha chegado ao seu grau máximo de requinte. O espaço ocupado pelas escadas e pelo átrio é muito maior do que a própria casa, a ponto de se dizer que cada um dos lados poderia muito bem figurar como a fachada de um templo, sem fazer feio. Pode-se dizer que seu interior é habitável, mas não se trata exatamente de um lar. O salão tem belas proporções, assim como os quartos. Entretanto, não bastariam para as necessidades da temporada de verão de uma família distinta. A despeito disso, pode-se ter, na região em que se encontra a construção, uma visão magnífica de todos os seus lados. Quem passa por ali tem sob os olhos a grande variedade de movimento formada pelo corpo principal junto às colunas que se lançam para a frente. A intenção do proprietário foi completamente realizada, a de deixar um patrimônio para seus herdeiros e um monumento físico de sua riqueza. E do mesmo modo que se pode ver a casa a partir de qualquer ponto da região em sua magnificência, também a vista que se tem a partir dali é extremamente agradável. Podem-se contemplar as correntezas do Bacchiglione, barcos que descem de Verona em direção ao Brenta; veem-se também as amplas propriedades que o marquês Capra quis deixar totalmente nas mãos da família. As inscrições dos quatro lados do pórtico, que juntas formam uma única, merecem ser aqui assinaladas:

---

15 O edifício descrito por Goethe é a Casa Cogollo, construída provavelmente em 1559. Não foi de fato projetada por Palladio nem lhe serviu de residência.

16 A Villa Almerico-Capra, ou Rotonda, é uma das principais obras de Palladio. Sua construção foi iniciada em 1550 por ordem do cônego Paolo Almerico e completada por Vincenzo Scamozzi em 1606, depois de ter sido adquirida pelos irmãos Capra em 1591.

Johann Wolfgang von Goethe

Marcus Capra Gabrielis filius
qui aedes has
arctissimo primogeniturae gradui subjecit
una cum omnibus
censibus agris vallibus et collibus
citra viam magnam
memoriae perpetuae mandans haec
dum sustinet ac abstinet.[17]

Especialmente o final da citação é bastante insólito: um homem a quem foi dada tanta riqueza e poder pensa que ainda deverá passar por sofrimentos e privações. Isso é algo que se pode aprender sem tanto dispêndio.

22 de setembro

Estive esta noite em um evento oferecido pela Academia dos Olímpicos. Uma brincadeira, mas muito boa, que acrescenta um pouco de tempero e animação à vida das pessoas. Um grande salão ao lado do teatro de Palladio, iluminado com sobriedade, em que estavam o capitão e parte da nobreza da cidade. O público era todo composto por pessoas cultas, muitos eclesiásticos dentre elas, no total cerca de quinhentas pessoas.

A questão lançada pelo presidente da associação para a assembleia de hoje era sobre o que traria mais proveito às belas-artes, a criação original ou a imitação. Tratava-se de um bom mote, uma vez que, se separarmos as duas alternativas contidas na questão, pode-se falar centenas de anos a fio a respeito de uma e de outra. Também os senhores acadêmicos serviram-se vivamente da oportunidade para apresentar seus argumentos em prosa e verso, entre os quais havia muita coisa boa.

Trata-se do público mais animado que se possa imaginar. A plateia gritava *"Bravo!"*, aplaudia e gargalhava. Ah, se também em solo pátrio fosse

---

17 "Marco Capra, filho de Gabriele, que deixou este edifício como herança ao seu descendente em primeiro grau de primogenitura, entregando-o junto a todos os rendimentos, campos, vales e colinas deste lado da grande estrada à memória eterna, enquanto sofre e pratica a abstinência."

Viagem à Itália

possível comportarmo-nos assim, alegrando pessoalmente a nação! Damos o que temos de melhor, mas por escrito; o leitor então se encolhe solitário em um canto com seu livrinho e o saboreia aos bocados, da melhor maneira que pode.

Já se podia adivinhar que Palladio foi o tema da maior parte dos discursos, quer o assunto fosse criação ou imitação. Por fim, quando chegou necessariamente a hora da piada, alguém teve a boa ideia de dizer que, já que os outros lhe haviam tirado a oportunidade de falar sobre Palladio, ele gostaria por sua vez de elogiar Franceschini, o grande fabricante de seda. Começou então a demonstrar as vantagens que a imitação dos tecidos de Lyon e de Florença trouxera a esse hábil e eficiente empreendedor, e, por meio dele, também à cidade de Vicenza. Daí seria possível concluir, portanto, que a imitação é muito mais sublime do que a criação. E tudo isso foi dito com tamanho humor e graça que despertou no público uma gargalhada sem fim. Os que falaram a favor da imitação encontraram maior aplauso, uma vez que se pronunciaram de acordo com aquilo que a massa é capaz de pensar. Em um determinado ponto, o público concedeu seu aplauso entusiasmado a um sofisma bastante grosseiro, uma vez que não tivera a capacidade de perceber quantas coisas excelentes e dignas de respeito há na criação original. Alegrou-me muito ter vivenciado também essa experiência, pois é altamente consolador o fato de que Palladio, depois de tanto tempo, continue a ser reverenciado por seus concidadãos como estrela guia e como exemplo.

22 de setembro

Estive hoje pela manhã em Thiene, ao norte da cadeia de montanhas, onde está sendo construído um edifício moderno de acordo com uma planta antiga, sem que se possa dizer que haja nisso algo de extraordinário. Pois aqui é comum que se reverencie tudo o que provém dos bons tempos, e os habitantes têm capacidade suficiente para construir um edifício novo em folha a partir de uma velha planta. O castelo está magnificamente localizado sobre um terreno plano, tendo ao fundo diretamente a rocha calcária dos Alpes, sem cadeias intermediárias. A partir do edifício do castelo, ao lado dos caminhos sinuosos, dois leitos de água corrente vão em direção ao viandante, banhando os largos campos cultivados de arroz.

Vi até agora apenas duas cidades italianas e falei com pouca gente, mas posso dizer que já conheço bem meus italianos. São como gente da corte, que acreditam ser a primeira nação do mundo e que podem gabar-se tranquilamente de certas vantagens, as quais não podemos, de fato, negar-lhes. A mim o povo italiano parece de fato uma bela nação; basta ver as crianças e a gente comum como as posso ver e vejo agora, pois estou sempre exposto a eles e continuo a expor-me mais e mais. E que corpos, e que rostos!

Considero louvável aqui, principalmente, o fato de se gozar dos privilégios de uma cidade grande. Eles não nos olham no rosto, façamos o que fizermos; no entanto, se nos dirigimos a eles, são então loquazes e graciosos; principalmente as mulheres me agradam. Não quero falar mal das veronenses, têm uma bela compleição e um perfil decidido. São, entretanto, pálidas, na maioria das vezes, e o *zendale* não lhes faz justiça, pois, sob um belo traje, sempre se procura algo mais atraente. Aqui, no entanto, encontro belas criaturas, sobretudo as que têm cabelos negros cacheados, que me provocam um interesse peculiar. Há também loiras, que não me agradam tanto.

Pádua, 26 de setembro, à noite

Em quatro horas fiz hoje o percurso de Vicenza até aqui, em um tipo de carro de um único assento, que se chama *sediola*, com toda a minha existência na bagagem. Em geral, pode-se fazer esse percurso muito bem em quatro horas, mas como eu desejava aproveitar esse belo dia ao ar livre, foi bastante agradável o fato de o cocheiro ter se atrasado. Avança-se sempre em direção ao sul por entre terras muito férteis, entre cercas vivas e árvores, sem outra coisa à vista, até que finalmente se veem, à direita, as belas montanhas, cruzando o caminho de norte a sul. É indescritível a profusão de plantas e frutos que pendem das árvores, muros e sebes. Abóboras recobrem os telhados, e pepinos das formas mais singulares pendem de cercas e trançados.

Viagem à Itália

Do Observatorium[18] pude ter uma ideia mais clara do magnífico local em que se encontra a cidade. Ao norte ficam as cadeias de montanhas do Tirol, meio escondidas entre as nuvens e cobertas de neve, junto às quais estão as colinas de Vicenza. Por fim, a oeste estão as cadeias de Este, mais próximas, cujas formas e relevo se podem ver com precisão. A sudoeste vê-se um mar verde formado pelos campos cultivados, sem qualquer sinal de elevações, árvore a árvore, planta a planta, enquanto um número incontável de casinhas brancas, *villas* e igrejas desponta desse verde todo. Pude ver claramente no horizonte a torre de São Marcos em Veneza, assim como outras torres menores.

Pádua, 27 de setembro

Finalmente consegui a obra de Palladio, não a edição original que vi em Vicenza, cujas pranchas são impressas em madeira, mas uma cópia exata, uma edição fac-similar em cobre, organizada por um homem excelente, Smith, o antigo cônsul inglês em Veneza.[19] É preciso reconhecer que os ingleses já há muito sabiam reconhecer o que é bom e sabem divulgá-lo de maneira grandiosa.

Na oportunidade dessa aquisição, pude conhecer uma livraria, que na Itália tem uma aparência totalmente diferente. Os livros todos ficam disponíveis ao redor, e durante o dia inteiro encontra-se boa companhia. Todos os que de alguma maneira têm a ver com literatura, como clérigos seculares, nobres e artistas, circulam por aqui. Pode-se pedir um livro, folheá-lo, ler e conversar da maneira que se desejar. Foi assim que, quando perguntei pela obra de Palladio, descobri uma meia dúzia de senhores que, juntos, voltaram sua atenção a mim. Enquanto o proprietário ia buscar o livro, elogiaram a obra e informaram-me sobre a existência do original e da cópia. Eles próprios tinham grande familiaridade com a obra e com o mérito do autor. Por terem me tomado por um arquiteto, louvaram minha

---

18 Trata-se do Observatório da Universidade.

19 Trata-se da obra *Os quatro livros da arquitetura*, publicada originalmente em 1570. A edição adquirida por Goethe foi publicada entre 1770 e 1780.

escolha de ter dado precedência aos estudos desse mestre entre todos os outros, dizendo-me que Palladio podia ser muito mais útil do que Vitrúvio no que diz respeito aos aspectos práticos da arquitetura, pois se dedicara mais profundamente ao estudo dos antigos e da Antiguidade, buscando adequá-la às nossas necessidades contemporâneas. Conversei por longo tempo com esses homens tão gentis, descobri ainda mais alguma coisa sobre os monumentos da cidade e por fim me despedi.

Embora as igrejas tenham sido construídas para os santos, também se pode encontrar nelas um lugar para os homens de entendimento. O busto do cardeal Bembo está disposto entre duas colunas jônicas, um belo rosto, se me permitem dizer, um rosto com alguma violência em seus traços, com uma barba poderosa. Diz a inscrição:

Petri Bembi Card. imaginem Hier. Guerinus Ismeni f. in publico ponendam curavit ut cujus ingenii monumenta aeterna sint ejus corporis quoque memoria ne a posteritate desideretur.[20]

O edifício da Universidade aterrorizou-me com toda a sua dignidade. Sinto-me feliz por saber que não tive de aprender nada ali. É difícil imaginar uma tal estreiteza pedagógica, ainda que também se tenha sofrido seu tanto nos bancos das academias alemãs. Especialmente o anfiteatro anatômico é um exemplo de como se pode pressionar uma turma de estudantes. Em um auditório alto e estreito, os estudantes amontoam-se uns sobre os outros. Dali eles têm uma vista oblíqua do estreito pedaço de chão onde fica a mesa, sobre a qual não incide nem um raio de luz, daí a necessidade do professor de demonstrar à luz de lamparinas. O jardim botânico, por sua vez, é mais agradável e animador. Muitas plantas podem sobreviver durante o inverno, se forem colocadas junto a muros ou próximo deles. Cultiva-se a maior parte no fim de outubro, mantendo tudo aquecido nos

---

20 "Jerônimo Guerino, filho de Ismeno, mandou expor ao público a imagem do Cardeal Pietro Bembo como monumento eterno de seu engenho e para que a posteridade não ficasse privada da recordação de sua figura."
Pietro Bembo (1470-1547), cardeal, escritor, gramático, tradutor e humanista italiano.

poucos meses que se seguem. É muito prazeroso e instrutivo caminhar por uma vegetação que não nos é familiar. Quando nos deparamos com espécimes costumeiros, e também com objetos há muito conhecidos, não pensamos em nada, mas o que é a contemplação sem o pensamento? Aqui, junto a essa diversidade que se me apresenta pela primeira vez, torna-se cada vez mais viva aquela ideia segundo a qual todas as formas vegetais talvez pudessem derivar de uma única.[21] Apenas desse modo seria possível determinar verdadeiramente gêneros e espécies, penso eu, o que, até então, vem sendo feito de modo bastante arbitrário. É exatamente nesse ponto que estaquei em minha filosofia botânica, sendo que ainda não vislumbro como sair dele. A profundidade e amplidão desse ramo do conhecimento parecem-me agora totalmente indiferentes.

A grande praça, chamada Prato della Valle, é um espaço muito amplo, onde, em junho, acontece a feira principal. As barracas de madeira não oferecem a melhor das aparências. Entretanto, os habitantes garantem que aqui logo se verá uma *fiera* construída em pedra, como a de Verona. Já as redondezas nos dão fundada esperança, pois oferecem uma vista bastante bela e significativa.

Uma enorme área em forma oval está coberta de estátuas que representam homens notáveis que foram mestres ou estudantes na universidade. Qualquer pessoa, habitante local ou forasteiro, pode mandar erguer um monumento de determinadas proporções em honra de um compatriota ou parente, desde que comprovadas a contribuição da pessoa e sua permanência acadêmica em Pádua.

A grande área oval é circundada por um leito de água. Sobre as quatro pontes que levam a ele, estátuas colossais de papas e doges. Outras, de menor tamanho, foram erguidas por corporações, por particulares e por estrangeiros. O rei da Suécia mandou erigir um monumento a Gustavo Adolfo,[22] pois se diz que ele assistiu uma vez a uma conferência em Pádua.

---

21 Trata-se aqui da primeira menção, no texto de *Viagem à Itália*, à *Urpflanze*, a planta primordial ou primeva, ideia motriz dos estudos botânicos de Goethe.

22 Gustavo III (1746-1792), rei da Suécia entre 1771 e 1792, ano em que foi assassinado.

O arquiduque Leopold[23] renovou a memória de Petrarca e Galileu. As estátuas foram compostas em um belo estilo moderno, ainda que algumas poucas pequem pelo excesso. Outras são perfeitamente naturais, de acordo com os trajes da época e com as devidas honras. As inscrições são também dignas de elogio. Não se encontra ali nada de mau gosto ou de caráter mesquinho.

Em qualquer universidade, seria muito feliz a ideia de se reavivar um passado rico; aqui, a ideia é especialmente afortunada, pois tem um efeito muito benéfico. A cidade pode se tornar um lugar perfeitamente belo, se desmancharem as cabanas de madeira e construírem a feira de pedra, como parece ser o plano.

No salão de uma irmandade dedicada a Santo Antônio há quadros antigos que lembram os velhos alemães. Entre eles, alguns de Ticiano.[24] Pode-se notar ali o grande avanço que ninguém conseguiu atingir por si só do outro lado dos Alpes. Logo em seguida, vi alguns dos modernos. Esses artistas, uma vez que não conseguiam mais atingir a elevada seriedade de seus antecessores, foram muito felizes ao buscar um caráter mais leve. Nesse sentido, se desculparmos o maneirismo do mestre, *A decapitação de São João Batista*, de Piazzetta,[25] é um belo quadro. João se ajoelha, estendendo a mão a sua frente, o joelho direito sobre uma pedra. Ele olha diretamente para o céu. Um soldado às costas de João, que o mantém amarrado, inclina-se para ver-lhe o rosto, como se admirado da tranquilidade e abandono com o qual o homem se entrega. No alto vê-se um outro soldado, que deverá desferir o golpe. No entanto, não tem em mãos a espada, apenas faz o gesto de alguém que se experimenta antes. Quem desembainha a espada é um

---

23 Arquiduque Leopold (1747-1792), o futuro Imperador Leopoldo II do Sacro Império Romano-Germânico (entre 1790 e 1792).

24 Trata-se da Scuola del Santo, ao lado da Basílica de Santo Antônio em Pádua, construída em 1427. De Ticiano (*c.* 1490-1576) são os três afrescos datados de 1511: *O milagre do recém-nascido*, *O milagre do pé recolocado* e *O milagre do marido ciumento*.

25 Giovani Battista Piazzetta (1683-1754). *A decapitação de São João Batista* foi pintado em 1744.

terceiro, disposto abaixo dele no quadro. O tema é feliz, ainda que não seja grandioso. A composição impressiona e causa um bom efeito.

Na Igreja dos Eremitas vi quadros de Mantegna,[26] um dos mais antigos pintores, diante dos quais me quedei perplexo. Que presença aguda e firme há nesses quadros! Trata-se dessa presença real e completa, que não produz efeitos de ilusão, falando-nos meramente à imaginação, mas sim uma presença sólida, pura, nítida, plena, sensível e exata, que tem em si ao mesmo tempo algo de austero e mesmo laborioso. Foi daí que partiram os artistas posteriores, como pude notar em obras de Ticiano. A vivacidade de seu gênio e a energia de sua natureza, iluminadas pelo espírito de seus ancestrais e nutridas por sua força, elevaram-se sempre mais alto, alçando-se sobre a terra e produzindo formas celestiais e ao mesmo tempo verdadeiras. Foi assim que se desenvolveu a arte, depois das épocas bárbaras.

A sala de audiências do Conselho Municipal, chamada com justiça de Augmentativum Salone, é um espaço fechado de tamanho descomunal, difícil de se imaginar, também impossível de ser reproduzido na memória, mesmo que na mais recente.[27] Cerca de 300 pés de comprimento, 100 pés de largura e 100 pés de altura, do solo até a abóbada. Essa gente está tão acostumada à vida ao ar livre que seus arquitetos acharam possível cobrir com uma abóbada toda uma praça central. Não se pode negar que esse espaço descomunal, recoberto, produz uma sensação singular. É um espaço infinito e ao mesmo tempo contido e circundado por algo, mais adequado aos homens do que a abóbada celeste. Enquanto esta última nos leva para fora de nós mesmos, aquele nos conduz suavemente para dentro de nós.

Agrada-me também me deixar ficar na Igreja de Santa Justina.[28] Ela tem 485 pés de comprimento, com altura e largura correspondentes a essa

---

26 A Igreja de São Felipe e São Tiago, ou Igreja dos Eremitas, foi construída entre 1276 e1360. Os afrescos de Andrea Mantegna (1431-1506), junto aos outros artistas, pintados na Capela Ovetari entre 1448 e 1457, foram totalmente destruídos em um bombardeio em 11 de março de 1944.

27 O Palazzo della Ragione (Palácio da Justiça) foi construído entre 1218 e 1219. A sala de audiências foi remodelada depois de um incêndio em 1420.

28 A antiga Igreja de Santa Justina foi construída entre os séculos V e VI. Foi reconstruída após um terremoto, em 1119, e demolida em 1502 para dar lugar à construção atual, de 1521.

medida. É grande e construída de maneira simples. Hoje à noite, sentei-me em um canto e dediquei-me à contemplação tranquila. Senti-me então completamente só, pois ninguém no mundo, que pensasse em mim naquele momento, saberia que eu estava ali.

Agora mais uma vez vou fazer as malas; amanhã cedo sigo de barco pelo Brenta. Hoje choveu, mas o céu já clareou novamente. Espero poder contemplar as lagunas e aquela que é a esposa e senhora do mar em um dia claro, e cumprimentar meus amigos uma vez abrigado em seu colo.

Veneza[1]

Estava escrito em minha página no livro do destino que eu avistaria Veneza pela primeira vez aos 28 de setembro de 1786, à tarde, à quinta de nossas horas, aportando do Brenta em direção às lagunas, de modo que logo deveria pisar o solo e visitar essa prodigiosa cidade insular. Desse modo, Deus seja louvado, Veneza deixaria de ser apenas uma palavra, um nome vazio, que a mim tantas vezes angustiara, a mim, o inimigo mortal das palavras sem sentido concreto.

Quando a primeira gôndola atracou ao navio, de modo a levar com mais rapidez à terra os passageiros que tinham pressa, lembrei-me de um antigo brinquedo de criança, no qual não pensava havia talvez mais de vinte anos. Meu pai possuía um belo modelo de gôndola, em relação ao qual tinha muito cuidado. Era para mim uma honra quando me deixavam brincar com ele. A primeira ponta em lâmina de ferro, seguida da armação em madeira escura, tudo isso me saudou como se fossem velhos conhecidos, e eu me senti inundado de uma nostalgia da juventude que há muito em mim se preparava.

Encontro-me bem alojado na hospedaria Rainha da Inglaterra, não muito longe da praça de São Marcos, sendo esta a grande vantagem do local. Mi-

---

1 Este capítulo tem como base o "Diário de viagem para a sra. Von Stein", quarta parte, e os diários de Goethe.

nhas janelas têm vista para um estreito canal ladeado por casas altas, logo abaixo de meu quarto há uma ponte de um único arco, e à minha frente abre-se uma ruazinha estreita e animada. É assim que moro e continuarei morando, até que esteja pronto o pacote que enviarei à Alemanha e até que eu tenha me cansado de ver esta cidade. Posso finalmente desfrutar da solidão pela qual tanto ansiei várias vezes, pois em nenhum outro lugar sentimo-nos tão sós quanto no turbilhão pelo qual se avança em completo anonimato. Em Veneza talvez uma única pessoa me conheça, sendo bastante improvável que justamente ela venha a meu encontro.

Veneza, 28 de setembro de 1786

Meu percurso a partir de Pádua, em poucas palavras: a viagem pelo Brenta, em embarcação aberta e em distinta companhia, dado que os italianos mostram ter consideração uns pelos outros, foi discreta e agradável. As margens são adornadas por jardins e casas de veraneio, sendo que algumas localidades estendem-se até a água; por vezes até mesmo as ruas, cheias de gente, chegam até ela. Uma vez que se sobe o rio por meio do sistema de comportas, com frequência há breves paradas, durante as quais se pode ir à terra e deliciar-se com as frutas oferecidas em profusão. Logo subimos novamente a bordo, movimentando-nos por um mundo que se movimenta ele próprio, pleno de fertilidade e vida.

A todas essas imagens e formas que mudam a todo instante junta-se mais uma, a qual, embora originária da Alemanha, aqui se encontra em seu lugar mais adequado. Trata-se de dois peregrinos, os primeiros que vejo pelas vizinhanças. Eles têm o direito de ser transportados gratuitamente, por se tratar de um assunto público. Entretanto, uma vez que o resto da sociedade tem receio deles, os peregrinos não se sentam junto a nós no espaço coberto, mas sim na parte de trás, com o timoneiro. Objetos de espanto por se tratar de uma aparição incomum nos dias de hoje, são tidos em pouca consideração, pois antigamente muitos homens desonestos escondiam-se debaixo dessa capa. Quando notei que eram alemães e incapazes de falar qualquer outra língua, juntei-me a eles e descobri que eram de Paderborn. Ambos eram homens já acima de seus 50 anos, de uma fisionomia algo escura mas de expressão benevolente. Haviam visitado o relicário dos Três Reis Magos em Colônia, peregrinando a seguir pela Alemanha, pondo-se, agora, juntos, a caminho de Roma, dali para o norte da Itália, de onde um deles deveria retornar à peregrinação à Vestifália, enquanto o outro pensava ainda prestar tributo a São Tiago de Compostela.

Traziam os trajes costumeiros e em suas túnicas amarradas à cintura tinham melhor aparência do que nós quando, em nossos bailes à fantasia, nos travestimos em peregrinos metidos em longas túnicas de tafetá. O grande colarinho, o chapéu de abas redondas, o cajado e a concha, o vasilhame mais inocente do qual se pode beber, tudo isso tinha seu significado, assim como sua utilidade imediata; a cápsula de latão servia para guardar seus passaportes. O mais extraordinário, no entanto, eram suas pequenas bolsas de marroquim vermelho, nas quais se encontrava todo tipo de pequenos objetos que poderiam servir para alguma necessidade cotidiana. Eles as traziam agora junto a si, pois havia algo a consertar em suas roupas.

O timoneiro, bastante satisfeito por ter encontrado um intérprete, pediu-me que lhes fizesse diversas perguntas. Pude conhecer, assim, muito do que pensavam, mais ainda sobre sua viagem. Queixavam-se amargamente de seus irmãos de crença, tanto dos pregadores seculares como dos eclesiásticos nos mosteiros. A piedade, diziam eles, deveria ser mesmo algo muito raro de se encontrar, uma vez que não acreditavam na deles. Em boa parte das terras católicas, eram tratados quase como bandoleiros, ainda que mostrassem a rota da peregrinação espiritual que lhes fora traçada e as respectivas permissões recebidas do bispo. Por outro lado, falaram, comovidos, sobre como foram bem recebidos entre os protestantes, em especial por um pastor na Suábia, mas sobretudo por sua mulher, que fora capaz de convencer o marido, que não lhes mostrara de início muita simpatia, a lhes oferecer uma rica refeição e descanso, de que muito precisavam. Quando nos despedimos, ofereci a eles um táler da Convenção,[2] que foi muito bem recebido, uma vez que logo voltariam a pisar em solo católico. Nesse

---

2 *Konventionstaler*: moeda de prata resultante do acordo pecuniário firmado em 1753 pela Baviera e pela Áustria.

momento, disse-me um deles, com toda a elevação que lhe foi possível: "Incluímos essa mulher todos os dias em nossas orações e pedimos a Deus que lhe abra os olhos, assim como ela nos abriu seu coração, de modo que Ele, ainda que tardiamente, acolha-a junto ao seio da Santa Igreja. Temos a esperança assim de certamente encontrá-la um dia no Paraíso".

Sentado sobre a pequena elevação que conduzia à coberta, relatei o que havia de necessário e útil em tudo isso ao timoneiro e também a algumas pessoas que se amontoavam naquele espaço apertado. Ofereceu-se aos peregrinos uma ceia bastante frugal, uma vez que o italiano não gosta de doar. Os peregrinos retiraram então da bolsa pequenos pedaços de papel bentos, nos quais se via a imagem dos Três Reis Magos junto a algumas preces de adoração em latim. Os pios homens pediram-me que presenteasse a pequena sociedade ali reunida com esses papeizinhos, fazendo-lhes ver o grande valor dessas folhas, o que fiz diligentemente. Por fim, quando ambos pareciam bastante apurados quanto a se orientar em uma cidade grande como Veneza e encontrar o mosteiro que recebia os peregrinos, o próprio capitão, comovido, prometeu dar uma moeda de 3 centavos a um rapaz, quando desembarcássemos, para que os guiasse a esse local distante. Eles iriam encontrar bem pouco consolo ali, acrescentou, com familiaridade. Tratava-se de uma instituição muito grande, construída de modo a abrigar muitos peregrinos, mas que sofrera uma redução em seus recursos e estes no momento eram aplicados para outros fins.

Assim entretidos, fomos descendo o belo rio Brenta, deixando atrás de nós magníficos jardins e palacetes, regiões ricas e densamente habitadas, que contemplávamos ao longo da costa com um olhar passageiro. Quando adentramos as lagunas, um enxame de gôndolas circundou o navio imediatamente. Um lombardo, bastante conhecido em Veneza, instou-me a acompanhá-lo, de modo que pudéssemos entrar rapidamente na cidade e escapar do suplício da Dogana.[3] Ele foi hábil em afastar, com pequenas gorjetas, aqueles que nos obstruíam o caminho, de modo que logo nos vimos, sob um magnífico pôr do sol, chegando a nosso destino.

---

3 *Dogana*: alfândega, em italiano.

Viagem à Itália

29 de setembro, dia de São Miguel, à noite

De Veneza já se falou e escreveu tanto que não quero me estender em descrições. Quero apenas dar voz às impressões que a cidade provoca em mim. Acima de tudo, causa-me espanto seu povo, essa grande massa em uma existência ao mesmo tempo necessária e involuntária.

Não foi por divertimento que se abrigaram nessa ilha. Tampouco foi por capricho que outros se juntaram a eles. A necessidade ensinou-lhes a buscar sua segurança na mais desvantajosa das situações geográficas, que mais tarde passou a lhes ser vantajosa, tornando-os sábios, enquanto o mundo nórdico jazia envolto na escuridão. Sua prosperidade e riqueza foram consequência necessária. Entretanto, as moradias se tornaram cada vez mais estreitas, a areia e os pântanos foram progressivamente substituídos pelas pedras. As casas buscavam o ar, assim como as árvores de copa fechada, que procuram compensar em altura aquilo que lhes falta em diâmetro. Ávidos por qualquer faixa estreita de solo e já desde o começo restritos a espaços apertados, construíram suas vielas com largura não maior do que a necessária para separar uma fileira de casas da outra que lhe fica à frente e para assegurar aos habitantes o espaço necessário para ir e vir. A propósito, a água nem lhes fazia as vezes de rua, mas sim de praça e de passeio público. O veneziano teve de se tornar uma nova espécie de criatura, do mesmo modo como Veneza só pode ser comparada consigo mesma. O grande canal em forma de serpente não se assemelha a nenhuma outra rua do mundo, o espaço em frente à praça de São Marcos não pode ser comparado a coisa alguma. Refiro-me ao grande espelho d'água em forma de meia-lua, circundado de um lado por Veneza propriamente dita. Do outro lado do espelho d'água vê-se à esquerda a ilha de San Giorgio Maggiore, um pouco mais à frente, à direita, a Giudecca com seu canal, seguindo ainda um pouco mais à direta a Dogana e a entrada para o Canal Grande, de onde se vê o faiscar de alguns enormes templos de mármore. São esses, em poucas pinceladas, os objetos que divisamos quando adentramos São Marcos passando em meio às duas colunas. Essas vistas já foram tantas vezes reproduzidas em cobre que os caros amigos poderão facilmente fazer uma ideia da paisagem que se nos apresenta.

Depois da refeição, apressei-me para ter uma ideia do todo e lancei-me — sem acompanhante, orientando-me apenas pelos pontos cardeais — no labirinto da cidade, a qual, completamente atravessada por grandes e pequenos canais, se deixa unir novamente por pontes grandes e pequenas. Não se pode avaliar a estreiteza e o caráter compacto do conjunto sem tê-los visto. De modo geral, pode-se medir quase completamente a largura das vielas com os braços esticados. Nas mais estreitas, roçam-se os cotovelos nas paredes, mantendo os braços para baixo. Certamente há algumas ruas mais largas, aqui e ali uma pequena praça, mas de modo geral pode-se chamar a tudo de estreito.

Encontrei com facilidade o Canal Grande e a ponte principal, Rialto; ela é composta de um único arco de mármore branco. Tem-se lá de cima uma bela vista do canal semeado de navios, que suprem todas as necessidades da terra firme. É aqui seu principal ponto de ancoragem e descarregamento de mercadorias, por isso o lugar fervilha de gôndolas. Hoje, dia da festa de São Miguel, a vista é especialmente bela e vibrante. De modo a oferecer um quadro que faça jus à cena, preciso ir ainda um pouco mais longe.

Veneza é dividida pelo Canal Grande em duas partes principais, ligadas uma à outra por uma única ponte, Rialto. Há, entretanto, muitos pontos de comunicação entre as duas margens. O transporte se faz por meio de barcaças abertas, às quais se tem acesso em pontos de embarque determinados. Hoje, tudo parecia especialmente belo; as mulheres bem vestidas, embora cobertas por um véu negro, faziam-se transportar em grupos, para chegar à igreja do arcanjo cujo dia se comemorava. Deixei a ponte e meti-me em um desses pontos de travessia, para melhor observar os passageiros que desembarcavam. Vi entre eles alguns rostos e formas muito belas.

Ao fim de certo tempo, cansei-me. Tomei então assento em uma gôndola, abandonando a estreita viela, e dirigi-me para o lado oposto para ver o outro lado do espetáculo, seguindo pelo lado norte do Canal Grande, contornando a ilha de Santa Clara em direção às lagunas e ao canal da Giudecca até a praça de São Marcos, sentindo-me, ao menos por uma vez, senhor do mar Adriático, como todo veneziano se sente quando está em sua gôndola. Pensei então em meu bom pai, que não se cansava de contar-nos sobre essas coisas. Será que o mesmo não aconteceria também a mim? Tudo o que me

Viagem à Itália

rodeia é digno, uma grande e respeitável obra do trabalho e da força conjunta do gênero humano, um magnífico monumento, não de um senhor, mas de um povo. E quando suas lagunas lentamente se encherem de sedimentos, quando miasmas se elevarem por sobre os pântanos, quando seu comércio enfraquecer e seu poder declinar, nem por um momento a visão da República e de seu espírito parecerá menos digna àquele que a contemplar. Ela paga seu tributo ao tempo, como tudo aquilo que tem uma existência no mundo sensível.

30 de setembro

À noitinha deixei-me novamente perder, sem um guia, pelos mais distantes cantos da cidade. As pontes daqui são guarnecidas de escadas, de modo que as gôndolas, mas também navios maiores, possam passar mais facilmente por sob os arcos. Tento orientar-me para dentro e para fora desse labirinto sem pedir informações, seguindo apenas a posição dos astros. Ao fim a gente consegue se localizar, mas tudo é uma confusão inacreditável. Meu método de orientação empírico é mesmo o melhor a seguir. Pude observar o comportamento, o modo de vida, o costume e a existência dos habitantes até a última ponta habitada da ilha; em cada parte da cidade vivem de maneira diferente. Por Deus! Que pobre, que bom animal é o homem!

Muitas casinhas ficam imediatamente à beira do canal, mas aqui e ali há passagens bem pavimentadas de pedra junto aos diques, pelas quais se pode ir e vir de maneira bastante cômoda por entre a água, as igrejas e os palácios. O longo dique de pedra no lado norte da ilha é uma construção agradável e ao mesmo tempo engraçada. Dali se pode contemplar as ilhotas, especialmente Murano, uma versão em miniatura de Veneza. As lagunas entre elas fervilham de gôndolas.

30 de setembro, à noite

Hoje, ao conseguir um mapa, pude ampliar a concepção que tenho de Veneza. Depois de estudá-lo por algum tempo, subi à Torre de São Marcos, onde se oferece aos olhos um espetáculo único. Era meio-dia e o brilho do sol estava muito claro, de modo que pude distinguir perfeitamente o que estava perto e o que estava longe, sem me valer da perspectiva. A maré cobria as lagunas, e quando dirigi o olhar para o Lido, a estreita faixa de terra que circunda as lagunas, vi pela primeira vez o mar, onde havia um veleiro. Nas lagunas havia galeras e fragatas, que deveriam encontrar o cavaleiro Emo,[4] que faz guerra à Argélia. Porém, os ventos desfavoráveis não permitem que elas partam. Ao norte e a oeste as montanhas de Pádua e de Vicenza, assim como a cordilheira do Tirol, completam lindamente o quadro.

1º de outubro

Saí para conhecer a cidade sob diferentes perspectivas. Como era domingo, pude notar em especial a sujeira das ruas, sobre a qual quero fazer minhas observações. Existe reconhecidamente um tipo de vigilância quanto a isso. O povo varre a sujeira para os cantos e esquinas. Vejo também grandes embarcações se deslocando para todos os lados e recolhendo a sujeira, assim como gente dos cinturões em volta da ilha, que precisam de adubo para a terra. No entanto, tais procedimentos não têm nem regularidade nem rigor. A sujeira se torna mais imperdoável quando lembramos que a cidade foi planejada tendo-se em mente a manutenção da limpeza, do mesmo modo que qualquer cidade holandesa.

Todas as ruas são pavimentadas, até mesmo no bairro mais remoto a rua é guarnecida de tijolos no meio-fio e, onde necessário, o centro é um pouco mais elevado do que os lados, de modo a constituir canais cobertos por onde a água seja conduzida. Outros dispositivos arquitetônicos ainda dão testemunho da intenção de excelentes arquitetos, de fazer de Veneza a cidade mais limpa, uma vez que ela é também a mais insólita. Não pude deixar de esboçar, durante o passeio, uma regulamentação sanitária, apresentando-a a um imaginário inspetor, que se mostrava muito interessado. Pois sempre se está disposto a varrer em frente às portas alheias.

---

4 Angelo Emo (1731-1792), almirante veneziano na guerra contra Túnis (1784).

Viagem à Itália

2 de outubro de 1786

Apressei-me em visitar a Carità.[5] Eu lera na obra de Palladio que ele construíra aqui um convento no qual tentara reproduzir as residências privadas dos cidadãos ricos da Antiguidade, construídas para abrigar a família e seus frequentes hóspedes. O plano para tal obra, desenhado primorosamente no todo assim como nos detalhes, alegrara-me infinitamente, e eu esperava encontrar uma obra prodigiosa. Mas qual! Nem um décimo da obra tinha sido realizado. Ainda assim, essa décima parte era digna de seu gênio divino, com uma tal perfeição na localização e uma exatidão na realização da obra que eu nunca vira antes. Seria necessário ao menos um ano para estudá-la. Pensei jamais ter visto algo assim tão elevado e perfeito.

O artista, dotado do sentido interno para o grandioso e o agradável, aperfeiçoou-se no estilo dos antigos por meio de um notável esforço, para depois fazê-los renascer em sua própria obra. Teve oportunidade de executar uma ideia acalentada havia tempos: construir um convento, destinado a ser moradia de tantos monges, ao abrigo de tantos estrangeiros, segundo a forma de uma residência particular da Antiguidade.

A igreja estava em bom estado. A partir dela se adentrava um átrio de colunas coríntias. Isso nos encanta e esquecemos por um momento de toda a padralhada. De um lado se encontra a sacristia, do outro a sala do capitel e, junto a ela, a mais bela escada em caracol do mundo, com um patamar amplo e aberto, os degraus de pedra adentrando a parede, de modo que um sustenta o outro. A gente não se cansa de subir e descer por eles. Por serem tão belos, é de se supor que o próprio Palladio tenha ficado satisfeito com eles. Do átrio, adentra-se um grande pátio interno. Do edifício que o deveria circundar foi construído infelizmente apenas o lado esquerdo. Há três séries de colunas umas sobre as outras, formando corredores. No primeiro andar, uma arcada com as celas dos monges se abre para ela e, no

---

5 A igreja de Santa Maria della Carità foi construída por Bartolomeo Bon (*c.* 1410-*c.* 1464). Ao lado ficam a Scuola Grande della Carità, fundada em 1260, e o Convento di Santa Maria della Carità, construído por Palladio em 1560 e remodelado depois de um incêndio, em 1630. Desde 1806 abriga a Accademia di Belle Arti.

andar superior, há paredes com janelas. É claro que essa descrição tem de ser apoiada pelo desenho.

Ainda uma palavra sobre a concepção da obra. Apenas as cabeças e os pés das colunas, assim como as chaves dos arcos, são de pedra esculpida. O restante é, não diria de tijolos, mas de argila queimada. Eu ainda não conhecia tais blocos. Frisos e cornijas são também feitos desse material, assim como as laterais dos arcos. Empregou-se pouco gesso na construção. O edifício assemelha-se a uma obra fundida, uma peça feita de uma só vez. Se tivesse sido terminado, lixado e pintado, seria certamente uma visão celestial.

No entanto, o espaço escolhido para sua localização era grande demais. O artista não apenas pensou que o edifício ali existente deveria ser demolido, como também as casas vizinhas teriam de ser compradas. É possível que o dinheiro e o ânimo para o empreendimento tenham acabado. Ó doce destino, que favoreces e eternizas tantas tolices, por que não deixaste esta obra vir à luz?!

3 de outubro

A Igreja Il Redentore,[6] uma bela e grandiosa obra de Palladio, tem uma fachada mais digna de elogios do que a de San Giorgio.[7]

Palladio foi completamente tomado pela existência dos antigos e experimentou a estreiteza de horizontes e a pequenez de sua época como um grande homem que não quer se entregar, mas sim alterar as coisas como for possível, de acordo com seus nobres conceitos. Ele estava insatisfeito, como pude concluir a partir de sutis passagens de seu livro, com o fato de que as igrejas cristãs continuavam a ser construídas de acordo com o formato das basílicas. Por conta disso, tento aproximar as igrejas que construiu dos templos antigos. Dessa ideia resultaram algumas impropriedades,

---

6 Igreja do Redentor: construída entre 1577 e 1592 na ilha da Giudecca, foi a última grande obra de Palladio.

7 Basilica di San Giorgio Maggiore, na ilha do mesmo nome, construída por Palladio entre 1565 e 1580. Concluída por Scamozzi segundo o projeto de Palladio em 1610.

Viagem à Itália

as quais a visita a Il Redentore me fez ignorar, mas elas ganham vulto em San Giorgio. Volkmann[8] diz algo sobre isso, mas não põe o dedo na ferida.

O interior da Il Redentore é igualmente belo; tudo, inclusive o altar, foi desenhado por Palladio. Infelizmente, os nichos, que deveriam conter estátuas, estão cheios de figuras planas de madeira pintada.

3 de outubro

Os padres capuchinhos, em honra a São Francisco, decoraram um altar lateral com grande esmero. Não se vê nada das pedras a não ser os capitéis coríntios. Tudo o mais está coberto por bordados luxuosos de muito bom gosto, em forma de arabescos. A mim impressionaram principalmente as gavinhas e os louros bordados em fio dourado. Ao me aproximar mais, percebi meu engano. O que eu tomara por ouro era palha prensada e colada sobre papel em belos desenhos, sendo que o fundo era pintado em cores vivas. Tudo muito variado e de extremo bom gosto, de modo que esse adorno, feito de um material sem valor, provavelmente ali mesmo no mosteiro, deveria custar uma fortuna, caso fosse autêntico. Seria possível copiá-lo, eventualmente.

Eu já tinha notado algumas vezes, à beira do cais, a presença de um sujeito de baixa estatura, que narrava alguma coisa em dialeto veneziano a um público ora maior, ora menor; infelizmente não entendo nada desse dialeto, mas pude perceber que ninguém ria. Raramente a audiência, composta sobretudo pelas classes mais baixas da população, esboçava um sorriso. Também não havia nada de extraordinário ou de risível em seus modos, antes havia neles algo que lembrava as coisas da lei, ao lado de uma diversidade digna de admiração. Em seus gestos, a precisão remetia à arte e à reflexão.

---

8 Johann Jacob Volkmann (1732-1803). Em suas *Historische-kritische Nachrichten von Italien* [Notícias histórico-críticas da Itália, 3 vol. 1770-1771], Volkmann censura a desarmonia entre as duas ordens de colunas e a porta excessivamente alta e estreita.

Johann Wolfgang von Goethe

3 de outubro

Com o mapa nas mãos, aventurei-me pelos mais singulares labirintos da cidade até a Igreja dos Mendicantes.[9] Aqui fica o conservatório mais conceituado nos dias de hoje. Quando cheguei, as mulheres executavam um oratório por trás das grades e a igreja estava cheia de ouvintes. A música, muito bela, era cantada por vozes celestiais. Um ancião cantava a parte do rei Saul, o protagonista do poema. Eu não sabia que uma voz assim podia existir. Alguns trechos da música eram infinitamente belos, e o texto podia ser cantado em toda a sua extensão. Cantavam em um latim algo italianado. Isso, entretanto, não impede que a música neste país seja muito cultuada.

Teria sido um belo prazer, não fosse o maldito mestre de capela marcando, sem qualquer inibição, o compasso com um rolo de papel dobrado, que ele batia contra as grades, como se estivesse ensinado meninos de escola. As moças tinham ensaiado a peça algumas vezes, de modo que sua intervenção professoral era completamente desnecessária, incomodava e impedia que pudéssemos nos entregar a ouvir. Era como se alguém, que quisesse nos tornar compreensível uma estátua, colasse sobre os membros fitinhas de cor escarlate. Aquele som desagradável destruía toda a harmonia. Tratava-se de um músico que não ouvia, ou pior, que deseja nos fazer cientes de sua presença. Melhor teria sido que ele deixasse seu valor ser reconhecido por meio da excelência da execução. Sei que os franceses fazem tal coisa, mas eu não teria pensado que os italianos também. Ao que parece, o público já está acostumado. Não foi essa a única vez em que se pôde concluir que o prazer contém em si aquilo que o destrói.

3 de outubro

À noite fui à ópera em São Moisés (pois os teatros têm o nome das igrejas mais próximas). Não fiquei nem um pouco satisfeito! Faltou ao poema, à música e aos cantores energia interna, o único elemento capaz de

---

9 A Igreja de São Nicolau dos Mendicantes (Chiesa di San Niccolò dei Mendicoli, em italiano) é uma das mais antigas de Veneza. Supõe-se que a primeira construção date do século VII.

Viagem à Itália

levar ao sucesso esse tipo de apresentação. Não se pode dizer propriamente que houvesse trechos ruins. Mas foram apenas as duas mulheres que se deram ao trabalho de atuar bem e de agradar. Isso sempre é alguma coisa. São duas belas silhuetas, atraentes e com boas vozes. Já entre os atores masculinos não existe nenhum vestígio de vigor interno e vontade de agradar ao público, assim como também nenhuma voz especialmente brilhante.

O balé, de concepção pobre, foi vaiado do começo ao fim. No entanto, alguns bailarinos e bailarinas especialistas em saltos, que entendiam como parte de sua tarefa familiarizar o público com cada uma das belas partes de seus corpos, foram largamente aplaudidos.

3 de outubro

Já hoje assisti a uma outra comédia que me agradou bem mais. Ouvi, no Palácio Ducal, uma audiência pública. Tratava-se de algo importante e, para minha sorte, foi realizada no período de recesso da corte. O advogado de uma das partes era tudo que um bom bufo deve ser. Dono de uma silhueta avantajada, baixo porém flexível nos movimentos, dotado de um perfil espantosamente projetado para a frente e de uma voz estrondosa, assim como de uma tal vivacidade, como se tudo o que dissesse proviesse do fundo de seu coração. Chamo isso de comédia porque provavelmente tudo já estava determinado quando se deu a apresentação pública. Os juízes já sabiam o que dizer, assim como as partes já sabiam o que esperar. Ainda assim, tudo me agradou bem mais do que nossas intermináveis sessões realizadas nas salas dos tribunais e nos cartórios. Gostaria agora de narrar como tudo se deu, de forma natural e sem ornamentos desnecessários.

Os juízes sentavam-se em semicírculo em uma espaçosa sala do Palácio Ducal. Defronte a eles, em uma cátedra que poderia abrigar ainda mais gente, os advogados de ambas as partes e, imediatamente à frente deles, em um banco, queixoso e réu. O advogado da parte queixosa desceu da cátedra, pois não se previa debate na audiência de hoje. Os documentos do processo, já impressos, deveriam ser lidos.

Um escrevente magro e ossudo, vestindo uma puída túnica preta e segurando um alentado volume nas mãos, preparou-se para a tarefa da leitura.

O salão estava repleto de ouvintes. A questão legal, assim como as pessoas envolvidas, pareciam ter grande importância para os venezianos.

Os fideicomissos usufruem de reconhecidos privilégios legais nesta República. Uma vez reconhecido oficialmente esse caráter, ele é mantido de forma permanente, ainda que os bens em questão, por uma razão ou outra, possam ter sido vendidos séculos antes e passado por diferentes mãos. Uma vez levantada a questão da propriedade, os sucessores da família originalmente proprietária mantêm seu direito, e os bens têm de ser devolvidos.

Nessa ocasião, a controvérsia era extremamente importante, uma vez que a queixa era levantada contra o próprio doge, melhor dizendo, contra sua esposa, que se encontrava ali em pessoa, envolvida em seu *zendale* e sentada no mesmo banquinho que o queixoso, separada dele apenas por um pequeno espaço. Uma dama já de certa idade, com uma nobre constituição física, um rosto bem formado com traços algo melancólicos. Os venezianos se orgulhavam imensamente do fato de sua princesa ter de aparecer diante da justiça em seu próprio palácio.

O escrivão começou a leitura e só então pude entender o significado de um homenzinho sentado em frente aos juízes, não muito longe da cátedra dos advogados, assim como do relógio de areia que ele depositara a sua frente. Enquanto o escrivão lê, o tempo não corre. Quando o advogado deseja falar, concedem-lhe um prazo limitado da seguinte maneira: enquanto o escrivão lê, o homenzinho mantém o relógio em repouso. Assim que o advogado abre a boca, o relógio é posto na posição vertical. Quando ele silencia, volta o relógio à posição original. Esta é que é a grande arte praticada pelos advogados: fazer observações superficiais e breves ao longo da leitura, de modo a chamar a atenção sobre si e pontuar as evidências. Desse modo, o pequeno Saturno vê-se em maus lençóis. Ele é obrigado a mudar a posição do relógio a todo momento, encontrando-se, portanto, na mesma situação dos espíritos maus no teatro de bonecos, os quais não sabem como reagir diante dos gritos do maroto Hanswurst,[10] que se alternam rapidamente: "Berlique! Berloque!".

---

10 Referência ao personagem cômico na peça *Doktor Faustus* para o teatro de bonecos.

Viagem à Itália

Aqueles que já ouviram a revisão de processo em nossas cortes podem ter uma ideia do tom dessas leituras, monótonas ainda que feitas rapidamente, mas articuladas e bastante nítidas. O advogado dotado de talento artístico sabia interromper com piadas a monotonia, e o público ria desmedidamente de suas brincadeiras. Quero relembrar aqui um dos chistes que mais me agradou, o mais interessante dentre aqueles que fui capaz de entender. O escrivão recitava um documento no qual um proprietário renunciava a um dos bens de posse controversa. O advogado pediu-lhe que lesse mais devagar, e, quando pronunciou claramente as seguintes palavras: "Eu renuncio, eu transfiro a propriedade", o orador ergueu-se energicamente sobre o escrivão, exclamando: "A que renuncias? O que queres transferir, ó pobre-diabo faminto! Nada possuis neste mundo!". "É claro", prosseguiu ele, parecendo recompor-se, "que o ilustre proprietário encontrava-se na mesma situação, queria renunciar, transferir a propriedade de algo que pertencia a ele tanto como a ti." Uma gargalhada sem fim explodiu, mas ainda assim o relógio de areia assumiu a posição horizontal novamente. O escrivão prosseguiu, fazendo ao advogado uma cara de poucos amigos. Na verdade, tudo era uma brincadeira previamente combinada.

4 de outubro

Assisti ontem a uma comédia, no Teatro São Lucas,[11] que me agradou muito. Tratava-se de uma mascarada extemporânea, executada de modo bastante natural, com energia e talento. É certo que são talentos desiguais. O Pantaleão,[12] excelente; a mulher, de boa compleição, sem ser uma atriz extraordinária, tinha muito boa dicção e sabia se comportar em cena. Um assunto interessante, similar àquele que é encenado nos palcos alemães sob

---

11 Fundado em 1622 como Teatro Vendramin, também foi chamado de Teatro San Luca, Teatro San Salvatore, Teatro Apollo e, desde 1875, Teatro Goldoni. É o mais antigo teatro ainda em atividade de Veneza.

12 Trata-se do personagem que incorpora o velho benevolente, no teatro de máscaras italiano.

o título de *Der Verschlag*.[13] Com inacreditável diversidade, a peça nos entreteve por mais de três horas. Também aqui a base de tudo é o povo, sobre o qual tudo se constrói. O público atua junto, transformando-se em um todo com a peça. Durante o dia, o povo se deixa estar na praça e nas gôndolas, nos palácios e nas margens. Compradores e vendedores, mendigos e marinheiros, a vizinha, o advogado e seu oponente, tudo fervilha, todos têm algo a expor, a expressar e a assegurar, gritam e apregoam suas mercadorias, cantam e fazem pilhérias, amaldiçoam e fazem barulho. À noite vão ao teatro ver e ouvir a vida que levam de dia, artisticamente organizada, misturada à ficção e apartada da realidade pelas máscaras, alimentada pelas próprias tradições. Aqui eles se alegram como crianças, gritam outra vez, aplaudem e causam tumulto. De dia e de noite, 24 horas a fio, é sempre a mesma coisa.

Eu nunca vira uma atuação tão natural como a desses atores mascarados, algo que só pode ser conseguido por aqueles que possuem um talento natural excepcionalmente propício, exercitado ao longo de muito tempo.

Agora, enquanto escrevo, fazem um poderoso tumulto sob minha janela junto ao canal, e já passa da meia-noite. Para eles, o mal e o bem têm sempre algo em comum.

4 de outubro

Desde que cheguei aqui, tive a oportunidade de ouvir alguns oradores públicos: três sujeitos na praça e junto ao cais, cada um contando histórias a sua maneira; depois dois advogados, dois pregadores e a trupe de atores, entre os quais elogio principalmente o Pantaleão. Todos eles têm algo em comum, tanto porque pertencem a uma mesma nação, a qual, por viver publicamente, se encontra sempre discursando apaixonadamente, mas tam-

---

13 *Der Verschlag oder: hier wird Versteckens gespielt* [O tabique ou: tem alguém brincando de esconde-esconde, 1781]. Comédia de Johann Christian Bock (1724-1785) baseada na peça *El escondido y la tapada* [O homem escondido e a mulher de véu], de Pedro Calderón de la Barca (1600-1681).

Viagem à Itália

bém porque se imitam uns aos outros. Aos discursos junta-se uma enérgica linguagem gestual, que acompanha as intenções, opiniões e emoções.

Hoje, dia de São Francisco, estive em sua Igreja alle Vigne.[14] A voz aguda do frei capuchinho foi acompanhada pela gritaria dos vendedores de rua como por uma antífona. Eu me deixei ficar na porta da igreja, entre ambos os coros, e o resultado foi bastante singular de se ouvir.

5 de outubro

Estive hoje de manhã no Arsenal,[15] para mim sempre interessante, porque ainda não conheço embarcações marítimas e aqui posso frequentar a escola fundamental sobre o assunto. É como visitar uma velha família, que ainda nos comove, embora seus tempos de esplendor já tenham passado. Como também me interesso pelo trabalho dos artesãos, vi coisas muito interessantes e subi a um navio de 84 canhões, cujo esqueleto ainda se mantinha de pé.

Seis meses atrás, um navio semelhante pegou fogo na Riva de' Schiavoni. Felizmente as câmaras de pólvora não estavam muito cheias e, embora tenham explodido, não causaram grande dano. O pior efeito da explosão foi que as casas vizinhas perderam suas janelas.

Vi os trabalhadores lidando com o belo carvalho da Ístria, o que me levou a considerações sobre o crescimento dessa valiosa árvore. Não me canso de dizer o quanto meu conhecimento duramente adquirido das coisas naturais, de que os homens necessitam como matéria-prima empregando-a para seu uso e conforto, ajuda-me a compreender o procedimento do artista e dos artesãos. Da mesma forma, o conhecimento das montanhas e das pedras que delas se extraem resultaram em um grande progresso no que diz respeito à arte.

---

14 Trata-se da Igreja S. Francesco della Vigna, construída em 1534 por Jacopo Sansovino (1486-1570).

15 O estaleiro da cidade, fundado em 1104. O portal principal, construído em 1460, é a primeira edificação de Veneza no estilo dos primórdios do Renascimento.

5 de outubro

Minha opinião sobre o *Bucentauro*[16] resume-se a uma única expressão: uma galera luxuosíssima. O antigo, do qual temos ainda reproduções, merece ainda mais essa denominação do que o atual, que, com seu brilho, nos empana a vista para sua origem.

Volto sempre ao meu velho ponto: se ao artista é dado um objeto digno e verdadeiro, ele poderá produzir algo assim também. Nesse caso, foi pedido ao artista que construísse uma galera que pudesse levar os chefes da República no mais solene de seus dias para celebrar o sacramento de sua soberania marítima, tarefa que foi primorosamente executada. O navio é todo ele um adorno, o que é diferente de dizer que é recoberto de adornos. Uma peça única em madeira esculpida e dourada, um verdadeiro relicário, para mostrar ao povo seus governantes em todo o seu esplendor. Pois sabemos: o povo, que gosta de enfeitar seus chapéus, quer ver também seus governantes ostentando seu luxo e magnificência. Esse suntuoso navio é um testemunho daquilo que foram os venezianos e da ideia que ainda têm de si próprios.

5 de outubro, à noite

Cheguei ainda rindo da tragédia e quero registrar essa graça. A peça não foi ruim, o autor reuniu todos os *matadores* trágicos e os atores tiveram boa performance. Algumas das situações dramáticas já eram conhecidas, outras eram novas e muito boas. Dois pais de família que se odeiam, filhos e filhas dessas famílias que se apaixonam, um dos casais até mesmo se casa secretamente. A coisa vai se tornando mais grave e mais cruel, até que a única solução que resta para a felicidade dos jovens apaixonados é que os pais apunhalem um ao outro, quando então a cortina cai sob enérgicos

---

16 O Bucentauro era a galera oficial do doge de Veneza, utilizada para celebrar, no dia da Festa da Ascensão, o ritual das bodas de Veneza com o mar. O Bucentauro visto por Goethe, construído em 1728 e destruído por Napoleão em 1797, foi o último da República de Veneza.

Viagem à Itália

aplausos.[17] O aplauso se tornara ainda mais intenso, o público grita *"Fuora!"* até que os dois pares principais se dignam a aparecer à frente da cortina, fazer suas reverências e sair pelo outro lado.

O público, entretanto, ainda não estava satisfeito, continuava a aplaudir e gritava: *"I morti, I morti!"*, até que os dois mortos também apareceram e fizeram suas reverências, quando algumas vozes gritaram *"Bravi i morti!"*. Estes foram detidos com longos aplausos, até que o público permitiu que também saíssem pela lateral. A coisa se torna ainda mais absurda pelo fato de que os gritos de *"Bravo! Bravi!"*, que os italianos têm sempre nos lábios, são agora ouvidos por todos e usados para saudar também os mortos.

"Boa noite!", dizemos nós os nórdicos a qualquer momento, quando nos despedimos já no escuro. O italiano diz: *"Felicissima notte"* apenas uma vez, quando trazem a lâmpada ao quarto, no momento em que o dia se despede, e isso então quer dizer algo completamente diferente. As peculiaridades de cada língua são intraduzíveis, pois desde a mais sublime até a mais vulgar das palavras, todas estão relacionadas às singularidades da nação, sejam elas as de caráter, crenças ou circunstâncias.

6 de outubro

A tragédia de ontem foi muito instrutiva. Em primeiro lugar, foi possível ouvir como os italianos declamam seu verso iâmbico de onze sílabas. Pude também entender como Gozzi associa as personagens trágicas às máscaras. É nisso que consiste verdadeiramente o espetáculo para esse povo. Pois ele que ser comovido de maneira crua, não se identifica ternamente com a in- felicidade do outro. Alegra-se apenas quando o herói faz um belo discurso, pois valoriza muito a retórica, do mesmo modo que quer ter motivos para rir de alguma tolice.

Sua reação à peça dá-se apenas de modo realista. Se o tirano dá sua espa- da ao filho, instando-o a assassinar a própria esposa que se encontra a sua frente, o público começa a manifestar ruidosamente seu desagrado, e pouco

---

17 Trata-se provavelmente da peça *La punizione nel precipizio* [A punição no precipício, 1768], de Carlo Gozzi (1720-1806).

falta para que a peça seja interrompida. Exige que o velho recolha sua espada, o que, sem dúvida alguma, inviabilizaria o desenrolar da trama. O filho ameaçado decide por fim avançar no proscênio e pedir humildemente ao público que tenha um pouquinho de paciência, pois logo a coisa seguirá a contento. Do ponto de vista artístico, a situação dramática, porém, era tola e antinatural, de modo que segue meu elogio ao público e à sua percepção.

Sou agora capaz de entender melhor as longas falas e os muitos vaivéns dissertativos na tragédia grega. Os atenienses adoravam ouvir e ainda mais falar, e faziam-no ainda melhor do que os italianos. Certamente aprenderam alguma coisa nos tribunais, onde passavam a maior parte do dia.

6 de outubro

Encontrei nas obras de Palladio, principalmente nas igrejas, algumas coisas merecedoras de críticas, ao lado de outras excelentes. Ao refletir sobre o quanto eu estaria certo ao criticar um homem tão extraordinário, é como se ele estivesse a meu lado e dissesse: "Fiz isso e aquilo contra minha vontade, mas o fiz porque, sob aquelas circunstâncias, essa era a única maneira de concretizar minhas ideias da maneira mais aproximada".

Quanto mais penso a respeito, a mim parece que ele, ao considerar a altura e a amplitude de uma igreja ou de uma casa antiga para as quais deveria construir uma fachada, teria dito a si mesmo: "O que daria a esses espaços uma forma ainda mais grandiosa? No detalhe, terás de alterar ou pôr a perder alguma coisa, o que criará alguma incongruência, mas o todo terá um estilo elevado, e poderás alegrar-te com teu trabalho".

E assim ele expressou a grande imagem que trazia na alma também ali onde ela não cabia por inteiro, tendo para isso de mutilá-la e desfigurá-la nos detalhes.

A ala da Caritá, entretanto, é-nos tão preciosa porque ali o artista pode criar livremente, seguindo o que lhe ditava o espírito. Se o convento tivesse sido terminado, talvez não houvesse, no mundo contemporâneo, obra mais perfeita de arquitetura.

Quanto mais leio sua obra e penso no tratamento que ele deu aos antigos, mais claro se torna para mim seu modo de pensar e de trabalhar. Ele

Viagem à Itália

usa poucas palavras, mas todas são importantes. O quarto livro, no qual ele fala dos templos antigos, é uma verdadeira introdução sobre como devemos olhar para as ruínas da Antiguidade.

6 de outubro

Ontem à noite assisti à *Electra* de Crébillon no Teatro São Crisóstomo, traduzida.[18] Não sou capaz de dizer o quanto a peça me parece de mau gosto e quanto tédio ela me provocou.

No entanto, os atores são bons e sabem oferecer, aqui e ali, bons momentos ao público. Em uma única cena, Orestes tem três narrativas, todas elas poeticamente compostas. Electra, uma bela mulherzinha de altura e compleição médias, dona de uma vivacidade quase francesa, recitou lindamente os versos, mas infelizmente atuou de modo extravagante do começo ao fim, aliás, como o papel exige. Novamente pude aprender alguma coisa. O verso iâmbico italiano, de onze sílabas, traz grande incômodo e dificuldade para a declamação, pois a última sílaba, sempre curta, faz a voz subir, contra a vontade do declamador.

6 de outubro

Hoje de manhã estive na missa solene, a qual o doge, por conta de uma antiga vitória sobre os turcos, tem de assistir na Igreja de Santa Justina.[19] Quando os barcos dourados atracam na pequena praça, trazendo o príncipe e uma parte da nobreza, gondoleiros vestidos de modo singular e manejando remos vermelhos esforçam-se por trazer os eclesiásticos, que portam velas acesas em castiçais de prata. Das embarcações são estendidas então pontes em direção à terra, cobertas por tapetes. Primeiramente as

---

18 Prosper Jolyot de Crébillon (1674-1762), dramaturgo francês. Sua *Électre* foi representada pela primeira vez em 1708. Teatro São Crisóstomo, atual Teatro Malibran, encontra-se ao lado da Igreja de São João Crisóstomo.

19 Trata-se da vitória na batalha de Lepanto, em 7 de outubro de 1571 (a mesma em que Miguel de Cervantes perdeu a mão esquerda). A Igreja de Santa Justina, transformada em caserna nos tempos de Napoleão, hoje abriga o Instituto Técnico.

Johann Wolfgang von Goethe

longas vestes violeta dos *savii*,[20] depois as longas túnicas vermelhas dos senadores desdobram-se sobre as pedras do calçamento, e por fim o velho doge, trazendo o barrete frígio dourado e vestindo o longo talar dourado com o manto de arminho. Três criados sustentam sua capa. Tudo isso numa pequena praça frente ao pórtico de uma igreja em cujas portas foram hasteadas bandeiras turcas, dá a impressão de uma velha tapeçaria, muito bem desenhada e colorida. Essa cerimônia alegrou intensamente a mim, fugitivo do Norte. Na Alemanha, onde nenhuma cerimônia exige vestes longas e onde a maior coreografia que se pode imaginar é uma parada com as armas ao ombro, tal coisa parece despropositada. Mas aqui essas longas caudas, esses pacíficos acontecimentos estão no lugar certo e se completam.

O doge é um homem de bela compleição e bela figura, que estaria doente, segundo dizem, mas que se mantém ereto sob a pesada roupa, por conta da honra e dignidade. No mais, ele se parece com o avô de toda a estirpe, amável e benevolente. As vestes caem-lhe muito bem, a pequena capa sob o barrete não chega a ser de mau gosto, pois, fina e transparente, assenta-se sobre os cabelos mais brancos deste mundo.

Cerca de cinquenta membros da nobreza em longas vestes vermelho--escuras fazem parte do cortejo, na maioria homens de bela figura, a maior parte deles altos, com cabeças proporcionais nas quais as perucas de cachos louros assentam muito bem. A pele do rosto, branca e macia, não nos provoca qualquer repulsa, mas antes lhes atribui a aparência de homens que têm uma existência leve e inteligente, sem esforços, tranquila e segura de si, dotada de um certo grau de satisfação.

Depois de todos terem se acomodado na igreja e de a missa solene ter começado, as irmandades entram pela porta principal, saindo então pela porta lateral direita depois de, organizados em pares, terem sido ungidos com a água benta e se curvado em frente ao doge e à nobreza.

6 de outubro

Hoje à noite contratei o famoso canto dos gondoleiros, que cantam versos de Tasso e Ariosto em melodias de sua própria lavra. É preciso mesmo

---

20 Os dezesseis ministros da República de Veneza.

contratá-lo, não é uma coisa que se ouça de ordinário. Trata-se de algo como essas sagas quase desaparecidas de um tempo primevo. À luz do luar subi em uma gôndola, com um cantor postado na proa e outro na popa. Começaram a entoar sua canção, alternando-se a cada verso. A melodia, que conhecemos por meio de Rousseau,[21] é um misto entre coral e recitativo. Ela mantém sempre o mesmo ritmo, sem ter propriamente um compasso. A modulação também é sempre a mesma; no entanto, de acordo com a alteração do conteúdo do verso, muda-se também o tom e a medida da sílaba.

Não quero aqui pesquisar a origem da melodia. Basta dizer que ela é bastante apropriada para alguém que, ocioso, começa a entoar uma melodia, a ela adaptando algum poema que conheça de cor.

Com uma vez penetrante – a potência vocal é o que o povo daqui mais aprecia –, o cantor se senta à praia de uma ilha, à beira de um canal ou em um barco, e deixa ecoar sua melodia, o mais longe que conseguir. A música se propaga pelo espelho calmo das águas. À distância, um outro, que conhece a melodia e entende as palavras, o escuta e responde com o verso seguinte. O primeiro agora replica, e assim a melodia dura a noite toda, entretendo-os, sem os cansar. Quanto mais distantes um do outro, mais atraente a melodia pode se tornar. Desse modo, o melhor lugar para o ouvinte é entre os dois cantores.

A fim de me proporcionar essa experiência, os dois subiram às margens da Giudecca e separaram-se, tomando posição ao longo do canal. Eu me deslocava ora na direção de um, ora na de outro, de modo a sempre me afastar daquele que deveria começar a cantar, aproximando-me daquele que cessara o canto. Só então pude perceber o sentido desse canto. Quando o ouvimos como uma voz à distância, soa de modo extremamente singular, como um lamento ou uma queixa. Há ali algo de inacreditavelmente comovedor, que me levou às lágrimas. Atribuí isso a meu estado de espírito, mas meu bom velho disse: "*È singolare, come quel canto intenerisce, e molto più, quando è più ben cantato*".[22] Aconselhou-me a ouvir as mulheres do Lido, especialmente as de

---

21 Trata-se de *Les Consolations des misères de ma vie ou Recueil d'airs, romances et duos* (1780).

22 É estranho como aquele canto enternece, ainda mais quando bem cantado.

103

Malamocco e Palestrina, pois também essas cantavam os versos de Tasso com melodias semelhantes. Disse ainda: "Elas têm o hábito de se sentar à beira do mar à noite, quando os maridos saem para pescar, e fazem ecoar esses cantos com voz aguda e penetrante, até que os maridos as escutem à distância e passem então a conversar com elas". Não é muito belo isso? E ainda assim seria possível pensar que tais cantos poderiam causar bem pouca alegria a um ouvinte que, nesse momento, estivesse no mar lutando contra as ondas. É um canto humano e verdadeiro, e a melodia é viva. Inutilmente me esforcei para capturá-la na letra morta da partitura. É o canto de um solitário que, imerso na amplidão e na distância, busca encontrar um coração igual ao seu que o escute e lhe responda.

8 de outubro

Visitei o palácio Pisani Moretta[23] por causa de um precioso quadro de Paolo Veronese. As mulheres da família de Dario se ajoelham diante de Alexandre e Hefesto, a mãe, ajoelhada à frente das outras, toma este último pelo rei, ele o nega e aponta para o verdadeiro.[24] Conta a lenda que o artista foi bem recebido neste palácio e tratado com todas as honras por um longo tempo; para retribuir a acolhida, pintou o quadro em segredo e o deixou enrolado debaixo da cama, como um presente. Seja como for, ele merece ter uma origem excepcional, pois dá uma ideia precisa do valor do mestre. Sua grande arte em produzir a mais preciosa harmonia sem apelar para uma tonalidade uniforme, que se estendesse por toda a extensão da tela, mas distribuindo engenhosamente a luz e a sombra, e fazendo, com igual sabedoria, alternarem-se as cores em cada uma das partes, é perfeitamente visível aqui, pois o quadro está inteiramente preservado e se oferece aos nossos olhos com o mesmo frescor que teria se pintado ontem; pois, de fato, assim que uma pintura dessa espécie sofre algum dano, nosso prazer se turva, sem que possamos saber o motivo.

---

23 Palácio Pisani Moretta, edifício do século XV às marges do Canal Grande.
24 O quadro de Paolo Veronese, *A família de Dario aos pés de Alexandre* (1565-1570), se encontra desde 1857 na National Gallery de Londres.

Quem quisesse discutir com o artista por causa das indumentárias teria apenas de dizer a si mesmo que se tratava de representar uma história do século XVI, e com isso tudo estaria resolvido. A hierarquia na disposição das figuras, começando pela mãe, passando pela esposa para chegar às filhas, é extremamente verdadeira e bem-sucedida; a mais jovem das princesas, ajoelhada por último atrás das outras, é uma bela criaturinha e tem um rostinho muito bonito, obstinado, petulante; sua situação não parece agradá-la nem um pouco.

Sobre o 8 de outubro

Meu velho hábito de olhar o mundo com os olhos do pintor levou-me a algumas considerações. É um fato reconhecido que o olhar se forma a partir dos objetos que contemplamos desde a infância. Assim, os pintores venezianos devem enxergar tudo de forma mais clara e límpida do que os outros homens. Já nós, que vivemos sobre um solo ora lamacento, ora empoeirado, sem cor e sem reflexo, e que porventura habitamos moradias estreitas, não somos capazes de desenvolver um olhar assim tão alegre.

Quando, sob sol alto, percorri as lagunas e contemplei os gondoleiros de roupas coloridas movimentando-se suavemente ao remar, com as silhuetas recortadas sobre a superfície verde-clara da água e sobre o azul do céu, vi o quadro mais belo da escola veneziana. O brilho do sol acentuava as cores, que cintilavam, e os lugares de sombra eram tão iluminados que poderiam ser tomados algumas vezes pela própria luz. O mesmo pode ser dito a respeito do reflexo da água verde do mar. Era como uma pintura apenas em tons claros, sendo que as ondas espumantes e o cintilar das luzes serviam de contraponto dentro dessa intensa claridade.

Ticiano e Veronese têm essa claridade em alto grau. Quando não a encontramos em suas obras, é porque o quadro já se encontra danificado pelo tempo, ou porque foi restaurado de modo desastroso.

As cúpulas e abóbadas da Igreja de São Marcos, assim como as laterais, são todas recobertas por desenhos coloridos sobre fundo dourado. Alguns muito bons, outros nem tanto, a depender do mestre responsável pelo desenho do padrão original. A meu ver, tudo depende desse procedimento, que confere à obra a medida exata e o verdadeiro espírito. Depois, é possível reproduzir, com pequenos mosaicos de vidro, tanto o bom quanto o ruim. A arte do mosaico, que forneceu aos antigos o solo de seus edifícios e aos cristãos o céu de suas igrejas, foi degradada hoje em caixinhas de rapé e braceletes. Estes tempos são piores do que se costuma pensar.

8 de outubro

Na Casa Farsetti[25] há uma bela coleção de reproduções em gesso de algumas das melhores peças da Antiguidade. Não direi nada sobre aquelas que já conhecia de Mannheim ou de outros lugares. Citarei apenas as que conheci agora. Uma Cleópatra colossal, com a serpente enrolada no braço, cai em seu sono de morte; Níobe, que estende o manto para proteger sua filha mais jovem das flechas de Apolo.[26] Alguns gladiadores, um gênio repousando sobre suas próprias asas, filósofos em pé e sentados. São obras que alegram e aperfeiçoam os homens há milênios, sem que seu valor seja esgotado pela reflexão.

Ao contemplar muitos desses bustos tão significativos, transporto-me para os magníficos tempos antigos. Sou, porém, tomado pela percepção do quanto me encontro atrasado nesses conhecimentos. Mas haverei de progredir, pois agora ao menos conheço o caminho. Palladio abriu-o para mim, assim como também o caminho para toda a arte e para a vida. Isso pode parecer um pouco singular, mas certamente não tão paradoxal quanto o caso de Jakob Böhme, que foi iluminado com a compreensão sobre o funcionamento de todo o universo quando contemplou o brilho do raio enviado por Júpiter em uma vasilha de estanho.[27] Nessa coleção encontra-se

---

25 Palazzo Farsetti, às margens do Canal Grande, é uma construção dos séculos XII-XIII. Abriga hoje a Prefeitura.

26 A Cleópatra é, na verdade, uma "Ariadne dormindo". A "serpente" é, de fato, um bracelete. Encontra-se hoje no Vaticano. A Níobe é provavelmente uma cópia romana de um original grego do século I a.C. Encontra-se hoje na Galleria degli Uffizi de Florença.

27 Abraham von Franckenberg (1593-1652) relata, em *Gründlicher und wahrhaftiger Bericht von Leben und Abschied des in Gott seelig ruhenden Jacob Böhmens, 1651* [Minucioso

Viagem à Itália

também um fragmento do entablamento do templo de Antonino e Faustina em Roma.[28] A presença proeminente dessa magnífica forma arquitetônica me faz recordar o capitel do Pantheon em Mannheim. Decerto são diferentes de nossos pobres santos encurvados e dispostos uns sobre os outros em cima das mísulas ao gosto da decoração gótica, de nossas colunas em forma de cachimbos, de nossas torrezinhas pontudas e nossas flores de ferro. De tudo isso estou livre para sempre, Deus seja louvado!

Quero ainda mencionar algumas obras de escultura que pude contemplar nos últimos dias, ainda que de passagem, mas sem dúvida com espanto e elevação. Dois colossais leões de mármore branco, em frente ao portão do Arsenal. Um deles senta-se ereto, plantado firmemente sobre as patas da frente, ao passo que o outro está deitado.[29] Magníficos contrapontos, de uma diversidade viva. São tão grandes que tudo a seu redor se torna pequeno. Nós mesmo nos sentiríamos aniquilados, se não fôssemos elevados pelos objetos sublimes que nos rodeiam. Devem provir da melhor época grega, trazidos aqui do Pireu nos gloriosos tempos da República.

Também alguns dos baixos-relevos que se encontram no templo de Santa Justina, a que venceu os turcos, devem provir de Atenas. Encontram-se isolados, mas infelizmente sua visão é impedida pelas cadeiras do coro. O custódio chamou-me atenção para o fato de que, segundo a lenda, Ticiano teria pintado seus infinitamente belos anjos no quadro *A morte de São Pedro mártir* inspirado naqueles relevos. São gênios que carregam consigo os atributos dos deuses, belos acima de qualquer conceito.[30]

---

e verdadeiro relato da vida e da morte de Jacob Böhme, que hoje repousa na divina bem-aventurança, 1651] como Böhme (1575-1624), "no ano de 1600, com a idade de 25 anos, foi atingido pela luz divina, tendo sido então conduzido a uma súbita compreensão dos mais íntimos mistérios da natureza, ao contemplar o reflexo da luz em uma vasilha de estanho (reflexo do amável Júpiter)".

28 Templo mandado construir pelo imperador Antonino Pio (86-161) na Via Sacra do Foro Romano, em honra de sua falecida esposa Faustina (100-140).

29 O primeiro desses leões se encontrava originalmente no Pireu, o segundo próximo ao templo de Hefesto (Theseum) em Atenas. Foram levados como despojo de guerra a Veneza por Francesco Morosini (1618-1694) em 1688.

30 Trata-se provavelmente de relevos romanos do assim chamado "Trono de Saturno", representando meninos alados (*puttos*) que portam os atributos do deus.

No pátio de um palácio, contemplei um nu colossal de Marcus Agrippa.[31] A seu lado, um golfinho indica que se trata de um herói naval. Como essas representações heroicas tornam os homens semelhantes aos deuses!

Contemplei de perto os cavalos da Igreja de São Marcos.[32] Olhando-se a partir de baixo, pode-se perceber que eles têm pequenas manchas, em parte um belo brilho amarelo de metal e em parte um verde-acobreado. Assim de perto é possível ver que eles receberam uma camada de ouro. No entanto, a camada está cheia de arranhões, o que mostra que os bárbaros não se deram ao trabalho de lixar o ouro, queriam mesmo arrancá-lo. Poderia ter sido pior: a forma, ao menos, permaneceu.

Um magnífico grupo de cavalos! Gostaria de ouvir um verdadeiro conhecedor de cavalos falar a respeito deles. O que me parece intrigante é que, vistos de perto, parecem pesados, mas de baixo, da praça, leves como um cervo.

8 de outubro

Fui hoje cedo ao Lido com meu anjo da guarda. O Lido é uma língua de terra que circunda as lagunas, separando-as do mar. Desembarcamos e atravessamos a península em diagonal. Escutei um estrondo, era o mar. Logo percebi que ele crescia em direção à praia e depois recuava. Era perto do meio-dia, hora da maré baixa. Pude então ver o mar com meus próprios olhos e caminhar pelo solo macio que ele deixa atrás de si, ao recuar. Desejei que as crianças estivessem comigo, por causa das conchas.[33] Eu próprio, criança, colhi muitas delas, mas pensava em um uso determinado. Pensava em extrair e deixar secar um pouco da tinta das lulas e polvos.

---

31 A escultura se encontrava até o ano de 1823 no Palazzo Grimani. Hoje está no Museo Archeologico.

32 Estátuas romanas de bronze do século II ou III, levados de Constantinopla a Veneza em 1204 como despojo de guerra.

33 As crianças: Fritz von Stein, filho de Charlotte von Stein, e os filhos de Herder, Gottfried, August, Wilhelm, Adelbert, Luise e Emil.

Viagem à Itália

Não muito longe do mar ficam o cemitério dos ingleses e o dos judeus, pois nem estes nem aqueles podem repousar em solo consagrado. Encontrei o túmulo do nobre cônsul Smith e de sua primeira esposa.[34] Devo a ele meu exemplar de Palladio e agradeci-lhe em frente a seu túmulo erguido em solo profano, que, além do mais, se encontrava meio enterrado na areia. Deve-se pensar no Lido como uma duna. A areia é levada de um lado para o outro pelo vento, acumulando-se por toda a extensão. Em pouco tempo seria difícil divisar-se ali mesmo o edifício mais alto.

Mas que bela vista o mar oferece! Quero ver se contrato uma excursão em um barco de pesca, pois em uma gôndola ninguém se arriscaria.

8 de outubro

No mar, encontrei diferentes plantas com características semelhantes entre si, o que me facilitou o conhecimento delas. São todas ao mesmo tempo intumescidas e firmes, suculentas e duras. Fica claro que foi o velho sal do solo, mais do que a salinidade do ar, que lhes deu essas propriedades. Estão repletas de sumo como as plantas aquáticas, ao mesmo tempo em que são duras e firmes como as plantas que vivem nas montanhas. Quando a ponta de suas folhas tem uma tendência a terminar em espinho, como os cardos, estes são bastante pontudos e fortes. Vi uma touceira de uma dessas plantas, parecida com nossa inocente unha-de-cavalo, mas que aqui são munidas de poderosas armas. A folha é dura como couro, assim como as cápsulas de semente e o caule, túmidos e gordurosos. Trouxe comigo algumas cápsulas e folhas secas. Trata-se do *Eryngium maritimum*, ou cardo marinho.

Gosto muito do mercado de peixes com sua infinidade de produtos do mar. Vou lá com frequência para contemplar aqueles desafortunados habitantes marítimos que foram capturados pelos pescadores.

---

34 Joseph Smith (*c.* 1682-1770), cônsul inglês em Veneza, publicou em 1768 uma edição fac-similar dos *Quatro livros da arquitetura* (1570), de Andrea Palladio. Sua primeira esposa foi a soprano inglesa Catherine Tofts (1685-1756).

9 de outubro

Um belíssimo dia, da manhã à noite! Fui até Palestrina, do lado oposto a Chiozza,[35] onde se encontram aquelas grandes construções de pedra que a República mandou erguer, os chamados *murazzi*. Foram feitos em pedra talhada, e sua função primordial é proteger a longa língua de terra chamada Lido, que separa as lagudas do mar, da força deste elemento selvagem.

As lagunas são o resultado da atuação da velhíssima natureza. A interação entre o efeito das marés e da terra, e depois o gradual recolhimento das águas primordiais, foram responsáveis pela criação de uma considerável faixa pantanosa na ponta superior do mar Adriático, coberta pela água na maré alta e exposta na baixa. A indústria humana tomou conta das partes mais altas, e assim nasceu Veneza, formada por um conjunto de centenas de pequenas ilhas e circundada por mais outras centenas. Com o emprego de extraordinário montante de recursos e esforços, foram construídos canais profundos na área pantanosa, para que também na maré baixa os navios de guerra pudessem navegar. Aquilo que o engenho e esforço dos antepassados foi capaz de criar e realizar deve ser agora mantido pela inteligência e pelo esforço dos contemporâneos. O Lido, essa longa faixa de terra, separa as lagunas do mar, que pode penetrar a terra em apenas dois lugares, no Castello[36] e na extremidade oposta, em Chiozza. A maré alta ocorre duas vezes ao dia, e a baixa faz retroceder a água também por duas vezes, sempre seguindo o mesmo caminho e direção. A maré alta cobre os pontos mais baixos e pantanosos, deixando os mais elevados, se não secos, ao menos visíveis.

Teria sido completamente diferente se o mar buscasse vazão por novos caminhos, atacando a faixa de terra, e as marés subissem e baixassem aleatoriamente. Isso sem contar que os pequenos povoados do Lido, Palestrina, São Pedro e outros seriam submersos, os canais de comunicação seriam alagados e, uma vez que a água inundasse tudo, o Lido seria transformado em ilhas e as ilhas, que hoje estão por trás dele, em línguas de terra. Para

---

35 Trata-se da ilha de Chioggia, situada na extremidade sul da laguna. Goethe a chama pelo seu nome em dialeto veneziano, Chiozza.

36 Trata-se do Forte S. Nicolò. A laguna tem, na verdade, quatro entradas.

evitar isso, é preciso proteger o Lido da melhor maneira possível, evitando que o elemento marítimo invada a terra a seu bel-prazer, alastrando-se por sobre as regiões das quais o homem já tomou posse, dando-lhes forma, destino e uso determinados.

Em situações extraordinárias, quando o mar cresce desmedidamente, é muito bom que haja apenas duas entradas e que o restante esteja bloqueado. Isso impede que a água entre com toda a sua violência, submetendo-se, em algumas horas, à lei das marés e diminuindo então sua fúria.

A propósito, os venezianos não têm com que se preocupar.[37] A lentidão com a qual o mar retrocede dá-lhes milhares de anos e, se mantiverem adequadamente seu sistema de canais, poderão conservar suas propriedades por muito tempo.

Se eles apenas conseguissem manter limpa sua cidade! Isso é tão fácil quanto necessário, e as consequências podem ser sentidas ao longo dos anos. Hoje em dia há pesadas multas para quem jogar qualquer coisa nos canais. Não há nada que proíba, entretanto, uma chuva rápida e intensa de arrastar o lixo, presente em todas as esquinas, para dentro dos canais, ou, ainda pior, conduzi-lo para as calhas destinadas apenas à vazão da água, entupindo-as, de modo que a praça principal corre o risco de ser inundada. Cheguei mesmo a ver os drenos da pequena praça de São Marcos, colocados de modo tão sensato quanto os da grande, entupidos e cheios de água.

Nos dias chuvosos, a lama e a sujeira são insuportáveis, todos lançam maldições e impropérios quando, ao subir e descer das pontes, sujam os casacos e tabardos que usam o ano todo. Como não usam botas, mas sim sapatos e meias, estes são atingidos não apenas pela lama comum, mas por um composto corrosivo. No entanto, assim que o sol volta a brilhar, ninguém mais pensa em manter a cidade limpa. É verdade aquilo que se diz: o povo se queixa sempre por ser mal servido, mas não sabe tomar providências para ser servido de maneira melhor. Aqui, se assim quisessem as autoridades, essas melhorias poderiam ser feitas imediatamente.

---

37 A observação é dirigida contra Johann Wilhelm von Archenholz (1743-1812), o qual afirmara em seu livro *England und Italien* [Inglaterra e Itália, 1785] que num prazo de duzentos anos Veneza estaria inabitável.

9 *de outubro*

Subi hoje à torre de São Marcos. Eu já vira as lagunas em sua magnificência à hora da maré alta e agora desejava vê-las em sua modéstia à hora da maré baixa, pois é necessário combinar essas duas imagens para se ter uma ideia correta do todo. É algo bastante peculiar ver a terra aparecer por todos os lados, onde antes havia um espelho d'água. As ilhas não são mais ilhas, e sim elevações do solo recobertas de edificações e cortadas por belos canais em meio a um pântano cinza-esverdeado. A área pantanosa é coberta de plantas aquáticas e, por essa razão, tenta sempre manter-se mais elevada, a despeito do ataque contínuo das marés, que não dão sossego à vegetação.

Dirijo minha narrativa mais uma vez ao mar, onde hoje pude me divertir observando a vida dos caramujos, lapas e caranguejos. Que coisa maravilhosa de se ver! Como seu modo de vida é adequado a sua condição! Vejo agora o quanto meus parcos estudos da natureza são úteis e o quanto eles ainda podem progredir! Mas não desejo excitar a curiosidade dos amigos apenas com exclamações.

As muralhas construídas em frente ao mar constituem-se de alguns degraus bastante íngremes, depois uma superfície ligeiramente elevada, seguida de mais um degrau, de novo uma superfície suavemente elevada e por fim uma parede guarnecida de um friso de proteção na parte superior. A maré crescente rebentava sobre esses degraus e superfícies, atingindo, em situações extraordinárias, a parte superior da muralha e o friso.

Ao mar seguem seus habitantes, pequenos caramujos comestíveis, lapas univalves e tudo o mais que se movimenta, especialmente os caranguejos. Mas nem bem esses pequenos animais aderem à parede lisa, as ondas retrocedem. De início a população não dá conta de onde está e espera que a água volte. Mas ela não volta, e o sol fustiga e faz tudo secar rapidamente. Começam então a retirada, oportunidade que os caranguejos aproveitam para caçar. Não há nada mais cômico e estranho do que os gestos dessas criaturas de corpo redondo com duas longas pinças, pois os pés de artrópodes quase não se veem. Eles seguem meio trôpegos em sua marcha solene, e assim que uma lapa se move para fora, vão em direção a ela, tentando enfiar a pinça no espaço exíguo entre o solo e a casca, afastando a concha

Viagem à Itália

para devorar a ostra. A lapa, entretanto, assim que percebe a presença do inimigo, adere firmemente, por sucção, à parede. O caranguejo então se movimenta de modo ao mesmo tempo bizarro e gracioso ao redor da concha. Mas faltam-lhe as forças para vencer o poderoso músculo daquela delicada criatura. Renuncia, então, a essa presa e se apressa na direção de outra, de modo que a primeira pode seguir seu caminho. Não cheguei a ver esse empreendimento ser bem-sucedido, embora tenha contemplado por mais de hora o cortejo de volta desses animais arrastando-se por entre a superfície da muralha.

10 de outubro

Finalmente posso dizer que assisti a uma comédia! Encenaram hoje no Teatro São Lucas *Le Baruffe Chiozzotte*,[38] cujo título poderia ser traduzido como "Gritaria e confusão em Chiozza". Os personagens são em sua maioria marinheiros, habitantes de Chiozza e suas mulheres, irmãs e filhas. A costumeira gritaria dessa gente, seja nas horas boas ou no infortúnio, seus negócios, sua vivacidade, bondade, grosseria, a tendência à piada e ao humor, assim como seus maus modos, tudo isso foi reproduzido de maneira excelente. A peça é de Goldoni, além disso, e como eu estivera ontem mesmo naquela região e tinha ainda as vozes e o comportamento dos marinheiros e trabalhadores do porto nos olhos e ouvidos, tudo me causou grande prazer. Ainda que não entendesse um ou outro trocadilho, pude acompanhar o todo da peça muito bem. A trama pode ser resumida assim: as mulheres de Chiozza sentam-se na faixa de praia em frente a suas casas fiando, tricotando, costurando e fazendo renda, como de costume. Um jovem passa por elas e cumprimenta uma moça de modo mais gentil do que o usual. Basta isso para que tenha início a boataria, que logo foge ao controle e se acentua, chegando até o escárnio, que, num crescendo, se transforma em reprovação. Dá-se então que uma animada vizinha conta

---

38 Comédia de Carlo Goldoni (1707-1793), representada pela primeira vez em Veneza em 1762.

subitamente a verdade, de modo que as censuras, xingamentos e gritaria têm livre curso, não faltando até mesmo ofensas mais pesadas, o que ocasiona a intervenção da justiça.

O segundo ato se passa no tribunal, sendo que o escrivão toma o lugar do *Podestà* ausente, o qual, por ser nobre, não poderia aparecer em uma peça de teatro. O escrivão colhe o depoimento às mulheres, uma a uma. Isso se mostra, entretanto, controverso, uma vez que ele próprio está enamorado da primeira e, muito feliz com a ocasião de poder ficar a sós com ela, faz-lhe uma declaração de amor. Uma outra, que por sua vez está enamorada do escrivão, irrompe no recinto, enciumada, assim como o irritado pretendente da primeira mulher. Novas ofensas se acumulam, e está formado o pandemônio na sala da justiça, assim como antes no porto.

No terceiro ato crescem as piadas, e tudo termina com uma solução apressada e insuficiente. A boa ideia, entretanto, está em uma determinada personagem, que descreverei a seguir.

Um velho marinheiro, com o corpo alquebrado pela dura vida de trabalhos, sofre também de gagueira. Ele forma uma espécie de contraponto ao povo frenético, palrador e gritalhão, ao tomar impulso com o movimento dos lábios e a ajuda das mãos e dos braços, antes de finalmente proferir o que lhe vai na mente. Como, entretanto, só é capaz de emitir frases curtas, acostumou-se a uma sinceridade lacônica, de modo que tudo aquilo que fala soa de modo solene, como um veredicto. Por meio disso, constrói-se um belo equilíbrio diante da ação desenfreada e apaixonada ao longo da peça.

Mas digo ainda que jamais presenciei tanta alegria quanto essa que o povo manifesta ruidosamente, ao ver seus iguais representados de modo tão natural. Gargalhadas e suspiros do começo ao fim. É preciso reconhecer, entretanto, que os atores o fizeram de modo excelente. Dividiram-se, de acordo com as habilidades de cada um, nas diferentes vozes que costumeiramente se ouvem em meio ao povo. A atriz principal era adorável e estava muito melhor do que recentemente, quando se apresentou nos trajes de uma heroína trágica. As mulheres principalmente, e esta em especial, imitavam as vozes, gestos e maneira de ser do povo de modo muito gracioso. O autor merece grandes elogios, por ter construído do nada um passatempo dos mais agradáveis. Mas isso só é possível quando se trabalha na proxi-

Viagem à Itália

midade imediata de seu próprio povo, um povo cheio de alegria de viver, como o italiano. A peça foi escrita com mão experiente.

Da Trupe Sacchi, para a qual Gozzi trabalhava e que, a propósito, se desfez, vi ainda a Esmeraldina, uma figura pequena e compacta, cheia de vida, graciosa e provida de bom humor. Junto a ela, vi também Brighella, um ator esbelto, de boa compleição, excelente sobretudo na mímica e nas expressões faciais.[39] As fantasias e máscaras, que em nosso país consideramos quase como múmias, uma vez que não têm, para nós, nem vida nem significado, são aqui produtos da própria paisagem e vida cotidiana. Idade, caráter e posição social estão incorporados nesses trajes singulares. Ademais, quando se anda a maior parte do ano fantasiado, nada nos parece mais natural do que haver ali também no palco alguns dominós.

11 de outubro

E uma vez que estar a sós consigo mesmo não é definitivamente possível em meio a uma tal massa humana, voltei com um velho francês, que não fala italiano e está se sentindo vendido e traído, e que, apesar de todas as suas cartas de recomendação, não sabe aonde ou a quem se dirigir. Um homem de estirpe, com um modo de vida muito distinto, mas que não consegue relacionar-se com os locais. Deve estar já bem entrado nos 50 anos e tem em casa um garotinho de 7, do qual aguarda notícias com alguma preocupação. Demonstrei a ele alguma atenção, ele viaja pela Itália com conforto, embora com pressa, de modo a poder conhecer tudo, e gosta de se instruir tanto quanto possível enquanto viaja. Dei-lhe algumas informações. Quando lhe falei de Veneza, perguntou-me há quanto tempo me encontrava aqui. Quando disse que há catorze dias, e pela primeira vez, ele replicou: *"Il paraît que vous n'avez pas perdu votre temps"*.[40] Esse é o primeiro testemunho de meu bom proceder de que posso dar notícia. Ele está aqui há oito dias e

---

39 Antonio Sacchi (1708-1788), ator italiano, famoso no papel de Arlequim, já não vivia nessa época. Carlo Gozzi (1720-1806), dramaturgo italiano, reintroduziu as máscaras que Goldoni abolira. Esmeraldina (ou Colombina) e Brighella são papéis tradicionais de criados na *commedia dell'arte*.

40 "Ao que parece, o senhor não perdeu seu tempo."

já se vai amanhã. Foi-me muito prazeroso ver um verdadeiro habitante de Versalhes em carne e osso, em terras estrangeiras. Também eles viajam! E eu observo com perplexidade o fato de que é possível viajar sem se dar conta de outra coisa a não ser de si mesmo, e olhem que se trata de um homem bem cultivado, destemido e organizado, a seu modo.

12 de outubro

Ontem apresentaram no Teatro São Lucas uma nova peça: *L'inglicismo in Italia*. Uma vez que há muitos ingleses na Itália, é natural que seus costumes sejam notados, e eu pensava ter sido testemunha aqui da grande consideração que os italianos têm por esses ricos hóspedes, por eles tão bem-vindos. Mas a peça não tratava de nada disso. Algumas boas cenas de bufões, como sempre o mesmo, mas tratado de modo pesado e sério demais. Nenhum sinal do espírito inglês, os costumeiros provérbios italianos usuais, encenados do modo mais vulgar. A peça não agradou e quase chegou a ser vaiada. Os atores não se sentiam em seu elemento, não na praça de Chiozza. No entanto, por ser esta a última peça a que assisto aqui, pareceu-me que meu entusiasmo pelas representações nacionais elevou-se também por conta dessa frioleira.

Agora que terminei de rever meu diário e depois de ter acrescentado ainda algumas notas, os arquivos serão organizados e enviados ao julgamento dos amigos. Já neste momento encontro coisas nesses escritos que eu poderia ter definido mais precisamente, poderia ter ampliado e melhorado; que permaneçam então como um monumento às primeiras impressões, as quais, ainda que não sejam sempre verdadeiras, permanecem em nós como lembrança bela e valiosa. Pudesse eu enviar aos amigos um hálito dessa existência leve! Para o italiano, a vida além dos Alpes é apenas uma ideia obscura; a mim também agora, o lado de lá dos Alpes provoca um sentimento de melancolia. No entanto, da neblina, acenam-me formas amistosas. O clima é a única razão que me faria preferir esta região à outra, pois nascimento e hábito são algemas poderosas. Eu não gostaria de viver aqui, assim como em qualquer outra parte, onde não pudesse ocupar-me. Neste momento, a novidade dá-me ocupação infinita. A arquitetura

Viagem à Itália

emerge do túmulo como um velho espírito, que me impele a estudar seus princípios como às regras de uma língua extinta, não para praticá-la, ou para me regozijar vivamente com ela, mas apenas para honrar em emoção silenciosa a existência digna e para sempre cessada dos tempos pretéritos. Uma vez que em Palladio tudo remete a Vitrúvio, consegui também a edição de Galiani;[41] no entanto, esse volume pesa em minha bagagem da mesma maneira que o estudo de seu conteúdo em meu cérebro. Palladio, por meio de suas palavras e obras, por meio de seu modo de pensar e agir, logrou aproximar-me de Vitrúvio, interpretá-lo mesmo, melhor do que a própria tradução italiana é capaz de fazer. Não é fácil ler Vitrúvio, o livro em si é obscuro e exige um estudo crítico. A despeito disso eu o leio de modo fluente, guardando muitas impressões valiosas. Melhor dizendo: eu o leio como a um breviário, mais por devoção do que por instrução. Logo irrompe a noite, e com ela chega o espaço para ler e escrever.

Deus seja louvado, pois recupero o amor por tudo o que na juventude me era valioso! Quão afortunado me sinto ao ousar frequentar novamente os autores antigos! Pois agora posso dizê-lo, agora posso confessar minha doença e minha estupidez. Já há alguns anos não era capaz de contemplar qualquer autor latino, não podia mesmo contemplar coisa alguma que me trouxesse uma imagem da Itália. Se por acaso isso acontecesse, doía-me terrivelmente a alma. Herder troçava de mim, dizendo que todo o meu latim eu aprendera de Spinoza, pois notara que esse era o único livro em latim que eu lia; o que ele não sabia era o quanto eu tinha de me proteger dos Antigos, o quanto eu me refugiava temerosamente nas mais abstrusas generalidades. Por fim, a tradução de Wieland das *Sátiras*[42] deixara-me extremamente infeliz. Nem bem eu lera duas delas, enlouqueci.

---

41 Marcus Vitruvius Pollio, arquiteto romano do século I a.C. Seu tratado *De archi-tectura*, dedicado ao imperador Augusto, foi redescoberto no século XVI e exerceu grande influência sobre os arquitetos da Renascença. A edição citada por Goethe é a tradução italiana de Bernardus Galiani, publicada em Nápoles entre os anos de 1758 e 1759.

42 A tradução das *Sátiras* de Horácio por Christoph Martin Wieland (1733-1813) foi publicada em 1786.

Não tivesse eu tomado a decisão que levo adiante agora, teria já sucumbido. Impeliu-me a essa viagem o desejo de ver tais objetos com meus olhos, imprimindo-os em meu espírito. Não é o conhecimento histórico que me move. As coisas estão a apenas um passo, mas separadas por um muro impenetrável. Não seria uma ousadia dizer que não me sinto como se visse as coisas pela primeira vez, mas sim como se as revisse agora. Estou há pouco tempo em Veneza e sinto-me bastante adaptado à existência daqui. Sei que levarei comigo uma noção clara e verdadeira, mesmo que incompleta.

Veneza, 14 de outubro, às duas da manhã

Nos últimos minutos de minha estada aqui, pois logo seguirei com o navio-correio em direção a Ferrara. Deixo Veneza com prazer, pois, para permanecer com alegria e proveito teria de tomar outras providências, que estão fora de meus planos. Também todos os outros deixam esta cidade e buscam seus jardins e propriedades em terra firme. Nesse meio-tempo, provi-me muito bem para a viagem e levo comigo a imagem rica, insólita e única de Veneza.

De Ferrara a Roma[1]

16 de outubro, pela manhã. No navio

Meus companheiros de viagem, homens e mulheres, gente razoável e primitiva, ainda dormem na cabine. Eu, porém, pernoitei no deque as duas noites, embrulhado em meu casaco. Só esfriou um pouco de manhãzinha. Adentrei agora realmente o grau 45 e repito minha velha ladainha: deixaria tudo de bom grado aos habitantes locais, se eu pudesse, como Dido, envolver, em correias de couro, uma boa quantidade do clima daqui, para recobrir com ele nossas próprias casas. Trata-se de uma existência completamente diversa. A viagem sob clima ameno foi muito agradável, e a paisagem que se avista é simples e graciosa. O rio Pó, amistoso, corre por entre grandes porções de terra plana. Descortinam-se apenas margens cobertas de arbustos e bosques, mas nada se vê ao longe. Aqui, como no rio Ádige, constroem-se barragens tão inúteis e daninhas como aquelas no rio Saale.

Ferrara, dia 16, à noite

Cheguei aqui logo cedo às 7 horas, no horário alemão, e já me preparo para seguir viagem amanhã cedo. Pela primeira vez, nesta cidade grande, bela,

---

1 Este capítulo tem como base o "Diário de viagem para a sra. Von Stein", quinta parte, e os diários de Goethe.

plana e despovoada, fui tomado por um tipo de inquietação e desagrado. Essas mesmas ruas foram outrora habitadas por uma corte resplandecente, aqui Ariosto viveu insatisfeito, e Tasso desafortunado. Pensamos que estamos nos instruindo ao visitar esses lugares. O túmulo de Ariosto tem muito mármore, mal distribuído. Em vez do cativeiro de Tasso mostram-nos um estábulo de madeira, ou depósito de carvão, onde ele certamente não foi mantido preso.[2] Além disso, ninguém sabe dar a informação que se deseja. Por fim parecem dar-se conta e fornecem-na, em vista da gorjeta. Lembro-me do borrão de tinta do dr. Lutero, o qual o castelão vinha reavivar, de tempos em tempos.[3] A maioria dos viajantes tem certo apreço por essas relíquias grosseiras e satisfazem-se à vista de tais vestígios. Eu me tornara bastante rabugento, a ponto de pouco me importar com um belo Instituto Acadêmico, fundado e mantido por um cardeal nascido em Ferrara,[4] até que a vista de alguns monumentos antigos deu-me algum alívio.

Por fim, alegrou-me especialmente a boa ideia do pintor que retratou João Batista à frente de Herodes e Herodíade. O profeta, em seus costumeiros trajes do deserto, aponta energicamente para a mulher. Ela olha com expressão tranquila o príncipe a seu lado, o qual, por sua vez, calmo e com expressão inteligente, dirige o olhar para o Entusiasmado. À frente do rei um cão branco, de tamanho médio; sob as saias de Herodíade vê-se um pequeno cão bolonhês. Ambos os animais latem em direção ao profeta. A composição pareceu-me bastante feliz.[5]

---

2 Lodovico Ariosto (1474-1533) viveu de 1517 até sua morte na corte de Alfonso I (1559-1534). Seu túmulo se encontrava, então, na Igreja de São Benedito. Torquato Tasso (1544-1595) viveu entre 1565 e 1586 na corte de Alfonso II (1559-1597). O cativeiro a que se refere Goethe é o Hospital Santa Anna, onde o poeta foi recolhido como doente mental em 1579.

3 Referência à lenda segundo a qual Lutero, visitado pelo diabo durante a noite no castelo de Wartburg, em Eisenach, teria arremessado o tinteiro contra ele para afugentá-lo. A mancha de tinta que ficara na parede teria sido então muitas vezes reavivada pelos guardiães do castelo.

4 Trata-se do Palazzo dell'Univesità, construído em 1610 por Alessandro Balbi (séc. XVI) e Giovanni Battista Aleotti (*c.* 1546-1636).

5 Trata-se do quadro *João Batista diante de Herodes e Herodíade*, do pintor ferrarense Carlo Bononi (1569-1632). Encontra-se numa capela da Igreja de São Benedito.

Viagem à Itália

Cento, dia 17, à noite

Em uma disposição de ânimo melhor do que a de ontem, escrevo agora da cidade natal de Guercino.[6] Também a situação é bastante diferente. Uma cidadezinha amistosa e bem construída, com cerca de 5 mil habitantes, dotada de um solo rico, animada e limpa, situada em um vale cultivado a perder de vista. Segundo meu costume, subi imediatamente à torre. Um mar de choupos, entre os quais se podem ver pequenas propriedades rurais, cada uma com seu próprio campo de cultivo. Um solo favorável e um clima ameno. Tivemos hoje uma tarde de outono como poucas vezes temos em nosso verão. O céu, coberto ao longo de todo o dia, abriu-se, as nuvens lançaram-se ao norte e ao sul em direção às montanhas, e eu tenho a esperança de que amanhã teremos um belo dia.

Aqui vi pela primeira vez os Apeninos, dos quais me aproximo. O inverno nesta região dura apenas os meses de dezembro e janeiro; segue-se um abril chuvoso e pelo resto do ano faz tempo bom. A chuva nunca é contínua. Esse último mês de setembro foi melhor do que agosto. Saúdo amistosamente os Apeninos ao sul, pois fartei-me logo das regiões planas. Amanhã escreverei ao pé deles.

Guercino amava sua terra natal, como o fazem acima de tudo os italianos, ao elevar ao mais alto grau e cultivar esse belo sentimento de patriotismo local, do qual surgiram tantas nobres instituições, até mesmo tantos santos da terra. Sob a direção desse mestre surgiu aqui uma Academia de pintura. Guercino deixou muitos quadros, que agradam ao cidadão comum, mas que também são muito valiosos. Guercino é um nome sagrado aqui, tanto na boca das crianças quanto dos velhos.

Agradou-me especialmente o quadro que representa o Cristo ressuscitado que aparece diante de sua Mãe.[7] Ajoelhada diante dele, ela o contempla com indescritível comoção. Sua mão esquerda toca levemente o corpo do

---

6 Giovanni Francesco Barbieri, conhecido como Il Guercino (1591-1666), pintor italiano.

7 O quadro mencionado por Goethe é *Noli me tangere* [Não me toques], pintado no final da década de 20 do século XVII.

filho, bem abaixo da malfadada ferida, que arruina todo o quadro. Ele pousa a mão esquerda ao redor do pescoço dela, para melhor contemplá-la, com o corpo um pouco recuado. Isso empresta à figura algo de, não quero dizer forçado, mas certamente estranho. A despeito disso, a figura de Cristo é infinitamente doce. O olhar ao mesmo tempo tranquilo e triste com que ele contempla a mãe tem uma expressão única, como se a lembrança de todos os sofrimentos dela, ainda não curados pela ressureição, pairassem à frente de sua alma nobre.

Strange reproduziu o quadro em uma gravura. Eu gostaria que meus amigos pudessem ver ao menos essa cópia.[8]

Chamou-me a atenção ainda uma Madonna. A criança busca o peito da mãe, esta reluta, envergonhada, em expor o seio nu. Natural, nobre e belo.[9]

Por fim, uma Maria, conduzindo pelo braço a criança a sua frente. Esta, voltada para quem vê o quadro, distribui bênçãos com os dedos levantados. Um motivo muito feliz da mitologia católica e frequentemente repetido.[10]

Guercino é um pintor enérgico e viril, sem ser grosseiro. Antes, suas obras têm uma delicada graciosidade moral, uma liberdade serena e grandiosa. Além disso, possuem algo de singular, que não deixamos de reconhecer, depois de educarmos o olho para a contemplação de sua obra. A leveza, pureza e perfeição de seu pincel deixam-nos perplexos. Ele usa de forma particularmente bela os tons do vermelho-amarronzado nas cores das vestimentas. Estas harmonizam muito bem com o azul, do qual ele também gosta de se servir.

Os temas de seus demais quadros são, em maior ou menor grau, infelizes. O bom artista se martirizou e, no entanto, desperdiçou e perdeu a invenção e o pincel, o espírito e a mão. Foi-me, contudo, muito agradável e valioso poder contemplar também essa bela série de obras de arte, embora essa correria toda proporcione pouco prazer e instrução.

---

8 Robert Strange (1721-1792), gravador inglês, um dos melhores de sua época.

9 A *Madonna* se encontrava então no colégio dos jesuítas.

10 Refere-se provavelmente a um quadro pertencente ao mosteiro dos capuchinhos, situado fora da cidade.

Viagem à Itália

Bolonha, 18 de outubro, à noite

Hoje cedo, antes de o dia clarear, deixei Cento e cheguei rapidamente aqui. Um criado de aluguel, esperto e bem ensinado, assim que percebeu que eu não pretendia me demorar, perseguiu-me por todas as ruas, por entre muitos palácios e igrejas, de modo que mal pude anotar em meu Volkmann os lugares por onde estive . Não sei se serei capaz mais tarde de relembrar por essas anotações tudo o que vi. Por ora, detenho-me em alguns pontos essenciais junto aos quais me senti verdadeiramente comovido.

Antes de tudo, a *Santa Cecília* de Rafael![11] É como se eu já conhecesse previamente o quadro, mas só agora o visse de fato com os olhos. Ele fez exatamente aquilo que outros desejaram fazer, e eu não quero dizer mais nada sobre a imagem, a não ser que é de sua autoria. Cinco santos lado a lado, que não nos dizem nada, mas cuja existência é ali tão perfeita que desejamos vida eterna a essa imagem, conformando-nos satisfeitos com nosso próprio perecimento. No entanto, para conhecer Rafael e apreciá-lo corretamente, sem louvá-lo como a um deus, o qual, como Melquisedeque,[12] foi gerado do nada, sem genealogia conhecida, é preciso conhecer seus antepassados, seus mestres. Estes fixaram raízes no solo firme da verdade e lançaram cuidadosamente os amplos fundamentos da arte, competindo entre si ao construir aos poucos a pirâmide em direção ao alto, até que Rafael, apoiado pelos mestres do passado e iluminado pelo gênio celeste, pôde assentar a última pedra ao cume, sobre o qual ninguém mais foi capaz de se colocar.

O interesse histórico torna-se especialmente excitante quando se aprecia a obra dos mestres mais antigos. Francesco Francia é um artista extremamente respeitável; Pedro de Peruggia, um homem tão excelente que se poderia dizer que é quase um alemão. Imagino o que poderia ter acontecido se a fortuna tivesse levado Albrecht Dürer um pouco mais ao

---

11 Raffaello Sanzio (1483-1520), pintor italiano. *O êxtase de Santa Cecília* foi encomendado em 1513 para a igreja de San Giovanni in Monte, mas supõe-se que só tenha sido executado depois de uma possível estada do pintor em Bolonha. Na época encontrava-se na capela da igreja dedicada a Santa Cecília, atualmente na Pinacoteca.

12 Ver Hb 7:3.

sul na Itália![13] Em Munique tive a oportunidade de ver algumas obras suas dotadas de incrível grandeza. Como o pobre homem se enganou em Veneza,[14] fazendo um acordo com os padres, o que lhe fez perder semanas e meses! Durante sua viagem à Holanda, teve de trocar suas magníficas obras, com as quais esperava fazer fortuna, por papagaios e, para ganhar alguns trocados, retratou os criados que lhe traziam um prato de frutas! A mim comove infinitamente a sorte de um pobre artista assim tolo, pois, no fundo, esse é também meu destino, com a pequena diferença de que eu sei me arranjar um pouco melhor.

Perto do fim da tarde finalmente pus-me a salvo dessa velha, digna e cultivada cidade e da turba que, protegida do sol e do mau tempo sob as arcadas, espalhadas por todo canto, pode andar para cima e para baixo, admirar, comprar e fazer seus negócios. Subi à torre e deleitei-me ao ar livre.[15] A vista é magnífica! Ao norte veem-se as montanhas de Pádua, assim como os Alpes suíços, tiroleses e do Friúli, toda a cadeia do norte, desta vez sob neblina. A oeste descortina-se um horizonte ilimitado, do qual se sobressai apenas a Torre de Modena. A leste uma planície regular, até o mar Adriático, que se pode avistar quando nasce o sol. Ao sul, as primeiras colinas dos Apeninos, cultivadas até o cume e ocupadas por igrejas, palácios e galpões de jardinagem, assim como as colinas vicentinas. O céu estava completamente limpo, sem sequer uma nuvenzinha, apenas uma espécie de vapor no alto do horizonte. O guardião da torre assegurou-me que essa neblina não desaparece já há bons seis anos. Antes ele conseguia, com auxílio de binóculos, divisar as montanhas de Vicenza com suas casas

---

13 Francesco Raibolini, chamado Il Francia (1450-1517), pintor italiano; Pietro Vanucci, chamado Il Perugino (c. 1450-1523), pintor italiano; Albrecht Dürer (1471-1528), pintor, ilustrador, gravador, matemático e teórico da arte alemão.

14 Goethe pôde conhecer em Munique as seguintes obras de Dürer: *A lamentação de Cristo, O altar de Paumgärtner, Lucrécia, Quatro apóstolos* e o retrato de Jacob Függer. À época de sua estada na Itália, Goethe ainda não tinha conhecimento do episódio de Dürer em Veneza. Veio a sabê-lo por meio da biografia publicada por Cramer em 1809. O quadro *Festa das grinaldas de rosas*, entretanto, não foi encomendado pelos padres, mas sim por comerciantes alemães em Veneza.

15 Refere-se à Torre degli Asinelli, construída entre 1109 e 1119.

Viagem à Itália

e capelas, mas agora raramente, e só nos dias mais claros. A neblina forma-se preferencialmente na cadeia de montanhas ao norte, fazendo portanto de nossa amada terra natal uma verdadeira pátria dos cimérios. O homem chamou ainda a minha atenção para a localização e o ar saudável da cidade, o que se podia perceber pelo estado dos telhados, que pareciam novos, além do que nenhum tijolo tinha sofrido dano pela ação da umidade e do mofo. É preciso admitir que seus telhados são todos limpos e encontram-se em ótimo estado, mas talvez também a qualidade dos tijolos contribua para isso, pois ao menos em tempos mais distantes os tijolos nessa região eram queimados de modo excelente.

A torre inclinada oferece uma visão horrível e ainda assim é bem provável que ela tenha sido construída com esmero exatamente dessa forma.[16] Construí para mim mesmo a seguinte explicação para essa tolice: na época das comoções políticas na cidade, cada grande edifício fora transformado em fortaleza, sobre a qual cada uma das famílias poderosas construiu uma torre. Isso se tornou cada vez mais uma diversão e, ao mesmo tempo, uma questão de honra, pois todos queriam exibir sua torre e, quando por fim as torres tornaram-se muito comuns, começaram a erguê-las inclinadas. Arquiteto e proprietário atingiram seu objetivo. Passamos pelas muitas torres eretas e buscamos a torre inclinada. Mais tarde fui conhecê-la. As camadas de tijolos cozidos ficam na horizontal. Com uma boa argamassa, de alto poder aglutinante, e ganchos de ferro podem-se fazer as coisas mais doidas.

Bolonha, 19 de outubro

Empreguei meu dia da melhor maneira possível para ver e rever, mas com a arte acontece o mesmo que na vida: quanto mais longe se vai, mais ampla ela se torna. Nesse céu aparecem novas constelações, com as quais eu não contava e que me confundem. Trata-se de artistas como Caracci, Guido e

---

16 Trata-se da Torre dei Garisendi, ou La Garisenda, cuja construção, da mesma época que a da Torre degli Asinelli, ficou inacabada. Durante a construção a torre afundou. É mencionada por Dante na *Divina Comédia*: Inferno, XXXI, 136.

Domenichino,[17] surgidos em uma época artística tardia e afortunada. Para apreciá-los verdadeiramente é preciso conhecimento e juízo, os quais me faltam e só podem ser adquiridos aos poucos. Os temas disparatados e absurdos dos quadros constituem um grande entrave para a observação e imediata intelecção das obras, pois nos deixam incapazes de apreciá-las no momento em que gostaríamos de honrá-las e amá-las.

É como se os filhos dos deuses desposassem as filhas dos homens. Dali só poderia resultar algo monstruoso. No mesmo momento em que somos atraídos pelo talento celestial de Guido, por seu pincel, o qual deveria pintar apenas o que há de mais perfeito dentre as coisas que podem ser contempladas, queremos imediatamente desviar o olhar daqueles objetos repugnantes e tolos, para os quais nenhum insulto neste mundo é suficiente. Trata-se de dissecação anatômica, patíbulos, matadouros, sempre se representa o sofrimento do herói, nunca uma ação, um interesse presente, sempre uma expectativa fantástica de algo vindo do exterior. Sempre criminosos e encantados, criminosos e loucos, situações para as quais o pintor, tentando salvar o quadro, arrasta um sujeito nu ou uma bela espectadora. De todo modo, porém, trata seus heróis espirituais como manequins de madeira, lançando ainda sobre eles belos mantos cheios de dobras de tecido. Isso está muito longe do que se poderia chamar de humano! Entre dez assuntos não há um único que se pudesse pintar, e mesmo esse único o artista não teria conseguido abordar da perspectiva correta.

O grande quadro de Guido na Igreja dos Mendicantes é tudo o que um quadro deve ser, mas também ao mesmo tempo todo o absurdo que se pode encomendar a um artista. É uma imagem votiva. Penso que todo o Senado deve ter elogiado e mesmo fornecido o assunto. Os dois anjos, que

---

17 Lodovico Carracci, nascido em Bolonha em 1555 e ali falecido em 1619; Agostino Carracci, nascido em 1557 em Bolonha e falecido em 1602 em Parma; Annibale Carracci, nascido em 1560 em Bolonha e falecido em 1609 em Roma. Lodovico era o artista principal da oficina Carracci em Bolonha e da importante escola de pintura barroca que lá se desenvolveu. Seu primo Annibale, que inovou a arte monumental italiana, fora antes seu aluno. Entre os alunos deste em Roma encontram-se Guido Reni (1575-1642) e Domenico Zampieri, chamado Il Domenichino (1581-1641).

Viagem à Itália

bem seriam dignos de consolar uma Psiquê em seu infortúnio, devem aqui *lamentar sobre o corpo de um morto*.[18]

Santo Próculo, uma bela figura. Mas logo depois os outros, bispos e padres! Abaixo, querubins brincando com atributos. O pintor, certamente pressionado por quem encomendara o quadro, procurou de todas as maneiras dar a entender que o bárbaro não era ele. Dois nus de Guido: um João Batista no deserto e um São Sebastião, pintados com excelência, mas o que dizem eles? Um abre desmesuradamente a boca, ao passo que o outro se entorta todo.[19]

Nesse estado de espírito desfavorável em que me encontro agora, se me ocorresse de considerar a história, diria: a crença levou a arte novamente a seu auge; a superstição, por sua vez, dominou-a e causou sua derrocada.

Depois da refeição, com o ânimo mais amável e menos arrogante do que pela manhã, anotei o seguinte em meu caderno de notas: no Palácio Tanari há um famoso quadro de Guido, que representa Maria nutriz, em tamanho maior do que o natural. A cabeça, é como se um deus a pintara. Indescritível a expressão com a qual contempla a criança que lhe suga o peito. A mim parece uma silenciosa e profunda tolerância, não como se ela alimentasse um filho do amor e da alegria, mas sim a uma criança bastarda que o Céu lhe impingira, porque havia de ser assim, e ela, na mais profunda humildade, não entendesse como isso lhe acontecera. O resto do espaço era preenchido por um enorme manto, que os conhecedores parecem apreciar. Já eu não sabia o que pensar disso. Além do mais, as cores tinham escurecido, e a sala e o dia não eram os mais claros.

A despeito da confusão em que me encontro, percebo já que o exercício, a familiaridade e a tendência vêm em meu auxílio nesses caminhos tortuosos. Desse modo, uma *Circuncisão de Cristo*, por Guercino, atraiu-me

---

18 Trata-se da *Pietà di mendicanti*, de Guido Reni. Nota-se aqui o desagrado de Goethe em relação às imagens e rituais católicos, presente ao longo do texto de *Viagem à Itália*. Até mesmo o papa, na Capela Sistina, será objeto de escárnio e ironia. A maioria das edições da obra de Goethe suprime o trecho em itálico.

19 *São João no deserto* se encontrava, segundo Volkmann — que o atribui, corretamente, a Simone Cantarini (1612-1648), discípulo de Guido —, no Palácio Zambecari. Hoje na Pinacoteca, assim como o *São Sebastião* aqui mencionado.

fortemente a atenção, porque eu já conhecia e amava o artista.[20] Perdoei o assunto intragável e alegrei-me com sua execução. Trata-se de uma pintura excecutada da melhor maneira que se possa imaginar, tudo respeitável e perfeito, como se fosse esmalte. Eu me sentia como Balaão,[21] o profeta confuso, que abençoava quando pensava em amaldiçoar, e isso se repetiria mais vezes se mais eu me demorasse ali.

Quando nos deparamos novamente com uma obra de Rafael, ou que lhe possa ser atribuída com alguma probabilidade, logo se nos restabelece o ânimo. Descobri uma Santa Ágata, obra primorosa, ainda que não muito bem conservada.[22] O artista logrou dar-lhe um saudável frescor, um evidente caráter virginal, nem frio nem tosco. Guardei muito bem a imagem na memória e lerei alto para ela minha *Ifigênia*. Não permitirei que minha heroína diga nada que essa santa não pudesse dizer.

Uma vez que retorno a esse doce fardo que carrego comigo em minha jornada, não posso silenciar também sobre o fato de que, além dos grandes objetos artísticos e científicos por meio dos quais me aperfeiçoo, impõe-se ainda uma prodigiosa sequência de formas poéticas, que me deixam intranquilo. Quando deixei Cento, desejava prosseguir com meu trabalho na *Ifigênia*, mas o que sucedeu foi que o espírito conduziu-me para o argumento da *Ifigênia em Delfos*, e eu tive então de construí-lo. Apresento aqui um breve resumo.

Electra, na esperança de que Orestes levasse a Delfos a imagem da Diana de Táuris, surge no Templo de Apolo e oferece o terrível machado, que tanto infortúnio causara na casa de Pelópe, como sacrifício ao deus. Um dos gregos, desafortunadamente, apresenta-se a ela e narra como acompanhara Orestes e Pílades a Táuris, vira os dois amigos conduzidos à morte e salvara-se ele próprio. A apaixonada Electra fica fora de si e não sabe se dirige sua ira aos deuses ou aos homens.

---

20 Pintado em 1646. Na época se encontrava no altar-mor de Jesus e Maria, hoje no Museu de Lyon. A parte superior do quadro, representando Deus Pai, está na Pinacoteca de Bolonha.

21 Nm 22-24; Ap. 2,14.

22 Trata-se, possivelmente de uma pintura que se encontrava no Palácio Ranuzzi.

Viagem à Itália

Enquanto isso, Ifigênia, Orestes e Pílades chegam também a Delfos. A celestial serenidade de Ifigênia contrasta fortemente com a paixão terrena de Electra, quando ambas as personagens se encontram, sem se reconhecer. O grego que escapara, ao ver Ifigênia, reconhece nela a sacerdotisa a qual, segundo ele acredita, sacrificara os amigos, revelando então o fato a Electra. Esta está prestes a assassinar Ifigênia com o mesmo machado que subtrai novamente ao altar quando uma afortunada peripécia impede que esse último e terrível dano afete as irmãs. Caso a cena seja bem-sucedida, não será fácil levar ao palco algo tão grandioso e comovente. De onde conseguir esforço e tempo, ainda que o espírito assim deseje!

No mesmo momento em que me angustio, inundado pelo transbordamento de tanta coisa boa e desejável, devo relembrar aos amigos um sonho que tive, há cerca de um ano, que me pareceu bastante significativo. Sonhei que aportava, a bordo de um bote extremamente grande, em uma ilha de rica vegetação e árvores frutíferas, onde eu sabia haver os mais belos faisões. Negociei imediatamente essas aves com os habitantes da ilha, que as trouxeram ao barco em abundância, já abatidas. Eram mesmo faisões, mas, como os sonhos cuidam de transformar tudo, era possível ver longas faixas coloridas e pontilhadas por manchas em forma de olhos, como nos pavões e aves-do-paraíso. As aves foram trazidas a bordo e arrumadas com as cabeças para o lado de dentro do barco, arranjadas de modo tão gracioso que a penugem longa e colorida, pendendo para fora, constituía, à luz do sol, um magnífico volume, e em tamanha profusão que mal sobrara espaço para o timão e os remos. Cruzamos assim as águas tranquilas do rio, enquanto eu já pensava nos amigos com quem compartilharia a notícia desse tesouro colorido. Por fim, ao ancorar em um grande porto, vi-me perdido entre enormes navios à vela, subindo de convés a convés, à procura de um lugar seguro para aportar meu pequeno barco.

Alegramo-nos com tais imagens insensatas porque elas, brotando de nosso íntimo, devem necessariamente possuir analogia com nossa vida e nosso destino.

Estive por fim naquela famosa instituição científica, conhecida como o Instituto ou os Estudos. O grande edifício, principalmente o pátio interno, parece suficientemente sério, ainda que a arquitetura não seja a melhor. As escadas e os corredores são guarnecidos de revestimento em estuque e afrescos. Tudo é sóbrio e digno. Fiquei perplexo com a variedade de objetos belos e dignos de serem conhecidos que aqui se juntou, ainda que um alemão, acostumado a uma trajetória de estudo mais livre, não se sinta inteiramente à vontade com o que aqui se apresenta.[23]

Acorre-me à memória novamente uma antiga observação sobre o fato de que, no transcorrer do tempo que a tudo transforma, é penoso para o homem livrar-se da forma que uma coisa já teve antes, quando a determinação desta também muda ao longo do tempo. As igrejas cristãs mantiveram a forma das basílicas, ainda que a forma do templo fosse talvez mais vantajosa ao culto. Já as instituições científicas mantêm ainda a aparência de mosteiros, uma vez que nessas pias instituições os estudos ganham espaço e tranquilidade. Os tribunais de justiça dos italianos são tão amplos e altos quanto as posses da comuna o permitem. Ali, tem-se a impressão de se estar no mercado, a céu aberto, onde se falava então a linguagem do Direito. E não construímos ainda os grandes teatros com todos os equipamentos sob um mesmo teto, como se fossem as primeiras barracas nas feiras, que acabáramos de erguer com tábuas? À época da Reforma, por conta da enorme procura por educação e conhecimento, os estudantes foram abrigados nas casas burguesas, mas quanto tempo demorou até que erguêssemos nossos orfanatos, provendo então às pobres crianças essa educação laica tão necessária!

Bolonha, dia 20, à noite

Passei inteiramente ao ar livre esse dia magnífico. Assim que me aproximo das montanhas, sou novamente atraído pelas formações rochosas. Ocorreu-me que sou como Anteu, que se sente revigorado sempre que o colocam novamente em contato com sua mãe, Terra.

---

23 Faziam parte do Instituto uma Academia de Ciências, uma Biblioteca, um Observatório Astronômico, uma sala de Anatomia, um gabinete de História Natural, uma Academia de Pintura. O grande edifício é o Palazzo Celesi, no qual, em 1803, se instalou a Universidade.

Viagem à Itália

Cavalguei até Paderno, onde se encontra a assim chamada barita bolonhesa, da qual são feitos os bolinhos que, calcinados, brilham no escuro e que aqui recebem o nome breve e adequado de *fosfori*.

Já a caminho eu encontrara grandes blocos de selenita, depois de ter deixado para trás uma montanha de argila arenosa. A partir de uma olaria desce um curso d'água no qual desembocam outros menores. A princípio, acredita-se estar diante de uma colina feita de barro arrastado pela chuva, mas ao me aproximar pude saber mais sobre sua natureza: a pedra sólida da qual essa parte da montanha é formada é a argila xistosa, disposta em camadas muito finas e que se alterna com o gesso. A rocha xistosa está tão misturada à pirita a ponto de sofrer alterações significativas, por conta do efeito do ar e da umidade. Ela incha, seus veios se perdem, resultando então em um tipo de argila fragmentária e granulosa, que brilha na superfície como carvão mineral. Essa metamorfose da pedra só pode ser identificada nos blocos maiores, dos quais eu quebrei alguns, sendo capaz então de perceber claramente os dois componentes distintos, o que me convenceu cabalmente da existência do processo metamórfico. Ao mesmo tempo veem-se as superfícies fragmentadas cobertas de pontos brancos, algumas vezes com pedaços amarelos. É essa a aparência de toda a superfície, fragmentada, de modo que a colina parece ser formada de pirita em processo de erosão. Entre os veios há também alguns mais duros, verdes e vermelhos. Frequentemente encontrei na rocha também vestígios de pirita.

Subi então aos penhascos da montanha de rochas fragmentária, lavados pelas últimas chuvas, e para minha satisfação pude encontrar ali a barita que eu buscava, muitas vezes em uma forma oval imperfeita, despontando em muitos pontos da montanha em desagregação, em alguns lugares em sua forma pura, em outros totalmente envolvida pela argila na qual se encontrava imersa. Já à primeira vista pode-se inferir que não se trata de fragmentos trazidos pela água. No entanto, é necessária ainda uma pesquisa mais aprofundada para que se possa dizer se surgiu ao mesmo tempo em que os veios de argila xistosa ou se se formou a partir dela, por tumefação ou decomposição. Os fragmentos encontrados por mim, grandes ou pequenos, assemelham-se a uma forma oval imperfeita, sendo que os menores assumem também a forma imprecisa de cristais. Os fragmentos

Johann Wolfgang von Goethe

mais pesados têm cerca de 270 gramas. Encontrei ainda soltos na mesma argila cristais de gesso perfeitos. Os especialistas certamente farão observações mais aprofundadas a respeito dos exemplares que levarei comigo. E lá vou eu mais uma vez, carregado de pedras! Levei comigo cerca de 6 quilos dessa barita.

20 de outubro, à noite

O quanto eu teria ainda a dizer, se quisesse confessar tudo o que me foi pela cabeça nesse dia tão lindo. Mas meu desejo é mais forte do que meus pensamentos. Sinto-me irresistivelmente atraído por aquilo que está ainda à frente e é com grande esforço que consigo ater-me ao presente. Parece que o céu ouviu meus desejos. Apresentou-se um cocheiro que vai em direção a Roma, de modo que depois de amanhã ponho-me imediatamente a caminho. É preciso então aproveitar o dia de hoje e amanhã para pôr minhas coisas em ordem e tomar algumas providências para que possa seguir com meu trabalho.

Loiano nos Apeninos, 21 de outubro, à noite

Não saberia dizer se parti voluntariamente de Bolonha ou se fui expulso de lá. Basta dizer que fui tomado por uma necessidade intensa e apaixonada de partir o mais rapidamente possível. Nesse momento, encontro-me em uma pousada miserável, na companhia de um oficial da guarda papal, que segue em direção a Perugia, sua terra natal. Quando me sentei a seu lado no carro de duas rodas, para ter algo a dizer fiz a ele um elogio, falando que eu, como alemão acostumado ao trato com soldados, considerava muito agradável ter a companhia de um oficial do papa. "O senhor não me leve a mal", disse ele então, "podeis ter certamente essa inclinação à vida de caserna, ouço mesmo dizer que na Alemanha há grande apreço por tudo que é militar. No que me diz respeito, entretanto, ainda que o serviço militar aqui não tenha regras tão severas, e que eu, em Bolonha, onde sirvo, possa me cercar de todo conforto, preferiria livrar-me dessa farda e administrar a pequena propriedade de meu pai. No entanto, como filho mais novo, tenho de aceitar esse meu destino."

Viagem à Itália

Dia 22, à noite

Giredo é uma cidadezinha nos Apeninos na qual me senti muito feliz, sabendo estar me deslocando em direção ao destino desejado. Hoje se juntaram a nós um cavalheiro e uma dama, um inglês com uma pessoa que apresentava como sendo sua irmã. Têm belos cavalos, mas viajam sem criadagem. O cavalheiro, ao que parece, faz as vezes de cavalariço e criado de quarto. Ambos encontram a todo momento motivos para se queixar. Tenho a impressão de estar lendo algumas páginas de Archenholz.[24]

Considero os Apeninos um extraordinário pedaço do mundo. Às grandes planícies da região do Pó segue-se uma cadeia de montanhas que se ergue a partir de uma funda depressão, estendendo-se por entre o mar Tirreno e o Adriático em direção à extremidade sul da Itália. Se essa cordilheira não fosse tão íngreme, tão elevada em relação ao nível do mar e tão intrincada, de modo que as marés primordiais pudessem ter exercido sua ação mais intensamente e por mais tempo, construindo superfícies mais extensas e por fim banhando-as, essa região seria uma das mais belas, com seu clima aprazível, apenas um pouco mais elevada do que a terra ao redor. Trata-se, porém, de um intrincado tecido de encostas recortadas, sendo que frequentemente não se consegue distinguir a direção dos cursos d'água. Se os vales fossem mais cheios e as superfícies mais regulares e providas de mais cursos d'água, a região poderia ser comparada à Boêmia, com exceção do fato de que as montanhas aqui têm outro caráter. Mas não se deve pensar na região como um deserto, a maior parte da superfície é cultivada, ainda que seja montanhosa. As castanhas dão-se aqui muito bem, o trigo é perfeito e as sementes são de um belo verde. A estrada é ladeada por carvalhos sempre verdes; já ao redor das igrejas e capelas, plantam ciprestes esguios.

Ontem à noite o tempo estava nublado, hoje novamente temos tempo firme e belo.

---

24 Em seu *Inglaterra e Itália*, Archenholz comparava a Itália desfavoravelmente com a Inglaterra, o que provocou uma polêmica com Christian Joseph Jagemann (1735-1804) no periódico *Deutsches Museum*, em 1786.

Johann Wolfgang von Goethe

Dia 25, à noite. Perugia

Há duas noites não consigo escrever. As acomodações têm sido tão ruins que não se pode conseguir nem mesmo um apoio para as folhas de papel. Além disso, começo a me sentir um tanto confuso. Desde minha partida de Veneza, a roca desta viagem já não fia mais tão bem e tão livre como antes.

No dia 23 de manhã, às 10 horas pelo nosso horário, descemos os Apeninos e avistamos Florença, localizada em um amplo vale, todo cultivado e repleto de *villas* e casas.

Percorri rapidamente a cidade, a catedral e o batistério. Abre-se aqui novamente um mundo novo e desconhecido para mim, onde não desejo me deter.[25] O Jardim Boboli tem uma bela localização. Saí com a mesma pressa que entrei.

Percebe-se claramente, na cidade, a riqueza do povo que a construiu, assim como o fato de ter sido beneficiada por uma sucessão de bons governos. Salta aos olhos, acima de tudo, a aparência grandiosa que têm na Toscana os edifícios públicos, as estradas e as pontes. Aqui há em tudo, ao mesmo tempo, eficiência e limpeza, a utilidade e o proveito são planejados de modo a serem também graciosos. Por todos os lados percebe-se um cuidado que dá vida à cidade. Já o Estado papal, por sua vez, parece subsistir apenas porque não apetece à terra engoli-lo.

O que eu disse pouco antes a respeito da aparência que os Apeninos poderiam ter, encontro agora na Toscana. Seu relevo é tão profundo que o mar primordial pôde cumprir corretamente sua tarefa, criando camadas profundas de um solo argiloso, de cor amarelo-claro e muito fácil de trabalhar. Os camponeses aram bem fundo, mas ainda à maneira primitiva; o arado não tem rodas, e a relha é fixa. Assim o camponês, inclinado atrás de seu boi, puxa o arado e revolve a terra. Ara-se até cinco vezes o mesmo pedaço de terra. O adubo, pouco, é lançado sobre a terra com as mãos. Semeiam por fim o trigo, em canteiros estreitos com profundos sulcos entremeados, de modo a dar vazão à água da chuva. O trigo cresce então

---

25 Goethe ficou apenas três horas em Florença. Na viagem de volta, em maio de 1788, permaneceu ali por alguns dias, tendo visitado sobretudo os velhos mestres da pintura. Ver carta de 6 de maio de 1788 ao duque Carl August.

nos canteiros, e os camponeses vão de um lado ao outro andando sobre os sulcos, para arrancar as ervas daninhas. Esse procedimento é comum em regiões onde pode haver inundações. Mas aqui, nesse belo campo, não consigo compreender a necessidade disso. Faço essa observação em Arezzo, onde uma bela planície se oferece à vista. Dificilmente se encontraria um campo mais limpo, não se vê sequer um torrão de terra, tudo limpo como se a terra tivesse sido peneirada. O trigo se dá muito bem aqui, encontrando, ao que parece, todas as condições favoráveis a sua natureza. No ano seguinte, plantam favas para os cavalos, que aqui não comem aveia. Semeiam também tremoços, que nesta época do ano apresentam já um belo tom de verde e em março darão frutos. Também o linho já despontou seus frutos. Essa planta sobrevive ao inverno e o orvalho a torna ainda mais resistente.

As oliveiras são plantas singulares. Elas se assemelham ao salgueiro e, assim como estes, perdem sua semente. Sua casca se rompe, mas, apesar disso, têm uma aparência sólida. A madeira cresce devagar e tem uma estrutura delicada. A folha é similar à do salgueiro, mas há menos folhas no tronco. A região ao redor de Florença é toda cultivada com oliveiras e parreiras, sendo o espaço entre elas utilizado para o cultivo de grãos. Já a partir de Arezzo deixa-se o solo mais livre. Penso que aqui não se combate a hera de modo suficiente. Essa planta, tão prejudicial às oliveiras e parreiras, poderia ser facilmente eliminada. Não se veem prados. Dizem por aqui que o milho exaure o solo e que, desde que foi introduzido, os campos baixaram consideravelmente sua produção. A mim parece que a causa disso é o uso de pouco adubo.

Hoje me despedi de meu oficial da guarda papal, com a promessa de ir visitá-lo em Bolonha. Ele é um verdadeiro representante de alguns de seus compatriotas. Segue aqui um exemplo que o caracteriza especialmente bem. Ao me ver frequentemente silencioso e pensativo, disse uma vez: *"Che pensa! Non deve mai pensar l'uomo, pensando s'invecchia"*. Traduzindo: "Em que o senhor pensa tanto?! O homem não deve pensar, isso nos faz envelhecer". Em outra ocasião, disse-me depois de uma conversa: *"Non deve fermarsi l'uomo in una sola cosa, perchè allora divien matto; bisogna aver mille cose, una confusione nella testa"*. Tradução: "O homem não deve ater-se a uma única coisa, pois assim ficará louco; é preciso ter milhares de coisas, uma verdadeira confusão na cabeça".

Johann Wolfgang von Goethe

O bom homem não teria como saber que eu estava justamente silencioso e pensativo porque uma confusão de assuntos novos e antigos ocupava-me e confundia-me a mente. Pode-se ter uma ideia ainda mais clara da formação desse italiano a partir do seguinte episódio: por ter notado que eu era protestante, indagou-me, não antes de alguns rodeios, se eu lhe permitiria algumas perguntas, uma vez que ouvira falar de coisas singulares a nosso respeito, sobre as quais gostaria de ter certeza. Perguntou ele então: "Podeis viver com uma bela moça sem serdes com ela casados? Vossos sacerdotes o permitem?". Ao que repliquei: "Nossos sacerdotes são homens inteligentes, que não dão atenção a coisas assim comezinhas. É certo que, se lhes perguntássemos, não nos permitiriam fazê-lo". "Não sois então obrigados a lhes perguntar?", exclamou. "Ó afortunados que sois! E como não confessais, não ficam eles cientes." Nesse ponto, desmanchou-se em injúrias e censuras a seus padres e ao preço de sua liberdade espiritual. "E como se dão as coisas no que diz respeito à confissão?", prosseguiu ele, acrescentando: "Contam-nos que mesmo os que não são cristãos devem, apesar disso, confessar-se. Mas como, em seu atraso e obstinação, não são capazes de encontrar o que é bom e justo, confessam-se a uma velha árvore, o que já é bastante ridículo e ímpio, mas ainda assim comprova seu reconhecimento de que a confissão é necessária". Nesse ponto, expliquei-lhe nossos princípios e procedimentos da confissão. Tudo lhe pareceu bastante cômodo, mas, ainda assim, quase o mesmo que se nos confessássemos a uma árvore. Depois de alguma hesitação, com um tom muito sério, procurou convencer-me a confiar-lhe informação sobre um outro ponto. Ele teria, a propósito, ouvido da boca de um de seus sacerdotes, um homem de bem, acima de qualquer suspeita, que tínhamos permissão de desposar nossas irmãs, o que seria algo muito grave. Quando respondi negativamente a sua indagação e quis informá-lo sobre alguns princípios humanitários de nossa doutrina, não me dedicou particular atenção, uma vez que tudo lhe parecera por demais banal, e saiu-se então com uma nova pergunta. "Asseguram-nos", disse ele, "que Frederico, o Grande, responsável por tantas vitórias até mesmo sobre os crentes, homem cuja glória espalhou-se pelo mundo todo, asseguram-nos que ele, que todos tomam por ateu, é na verdade católico e que conseguiu do papa uma permissão especial para

Viagem à Itália

manter o fato em segredo; diz-se ainda, como se sabe, que ele não entra em vossas igrejas, mas que cumpre seu culto em uma capela subterrânea, com o coração contrito por não poder professar publicamente a santa religião. Pois, se o fizesse, seus prussianos, povo bestial e furioso, acabariam de imediato com ele, o que não seria nada proveitoso para o estado das coisas. Foi por isso que o Santo Padre lhe concedeu aquela permissão, para que ele, de modo silencioso, espalhe e favoreça tanto quanto possível nossa santa religião." Deixei que falasse, revidando apenas que, por ser esse um grande segredo, ninguém podia certamente dar testemunho dele. Nossa conversa prosseguiu ainda por muito tempo mais ou menos da mesma forma, o que me permitiu admirar-me com essa espiritualidade esperta, que busca desacreditar e fazer degenerar tudo aquilo que poderia romper e confundir o círculo obscuro de sua doutrina tradicional.

Deixei Perugia em uma bela manhã sentindo a bem-aventurança de estar novamente só. A cidade encontra-se em uma bela situação geográfica e a vista do lago é extremamente agradável. Guardei a imagem impressa em meus sentidos. A estrada segue primeiramente para cima, transformando-se depois em um alegre vale, envolvido por colinas de ambos os lados, ao longo de uma grande extensão. Finalmente avistei a cidade de Assis.

Eu lera, em Palladio e Volkmann, que lá se encontra ainda em perfeito estado um templo em honra a Minerva,[26] erguido à época de Augusto. Em Madonna Del Angelo[27] deixei meu *vetturino*,[28] que seguiria ainda para

---

26 O templo, transformado mais tarde em uma igreja, data da segunda metade do século I. Trata-se da primeira grande experiência de Goethe com a arquitetura da Antiguidade. Sua apreciação segue mais uma vez os critérios utilizados para referir-se a Palladio e Rafael: "Tão grande naquilo que é natural". Também no *Tagebuch* [Diário], p.206 da edição de Hamburgo: "É esta exatamente a essência da arte da Antiguidade, a qual posso supor ainda com maior segurança do que antes: o fato de que ela pode ser encontrada em todo lugar, assim como a natureza, sendo, assim como esta, capaz de produzir algo verdadeiro e vivo". Em Assis, fica claro que esse critério da adequação à natureza impediu Goethe de apreciar a arte medieval, como se depreende especialmente de seu mal-estar diante da tumba de São Francisco.

27 Trata-se da igreja de Santa Maria degli Angeli, construída entre 1569 e 1640.

28 Em italiano no original: "Condutor", "guia".

Foligno. Apeei contra um vento forte, seguindo logo em direção a Assis, pois ansiava por empreender uma caminhada em meio a esse mundo que me parecera tão solitário. Passei ao largo, com abjeção, dos enormes subterrâneos das igrejas providas de torres construídas de modo babilônico umas sobre as outras, onde repousa São Francisco, pois pensei que ali seriam talhadas cabeças como a de meu capitão.[29] Perguntei então a um belo jovem sobre a Maria della Minerva. Ele me acompanhou cidade acima, que é construída sobre uma montanha. Por fim chegamos à cidade velha propriamente, e eis que à minha frente erguia-se a mais gloriosa obra, o primeiro monumento inteiro da Antiguidade que pude contemplar. Um templo modesto, como seria adequado para uma cidade tão pequena, e ainda assim tão perfeito, pensado de maneira tão bela, que brilharia em qualquer lugar. Antes de tudo, falemos de sua localização! Desde que li em Vitrúvio e Palladio sobre como se constroem cidades, sobre como se deve prever a localização de templos e edifícios públicos, passei a ter grande respeito por tais assuntos. Também aqui os antigos foram grandes naquilo que é natural. O templo assenta-se sobre a bela elevação no ponto médio da montanha, no exato lugar onde duas colinas se encontram, sobre o local que ainda hoje é chamado "a praça". Esta é um pouco inclinada para cima, dando origem a quatro ruas que formam nitidamente uma cruz em diagonal, duas delas avançando de baixo para cima e as outras duas de cima para baixo. É provável que, nos tempos antigos, não existissem as casas que, construídas defronte ao templo, hoje impedem a vista a partir dele. Se conseguimos imaginar a paisagem sem elas, descortina-se, ao meio-dia, a mais bela região, de onde o caráter divino de Minerva podia ser comtemplado a partir de qualquer ponto a partir do qual se olhasse. O traçado das ruas deve ser antigo, pois elas acompanham a forma e a inclinação da montanha. O templo não está no meio da praça, mas foi disposto de tal maneira que se torna logo nitidamente visível àquele que volta de Roma. Naquele tempo, era preciso planejar não apenas o templo, mas também sua localização adequada.

---

29 Trata-se da igreja de São Francisco, construída entre 1228 e 1253, em cuja cripta repousam os restos mortais do santo.

Viagem à Itália

Não me cansava de contemplar a fachada, de ver como também aqui o artista trabalhou de modo genialmente consequente. A ordem das colunas é coríntia, e a largura delas excede um pouco dois módulos.[30] As bases das colunas e os plintos sob elas parecem estar apoiados sobre pedestais, mas trata-se apenas de uma impressão. Na verdade, o estilóbato[31] divide-se em cinco níveis, de modo que a cada intervalo entre as colunas há cinco degraus que levam à superfície plana sobre a qual as colunas verdadeiramente se erguem e a partir da qual se entra no templo. A ousadia de se dividir o estilóbato em circo partes foi muito adequada, pois, uma vez que o templo fica no alto de uma montanha, a escada para levar até ele teria de ser muito larga, o que estreitaria demais a praça. Não é mais possível determinar quantos degraus foram ainda colocados sob ele, pois, com poucas exceções, estão destruídos ou jazem sob a pavimentação. Algo contrariado, desviei os olhos dessa vista, decidindo-me então a chamar a atenção de todos os arquitetos para essa construção, a fim de que tenhamos dela um esboço preciso. Fui levado a observar novamente o quanto a tradição pode ser algumas vezes danosa. Palladio, em quem confio para tudo, reproduz a imagem desse templo. No entanto, não é possível que o tenha visto ele próprio, pois põe os pedestais sobre a superfície plana, o que faz que as colunas atinjam uma altura desmedida. Surge assim uma deplorável deformação, semelhante às ruínas de Palmira,[32] em lugar da visão que, na realidade, é tranquila e agradável, capaz de contentar e agradar aos olhos e ao entendimento. O que a contemplação dessa obra provocou em mim é impossível expressar, e sei que deixará seus frutos para sempre. Eu seguia tranquilo, na mais bela das tardes, pela Via Romana, com o melhor dos ânimos, quando ouvi, atrás de mim, vozes rudes e frenéticas, altercando-se. Supus tratar-se dos esbir-

---

30 Unidade de medida da arquitetura clássica, equivalente ao raio do fuste das colunas, tirado na base.

31 Estilóbato ou estilóbata: base contínua, lisa ou decorada, que sustenta uma colunata.

32 Goethe conheceu as ruínas do Grande Templo de Baal em Palmira por meio das gravuras em cobre publicadas no livro *The ruins of Palmyra, otherwise Tedmor, in the desart*, de Robert Wood (1717-1771), John Bouverie (*c.* 1723-1750) e James Dawkins (1722-1757), publicado em Londres em 1753.

Johann Wolfgang von Goethe

ros, que eu já notara na cidade. Continuei tranquilamente meu caminho, escutando, entretanto, o que se passava lá atrás. Logo percebi que era de mim que se tratava. Quatro desses homens, dois deles armados de espingardas, de aparência pouco amistosa, passaram por mim, esbravejando, e voltaram depois de alguns passos, circundando-me. Perguntaram quem eu era e o que tinha a fazer ali. Respondi que era um estrangeiro que seguia a pé para Assis, uma vez que meu coche dirigira-se a Foligno. Pareceu-lhes pouco provável que alguém seguisse a pé, depois de ter pagado pelo carro. Perguntaram-me se estivera no Gran Convento. Neguei, assegurando-lhes que conhecia o edifício de outros tempos. Como eu era um arquiteto, tive olhos desta vez apenas para a Maria della Minerva, a qual, como sabiam, era um edifício modelar. Isso não podiam negar. Consideraram, entretanto, muito desrespeitoso que eu não tivesse feito minha visita ao santo, o que lhes deu chance de revelarem sua suspeita de que meu ofício seria o de introduzir contrabando. Mostrei-lhes o ridículo da suposição, de se tomar por contrabandista um homem que seguia sozinho pela estrada, sem bagagem, com os bolsos vazios. Ofereci-me para voltar com eles à cidade e apresentar-me ao *Podestà*, levando-lhe meus documentos, de modo que ele pudesse reconhecer-me como um estrangeiro honrado. Nesse ponto, grunhiram alguma coisa entre si, dizendo depois que isso não era necessário, e, como eu continuasse a me comportar com a maior sinceridade possível, afastaram-se novamente em direção à cidade. Vi-os afastarem-se, esses homens grosseiros, mas, atrás deles, a adorável Minerva olhava-me mais uma vez de modo muito amistoso e consolador. Olhei então à esquerda, em direção à sombria Catedral de São Francisco, buscando seguir meu caminho, quando um dos que não carregavam armas se afastou da trupe e veio em minha direção, com grande cordialidade. "Deveríeis, caro forasteiro, dar-me ao menos alguma gorjeta, pois asseguro que logo vos reconheci como um homem excelente, tendo-o declarado em alto e bom som diante de meus companheiros. Eles, no entanto, são uns cabeças quentes e, além disso, não têm qualquer conhecimento de mundo. Acredito que percebestes ter sido eu o primeiro a dar aprovação e peso a vossas palavras." Elogiei-o por tê-lo feito e tentei convencê-lo a proteger forasteiros honrados que viajassem a Assis tanto por causa da religião quanto por causa da arte. Em especial os arquitetos, que desejassem medir e desenhar o Templo de Minerva, o qual ainda não fora propriamente desenhado e gravado em cobre. Ele mostrou desejo de atender aos futuros viajantes, os quais com certeza se mostrariam gratos, e com isso lhe depositei na palma da mão algumas moedas de prata, que o contentaram para além de sua expectativa. Disse-me que voltasse, eu não deveria perder em especial a festa do santo, na qual eu certamente encontraria tanto edificação quanto prazer. Sim, caso eu, belo homem que era, e dentro do que era permitido, desejasse travar conhecimento com uma bela moça, ele poderia garantir que a mais bela e honrada mulher de Assis me receberia com alegria, sob a recomendação dele. Despediu-se, afirmando vivamente que naquela noite ainda iria me recomendar junto ao túmulo do santo em devoção e que rezaria pelo sucesso de minha viagem. Separamo-nos, e foi com alívio que me vi novamente a sós com a natureza e comigo mesmo. O caminho até Foligno foi um dos mais belos passeios que eu jamais empreendera. Quatro boas horas montanha acima, tendo à direita um vale ricamente cultivado.

A viagem com o coche é penosa. O melhor é quando se pode seguir confortavelmente a pé. Desde Ferrara deixei-me carregar até aqui. Esta Itália, tão favorecida pela natureza, fica infinitamente atrás de outros países no que diz respeito à mecânica e à técnica, sobre as quais se constrói um estilo de vida mais confortável e rápido. Os coches nos quais viajamos e que, a propósito, se chamam *sedia*, isto é, poltrona, descendem certamente daquelas liteiras puxadas por animais de tração, nas quais mulheres, pessoas mais velhas e de alta posição social se deixavam carregar. Em vez do animal que se levava atrelada aos varais na parte traseira, colocaram duas rodas, e esse é todo o melhoramento que foi feito. Somos sacudidos de um lado para o outro como se fazia há séculos, sendo que também suas casas e tudo o mais sofre pela falta de técnica.

Aqui se pode ver concretizada aquele ideia poética de que os primeiros homens e mulheres viviam a maior parte do tempo a céu aberto e, quando necessário, buscavam abrigo nas cavernas. As casas desta região, principal-mente no campo, são construídas segundo a forma e o gosto dessas mesmas cavernas. Os habitantes demonstram uma inacreditável despreocupação, pois acreditam que pensar demais envelhece. Com inaudita leviandade não fazem os preparativos para o inverno, para as noites mais longas, e, por isso, sofrem como cães, por uma boa parte do ano. Aqui em Foligno, em uma habitção em tudo homérica, onde todos se reúnem ao redor de uma fogueira feita no chão, em um grande espaço, em meio a muito barulho, comemos à volta de uma longa mesa, como se vê nos quadros das Bodas de Caná. Não deixo escapar então a oportunidade de escrever isto, pois alguém mandou buscar um tinteiro, algo em que eu não teria pensado, dadas as condições. Mas meu leitor certamente perceberá sobre esta folha o frio e a falta de comodidade desta minha escrivaninha.

Percebo agora a ousadia que foi me enveredar por esta terra despreparado e desacompanhado. Dia após dia a mesma miséria e necessidade de lidar com o câmbio, os coches, os preços, as hospedarias ruins, de modo que alguém como eu, que sai sozinho pela primeira vez e busca apenas um prazer ininterrupto, há de se sentir bastante infeliz e desventurado. Nada mais queria do que conhecer esta terra, a qualquer custo, e não poderei me queixar se me arrastarem a Roma sobre uma roda de Íxion.[33]

Terni, 27 de outubro, à noite

Acomodado novamente em uma caverna, que sofreu com o terremoto de um ano atrás. A cidadezinha fica em uma região muito aprazível, que pude contemplar com satisfação quando lhe fiz a volta. Situa-se no começo de uma região plana entre montanhas calcárias. Assim como Bolonha do outro lado, Terni também se assenta ao pé da montanha.

Agora que o soldado do papa se foi, tenho por companheiro de viagem um sacerdote. Este me parece estar mais satisfeito com sua situação e instruiu-me, a mim, a quem ele certamente já toma por um herege, respondendo com grande cordialidade às minhas perguntas sobre os ritos e coisas semelhantes. Sinto que atingi completamente aquilo que tencionara antes, ao travar tantos novos conhecimentos. É preciso ouvir o povo falar entre

---

33 Íxion, por ter se vangloriado equivocadamente de ter dormido com Hera Crônida, a esposa de Zeus, foi lançado ao Tártaro e condenado a girar eternamente preso a uma roda de fogo.

si,[34] para que se possa conceber uma imagem viva da terra onde vivem. Eles têm um singularíssimo espírito de contradição, um extraordinário bairrismo no que diz respeito a suas províncias e a suas cidades, não se suportam uns aos outros, os diferentes estamentos vivem às turras, e tudo isso de maneira sempre viva e apaixonada, de forma que durante todo o dia oferecem um verdadeiro espetáculo de comédia, expondo-se assim ao ridículo. Mas logo se refazem e percebem exatamente o ponto em que o estrangeiro ficou desorientado quanto a seu modo de agir ou de deixar de agir.

Subi até Spoleto e percorri o aqueduto que serve ao mesmo tempo de ponte de uma montanha a outra.[35] Os dez arcos de tijolos de barro cozido, que se estendem sobre o vale, estão ali, pacificamente, há seus bons séculos, e a água continua brotando em Spoleto por todos os lados. Essa é a terceira obra dos Antigos que vejo e sempre experimento o mesmo sentido grandioso. Trata-se de uma segunda natureza, trabalhada de modo a servir os fins necessários para a vida citadina. É assim sua arquitetura, é esse o sentido que ergueu o Anfiteatro, o Templo e o Aqueduto. Agora entendo melhor por que me eram odiosas todas aquelas arbitrariedades como o Winterkasten no Weissenstein,[36] um nada rodeado por coisa alguma, um horrível bolo enfeitado, assim como milhares de outras coisas que conheci antes. Tudo isso agora está morto, pois aquilo que não tem uma existência verdadeiramente intrínseca não tem vida, e não pode ser grande nem se tornar grande.

Quanto me sinto grato, nas últimas oito semanas, no que diz respeito a alegrias e conhecimento adquirido! Mas isso tudo me custou também

---

34 A observação faz lembrar Lutero, na *Sendbrief vom Dolmetschen* [Carta sobre a tradução], em um comentário sobre sua tradução da Bíblia para o alemão, que estabeleceu as bases para o alemão moderno: "É preciso perguntar à mãe que fica em casa, às crianças na rua, ao homem comum no mercado e olhá-los em suas fuças, observando o modo como falam [...]".

35 O aqueduto, ou Ponte delle Torri, que liga o Monte Luco à colina sobre a qual se erigiu a cidade. Data provavelmente da época de Augusto, tendo sido remodelada por volta do século VII.

36 Trata-se de uma grande construção octogonal, encimada por uma estátua de Hércules, nos arredores de Kassel. Winterkasten era o nome original da colina sobre a qual se construiu o palácio e a descomunal estátua de Hércules, no começo do século XVIII. Goethe visitou a região pela primeira vez em 1779.

muito esforço. Mantenho os olhos sempre abertos e imprimo os objetos em minha percepção da melhor maneira possível. Não penso em fazer juízos, como se isso fosse possível.

San Crocefisso, uma singular capela ao lado da estrada, que não tomo por vestígios de um antigo templo, mas acredito que alguém encontrou dispersos objetos como colunas, pilares e vigas, juntando-os de maneira algo irracional, embora não de todo desprovida de inteligência.[37] Não há como descrevê-la, deve ter sido reproduzida em alguma xilogravura.

E assim nos assoma singularmente ao ânimo a ideia de que, enquanto nos esforçamos para construir uma concepção do que foi a Antiguidade, nos deparamos apenas com ruínas, a partir das quais se teria de construir cuidadosamente algo de que ainda não se tem qualquer conceito.

Já no que diz respeito ao assim chamado solo clássico, as coisas se dão de outra maneira. Quando se toma aqui a região pelo que ela realmente é, em vez de proceder de maneira fantasiosa, então ela se mostra sempre como o palco decisivo sobre o qual se passaram os acontecimentos mais grandiosos. Sendo assim, sempre me servi da perspectiva geológica e da paisagem para moderar a imaginação excessiva e a sensibilidade, a fim de conseguir uma visão livre e clara dos lugares. A isso, então, a História vem se associar de maneira prodigiosamente viva, de modo que deixamos de perceber o que nos acontece no momento. Sinto agora um desejo enorme de ler Tácito, quando estiver em Roma.

Não posso deixar de considerar a meteorologia. Como subi, a partir de Bolonha, em direção aos Apeninos, as nuvens continuaram a se mover em direção ao norte. Mais tarde, mudaram de direção e passaram a mover-se em direção ao lago Trasimeno. Ali elas quedaram, sendo que algumas continuaram a se mover em direção ao sul. Isso mostra que, no verão, a grande planície do Pó, em vez de permitir a passagem de todas as nuvens em direção às montanhas do Tirol, envia algumas delas também em direção aos Apeninos, de onde pode então provir o clima chuvoso.

---

37 Trata-se provavelmente da igreja de San Salvatore, também conhecida como templo de Clitumno, cuja construção data do século VIII.

Viagem à Itália

Começam a colher as azeitonas, e fazem-no aqui com as mãos; em outros lugares, usam pequenas varinhas para golpear os ramos. Caso o inverno se adiante, elas permanecerão nas árvores até os primeiros meses do ano. Hoje vi árvores enormes e velhíssimas sobre solo muito pedregoso.

O favor das musas, assim como dos espíritos, nem sempre nos visita no momento mais propício. Hoje me senti animado a compor alguma coisa totalmente extemporânea. Aproximando-me do centro do catolicismo, rodeado de católicos, trancafiado em um coche com um padre, tentando com toda sinceridade observar a verdadeira natureza assim como a nobre arte, ocorreu-me vivamente a ideia de que todos os vestígios da Cristandade original foram apagados. Sim, quando a imagino em sua pureza, assim como a vemos na história dos apóstolos, arrepio-me ao pensar o quanto esses começos autênticos e fervorosos foram conspurcados por uma idolatria disforme e mesmo barroca. Lembrei-me então do judeu errante, que foi testemunho dessa prodigiosa trajetória por caminhos tortuosos, tendo vivenciado o insólito acontecimento, quando Cristo, ao voltar para certificar-se dos frutos de seus ensinamentos, correu perigo de ser novamente crucificado. O episódio da vida do apóstolo Pedro conhecido como *Venio iterum crucifigi*[38] irá me servir de mote nessa catástrofe.

Sonhos desse tipo pairavam à minha frente. Pois, na impaciência de progredir no percurso, durmo vestido e não sei de nada melhor a não ser acordar antes do sol, entrar rapidamente no carro e viajar ao longo do dia, dando assim livre curso aos primeiros e melhores quadros fantásticos que povoam nossa imaginação entre o sono e a vigília.

Città Castellana, 28 de outubro

Não quero deixar de registrar a última noite. Ainda não são nem 20 horas e todos estão na cama. Assim, como o último a me recolher, posso

---

38 Trata-se do seguinte episódio da vida de Pedro, extraído dos Atos de Pedro, apócrifos: Pedro, ao escapar da prisão, vai ao encontro de Cristo. Pedro pergunta: *"Domine, quo vadis?"* (Senhor, aonde vais?). Cristo responde: "Vou deixar-me crucificar mais uma vez". Pedro retorna então à prisão. Na Via Appia, em Roma, foi erguida a pequena igreja Domine quo no suposto local do acontecimento.

ainda pensar nos acontecimentos do dia e alegrar-me com o que está por vir. Hoje tivemos um dia límpido e magnífico, a manhã muito fria, o dia claro e quente, a noite com ventos um tanto fortes, mas muito bela.

Saímos muito cedo de Terni. Chegamos a Narni antes do raiar do dia, logo, não vi a ponte.[39] Vales, depressões, próximos e distantes, uma bela região formada por montanha calcária, nenhum sinal de outro tipo de rochas.

Otricoli situa-se sobre uma rocha arenosa formada por aluvião primevo e é construída com lava, que foi colhida do outro lado do rio.

Tão logo se passa a ponte, encontramo-nos sobre solo vulcânico, seja em meio à lava autêntica ou sobre pedra vulcânica metamórfica, modificada pelo calor e fusão. Sobe-se uma montanha que se pode tomar por lava acinzentada. Ela contém muitos cristais brancos em forma de granada. O caminho que conduz da colina até Città Castellana, a partir exatamente dessa pedra, é feito de pedra vulcânica porosa, na qual penso ter distinguido cinzas, pedra-pomes e pedaços de lava. A vista a partir do castelo é belíssima. O monte Soratte ergue-se solitária e pitoresca, provavelmente uma montanha calcária pertencente aos Apeninos. As faixas vulcânicas são muito mais baixas do que os Apeninos, e foi apenas a erosão provocada pela água que fez delas montanhas e rochas, o que resultou em objetos magníficos e dignos de ser retratados, como penhascos suspensos e outras formações da paisagem.

Amanhã cedo, portanto, em Roma. Mal posso acreditar nisso agora. E uma vez que esse desejo seja realizado, o que me restará desejar? Nada mais me ocorre a não ser chegar com segurança em casa em meu barquinho de faisões[40] e encontrar meus amigos com saúde, felizes e benevolentes.

---

39 A ponte sobre o Nera, construída pelo imperador Augusto para a Via Flaminia.

40 Referência ao sonho de Goethe narrado páginas antes, em 19 de outubro, em Bolonha.

Roma[1]

Roma, 1º de novembro de 1786

Finalmente posso romper meu silêncio para saudar alegremente meus amigos. Perdoai-me o segredo e a viagem clandestina até aqui. Não ousava dizer nem a mim mesmo qual era meu destino, mesmo a caminho eu tinha ainda receio, e só agora, sob a Porta del Popolo, estou certo de ter alcançado Roma.

Lembro-me de vós a toda hora, na presença de objetos que nunca imaginei chegar a ver sozinho. Pois ao ver-vos todos atados de corpo e alma ao Norte, ao ver todo o apetite por esta região desaparecer, decidi-me a fazer esse longo e solitário caminho para alcançar o centro ao qual uma atração irresistível me atraía. Sim, pois nos últimos anos uma espécie de doença me atingiu, da qual poderia ser curado apenas pela visão e pela presença. Agora posso confessá-lo: nos últimos tempos, eu mal podia olhar para um livro em latim, mal podia ver o desenho de uma região italiana. O desejo de conhecer esta terra estava mais do que maduro. Uma vez que foi satisfeito, voltam a ser amados os amigos e a terra natal e o retorno ansiado, mais ansiado ainda porque sinto que não trarei comigo muitos tesouros para minha posse e uso privado, mas sim que eles deverão servir de orientação e estímulo a mim e a outros por toda a vida.

---

1 Este capítulo tem como base as cartas de Goethe ao duque Karl August, a Herder, à sra. Von Stein e ao seu círculo de amigos em Weimar.

Roma, 1º de novembro de 1786

Finalmente cheguei à capital do mundo! Sentir-me-ia afortunado se a tivesse conhecido quinze anos antes, em boa companhia, introduzido por um homem de razão e entendimento. Alegro-me, no entanto, em poder vê-la e frequentá-la com meus próprios olhos, ainda que essa alegria me tenha sido concedida tão tarde.

Passei rapidamente pela cadeia de montanhas do Tirol. Demorei-me em Verona, Vicenza, Pádua e Veneza. Já mal pude ver Ferrara, Cento, Bolonha e Florença. O desejo de chegar a Roma era tão grande, crescendo a cada momento, que não me era possível permanecer em lugar algum, sendo que me demorei apenas três horas em Florença. Agora me encontro aqui, tranquilo, ao que parece, tranquilo por toda a vida. Pois uma nova vida começa quando se pode ver com os próprios olhos o todo do qual se conhecia apenas uma parte, no espírito e no coração. Vejo agora vivos todos os sonhos de minha juventude. As primeiras gravuras em cobre que tenho na memória (meu pai havia pendurado gravuras com vistas de Roma em uma antessala) vejo agora ao vivo, e tudo aquilo que conhecera já há muito em quadros e desenhos, em cobre e xilogravuras, em gesso e cortiça encontra-se agora a meu lado. Aonde quer que eu vá, encontro algo conhecido em um mundo novo. Tudo é como eu imaginara, e tudo é novo. O mesmo posso dizer a respeito de minhas observações, de minhas ideias. Não tive nenhum pensamento realmente novo, não considerei nada completamente estranho, mas os velhos pensamentos tornaram-se tão bem determinados, tão vivos, tão coesos que podem ser considerados novos.

Quando a Elisa de Pigmalião, formada exatamente segundo os desejos do artista e dotada de tanta verdade e existência quanto ele fora capaz de criar, aproxima-se finalmente dele dizendo: "Eis-me!", percebe-se como é distinta a obra viva da pedra trabalhada![2]

Considero ainda moralmente salutar viver em meio a um povo tão sensual, sobre o qual já se escreveu e falou tanta coisa, e que cada estrangeiro

---

2 Cf. Ovídio, *Metamorforses*, livro 10, versos 243 e seguintes. Em Ovídio a personagem se chama Galateia. O nome Elisa, utilizado por Goethe, aparece pela primeira vez no conto "Pigmalião e Elisa", de Johann Jakob Bodmer (1698-1783).

Viagem à Itália

julga sobre seus próprios critérios. Perdoo a todos que os censuram e desaprovam, pois eles estão muito distantes de nós e relacionar-se com eles sendo estrangeiro é algo difícil e custoso.

Roma, 3 de novembro

Um dos motivos principais que me levou a me apressar em direção a Roma foi a Festa de Todos os Santos, o 1º de novembro. Pois eu pensara que, se honram tanto a um único santo, o quanto não honrarão a todos eles juntos! Acontece que me enganei muito. A Igreja Romana não fez nenhuma festa coletiva significativa, e cada ordem deve festejar seu patrono em silêncio. Pois a comemoração do nome do santo no dia a ele dedicado é propriamente a ocasião em que ele aparece em toda a sua glória.

Ontem, entretanto, no Dia de Finados, as coisas correram melhor. O papa celebra a memória deles na capela de sua residência, no Quirinal.[3] A entrada é livre para todos. Apressei-me, na companhia de Tischbein,[4] para subir ao Monte Cavallo. A praça defronte ao palácio tem algo de particular, irregular e grandiosa, em uma palavra adorável. Tenho agora à minha frente os dois colossos![5] Nem o olho nem o espírito são suficientes para abarcá-los. Em meio à multidão, percorremos apressadamente o pátio espaçoso e decorado de maneira suntuosa e subimos por uma escada colossal. Nessas antessalas, em frente à capela, sentimos o efeito prodigioso de se estar compartilhando o mesmo teto com o representante de Cristo na terra.

A função começara, o papa e os cardeais já se encontravam na igreja. O Santo Padre é uma figura masculina muito bela e digna, e os cardeais têm diferentes idades e compleições.

Apoderou-se de mim um insólito desejo de que o comandante da Igreja pudesse abrir sua boca dourada e, falando em uma espécie de êxtase sobre a indizível bem-aventurança das almas pias, pudesse arrebatar-nos tam-

---

3 O Palazzo del Quirinale, cuja construção se estendeu de 1574 até o século XVII, foi residência dos papas até 1870.

4 Johann Heinrich Wilhelm Tischbein (1751-1829), pintor alemão, autor de um retrato famoso, *Goethe na campagna romana*.

5 Trata-se da estátua dos Domadores de Cavalos, ou Dióscuros, esculturas de mármore de 5,60 metros de altura.

149

bém. Mas como eu o via defronte ao altar movimentando-se de lá para cá, ora voltando-se para um lado, ora para outro, comportando-se, portanto, como um padre comum, gesticulando e sussurrando, o pecado original dos protestantes despertou em mim, e o já conhecido e costumeiro ritual da missa desagradou-me bastante. O próprio Cristo, quando jovem, ao interpretar oralmente as Escrituras, e também em seus primeiros anos de doutrina, não pregara e agira em silêncio. Ele gostava de falar, falava bem e de modo espirituoso, como sabemos a partir dos Evangelhos. O que Ele diria, pensei eu, se entrasse agora e encontrasse Sua imagem e semelhança na Terra zunindo e andando de um lado para o outro? Ocorreu-me novamente o *Venio iterum crucifigi* e arrastei meus companheiros para fora das salas abobadadas e decoradas.

Ali encontramos muitas pessoas admirando as preciosas pinturas, pois a Festa de Finados é também a festa de todos os artistas em Roma. Assim como a capela, todo o palácio com seus aposentos tem a entrada franqueada nesse dia por muitas horas, de modo que não se precisa dar gorjeta nem se é escorraçado pelo castelão.

Voltei minha atenção para as pinturas das paredes, sendo que aprendi a apreciar e a amar artistas excelentes, que não conhecia nem pelo nome, como por exemplo Carlo Maratti.[6]

Especialmente bem-vindas, entretanto, foram as obras-primas de artistas com cuja maneira e estilo eu já me encontrava familiarizado. Vi com admiração a *Santa Petronilha* de Guercino, primeiramente em São Pedro, onde se encontra exposta uma cópia em mosaico, e não o original. O corpo da santa é levantado do túmulo e a mesma figura é revivida nas alturas celestes e recebida por um jovem divinal. Diga-se o que se quiser contra essa ação dupla, mas ainda assim o quadro não tem preço.[7]

Mais uma vez quedei perplexo diante de um quadro de Ticiano. A obra ultrapassa em seu brilho tudo o mais que já vi antes. Se a causa são meus

---

6 Carlo Maratti (1624-1713), pintor italiano.

7 *Sepultamento e glorificação de Santa Petronila*, pintado por Guercino em 1621. O quadro não representa, como afirma Goethe, o corpo da santa sendo levantado do túmulo, e sim sendo depositado nele. A crítica à "ação dupla" (sepultamento e acolhida nas alturas celestes) se encontra no livro de Volkmann.

sentidos já exercitados na contemplação de sua obra, ou se de fato é o mais excelente, não saberia dizer. Uma veste ritual desmedidamente grande, em tecido bordado, entremeada de figuras douradas, recobre uma admirável figura de bispo. Com o maciço cajado na mão esquerda, ele dirige, enlevado, o olhar para o céu, enquanto, com a direita, segura um livro, do qual parece fruir da mesma forma uma comoção divina. Atrás dele, em pé, uma bela virgem, com a palma nas mãos, olha também para o livro aberto, em terna comunhão.[8] Um ancião de aparência digna à direita, bem próximo ao livro, não parece notá-lo. Com as chaves nas mãos, parece confiar em sua própria solução. Defronte a esse grupo, um jovem nu e de boa compleição, atado e ferido por flechas, olha para a frente, docilmente entregue. Na sala intermediária, dois monges, carregando a cruz e o lírio, voltam-se para o céu com expressão devota, pois lá se encontra, aberta, a muralha em semicírculo, que circunda a todos. Ali se movimenta na mais alta glória uma Mãe, que olha compassivamente para baixo. A vivaz criança em seu colo oferece com um gesto alegre uma coroa, parece mesmo lançá-la para baixo. Em ambos os lados pairam anjos, que seguram outras coroas. Acima de toda a cena, sobre três círculos luminosos paira o Espírito Santo como centro e pedra angular da abóbada.

Disse então para mim mesmo que deve haver na base disso tudo uma antiga e sagrada tradição, que permite que essas figuras tão diferentes e inadequadas umas às outras sejam colocadas juntas de modo tão artístico e significativo. Não indago mais fundo e deixo-me estar, admirando a arte inestimável.[9]

Menos incompreensível, mas certamente bastante enigmática é uma pintura de parede de Guido em sua capela. A terna e devota virgem, em seu encanto pueril, senta-se tranquilamente e costura, enquanto a seu lado

---

8 Trata-se do quadro *Madonna col Bambino e Santi*, também conhecida como *Madonna de S. Nicoló de' Frari* (década de 1740), pintada para a igreja de São Nicolau em Veneza, posteriormente levada para Roma e hoje na Pinacoteca do Vaticano.

9 Goethe se refere ao evidente anacronismo de representar figuras de épocas diversas reunidas no mesmo quadro. A parte superior da tela aqui descrita por Goethe se perdeu. No que restou se vê a Virgem com o Menino e, na parte inferior, Santa Catarina e os santos Nicolau, Pedro, Antônio, Francisco e Sebastião.

dois anjos aguardam qualquer sinal para servi-la. O adorável quadro nos diz que a inocência juvenil e a diligência são guardadas e honradas pelos habitantes celestiais. Não há necessidade de qualquer legenda, qualquer interpretação.[10]

Agora uma aventura engraçada, para equilibrar a seriedade artística: notei que muitos artistas alemães, conhecidos de Tischbein, aproximavam--se e observavam-me, afastando-se logo depois. Ele, que se afastara por alguns momentos, voltou-se para mim dizendo: "Veja só que engraçado! O boato de que o senhor se encontra aqui já se espalhou, e os artistas começaram a prestar atenção no único estrangeiro desconhecido. Há mesmo alguém entre nós que afirma já há algum tempo ter travado conhecimento consigo, afirmando até ter mantido relações de amizade com o senhor, no que nenhum de nós parece acreditar. Incentivaram-no a vir observá-lo de modo a dirimir a dúvida. Ele logo assegurou, entretanto, não se tratar do senhor, sem dar aos amigos qualquer indicação de sua figura e aparência. De toda forma, o anonimato encontra-se assegurado ao menos para o momento, e mais tarde teremos algo de que rir".

Juntei-me de boa vontade ao bando de artistas e perguntei pelos autores de diferentes quadros, cujo estilo ainda me era desconhecido. Por fim, fui especialmente atraído por um quadro que representava São Jorge, o matador de dragões e libertador de donzelas. Ninguém sabia dizer quem era o mestre. Foi quando se aproximou um homem baixo e modesto, que se mantivera até então calado, revelando-me tratar-se de Pordenone, o Veneziano. Aquele seria um de seus melhores quadros, nos quais se poderia reconhecer todo o valor do mestre. Pude entender então o motivo de minha inclinação por ele. O quadro atraíra-me porque eu, mais familiarizado com a escola veneziana, soubera reconhecer melhor as virtudes do mestre.[11]

---

10 Trata-se de *Anunciação* (1610), um dos afrescos de Guido Reni sobre a vida de Maria que decoram a Capela da Anunciação, no Palácio Quirinal.

11 O *São Jorge* aqui mencionado se encontra hoje na Pinacoteca do Vaticano. Na época atribuído a Giovanni Antonio de' Sacchis, chamado Il Pordenone (1483-1539), é hoje considerado obra de Paris Bordone (1500-Veneza-1571), um discípulo de Ticiano.

Viagem à Itália

O artista instruído é Heinrich Meyer,[12] um suíço, que, com seu amigo de nome Cölla, estuda aqui já há alguns anos. Já reproduziu de modo excelente bustos antigos em sépia e é muito versado em história da arte.

Roma, 7 de novembro

Encontro-me aqui há sete dias e começo a adquirir aos poucos uma concepção geral do que é esta cidade. Percorremos diligentemente a cidade de um lado para o outro, e eu me esforço por estudar os mapas da velha e da nova Roma. Contemplo as ruínas, os edifícios, visito algumas *villas*. As maiores maravilhas são tratadas lentamente: basta-me abrir os olhos e logo as vejo e vou-me de novo, pois só em Roma é possível preparar-se para Roma.

É preciso confessar, entretanto, que é triste e amarga a tarefa de fazer emergir a velha Roma a partir da nova, mas é preciso fazê-lo e esperar ao fim uma indescritível satisfação. Encontramos vestígios de grande magnificência e ao mesmo tempo de grande destruição, ambas para além de nossa capacidade de compreensão. Aquilo que os bárbaros deixaram em pé foi devastado pelos arquitetos da nova Roma.

Tornamo-nos nós mesmos membros do grande Conselho do Destino quando contemplamos essa existência de mais de 2 mil anos, tão diversificada pela alternância das eras e tão profundamente modificada, mas, ainda assim, é o mesmo solo, são as mesmas montanhas, muitas vezes as mesmas colunas e paredes, ao passo que, no povo, há ainda vestígios do caráter antigo. É difícil, para aquele que contempla, descobrir como Roma sucedeu a Roma, não apenas como a Roma moderna sucedeu a antiga, mas também como as diferentes épocas de ambas se sobrepuseram umas às outras.[13] Eu procuro abrir caminho por entre esses objetos que restam

---

12 Johann Heinrich Meyer (1760-1832), pintor e historiador da arte suíço, se tornaria um dos amigos e colaboradores mais próximos de Goethe, dirigindo em Weimar a *Fürstliche freie Zeichenschule* (Escola Livre de Desenho do Principado).

13 Este trecho de *Viagem à Itália* é mencionado por Mikhail Bakhtin em *Estética da criação verbal*, no capítulo dedicado à relação entre o tempo e o espaço. Ali, Bakhtin revela a noção de tempo histórico em Goethe. Na literatura mundial, diz Bakh-

meio escondidos, pois apenas depois disso é que poderei me beneficiar dos estudos pioneiros aos quais artistas excelentes e eruditos têm se dedicado por toda a vida desde o século XV.

Esse colosso tem um efeito bastante tranquilo em nós, quando estamos em Roma e nos movemos de lá para cá, em busca dos melhores objetos e edifícios. Em outros lugares, é preciso procurar o que há de mais significativo; aqui, somos inundados por eles. Aonde quer que se vá, para onde quer que se olhe, descortinam-se paisagens das mais diferentes, palácios e ruínas, jardins e bosques selvagens, à distância e próximos. Cabanas, currais, arcos do triunfo e colunas, tudo frequentemente tão próximo um do outro que poderia ser reproduzido em uma folha de papel. Seria preciso trabalhar com milhares de lápis ao mesmo tempo, o que pode uma única pena diante de tudo isso! E à noite fica-se cansado e esgotado de tanta contemplação e perplexidade.

---

tin, Goethe atinge "um dos ápices da visão do tempo histórico. [...] A simples contiguidade espacial dos fenômenos era profundamente estranha a Goethe; ele costumava preenchê-la, penetrá-la com o *tempo*, descobria nela o processo de formação, de desenvolvimento, distribuía as coisas que se encontravam juntas no *espaço* segundo os elos temporais, segundo as épocas de geração. Para ele, o contemporâneo, tanto na natureza como na vida humana, se manifesta como uma diacronia essencial: ou como remanescentes ou relíquias de diversos graus de evolução e das formações do passado, ou então como germes de um futuro mais ou menos remoto" (Bakhtin, 1992, p.244-6). Também em Reinhard Koselleck encontramos a mesma noção de tempo histórico. A percepção do tempo histórico se dá, segundo Koselleck em *Futuro passado*, "quando se evoca na memória a presença, lado a lado, de prédios em ruínas e construções recentes, vislumbrando assim a notável transformação de estilo que empresta uma profunda dimensão temporal a uma simples fileira de casas". Também quando se observa "o diferente ritmo dos processos de modernização sofrido por diferentes meios de transporte, que, do trenó ao avião, mesclam-se, superpõem-se e assimilam-se uns aos outros"; "[...] a sucessão de gerações dentro da própria família, assim como no mundo do trabalho", são lugares privilegiados para a *apreensão do tempo histórico*, uma vez que são lugares "nos quais se dá a *justaposição de diferentes espaços da experiência e o entrelaçamento de distintas perspectivas de futuro, ao lado de conflitos ainda em germe*" (Koselleck, *Futuro passado*, p.13-4, grifo meu).

Viagem à Itália

7 de novembro de 1786

Meus amigos me perdoem se me encontrarem de hoje em diante mais lacônico. Durante uma viagem, aproveita-se tudo aquilo que se pode, cada dia traz algo novo, e a gente se apressa em refletir sobre isso e em fazer considerações. Aqui, no entanto, encontramo-nos em uma escola muito grande, na qual cada dia nos diz tanta coisa que não ousamos dizer nada sobre ele. Sim, aquele que se deixasse ficar aqui anos a fio faria bem em observar um silêncio pitagórico.

Mesmo dia

Estou muito bem. O tempo está, como dizem os romanos, *brutto*. Sopra um vento mediterrâneo, o siroco, que diariamente traz um pouco de chuva. Não posso considerar esse tempo desagradável, pois está quente, mais quente do que os dias chuvosos em nosso verão.

7 de novembro

Passo a conhecer e a apreciar cada vez mais os talentos e propósitos artísticos de Tischbein. Mostrou-me seus desenhos e esboços, que são excelentes e prometem muito. Durante sua estada junto a Bodmer, suas ideias foram conduzidas aos primeiros tempos do gênero humano, quando o homem percebeu-se na Terra e pensou que deveria cumprir a tarefa de se tornar senhor do mundo.[14]

À guisa de uma espirituosa introdução ao conjunto das obras dedicadas ao tema, Tischbein pretende representar a avançada idade do mundo de modo fenomênico. Montanhas cobertas de magníficas florestas, encostas recortadas por quedas d'água, vulcões apagados ainda com um leve vapor. Em primeiro plano, o tronco poderoso que restou de um carvalho muito

---

14 Durante sua estada na Suíça nos anos 1781 e 1782, Tischbein tomou contato com o círculo do filólogo e poeta Johann Jakob Bodmer, tradutor do *Paraíso perdido* de John Milton e cuja reação ao classicismo dominante e consequente valorização da Idade Média teve grande influência sobre o movimento romântico.

155

velho, em cujas raízes meio descobertas um cervo testa a força de seus chifres, uma ideia tão boa quanto bem conduzida.

Dentre seus desenhos, há ainda, em uma folha bastante notável, o homem representado como domador de cavalos e como um ser superior a todos os animais da terra, do ar e da água, se não em força, ao menos em perfídia. A composição é extraordinariamente bela e sem dúvida deverá causar grande efeito como pintura a óleo.[15] Deveríamos necessariamente ter um desenho dela em Weimar. Ele pensa ainda em reproduzir, quando oportuno, uma assembleia de homens idosos, experientes e sábios, em formas realistas. Com grande entusiasmo ele esboça agora uma batalha, na qual os dois partidos se atacam com igual fúria a cavalo, em um local onde os separa uma formidável fenda na rocha, que um cavalo apenas com muito esforço conseguiria ultrapassar. Não há defesa possível. O ataque audaz, a decisão feroz, a vitória ou a queda no abismo. Esse quadro dará a Tischbein oportunidade de desenvolver de maneira extremamente significativa os conhecimentos que tem sobre cavalos, sua estrutura e movimento.

Ele pretende associar estes quadros, além de outros que acrescentará, a alguns poemas, que servirão de explicação ao que foi representado, emprestando por sua vez aos poemas, por meio de certas imagens, corpo e encanto.

A ideia é boa, mas seria preciso conviver por muitos anos, poeta e pintor, para conduzir tal obra.

7 de novembro

Vi apenas uma vez as galerias de Rafael e as grandes pinturas da "Escola de Atenas".[16] É como se tivéssemos de estudar Homero a partir de um manuscrito já um tanto apagado e danificado. O prazer da primeira impressão

---

15 Trata-se de *A força do homem*, esboço em aquarela de 1790, que serviu de base para uma grande pintura a óleo em 1821.

16 As galerias de Rafael são as *loggie* que circundam o pátio de São Damásio no Vaticano. A *Escola de Atenas*, pintada entre os anos de 1509 e 1511 é um dos grandes murais que se encontram na Stanza della Segnatura (assim chamada por ser a sala de despachos do Papa Julio II), no Vaticano, contendo representações alegóricas da Teologia, Filosofia, Poesia e Direito.

Viagem à Itália

é incompleto, ele se torna inteiro apenas quando vimos e revimos tudo, estudando-o com precisão. O teto das galerias, que representam histórias bíblicas, são as pinturas mais bem conservadas, frescas como se pintadas ontem. Com certeza são poucas as que vieram da mão do próprio Rafael, mas sabemo-las compostas cuidadosamente a partir de seus desenhos e sob sua supervisão.

7 de novembro

Em tempos distantes, eu alimentara o singular desejo de ser conduzido na Itália por um homem cultivado, por um inglês versado em arte e história; e eis que agora tudo isso se deu de modo melhor do que eu pudera almejar. Tischbein tem sido há bastante tempo um amigo devotado e há muito cultiva o desejo de me mostrar Roma. Nossa relação, antiga já pelas cartas, é nova em presença. Onde eu poderia encontrar um guia mais valoroso? Ainda que meu tempo seja limitado, vou aproveitar e aprender tanto quanto possível.

Acima de tudo prevejo que, ao partir, desejarei estar ainda chegando.

8 de novembro

Minha situação de semianonimato, singular e talvez caprichosa, traz-me vantagens nas quais eu não pensara antes. Uma vez que todos aqui se obrigam a ignorar quem eu seja, de modo que também ninguém pode falar comigo sobre mim, nada mais lhes resta senão falarem de si mesmos, ou de objetos que lhes sejam interessantes. Desse modo, acabo por me inteirar, circunstancialmente, do que cada um se ocupa, ou do que ocorre de extraordinário. Também o conselheiro Reiffenstein[17] respeita essa minha singularidade. Entretanto, como ele, por determinados motivos, não suportava o nome que eu assumira,[18] logo tratou de me atribuir um baronato, e eu me chamo então "o barão que vive defronte ao Palácio Rondanini", com o que

---

17 Johann Friedrich Reiffenstei (1719-1793), conselheiro áulico das cortes de Gotha e da Rússia.

18 Goethe viajava incógnito sob o nome de Jean Philippe Möller, comerciante de Leipzig.

157

estou suficientemente caraterizado, tanto mais que os italianos costumam chamar as pessoas apenas pelo prenome ou alcunha. Isso é o bastante para mim, mantenho meu desejo inicial de anonimato e escapo ao incômodo de ter de dar conta de mim e de minhas ocupações.

9 de novembro

Algumas vezes, quedo-me em silêncio e contemplo os momentos mais altos daquilo que já pude vivenciar. Com alegria volto o olhar para Veneza, aquela grandiosa existência, nascida do seio do mar assim como Palas da cabeça de Júpiter. Aqui, desenvolvi uma alegre veneração pela Rotonda,[19] tanto da parte externa quanto da interna, por conta de sua grandiosidade. Em São Pedro, aprendi a reconhecer como a arte, assim como a natureza, pode deixar de se valer de toda medida de comparação. Já o *Apolo de Belvedere*[20] transportou-me para além da realidade. Pois assim como acontece aos edifícios, dos quais não podemos ter ideia mesmo a partir dos desenhos mais precisos, também é o caso dos originais em mármore diante das reproduções em gesso, as quais eu conhecera bastante tempo antes.

10 de novembro de 1786

Vivo aqui em uma claridade e paz que havia muito tempo não sentia. Ao me exercitar na visão das coisas como elas são, compreendendo-as por meio da observação, meu firme propósito de trazer a luz aos olhos, meu completo abandono de toda pretensão retornam, fazendo-me extremamente feliz e bem-aventurado. Todos os dias um objeto novo, a cada dia se apresentam

---

19 O Panteão, mandado construir pelo cônsul romano Agrippa em 27 d.C. como templo consagrado a todos os deuses. Foi reconstruído na época do imperador Adriano, no ano de 126. Em 609 foi consagrado como igreja católica, dedicado a Santa Maria dos Mártires.

20 *Apolo de Belvedere*: estátua romana em mármore, geralmente considerada cópia de um original grego em bronze do escultor grego Leocares (século IV a.C). Redescoberto em finais do século XV, foi exposto no pátio do Belvedere, de onde recebeu o nome.

quadros nítidos, frescos, grandes e incomuns, compondo um todo no qual se pensa há muito tempo, nunca antes alcançado pela imaginação.

Estive hoje na pirâmide de Céstio e à tarde no Palatino, sobre as ruínas do Palácio Imperial, que lá se erguem como paredes de rocha.[21] É impossível transmitir uma ideia adequada do que se vê aqui. De fato, nada em Roma é medíocre, e, ainda que aqui e ali se encontre algo de mau gosto e digno de censura, isso ainda assim faz parte da grandeza do todo.

Ao voltar-me para mim mesmo, como é tão agradável fazer em tais situações, descubro uma emoção que me alegra infinitamente e que até mesmo ouso proferir. Aquele que a tudo observa com seriedade e tem olhos para ver se tornará sólido, adquirirá uma noção de solidez que nunca antes lhe parecera tão viva.

O espírito torna-se mais arguto e capaz, adquirindo uma seriedade despida de aridez, uma existência ordenada e ao mesmo tempo alegre. Para mim, ao menos, é como se nunca tivesse apreciado corretamente as coisas do mundo antes de vir ter a Roma. Regozijo-me com as abençoadas consequências que se farão sentir por toda a vida.

Preciso agora concentrar minhas energias da melhor maneira possível, é preciso que haja ordem. Não estou aqui para me divertir de acordo com meus desejos. Quero dedicar-me ao estudo dos grandes objetos, aprender e me instruir antes de completar 40 anos.

11 de novembro

Visitei hoje a Ninfa Egéria, o Circo de Caracalla, os túmulos em ruínas ao longo da Via Ápia e a tumba de Cecília Metella, que nos oferece acima de tudo o conceito de solidez da construção das paredes.[22] Esses homens

---

21 A pirâmide de Céstio é o monumento fúnebre de Caio Céstio Epulão, pretor e tribuno romano, construída por volta de 12 a.C. O Palatino, uma das sete colinas de Roma, é, segundo a lenda, o local de fundação da cidade. Situado entre o Foro Romano e o vale Velabro é, pela riqueza de seus monumentos, um museu a céu aberto.

22 Ninfa Egéria: santuário (ninfeu) do século II d.C. dedicado à ninfa Egéria, conselheira, segundo a lenda, do segundo rei de Roma, Numa Pompílio (754 a.C.-673 a.C.). Circo de Caracalla: edificado pelo imperador Maxêncio (278-312), foi, até meados

construíam para a eternidade, tudo fora previsto e calculado, com exceção do desatino da devastação, sob o qual tudo deveria ceder. Senti tua falta e desejei-te a meu lado. Os restos do grande aqueduto são extremamente dignos de respeito.[23] Que belo e grande propósito, dar de beber a um povo por meio de uma obra assim imensa! À tarde fomos ao Coliseu, pois já escurecia. Quando o contemplamos, tudo o mais parece-nos pequeno, ele é tão grande que não somos capazes de conservarmos na alma sua imagem. Ao relembrá-lo na memória, parece-nos novamente pequeno. Basta voltarmos, e ele nos parece ainda maior do que antes.

Frascati, 15 de novembro

Todos estão recolhidos, e eu escrevo com a sépia que uso para desenhar. Tivemos alguns belos dias, quentes e ensolarados, de modo que não se sente falta do verão. A região é muito aprazível, a cidade fica sobre uma colina, melhor dizendo, sobre uma montanha, e a cada passo oferecem-se ao desenhista os mais magníficos objetos. A vista é ilimitada, pode-se ver Roma e mais além o mar, à direita a cadeia de montanhas de Tivoli e mais longe ainda. Nesta alegre região há casas de campo construídas apenas para o lazer e, assim como os antigos romanos já tinham aqui suas *villas*, os romanos ricos e amigos dos prazeres ergueram há cem anos suas casas de campo na mais bela região. Já estamos aqui há dois dias e sempre há algo novo que atrai nossa atenção.

É difícil dizer se são ainda mais prazerosas as noites ou o dia que se vai. Assim que a hospedeira traz o candelabro de latão de três hastes e a põe sobre a mesa redonda, desejando-nos *"Felicissima notte!"*, reunimo-nos todos ao redor com nossas folhas desenhadas e esboçadas durante o dia. Discute-se então se o objeto poderia ter sido colhido de uma perspectiva

---

do século XIX, erroneamente atribuído a Caracalla (188-217). Via Ápia: estrada que ligava Roma a Brindisi, deve o nome a Ápio Cláudio Cego, que a fez construir em 312 a.C. Era ladeada por numerosos monumentos fúnebres, dentro os quais o mais famoso é o de Cecília Metella, de meados do século I a.C.

23 Arcos dos antigos aquedutos Acqua Marcia (construído entre 144 e 140 a.C.) e Acqua Claudia (construído entre 38 e 52 d.C.).

Viagem à Itália

mais favorável, se conseguimos reproduzir suas características mais marcantes, e tudo o mais que se pode, de um modo geral, exigir de um esboço inicial. O conselheiro Reiffenstein encarrega-se de organizar e conduzir essas reuniões, com seu tino e autoridade. Devemos essa louvável iniciativa, na verdade, a Philipp Hackert,[24] o qual, dono de extremo bom gosto, foi capaz de determinar as reais perspectivas, desenhando-as e realizando-as. Artistas e amadores, homens e mulheres, velhos e jovens, a ninguém ele dava descanso, estimulando cada um deles a experimentar segundo seus talentos e suas forças, dando sempre ele mesmo um bom exemplo. O conselheiro Reiffenstein tomou fielmente para si a tarefa de manter as reuniões depois da partida do amigo, tarefa que todos consideramos extremamente louvável, a de despertar em cada um seu desejo pela atividade. A natureza e as peculiaridades do grupo manifestam-se de modo bastante gracioso. Tischbein, por exemplo, como historiador da arte e pintor, vê a paisagem de um modo totalmente diferente do desenhista de paisagem. Ele é capaz de encontrar grupos significativos e outros objetos bastante expressivos, lá onde outros nem sequer pensariam em procurar. Além disso, consegue captar um certo traço de ingenuidade, seja nas crianças, gente do campo, mendicantes e outros tipos ligado à natureza, mas também em animais, os quais ele é capaz de desenhar muito bem com apenas alguns movimentos característicos do lápis ou pincel, garantindo assim novo e agradável motivo adequado à diversão e à conversação.

Se o assunto acaba, faz-se a leitura da *Teoria* de Sulzer,[25] costume deixado por Hackert; e ainda que, a partir de um ponto de vista mais elevado, não se possa concordar em tudo com essa obra, logo se percebe com alegria a

---

24 Philipp Hackert (1737-1807), pintor paisagista alemão. Goethe publicou em 1811 um esboço biográfico de Hackert, atendendo a um pedido do próprio pintor.

25 Goethe refere-se à obra *Allgemeine Theorie der schönen Wissenschaften und Künste* [Teoria geral das belas ciências e artes], de Johann Georg Sulzer (1720-1779). Trata-se da primeira obra de caráter enciclopédico em língua alemã que buscou sistematizar o campo da estética. O primeiro volume apareceu em 1771, o segundo em 1774. Goethe publicou, em 1772, uma resenha desfavorável sobre a obra, salientando a falta de organicidade entre os verbetes e criticando o fato de Sulzer ter se dirigido apenas aos "conhecedores da arte", e não aos amadores. Goethe afirma ainda que o público esperava que Sulzer, "como filósofo, esclarecesse os princípios básicos dos

Johann Wolfgang von Goethe

boa influência que ela exerce sobre aqueles que se encontram em um estágio intermediário de sua formação.

Roma, 17 de novembro

Estamos de volta! Hoje à noite caiu um aguaceiro pavoroso com trovões e raios. Continua chovendo e a temperatura mantém-se quente.

Mal posso expressar em palavras a ventura deste dia. Vi os afrescos de Domenichino na Basílica Andrea della Valle e, além disso, a Galeria Farnesina de Carracci.[26] Assunto certamente para meses, de modo que manterei silêncio por um dia.

18 de novembro

Temos novamente tempo bom, um dia claro, amistoso e quente.

Vi na Farnesina a história de Psiquê, que por tanto tempo iluminou meus aposentos.[27] Depois, em São Pedro, a *Transfiguração*, de Rafael.[28] Velhos conhecidos, como amigos que se relacionaram por longo tempo por carta e que agora se podem conhecer face a face. A convivência é algo totalmente diferente, logo se anunciam os afetos e desafetos.

Há também, por todo canto, coisas maravilhosas das quais não se ouviu falar muito, pois não percorreram o mundo em reproduções em cobre e desenhos. Trago agora comigo algumas delas, desenhadas por excelentes artistas jovens.

---

diversos fenômenos" e que sua obra contivesse "um pouco mais de dogmatismo e menos pregações morais sobre nossa má educação como público".

26 A igreja de San Andrea della Valle teve a construção inicada em 1591 e concluída em 1650. Os afrescos da galeria do Palazzo Farnese, pintados entre os anos de 1597 e 1604 são principal obra de Annibale Carraci e têm por tema o triunfo do amor no universo, tomando por base motivos da mitologia antiga.

27 Obra de discípulos de Rafael representando a fábula de Amor e Psiquê, do livro *O asno de ouro*, de Lúcio Apuleio (*c.* 125-*c.* 170).

28 *A transfiguração de Cristo*, última obra de Rafael, pintada por encomenda do cardeal Giulio de'Medici, futuro papa Clemente VII.

Viagem à Itália

18 de novembro

Por ter construído através de cartas por longo tempo uma tão boa relação com Tischbein, por ter lhe comunicado já, ainda que sem esperança de satisfazê-lo, meu desejo de ir à Itália, nosso encontro foi tão frutífero quanto alegre. Ele sempre pensou em mim, preocupando-se com meus interesses. Ele mostra também bastante familiaridade com as pedras utilizadas na construção tanto pelos antigos como pelos modernos. Estudou-as profundamente, tarefa na qual seu olho de artista e sua afeição pelo mundo sensível puderam conduzi-lo muito bem. Há pouco, enviou a Weimar uma coleção selecionada de peças exemplares, que deverei rever com muita alegria quando de minha volta. Nesse meio-tempo, deu-se um significativo acontecimento. Um religioso, que se encontrava na França e planejava uma obra sobre os tipos de pedra utilizados na Antiguidade, recebeu, graças aos favores da Propaganda,[29] belíssimos fragmentos de mármore da ilha de Paros.[30] Aqui foram mais uma vez fragmentados, obtendo-se assim algumas peças exemplares, das quais doze foram-me destinadas, do grão mais fino ao mais denso, do maior ao menor grau de pureza, misturada à mica. A primeira destinada à escultura, a segunda à arquitetura. É bastante evidente o quanto o conhecimento exato do material destinado à arte contribui para a capacidade de julgamento da mesma.

Há muitas oportunidades por aqui de se conseguir carregar coisas desse tipo. Nas ruínas do Palácio de Nero,[31] caminhamos por campos de alcachofras recém-preparados e não pudemos nos furtar ao desejo de encher os bolsos de granito, pórfiro e plaquinhas de mármore, que se encontram aqui aos milhares e dão inesgotável testemunho da antiga magnificência das paredes outrora com eles recobertas.

---

29 Trata-se da Congregatio de propaganda fide, sociedade para a propagação da fé católica fundada em 1622 pelo papa Gregório XV.

30 Goethe se refere provavelmente a Blasius Caryophylus (Biagio Garofalo, 1677-1762), autor de *De antiquis marmoribus* (Viena, 1738).

31 Trata-se da Domus Aurea, construída por Nero em 64, depois do incêndio de Roma.

18 de novembro

Preciso falar agora de um quadro singularmente problemático, o qual se deixa ainda hoje ver com prazer, junto a outras coisas preciosas.

Há alguns anos viveu aqui um francês, conhecido como amador da arte e colecionador. Chegou-lhe às mãos uma pintura antiga sobre pedra-cal, ninguém sabe dizer de onde. Encomendou a Mengs[32] que restaurasse a peça, que passou a fazer parte de sua coleção, como obra valiosa. Winckelmann fala dela com entusiasmo, em algum lugar. O tema representado é Ganimedes estendendo a Júpiter uma vasilha com vinho e recebendo em troca um beijo. O francês morreu e deixou o quadro a sua senhoria como *uma peça antiga*. Mengs morreu e disse, em seu leito de morte, *não se tratar de uma peça antiga, ele mesmo a pintara*. A controvérsia agora é grande. Um diz que Mengs teria dito isso por piada, ao passo que outros dizem que Mengs não teria sido capaz de pintá-lo, o objeto seria belo demais quase que até mesmo para Rafael. Pude vê-lo ontem e preciso dizer que não conheço nada de mais belo do que a figura de Ganimedes, a cabeça e as costas; o restante foi muito restaurado. Enquanto isso, a obra foi desacreditada, e ninguém se dispõe a aliviar a pobre mulher de seu tesouro.

20 de novembro de 1786

A experiência nos ensina que é sempre desejável que algum tipo de desenho ou gravura em cobre acompanhe a poesia. É comum que um pintor dedique seus quadros mais detalhados a um poeta. Depreendo daí que é altamente louvável a ideia de Tischbein segundo a qual poeta e pintor deveriam trabalhar juntos, de modo que desde o início se constituísse uma unidade. A dificuldade diminuiria muito, com certeza, se utilizássemos poemas curtos, que fornecessem facilmente uma visão do todo e permitissem o desenvolvimento apropriado.

---

32 Anton Raphael Mengs (1728-1779), pintor nascido em Aussig, na Boêmia. Estabeleceu-se em Roma em 1741. O quadro a que Goethe se refere é hoje atribuído ao próprio Mengs.

Viagem à Itália

Também sobre esse aspecto Tischbein tem ideias muito aprazíveis de idílios, e é mesmo peculiar que os temas que ele deseja trabalhar dessa maneira sejam do tipo que nem a arte literária nem a arte pictórica, cada uma por si, sejam capazes de realizar sozinhas. Ele me fala sobre isso durante nossas caminhadas, de modo a plantar em mim o desejo de me envolver no projeto. O frontispício em cobre de nossa obra comum já foi esboçado. Se eu não temesse me envolver com algo novo, poderia facilmente deixar-me seduzir.

Roma, 22 de novembro, na festa de Santa Cecília

Quero conservar vivamente a memória deste dia bem-aventurado e registrar em algumas linhas, ao menos do ponto de vista do registro histórico, aquilo de que desfrutei. Tivemos um belíssimo dia, céu claro e sol quente. Dirigi-me com Tischbein à praça de São Pedro, por onde caminhamos, cruzando-a de um lado a outro e, quando a temperatura ficou muito quente para nós, abrigamo-nos à sombra do obelisco, larga o suficiente para os dois, onde comemos as uvas que compráramos na vizinhança. Entramos então na Capela Sistina, que encontramos também clara e límpida, as pinturas bem iluminadas. O *Juízo Final* e as variegadas pinturas do teto foram objeto de nossa admiração. Tudo o que eu conseguia fazer era ver e maravilhar-me. A segurança e virilidade do mestre, sua grandeza, vão além de qualquer expressão. Depois de ver e rever tudo, deixamos esse lugar sagrado e adentramos então a Basílica de São Pedro, que, iluminada pelo céu claro, recebia a mais bela luz, assomando de forma clara e nítida todas as suas partes. Nós, criaturas feitas para o prazer, fruímos a grandeza e a suntuosidade, sem nos deixar desviar desta vez pelo gosto por demais fastidioso e racional, reprimindo qualquer crítica mais severa. Alegramo-nos com o que havia para nos alegrar.

Por fim, subimos ao teto da igreja, onde se encontra a reprodução em miniatura de uma cidade muito bem construída. Residências e lojas, fontes e um grande templo, tudo no ar, com belos caminhos de entremeio. Subimos à cúpula e pudemos desfrutar da vista iluminada e nítida da região dos Apeninos, o monte Soratte, e, depois de Tivoli, as montanhas vulcânicas.

Ainda Frascati, Castel Gandolfo, a planície e depois o mar. Perto de nós, a cidade de Roma em toda a sua extensão, com seus palácios nas montanhas, cúpulas e tudo o mais. Não havia vento algum, e no ponteiro da cúpula estava quente como em uma estufa. Depois de ter deixado que tudo isso se incutisse em nosso ânimo, pedimos que nos abrissem as portas que levam às cornijas da cúpula, do tambor e da nave, pois pode-se andar por ali desacompanhado e observar a igreja de cima. Quando nos encontrávamos sobre a cornija do tambor, o papa passou lá embaixo a caminho de sua oração do meio-dia. Não nos faltou nada, portanto, na Basílica de São Pedro. Terminamos de descer e tomamos uma frugal e animada refeição em uma hospedaria próxima, pondo-nos em seguida a caminho da igreja de Santa Cecília.[33]

Eu precisaria de muitas palavras para descrever a decoração da igreja, àquela hora cheia de fiéis. Não se via coisa alguma das pedras da construção. As colunas estavam cobertas de veludo vermelho e circundadas por festões dourados; os capitéis, cobertos de veludo bordado, assim como as cornijas e pilares. Todos os espaços intermediários das paredes eram cobertos com vívidas pinturas, de modo que a igreja toda parecia um mosaico. Mais de duzentas velas de cera ardiam ao redor do altar e ao lado dele, de maneira que o conjunto de luzes se estendia ao longo de uma parede inteira e a nave da igreja encontrava-se totalmente iluminada. Os corredores e altares laterais eram decorados e iluminados da mesma forma. Defronte ao altar principal, sob o órgão, havia duas armações, também cobertas de veludo, sobre as quais, de um lado, os cantores e de outro, os instrumentistas se alinhavam, fazendo música continuamente. A igreja fervilhava de gente.

Ouvi aqui uma bela forma de execução musical. Assim como temos concertos de violinos ou de outros instrumentos, aqui se deu um concerto de vozes, de modo que uma voz, o soprano, por exemplo, sobressai-se cantando *solo*, o coro intervindo e acompanhando de tempos em tempos, juntamente, bem entendido, com toda a orquestra. Isso tem um belo efeito. Preciso agora terminar, assim como tivemos de terminar o dia. À noite,

---

33 A igreja de Santa Cecília, no Trastevere, foi construída sobre a base de edifícios antigos no século III.

Viagem à Itália

passamos pela Ópera, onde se levava os *Litiganti*.[34] Tínhamos fruído tanto do que era bom que passamos ao largo.

23 de novembro

De modo que não aconteça, com meu precioso anonimato, o mesmo que ao avestruz, que acredita estar escondido porque enterra a cabeça, renuncio a ele de tempos em tempos. Pude saudar algumas vezes o príncipe de Liechtenstein, irmão de minha tão cara condessa Harrach, e até mesmo cear com ele.[35] Logo percebi que, em meio a tais pessoas, minha condescendência poderia ser mantida, e assim se deu. Falaram-me do *abate* Monti e de sua peça teatral *Aristodemo*, uma tragédia que logo seria encenada.[36] O autor gostaria de lê-la para mim e ouvir minha opinião a respeito. Deixei que a coisa caísse no esquecimento, sem me negar de fato, até que um dia encontrei o autor e seus amigos na casa do príncipe, e então a peça foi lida.

O herói, como se sabe, é um rei de Esparta[37] que, devido a todo tipo de escrúpulos de consciência, decide tirar a própria vida. Logo me deram a entender de modo bastante eficaz que o autor do *Werther* não acharia de todo ruim encontrar, em alguns momentos da peça, trechos de seu próprio e excelente livro. Foi assim que não pude escapar do atormentado espírito do desditoso jovem mesmo entre os muros de Esparta.

A peça tem um ritmo bastante simples e calmo, as disposições de ânimo, assim como a linguagem, são poderosas e ao mesmo tempo brandas, como era adequado ao tema. O trabalho dá o testemunho de um belo talento.

---

34 Trata-se de *Fra i due litiganti il terzo gode* [Entre os dois litigantes, o terceiro se regala, 1749], ópera-bufa de Giambattista Lorenzi (1721-1807) com música de Giovanni Battista Prescetti (*c.* 1704-1766).

35 Goethe se refere ou ao príncipe Wenzel Joseph von Liechtenstein (1767-1842) ou ao príncipe Philipp Joseph von Liechtenstein (1762-1802). Goethe encontrara a condessa Marie Josephine von Harrach em Karlsbad, em 1786.

36 Vincenzo Monti (1754-1828), abade e secretário do sobrinho do papa Pio VI e professor de retórica em Milão.

37 Erro de Goethe: Aristodemo não foi rei de Esparta, e sim de Messênia.

Johann Wolfgang von Goethe

Não deixei de ressaltar, à minha maneira, tudo o que havia de bom e louvável na peça. A audiência ficou sofrivelmente satisfeita com essas palavras, mas a impaciência mediterrânea exigia mais. Queriam de mim especialmente que eu predissesse o efeito que a peça deveria ter sobre o público. Esquivei-me alegando meu pouco conhecimento da terra, dos tipos de representação e do gosto, mas fui suficientemente sincero para dizer que não imaginava como o mimado público romano, acostumado a ver uma comédia completa de três atos e uma ópera completa de dois atos entre os intervalos de uma peça, ou ainda uma grande ópera com um balé completamente independente de entremeio, poderia se deleitar com uma tragédia assim nobre e tranquila, sem qualquer interrupção. Além disso, o tema do suicídio pareceu-me completamente fora do círculo dos conceitos familiares aos italianos. Eu ouvia quase todo dia que alguém tirara a vida a outrem, mas que alguém atentasse contra a própria vida, ou que ao menos levantasse essa possibilidade, nunca chegara a meu conhecimento.

Nesse ponto, deixei claro que me agradaria conhecer os possíveis argumentos contra minha descrença, defendendo com muito gosto uma hipótese plausível, assegurando mesmo que eu nada mais desejava a não ser ver a peça encenada e prestar a ela, em meio a um coro de amigos, o mais sincero e efusivo aplauso. Essa declaração foi recebida amistosamente, e eu tive então todos os motivos para me alegrar com minha desistência temporária do anonimato. Pois o príncipe Liechtenstein é a amabilidade em pessoa e concedeu-me a oportunidade de visitar em sua companhia alguns tesouros artísticos para os quais se necessita de uma permissão especial do proprietário; logo, demandam uma elevada influência.

Meu bom humor, entretanto, não durou o suficiente para atender a filha do pretendente,[38] que exigia conhecer o animal estrangeiro. Não atendi a sua exigência e logo me recolhi novamente em meu anonimato, com redobrada decisão.

---

38 Charlotte Stuart (1753-1789), nascida princesa de Albany, filha ilegítima de Charles Edward Stuart, conde de Albany, um dos pretendentes católicos ao trono inglês, conhecido como "The Young Pretender".

Viagem à Itália

Eu sei, no entanto, que essa também não é a maneira certa, e eu sinto aqui de maneira muito viva algo que já experimentara antes: que aquele que deseja o bem deve se comportar em relação aos outros de maneira tão ativa e enérgica na vida social quanto o egoísta, o pequeno e o mau. É fácil reconhecê-lo. Difícil, no entanto, é agir de acordo com essa máxima.

24 de novembro

Não teria mais nada a dizer dos habitantes nacionais, a não ser que se trata de homens naturais que, vivendo em meio ao luxo e à dignidade da religião e das artes, não seriam diferentes nem em um único fio de cabelo, caso vivessem em cavernas e florestas. Os frequentes assassinatos chamam a atenção de todo estrangeiro. Hoje mesmo a cidade toda fala sobre isso. Nas últimas três semanas, já houve quatro assassinatos nesta parte da cidade. Hoje foi-se um ótimo artista, Schwendimann,[39] um suíço, gravador de medalhas, o último aluno de Hedlinger,[40] morto exatamente da mesma forma que Winckelmann.[41] O assassino, com o qual lutara, desfechou-lhe vinte golpes de faca, e, como a guarda se aproximava, acabou o malfeitor por apunhalar-se a si mesmo, o que aqui não é comum. Em geral, o assassino busca abrigo em uma igreja e com isso acaba-se a história.

A fim de tornar ainda mais sombrio o quadro que pinto, eu deveria falar de crimes e infortúnios, terremotos e enchentes, mas o que agita todos os estrangeiros neste momento aqui é a erupção do Vesúvio. É preciso muito esforço para não ser levado junto. Esse fenômeno da natureza tem em si um encantamento parecido ao da cascavel e atrai-nos de modo irresistível. Diz-se por aqui que todos os tesouros de Roma poderiam ser destruídos pela erupção. A maior parte dos estrangeiros interrompe o curso de suas

---

39 Kaspar Joseph Schwendimann (1741-1786).

40 Johann Karl Hedlinger (1691-1771), famoso gravador de medalhas suíço.

41 Winckelmann foi assassinado em abril de 1768 por Francesco Arcangeli, um antigo prisioneiro, seu vizinho de quarto em uma hospedaria em Trieste, a caminho de Roma. O motivo do crime teria sido roubo, mas há suspeitas também de um envolvimento erótico.

observações e dirige-se apressadamente a Nápoles. Eu, no entanto, permaneço, na esperança de que a montanha guarde ainda algo para mim.

1º de dezembro

Moritz,[42] que se tornou notável entre nós por seus *Anton Reiser* e *Peregrinação à Inglaterra*",[43] está aqui. Trata-se de um homem puro e excelente, que nos causa muita alegria.

1º de dezembro

Aqui em Roma, onde há tantos estrangeiros, nem todos visitam a capital do mundo por conta de seus interesses na arte mais elevada, mas sim porque querem divertir-se das mais diferentes maneiras. Aqui é preciso estar preparado para tudo. Há certas ocupações que estão entre a arte e o artesanato, que exigem jeito para o trabalho manual e gosto por ele, ocupações estas que aqui foram bastante desenvolvidas e pelas quais os estrangeiros demonstram interesse.

Dentre elas, a pintura em cera, da qual se ocupam, mecanicamente, aqueles que têm alguma familiaridade com a aquarela, nos estágios de preparação, aos quais se segue a queima. O valor artístico, geralmente baixo, eleva-se por meio da novidade do empreendimento. Há aqui artistas talentosos que ensinam o ofício e, sob o pretexto da instrução, frequentemente fazem o melhor nesse tipo de arte, de modo que, no fim, a bela aluna fique bastante surpreendida com seu próprio talento até então desconhecido.

---

42 Karl Philipp Moritz (1756-1793), que Goethe conheceu em Roma e com quem manteve um profícuo relacionamento intelectual. Moritz, de origem pobre, teve em Goethe uma espécie de protetor. Suas obras mais conhecidas no Brasil são seu romance de caráter autobiográfico *Anton Reiser* e seus escritos sobre estética, entre os quais se sobressai *Über die bildende Nachahmung des Schönen* [Sobre a imitação formadora do belo], de 1788. Há pontos em comum entre o caráter autotélico que Moritz vê nos produtos da arte e o conceito de finalidade sem fim (*Zweckmäßigkeit ohne Zweck*) que Kant apresenta na *Crítica do juízo*.

43 *Reisen eines Deutschen in England im Jahre 1782* [Viagens de um alemão à Inglaterra no ano de 1782], Berlim, editado por Friedrich Maurer, 1783.

Um outro tipo de artesanato interessante é a reprodução por meio da impressão, em uma fina lâmina de argila, de pedras entalhadas, o que se faz também com medalhas, dos dois lados.

Finalmente, o trabalho com pasta de vidro exige ainda mais talento, atenção e dedicação. O conselheiro Reiffenstein tem, em sua casa ou nas imediações, tudo o que é necessário para todas essas coisas.

2 de dezembro

Encontrei aqui, por acaso, o livro *Itália*, de Archenholz.[44] Como um escrito assim se encolhe quando estamos neste lugar, como se o livrinho tivesse sido colocado sobre carvão em brasa e fosse pouco a pouco se tornando marrom, depois preto, e as folhas fossem se retorcendo e se desfazendo em fumaça. Ele por certo viu quase tudo. Mas seu conhecimento não era suficiente para emprestar credibilidade a seu tom presunçoso e desrespeitoso. Aqui e ali ele tropeça, tanto no elogio quanto na censura.

Roma, 2 de dezembro de 1786

Essa temperatura amena e firme ao fim de novembro, interrompida apenas poucas vezes por alguns dias chuvosos, é algo totalmente novo para mim. Passamos os dias bons ao ar livre, os ruins dentro de casa, mas por todo lado há algo para nos alegrar, algo para aprender e para fazer.

No dia 28 de novembro voltamos a visitar a Capela Sistina. Fomos admitidos à galeria, onde se pode ver mais de perto o teto. Como o espaço é bastante estreito, com dificuldade e algum perigo somos pressionados contra os postes de ferro; por esse motivo, os que sofrem de tontura devem ficar para trás. Logo, porém, tudo é substituído pela grande obra de arte.

Encontro-me no momento tão absorvido por Michelangelo que a natureza não me parece superior a ele, pois não consigo vê-la com os mesmos

---

44 O título é, na verdade, *England und Italien*, de 1785, um dos relatos de viagem mais lidos à época.

grandes olhos com que ele a vê.[45] Houvesse um meio de fixar tais imagens na alma! Tento compensar levando comigo tudo o que há de gravuras em cobre e desenhos.

Dali seguimos para as galerias de Rafael, e mal consigo confessar que não fui capaz de contemplar as obras. O olho estava tão dilatado e mimado com aquelas grandes formas e com a magnífica perfeição de todas as partes que não queria se acostumar aos espirituosos jogos de arabescos, e as histórias bíblicas, tão belas que são, não conseguiram manter nossa atenção. Poder comparar frequentemente tais obras uma em relação à outra, com mais tempo e sem qualquer tipo de opinião prévia, deve ser uma grande alegria. Pois nos primeiros momentos é impossível não tomar partido.

A partir dali caminhamos lentamente à Villa Pamfili,[46] já quase sob sol quente. Ali ocorrem belas festas nos jardins, que duram até a noite. Um belo prado, circundado por carvalhos sempre verdejantes e altos pinheiros-mansos, estava coberto de margaridas, que voltavam as cabecinhas para o sol. Retomei minhas especulações botânicas, durante uma caminhada no dia seguinte ao monte Mario, à Villa Melini e à Villa Madama.[47] É muito interessante notar o comportamento de uma vegetação cujo vivo florescimento não é interrompido pelo frio intenso. Aqui não há botões, e só então se compreende o que é um botão. O medronheiro floresce agora novamente, ao mesmo tempo em que seus frutos amadurecem, assim como as laranjeiras cobertas de flores e frutos maduros ou quase maduros. É certo que, nesta época, precisam ser cobertas, caso não estejam protegidas por construções. Há muito o que pensar sobre os ciprestes, a mais respeitável das árvores, quando têm bastante idade e cresceram o suficiente. Logo

---

45 Ecoa nessa afirmação a inscrição sobre o túmulo de Rafael Sanzio, no Panteão, da qual Goethe provavelmente já tinha conhecimento: *Ille hic est Raphael, timuit quo sospite vinci, rerum magna parens et moriente mor* ("Aqui jaz Rafael, que, em vida, fez temer a Natureza ser por ele vencida e, uma vez morto, que morresse consigo").

46 "Pamphili" é o maior parque público de Roma, situado à margem direita do Tibre.

47 Monte Mario, a noroeste da cidade. Nele se localizam a Villa Mellini (séc. XV), hoje Observatório Astronômico, e a Villa Madama (séc. XVI, segundo um projeto inicial de Rafael), que hoje abriga a sede de representação do Conselho de Ministros e do Ministério das Relações Exteriores da Itália.

Viagem à Itália

que possível irei visitar o Jardim Botânico, onde espero ter muito o que experimentar. Sobretudo, penso que nada se compara à nova vida que a contemplação de uma nova terra assegura a um homem que pensa e reflete. Ainda que eu seja o mesmo, acredito ter mudado até o interior da medula.

Encerro por aqui, e dedicarei a próxima página inteira à desgraça, assassinato, terremoto e desventura, uma vez que minha pintura também possui sombras.

3 de dezembro

Até aqui, o tempo vem mudando em intervalos de seis dias. Dois dias magníficos, um dia nublado, dois a três dias de chuva e depois novamente belos dias. Procuro aproveitar cada um deles da melhor maneira.

Esses objetos magníficos são para mim como novos conhecidos. Como não se conviveu com eles, não se pode deixar de ser tocado por suas singularidades. Alguns deles nos atraem com tal violência que por algum tempo nos tornamos indiferentes e mesmo injustos em relação aos outros. Assim se deu, por exemplo, que o Panteão, o Apolo de Belvedere, algumas cabeças colossais e recentemente a Capela Sistina apoderaram-se de mim de tal maneira que quase não vejo mais nada ao redor. Como se situar no mesmo nível de tal nobreza, grandiosidade e formação, quando se é pequeno e se está acostumado ao pequeno? E quando tentamos restituir o equilíbrio de algum modo, logo somos premidos por uma multidão de objetos por todos os lados, coisas formidáveis nos cortam o passo, cada uma delas exigindo o tributo de nossa atenção. Como escapar disso? É preciso então deixar pacientemente que esses objetos cresçam e atuem sobre nós, notando diligentemente aquilo que outros construíram para nosso desfrute.

A nova edição da *História da arte* de Winckelmann,[48] traduzida por Fea, é uma obra muito útil, que acabo de conseguir e da qual desfruto em boa e cultivada companhia.

---

48 *Die Geschichte der Kunst des Altertums* [História da arte da Antiguidade], na tradução de Carlo Fea para o italiano, de 1786.

Também a Antiguidade romana começa a me proporcionar prazer. História, inscrições e moedas, de cuja existência eu nem sequer sabia, tudo abre seu caminho a minha frente. Também aqui, onde são atados os fios da história completa do mundo, procedo tal qual o faço nas ciências naturais e passo então a contar um segundo aniversário, um verdadeiro renascimento, a partir do dia em que pus os pés em Roma.

5 de dezembro

Nas poucas semanas em que me encontro aqui, pude notar como alguns estrangeiros vêm e vão, admirando-me da leviandade com que muitos tratam esses objetos dignos de respeito. Agradeço a Deus, pois de agora em diante nenhuma dessas aves de arribação poderá fazer-se de importante ao me falar de Roma no Norte, nenhum deles mais poderá deixar-me doente de ansiedade e inveja. Pois também eu pude ver e sei, de algum modo, por onde estive.

8 de dezembro

Tivemos nesse ínterim os mais belos dias. A chuva que cai de vez em quando mantém verdes a grama, as plantas e as ervas dos jardins. As árvores, sempre verdes, veem-se por todos os lados, de modo que não chegamos a sentir falta de sua folhagem perdida. Nos jardins, há laranjeiras repletas de frutos, que crescem da terra ao ar livre.

Eu tencionava contar-vos detalhadamente aqui sobre um passeio muito agradável que fizemos até o mar e da pescaria que se deu ali, quando o bom Moritz teve um acidente esta tarde ao cavalgarmos de volta para casa. O cavalo escorregou na lisa pavimentação romana. Isso acabou com a alegria de todos, causando infelicidade doméstica em nosso pequeno círculo.

Roma, 13 de dezembro

Como fico feliz por terdes tomado meu desaparecimento da forma como eu desejava. Peço que vos encarregueis de me reconciliar com qual-

Viagem à Itália

quer um que possa ter se magoado com isso. Não quis ofender ninguém e também não consigo dizer nada para me justificar e ganhar vosso favor novamente. Deus permita que eu não tenha causado preocupações e cuidados a um amigo quando decidi tomar essa decisão.

Eu me recupero agora dia a dia de meu *salto mortale* e estudo mais do que gozo. Roma é um mundo, e são necessários anos para nos orientarmos nesse mundo. Como considero bem-aventurados os viajantes de passagem, que vêm e se vão.

Hoje pela manhã caíram-me nas mãos as cartas de Winckelmann, que ele escreveu na Itália.[49] Como me senti comovido ao começar a leitura! Ele chegou aqui há 31 anos, na mesma estação do ano, um pobre tolo ainda maior do que eu, encarando os fundamentos da Antiguidade e da arte com a mesma seriedade alemã! Como ele abriu bravamente seu caminho através delas! E o quanto significa para mim agora a lembrança desse homem neste lugar!

Além dos objetos da natureza, que é sempre verdadeira e consequente em todas as suas partes, nada nos fala mais alto ao espírito do que vestígios deixados por um homem bom e sensato, assim como a verdadeira arte, tão consequente como a natureza. Aqui em Roma pode-se perceber isso muito bem, aqui, onde tanta arbitrariedade grassou, onde tanto absurdo foi eternizado pelo poder e pelo dinheiro.

Há uma passagem na carta de Winckelmann a Francke[50] que me agrada especialmente: "Em Roma devemos buscar todas as coisas com alguma fleuma, caso contrário nos tomarão por franceses. Em Roma, acredito eu, está a escola superior da humanidade, também eu fui aprimorado e examinado".

O trecho adequa-se perfeitamente a minha própria maneira de buscar as coisas aqui, e ele tem razão. Fora de Roma não se tem ideia alguma de

---

49 *Winckelmanns Briefe an seine Freunde* [Cartas de Winckelmann a seus amigos], editadas em dois volumes por K. Wilhelm Dassdorf, Dresden, 1778-1780.

50 Carta datada de 4 de fevereiro de 1758. Johann Michael Franke (1717-1775) foi, juntamente com Winckelmann, bibliotecário do conde Bünau em Nöthnitz, próximo a Dresden.

175

como se é instruído nesta cidade. É preciso nascer novamente, de modo que olhamos para nossas antigas ideias e concepções como se olhássemos para sapatos de criança. O homem mais vulgar tornar-se-á alguma coisa aqui, no mínimo adquirirá ideias invulgares, ainda que elas não penetrem seu íntimo.

Esta carta chegará a vossas mãos para o Ano-Novo. Desejo-vos toda a felicidade e sorte para o começo dele. Antes que o ano termine, ver-nos--emos novamente, e não será com pouca alegria. O ano que se vai foi o mais importante de minha vida. Eu poderia morrer agora ou ficar mais um pouco, as duas coisas seriam bem-vindas. Agora ainda uma palavra aos pequenos.

Gostaria que lêsseis ou contásseis o seguinte às crianças: aqui não se percebe o inverno, os jardins têm árvores sempre verdes, o sol brilha claro e quente. Só se vê neve no pico das montanhas distantes ao norte. Os limoeiros, que são plantados junto aos muros dos jardins, são cobertos com telhados de caniços, mas as laranjeiras ficam descobertas. Pendem centenas das mais belas frutas dessas árvores que, diferente do que se dá entre nós, não são podadas nem plantadas em um barril, mas ficam livres e felizes na terra ao lado de suas irmãs. Não se pode imaginar nada mais alegre do que uma vista assim. Por um dinheirinho, pode-se comer delas o tanto que se desejar. Já nesta época do ano estão perfeitamente boas, em março estarão ainda melhores.

Há poucos dias estivemos junto ao mar e vimos uma pescaria. Apareceram as mais espantosas formas de peixes, caranguejos e outras criaturas estranhas. Vimos também aquele peixe que dá um choque elétrico em quem o tocar.

20 de dezembro

E, no entanto, tudo isso resulta mais em esforço e preocupação do que em prazer. O renascimento, que me transforma a partir de meu íntimo, continua a produzir seus efeitos. É certo que eu pensara poder aprender algo aqui. Eu não sabia, entretanto, que teria de retroceder tanto em minha formação escolar, que teria de desaprender tanta coisa, ou mesmo aprender

Viagem à Itália

de outro modo. Agora, porém, encontro-me totalmente convencido disso, tendo me entregado por completo ao processo, e quanto mais eu tenha de renegar a mim mesmo, mais me alegro. Sou como um arquiteto que deve erigir uma torre e assentou um fundamento ruim. Ele o percebe a tempo e compraz-se em desfazer o que já havia construído, procura ampliar seu plano inicial, enobrecê-lo, assegurar-se da qualidade do solo, alegrando--se já antecipadamente pela solidez da futura construção. Que os céus permitam que, quando de meu retorno, também as consequências morais possam ser percebidas em mim, as quais me levaram a buscar um mundo mais amplo. Pois juntamente com o sentido artístico, também o sentido moral experimenta grande renovação.

Encontra-se aqui entre nós, de retorno de uma viagem a Sicília, o dr. Münter, um homem enérgico e ativo, mas não sei quais são seus objetivos.[51] Em maio estará entre vós e poderá contar muita coisa. Encontra-se há dois anos na Itália, descontente com os italianos, os quais não mostraram muita consideração pelas importantes cartas de recomendação que trazia e que deveriam abrir-lhe arquivos e bibliotecas privadas, de modo que não pôde realizar tudo o que desejara.

Coleciona belas moedas e possui, segundo me disse, um manuscrito que provê a numismática de um sistema preciso de classificação, semelhante ao de Lineu. Herder entende disso mais do que eu, talvez se possa fazer uma cópia. É possível fazer algo desse tipo, e, mais cedo ou mais tarde, devemos nos iniciar nessa disciplina com afinco.

25 de dezembro

Começo agora a visitar as melhores coisas pela segunda vez, de modo que a primeira perplexidade transforma-se em convivência e em um sentimento nítido quanto ao valor de cada objeto. A fim de imprimir em si a mais elevada ideia daquilo que o homem foi capaz de fazer, é preciso que a alma se encontre no mais perfeito estado de liberdade.

---

51 Friedrich Münter (1761-1830), teólogo, orientalista e estudioso da Antiguidade.

O mármore é um material peculiar. É por isso que o Apolo do Belvedere nos agrada assim tão desmedidamente, pois mesmo na melhor reprodução em gesso desaparece esse hausto da mais vívida, livre e eterna jovialidade.

Defronte a nós, no Palácio Rondanini, há uma máscara de Medusa, e em cujo rosto formoso e nobre, de tamanho maior que o natural,[52] a pavorosa rigidez da morte foi reproduzida de maneira indizivelmente fiel. Eu possuo uma boa cópia em gesso, mas nela não há nada do encantamento do mármore. A nobre semitransparência amarelada da pedra, cuja cor se assemelha à da carne, desaparece. O gesso parece sempre pálido e sem vida.

E ainda assim, que alegria a de se observar um gesseiro em seu trabalho, quando se vê os magníficos membros das estátuas tomarem formas, e se ganha assim novas perspectivas das figuras. Além disso, é possível observar aqui em Roma lado a lado os objetos e construções espalhados pela cidade, muitas vezes em fragmentos, o que também é bastante útil para a comparação. Não pude me furtar a adquirir uma cabeça colossal de Júpiter.[53] Está à cabeceira de minha cama, muito bem iluminada, de modo que é a ela que dirijo minhas primeiras orações de manhã. Essa bela cabeça, em toda a sua grandiosidade e dignidade, ocasionou entre nós uma pequena história muito engraçada.

Nossa velha hospedeira tem um gato de estimação que a segue quando ela vem fazer as camas. Eu estava sentado na sala maior enquanto a ouvia cumprir seus afazeres lá dentro. De repente, de modo apressado e violento, contrariando seu costume, ela abre a porta e me chama, instando-me a vir imediatamente para ver um milagre. Respondendo à minha pergunta sobre o que se tratava, ela diz que o gato rezava a Deus Pai. Ela já percebera havia um bom tempo que o tal gato possuía tino como um cristão, mas isso agora já era um grande milagre. Apressei-me a ver com meus próprios olhos, e o

---

52 Trata-se de uma cópia romana datada de inícios do período imperial feita a partir de um original grego do século V a.C. Foi adquirida em 1814 pela Gliptoteca de Munique.

53 Trata-se provavelmente do Zeus de Otricoli, cópia romana de inícios do período imperial de uma escultura de Briáxis (século IV a.C.) encontrada nas escavações mandadas fazer pelo papa Pio VI. Encontra-se hoje na Sala Rotonda do Vaticano.

que eu vi era bastante incomum. O busto está apoiado sobre um suporte alto, e o corpo foi cortado um pouco abaixo do peito, de modo que a cabeça sobressai no espaço, em direção ao alto. O gato pulara sobre a mesa, pusera as patas sobre o peito do deus, e avançava o focinho em sua direção, enquanto esticava as patas o mais que podia, em direção à santa barba, que lambia com extrema delicadeza, sem se deixar incomodar absolutamente nem pelo grito da hospedeira nem por minha chegada. Deixei a boa mulher entregue a seu espanto, mas expliquei a mim mesmo que esse estranho culto felino tinha origem no fato de que aquele animal de olfato extremamente bem desenvolvido sentira o cheiro da gordura que se depositara e mantivera nos entremeios da pedra escavada da barba do deus.

29 de dezembro de 1786

Há muito ainda que falar e elogiar em Tischbein, como o modo original e alemão pelo qual ele se formou a partir de si mesmo, mas também é necessário registrar com gratidão que ele, à época de sua segunda estada em Roma, tenha se dedicado tão amistosamente a mim, encomendando uma série de cópias dos melhores mestres, algumas em carvão, outras em sépia e aquarela, as quais ganharão valor apenas na Alemanha, quando eu estiver longe dos originais e elas me permitirem lembrar daquilo que vi de melhor aqui.

Durante sua trajetória de formação artística, como retratista, Tischbein entrou em contato com os artistas mais importantes, especialmente em Zurique, tendo no meio deles fortalecido seu sentimento e ampliado seu juízo e conhecimento.

Trouxe comigo a segunda parte das *Folhas dispersas*,[54] que foi aqui duplamente bem-vinda. Herder deveria saber, para sua recompensa, o bom efeito que a repetida leitura desse livrinho tem por aqui. Tischbein não conseguia entender como alguém pode ter escrito algo assim sem nunca ter estado na Itália.

---

54 *Zerstreute Blätter*, de Herder (1786).

29 de dezembro

Neste meio de artistas, vive-se como em um quarto dos espelhos, onde, mesmo contra a vontade, vemo-nos refletidos, a nós e aos outros. Eu já notara que Tischbein vinha me observando com atenção, e agora se deu que ele pensa em fazer meu retrato. O esboço já está pronto e a tela já foi esticada. Devo ser representado em tamanho natural, como viajante, coberto por uma capa branca, sentado ao ar livre diante de um obelisco tombado, contemplando as ruínas da Campagna di Roma, que ficam ao fundo. Será um belo quadro, porém muito grande para nossas moradias no Norte. Eu certamente voltarei a me abrigar lá, mas para o quadro não se achará lugar.

29 de dezembro

Percebo que muitos tentam retirar-me de minha obscuridade. Frequentemente os poetas leem-me ou mandam ler-me suas coisas, e sei que depende só de mim desempenhar um papel nisso tudo. Não me deixo enganar e tudo me é bastante divertido, de modo que mantenho minha decisão e apenas espero para ver aonde isso tudo vai levar. Pois os pequenos círculos aos pés da capital do mundo também são, em alguma medida, provincianos.

Sim, pois aqui é como em todo lugar, e tudo aquilo que poderia ocorrer a mim ou por meio de minha atuação entedia-me antes mesmo de acontecer. É preciso decidir-se por um partido, ajudar na luta por suas paixões e intrigas, elogiar artistas e diletantes, apequenar concorrentes, agradar aos grandes e poderosos. Por que deveria eu entoar toda essa litania sem sentido, que me faz desejar estar em outro mundo?

Não, não me envolverei mais profundamente com isso e, a esse respeito, pretendo ficar satisfeito em casa, desencorajando a mim e aos outros em seu desejo de peregrinar por esse belo e vasto mundo. Quero ver Roma, a perene, não aquela que muda a cada década. Tivesse eu tempo, queria aproveitá-lo melhor. Aqui se pode ler a história de modo muito diferente do que no resto do mundo. Em outros lugares, ela é lida de fora para dentro; aqui, acredita-se lê-la de dentro para fora. Tudo se deixa sedimentar e conservar ao nosso redor, para depois progredir novamente a partir de nós mesmos. E não falo apenas da história romana, mas da história universal.

Viagem à Itália

Daqui posso acompanhar os conquistadores até o Weser e o Eufrates, ou, se quiser me comportar como um basbaque, esperar de boca aberta a passagem triunfal dos vencedores pela Via Sacra, enquanto aceito de bom grado os grãos e as moedas que me oferecem de esmola, comprazendo-me em tomar parte de toda essa magnificência.

2 de janeiro de 1787

A comunicação por meio de um relato escrito ou verbal, seja qual for o assunto, é satisfatória apenas em alguns raros casos, pois o caráter efetivo de um acontecimento ou de uma pessoa não pode ser transmitido por esse tipo de comunicação, mesmo nas coisas do espírito e do intelecto. No momento, entretanto, em que se tem um contato seguro por meio do olhar, só então é que se pode ler e ouvir, pois a isso se associa a impressão vívida. Só então se torna possível pensar e julgar.

Vós costumáveis zombar de mim e bater em retirada, quando eu me dedicava com especial atenção às pedras, ervas e animais, observando-os sob diferentes pontos de vista; pois bem, agora dirijo minha atenção aos arquitetos, escultores e pintores, e também aqui aprenderei a me orientar.

6 de janeiro

Acabo de chegar da casa de Moritz, de cujo braço, agora curado, foram tiradas as bandagens. O braço está bom e deverá permanecer assim. Que tudo que aprendi e vim a conhecer nesses quarenta dias em que atuei junto ao paciente como vigia, confessor e confidente, ministro das Finanças e secretário privado possa reverter em algum benefício. As paixões mais fatais e os prazeres mais nobres alternaram-se ao longo de todo esse tempo.

Como uma espécie de recompensa, coloquei ontem na sala uma cópia em gesso da colossal cabeça de Juno, cujo original se encontra na Villa Ludovisi.[55]

---

55 Escultura colossal em mármore do século I a.C. representando a cabeça de uma mulher. Inicialmente considerada uma imagem de Juno, ou Hera (daí o nome de Juno Ludovisi ou Hera Ludovisi), é tida hoje por um acrólito de Antônia, a jovem (36 a.C.-37 d.C.), filha de Marco Antônio e Otávia, que se fez retratar como Juno. Encontra-se hoje no Museo Nazionale Romano.

Essa foi minha primeira paixão em Roma, e agora a possuo. Não há palavras que possam fornecer um conceito. Ela é como um canto homérico.

Digo que fiz por merecer tão boa companhia, pois posso anunciar que a *Ifigênia* finalmente está pronta, isto é, que ela se encontra sobre a mesa à minha frente em dois exemplares iguais, um dos quais vos será enviado em breve. Tomai-o amistosamente, pois ainda que o papel não contenha aquilo que eu deveria ter feito, pode-se adivinhar que contém aquilo que eu desejei fazer.

Vós vos queixastes algumas vezes sobre trechos obscuros de minhas cartas, que indicariam uma certa opressão que me acomete diante dos objetos mais sublimes. Essa grega, minha companheira de viagem, tem boa parte da responsabilidade a esse respeito: é ela que me impelia à atividade, quando eu deveria apenas contemplar.

Lembro-me de um amigo excelente, que se preparava para uma longa viagem a qual se poderia chamar de uma viagem de descoberta. Depois de ter estudado e poupado seu dinheiro por alguns anos, ocorreu-lhe por fim raptar a filha de uma casa fidalga, simplesmente porque lhe pareceu adequado unir uma coisa à outra.

Decidi-me a cometer igual profanação ao levar comigo *Ifigênia* para Karlsbad. Mostrarei brevemente em que momentos de minha viagem pude entreter-me especialmente com ela.

Quando deixei o Brenner, tirei-a do grande pacote e coloquei-a à minha frente. Junto ao lago de Garda, onde o forte vento sul empurrava as ondas para a margem e onde eu me encontrava tão solitário quanto minha heroína na praia de Táuride, deitei as primeiras linhas da nova versão, que retomei em Verona, Vicenza, Pádua e, com maior dedicação ainda, em Veneza. A partir daí, entretanto, o trabalho começou a empacar, eu fora até mesmo levado à ideia de escrever uma *Ifigênia em Delfos*, o que teria feito imediatamente não tivessem me detido as diferentes distrações e um sentimento de respeito pela peça anterior.

Em Roma, entretanto, retomei o trabalho com a assiduidade adequada. Ao me recolher à noite preparava-me para a tarefa matutina, a qual eu me lançava imediatamente ao despertar. Meu procedimento então fora muito simples: eu escrevia silenciosamente e experimentava depois, com regularidade, como soava cada linha e cada período. O que se produziu a partir disso logo podereis julgá-lo. Eu mais aprendi do que produzi durante o processo. Junto com a peça, seguem ainda algumas observações.

6 de janeiro

Volto agora a falar dos assuntos eclesiásticos, pois quero contar que saímos na noite de Natal e visitamos as igrejas onde haveria missa. Uma delas, especialmente, é muito visitada; seu órgão e sua música são arranjados de tal forma que não falta nenhum dos sons próprios de uma pastoral, nem a flauta rústica dos pastores, nem o pipilar dos pássaros, nem o balido das ovelhas.

Na primeira cerimônia, vi o papa e toda a trupe de clérigos na Basílica de São Pedro. Ele rezava a santa missa ora em frente ao trono, ora sentado nele. É um espetáculo único, suficientemente suntuoso e digno. De minha parte, entretanto, estou tão acostumado com o diogenismo protestante que toda essa magnificência antes toma algo de mim do que me acrescenta. Como meu pio antepassado, eis o que quero dizer a esses eremitas espirituais: "Não ocultai de minha vista o sol da arte elevada e da humanidade pura".[56]

Hoje, Dia de Reis, assisti à missa de rito grego. A cerimônia pareceu-me mais protocolar, mais rigorosa, reflexiva e, ainda assim, mais popular do que a de rito latino.

Também ali percebi, mais uma vez, que já estou muito velho para tudo, menos para aquilo que é verdadeiro. Suas cerimônias e óperas, suas procissões e balés, tudo passa por mim como água por sobre uma capa de oleado. Por outro lado, um fenômeno da natureza, como o pôr do sol visto a partir da Villa Madama, ou uma obra de arte como a venerável Juno, causam uma impressão profunda e duradoura.

Mas já me sinto de antemão apavorado com teatro. Na próxima semana, serão inaugurados seis novos palcos. O próprio Anfossi encontra-se aqui e

---

56 Provável alusão ao suposto encontro entre Diógenes de Sinope e Alexandre, o Grande. Este teria perguntado ao filósofo o que poderia fazer por ele. Como, na posição em que se encontrava, Alexandre tapava o sol, Diógenes teria dito: "Não me tires o que não me podes dar", ou, em outra versão, "Não me tires meu sol".

apresenta *Alexandre na Índia*.[57] Também será encenado um *Ciro* e *A conquista de Troia* como balé. Isso é coisa para as crianças.

10 de janeiro

Segue então a filha da dor, pois *Ifigênia* bem merece esse epíteto, em mais de um sentido. Quando fiz a leitura em voz alta para nossos artistas, marquei diversas linhas, melhorando algumas, segundo acredito, mas deixando outras como estão. Talvez Herder queira acrescentar algo. Trabalhei nisso até ter o entendimento embotado.

O motivo pelo qual tenho me dedicado preferencialmente à prosa já há alguns anos deve-se na verdade ao fato de que nossa prosódia oscila em meio a grande incerteza. Assim também meus perspicazes e eruditos amigos, companheiros do trabalho comum, deixarão a decisão de muitas questões ao sentimento e ao gosto, com o que por certo se perde todo critério de julgamento.

Eu jamais teria ousado transpor *Ifigênia* em iambos se não tivesse encontrado um guia na *Prosódia* de Moritz. A convivência com o autor, principalmente durante sua convalescença, serviu para esclarecer-me ainda mais. Eu peço aos amigos um pouco de benevolência nesse assunto.

É notável como em nossa língua há apenas umas poucas sílabas que sejam decididamente longas ou breves. Quanto às outras, procedemos segundo nosso gosto ou arbítrio. Pois se deu que Moritz criou uma hipótese segundo a qual há uma ordem determinada das sílabas, e que estas, se dotadas de um significado mais importante, seriam longas, em oposição a outras de significado menos importante, que por sua vez seriam breves. As primeiras, no entanto, poderiam voltar a ser breves, se estivessem próximas a outra de maior valor semântico. Encontra-se aqui ao menos um fio condutor, e se não se pode com isso resolver tudo, tem-se ao menos uma orientação à qual podemos nos associar. Eu me utilizei dessa suges-

---

57 Pasquale Anfossi (1729-1797), compositor italiano. Sua ópera *Alessandro nelle Indie*, com libreto de Pietro Metastasio (1698-1782), foi encenada pela primeira vez em Roma em 1772.

Viagem à Itália

tão frequentemente, reconhecendo um acordo entre ela e minhas próprias disposições.

Uma vez que me referi a uma leitura, é preciso mencionar brevemente como ela se deu. Esses homens jovens, acostumados a trabalhos anteriores de caráter apaixonado e impetuoso, esperavam alguma coisa à maneira do Berlichingen[58] e não conseguiam conformar-se com o ritmo tranquilo do que era lido, ainda que as passagens nobres e puras não deixassem de exercer seu efeito. Tischbein, para quem essa quase completa renúncia da paixão custava a fazer sentido, utilizou-se de uma comparação bastante adequada, de um símbolo. Comparou-a a um sacrifício, cuja fumaça, direcionada para baixo por uma suave corrente de ar, volta-se em direção à terra, enquanto as chamas buscam ganhar livremente as alturas. Desenhou essa comparação de modo muito belo e significativo. Segue a folha com o desenho.

E foi assim que esse trabalho, o qual pensara terminar logo, ocupou--me e torturou-me por cerca de quatro meses. Não é a primeira vez que deixo de lado o que é mais importante, mas não vamos perder tempo com discussões e picuinhas por causa disso.

Envio ainda uma bela pedra esculpida, um leão, com uma vespa voejando à frente do nariz.[59] Os antigos amavam esse tema, tendo-o repetido muitas vezes. Eu peço que vossas cartas futuras sejam seladas com ele, de modo que, com essa pequena medida, uma espécie de eco artístico ressoe entre nós.

---

58 Peça histórica de Goethe que tem como personagem central o cavaleiro Götz de Berlichingen. A peça, de 1773, é considerada uma obra exemplar do *Sturm und Drang* [Tempestade e ímpeto], período da juventude do autor em que Goethe se aproxima de Shakespeare em busca de um "teatro nacional alemão", mais distante do neoclassicismo francês. Em *Os anos de aprendizado de Wilhelm Meister* (1795-6), Goethe faz ecoar, de modo jocoso, o tema da leitura inflamada de uma peça sobre os feitos heroicos de cavaleiros medievais. Trata-se do episódio em que a trupe teatral, reunida para essa leitura, excitada pelo vinho e pelas paixões despertadas pela leitura, perde a compostura a ponto de a polícia ser chamada pelos vizinhos. No dia seguinte, o protagonista Wilhelm Meister, em estado lastimável, lamenta "os estragos do dia anterior, a sujeira e os péssimos resultados obtidos por uma engenhosa, animada e bem-intencionada obra poética" (*Os anos de aprendizado de Wilhelm Meister*, 1994, p.120).

59 Goethe enviou a peça como presente a Charlote von Stein.

13 de janeiro de 1787

O quanto teria eu a falar todo dia, e quanto me impedem esforço e distrações de deitar uma palavra inteligente ao papel! Além disso, chegaram os dias frios, quando em qualquer lugar é mais agradável do que nos quartos, que, sem fogão e sem lareira, servem apenas para dormir, pois são desconfortáveis com essa temperatura. No entanto, não posso deixar de falar sobre alguns acontecimentos da semana passada.

No Palácio Giustiniani há uma Minerva que merece minha total admiração.[60] Winckelmann não fala dela, ao menos não no lugar correto, e eu não me sinto digno de dizer qualquer coisa sobre ela. Enquanto contemplávamos a estátua, mantendo-nos ali por um bom tempo, contou-nos a mulher responsável pela vigilância que outrora se tratava de uma imagem sagrada, e que os *"inglesi"*, que eram dessa religião, cultuavam-na ainda, beijando-lhe a mão, realmente muito branca, ao passo que o resto da estátua tinha um tom amarronzado. Disse ainda que uma senhora pertencente a essa religião estivera lá havia pouco tempo, tendo se ajoelhado e orado diante da imagem. Ela, uma cristã, não poderia contemplar tal cena sem se rir dela, pelo que saíra da sala. Como também eu não saía da frente da estátua, perguntou-me se por acaso eu teria uma beldade que se assemelhasse a esse mármore, uma vez que ele me atraía tanto. A boa mulher só conhecia culto e paixão, não fazia ideia de que pode existir a pura admiração por uma obra magnífica, o sentimento fraternal que assoma quando se honra o espírito humano. Nós rimos um pouco com a história da mulher inglesa e fomos embora com o forte desejo de voltar, e eu certamente voltarei logo. Se vós, meus amigos, desejardes saber ainda um pouco mais sobre esse tema, lede o que Winckelmann fala do estilo grego elevado. Infelizmente ele não inclui ali essa Minerva. Mas, se não estou enganado, ela pertence a esse estilo elevado e rigoroso que antecede ao belo, o botão a partir do qual o belo floresce, e justamente uma Minerva, cujo caráter se ajusta tão bem a essa transformação!

Tratemos agora de um outro tipo de espetáculo! No Dia de Reis, em que se comemora a anunciação da boa-nova aos pagãos, estivemos na Pro-

---

60 Trata-se da *Athena Giustiniani*, cópia romana da época imperial, réplica de um bronze grego da escola de Fídias (entre o final do século V e o início do século IV a.C.).

Viagem à Itália

paganda.[61] Ali, na presença de três cardeais e de um grande público, foi feito um discurso sobre o lugar onde Maria recebeu os três reis magos, se no estábulo ou em outro lugar. Depois da leitura de alguns poemas latinos de tema semelhante, entraram em cena trinta seminaristas, um após o outro, e leram pequenos poemas, cada um em sua língua natal: malabar, epirota, turco, moldavo, helênico, persa, geórgico, hebraico, árabe, sírio, copta, sarraceno, armênio, celta, malgaxe, islandês, boêmio, egípcio, grego, isáurico, etíope e ainda outras que não fui capaz de entender. Os poemetos, compostos no metro nacional, pareciam também ser declamados na forma nacional de declamação, de modo que se produziram ritmos e sons barbáricos. O grego soou como uma estrela surge na escuridão da noite. O auditório ria-se às bandeiras despregadas ao ouvir os estranhos sons e vozes, de modo que também essa apresentação acabou se tornando uma espécie de comédia.

Ainda uma anedota sobre a forma lassa como se trata o sagrado na sagrada Roma: o falecido cardeal Albani encontrava-se em uma comemoração tal qual a que descrevi antes. Um dos estudantes começou a gritar em um estranho dialeto, dirigindo-se ao cardeal: *"Gnaia! Gnaia!"*, o que soava mais ou menos como *"Canaglia! Canaglia!"*. O cardeal volta-se a seus companheiros de irmandade e diz: "Ele nos conhece mesmo!".[62]

13 de janeiro

Quanta coisa Winckelmann deixou por fazer, e quanto ele nos deixa a desejar! Com o material de que dispunha, construiu suficientemente rápido o necessário para se abrigar sob um teto. Estivesse ele ainda vivo, gozando de saúde e tranquilidade, seria o primeiro a nos oferecer uma revisão de sua obra. Ele hoje poderia observar e relatar muita coisa, valendo-se do que foi posteriormente realizado e observado por outros segundo seus princípios, assim como do que foi recentemente escavado e descoberto. E, além disso,

---

61 O Palácio de Propaganda Fide, na praça de Espanha.
62 Alessandro Albani (1692-1779) foi amigo de Winckelmann e construiu a Villa Albani em Roma. "Gnaia!" significa "orai!".

o cardeal Albani, em consideração a quem Winckelmann escreveu muita coisa, e talvez tenha silenciado sobre muita coisa também, estaria morto.

15 de janeiro

E, por fim, encenou-se o *Aristodemo*, de modo muito bem-sucedido e com grandes aplausos. Uma vez que o *abate* Monti pertence à parentela do nepote e é muito apreciado nos estamentos mais altos, era de se esperar que viessem dali só coisas boas.[63] Também as galerias não pouparam seus aplausos. A plateia no piso térreo foi logo conquistada pelo belo estilo do poeta e pela esmerada recitação dos atores, e não perdeu nenhuma oportunidade de externar seu agrado. O banco dos artistas alemães não se manifestou menos, e desta vez estavam no lugar certo, pois são de fato pouco discretos.

O autor ficara em casa, extremamente preocupado quanto ao sucesso da peça. Entretanto, a cada ato chegavam mensageiros com notícias alvissareiras, o que transformava a cada vez sua preocupação em grande júbilo. Não faltou mesmo uma repetição da apresentação, sendo que tudo saiu da melhor forma. Assim, até nas coisas mais contraditórias, é possível ganhar o aplauso tanto da multidão quanto dos conhecedores, se cada um dos envolvidos prestar seu serviço da melhor maneira.

A apresentação foi mesmo muito digna de elogios, e o ator principal, que aparece durante toda a peça, falava e interpretava de maneira primorosa. Era possível acreditar estar-se na presença do antigo imperador. Conseguiram transpor, para a suntuosidade do teatro, os trajes que nos parecem tão imponentes já nas esculturas. Além disso, percebe-se que o ator cuidou de estudar os antigos.

16 de janeiro

Uma grande perda para a arte está prestes a acontecer em Roma. O rei de Nápoles fará transportar o Hércules Farnese para sua corte.[64] Todos os

---

63 O nepote (sobrinho e protegido do papa Pio VI) era Luigi Braschi Onesti (1745-1816), duque de Nemi.

64 O rei de Nápoles era então Ferdinando I de Boubon (1759-1825). O Hércules Farnese foi encontrado nas termas de Caracalla em 1540. Trata-se de uma estátua

Viagem à Itália

artistas lamentam, mas o fato é que, na ocasião, teremos chance de ver algo que permaneceu oculto a nossos antepassados.

A estátua, concebida da cabeça até os joelhos, assim como a parte inferior com os pés sobre o pedestal, fora encontrada em solo de propriedade dos Farnese; entretanto, faltavam as pernas, dos joelhos até os calcanhares. Guglielmo della Porta[65] foi o artista que as substituiu. E é sobre essas pernas que ela se encontra ainda hoje. Nesse meio-tempo, foram encontradas no solo da Villa Borghese as antigas pernas originais, que também se encontram hoje expostas ali.

Recentemente, o príncipe Borghese,[66] decerto contrariando o próprio desejo, dedicou ao rei de Nápoles esses restos preciosos. As pernas esculpidas por Porta foram retiradas e as originais, colocadas em seu lugar, de modo que mesmo os que até agora afirmavam estar satisfeitos com o estado da peça asseguram para si, deste momento em diante, uma contemplação totalmente nova e um prazer muito mais harmônico.

18 de janeiro

Ontem, dia em que se festeja o Santo Antônio Abade ou Santo Antão, tivemos um dia muito divertido. A temperatura era a melhor deste mundo, pois a uma noite congelante seguiu-se um dia límpido e quente.

Nota-se que todas as religiões que foram capazes de propagar seja seu culto, sejam suas especulações tiveram de conceder também aos animais algum tipo de vantagem espiritual. Santo Antônio, o abade ou bispo, é patrono das criaturas de quatro patas. Sua festa é uma saturnália para os sempre tão sobrecarregados animais, assim como para seus guardadores e condutores. Todos os senhores devem hoje ficar em casa ou andar a pé, o povo não se cansa de contar histórias enigmáticas sobre como fidalgos

---

com o dobro do tamanho natural, cópia de um bronze de autoria de Lísipo (século IV a.C).

65 Guglielmo Della Porta (*c.* 1515-1577), escultor italiano, discípulo de Michelangelo.

66 Marco Antonio III (1730-1800).

descrentes, que obrigavam seus cocheiros a viajar nesse dia, foram punidos com acidentes de grande monta.

A igreja situa-se em um local com vista tão ampla que poderia ser considerado um ermo. Hoje, no entanto, o lugar encontra-se animado da maneira mais alegre; cavalos e mulas, cujas crinas e caudas foram adornadas suntuosamente com fitas, são conduzidos defronte à pequena capela situada algo distante da igreja, onde um padre, munido de uma espécie de grande espanador, asperge energicamente com a água benta que tem diante de si em tinas e barris os bravos animais, às vezes até de modo burlesco, a fim de animá-los. Alguns cocheiros devotos trazem velas grandes ou pequenas, os senhores enviam esmolas ou presentes, de modo que esses valorosos e úteis animais possam permanecer mais um ano protegidos de acidentes. Jumentos e animais de chifre, da mesma forma úteis e valiosos para seus proprietários, tomam também sua modesta parte nessa bênção.

Depois disso, deleitamo-nos com uma grande excursão sob um céu muito claro, rodeados que estávamos dos mais interessantes objetos, aos quais desta vez votamos pouca atenção, deixando antes que imperassem a disposição alegre e as brincadeiras.

19 de janeiro

Foi-se então o grande rei,[67] cuja glória preencheu o mundo e cujos atos o tornaram merecedor até mesmo do paraíso católico. Foi-se para juntar-se aos outros heróis de sua espécie, no reino das sombras. Ficamos tranquilos ao saber que sua alma repousou.

---

67 Goethe tomara conhecimento da morte de Frederico, o Grande, rei da Prússia, ocorrida em 17 de agosto de 1786, quando ainda estava em Karlsbad. Por um lapso de memória, ele inclui no texto de *Viagem à Itália* uma alusão a uma frase extraída de uma carta enviada em 18 de janeiro de 1787 a Charlotte von Stein: "Agradeço-te pelas notícias, também por aquela que anuncia o passamento do velho rei. Ficamos tranquilos ao saber que sua alma repousou" (*"Ich dancke dir für alle Nachrichten, auch von des alten Königs Nachlaß. Wie gern ist man still wenn man so einen zur Ruhe gebracht sieht."* Goethe, *Weimarer Ausgabe*, IV seção, v.8, p.141).

Viagem à Itália

Hoje nos concedemos um belo dia. Contemplamos uma parte do Capitólio que eu até então negligenciara. Depois transpusemos o Tibre e bebemos vinho espanhol em um navio recém-aportado. Afirma-se que nesta região teriam sido encontrados Rômulo e Remo. Eis então como é possível, como em uma festa de Pentecostes duplicada ou triplicada, embriagar-nos do sagrado espírito da arte, da atmosfera suave, das memórias da Antiguidade e do doce vinho.

20 de janeiro

Aquilo que no começo assegura-nos um deleite, quando o tomamos superficialmente, torna-se depois um incômodo, quando se percebe que o verdadeiro prazer não se dá na ausência do conhecimento profundo.

Encontro-me bastante bem preparado no que diz respeito à anatomia, e não foi sem esforço que cheguei até um determinado grau de conhecimento do corpo humano. Aqui continuamos a nos aperfeiçoar, por meio da contínua observação da estatuária, mas de um modo mais elevado. Em nossa anatomia médico-cirúrgica trata-se apenas de conhecer a parte, e, nesse caso, serve muito bem um reles músculo. Em Roma, entretanto, as partes não significam nada se não oferecerem também uma bela forma.

No grande lazareto do Espírito Santo foi posto à disposição dos artistas um belo corpo com seus músculos expostos, cuja beleza causa admiração.[68] Ele poderia de fato ser considerado um semideus esfolado, um Mársias.[69]

Da mesma forma, segundo a instrução dos antigos, aprendemos a estudar um esqueleto não como uma massa de ossos organizada artificialmente, mas antes em suas conexões, pelas quais ele ganha vida e movimento.

Digo ainda que à noite estudamos perspectiva, pelo que se vê que não nos deixamos ficar ociosos. Em tudo, porém, a expectativa é sempre mais alta do que aquilo que se consegue fazer na realidade.

---

68 Ospedale di S. Spirito, construído na época do papa Inocêncio III (1198-1216).

69 Mársias ousou desafiar Apolo para uma competição musical. Tendo sido derrotado pelo deus, foi esfolado vivo.

Johann Wolfgang von Goethe

22 de janeiro

Do sentido alemão para a arte e para a vida artística pode-se dizer o seguinte: ouve-se o som, mas não a harmonia. Se penso agora em quanta coisa magnífica há em nossas cercanias, e no quão pouco foi por mim aproveitada, chego a me desesperar, de modo que me sinto feliz ao pensar no caminho de volta e na possibilidade de rever e reconhecer tantas obras-primas por entre as quais eu antes apenas vagara no escuro.

Mesmo aqui em Roma não se provê muito àquele que pretende estudar o todo com seriedade. É preciso recolher tudo a partir das ruínas infindáveis, ainda que ricas e variegadas. É certo que há poucos estrangeiros munidos de tal seriedade de propósito de ver e aprender algo como se deve. A maioria segue caprichos e desejos, sendo que todos o percebem. Todos os guias têm suas próprias intenções, querem recomendar tal e tal negociante, querem favorecer este ou aquele artista, e por que não deveriam fazê-lo? Pois não recusa o neófito aquilo que se lhe oferece de mais precioso?

A contemplação das obras de arte poderia ter trazido extraordinárias vantagens, teria surgido mesmo um verdadeiro museu, se o governo, que primeiramente deve conceder a permissão para que uma obra de arte antiga seja exportada, tivesse exigido que se confeccionasse a cada vez uma réplica em gesso. Mas se um papa tivesse pensado dessa maneira, todos os comerciantes de arte se mostrariam contrários, pois assim em poucos anos quedaríamos perplexos com o valor e a dignidade de tais objetos expatriados. Do modo como a coisa se dá hoje, em determinados casos, a permissão para exportação é obtida em segredo e por meios inimagináveis.

22 de janeiro

Já antes, mas especialmente por ocasião da encenação de *Aristodemo*, despertara o patriotismo de nossos artistas alemães. Não perdiam ocasião de elogiar minha *Ifigênia*, algumas passagens foram novamente solicitadas e eu me vi obrigado a uma repetição da obra toda. Por essa ocasião também descobri que algumas passagens me saíam com melhor articulação e mais fluentemente da boca do que no papel. A poesia certamente não foi feita para os olhos.

Viagem à Itália

Essa boa fama chegou aos ouvidos de Reiffenstein e Angelika,[70] e então mais uma vez fui instado a apresentar meu trabalho. Pedi ainda algum prazo, mas fiz a leitura da fábula e do andamento com alguma competência. Essa apresentação ganhou para si o favor das pessoas anteriormente citadas, mais do que eu esperava. Também o sr. Zucchi, de quem eu menos esperava esse comportamento, tomou parte espontânea e decididamente dos elogios. Isso se explica de maneira muito clara pelo fato de que a peça se aproxima da forma há longo tempo usual na língua grega, na italiana e na francesa, e que continua sendo a preferida daqueles ainda não acostumados às ousadias dos ingleses.[71]

Roma, 25 de janeiro de 1787

Torna-se a cada dia mais difícil dar conta de minha permanência em Roma, pois, assim como o mar nos parece mais profundo quanto mais penetramos nele, assim se me dá também no que diz respeito a esta cidade.

É impossível conhecer o presente sem reconhecer o passado, e o equilíbrio entre ambos demanda mais tempo e tranquilidade. Já a própria localização desta capital do mundo leva-nos de volta à ocasião de seu estabelecimento. Logo nos damos conta de que aqui não foi um povo nômade, numeroso e bem governado que se estabeleceu e determinou com sabedoria o centro de um império; não foi um príncipe poderoso a escolher um sítio apropriado para sede de uma colônia. Não, foram pastores e uma gente reles os primeiros a construírem aqui suas moradias, e um par de jovens robustos lançaram os alicerces dos palácios dos senhores do mundo sobre o topo da colina ao pé da qual um dia os erigira entre pântanos e juncais o

---

70 Maria Anna Angelika Katharina Kauffmann, conhecida como Angelika Kaufmann, pintora e desenhista suíça, nasceu em 1741 na cidade de Chur. Em 1782, casa-se com o pintor Antonio Zucchi (1726-1795) e estabelece-se definitivamente em Roma. Durante a primeira viagem de Goethe à Itália é sua frequente companhia e guia artística. Em seu salão e ateliê em Roma recebe muitos visitantes alemães, entre eles Herder e a duquesa Anna Amalia. Angelika Kauffmann morreu em Roma, em 1807.

71 Por "ousadias dos ingleses" entenda-se as de Shakespeare.

arbítrio do executor.[72] De modo que as sete colinas de Roma não são elevações em relação à terra que fica por trás delas, mas sim em relação ao Tibre e a seu leito primitivo, que foi outrora o Campo de Marte. Se a primavera permitir excursões, poderei descrever detalhadamente essa infeliz situação geográfica. Já agora me comovo com os lamentos e a dor das mulheres de Alba, que viram sua cidade ser destruída e foram obrigadas a abandonar o sítio escolhido por um guia sábio, para ir então compartilhar das neblinas do Tibre, habitar o miserável monte Célio e contemplar dali seu paraíso perdido. Ainda não conheço bem as redondezas, mas estou convencido de que nenhuma região onde habitaram povos antigos era tão mal localizada como a de Roma. Mais tarde, quando os romanos já tinham se acostumado, tiveram de abandonar suas casas no campo e retornar ao sítio das cidades destruídas, para poder viver e aproveitar a vida.

25 de janeiro

Aqui se tem a oportunidade de observar a vida tranquila de muitos e o modo como cada um se ocupa à sua maneira. Conhecemos um eclesiástico que, sem ter sido agraciado com algum grande talento, dedica sua vida à arte, faz cópias muito interessantes de quadros excelentes, que ele reproduz em miniatura. O melhor deles é *A última ceia*, pintado por Leonardo da Vinci em Milão. É chegado o momento em que Cristo diz a seus apóstolos, com os quais ele se senta alegre e amistosamente à mesa: "Mas entre vós está aquele que me trairá".

Esperamos conseguir uma gravura em cobre a partir dessa reprodução ou de outras com as quais se ocupam aqui. Seria um grande presente conseguir que uma reprodução assim fiel atinja um grande público.

---

72 Goethe ocupava-se à época com a *História de Roma*, de Tito Lívio. A escolha do vocabulário aqui parece aludir aos trechos em que o historiador faz referência a Amúlio, tio de Rhea Silvia. Este manda jogar Rômulo e Remo, filhos de Rhea com o deus Marte, ao pé dos montes Palatino e Capitolino. O cesto onde estavam as crianças é depois encontrado por uma loba que os amamenta. Em Tito Lívio: *Ita velut defuncti regis imperio in proxima alluvie... pueros exponunt* (apud Goethe, *Wörterbuch*, 1999, v.4, p.1204).

Há poucos dias visitei o padre Jacquier, um franciscano, em Trinitá dei Monti.[73] É francês de nascimento e conhecido por seus escritos na área da Matemática, entrado em anos, um homem muito agradável e sensato. Em sua época, conheceu os melhores, tendo passado alguns meses junto de Voltaire, que lhe dedicou sua afeição.

E assim conheci ainda outros homens bons e íntegros, dos quais se encontram aqui inúmeros, mas afastados uns dos outros por causa de uma tola desconfiança religiosa da parte dos católicos. O comércio de livros não dá conta de uni-los, e as novidades literárias são raramente proveitosas.

Convém, portanto, ao solitário, buscar aqui os eremitas. Pois desde a encenação do *Aristodemo*, em cuja defesa eu de fato me engajei, a sociedade local conduz-me à tentação. No entanto, está claro como o dia que não se interessam por mim, o que querem de fato é fortalecer o próprio partido, usando-me como instrumento; se eu tivesse me dado a reconhecer e me exposto, teria assim desempenhado um breve papel, como um fantasma. Mas como percebem que não conseguirão nada comigo, deixam-me ir, e eu sigo em paz meu caminho.

Sim, minha existência recebeu aqui um equilíbrio que tem consequências também para vós. Não temo mais os fantasmas que tão frequentemente me assaltavam. Alegrai-vos também, pois podereis assim conservar-me no alto da balança e trazer-me de volta a vós.

28 de janeiro de 1787

Não quero deixar de registrar aqui duas observações que me acompanham agora a todo momento, desde que se me tornaram claras.

A primeira delas se refere ao fato de que, em vista da assombrosa riqueza desta cidade, mesmo que em ruínas, somos levados a indagar sobre a época que viu nascer cada objeto. Winckelmann nos leva a uma urgência de distinguir as épocas, reconhecer os diferentes estilos dos quais os povos se serviram e que aperfeiçoaram ao longo do tempo e cujo declínio por fim

---

73 François Jacquier (1711-1788), físico e matemático, morava no mosteiro franciscano francês da igreja de S. Trinitá dei Monti.

também causaram. Disso estão convencidos todos os verdadeiros amigos da arte. Todos reconhecemos a exatidão e o peso de tal exigência.

Mas como chegar a essa clareza! Se não nos dedicamos devidamente a um trabalho prévio de pesquisa, o conceito pode ser apresentado de modo correto e belo, mas os aspectos singulares permanecem na incerteza. É necessário um exercício do olhar ao longo de muitos anos, pois é preciso antes aprender a formular a questão. Nesse ponto, de nada valem as hesitações e oscilações. Uma vez que a atenção tenha sido despertada para esse ponto importante, aquele que leva tudo isso a sério logo perceberá que nesse campo não é possível fazer nenhum julgamento que não tenha sido historicamente constituído.

A segunda consideração diz respeito exclusivamente à arte dos gregos e busca investigar o modo como aqueles artistas incomparáveis procederam a fim de desenvolver o círculo das formas divinas a partir da forma humana. A esse círculo, perfeito, não faltam nem o caráter essencial nem tampouco as formas intermediárias. Minha suposição é que eles tenham procedido exatamente segundo as leis sob as quais a própria natureza procede e das quais estou eu mesmo em busca. Mas ainda assim trata-se de algo distinto, que eu não saberia expressar.

2 de fevereiro de 1787

Não se tem ideia da beleza de um passeio por Roma à luz do luar até que se tenha feito a experiência. Tudo o que é particular e único é engolido pelas grandes massas de luz e sombra, e apenas as imagens maiores e mais gerais se apresentam ao olho. Há três dias desfrutamos inteiramente de noites claríssimas e magníficas. O Coliseu oferece uma vista particularmente bela. À noite fecham-se os portões, lá dentro vive um eremita em uma capelinha, e mendigos fizeram seu ninho nas arcadas em ruínas. Acenderam uma fogueira sobre o solo plano, e um vento calmo levou a fumaça primeiramente para a arena, uma vez que a parte de baixo das ruínas estava fechada. As colossais paredes sobressaíam-se, escuras; nós nos encontrávamos nas grades e observávamos o fenômeno da lua alta e clara. A fumaça adensava-se, atravessando as paredes, aberturas e buracos, enquanto a lua a iluminava,

Viagem à Itália

assim como à névoa. A visão foi preciosa. É sob essa iluminação que se deveria ver o Panteão, o Capitólio e outras grandes ruas e praças. Assim, o sol e a lua, do mesmo modo que o espírito humano, têm aqui uma ocupação muito diferente daquela que têm em outros lugares, aqui, onde à sua vista oferecem-se massas colossais e ainda assim bem formadas.

13 de fevereiro

Devo mencionar um feliz acaso, ainda que de pequena monta, pois toda boa fortuna, pequena ou grande, é única e sempre aprazível. Em Trinità dei Monti, o solo está sendo escavado para a fixação de um novo obelisco. Tudo ali é terra revolvida dos jardins de Lúculo, que posteriormente se tornaram propriedade do imperador. Meu peruqueiro passa logo cedo por ali, encontra entre o material revolvido um pedaço liso de argila cozida com algumas figuras. Lava-o e mostra-o a mim. Eu logo tomo posse dele. Não tem nem um palmo de comprimento e parece ser a parte da lateral de uma grande terrina. Dois grifos sobre um altar de sacrifícios, um trabalho muito belo que me alegra de modo inaudito. Se estivessem sobre pedra esculpida, serviriam muito bem como sinetes!

Tenho recolhido ainda muitas outras coisas, nada de inútil ou vazio, o que aqui seria impossível. Tudo é instrutivo e significativo. Minha preferência, no entanto, têm os objetos que levo na alma, e que, crescendo sempre, sempre se reproduzirão.

15 de fevereiro

Antes de minha viagem a Nápoles não pude me furtar a mais uma leitura de minha *Ifigênia*. Madame Angelika e o conselheiro Reiffenstein foram o público, e o próprio sr. Zucchi teria estado lá, uma vez que era esse o desejo de sua esposa. No entanto, ele trabalha no momento em um grande projeto arquitetônico, pois entende muito bem dos estilos de decoração. Esteve com Clérisseau[74] na Dalmácia e se associou a ele, desenhando as figuras

---

74 Charles-Louis Clérisseau (1721-1820), arquiteto e desenhista francês, especializado em perspectiva.

para os edifícios e ruínas criados pelo francês. Ali, aprendeu tanto sobre perspectiva e efeitos que, na velhice, poderá regozijar-se de maneira digna com seus desenhos no papel.

Angelika, alma delicada que é, ouviu a peça com inacreditável emoção interior. Prometeu-me um desenho criado a partir dela, que deseja que eu guarde como lembrança. E justamente agora, quando me preparo para deixar Roma, encontro-me ligado de maneira tão terna a essas pessoas bondosas. Ao me convencer de que me deixam ir a contragosto, sou tomado por um sentimento ao mesmo tempo doloroso e agradável.

16 de fevereiro de 1787

A chegada em segurança de *Ifigênia* foi-me comunicada de modo inesperado e agradável. A caminho da Ópera, trouxeram-me a carta escrita por mãos familiares, desta vez duplamente bem-vinda e selada com o pequeno leão, signo provisório da chegada em segurança do pacote. Enfiei-me teatro adentro buscando lugar sob o grande lustre em meio à multidão desconhecida. Ali me senti tão próximo dos meus que eu teria me atirado em seus braços. Agradeço do fundo do coração pela notícia da chegada do manuscrito, tomara que da próxima vez possais acrescentar uma palavra de aprovação!

Segue aqui também um índice que demostra como deverão ser distribuídos entre os amigos os exemplares que espero receber de Göschen, pois, se me é indiferente a opinião do público sobre essas coisas, por outro lado desejaria proporcionar aos meus amigos algum prazer por meio delas.

A gente simplesmente se dedica a coisas demais. Chego a sentir vertigem quando penso em meus últimos quatro volumes, tenho de abordá-los um de cada vez, e é assim que vai ser.

Não teria eu feito melhor, conforme minha primeira decisão, enviando esses manuscritos ao mundo em sua forma fragmentária e dedicando-me então a novos temas com energia e ânimo renovados? Não teria eu feito melhor se tivesse escrito *Ifigênia em Delfos* em vez de debater-me com os caprichos do *Tasso*? E, ainda assim, pus muito de mim ali para que possa simplesmente desistir sem colher os frutos.

Viagem à Itália

Sentei-me aqui na antessala junto à lareira, e o calor do fogo, desta vez bem alimentado, dá-me novo vigor e coragem para começar uma nova página. É mesmo uma coisa excelente quando se pode ir assim tão longe com nossos novos pensamentos, substituindo por palavras o ambiente que nos circunda. Faz um tempo magnífico, os dias alongam-se perceptivelmente, os loureiros e os buxos florescem, assim como as amendoeiras. Hoje cedo fui surpreendido por uma visão inusitada. Vi, ao longe, algumas árvores altas, com ramos em forma de varas, cobertas em profusão pelo mais belo tom de violeta. Investigando de perto, percebi tratar-se da árvore conhecida em nossas estufas sob o nome de "árvore-de-judas" ou "olaia" e chamado pelos botânicos de *cercis siliquastrum*. Suas flores roxas em forma de borboleta nascem diretamente do tronco. Os troncos que vi tinham sido devastados pelo inverno. De sua casca brotavam aos milhares essas flores de bela forma e cor vívida. As margaridas emergiam do solo como formigas. A flor de açafrão e o adônis são mais raros, mas ainda mais graciosos e delicados.

Quantos prazeres e quanto conhecimento a terra mediterrânea tem ainda a me oferecer, dos quais espero novos resultados! Nas coisas da natureza se dá o mesmo que na arte: já se escreveu tanto sobre elas e, ainda assim, aquele que as contempla pode recombiná-las em novas configurações.

Quando penso em Nápoles, ou mesmo na Sicília, chama-me a atenção, tanto nas narrativas quanto nas imagens, que nesses paraísos terrenos também o inferno vulcânico há milênios abra suas crateras com tanta violência, apavorando e desorientando tanto os seus habitantes quanto os que ali vão desfrutar de suas belezas.

Alegremente, no entanto, sacudo de meus sentidos a esperança de contemplar essas imagens tão significativas, a fim de me preparar adequadamente para desfrutar da velha capital do mundo antes de minha partida.

Há catorze dias mantenho-me em movimento desde a manhã até a noite, buscando visitar o que ainda não vi. Os objetos mais excelentes são visitados uma segunda e uma terceira vez, e desse modo a coisa se organiza de alguma maneira. Assim, os objetos principais encontram nessa ordem seu lugar adequado, sendo que nos intervalos entre eles muitas coisas menores podem ser vistas. Minhas preferências acentuam-se e se definem, e só então meu ânimo pode se entregar ao que é maior e mais autêntico com uma descansada contemplação.

Nesse processo, parece-me invejável a situação do artista, que pode se aproximar ainda mais daquelas grandes intenções por meio da reprodução e da imitação, do que aquele que meramente contempla e pensa. Mas, no fim das contas, cada um faz o que pode, e eu enfuno todas as velas de meu espírito para poder contornar esses litorais.

A lareira está desta vez muito bem alimentada, abastecida com uma bela pilha de carvão, o que raramente ocorre entre nós, porque não é fácil encontrar alguém que tenha vontade e tempo de dedicar algumas horas de sua atenção ao fogo da lareira. Quero então aproveitar essa temperatura agradável para transcrever algumas anotações de meu bloco, já quase apagadas.

No dia 2 de fevereiro estivemos em uma cerimônia na Capela Sistina, na qual as velas são abençoadas.[75] Senti-me bastante incomodado e logo saí dali. Pensava eu que eram essas mesmas velas que, já há trezentos anos, exalavam seu vapor sobre essas pinturas magníficas, que era esse mesmo incenso que, com santa licenciosidade, circundava com nuvens de fumaça esse sol único da arte, tornando-o ano a ano mais turvado até que desapareça finalmente nas trevas.

Dali buscamos então o ar livre e fizemos um grande passeio em Santo Onofre, onde, num dos cantos, Tasso está sepultado.[76] Na biblioteca do convento há um busto do poeta. O rosto é de cera, e eu gosto de acreditar que tenha sido moldado sobre seu corpo depois da morte. Embora a forma não seja muito precisa e o busto esteja aqui e ali estragado pelo tempo, ainda assim essa máscara indica, em seu todo e melhor do que em todos os quadros, os traços de um homem talentoso e delicado, fechado em si mesmo.

Por ora basta. Agora quero consultar o segundo volume do excelente Volkmann, que contém Roma, para saber o que ainda me falta ver. Antes

---

75 Em 2 de fevereiro se celebra o dia da apresentação de Jesus no templo (cf. Lucas 2:22-40). Também é chamado de dia de Nossa Senhora das Candeias, ou da Candelária, ou da Purificação da Virgem Maria.

76 A igreja e o mosteiro de Santo Onofre foram construídos em 1419. Ali morreu Torquato Tasso em 1595.

Viagem à Itália

que eu parta para Nápoles, é preciso que a colheita seja ceifada. Logo chegarão também os dias em que ela deverá ser juntada em feixes.

17 de fevereiro

O tempo está inacreditavelmente bom. Durante todo o mês de fevereiro tivemos no máximo quatro dias de chuva, um céu claro e firme, e, por volta do meio-dia, quase se pode dizer que faz calor demais. Agora já procuramos ficar ao ar livre, e quando não nos ocupamos de deuses e heróis, a paisagem volta a exercer seus direitos. Buscamos então os arredores, embelezados por um dia magnífico. Às vezes me lembro de como um artista no Norte tenta extrair algo dos telhados de palha e dos castelos em ruínas, esgueirando-se por entre regatos, arbustos e fragmentos de rochas, a fim de conseguir um efeito pitoresco, e me admiro extremamente do fato de que tais coisas, devido ao hábito mantido por tanto tempo, ainda nos impregnam. Há catorze dias decidi então tomar coragem e, munido de pequenas folhas de papel, percorro os altos e baixos das *villas* em busca de modelos e temas. Esbocei pequenos e significativos objetos, cuja natureza é autenticamente meridional e romana, aos quais espero poder, com a ajuda da fortuna, prover de luz e sombra. É bem singular o fato de que sejamos capazes de distinguir o bom e o melhor, mas, no momento em que desejamos nos apropriar desses objetos, eles nos desapareçam das mãos, de modo que não os apanhamos em sua justa natureza, mas apenas naquilo que estamos acostumados a alcançar. É apenas por meio do exercício regular que podemos progredir, mas onde conseguir tempo e a concentração necessária? Enquanto isso, sinto que o apaixonado e ambicioso ímpeto ao longo dos catorze dias trouxe-me alguma melhora.

Os artistas instruem-me com boa vontade, pois eu aprendo depressa. Infelizmente não sou capaz de produzir imediatamente aquilo que aprendo. É uma qualidade do intelecto compreender algo rapidamente, mas executá-lo do modo correto depende do exercício de toda uma vida.

E ainda assim o amador, por mais pífios que sejam os resultados de sua ambição, não se deve deixar amedrontar. As poucas linhas que traço no papel, frequentemente apressadas, raramente corretas, facilitam-me a representação do mundo sensível, pois quando observamos os objetos de modo mais preciso e atilado, elevamo-nos ao que é universal.

Não devemos nos comparar com o artista, mas sim proceder a seu modo. Pois a natureza proveu a todos os seus filhos. O ínfimo não será impedido de existir, nem mesmo pela existência do sublime. "Um homem pequeno também é um homem." Deixemos então tudo como está.

Vi o mar duas vezes, uma vez o Adriático e depois o Mediterrâneo, mas apenas de visita. Em Nápoles aprofundaremos nosso conhecimento. As questões se acumulam agora de uma vez para mim: por que não antes, por que não a um custo menor? Quantas coisas eu não teria para relatar, algumas totalmente novas, outras de tempos atrás!

17 de fevereiro de 1787. À noite, depois do grito de Carnaval

É a contragosto que deixo Moritz sozinho. Ele está em um bom caminho, mas, se deixado a si mesmo, logo voltará para dentro da toca. Encorajei-o a escrever para Herder, a carta segue anexa. Seria muito útil se a resposta contivesse algo que pudesse ajudá-lo. Moritz é um homem singularmente bom, teria progredido mais se tivesse encontrado, de tempos em tempos, pessoas capazes e amáveis o bastante para esclarecê-lo sobre sua própria situação. No momento, nenhuma relação seria mais benfazeja a ele do que se Herder lhe permitisse escrever de vez em quando. Ele se ocupa hoje com um louvável projeto relacionado à Antiguidade, que bem mereceria ser apoiado.[77] O amigo Herder não veria facilmente um esforço seu tão bem empregado e não semearia suas instruções em solo mais frutífero.

O grande retrato que Tischbein se propôs fazer de mim já cresce para além dos limites da tela. O artista encomendou um pequeno modelo de argila, delicadamente coberto com uma capa drapeada, e pinta assiduamente a partir dele, pois deve atingir um certo ponto antes de nossa partida para Nápoles. É preciso tempo para cobrir com tinta uma tela assim tão grande.

---

77 Goethe se refere aos preparativos para os livros *Anthousa oder Roms Alterthümer. Ein Buch für die Menschheit* [Anthousa, ou as antiguidades de Roma. Um livro para a humanidade, 1791] e *Göterlehre oder Mythologische Dichtungen der Alten* [Mitologia, ou poemas mitológicos dos antigos, 1791].

Viagem à Itália

19 de fevereiro

O tempo continua indescritivelmente bom e firme; hoje foi um dia doloroso, passado entre os tolos. Com a chegada da noite, descansei na Villa dei Medici.[78] A lua nova acabou recentemente e, ao lado da delicada lua em forma de foice, pude enxergar a olhos nus quase completamente a face escura, nitidamente visível por meio do telescópio. Sobre a terra paira um hálito do dia, como se conhece apenas em quadros e desenhos de Claude Lorrain.[79] Mas o fenômeno na natureza pode ser visto aqui em todo o seu esplendor. Da terra despontam flores que eu ainda não conhecia, e novos brotos saem das árvores. As amendoeiras florescem e causam uma nova e vaporosa impressão entre os carvalhos verde-escuros. O céu é como um tafetá azul-claro, iluminado pelo sol. Como será então em Nápoles! Quase tudo já verdeja. Minha mania por botânica fortaleceu-se com tudo isso, e eu me encontro prestes a descobrir novas e belas relações sobre como a natureza, esse colosso que não se aparenta a nenhuma outra coisa, faz nascer a multiplicidade daquilo que é único.

O Vesúvio lança pedras e cinzas, e à noite pode-se ver brilhar o cume. Tomara que a natureza nos conceda um rio de lava! Mal posso esperar agora para me apropriar também desses grandes objetos.

20 de fevereiro, Quarta-Feira de Cinzas

Terminou a folia. As incontáveis luzes de ontem formaram um lindo espetáculo. O Carnaval em Roma deve ser visto para que se extinga completamente o desejo de vê-lo outra vez. Não há o que escrever sobre isso, já uma apresentação oral seria de toda maneira divertida. O desagradável nisso tudo reside no fato de que falta às pessoas a alegria interior, assim como também lhes falta o dinheiro que lhes permitiria dar vazão ao pouco de prazer que ainda pudessem ter. Os grandes são econômicos e mantêm-se

---

78 Villa Medici, construída entre 1544 e 1560. Desde 1803 é a sede da Academia Francesa em Roma.

79 Claude Gellée, chamado Claude de Lorrain (1600-1682), pintor paisagista e gravador francês.

reservados, o homem médio é desprovido e o povo, miserável. Nos últimos dias foi uma gritaria inacreditável, mas não se tratava de uma autêntica alegria da alma. O céu, infinitamente limpo e belo, olhava, nobre e inocente, para essas farsas.

Uma vez que o povo daqui não consegue abandonar sua mania de reproduzir tudo, foram desenhadas, para alegria das crianças, máscaras de Carnaval e trajes típicos romanos, pintados depois com cores variadas, de modo que poderiam substituir, para os adoráveis pequenos, um capítulo do *Orbis pictus*.[80]

21 de fevereiro de 1787

Aproveito os momentos entre a arrumação das malas para retomar ainda alguma coisa de minha narrativa. Amanhã iremos para Nápoles. Já me alegro com a perspectiva de conhecer o novo, que dizem ser de uma beleza indescritível, e espero poder recuperar, naquela natureza paradisíaca, uma nova liberdade e alegria, e, mais tarde, aqui na austera Roma, dedicar-me novamente ao estudo da arte.

Não é difícil arrumar as malas, faço com o coração mais leve do que há meio ano, quando tive de me desfazer de tudo que amava e que me era caro. Sim, já se passou meio ano, e dentre os quatro meses que passei em Roma, não desperdicei um só segundo, o que sem dúvida significa muita coisa, que permanece, entretanto, em boa parte não dita.

Tive a notícia de que *Ifigênia* chegou. Tomara que, ao pé do Vesúvio, eu possa ter a notícia de que ela foi objeto de uma boa recepção.

É extremamente importante para mim fazer essa viagem com Tischbein, que tem uma visão tão magnífica da natureza como arte. É claro que, como bons alemães, não conseguimos nos desfazer dos princípios e perspectivas de trabalho. Compramos o melhor papel e temos a intenção de desenhar,

---

80 *Orbis pictus* u *Orbis sensualium pictus* [O mundo sensível em imagens], a primeira enciclopédia ilustrada e dirigida especialmente ao público infantojuvenil. A obra de Amos Comenius (1592-1670) foi publicada pela primeira vez em latim no ano de 1657 em Nuremberg. Logo seguiu-se uma tradução para o inglês.

Viagem à Itália

embora o grande número de objetos, sua beleza e brilho muito provavelmente ponham limites à nossa boa intenção.

Decidi que, dentre meus trabalhos poéticos, nada mais levarei comigo do que o *Tasso*, para o qual tenho as melhores esperanças e perspectivas. Se eu soubesse o que pensastes da *Ifigênia*, vossa opinião poderia servir-me de guia, uma vez que se trata de um trabalho semelhante, cujo tema é ainda quase mais restrito do que o daquela, sendo que ainda quero trabalhar mais profundamente alguns aspectos específicos. É certo que ainda não tenho ideia de como tudo vai se desenvolver, o trabalho já existente deverá ser desfeito, pois se passou muito tempo sem que eu me ocupasse dele, e nem as personagens nem o plano, nem mesmo o tom têm ainda qualquer afinidade com meu modo atual de ver as coisas.

Durante a arrumação caíram-me nas mãos algumas de vossas amáveis cartas, e, ao relê-las, deparei-me com vossa censura, segundo a qual eu me contradigo em minhas cartas. Isso com certeza eu não consigo perceber, uma vez que as envio imediatamente, mas me parece bastante provável, pois estou à mercê de forças colossais, que me empurram de um lado para o outro, sendo portanto extremamente natural que eu não saiba sempre onde me encontro.

Conta-se a história de um marinheiro, o qual, surpreendido por uma tempestade à noite no mar, retornava à casa. Seu filhinho, colado a ele, perguntara: "Pai, o que é aquela louca luzinha ali, que ora parece estar sobre nós, ora abaixo de nós?". O pai prometeu-lhe a explicação no dia seguinte, quando então se descobriu que se tratava da chama do farol, que o olho, oscilando para baixo e para cima por causa do balanço selvagem das ondas, vê ora em cima, ora embaixo.

Também eu levo meu barco pelo mar sacudido por violentas comoções em direção ao porto, mantendo nítido no olhar o brilho do farol. Ainda que sua luz também me pareça mudar de lugar, chegarei por fim na outra margem, recuperando-me da jornada.

Cada partida faz reviver outras despedidas anteriores, apontando também involuntariamente para as que se darão ainda no futuro. A mim me acomete agora, mais forte do que antes, a necessidade de observar que nós simplesmente fazemos coisas demais, empreendemos demais, para viver; penso nisso porque agora Tischbein e eu voltamos as costas a tantas maravilhas, até mesmo ao nosso bem guarnecido museu particular. Lá se encontram três cabeças de Juno, uma ao lado da outra, para comparação, e nós as abandonamos como se ali não houvesse nenhuma.

Nápoles[1]

Velletri, 22 de fevereiro de 1787

Chegamos aqui em boa hora. Há dois dias, o tempo estava fechado, mas alguns sinais na atmosfera indicavam que logo voltaríamos a ter tempo bom. As nuvens abriram-se aos poucos, aqui e ali aparecia um pedaço de céu azul, e por fim o sol iluminou nosso caminho. Passamos por Albano, depois de termos parado em Genzano à frente de um parque, mantido de modo singularmente descuidado pelo proprietário, o príncipe Chigi, pois ele não deseja ninguém espiando por ali. Formou-se no local uma verdadeira floresta: árvores e touceiras, ervas e gavinhas crescem a seu bel-prazer, secam, caem e apodrecem. Acho isso bom, até melhor do que os jardins regularmente aparados. O sítio defronte à entrada é indizivelmente belo. Um muro alto separa o vale, um portão de grades permite que se olhe lá dentro, logo depois se ergue a colina, sobre a qual fica o castelo. Daria um belíssimo quadro, se realizado por um verdadeiro artista.

Agora não posso continuar com a descrição e digo apenas que quando nos encontrávamos nas montanhas de Sezza e descortinávamos os pânta-

---

[1] Este capítulo tem como base o "Diário de Nápoles", contendo a viagem de Roma a Nápoles, e cartas e diários de Nápoles e da Sicília. Pouco depois de concluir o trabalho nesta segunda parte, Goethe destruiu essas fontes.

nos pontinos, o mar e a ilha, caiu uma chuva inesperada sobre o pântano em direção ao mar. Luz e sombra alternavam-se freneticamente, dando viva diversidade àquela superfície erma e deserta. As colunas de fumaça iluminadas pelo sol, exaladas por cabanas quase invisíveis, causavam ali um belo efeito.

Velletri situa-se em uma posição muito favorável sobre um monte vulcânico, que se junta a outros ao norte, permitindo porém uma ampla vista do horizonte nas três outras direções.

Visitamos o gabinete do cavaleiro Bórgia,[2] o qual, favorecido pelo parentesco com o cardeal e pela Propaganda, pôde reunir aqui preciosos objetos antigos e outras coisas extraordinárias: divindades egípcias, esculpidas na mais dura pedra, pequenas figuras de metal, de períodos anteriores e posteriores; algumas esculturas em baixo-relevo sobre argila queimada, escavadas nas imediações, por meio das quais se quer atribuir aos volscos[3] um estilo próprio.

Também o museu possui raridades de outro tipo. Para mim, sobressaem-se dois pequenos tinteiros chineses. Sobre um deles, foi reproduzido todo o ciclo de criação do bicho-da-seda; sobre o outro, o plantio do arroz, ambos os trabalhos em estilo *naïf* e ricos em detalhes. Os tinteiros, assim como seu mecanismo de abertura e fechamento, são excepcionalmente belos e poderiam figurar, junto ao livro que já elogiei antes,[4] na Biblioteca da Propaganda.

É sem dúvida alguma uma negligência e irresponsabilidade o fato de que tais tesouros estejam tão próximos de Roma e não os visitemos com mais frequência. É claro que os incômodos de uma excursão a essas imediações, assim como o poder de atração do círculo mágico romano, podem servir de escusas. Quando nos dirigíamos para a hospedaria, algumas mulheres

---

2 O Museu Borgiano de Velletri foi fundado pelo cardeal e secretário da *Congregatio de Propaganda Fide* Stefano Borgia (1731-1804). Depois de sua morte, o acervo foi desmembrado e pertence hoje a diversas instituições. A coleção de manuscritos se encontra atualmente na Biblioteca Apostólica Vaticana.

3 Em latim, *volsci*. Antigo povo itálico originário do Lácio meridional. Foram dominados por Roma no século IV a.C.

4 Goethe não menciona o livro no texto de *Viagem à Itália*.

Viagem à Itália

sentadas às portas de suas casas nos chamaram, perguntando-nos se gostaríamos de comprar antiguidades e, quando nos mostramos ávidos por fazê-lo, trouxeram-nos velhas chaleiras e tenazes de ferro, entre outros equipamentos domésticos em péssimo estado, quase morrendo de rir por nos terem pregado uma peça. Quando nos aborrecemos, nosso guia tratou logo de esfriar os ânimos, dizendo que essa era uma brincadeira tradicional e que todos os forasteiros tinham de pagar o mesmo tributo.

Escrevo isto em um albergue muito ruim e não me sinto nem com forças nem disposição de ânimo para continuar. Envio-vos então meu mais cordial boa-noite!

Fondi, 23 de fevereiro de 1787

Já bem cedo, às 3 horas, pusemo-nos a caminho. Ao clarear do dia, encontramo-nos nos pântanos pontinos, que não têm uma aparência tão ruim como se lhes costuma atribuir em Roma. Não se consegue julgar de passagem um empreendimento tão grande e tão abrangente como a drenagem que se pretende fazer aqui, mas a mim parece que tais trabalhos, encomendados pelo papa, não conseguirão atingir seus objetivos, ao menos em grande parte. Imagine-se um amplo vale, que se espraia do norte ao sul em um declive suave, aprofundando-se a leste, em direção às montanhas, mas elevando-se desmedidamente a oeste, em direção ao mar.

Depois de todo o caminho em linha reta retoma-se a Via Appia Antica, que foi restaurada. Em seu flanco direito, escavou-se um canal para escoamento da água, que corre suavemente para baixo. O solo do lado direito foi, portanto, drenado e destinado à agricultura. Até onde os olhos alcançam, os campos são cultivados ou poderiam ser se se conseguissem arrendatários, com exceção de alguns sítios que se localizam baixos demais.

Já o lado esquerdo em direção às montanhas é de cultivo mais difícil. É certo que há canais transversais que, passando por debaixo da estrada, desembocam no canal principal. Entretanto, uma vez que o solo ali é muito inclinado, não se conseguiu drená-lo. Dizem que há a intenção de construir um novo canal ao lado da cordilheira. Ao longo de grandes trechos, principalmente na altura de Terracina, brotaram salgueiros e álamos.

Uma simples casinhola de palha é a estação do correio. Tischbein desenhou-a e como recompensa desfrutou de um prazer do qual só ele é capaz de fruir inteiramente. Um cavalo branco soltou-se e correu pelo solo drenado e, exercendo sua liberdade, corria para lá e para cá sobre o solo marrom como um raio de luz. Uma visão verdadeiramente magnífica, que o entusiasmo de Tischbein soube tornar significativa.

Ali, onde antes se situava Meza, o papa fez erguer um grande e belo edifício, que demarca o ponto central da planície. Ao contemplá-lo, sentimos esperança e confiança em relação ao restante do empreendimento. E continuamos nosso caminho, palestrando vivamente, pensando ainda na advertência que nos deram sobre não adormecer aqui nestas paragens. É certo que o vapor azulado, que já nesta época do ano paira sobre o solo, adverte-nos quanto às perigosas emanações. Desse modo, foi-nos ainda mais bem-vinda e prazerosa a aproximação do solo rochoso em Terracina, e nem bem expressávamos nossa alegria, quando avistamos o mar à nossa frente. Logo depois, do outro lado da montanha pudemos ver o cenário da nova vegetação. Figos-da-índia empurram suas folhas grandes e gordurosas por entre os mirtos acinzentados, em meio a romãs de um verde amarelado e ramos de oliveira de um verde esmaecido. À beira do caminho, vimos flores e arbustos ainda desconhecidos. Narcisos e adonises florescem sobre a pradaria. Mantivemo-nos por algum tempo com o mar à nossa direita. As rochas calcárias estavam próximas, à esquerda. Trata-se da continuação dos Apeninos, que se originam em Tivoli e se unem ao mar, do qual são separados somente na altura da *campagna di Roma*, e mais adiante pelos vulcões de Frascati, Albano e Velletri, e finalmente pelos pântanos Pontinos. O monte Cicello, situado em frente ao promontório de Terracina, onde terminam os Pântanos Pontinos, talvez se constitua também de rocha calcária.

Deixamos o mar e logo nos encontramos na encantadora planície de Fondi. Esse pequeno trecho de terra frutífera e cultivada, circundado por uma cadeia de montanhas não escarpada demais, é aprazível a qualquer um que passe por aqui. Muitas das laranjas ainda estão nas árvores, as sementes estão verdes, trigo por toda parte. As oliveiras nos campos, a pequena cidade ao fundo. Uma palmeira sobressai-se na paisagem e foi devidamente saudada. Por hoje é isso. Perdoai a pena que escreve assim depressa. Preciso

Viagem à Itália

escrever sem pensar, para que eu possa escrever. Os objetos são muitos, as acomodações muito incômodas, e ainda assim meu apetite de confiar alguma coisa ao papel é muito grande. Chegamos ao cair da noite, e agora é hora de buscar descanso.

Santa Ágata, 24 de fevereiro de 1787

Em um quarto frio, escrevo sobre o belo dia que tivemos. Quando deixamos Fondi já estava claro, e fomos imediatamente saudados pelas laranjeiras que pendiam dos dois lados do caminho. As árvores estão tão carregadas quanto se possa imaginar. Na parte superior, as folhas jovens têm um tom amarelado, no centro e na parte inferior são de um verde fresco e vivo. Mignon[5] estava certa quando ansiava por essa paisagem.

Seguimos então por campos de trigos bem arados e bem plantados e, em espaços adequados, cultivados com oliveiras. O vento as movimentava, fazendo que oferecessem à luz a superfície prateada do lado de dentro das folhas, enquanto os ramos curvavam-se delicadamente. Era uma manhã cinzenta, mas um forte vento do norte prometia dispersar todas as nuvens.

O caminho então levou a um vale situado por entre campos pedregosos mas bem cultivados, com brotos do mais belo verde. Em alguns lugares se viam terrenos espaçosos de forma arredondada, cobertos com ladrilhos e circundados por muros baixos. Aqui se debulham os grãos assim que colhidos, de modo que não é preciso levá-los em fardos para casa. O vale tornou-se mais estreito, e o caminho começou a subir pela montanha. Rochas calcárias nuas em ambos os lados. A tempestade avançava célere e violenta atrás de nós. Caiu granizo, que demorou a derreter.

Algumas paredes de antigas construções em forma de rede surpreenderam-nos. No alto, o solo é rochoso, mas ainda assim cultivam-se oliveiras nos menores espaços capazes de acolhê-las. Agora uma planície com oliveiras, por fim uma cidadezinha. Encontramos então altares, antigas pedras

---

5 Embora a personagem Mignon apareça, na obra em prosa, no romance *Os anos de aprendizado de Wilhelm Meister*, publicado entre 1795-6, a primeira versão do poema "Mignon" data de 1785.

tumulares e fragmentos de todo tipo circundados por cercas de jardim, outros murados de maneira adequada. Vimos também os aposentos subterrâneos de antigas casas de campo, agora cheios de terra e rodeados de um bosquezinho de oliveiras. Descortinamos então o Vesúvio, com uma nuvem de fumaça ao redor de sua coroa.

Mola di Gaeta saudou-nos com as mais viçosas laranjeiras. Permanecemos ali algumas horas. A pequena enseada da cidadezinha oferece uma das mais belas vistas, o mar adentra um bom pedaço de praia. Se o olhar acompanha a margem direita e alcança por fim a ponta da meia-lua, vê-se então a alguma distância a Fortaleza Gaeta. A ponta esquerda estende-se bem mais longe: vê-se uma cadeia de montanhas, depois o Vesúvio, depois as ilhas. Ischia está quase no centro.

Aqui pude ver na margem as primeiras estrelas e ouriços-do-mar trazidos pela maré. O mar trouxera ainda uma bela folha verde, fina como o mais fino velino. Trouxe também fragmentos inusitados; em sua maioria, as costumeiras pedras calcárias, mas também serpentina, jaspe, quartzo, brecha, granito, pórfiro, tipos diferentes de mármore e vidro verde e azul. Os últimos tipos são raramente encontrados nesta região, trata-se provavelmente de ruínas de antigos edifícios, de modo que assim vemos como as ondas podem brincar, debaixo de nosso nariz, com a magnificência do mundo antigo. Deixamo-nos ficar alegremente e apreciamos a natureza da população, que se comporta quase como selvagens. Ao nos distanciarmos de Mola, continuamos desfrutando da mais bela vista, mesmo quando não se vê mais o mar. A última visão que se tem é a de uma adorável enseada, que foi devidamente desenhada. Em seguida, o caminho nos leva a um belo pomar, cercado de aloés. Divisamos ainda um aqueduto, que desce das montanhas em direção a ruínas desconhecidas e obscuras.

Seguiu-se então a travessia do rio Garigliano. Andamos por regiões cultivadas em direção a uma cadeia de montanhas. Nada digno de nota. Por fim as primeiras colinas formadas por cinza vulcânica. Aqui começa uma extraordinária região de montanhas e abismos, sobre os quais predominam picos nevados. Na elevação mais próxima, uma cidade de desenho alongado, que salta aos olhos. Santa Ágata fica no vale. Em uma hospedaria bastante sofrível, arde um fogo alentado na lareira, que tem a forma de um gabinete. Por outro lado, nossos aposentos estão frios, não há vidros nas janelas, apenas persianas de madeira, e eu me apresso em terminar.

Nápoles, 25 de fevereiro de 1787

Chegamos enfim em segurança e com bons presságios. Há pouco a relatar sobre o dia de viagem: deixamos Santa Ágata ao raiar do dia, o vento nordeste soprava forte atrás de nós, e durou o dia todo. Apenas por volta do meio-dia ele se impôs às nuvens. Passamos frio.

Nosso caminho continuou por entre colinas vulcânicas, onde pensei identificar apenas poucas rochas calcárias. Por fim alcançamos a planície de Capua, logo depois a própria cidade com esse nome, onde fizemos uma pausa ao meio-dia. À tarde, um belo e plano caminho apresentou-se a nós. A estrada se abre entre verdes campos de trigo, o trigo é como um tapete e alcança uma boa altura. Os choupos são plantados em carreiras e as videiras se mesclam aos seus muitos ramos. Assim é a paisagem até Nápoles, um solo claro, extremamente macio e bem arado. As parreiras têm incrível vigor e altura, com gavinhas que estendem uma teia que flutua entre os choupos.

O Vesúvio manteve-se sempre à nossa esquerda, exalando vapor vigorosamente, e eu me rejubilei internamente por ter tido a chance de ver esse objeto extraordinário com meus próprios olhos. O céu ficava cada vez mais claro e por fim o sol brilhou forte e quente sobre essa nossa estreita moradia móvel. Alcançamos Nápoles com uma atmosfera límpida e clara, e foi como se nos encontrássemos em outro país. Os edifícios com tetos planos apontam para um clima diferente, ainda que por dentro não pareçam muito confortáveis. Tudo e todos estão na rua, deixam-se ficar ao sol enquanto ele brilhar. O napolitano acredita possuir o próprio paraíso, e tem dos países do norte uma concepção muito triste: *"Sempre neve, case di legno, gran ignoranza, ma danari assai"*. É essa a imagem que fazem de nossas condições de vida. Para o conhecimento de toda a população alemã, segue a tradução dessa característica: "Sempre neve, casas de madeira, grande ignorância, mas dinheiro suficiente".

Nápoles anuncia-se alegre, livre e animada, um número incontável de pessoas correm e esbarram-se umas nas outras, o rei[6] está caçando e a rainha está grávida, as coisas não poderiam ser melhores...

Nápoles, segunda-feira, 26 de fevereiro

"Alla locanda del Sgr. Moriconi al Largo del Castello." Sob esse nome tão festivo quanto pomposo esperavam-nos cartas dos quatro cantos do mundo. Na região do grande castelo à beira do mar[7] espraia-se um grande espaço, o qual, embora seja circundado por casas pelos quatro lados, não chamam de praça, mas sim de *largo*, provavelmente porque, nos primeiros tempos, isso fora um campo sem quaisquer limites. De um lado, uma grande casa de esquina chama a atenção. Entramos em uma espaçosa sala em ângulo, que assegura uma ampla e alegre vista por sobre a planície sempre movimentada. Uma varanda em ferro projeta-se para fora em muitas das janelas, mesmo onde o edifício se dobra em ângulo. Não teríamos saído dali, não fosse pelo vento forte que se fazia sentir com vigor.

A sala é decorada em cores claras e alegres. Sobretudo o teto, com centenas de arabescos extremamente elaborados, prenuncia já a proximidade de Pompeia e Herculano. Tudo estaria muito belo e bom, não fosse a ausência de uma lareira ou fogão, sendo que o mês de fevereiro fazia valer seus privilégios. Eu ansiava por me aquecer.

Trouxeram-me um tripé que se eleva do chão a uma altura que nos permite manter confortavelmente as mãos estendidas sobre ele. Uma espécie de vasilha rasa fora bem fixada ali, contendo pequenos pedaços de carvão em brasa cobertos por uma fina camada de cinza. Trata-se de um expediente doméstico, como eu já vira em Roma. De tempos em tempos, com a argola de uma chave, se retira cuidadosamente a cinza da superfíce, de modo que

---

6 Fernando IV era um caçador apaixonado. Sua esposa, Maria Carolina da Áustria, deu-lhe dezessete filhos.

7 Castel Nuovo, construído entre 1279 e 1282, residência dos reis da casa de Anjou e Aragão e dos vice-reis espanhóis.

parte do carvão entre em contato novamente com o ar. Caso se queira re-volver as brasas, sente-se um calor muito forte por um instante, mas logo as brasas se esgotam, de modo que a vasilha tenha de ser novamente cheia mediante o pagamento de uma certa quantia.

Eu não me sentia muito bem e teria desejado um pouco mais de con-forto. Um tapete feito de caniços protegia contra a friagem do chão; peles não são comuns aqui, e eu decidi então vestir um hábito de marinheiro com capuz, que trouxéramos conosco por pilhéria, o qual me prestou grande serviço, principalmente depois que o amarrei junto ao corpo com um cor-dão que fechava as malas, de modo que me tornei algo entre marinheiro e capuchinho, aparência por certo muito cômica. Tischbein, que voltava da visita a amigos, não pôde conter o riso.

Nápoles, 27 de fevereiro de 1787

Ontem descansei por todo o dia, de modo a me recuperar de um pequeno problema de saúde. Hoje nos banqueteamos e dedicamos o tempo à con-templação dos mais magníficos objetos. Seja lá o que for que se diga, narre ou pinte, aqui há muito mais do que em qualquer outro lugar. As margens, a praia e o golfo, o Vesúvio, a cidade, os arredores, as cidadelas, os castelos, os jardins! À tarde visitamos ainda a gruta de Posilipo, a tempo de ver o sol poente do outro lado.[8] Eu posso entender e perdoar todos aqueles que perdem a cabeça com tais paisagens, e me lembro comovido de meu pai, que sofreu um abalo indelével justamente por conta dos objetos que contemplei hoje pela primeira vez. E assim como se afirma que aquele a quem aparece uma visão jamais voltará a ser feliz, poder-se-ia dizer, ao contrário, que nin-guém poderia se tornar totalmente infeliz, uma vez que tivesse Nápoles na memória. Encontro-me agora, como é meu hábito, muito tranquilo e quieto e, quando algo é grandioso demais, apenas abro muito, muito bem os olhos.

---

8 Grotta de Posilipo, também chamada Grotta di Virgilio ou Crypta Neapolitana, é um túnel escavado sob a colina de Posilipo no século I a.C.

Nápoles, 28 de fevereiro de 1787

Visitamos hoje Philipp Hackert,[9] o famoso pintor de paisagens, que desfruta de especial confiança e do distinto favor do rei e da rainha. Concederam-lhe uma ala do Palácio Francavilla, que ele mobiliou com gosto artístico e onde habita, satisfeito. É um homem muito determinado e inteligente, que dedica contínuo esforço em aproveitar a vida.

Fomos mais tarde ao mar e vimos todo tipo de peixes e formas extraordinárias saltando das ondas. Fazia um dia magnífico, e o *tramontana*, vento que vem do norte, soprava moderado.

Nápoles, 1º de março

Já em Roma tentaram extrair de minha particular e obstinada tendência a eremita um lado sociável, mais do que eu gostaria. É certo que parece bastante peculiar o desejo de alguém desejar conhecer o mundo para querer ficar sozinho. De modo que não pude dizer não ao príncipe de Waldeck, que me convidou com grande amabilidade e, por meio de sua influência e posição, possibilitou-me o acesso a muita coisa boa.[10] Nem bem chegáramos a Nápoles, onde ele se encontrava já havia algum tempo, mandou-nos convidar para uma excursão a Pozzuolli e cercanias. Eu pensava já no Vesúvio, mas Tischbein fez-me ver a necessidade de aceitarmos tal excursão, a qual, agradável por si mesma, prometia ainda mais prazer e proveito, dada a magnífica condição meteorológica e a companhia de um nobre tão cultivado de espírito. Além disso, ainda em Roma, tivéramos a oportunidade de ver uma bela dama, a qual, junto a seu cônjuge, era companhia inseparável

---

9 Jakob Philipp Hackert (1737-1807), um dos mais importantes pintores de paisagem do Classicismo alemão. Suas frequentes viagens a Roma, Tivoli, Nápoles e à Sicília renderam-lhe um incalculável conhecimento no que diz respeito à paisagem clássica. Em Roma, foi recebido pelo conselheiro Reiffenstein e pelo diplomata inglês William Hamilton, que logo ajudaram a divulgar seu talento. Goethe conheceu pela primeira vez dois trabalhos de Hackert ainda em 1783, que faziam parte da coleção do duque de Gotha.

10 Christian August von Waldeck (1744-1798), general austríaco e, de 1897 até sua morte no ano seguinte, comandante do exército terrestre português.

do príncipe. Ela deveria certamente fazer parte do grupo, e logo nos preparamos para momentos de diversão e alegria.

Eu já conhecia essa nobre sociedade de um contato anterior. O próprio príncipe indagara, em nosso primeiro encontro, com o que eu me ocupava então. Minha *Ifigênia* estava ainda tão presente que fui capaz de narrar tudo, de maneira minuciosa, em uma única noite. Pareceram gostar dela; mas achei que esperavam de mim algo mais vivo e apaixonado.

À noite

É difícil dizer qualquer coisa sobre o dia de hoje. Com certeza a maioria de nós já teve a experiência da leitura superficial de um livro, que o atraiu, entretanto, de modo irresistível, tendo sobre nossa vida uma influência enorme, determinando já um efeito que nem a releitura nem a consideração mais séria poderiam acrescentar depois. Foi o que me aconteceu com *Sakuntala*.[11] E o mesmo não ocorre com referência a pessoas significativas em nossas vidas? Fomos de barco até Pozzuoli, fazendo então animadas excursões pela região mais insólita da terra. Sob o céu mais límpido, o solo mais instável. Ruínas de uma riqueza inimaginável jaziam ali, aviltadas e melancólicas. Água fervente, cavernas exalando enxofre, montanhas de resíduo metálico hostis ao surgimento de vegetação, espaços devastados e repulsivos, mas, ainda assim, uma vegetação viçosa crescia agarrando-se onde podia, elevando-se por toda essa massa morta, ao redor dos lagos interiores e das corredeiras, até mesmo se impondo como um magnífico bosque de carvalhos nas encostas de uma velha cratera.

E assim somos levados de um lado para o outro em meio aos acontecimentos da natureza e da raça humana. Somos acometidos pelo desejo de pensar, mas nos sentimos incapazes demais para isso. Nesse meio-tempo, continuamos a viver alegremente. Meus companheiros de viagem são gente culta e cultivada, acostumada ao mundo e a seu modo de ser, mas também dada a fazer considerações, porque advertida por um destino sério e rigoroso. Com uma vista ilimitada da terra, mar e céu, éramos atraídos a

---

11 Drama sânscrito atribuído ao poeta Kalidasa, que viveu no século V da Era Cristã.

todo momento à presença de uma adorável jovem, acostumada e disposta a receber o tributo de nossa atenção.

Ainda que em meio a todo esse delírio, não deixei escapar muita coisa. Para a futura redação dessas observações, serão bastante úteis o mapa que utilizamos no lugar e um rápido esboço de Tischbein. Por hoje, não sou capaz de escrever nem uma linha a mais.

2 de março

Subi ao Vesúvio, ainda que sob tempo fechado e o cume coberto por nuvens. Segui de carro até Resina e depois em lombo de mula subi o monte situado entre os vinhedos. Caminhei então sobre a lava do ano 71, que se encontra coberta por uma leve porém sólida camada de musgo. Mantive-me caminhando ao lado da lava solidificada. A cabana do eremita[12] ficara à minha esquerda. Continuei a subir a montanha feita de cinzas, um trabalho bastante difícil. Dois terços dessa montanha estavam encobertos pelas nuvens. Atingimos por fim a cratera cheia de lava dos últimos dois meses, dos últimos catorze dias e mesmo uma camada mais tênue de cinco dias atrás, já resfriada. Subimos por ela em direção a uma colina vulcânica que entrara em ação recentemente e fumegava ainda por todos os lados. A fumaça afastou-se de nós, e eu quis ir até a cratera. Estávamos a cerca de cinquenta passos do vapor quando ele se tornou mais forte, a ponto de eu não conseguir mais enxergar meus pés. De nada adiantara estender o lenço a minha frente, também o guia desaparecera, os passos tornaram-se inseguros sobre os fragmentos da lava expelida. Decidi retroceder e usufruir da vista desejada em um dia de céu claro e menos fumaça. Nesse meio-tempo, pude descobrir como a respiração é difícil em uma atmosfera como essa.

No mais, a montanha estava completamente tranquila. Nem chamas nem chuva de fagulhas, como costumeiramente se dá. Eu fiz questão de reconhecer sua forma de modo a poder localizá-la mais tarde, quando o tempo ficar bom outra vez.

---

12 A "cabana do eremita" encontrava-se perto do Observatório construído posteriormente em 1839.

Viagem à Itália

As formações de lava que encontrei são objetos mais do que familiares a mim. Ainda assim, descobri um novo fenômeno que me pareceu bastante notável e que pretendo investigar mais a fundo, consultando conhecedores e colecionadores. Trata-se de uma chaminé vulcânica estalactítica, que possuía antes forma abobadada mas que depois se abriu, emergindo da velha cratera agora cheia de lava. Essa forma mineral sólida e cinzenta, estalactítica, parece-me ter sido formada por meio da sublimação das mais tênues exalações vulcânicas sem a colaboração da umidade e sem que tenha havido qualquer processo de fusão. Há aqui a ocasião para uma investigação posterior.

Hoje, 3 de março, o céu está encoberto e sopra o siroco. Um dia próprio para correspondência.

Tive aqui a oportunidade de ver os mais diversos tipos humanos, belos cavalos e peixes das formas mais estranhas.

Quanto à localização geográfica da cidade e suas maravilhas, já foram tantas vezes descritas e louvadas que não há mais o que dizer, a não ser o ditado que corre por aqui: *"Vedi Napoli e poi muori!"*. "Ver Nápoles e morrer!"

Nápoles, 3 de março

Não se pode negar que napolitano algum quer se afastar de sua cidade e que seus poetas cantam a ventura de viver aqui em poderosas hipérboles, ainda que houvesse mais alguns vulcões como o Vesúvio nas cercanias. Aqui, raramente nos lembramos de Roma, pois, se comparada à liberdade das condições geográficas daqui, a capital do mundo no leito do Tibre parece um monastério mal alojado.

Esse modo de vida ligado às embarcações marítimas e ao mar em si cria um novo tipo de relações e situações. A fragata para Palermo partiu ontem com um forte e determinado vento tramontana. Desta vez não terá levado certamente mais de 36 horas para completar a viagem. Com que melancolia eu contemplava as velas enfunadas, enquanto a fragata deslocava-se entre Capri e o Cabo de Minerva até desaparecer, enfim. Certamente morreria de saudade aquele que contemplasse o objeto amado afastar-se dessa maneira! Agora sopra o siroco; se o vento ficar mais forte, as ondas e o molhe darão certamente uma alegre impressão.

Johann Wolfgang von Goethe

Hoje, por ser sexta-feira, deu-se a grande excursão da nobreza, na qual cada um mostra sua equipagem, especialmente os cavalos. São as criaturas mais graciosas que se pode ver aqui. É a primeira vez em minha vida que meu coração se deixa tocar por eles.

Nápoles, 3 de março

Envio aqui algumas folhas escritas às pressas à guisa de notícias de meus primeiros dias aqui. Segue também o envelope de tua última carta chamuscado em um dos cantos, como testemunho de que a levei comigo ao Vesúvio. A despeito disso, não deves pensar, em sono ou em vigília, que me encontro em perigo. Podes ter certeza de que me encontro tão seguro como no caminho do Belvedere.[13] A terra toda pertence ao Senhor! É o que se pode dizer também nesse caso. Não procuro aventuras como pretexto de ter algo engraçado para contar depois, nem por excentricidade, mas sim porque tenho uma concepção clara das coisas e logo procuro extrair aos objetos todas as suas peculiaridades, de modo que eu possa fazer e ousar mais do que qualquer outro. A caminho da Sicília não há como falar de perigo. Há alguns dias a fragata partiu rumo a Palermo sob um favorável vento noroeste. Ela deixou Capri a tempo e terá percorrido a distância toda em 36 horas, acredita-se. Do outro lado as coisas não parecem ser tão perigosas como se costuma acreditar à distância.

Na parte de baixo da Itália não se percebe nada do terremoto, já lá em cima sabe-se que Rimini e as regiões vizinhas foram atingidas recentemente. Eles têm aqui estranhos costumes, fala-se de um terremoto do mesmo modo como se fala do vento e da temperatura e como na Turíngia se falaria de um incêndio.

Alegra-me que tenhas gostado da nova versão da *Ifigênia*. Melhor seria ainda se pudesses tornar visível a diferença em relação à versão anterior. Eu sei o que coloquei ali, sou portanto capaz de falar sobre isso. Eu poderia até mesmo continuar ainda o trabalho. Se nos rejubilamos em desfrutar do que é bom, alegramo-nos ainda mais em recomendar o melhor, pois na arte apenas o melhor é bom o bastante.

---

13 Residência de verão do duque de Weimar.

Viagem à Itália

Nápoles, 5 de março

No segundo domingo que antecede a Páscoa, peregrinamos pelas igrejas, uma a uma. Se em Roma tudo é extremamente sério, aqui tudo se dá de maneira alegre e ânimo leve. Também a escola napolitana de pintura só se compreende aqui em Nápoles. Vê-se aqui a parede da frente de uma igreja pintada de cima a baixo, com Cristo sobre as portas, expulsando os vendilhões do Templo, os quais, assustados, precipitam-se, com graça e vivacidade, pelos dois lados da escada.[14] Em uma outra igreja, o mesmo espaço sobre a entrada foi decorado ricamente com um afresco representando a expulsão de Heliodoro.[15] Luca Giorano teve sem dúvida de correr a fim de recobrir a tempo toda essa superfície. Também o púlpito não é como de ordinário uma cátedra ou banco para uma única pessoa, mas sim uma galeria, sobre a qual vi um frade capuchinho se deslocando de uma ponta a outra, lembrando ao povo de seu estado de pecado. Que história não se poderia narrar a partir disso tudo!

Impossível narrar e descrever a magnificência de uma noite de lua cheia como a de que desfrutamos hoje, perambulando pelas ruas e praças, pela Chiaja, o imenso passeio público, seguida por uma caminhada de uma ponta a outra à beira-mar. É-se acometido de fato por um sentimento de infinitude do espaço. Certamente valeu a pena o esforço despendido para chegarmos a esse sonho.

Nápoles, 5 de março

Preciso dizer algumas palavras sobre esse homem excelente, que conheci por esses dias. Trata-se do cavaleiro Filangieri, conhecido por sua obra sobre legislação.[16] Pertence àquela espécie de homens jovens e dignos que trazem

---

14 Trata-se da igreja de São Filipe Néri, construída entre os anos de 1592 e 1619. O afresco *Expulsão dos vendilhões* é obra de Luca Giordano (1632-1705).

15 Igreja de Gesù Nuovo, construída entre 1584 e 1601. *A expulsão de Heliodoro* não é obra de Luca Giordano, e sim de Francesco Solimena (1657-1743).

16 Gaetano Filangieri (1752-1788), importante jurista italiano, autor de *La schienza della legislazione*, em oito volumes (Nápoles, 1781-1788).

Johann Wolfgang von Goethe

no olhar a ventura e o sentimento de liberdade da humanidade. Em seu comportamento reconhece-se o soldado, o cavaleiro e o homem do mundo, distinção essa suavizada entretanto pela expressão de um delicado sentimento moral, o qual, distribuído por toda a sua pessoa, exala graciosamente de suas palavras e presença. Também ele se encontra unido de corpo e alma a seu rei e a seu Estado, ainda que não aprove tudo o que acontece. Mas também se encontra oprimido pelo receio diante de José II.[17] A figura de um déspota, ainda que apenas pairando no ar, atemoriza o homem nobre. Ele falou comigo abertamente sobre o que Nápoles deve temer em relação àquele. Gosta de conversar sobre Montesquieu, Beccaria[18] e também sobre seus próprios trabalhos, tudo no mesmo espírito benevolente e com uma disposição alegre e juvenil de atuar pelo e para o bem. Deve ter por volta de 30 anos, ou pouco mais.

Logo me fez conhecer um velho autor, em cujas profundezas ainda desconhecidas esses novos italianos amigos da lei encontram seu refrigério e elevação. Trata-se de Giovanni Battista Vico,[19] que preferem a Montesquieu. Em uma rápida apreciação do livro, que anunciam como a uma relíquia sagrada, quis-me parecer que se trata aqui de previsões sibilinas do bom e do justo que um dia deverá ou deveria advir, fundadas na grave contemplação da tradição e da vida. É muito bom quando um povo possui tais figuras patriarcais. Para os alemães, Hamman[20] um dia irá se tornar esse cânone.

---

17 Receava-se que o imperador José II da Áustria (1741-1790), irmão de Maria Carolina (1752-1814), rainha de Nápoles, tivesse planos de conquista para a Toscana e para toda a Itália.

18 Charles-Louis de Secondat, barão de La Brède e de Montesquieu (1689-1755), político, filósofo e escritor francês. Autor de *Do Espírito das Leis* [*De l'esprit des lois*, 1748]. Cesare Bonesana, marquês de Beccaria (1738-1794), jurista, filósofo, economista e escritor italiano, autor de *Dos delitos e das penas* [*Dei delitti e delle pene*, 1764].

19 Giovanni Battista Vico (1688-1744), filósofo e historiador. Foi professor em Nápoles. O "livro" referido é sua obra principal, *A ciência nova* [*La scienza nuova*, 1725].

20 Goethe tinha um vivo interesse pela obra de Johann Georg Hamman (1730-1788), o "mago do Norte", que lhe foi apresentado por Herder em Estrasburgo.

Viagem à Itália

Nápoles, 6 de março

Ainda que contra sua vontade, mas movido por uma fiel camaradagem, Tischbein acompanhou-me hoje ao Vesúvio. A ele, ao artista plástico que se ocupa sempre das mais belas formas humanas e animais, capaz de humanizar até mesmo o informe, rochas e paisagens, por meio da sensibilidade e do gosto, a ele um tal amontoado terrível e disforme, que se consome a si mesmo continuamente e que declara guerra a todo sentimento de beleza, deve parecer extremamente repulsivo.

Viajamos em duas caleças, pois não confiávamos em nós próprios como condutores do carro em meio ao tumulto da cidade. O cocheiro gritava a toda hora: "Abram espaço, abram espaço!", de modo que animais, carregadores de madeira ou detritos, carroças que vinham na direção contrária e pessoas que andavam livremente ou carregavam algum fardo, assim como crianças e velhos tomassem cuidado e se desviassem de nós, mas o trânsito pesado continuava livremente.

A estrada que se estende pelos bairros mais exteriores e jardins já poderia indicar algum tipo de formação rochosa plutônica. Uma vez que não chovia já havia muito tempo, as folhas naturalmente sempre verdes estavam cobertas de uma poeira densa e de cor cinza, cornijas e tudo o mais que tivesse uma superfície, totalmente coberta de cinza, de modo que apenas o céu, magnificamente azul, e o sol que aparecia poderoso no horizonte asseguravam que ainda nos encontrávamos entre os vivos.

Ao pé da íngreme encosta fomos recebidos por dois guias, um mais velho e um mais jovem, ambos gente competente. O primeiro arrastou-me a mim e o segundo, a Tischbein, montanha acima. Arrastaram-nos, disse eu; pois esse tipo de guia afivela ao redor de si uma espécie de cinta de couro na qual o viajante se agarra e, sendo assim impulsionado para cima, apoia-se em um cajado, o que lhe facilita a subida, feita por seus próprios pés.

Chegamos então à superfície sobre a qual se ergue a montanha em forma de cone, tendo ao norte as ruínas de Somma.[21]

---

21 Trata-se do chamado Atrio del Cavallo, um vale em forma de crescente localizado entre o Vesúvio e o monte Somma.

Um olhar para o lado oeste retira-nos do corpo toda a dor do esforço e todo o cansaço, como uma cura medicinal. Fomos nos aproximando da montanha em forma de cone, sempre lançando fumaça, pedras e cinza. Enquanto o espaço nos permitiu ficar a uma distância apropriada, contemplamos um belo espetáculo, capaz de elevar o espírito. Primeiramente um formidável trovão, que ressoa a partir das profundezas da garganta do vulcão, de modo que milhares de pedras, grandes e pequenas, são lançadas ao ar, cobertas por nuvens de cinza. A maior parte cai novamente na garganta. As outras, lançadas para o lado em fragmentos, caem fora do cone, provocando um ruído singular. Primeiro caem as mais pesadas, com um barulho surdo e abafado, então caem as mais leves, provocando um estalar logo depois, e por fim a cinza precipita-se cobrindo tudo. Tudo isso acontece em pausas regulares, de modo que podemos contar tranquilamente cada ciclo.

O espaço entre o monte Somma e a montanha em forma de cone, no entanto, é estreito demais. Logo o espaço a nosso redor encheu-se de pedras, tornando a permanência desconfortável. Tischbein sentiu-se ainda mais aborrecido na montanha, pois aquela aberração, segundo ele, além de feia, podia agora também se tornar perigosa.

Mas como um perigo iminente traz em si algo de sedutor e desperta no homem o espírito de contradição ao tentar desafiá-lo, pensei eu que seria possível, no tempo de pausa entre duas erupções, subir a montanha até a garganta e também nessa mesma pausa fazer o caminho de volta. Ao abrigo de uma rocha do Somma, onde nos refazíamos com nossas provisões, consultei os guias sobre essa possibilidade. O mais novo dispôs-se a enfrentar comigo o desafio e, com nossas cabeças protegidas por lenços de seda e linho, nos pusemos a caminho, com o cajado na mão, eu segurando firme em seu cinto.

As pedras pequenas ainda pipocavam a nosso redor e a cinza ainda descia vagarosamente pela encosta quando o atlético rapaz içou-me até as pedras incandescentes. Lá estávamos ao lado da monstruosa garganta, cuja fumaça era afastada de nós por um vento fraco, ao mesmo tempo em que cobria o interior do abismo, o qual expelia vapor através dos milhares de frinchas dispostas em forma de círculo. Por entre as colunas de fumaça era possível divisar aqui e ali as paredes de rocha abrindo-se. A visão não era nem instrutiva nem agradável, mas exatamente porque não conseguíamos ver

Viagem à Itália

muito, ficávamos ali esperando ver mais. Não contávamos mais as pausas, estávamos em pé em uma estreita rocha à beira do abismo. O trovão soou então, a temível carga lançou-se sobre nós, que nos inclinamos, como se isso pudesse salvar-nos da massa que se precipitava. As pedras menores já estalavam contra o solo, e nós, sem pensar que ainda tínhamos uma pausa à nossa frente, felizes por ter sobrevivido ao perigo e com a cabeça e os ombros cobertos de cinzas, lançamo-nos de volta ao pé da montanha ao mesmo tempo em que a cinza expelida também descia.

Como fomos recebidos calorosamente por Tischbein que, embora extremamente feliz e aliviado, não deixou de nos censurar a aventura, pude dedicar maior atenção à lava, recente ou antiga. O experiente guia soube determinar-lhes a época de origem com extrema precisão. As mais antigas encontravam-se já cobertas de cinza e niveladas, ao passo que a lava mais nova, especialmente aquela cuja vazão se dera de maneira lenta, tinha uma aparência peculiar, pois ao longo de seu curso carregara consigo por algum tempo massas endurecidas que encontrara na superfície. Assim, a lava, detendo seu curso de tempos em tempos, logo era empurrada de novo pela corrente incandescente, de modo que, fundindo-se a ela, solidificava--se de maneira admiravelmente rápida, processo ainda mais peculiar do que aquele que acontece, de modo semelhante, com blocos de gelo que se interpenetram. Entre esses produtos sem forma, resultantes do processo de derretimento, encontram-se também grandes blocos, que despontam em fragmentos recentes, muito semelhantes a uma formação rochosa primitiva. Os guias disseram tratar-se de blocos de lava antiga, oriundos das camadas mais profundas, os quais a montanha lança por vezes.

Em nosso retorno a Nápoles, chamaram-me a atenção pequenas casas, de um único pavimento, construídas estranhamente sem janelas, sendo os cômodos iluminados apenas pela porta que se abre para a rua. Desde logo cedo até à noite, seus ocupantes sentam-se em frente a elas, recolhendo-se então a suas cavernas.

O tumulto da cidade, que é diferente à noite, despertou em mim o desejo de ficar aqui ainda algum tempo a fim de reproduzir esse quadro movimentado. Não creio que me sairei muito bem.

225

Nápoles, 7 de março de 1797

Nesta semana, Tischbein dispôs-se a me mostrar e explicar grande parte dos tesouros da cidade. Ele, um exímio conhecedor e desenhista de animais, chamara-me já antes a atenção para uma cabeça de cavalo em bronze no Palácio Colombrano.[22] Fomos hoje até lá. Esse belo fragmento artístico encontra-se exatamente em frente ao portão de entrada, no pátio, dentro de um nicho sobre uma fonte, e causa espanto. Qual não teria sido outrora o efeito dessa cabeça junto às outras partes reunidas em um todo! O cavalo completo fora certamente muito maior do que o da igreja de São Marcos. Quanto mais próxima e atenta a contemplação da cabeça, mais claramente se pode reconhecer e admirar o caráter e a força da obra. Os nobres ossos da testa, o nariz que infla, as orelhas atentas, a crina hirta! Uma criação poderosamente excitante, dotada de extrema força.

Voltamo-nos para contemplar uma estátua feminina, que se encontrava em um nicho sobre os portões de entrada. Já Winckelmann a tomara pela reprodução de uma dançarina, uma dessas artistas capazes de representar, em um movimento vivo, aquilo que os mestres da estatuária conseguem capturar, de modo estático, nas ninfas e deusas.[23] Muito leve e bela, teve a cabeça arrancada, mas esta foi recolocada de maneira adequada sem qualquer dano. Bem merecia um lugar melhor.

Nápoles, 9 de março

Recebi hoje as amáveis cartas de 16 de fevereiro. Continuai a escrever. Já providenciei o recebimento da correspondência para quando estiver em viagem. É bastante curioso, aqui desta distância, vir a saber que os amigos

---

22 A origem e o período em que foi feita a cabeça de cavalo, de dimensões colossais, permanecem incertos. Em 1809 foi transferida para o Museu Nacional de Nápoles. O Palácio Columbrano, originalmente Diomede Carafa, atualmente Carafa Santangelo, é uma construção do século XV.

23 A *Dançarina*, hoje no Museu Vaticano, é provavelmente uma cópia do período clássico romano, de um original de finais do século V a.C.

não se reúnem, e ainda assim nada é mais natural do que não se reunir, quando se vive tão próximo.

O tempo escureceu, está mudando. Começa a primavera e teremos dias chuvosos. O pico do Vesúvio não se abriu nenhuma vez desde que estive lá. Nestas últimas noites foi possível vê-lo flamejar. Espera-se uma forte erupção.

As tempestades destes dias ofereceram-nos uma magnífica visão do mar, as ondas podem ser estudadas em sua dignidade e forma. A natureza é o único livro que oferece um conteúdo grandioso em todas as suas páginas. Por outro lado, o teatro não me traz mais nenhuma alegria. Durante o período da Quaresma exibem aqui obras de caráter espiritual, que não diferem em nada das mundanas, a não ser pelo fato de que não há um balé entre os atos. Ainda assim, são tão variegadas quanto possível. No Teatro São Carlos encenaram *A destruição de Jerusalém por Nabucodonosor*.[24] Para mim, é como se fosse uma luneta mágica. Acho que perdi o gosto por essas coisas.

Estivemos hoje com o príncipe Waldeck em Capodimonte, onde se encontra uma grande coleção de quadros, moedas e outras coisas do gênero. Trata-se de coisas muito belas, embora dispostas de modo inapropriado. Tive a confirmação ali de muitos conceitos que conhecia da tradição. Moedas, gemas, vasos e mudas de limoeiro, costumeiramente enviados para o norte em exemplares isolados, veem-se reunidos em grande número aqui onde são nativos, o que muda nosso modo de considerá-los. Pois onde as obras da arte são raras, a própria condição de raridade atribui-lhes um valor. Já aqui se aprecia apenas o que é digno.

Paga-se agora muito dinheiro por vasos etruscos, entre os quais há certamente peças belas e preciosas. Não há um viajante que não queira possuir um deles. Aqui não se valoriza tanto o dinheiro como se faz na nossa terra. Eu mesmo temo ser seduzido.

---

24 *La Distruzione di Gerusalemme. Azione sacra per musica.* Libreto de Carlo Sernicola (datas de nascimento e morte incertas) e música de Giuseppe Giordani, dito Giordanello (1751-1798). Representada pela primeira vez na Quaresma de 1787, no Teatro San Carlo de Nápoles.

Johann Wolfgang von Goethe

Nápoles, sexta-feira, 9 de março de 1797

Isto é o mais agradável nas viagens: que o costumeiro ganhe ares de aventura através da novidade e da surpresa. Ao voltar de Capodimonte,[25] fiz ainda uma vista à noite a Filangieri, em cuja casa encontrei, sentada no canapé junto à dona da casa, uma mulher cuja aparência não me pareceu das mais discretas e confiáveis, uma vez que se expunha sem qualquer reserva.[26] Em um leve vestidinho de seda listrado, na cabeça um penteado bastante singular, a pequena e delicada figura parecia antes uma camareira, a qual, acostumada a preocupar-se com os adornos dos outros, dedica pouca atenção a sua própria aparência. Está tão acostumada a receber por seu trabalho que não entende como poderia fazer alguma coisa por si mesma sem pagamento. Não interrompeu sua fala quando entrei, contando uma série de histórias farsescas que lhe tinham ocorrido naquele dia ou que tinham sido provocadas por suas próprias confusões.

A dona da casa quis incluir-me na conversa, falando da excelente localização de Capodimonte e dos tesouros que ali havia. A lépida mulherzinha, por sua vez, levantou-se de um salto e, em pé, parecia ainda mais frágil. Despediu-se, correndo para a porta enquanto me dizia ao passar por mim: "Os Filangieri virão para o almoço nos próximos dias, espero vê-lo também!". Foi-se antes que eu pudesse recusar. Depois fiquei sabendo tratar-se da princesa ***, muito próxima dos donos da casa. Os Filangieri não eram ricos e viviam de maneira modesta, embora digna. Pensei ser essa também a condição da princesa, uma vez que tais títulos não são raros em Nápoles. Anotei o nome, dia e horário e não deixei de comparecer no lugar e hora combinados.

---

25 Reggia di Capodimonte é um palácio construído entre 1738 e 1839, pertencente então à Casa Real de Bourbon. Em 1957 passou a abrigar o Museo Nazionale di Capodimonte.

26 A esposa de Filangieri era a condessa Carolina Frendel, de Pressburg, preceptora de Maria Luisa de Bourbon, princesa de Nápoles e Sicília. A mulher ao lado dela era a irmã de Filangieri, Teresa, casada com o então sexagenário príncipe Filippo Fieschi Ravaschieri di Satriano.

Viagem à Itália

Nápoles, domingo, 11 de março

Uma vez que minha estada em Nápoles não deve ser longa, trato logo de conhecer os lugares mais distantes, pois os próximos estarão sempre à mão. Na companhia de Tischbein fui até Pompeia, tendo, perto de nós, à esquerda e à direita, todas aquelas vistas magníficas, que conhecíamos já tantas vezes a partir dos desenhos e que agora nos apareciam em todo o seu brilho. Pompeia provoca admiração por conta de sua estreiteza e pequenez. Ruas estreitas, embora pavimentadas, pequenas casas sem janelas, que recebem a luz do dia que vem dos pátios e galerias apenas através das portas. Mesmo as obras públicas, como o banco junto ao portão de entrada,[27] o templo[28] e também uma *villa* nas vizinhanças,[29] tudo se assemelha mais a um modelo ou casa de bonecas do que a construções reais. No entanto, esses cômodos, passagens e galerias são todo pintados da maneira mais alegre. As superfícies das paredes, regulares, têm no centro uma pintura bastante detalhada, agora completamente danificada. Nos cantos há arabescos leves e de bom gosto, dos quais saem belas e delicadas formas de crianças e ninfas, enquanto do outro lado animais selvagens e domésticos emergem de guirlandas de flores. Assim, a cidade, agora completamente deserta, outrora coberta por pedra e cinzas e saqueada depois das escavações, alude ao amor de um povo pela arte e pelas imagens, das quais o hoje apressado amador não tem nem ideia, nem o sentimento, nem a necessidade.

Se pensamos na distância entre este lugar e o Vesúvio, entendemos que a massa vulcânica que recobriu a cidade não pode ter sido trazida aqui nem pelo vento nem por algum tipo de arremesso. É preciso antes imaginar que estas pedras e cinzas pairaram feito nuvens por algum tempo no ar, antes de terem se precipitado sobre este lugar de infortúnio.

Para podermos pensar de um modo mais concreto sobre o fenômeno que se deu aqui, basta imaginar uma aldeia nas montanhas coberta de neve. Os espaços entre as construções, até mesmo as próprias construções,

---

27 Trata-se da êxedra tumular da sacerdotisa Mamia, em frente à Porta de Herculano.

28 O templo de Ísis.

29 A chamada Vila de Diomedes.

Johann Wolfgang von Goethe

foram soterrados pela massa, sendo que apenas alguns muros lograram permanecer visíveis. Mais cedo ou mais tarde, a colina foi utilizada para o cultivo de uva. É certo que muitos proprietários, escavando em seu terreno, tenham se deparado com objetos muito significativos. Muitos cômodos foram encontrados vazios e, num canto de um deles, acharam-se pequenos objetos domésticos e trabalhos de arte ocultados por uma camada de cinza.

A impressão insólita e algo desagradável dessa cidade mumificada foi varrida de nosso ânimos quando nos sentamos sob o caramanchão de uma pequena hospedaria junto ao mar, onde, desfrutando de uma refeição frugal e deleitando-nos com o azul do céu e com o brilho e a luz do mar, compartilhamos a esperança de poder nos reencontrar e tornarmos a nos deleitar juntos, quando este pequeno espaço do mundo estiver recoberto pelas vinhas.

Já perto de Nápoles chamaram minha atenção novamente as casinhas que se erguiam como reproduções perfeitas das casas de Pompeia. Pedimos permissão para entrar em uma delas, onde encontramos tudo em extrema ordem e limpeza. Belas cadeiras de caniço trançado, uma cômoda toda pintada em ouro com aplicações de flores e laqueada, o que nos permitiu concluir que, depois de tantos séculos, de tantas alterações, esta região ainda é capaz de incutir em seus habitantes formas de vida, costumes, inclinações e passatempos semelhantes aos de outrora.

Nápoles, segunda-feira, 12 de março

Hoje me esgueirei à minha maneira pela cidade e pude notar muitos aspectos que, infelizmente, neste momento não tenho tempo para relatar. Tudo indica que uma terra bem-aventurada, capaz de oferecer em profusão tudo o que é necessário para as necessidades básicas, gera também pessoas naturalmente felizes, que podem esperar sem preocupação que o dia de amanhã lhes traga o mesmo que o de hoje, e vivem, portanto, despreocupadamente até o dia seguinte. Satisfação momentânea, gozo moderado e sofrimento passageiro, suportado com alegria. Segue um exemplo dessa última característica.

Viagem à Itália

A manhã estava fria e úmida, chovera um pouco. Cheguei a uma praça onde os grandes quadrados do calçamento pareciam ter sido varridos recentemente. Para minha grande admiração vi, sentado em círculo sobre esse chão completamente liso e regular, um bando de garotos maltrapilhos aconchegando-se uns aos outros, com as palmas das mãos voltadas para o chão, como se as aquecessem. No primeiro momento, pensei tratar-se de algum tipo de brincadeira, mas quando notei seus gestos, autênticos e tranquilos, como quando se satisfaz uma necessidade, apurei meus sentidos o máximo possível, a fim de lhes descobrir a intenção, mas não foi o suficiente. Precisei então perguntar o que levava aqueles pequenos mandriões a uma posição tão singular, reunidos em um círculo tão bem desenhado.

Logo pude saber que um ferreiro das vizinhanças moldara ali uma roda de carro, o que se faz da seguinte maneira: uma barra de ferro é colocada no chão e, sobre ela, em forma de círculo, tantas achas de carvalho quanto necessárias para aquecer o ferro até a temperatura adequada. A madeira queima, o ferro é moldado em forma de roda e as cinzas são cuidadosamente varridas. Os selvagenzinhos aproveitam imediatamente o calor que foi transmitido às pedras do calçamento e não se movem dali até que o último hausto de calor tenha sido exalado. Há aqui incontáveis exemplos de tal capacidade de contentamento e de atento aproveitamento daquilo que, de outra forma, se perderia. Encontro nesse povo a mais viva e inteligente operosidade, não para se tornarem ricos, mas para viver a vida sem preocupações.

À noite

Para chegar no tempo combinado à casa daquela singular princesa e não faltar a um compromisso com os amigos que me acolheram, contratei hoje um criado. Ele me levou até o portão de entrada de um grande palácio, e, uma vez que eu não acreditasse se tratar de uma residência tão suntuosa, soletrei novamente o nome de modo ainda mais claro. Ele me assegurou de que eu não errara. Encontrei-me então em um pátio muito espaçoso, vazio, silencioso e limpo, circundado pelo edifício principal e por construções laterais. O estilo é o alegre estilo napolitano, assim como a pintura, colori-

Johann Wolfgang von Goethe

da. À minha frente abria-se um grande portal e uma escada ampla e pouco íngreme. De ambos os lados da escada postavam-se criados em luxuosas librés, os quais se curvaram profundamente quando passei por eles. Eu me sentia como o sultão no conto de fadas de Wieland[30] e, ajudado por essa alusão, fiz das tripas coração e continuei meu caminho. Fui recebido então pelos criados de maior hierarquia até que o mais distinto deles abriu uma porta que dava para um grande salão, também decorado de forma alegre, mas com menos convidados do que seria usual. Ao me deslocar, pude ver, em um corredor lateral, uma mesa posta de maneira luxuosa, de acordo com a decoração geral, para cerca de quarenta pessoas. Um eclesiástico adentrou o recinto. Sem perguntar meu nome nem de onde eu vinha, tomou minha presença por usual e falou de assuntos bastante gerais.

Duas portas em folha abriram-se para dar passagem a um senhor de certa idade, fechando-se logo depois. O eclesiástico foi até ele, seguido por mim. Cumprimentamo-lo com palavras breves e corteses, às quais ele respondeu em um tom agudo e gaguejante, semelhante a latidos, de modo que não consegui decifrar nenhuma sílaba daquele dialeto hotentote. Quando ele se sentou junto à lareira, o eclesiástico se afastou, no que o secundei. Um imponente beneditino entrou, seguido de um companheiro mais jovem. Também ele cumprimentou o anfitrião, também ele recebeu em resposta os mesmos latidos, e depois disso se juntou a nós à janela. Os membros das ordens religiosas, especialmente os que se vestem com elegância, desfrutam dos maiores privilégios na sociedade. Suas roupas denotam humildade e renúncia, ao mesmo tempo em que lhes emprestam uma indiscutível dignidade. Em sua conduta podem se mostrar submissos sem se rebaixarem, e depois, quando retornam à posição ereta, assumem uma certa presunção que até lhes cai bem, e que não se toleraria de nenhuma outra classe. Assim era esse homem. Perguntei-lhe sobre Monte Cassino,[31] e ele me convidou a visitar o lugar prometendo-me a melhor acolhida. Enquanto isso, o salão

---

30 Goethe se refere à *Wintermärchen* [Conto de fadas de inverno, 1776], narrativa em versos de Christoph Martin Wieland baseada nas *Mil e uma noites*.

31 Trata-se da abadia beneditina de Monte Cassino, situada entre Roma e Nápoles, fundada em 529 por São Benedito e quase completamente destruída na Segunda Guerra Mundial.

Viagem à Itália

se enchia de gente. Oficiais, cortesãos, irmãos leigos e até mesmo alguns frades capuchinhos. Procurei inutilmente por alguma dama, mas certamente não faltariam. Foi quando as portas em folha se abriram e fecharam novamente. Uma mulher idosa entrara, mais velha ainda do que o senhor da casa. A presença da dona da casa deu-me então a certeza de que eu me encontrava em um palácio estrangeiro, completamente desconhecido dos habitantes locais. Logo trouxeram as iguarias, e eu me conservava junto aos senhores clérigos, para mergulhar com eles no paraíso da sala de jantar, quando Filangieri chegou com a mulher, desculpando-se por ter demorado. Logo depois a princesinha saltou para dentro do salão, deslocando-se entre vênias, reverências e cumprimentos de cabeça a todos pelos quais passava, vindo então em minha direção. "É muito bom que o senhor tenha mostrado que tem palavra!", disse ela. "Sente-se a meu lado à mesa, o senhor terá assim os melhores bocados. Espere só um pouquinho! Preciso primeiro escolher o lugar certo, então o senhor imediatamente deve se sentar a meu lado." Assim instado, segui os diferentes gestos e acenos que ela fazia, até que chegamos finalmente a nosso lugar, com os beneditinos à nossa frente e Filangieri do meu lado direito. "A comida é muito boa", assegurou ela, "comida de Quaresma, mas selecionada, quero lhe mostrar o que há de melhor. Mas antes preciso importunar os padres. Não os suporto, a esses tipos. Todo dia pilham alguma coisa à casa. Aquilo que temos deve ser consumido por nós próprios e por nossos amigos!" A sopa fora servida e o beneditino comia com moderação. "Por favor, Reverendíssimo, nada de bons modos", disse ela. "A colher é por acaso muito pequena? Vou mandar buscar outra maior, os senhores estão acostumados a trabalhar com a boca!" O padre replicou que em tal casa principesca tudo era tão excelente que outros tipos de convidados, diferentes deles, deveriam usufruir da mais perfeita satisfação.

Quando o padre se serviu de apenas um pastelzinho assado, ela lhe gritou que ele deveria logo pegar meia dúzia! Massa folhada é digerida com facilidade, ele o sabia. O compreensivo homem serviu-se de mais um pastelzinho, agradecendo pela graciosa atenção, como se não houvesse escutado a última piada ofensiva. E assim foi que, ao servirem uma torta mais substancial, ela novamente encontrou oportunidade para dar vazão a

233

Johann Wolfgang von Goethe

sua maldade. Pois quando ele se serviu de um pedaço e colocou-o em seu prato, um segundo bocado rolou na mesma direção, inadvertidamente. "Um terceiro", disse ela, "senhor padre, o senhor parece querer construir um bom fundamento!" "Quando matéria-prima tão primorosa é fornecida, o trabalho do construtor fica fácil!", replicou o padre. E assim continuou a coisa, sem que ela fizesse uma pausa, a não ser para oferecer-me os melhores bocados.

Enquanto isso, eu falava com meu vizinho de mesa sobre coisas mais sérias. A propósito, nunca ouvi Filangieri dizer uma palavra gratuita. Nisso, como também em outros aspectos, ele se parece com nosso amigo Georg Schlosser, exceto que, como napolitano e homem do mundo, é de natureza mais maleável e de trato mais fácil.

O tempo todo os eclesiásticos não tiveram um minuto de sossego, interpelados pelas impertinências de minha vizinha de mesa, especialmente porque, uma vez que se tratava de um cardápio da época da Quaresma, os pratos de peixe, dispostos como se fossem de carne, eram fonte inesgotável para observações pouco cristãs e de mau gosto, especialmente no que diz respeito aos prazeres da carne, que se poderiam desfrutar ao menos na forma, ainda que a essência fosse proibida.

Notei ainda algumas dessas piadas, que não tenho, entretanto, coragem para passar adiante. Brincadeiras desse tipo podem ser suportáveis na vida real e quando as ouvimos de uma boca bonita, mas preto no branco eu, pessoalmente, já não gosto nada delas. Esses comentários audaciosos e dissolutos têm a peculiaridade de nos divertir no momento em que são feitos porque nos pegam de surpresa, mas, uma vez narrados, parecem-nos ofensivos e repulsivos.

A sobremesa fora servida e eu temia que a coisa continuasse. Entretanto, de modo inesperado, minha vizinha de mesa voltou-se para mim dizendo: "Deixemos os padres saborearem seu 'Siracusa' em paz! Não é minha intenção aborrecer alguém até a morte, nem mesmo pretendo estragar-lhes o apetite. Troquemos agora algumas palavras sensatas! Que bela conversa com Filangieri! Que homem excelente! Ele se esforça e empreende tanta coisa! Já lhe disse muitas vezes: se fazeis novas leis, temos nós então de nos esforçar para encontrar um modo de infringi-las, da mesma forma que fizemos com as anteriores. Das mais antigas já nos livramos. Veja o senhor que bela cidade é Nápoles. As pessoas vivem já há muitos anos em paz e satisfeitas, e, mesmo que, de tempos em tempos, alguém seja enforcado, tudo o mais continua em seu belo curso habitual". Depois disso, sugeriu-me que fosse a Sorrento, onde possuía uma grande propriedade. Seu caseiro deveria prover-me com os melhores peixes e a mais deliciosa carne de vitela de leite (*mungana*). Os ares da montanha e a paisagem paradisíaca deveriam curar-me de toda filosofia, então ela própria viria, e das rugas que eu tão cedo deixei que sulcassem meu rosto logo nada mais restaria. Juntos levaríamos então uma vida de prazeres.

Nápoles, 13 de março de 1787

Também hoje escrevo algumas linhas, de modo que uma carta siga a outra. Comigo tudo vai bem, embora eu veja menos coisas do que desejaria. O lugar inspira um certo abandono e vida tranquila, enquanto isso a imagem da cidade vai se compondo em minha mente.

No domingo, estivemos em Pompeia. O mundo já foi palco de muito infortúnio, mas poucos asseguraram aos pósteros uma tal alegria. É difícil pensar em algo mais interessante. As casas são pequenas e estreitas, mas seu interior é finamente pintado e decorado. A porta da cidade é notável, com os túmulos logo ao lado. A sepultura de uma sacerdotisa foi disposta em forma de banco[32] com um encosto de pedra, sobre o qual foram gravadas inscrições com letras grandes. Acima do encosto, vê-se o mar e o sol poente. Um lugar magnífico, digno dos mais belos pensamentos.

Encontramos boa e animada companhia dos napolitanos por ali.[33] As pessoas têm uma disposição de espírito natural e leve. Comemos na Torre dell'Annunziata, com a mesa ao lado do mar. O dia estava belíssimo, com a preciosa vista para Castellamare e Sorrento, próximas de nós. Nossos

---

32 A inscrição sobre a pedra diz: "Mamiae P.f. sacerdote publicae locus sepulturae datus decurionum decreto" ("Mamia, filha de Publius, sacerdotisa da cidade, foi sepultada aqui de acordo com a decisão do Conselho").

33 Goethe se refere aos seus acompanhantes na excursão: o pintor Tischbein, Georg Hackert, irmão do pintor Philipp Hackert, e o casal Venuti.

companheiros sentiam-se exatamente em seu lugar, alguns diziam até mesmo que não deveria ser permitido viver sem a vista para o mar. A mim já é suficiente ter a imagem na alma, sendo que pretendo oportunamente voltar às montanhas.

Há aqui, por sorte, um pintor de paisagens muito fiel, capaz de comunicar a seus quadros o sentimento dessa região livre e rica. Ele já fez alguns trabalhos para mim.[34]

Estudei com afinco os produtos geológicos do Vesúvio. Tudo adquire uma outra configuração quando se vê as coisas em conexão umas com as outras. De fato, eu deveria dedicar o resto da minha vida à observação, desse modo descobriria algumas coisas que poderiam ampliar o conhecimento humano. Por favor, digam a Herder que minhas descobertas botânicas continuam de vento em popa. Trata-se do mesmo princípio sempre, mas é preciso o tempo de toda uma vida para levá-las adiante. Talvez eu já esteja em condição de esboçar algumas linhas sobre as ideias principais.

Visitaremos em breve o Museu Portici,[35] o que muito me alegra. Em geral, as pessoas o visitam antes de qualquer coisa, já nós o veremos por último. Ainda não sei o que será feito de mim. Tudo parece confluir para que eu esteja de volta a Roma na Páscoa. Angelika começou um quadro a partir de minha *Ifigênia*.[36] A ideia é muito feliz e ela certamente a conduzirá bastante bem. Trata-se do momento em que Orestes se reúne novamente à irmã e ao amigo. Aquilo que é dito por eles em sequência Angelika transferiu a um grupo contemporâneo e transformou as palavras em gestos. Pode-se ver também ali seu delicado sentimento e a maneira adequada sob a qual se dedica a sua arte. Ademais, esse é, sem dúvida, o ponto-chave da peça.

Adeus, não deixem de me amar! Aqui todos são bons e gentis, ainda que não saibam muito bem o que pensar de mim. Já Tischbein sabe satisfazê-

---

34 Trata-se de Christoph Heinrich Kniep (1748-1825), pintor e professor da Academia de Nápoles.

35 O Palácio Real em Portici, erguido entre 1732-52, abrigou os objetos escavados de Herculano a partir de 1738.

36 O desenho encontra-se no "Quarto vermelho do teto" (*Rotes Deckzimmer*, assim nomeado por conta do teto decorado em estilo do Barroco tardio) da casa de Goethe em Weimar.

-los melhor, ele tem pintado para eles à noite algumas cabeças em tamanho natural, em relação às quais os daqui se comportam como maoris que tivessem avistado um navio de guerra pela primeira vez. A propósito, uma história engraçada:

Tischbein possui o grande talento de esboçar formas de deuses e heróis em tamanho natural, usando depois a pena sobre eles de modo a criar um efeito de sombra. Ele aplica então traços sobre o desenho, usando depois um pincel largo com grande maestria para criar a sombra, de modo que a cabeça torna-se arredondada e adquire uma feição nobre. Os nossos companheiros de casa espantaram-se com tal facilidade, alegrando-se muito com ela. Deu-lhes então na veneta de também querer pintar. Agarraram os pincéis e pintaram barbas e sujaram os rostos uns dos outros. Não há nisso algo de atávico do gênero humano? E isso se deu entre uma sociedade culta e educada, na casa de um homem que é ele próprio um pintor e desenhista arrojado. Só se pode fazer uma ideia disso ao vermos com nossos próprios olhos como pode o homem se comportar.

Caserta, quarta-feira, 14 de março

Com Hackert em sua residência extremamente agradável, que lhe foi concedida no velho palácio. O novo, na verdade um palácio gigantesco, foi construído no estilo do Escorial, quadrado, com muitos pátios.[37] Suficientemente real. Situa-se em uma região excepcionalmente bela na planície mais frutífera do mundo, sendo que os jardins se estendem até a montanha. Um aqueduto provê o castelo e região com a água de um rio, de modo que toda a massa d'água, lançada sobre rochas ali artificialmente colocadas, tem a aparência de uma magnífica cascata. Os jardins ali construídos são belos e se encontram em uma região que é ela própria um jardim.

O castelo, verdadeiramente digno de um rei, não me pareceu muito habitado, sendo que a nós aqueles enormes cômodos vazios não agradaram. Pode ser que o rei compartilhasse desse sentimento, pois mandou construir

---

37 O novo castelo, hoje um museu, foi construído por Carlos III em 1752.

nas montanhas uma instalação que, mais íntima, é adequada à caça e aos prazeres da vida.[38]

Caserta, quinta-feira, 15 de março

Hackert vive de modo extremamente confortável no castelo antigo, suficientemente espaçoso para si e seus hóspedes. Sempre ocupado com desenho ou pintura, ele mantém suas relações sociais e sabe como atrair as pessoas para si, fazendo de um ou outro seu aluno. Também a mim ele conquistou, pois se mostrou paciente com minhas fraquezas, sobretudo quanto à determinação do desenho, salientando a importância da segurança e da clareza da posição. Quando ele pinta, sempre há por perto três tintas diferentes preparadas, e quando ele trabalha posicionado atrás da tela, utilizando uma depois da outra, surge então prodigiosamente um quadro, não se sabe dizer de onde. Se tudo fosse assim tão fácil quanto parece ser... Ele me diz, com sua costumeira sinceridade: "O senhor tem talento, mas não é capaz ainda de fazer nada. Fique dezoito meses comigo, ao fim dos quais será então capaz de produzir algo que alegrará a si e a seus amigos". Não é essa uma fala endereçada a todo diletante? O tempo dirá que frutos ela é capaz de me trazer.

Uma prova da especial confiança com que a rainha o distingue é não somente o fato de que ele dá aulas práticas às princesas, mas também que frequentemente é convidado para conferências à noite sobre arte e assuntos afins. Para tanto, utiliza o Dicionário de Sulzer como base, do qual ele escolhe um ou outro verbete de acordo com seu desejo ou convicção.

Não posso deixar de aprovar isso e de rir de mim mesmo. Que grande diferença há entre um homem que deseja se cultivar de dentro para fora, e outro que busca agir sobre o mundo, instruindo-o para uso doméstico![39] A teoria de Sulzer era-me odiosa por causa de seus falsos fundamentos, mas

---

38 Trata-se do Casino Reale di S. Leucio, localizado ao norte de Caserta e rodeado de um parque natural.

39 A segunda oração, que diz respeito ao homem que "outro que busca agir sobre o mundo, instruindo-o para uso doméstico", refere-se provavelmente a Sulzer, pois Goethe, em sua resenha, censurava o desejo de Sulzer de escrever apenas para

Viagem à Itália

agora vejo que essa obra contém muito mais do que as pessoas precisam. Os muitos conhecimentos que ali são transmitidos, a maneira de pensar por meio da qual um homem tão laborioso como Sulzer se deixou contentar, não deveria tudo isso ser suficiente para as pessoas mundanas?

Passamos ainda muitas horas prazerosas e instrutivas junto ao restaurador Andres,[40] o qual, afamado em Roma, também habita o castelo velho, desenvolvendo seus trabalhos diligentemente, pelos quais o rei também se interessa. Não começarei aqui a falar de sua habilidade de restaurar velhos quadros, uma vez que seria necessário já algum desenvolvimento na difícil tarefa e nas felizes soluções com que essa arte se depara.

Caserta, 16 de março de 1787

As amáveis cartas de 19 de fevereiro chegaram hoje às minhas mãos, e a resposta seguirá em breve. É-me muito agradável refletir um pouco, enquanto penso nos amigos.

Nápoles é um paraíso, todos vivem em uma espécie de delirante esquecimento de si próprios. A mim também acontece algo semelhante, pois mal me reconheço, pareço a mim mesmo um outro homem. Ontem pensei: "Ou eras tolo antes ou o és agora".

Visitei ainda os restos da antiga Cápua e tudo o mais que se relaciona com ela.

Nesta região aprende-se, pela primeira vez, o que é vegetação e por que se cultiva a terra. O linho já está prestes a florir e o trigo já tem um palmo e meio de altura. Ao redor de Caserta a terra é completamente plana, os campos são cultivados de modo tão homogêneo como se fossem canteiros. Há choupos por toda a extensão, por entre os quais a videira se enrosca, e, a despeito da sombra projetada por eles, o solo produz os mais perfeitos frutos. Quem dera a primavera começasse de uma vez! Até agora tivemos sol firme, mas ventos muito frios, por obra da neve nas montanhas.

---

um público cultivado, isto é, instruído de uma maneira que lhe fosse (a Sulzer) vantajosa.

40 Friedrich Andres, aluno de Raffael Mengs, recomendado ao rei por Hackert.

Johann Wolfgang von Goethe

No prazo de catorze dias decidirei se visito ou não a Sicília. Nunca antes me aconteceu de hesitar tanto diante de uma decisão. Hoje se passa algo que me aconselha a viajar, amanhã uma outra circunstância me desaconselha a fazê-lo. Dois espíritos estão a me disputar o juízo.

Dirijo-me agora apenas à confiança das amigas, não deixem que os homens o saibam! Noto que algo inusitado aconteceu a minha *Ifigênia*. Estavam todos tão acostumados com a forma original, já tinham se familiarizado com as expressões tão frequentemente ouvidas e lidas. Agora, entretanto, tudo soa de outro modo, e eu bem vejo que, no fundo, ninguém me agradece pelo infindável esforço. Um trabalho como esse nunca está terminado, só se pode declará-lo terminado quando se fez o possível dentro do tempo e das circunstâncias.

É claro que isso não deve dissuadir-me de proceder da mesma forma com o *Tasso*. Prefiro antes jogá-lo ao fogo. Manterei, entretanto, minha decisão, e faremos dele uma obra extraordinária. Por isso é-me tão agradável a ideia de que a impressão de meus trabalhos ainda demore tanto tempo. É bom também me ver ameaçado à distância pelo compositor da música. É bastante estranho que, mesmo em meio à mais livre das ações, esperemos, ou mesmo provoquemos, algum tipo de coerção.

Caserta, 16 de março de 1787

Se em Roma desejamos estudar, aqui desejamos apenas viver. Aqui, o homem se esquece de si e do mundo, e para mim trata-se de uma experiência extraordinária conviver com pessoas que apenas gozam a vida. O cavaleiro Hamilton,[41] que vive aqui como embaixador inglês, depois de muito tempo dedicado ao amadorismo artístico e aos estudos da natureza, encontrou em uma jovem o ápice de todo o prazer da natureza e da arte. Ele a mantém consigo, uma inglesa de cerca de 20 anos.[42] Ela é muito bela e tem uma boa constituição. Ele mandou fazer para ela um traje grego que lhe cai muito

---

41 Sir William Hamilton (1730-1803), desde 1764 cônsul inglês em Nápoles.

42 Miss Emma Harte, na verdade, Lyon (1761 ou 1764-1815). De origem pobre, casou-se com Hamilton em 1791. Em 1798, tornou-se amante de Lord Nelson. Morreu na miséria, em Callais.

Viagem à Itália

bem; ela então solta os cabelos e, com a ajuda de lenços, cria uma variedade de posições, gestos e expressões etc. que, por fim, acreditamos de fato estar sonhando. Em pé, ajoelhada, sentada, deitada, com expressão séria, triste, engraçada, relaxada, contrita, sedutora, ameaçadora, assustada. Ela é hábil em adequar as dobras dos lenços a cada expressão, alternando-os, e sabe ainda fazer centenas de penteados com a ajuda dos mesmos lenços. O velho cavaleiro joga então sobre ela o foco de luz e entrega-se com toda a sua alma a esse objeto. Ele encontra nela toda a Antiguidade, todos os belos perfis das moedas sicilianas, até mesmo o Apolo do Belvedere. Trata-se de um divertimento único! Desfrutamos dele já por duas noites. Hoje cedo Tischbein retratou-a.

No que diz respeito às pessoas da corte e as relações que travei, tenho ainda que averiguar e ordenar os fatos. Hoje o rei saiu para caçar lobos. Espera-se que ao menos cinco sejam abatidos.

Nápoles, 17 de março

Ainda que eu queira escrever palavras, a mim aparecem sempre imagens aos olhos, da terra frutífera, do mar sem limites, das ilhas perfumadas, da montanha que expele fumaça, sendo que me faltam os sentidos capazes de representar tudo isso.

Só aqui se compreende como pôde ocorrer ao homem a ideia de cultivar o campo. Aqui, onde tudo frutifica e onde se pode esperar de três a cinco colheitas por ano. Nos melhores anos, conta-se, colheu-se milho três vezes no mesmo campo.

Vi muita coisa e refleti bastante. O mundo se abre cada vez mais, e tudo o que eu já sabia antes se torna de fato meu pela primeira vez. O homem é uma criatura que aprende cedo, mas exercita tarde o que sabe.

É pena que eu não possa comunicar a um amigo minhas observações a todo momento. Tischbein está ao meu lado, é certo, mas como homem e artista ele é levado de um lado para outro por mil ideias, procurado por centenas de pessoas. Sua situação é singular e inusitada: ele não pode participar livremente de outra existência, pois percebe serem limitadas suas próprias aspirações.

E o mundo é, ainda assim, apenas uma roda, igual a si própria ao longo de cada circunvolução, mas que nos parece extraordinária porque nós mesmos somos levados junto nesse movimento.

Aquilo que eu dizia sempre a mim mesmo comprovou-se: que só aqui nesta terra eu aprenderia a entender alguns fenômenos da natureza e a desfazer certa confusão de opiniões. Eu busco concentrar todas essas impressões e levarei comigo muita coisa de volta, certamente muito amor à pátria e o prazer de uma vida com poucos amigos.

Quanto a minha viagem à Sicília, os deuses ainda seguram a balança em suas mãos. O ponteiro oscila de um lado para o outro.

Quem pode ser o amigo que me anunciam tão sigilosamente? Que eu não deixe de encontrá-lo por conta de minhas perambulações e de minha viagem à ilha!

A fragata de Palermo está de volta, em oito dias ela partirá novamente. Ainda não sei se embarcarei de volta a Roma na Semana Santa. Nunca antes estive tão indeciso. Um átimo, uma coisa ínfima poderá decidir tudo.

Começo a me sair melhor com as pessoas, deve-se pesá-las com a balança do merceeiro, não com a do ourives, como frequentemente acontece entre amigos, por conta de um capricho hipocondríaco e de uma exigência desmedida.

Aqui as pessoas nada sabem umas das outras, mal percebem que caminham umas ao lado das outras. Correm o dia todo para lá e para cá, em um paraíso, e quando a garganta do diabo ali próxima começa a bramir, valem-se então do sangue de São Genaro,[43] assim como todo mundo faz quando se depara com o diabo e com a morte — o sangue ajuda, ou deveria ajudar.

---

43 São Januário ou São Genaro, bispo de Benevento, morreu como mártir sob Diocleciano no início do século IV d.C. Na catedral a ele consagrada conservam-se

Viagem à Itália

É extremamente curioso e salutar caminhar por entre uma multidão assim incontável e em perpétuo movimento. Todos parecem ir de encontro uns aos outros, ao mesmo tempo em que cada um é capaz de achar seu caminho e destino. Sinto-me bastante calmo e isolado em meio a uma grande quantidade de pessoas e ao movimento. Quanto maior é o clamor das ruas, mais tranquilo fico.

Às vezes me lembro de Rousseau e de sua lamentação hipocondríaca, e logo se me torna claro o motivo pelo qual uma tal bela organização intelectual pôde ser perturbada. Se eu não estivesse tão envolvido com os objetos do mundo natural, se eu não percebesse que na aparente desordem é possível comparar e ordenar centenas de observações, como faz o agrimensor ao tomar uma série de medidas diferentes com a ajuda de uma corda esticada, eu me tomaria frequentemente a mim mesmo por louco.

Nápoles, 18 de março de 1787

Não pudemos mais adiar a visita a Herculano e aos objetos escavados que se encontram no Portici. Essa velha cidade, aos pés do Vesúvio, foi completamente coberta pela lava, cujo volume ainda aumentou por meio das erupções posteriores, de modo que agora os edifícios se encontram a 60 pés de profundidade. Foram descobertos quando, ao cavar uma fonte, os operários deram com um piso coberto de mármore. Que pena que a escavação não foi planejada e executada por mineiros alemães. Pois certamente alguma coisa desses nobres objetos da Antiguidade foi perdida em meio a um casual manejo com intenção de furto. Descem-se 60 degraus até uma cripta onde se pode admirar o teatro que outrora ficava a céu aberto, quando se ouve então como se deu a descoberta e os preparativos para a abertura ao público.

---

duas ampolas com sangue do santo. Três vezes por ano, esse sangue se torna novamente líquido, com a aproximação da cabeça do mártir. Também por ocasião das erupções do Vesúvio essa cerimônia é realizada para proteção da população, e depois disso o sangue é conduzido em celebração pela cidade.

No museu, muito bem recomendados, fomos também muito bem recebidos. É claro que não nos foi permitido contemplar alguns objetos. Talvez por isso tenhamos dedicado mais atenção e nos transportamos mais vivamente para os idos tempos em que todas essas coisas destinavam-se de fato para o vivo uso e prazer de seus proprietários. Aquelas pequenas casas e cômodos em Pompeia pareceram-me ao mesmo tempo mais estreitas e mais amplas: mais estreitas porque as imaginei cheias desses muito dignos objetos, e mais amplas porque justamente esses objetos não existiram apenas para satisfazer uma necessidade, mas também para alegrar e ampliar os sentidos por meio da arte, decorados de maneira alegre e espirituosa, de um modo que mesmo a maior das amplitudes não seria capaz de fazer.

Veja-se por exemplo um cântaro da mais primorosa forma, guarnecido de uma borda muito delicada. Quando se olha mais de perto, percebe-se que essa borda se ergue de dois lados, de modo que se usa o semicírculo assim criado como alça para carregar o objeto da forma mais cômoda. Muitas lâmpadas têm uma máscara ou trabalho em filigrana (*Rankenwerk*) cobrindo as mechas, de modo que cada chama ilumina uma verdadeira obra de arte. Suportes de ferro em formas esguias são utilizados para as lâmpadas, que pendem deles com todo tipo de figuras espirituosas, feitas para agradar e para deleitar. Quando começam a balançar, esse propósito vai ainda além.[44]

Na esperança de um dia voltar ali, seguimos nosso guia de sala em sala, extraindo dali encantamento e instrução na medida que uma visita assim rápida o permitia.

Nápoles, segunda-feira, 19 de março de 1787

Nos últimos dias, travei uma nova relação. Depois de, nas últimas quatro semanas, Tischbein ter me guiado fielmente por entre os objetos da arte

---

44 De acordo com a quantidade de pavios, as lâmpadas são adornadas de máscaras e arabescos, de modo que cada chama ilumina uma verdadeira obra de arte. Suportes de bronze altos e esbeltos sustentam as lâmpadas; já aquelas feitas para serem penduradas são adornadas de pingentes dos mais variados e engenhosos formatos, os quais, assim que se põem a oscilar e balouçar, extrapolam a finalidade de agradar e deleitar.

e da natureza e de termos estado juntos no Portici, concluímos, depois de considerarmos a situação por várias perspectivas, que seus propósitos artísticos, assim como os negócios mundanos, que ele, na esperança de conseguir uma posição em Nápoles, é obrigado a tratar na cidade e na corte, não se coadunam com minhas intenções, desejos e ocupações amadorísticas. Desse modo, ele, sempre preocupado comigo, recomendou-me a companhia de um jovem, o qual eu já notara desde os primeiros dias, não sem alguma simpatia e inclinação. Trata-se de Kniep, que passou algum tempo em Roma, tendo então se estabelecido em Nápoles, o elemento natural do paisagista. Já em Roma eu ouvira falar dele como um habilidoso desenhista, mas sua disposição para o trabalho não merecera os mesmos elogios. Já o conheço bastante bem agora e chamaria a essa falha que lhe censuram de indecisão, a qual sem dúvida será superada se passarmos algum tempo juntos. Um bom começo já confirma essa expectativa, e, se tudo continuar assim, depois de algum tempo seremos bons amigos.

Nápoles, 19 de março

Basta andar pelas ruas e ter olhos para ver os quadros mais singulares.

No molhe, um canto particularmente barulhento da cidade, vi ontem um Polichinelo sobre um tablado de madeira lutando com um macaquinho. Do outro lado, uma varanda, onde uma jovem muito bela oferece seus encantos. Ao lado do tablado com o macaco, um curandeiro brande sua panaceia contra todos os males que podem afetar os crédulos, que o observam. Se tivesse sido pintado por Gerard Dow,[45] tal quadro certamente deleitaria tanto os contemporâneos quanto a posteridade.

Hoje foi também a festa de São José. É o patrono de todos os *Fritaruolen*, isto é, de todos os pasteleiros, entendendo-se a palavra em seu sentido mais amplo. Uma vez que há sempre altas chamas sob óleo negro fervendo,

---

45 Gerard Dow (Gerrit Dou também conhecido como Gerard Douw ou Dow, 1613-1675), pintor holandês, aluno de Rembrandt, lembrado aqui por Goethe como representante da pintura holandesa de costumes. A título de comparação, a edição de Hamburgo da obra de Goethe faz referência a um quadro de Dow que hoje se encontra na Pinacoteca de Munique, *Der Marktschreier* [O charlatão].

Johann Wolfgang von Goethe

também a tortura por fogo faz parte de seu mister. Por causa disso, ontem decoraram com quadros a frente de suas casas da melhor maneira: almas no fogo do purgatório, circundadas por chamejantes Juízos Finais. Grandes frigideiras sobre fogões fragilmente construídos em frente às portas. Um companheiro faz a massa, um outro dá-lhe a forma de pequenos círculos, jogando-a depois na gordura fervente. Junto à frigideira um terceiro, munido de um pequeno espeto de assar, retira os círculos de massa depois de fritos e atira-os em direção a outro com um espeto que um quarto camarada lhe oferece. Os dois últimos são garotos jovens e trazem uma peruca loira com cachos, o que aqui significa que são anjos. Mais algumas figuras circundam o grupo, oferecem vinho aos que trabalham, bebem eles próprios e gritam, elogiando o produto. Os anjos, os cozinheiros, todos gritam. O povo se imiscui na coisa toda, pois o que se cozinhar hoje será vendido mais barato esta noite e mesmo uma parte da produção será doada aos pobres.

Podem-se narrar incontáveis eventos semelhantes. Todos os dias sempre alguma coisa nova e um tanto amalucada, como a diversidade dos trajes que se vê em uma determinada rua, ou a quantidade de pessoas em uma única rua, a rua Toledo.

Há alguns divertimentos muito originais quando se vive junto ao povo. É natural que nos tornemos naturais ao lado dele. O Polichinelo, por exemplo, é a verdadeira figura nacional, equivalente ao Arlequim de Bérgamo e ao *Hanswurst*[46] do Tirol. Polichinelo é um criado verdadeiramente relaxado, tranquilo, indiferente até certo ponto, quase preguiçoso e ainda assim engraçado. Por todo o lado se encontram ajudantes de hospedaria e criados domésticos. O nosso aqui me proporcionou hoje uma cena particularmente engraçada, motivada por nada mais do que o fato de eu tê-lo mandando comprar papel e pena para escrever. Um tanto de desorientação, hesitação, boa vontade e patifaria produziu a cena viva e engraçada, digna de um teatro.

---

46 Literalmente, João Salsicha, personagem popular e tolo, cujo corpo tem a forma semelhante a uma salsicha, um Salsichão, tolo e grosseiro. Personagem frequente nas farsas populares, aparece em um texto escrito já em 1519, em uma versão de *Das Narresschiff* [A nau dos insensatos], de Sebastian Brant.

Viagem à Itália

Nápoles, 20 de março de 1787

A notícia de que uma lava recente, que não se podia avistar de Nápoles, descia em direção a Ottajano atraiu-me mais uma vez para o Vesúvio. Nem bem eu saltara de meu carro de duas rodas e uma montaria ao pé da montanha, deparei-me com os dois guias que tinham nos acompanhado antes. Não queria perder nenhum dos dois, assim tomei um deles a meu serviço por hábito e gratidão, o outro por conta da confiança, a ambos para proporcionar-me maior comodidade.

Chegando ao cume, um deles ficou junto a nossos casacos e provisões, o mais jovem seguiu-me, e fomos audaciosamente em direção a um tremendo vapor que saía de dentro da garganta da montanha. Caminhamos então cuidadosamente em sua direção, afastando-nos um pouco lateralmente, até que por fim, sob um céu claro, vimos brotar a lava de dentro das poderosas nuvens de vapor.

Ainda que se tenha ouvido falar de um objeto ou fenômeno milhares de vezes, sua verdadeira natureza fala a nós apenas a partir da contemplação imediata. A corrente de lava era estreita, talvez não mais do que dez pés, mas a maneira como ela percorria a superfície quase plana era bastante notável. Pois enquanto ela esfriava, dos lados e na superfície, ao mesmo tempo construía, durante o escoamento, um canal que se tornava cada vez maior, uma vez que o material derretido também endurecia sob a corrente de fogo. Esta, por sua vez, lançava para os dois lados dejetos que flutuavam nela, o que fazia aumentar progressivamente a altura do dique assim construído. Sobre ele, por fim, a corrente de lava fluía tranquilamente, como um riacho. Aproximamo-nos do dique visivelmente aumentado, os destroços e pedaços de ferro rolavam a nossos pés. Por entre algumas falhas na estrutura do canal podíamos ver a corrente de lava por debaixo, e, quando a corrente seguia novamente, nós a víamos na superfície.

Sob um sol tão claro, a lava incandescente parecia escura, e apenas uma fumaça moderada subia pelo ar limpo. Senti o desejo de me aproximar do ponto de onde ela brotava na montanha. Ali, assegurou-me meu guia, a lava ao esfriar forma uma espécie de teto abobadado sobre si mesma, em cima do qual ele próprio já estivera algumas vezes. Para ver e experimentar também esse fenômeno, subimos novamente a montanha, aproximando-nos por trás do dito lugar. Por sorte, encontramo-lo quase desnudado por um forte golpe de vento, embora não completamente, pois ao redor o vapor fumegava por milhares de frestas, de modo que nós realmente ficamos em pé sobre o teto de lava pastosa solidificada em forma de onda, que, porém, se lançava de tal modo para a frente que não pudemos ver o ponto de onde brotava a lava.

Arriscamos ainda alguns passos, mas o solo tornava-se cada vez mais incandescente. Uma fumaça sufocante e densa em forma espiral escurecia o sol. O guia, que fora à frente, logo retornou, tomando-me pelo braço, e então deixamos esses vapores infernais.

Depois de termos refrescado os olhos com a paisagem e a garganta e o peito com o vinho, continuamos a caminhar, a fim de conhecer outras peculiaridades dessa montanha infernal alojada em meio ao paraíso. Observei novamente com atenção algumas gargantas que não expeliam fumaça, mas exalavam continuamente e com bastante violência uma espécie de ar incandescente. Percebi que estavam cobertas de um tipo de estalactite, que formava desenhos pontiagudos em formas de tetas e pinhas. Em meio à irregularidade das chaminés encontravam-se mais desses produtos do vapor, que podíamos pegar, com a ajuda dos cajados e outros objetos em forma de gancho. Eu já encontrara antes esse tipo de material no comerciante de lava, sob a rubrica de lava autêntica. Alegrei-me ao descobrir que se tratava de um tipo de fuligem vulcânica, sedimentada das quentes exalações, que revelam assim seu conteúdo mineral sublimado.

Um pôr do sol magnífico e uma noite celestial apaziguaram-me durante meu retorno. Ainda assim, eu podia sentir o quanto um paradoxo enorme como esse pode perturbar nossos sentidos. O terrível que se torna belo, o belo que se torna terrível, um ressaltando e ao mesmo tempo anulando o outro. O napolitano seria de fato um homem diferente, caso não se sentisse assim premido entre Deus e Satanás.

Nápoles, 22 de março de 1787

Se não fosse movido pelo temperamento alemão e pelo desejo de mais aprender e agir do que gozar, buscaria deter-me ainda algum tempo nessa escola da vida leve e prazerosa, tentando extrair ainda mais proveito dela.

É muito fácil viver contente aqui, se a gente consegue arranjar-se com pouco. Uma situação geográfica privilegiada, um clima ameno ao qual os elogios nunca são suficientes, mas isso é quase tudo com que o estrangeiro pode contar.

É certo que também aquele que dispõe de tempo, talento para a coisa e de patrimônio pode viver aqui à larga. Hamilton construiu para si uma bela existência e goza-a no crepúsculo da vida. Os aposentos, que ele decorou segundo o gosto inglês, são adoráveis, e a vista da sala em ângulo é talvez única. Abaixo de nós o mar, à nossa frente Capri, à direita Posilipo, mais próximo, o passeio de Villa Reale, à esquerda uma velha construção jesuítica, mais adiante a costa de Sorrento até o Cabo Minerva.[47] Uma tal composição dificilmente se deixaria ver novamente na Europa, ao menos não em meio a uma cidade grande e com muitos habitantes.

Hamilton é um homem de gosto universal e, depois de ter percorrido todas as riquezas da criação, chegou a uma bela mulher, a obra-prima da criação do grande artista.

E eis que, depois de todo esse gozo único e multifacetado, as sereias atraem-me para a outra margem, e, se os ventos forem bons, seguirei eu próprio ao mesmo tempo que esta carta, ela para o norte, eu para o sul. Os sentidos do homem são ilimitados, e eu necessito especialmente de amplidão. Não devo agora me deter junto a um mesmo objeto por longo tempo, mas sim buscar uma rápida compreensão e apreensão do que vier pela frente. Se tomo posse de um objeto ou assunto pelas pontas dos dedos, logo serei capaz de tomar-lhe a mão inteira, ouvindo e pensando sobre aquilo que ouço.

Surpreendentemente, um amigo me faz lembrar do *Wilhelm Meister* e demanda sua continuação.[48] Sob este céu, ela não seria possível. Talvez alguma coisa dos últimos livros possa ser conseguida com a ajuda deste ar. Que minha existência possa estender-se o suficiente para essa tarefa, que o caule cresça e as flores despontem mais ricas e mais belas. O certo é que seria melhor não voltar, absolutamente, se eu não puder voltar renascido.

---

47 A casa de Hamilton situava-se na atual Riviera di Chiaia.
48 Possivelmente o duque de Weimar.

Johann Wolfgang von Goethe

Nápoles, 22 de março

Vimos hoje um quadro de Correggio à venda. Não está em perfeito estado, mas traz em si, indelével, a feliz marca do encanto.[49] O tema é a Mãe de Deus, com a Criança ao colo capturada naquele momento em que se encontra indecisa entre o peito da mãe e algumas peras que um anjinho lhe oferece. Trata-se do processo de separação da criança do peito materno, *O desmame de Cristo*.[50] A ideia pareceu-me extremamente delicada, a composição tocante, natural e feliz, realizada de modo muito atraente. Faz-nos lembrar imediatamente de *O casamento místico de Santa Catarina*[51] e a mim parece provir, sem qualquer dúvida, das mãos de Correggio.

Nápoles, 23 de março de 1787

Minha relação com Kniep desenvolveu-se e solidificou-se de modo bastante prático. Estivemos juntos em Pesto, onde ele se dedicou com afinco ao desenho, assim como durante todas as viagens anteriores. Produziram-se assim os mais belos esboços. A ele agrada esse tipo de vida movimentada e operosa, por meio da qual é despertado um talento que ele próprio não estava seguro de ter. Nesses casos é preciso ser resoluto. Mas exatamente nesse ponto é que se mostram claramente suas habilidades. Ele nunca deixa de dar ao papel a forma perfeita de um quadrado, faz e refaz a ponta dos melhores lápis ingleses, e isso lhe causa uma alegria quase tão grande quanto a própria atividade de desenhar. Também seus contornos não deixam nada a desejar.

Fizemos então o seguinte trato: a partir de hoje, viveremos e viajaremos juntos, sem que ele tenha mais nada com que se preocupar a não ser desenhar nosso cotidiano. Todos os esboços então produzidos serão meus. Mas a fim de que depois de nosso retorno haja um prosseguimento de

---

49 Antonio Allegri, dito Correggio (1489-1534), pintor renascentista italiano. Não foi possível identificar de que quadro se trata.

50 Trata-se provavelmente do quadro conhecido como *Madonna del latte*, de 1523, que hoje se encontra no Museu de Belas-Artes de Budapeste.

51 1510-15, National Gallery of Art, Washington.

Viagem à Itália

seu trabalho, ele fará para mim alguns quadros sobre temas a serem ainda escolhidos, até o limite de determinada soma. Assim, as produções futuras se darão tendo em conta suas habilidades e a importância e o significado das paisagens a serem conquistadas. Esse arranjo deixou-me extremamente satisfeito, pois, ainda que tardiamente, terei como dar breves notícias ilustradas de como transcorre nossa viagem.

Sentados sobre o leve carro de duas rodas e tomando alternadamente as rédeas, com um jovem ajudante rústico e bem-disposto acomodado atrás de nós, percorremos a região magnífica, que Kniep saudou com olhos de pintor. Chegamos então à encosta das montanhas, que deixamos para trás percorrendo um caminho de solo liso, passando rapidamente por belos trechos de bosques e rochas. Ali, Kniep não resistiu ao desejo de fixar no papel uma magnífica montanha na região de Alla Cava, que se delineava claramente no céu à nossa frente, desenhando não apenas as laterais, mas também o sopé, em um esboço preciso e bem definido. Ambos nos alegramos com o que nos pareceu a entrada em vigor de nosso acordo.

Um esboço semelhante foi feito à noite, das janelas da cidade de Salerno, a qual ultrapassa qualquer descrição que eu pudesse fazer. Uma região singularmente adorável e frutífera. Quem não teria se sentido inclinado a estudar ali, nos belos tempos em que florescera a Escola Superior?[52] De manhã bem cedo percorremos caminhos sem estradas e frequentemente pantanosos em direção a um par de montanhas de bela forma, atravessando riachos e lagoas, onde olhamos nos olhos selvagens, vermelhos-sangue, de uns búfalos que mais pareciam hipopótamos.

A terra era cada vez mais plana e deserta, poucas construções indicavam uma paisagem pobre. Finalmente, sem saber se percorríamos rochas ou ruínas, divisamos uma grande massa em forma de quadrado alongado que já notáramos antes à distância, os restos de um templo e monumento de uma cidade outrora bastante suntuosa.[53] Kniep, que já desenhara, ao

---

52 Trata-se de uma referência à Escola de Medicina de Salerno, que floresceu entre os séculos XI e XII. Foi fechada em 1812.

53 Trata-se de três templos dóricos na cidade de Poseidonia, dois deles arcaicos e um mais novo datando de 460-50 a.C., o chamado Templo de Poseidon. Em maio de

longo do caminho, as duas montanhas, que de fato se prestavam como objeto pictórico, buscava rapidamente uma perspectiva a partir da qual a peculiaridade dessa região tão desprovida de interesse pictórico pudesse ser abarcada e reproduzida.

Enquanto isso, um camponês me levou para dar a volta ao edifício. A primeira impressão pôde apenas causar-me espanto. Eu me encontrava em um mundo totalmente estranho. Pois ao mesmo tempo em que se transformam do austero em direção ao agradável, os séculos transformam o homem, pode-se dizer até que o geram, nesse processo. Nossos olhos e nosso espírito encontram-se hoje tão atraídos e condicionados pelas formas esguias na arquitetura que essas massas obtusas e cônicas à guisa de colunas nos são penosas, para não dizer aterrorizantes. Mas logo me recuperei e, lembrando-me da história da arte, pensei na época cujo espírito considerava adequada essa forma de construção, ao mesmo tempo em que me esforcei para tornar presente na memória o rigoroso estilo arquitetônico que hoje me orienta, de modo que em pouco menos de uma hora já estava reconciliado, louvando até mesmo o gênio que me permitira ver com meus olhos esse restos tão bem conservados, uma vez que uma reprodução não permitiria que se fizesse uma ideia mesmo pálida disso. Pois no esboço arquitetônico essas formas parecem ser mais elegantes e, no desenho em perspectiva, mais grosseiras do que realmente são. Apenas quando andamos por entre elas é que lhe atribuímos vida, de fato. Somos capazes de sentir a partir delas as intenções do construtor, que ele colocou ali. E ali passei o dia todo, sem que Kniep perdesse a oportunidade de nos prover dos mais detalhados esboços.[54] Quão feliz estava, sabendo que não precisaria mais me preocupar com isso, e que seria possível guardar como

---

1787, Goethe volta a Pesto e encontra ali "a derradeira e, quase ouso dizer, a mais magnífica ideia que levarei inteira comigo de volta ao Norte". De fato, ele não se esqueceu dessa ideia. No *Fausto II*, versos 6447-8, as colunas reaparecem: "*Der Säulenschaft, auch die Triglyphe klingt,/ Ich glaube gar, der ganze Tempel singt*" ("A colunata, o tríglifo ressoa,/ Cantares, creio, o templo inteiro entoa." Cf. J. W. Goethe. *Fausto*: Segunda parte da tragédia. Tradução de Jenny Klabin Segall. Apresentação, comentários e notas de Marcus Vinicius Mazzari. São Paulo: Ed. 34, 2007).

54 Os esboços de Kniep encontram-se na casa de Goethe em Weimar.

Viagem à Itália

lembrança ilustrações tão fiéis. Infelizmente não havia ali possibilidade de pernoite. Voltamos então para Salerno e, na manhã seguinte, chegamos pontualmente a Nápoles. Avistamos o Vesúvio pelo lado de trás, em uma região bastante fértil. Na estrada, choupos de tamanho colossal em forma de pirâmide apareciam em primeiro plano. Uma visão muito agradável, junto à qual nos detivemos por um breve lapso de tempo.

Chegamos então a uma elevação e a mais magnífica visão descortinou-se para nós. Nápoles em toda a sua grandeza, fileiras de casas do comprimento de várias milhas à margem plana do golfo, os promontórios, as línguas de terra e paredes rochosas, depois as ilhas e por trás delas o mar, tudo isso era uma visão encantadora.

Um canto terrível, antes um grito de alegria e uivo de prazer emitido pelo ajudante atrás de nós assustou-me e incomodou-me. Censurei-o com veemência, a ele, que até então não ouvira nenhuma má palavra nossa, pois era um rapaz de boa índole.

Por algum tempo ele não se moveu, batendo depois com força por cima de meu ombro e dizendo: *"Signor, perdonate! Questa è la mia patria!"*.[55] Aquilo me surpreendeu novamente. A mim, pobre homem do Norte, veio-me aos olhos algo como lágrimas!

Nápoles, 25 de março de 1787. Anunciação de Maria

Embora eu tenha percebido que Kniep me acompanharia de bom grado à Sicília, pude também perceber que ele muito a contragosto deixaria algo aqui. Sua sinceridade não lhe permitiu ocultar-me por muito tempo que se ligou íntima e fielmente a uma jovem. Valeu a pena ouvir a história do modo pelo qual se conheceram. O comportamento da jovem até aqui fala a seu favor. A mim faltava ainda ver o quanto ela seria bonita. A ocasião se deu, de modo que eu, ao mesmo tempo, pudesse desfrutar da mais bela vista de Nápoles. Kniep conduziu-me à água-furtada de uma casa, a partir da qual se podia ter a vista completa da parte de baixo da cidade em direção ao Molo, ao golfo e à costa de Sorrento. Tudo o mais que ficava à direita

---

55 "Perdoe-me, senhor! Esta é minha pátria!"

encontrava-se em uma perspectiva muito singular, de modo que a única forma de se ter uma visão era ficar em pé naquele ponto. Nápoles é bela por todos os lados.

Enquanto contemplávamos admirados a região, uma bela cabecinha, sem ser notada, ainda que certamente esperada, subiu pela única entrada que vai do porão ao sótão, uma abertura quadrada fechada por um alçapão. E assim que entrou o anjinho, ocorreu-me que os velhos mestres representavam, na Anunciação de Maria, o anjo subindo por uma escada. Este anjo tinha realmente uma bela forma, um belo rostinho e um comportamento benigno e natural. Alegrei-me ao ver, sob um céu magnífico e em uma região tão bela, meu novo amigo tão feliz e bem-aventurado. Depois que ela tornou a se afastar, ele me confessou que se até então suportara viver numa pobreza voluntária, era justamente por que aprendera a se alegrar com seu amor e a prezar sua modéstia; agora, porém, pareciam-lhe especialmente desejáveis melhores perspectivas e uma situação mais próspera, a fim de que ele pudesse proporcionar dias melhores a ela.

Nápoles, 25 de março

Depois dessa agradável aventura, caminhei um pouco junto ao mar, sentindo-me feliz e tranquilo. Um lampejo lançou-me então uma boa luz sobre as questões de botânica. Por favor, dizei a Herder que logo chegarei a um conclusão a respeito da planta primordial. Temo apenas que ninguém reconheça nela o restante do mundo vegetal. Minha excelente teoria dos cotilédones chegou a um grau de sublimidade tal que dificilmente alguém poderá avançar além dela.

Nápoles, 26 de março

Esta carta seguirá amanhã até vós. Na quinta-feira, dia 29, irei finalmente a Palermo, com a corveta que eu, desconhecedor das coisas do mar, chamara antes de fragata. A indecisão quanto a ir ou não ir tornou intranquilos meus dias aqui. Agora, que já me decidi, as coisas estão melhores. Viajar faz bem a meu temperamento, é até mesmo necessário. A Sicília

Viagem à Itália

remete-me à Ásia e à África, e o fato de eu próprio me encontrar neste prodigioso centro para o qual convergem tantos raios da história mundial não é nenhuma insignificância.

Minha relação com Nápoles deu-se a sua própria maneira. Dediquei-me ao máximo, vi muita coisa e construí assim um conceito geral do lugar, de seus habitantes e da situação em que vivem. No retorno, haverá ainda alguma coisa para ser retomada, alguma coisa apenas, uma vez que tenho de estar em Roma antes do 29 de junho. Perdi as comemorações da Semana Santa, mas pretendo participar ao menos das festas de São Pedro. Minha viagem à Sicília não deverá me afastar de meus propósitos iniciais.

Há dois dias tivemos um tempo muito ruim, com trovões, raios e aguaceiro. Agora o tempo firmou-se novamente e sopra uma magnífica tramontana. Se ela se mantiver estável, faremos uma viagem bastante rápida.

Hoje, junto a meu companheiro de viagem, visitei o navio e vi os camarotes que nos serão destinados. É difícil para mim imaginar uma viagem de navio. A travessia é muito breve, talvez uma navegação pela costa ajude minha imaginação e amplie minha visão de mundo. O capitão é um homem jovem e destemido, o navio é muito bem decorado e agradável, construído na América, um bom veleiro.

Agora tudo começa a verdejar. Na Sicília retomarei a escrita. Quando receberdes esta carta estarei já em minha viagem de retorno e terei deixado a Trinácria para trás. Assim é o homem. Em pensamento, salta para diante e para trás. Ainda não estive lá e já estou de volta. Não tenho culpa pela confusão que é esta carta, a todo momento me interrompem e eu gostaria de terminá-la.

Acaba de visitar-me o marquês Berio,[56] um homem jovem que parece saber muito. Também ele queria conhecer o autor do *Werther*. Acima de tudo, há aqui grande impulso e prazer naquilo que se refere aos estudos, à formação e à cultura. No entanto, são felizes demais para encontrarem o caminho certo. Tivesse eu mais tempo, gostaria de lhes oferecer um pouco dele. O que são essas quatro semanas diante da enormidade que é a vida! Saúdo-vos agora! Aprenderei a viajar durante a viagem; se também apren-

---

56 Francesco Maria Berio (1765-1820), literato napolitano.

derei a viver, isso não sei. Os homens que parecem entender dessa arte são muito diferentes de mim, para que eu possa reclamar algum direito sobre esse talento.

Saúdo-vos mais uma vez e peço que não deixeis de me dedicar afeição, do mesmo modo que vos trago sempre em meu coração.

Nápoles, 28 de março de 1787

Gastei estes dias com a arrumação de malas e com as despedidas, com providências e pagamentos, reparações e preparativos. Dias totalmente perdidos.

O príncipe de Waldeck deixou-me intranquilo por ocasião de nossa despedida, pois falou que eu deveria preparar-me para, quando retornasse, acompanhá-lo à Grécia e à Dalmácia. Quando a gente ganha o mundo e se embrenha nele, é preciso saber proteger-se, de modo a não se desviar ou mesmo corromper. Estou tão exausto que não sou capaz de escrever mais nem uma sílaba.

Nápoles, 29 de março

Há alguns dias o tempo se tornou incerto, mas hoje, justamente no dia da partida, está o melhor possível. Uma tramontana extremamente favorável e céu claro, sob o qual se sente o desejo de se lançar ao mundo. Saúdo agora lealmente meus amigos de Weimar e Gotha. Que vosso amor me acompanhe, pois eu sem dúvida sempre precisarei dele. Esta noite sonhei que me encontrava novamente envolvido com minhas ocupações. É como se não houvesse outro lugar para descarregar meu barco de faisões a não ser junto a vós. Que a carga então seja profícua!

Sicília

Em meio à viagem marítima, 29 de março

Diferentemente do que ocorreu na última partida do paquete, não sopra desta vez um vento favorável e fresco do nordeste, mas, sim, do lado oposto, um vento morno a sudoeste, infelizmente o mais desfavorável para a navegação. Pudemos então perceber o quanto o viajante marinho depende dos caprichos do tempo e dos ventos. Impacientes, passamos a manhã ora na margem, ora na cafeteria. Finalmente embarcamos no navio e, sob condições meteorológicas excelentes, desfrutamos da belíssima vista. A corveta estava ancorada não longe do molhe. Com o céu claro e uma atmosfera enevoada, as escarpas rochosas de Sorrento adquiriam a mais bela cor azul. Napóles, iluminada e cheia de vida, resplandecia em muitas cores. Somente ao pôr do sol o navio moveu-se do lugar onde estava ancorado, ainda que vagarosamente. O vento contrário empurrara-nos na direção de Posillipo e seu promontório. Navegamos tranquilamente por toda a noite. O navio, construído na América, era um veleiro rápido, decorado em seu interior com quartos muito confortáveis e lugares de descanso individual. A sociedade, polida e animada: cantores de ópera e dançarinos que viajavam em direção a Palermo.

Johann Wolfgang von Goethe

Sexta-feira, 30 de março

Ao raiar do dia nos encontrávamos entre Ischia e Capri, mais ou menos a uma milha desta última. O sol nascia magnífico por trás das montanhas de Capri e do Cabo Minerva. Kniep, dedicado, desenhava os contornos da costas e ilhas a partir de diferentes perspectivas. A lentidão da viagem beneficiou seus esforços. Seguimos viagem com vento fraco, a meia vela. Perto das 16 horas o Vesúvio desapareceu de nossos olhos, ao mesmo tempo em que se podia ver ainda o Cabo Minerva e Ischia. À noitinha, também esses desapareceram de nossa vista. O sol pôs-se no mar, acompanhado de nuvens e deixando uma longa faixa de luz púrpura cintilante, de cerca de uma milha. Kniep desenhou também esse fenômeno. Agora não se via mais terra alguma, o horizonte se estendia ao redor do círculo de água, a noite era clara e tinha um belo luar.

Pude desfrutar dessa vista magnífica por pouco tempo, pois logo fui afetado pela doença dos viajantes marítimos. Recolhi-me a meu quarto, busquei ficar na posição horizontal renunciando a qualquer alimentação que não fosse pão branco e vinho tinto, e senti-me bastante confortável. Isolado do mundo exterior, deixei que o interior assomasse e, dado que tinha à frente a perspectiva de uma longa viagem, dediquei-me a uma importante diversão e ao mesmo tempo uma pesada tarefa. Os únicos trabalhos que trouxera para o mar eram os dois primeiros atos do *Tasso*, escritos em prosa poética. Esses dois atos, algo semelhantes aos atuais no plano e no andamento, haviam sido escritos porém há dez anos e tinham algo de frouxo e nebuloso, que logo perderam, depois que lhes redefini a forma de acordo com novas perspectivas e lhes introduzi o ritmo.

Sábado, 31 de março

O sol emergiu claro do mar. Às 7 horas, alcançamos um navio francês que saíra dois dias antes de nós. Isso se devia a nossa superioridade de navegação, e ainda assim não víamos o fim de nossa viagem. Algum consolo nos foi proporcionado pela ilha Ústica, que, no entanto, se encontrava infelizmente à nossa esquerda, quando o certo teria sido tê-la, assim como

Capri, à nossa direita. Perto do meio dia, atingiu-nos um vento contrário e não nos movemos do lugar. O mar começou a crescer, e quase todos no navio sentiram-se mal.

Fiquei em meu lugar costumeiro. A peça inteira foi repensada, de ponta a ponta, de alto a baixo. As horas teriam passado sem que eu percebesse, se o maroto do Kniep, sobre cujo apetite as ondas não tinham qualquer influência, não viesse me trazer de tempos em tempos vinho e pão, louvando então maliciosamente a perfeita mesa de almoço, o ânimo e a graça do jovem capitão, que lamentava minha ausência e o fato de eu não poder compartilhar da comida. A mudança de ânimo de alguns viajantes, que passaram da alegria e pilhéria para o mal-estar e desconforto, também forneceu tema para suas ricas e maldosas descrições.

Às 16 horas o capitão deu uma nova direção ao nosso barco. As grandes velas foram novamente içadas e tomamos o rumo da ilha Ústica, por trás da qual, para nossa grane alegria, avistamos as monhanhas da Sicília. O vento melhorara, navegamos rapidamente em direção à Sicília, vendo também outras ilhas no trajeto. O pôr do sol foi encoberto, com a luz do céu escondida atrás das nuvens. A noite toda soprou um vento bastante favorável. Perto da meia-noite, o mar tornou-se bastante agitado.

Domingo, 1º de abril

Às 3 horas, tivemos uma tempestade violenta. Entre adormecer e o início do sonho eu continuava com meu plano para a peça, enquanto no convés o movimento era grande. As velas tiveram de ser recolhidas, o navio oscilava sobre as ondas altas. Por volta do nascer do dia a tempestade amainou e a atmosfera desanuviou-se. Agora a ilha de Ústica estava totalmente à esquerda. Mostraram-nos uma grande tartaruga que nadava ao longe, reconhecível através de nossos telescópios como uma mancha viva. Perto do meio-dia, pudemos divisar nitidamente a costa da Sicília, com seus promontórios e enseadas, mas chegáramos sob forte vento contrário e o navio bordejava. Depois do almoço, conseguimos nos aproximar da margem. Pudemos então distinguir claramente a costa ocidental desde a cadeia de montanhas Lilibeo até Cabo Gallo, com tempo bom e céu claro.

Um grupo de golfinhos acompanhava o navio de ambos os lados da proa, projetando-se sempre à frente. Era prazeroso ver como ora mergulhavam, deixando-se cobrir pelas ondas claras e transparentes, ora saltavam sobre a água, brincando e mostrando suas nadadeiras e aguilhões dorsais em tons de verde e dourado.

Como nos encontrávamos ainda sob forte vento, o capitão conduziu o barco a uma enseada, atrás do Cabo Gallo. Kniep não deixou passar a bela oportunidade de desenhar, em detalhe, a vista tão variada. Ao pôr do sol, o capitão dirigiu o navio novamente para alto-mar, seguindo então em direção nordeste para alcançar a altura de Palermo. Aventurei-me algumas vezes ao convés, sem deixar de lado minhas intenções poéticas, e lá fui o dono e senhor de todo o espaço. Contra o pano de fundo escuro do céu encoberto, um claro luar; seu reflexo sobre a superfície das águas era de uma beleza infinita. Os pintores, a bem do efeito causado, fazem-nos acreditar que o reflexo das luzes celestes é mais largo na direção de quem o contempla, onde também o brilho é mais intenso. Aqui, entretanto, via-se no horizonte esse reflexo se abrir em sua maior amplitude, como uma pirâmide cujo vértice terminasse junto do navio em ondas cintilantes. O capitão alterou ainda mais uma vez o curso nessa noite.

Segunda-feira, 2 de abril, às 8 horas da manhã

Nos vimos diante de Palermo. Foi para mim uma manhã extremamente feliz. O plano de minha peça dramática crescera bastante durante aqueles dias no ventre da baleia. Sentia-me bem-disposto e podia contemplar do convés a costa da Sicília com bastante atenção. Kniep continuava a desenhar com afinco, e graças à exatidão com que desempenhava sua tarefa, várias folhas de papel se tornaram uma recordação valiosa daquele nosso desembarque tardio.

Palermo, segunda-feira, 2 de abril de 1787

Por fim chegamos, com dificuldade e esforço, às 15 horas ao porto, onde uma vista extremamente feliz se descortinava. Completamente restabelecido como me encontrava, pude receber a dádiva com grande prazer. A cidade, voltada para o norte, fica ao pé de altas montanhas. Sobre elas, conforme a hora do dia, o sol brilha. Os lados de sombra dos edifícios, iluminados pelo reflexo da luz, ofereciam-se agora a nossa contemplação. O Monte Pellegrino à direita, com suas formas delicadas totalmente inundadas de luz. À esquerda, a margem se alonga em enseadas, línguas de terra e promontórios. À distância, o que nos causou a mais adorável impressão foi o verde novo das graciosas árvores, cujas copas, iluminadas por detrás, ondulavam de um lado para o outro como um bando de vagalumes vegetais, à frente dos escuros edifícios. Um vapor claro dava às sombras um tom azulado.

Em vez de nos lançarmos impacientemente à margem, permanecemos no convés até que nos rebocassem; de onde mais poderíamos ter uma perspectiva assim afortunada?!

Conduziram-nos para a cidade por um prodigioso portal, constituído por dois enormes pilares, portal esse que não é fechado por cima, de modo que o carro de Santa Rosália, da altura de uma torre, possa passar por ele, na ocasião da famosa festa. Logo viramos à esquerda em direção a uma grande hospedaria. O hospedeiro, homem amável e já de alguma idade, acostumado a estrangeiros provenientes de todas as nações, levou-nos a um espaçoso quarto, de cuja varanda podíamos contemplar o mar e o ancoradouro, o Monte Rosália e a margem, bem como nosso navio, formando assim nosso primeiro ponto de observação. Extremamente felizes com nossas acomodações, não percebêramos que no fundo do quarto encontrava-se uma elevada alcova, coberta por cortinas, onde se espraiava uma ampla cama, a qual, junto ao luxuoso baldaquim de seda, combinava totalmente com o restante do mobiliário, original e de caráter principesco. Tais acomodações suntuosas nos deixaram em uma posição algo desconfortável. Exigimos, então, condições menos extraordinárias. O velho hospedeiro, entretanto, disse-nos não haver necessidade disso, ele gostaria apenas que nos sentíssemos acolhidos em sua casa. Deveríamos também usar a antessala, a qual, fresca e arejada, e circundada por outras varandas, fazia limite justamente com nossos aposentos.

Deleitamo-nos com a infinita variedade da paisagem e procuramos fixá-lá em detalhes por meio do desenho e da pintura, pois ali se estendia diante de nossos olhos uma seara ilimitada para o artista.

À noite, o luar claro atraiu-nos novamente ao ancoradouro e nos deteve ainda algum tempo no terraço, na volta. A iluminação era singular, assim como eram grandes o silêncio e a beleza.

Palermo, terça-feira, 3 de abril

Nosso primeiro ato foi observar mais de perto a cidade, muito fácil de se contemplar, mas difícil de conhecer. Digo fácil porque é cortada por uma rua de cerca de uma milha de comprimento, de um portão a outro, do mar até as montanhas. Essa rua, mais ou menos na metade de sua extensão, é cruzada por outra. Tudo o que fica nessa linha é fácil de encontrar. O interior da cidade, por outro lado, confunde o visitante, o qual se livra desse labirinto apenas com a ajuda de um guia.

À tarde, dedicamo-nos a observar a fila de coches formada pelo famoso passeio dos nobres, que saem da cidade em direção ao ancoradouro para apanhar ar fresco, divertir-se e, possivelmente, flertar um pouco.

Duas horas antes do anoitecer apareceu a lua cheia, que deu à tarde um caráter indizivelmente glorioso. A posição geográfica de Palermo, voltada para o norte, permite que a cidade e a praia se coloquem de modo singular à frente das luzes celestes, cujo reflexo não se projeta nas ondas. Por conta disso, o mar parecia hoje – um dia extremamente límpido – azul-escuro, ameaçador e agitado, ao contrário de Nápoles, onde, a partir do meio-dia, ele cintila ao longe, sereno e alegre.

Kniep deixou-me hoje fazer sozinho meus passeios e observaçãoes, a fim de poder se ocupar em fazer um esboço exato do monte Pellegrino, o mais belo promontório do mundo.

Palermo, 3 de abril de 1787

Segue um resumo abrangente e confiável das atividades, embora atrasado.

Partimos de Nápoles na quinta-feira, 29 de março, ao pôr do sol, chegando apenas quatro dias depois às 15 horas ao porto de Palermo. Um pequeno diário que mantenho comigo informa nossos destinos de viagem.

Viagem à Itália

Nunca antes eu iniciara uma viagem de modo tão tranquilo, nunca tivera um tempo tão calmo como o que passei durante nossa viagem alongada por conta do vento contrário, mesmo que estivesse acamado em meu quartinho estreito, onde tive de ficar nos primeiros dias, fortemente acometido que fora pelo enjoo marítimo. Agora, tranquilo, penso em vós, amigos. Pois, se houve algo decisivo em minha vida, foi esta viagem.

Aquele que não se viu circundado de mar por todos os lados não faz ideia alguma do mundo e de sua relação com ele. Como paisagista, essa grande e simples linha trouxe-me pensamentos inteiramente novos.

De acordo com meu pequeno diário, tivemos, durante essa breve viagem, algumas situações inesperadas e pudemos experimentar, em pequena escala, o destino dos homens do mar. A propósito, nunca será demais louvar a segurança e o conforto do pequeno navio cargueiro. O capitão é um homem muito corajoso e excelente. Os companheiros de viagem eram todo um teatro, gente de bons costumes, fácil de conviver e agradável. Meu artista, que mantenho comigo, é um homem corajoso, fiel e bom, que desenha com grande precisão. Esboçou todas as ilhas e costas do modo como se nos apresentam. Apreciareis muito quando vos levar tudo na volta. A propósito, durante a viagem, para encurtar o tempo, ele me ensinou o mecanismo da aquarela, muito disseminada agora na Itália. Trata-se do uso de certas cores de modo a desvelar determinados tons, os quais, se não se conhece o segredo, ficaríamos misturando por um tempo sem fim, sem qualquer proveito. Em Roma eu me instruíra um pouco sobre isso, mas não de maneira circunstanciada e detalhada. Os artistas puderam estudar esse efeito tal e qual ele é, em uma terra como a Itália. Não há palavras para descrever a claridade vaporosa que pairava ao redor da costa, quando aportamos em Palermo na mais bela das tardes. A pureza dos contornos, a suavidade do conjunto, a delicada mistura dos tons, a harmonia entre céu, mar e terra. Quem viu tal quadro, irá guardá-lo por toda a vida. Só agora compreendo a ambientação de Claude Lorrain e tenho a esperança de, uma vez no Norte, ser capaz de produzir, a partir de meu espírito, os sombreados dessa feliz composição. Quem dera toda a pequenez pudesse ser varrida dela tão completamente quanto a pequenez dos telhados de palha foi varrida de meu conceito de desenho. Veremos o que essa rainha dentre as ilhas pode fazer a respeito disso.

Johann Wolfgang von Goethe

Não há palavras para descrever o modo como nos recebeu, com suas amoreiras verdejantes, aloendros sempre verdes e suas fileiras de limoeiros. Em um jardim público,[1] há amplos canteiros de ranúnculos e anêmonas. O ar é tépido, quente e perfumado, e o vento, morno. A lua ergue-se cheia, sobre tudo isso, atrás do promontório e projeta seu brilho sobre o mar. E todo esse prazer depois de se estar há quatro dias balançando sobre as ondas! Perdoai se rabisco estas linhas com uma pena quase sem ponta embebida na sépia que meu companheiro usa para seus desenhos. Elas chegarão até vós como um sussurro, enquanto preparo, para todos que me amam, uma outra lembrança dessas minhas horas felizes. Não digo o que será, também não posso dizer quando o receberão.[2]

Palermo, terça-feira, 3 de abril de 1787

Espero que estas folhas sejam capazes de vos trazer um fino deleite, meus queridos. Trata-se da descrição de uma incomparável baía, que circunda uma grande massa d'água. A baía estende-se a partir do leste, onde um promontório plano avança bastante mar adentro, em direção a belos rochedos muito íngremes e cobertos de florestas. Continua até as casas dos pescadores localizadas nos limites da cidade – voltadas para o porto, assim como a nossa –, chegando então até a porta da cidade.

A partir daí, segue em direção a oeste, passando pelos costumeiros pontos de ancoragem, onde se encontram navios de pequeno porte, até o porto propriamente dito, junto ao molhe, onde se encontram ancorados os navios maiores. Ali se ergue graciosamente, a oeste, o Monte Pellegrino, de modo a abrigar e proteger dos ventos os navios e barcos, formando depois um vale adorável e fértil, que se estende até a outra margem.

Kniep desenhou e eu esquematizei a vista, ambas atividades cumpridas com muito gosto, e agora que voltamos alegremente para casa, nenhum dos dois tem nem forças nem ânimo para continuar o trabalho. Nossos esboços deverão então permanecer assim pelos próximos tempos, sendo que

---

1 Trata-se da Villa Flora ou Villa Giulia, parque público inaugurado em 1777.
2 Trata-se da tragédia *Nausícaa*, na qual Goethe trabalhava durante sua estada na Sicília.

Viagem à Itália

esta folha deverá dar-vos apenas um testemunho de nossa incapacidade de apreender esses objetos satisfatoriamente, ou, melhor ainda, de nossa pretensão de nos assenhorearmos deles e os dominar em um tempo tão curto.

Palermo, quarta-feira, 4 de abril

À tarde visitamos o vale, fértil e agradável, que acompanha as montanhas do sul de Palermo, por onde serpenteia o rio Oreto. Também aqui é preciso ter olho de artista e mão habilidosa para traduzir tudo isso em imagens, e Kniep conseguiu uma perspectiva justamente ali, onde a água represada jorra por um dique avariado, protegida pela sombra de um alegre grupo de árvores. Por trás descortina-se o vale, ampliando-se então para cima a vista sem qualquer obstáculo, entremeada por algumas construções rurais.

Uma agradabilíssima atmosfera primaveril junto à emergente fertilidade disseminava o sentimento de uma vida pacífica por todo o vale, sentimento esse que nosso desajeitado guia tratava de estragar com sua erudição, narrando detalhadamente como Aníbal certa feita travara uma batalha neste sítio e toda a sorte de atos de guerra hediondos que teriam se passado aqui. Rispidamente censurei-o por conjurar esses antigos fantasmas. Já era ruim o suficiente, disse eu, que de tempos em tempos as sementes tivessem de ser pisoteadas, se não por elefantes, por cavalos e homens. Ao menos não se deveria acordar a imaginação de seus sonhos tranquilos com tais memórias de caos e tumulto.

Ele se admirou muito do fato de que eu menosprezasse a memória clássica em um sítio como aquele. De minha parte, eu jamais seria capaz de lhe mostrar claramente como me sentia a respeito da interpenetração do passado e do presente.

Devo ter lhe parecido ainda mais estranho ao procurar pedrinhas nos pontos mais rasos do rio e carregar comigo os tipos mais diferentes. Não consegui explicar-lhe que a maneira mais rápida de se ter uma ideia da formação de uma região montanhosa é investigando os tipos de pedra que são levados junto com as correntes, e que também ali era o caso de se conceber uma noção da idade daquela terra clássica, certamente muito antiga.

Minha pilhagem desse rio foi bastante proveitosa. Trouxe comigo cerca de quarenta exemplares, que se deixaram ordenar em poucas rubricas.

Johann Wolfgang von Goethe

A maior parte era um tipo de pedra típica de regiões montanhosas, que ora se poderia tomar por jaspe, sílex córneo ou xisto argiloso. Encontrei-a alternadamente em forma arredondada, sem forma definida ou rombuda, de diferentes cores. Também alguns subtipos da velha rocha calcária, assim como brechas em não pouca quantidade, cuja substância de ligação era o calcário, ao passo que as pedras ligadas eram ora jaspe, ora calcário. Também não faltaram cascalhos de calcário conquífero.

Os cavalos são alimentados com cevada, palha e farelo. Na primavera dão-lhes broto verde de cevada, para refrescá-los, *per rinfrescar*, como dizem. Uma vez que não têm prados, falta-lhes feno. Sobre as montanhas há alguns salgueiros, também sobre os campos cultivados, pois um terço permanece sem cultivo. Criam poucos caprinos, da raça bérbere, e principalmente mulas em vez de cavalos, pois as primeiras suportam melhor a alimentação seca.

A planície sobre a qual se estende Palermo, assim como a região fora do perímetro urbano, Ai Colli, também uma parte da Bagheria, contém calcário conquífero, do qual se construiu a cidade, de modo que se encontram fragmentos maiores nessas minas. Nas cercanias de Monte Pellegrino, as pedras encontram-se a cerca de 50 pés de profundidade. As camadas inferiores são de cor branca. Ali se encontram muitos corais e crustáceos fossilizados, principalmente vieiras. A camada superior, mesclada com argila vermelha, quase não contém crustáceos. Sobre tudo isso, argila vermelha, de um veio pouco espesso.

O Monte Pellegrino ergue-se acima de tudo isso. É uma velha formação calcária, com muitos orifícios e fissuras, as quais, porém, quando observadas atentamente, ainda que sejam muito irregulares, alinham-se segundo a ordem das camadas inferiores. A pedra é sólida e ressoa quando golpeada por um martelo.

Palermo, quinta-feira, 5 de abril de 1787

Percorremos a cidade buscando os detalhes. O estilo de construção lembra o de Nápoles, mas os monumentos públicos, por exemplo as fontes, estão ainda muito longe do bom gosto. Aqui não há, como em Roma,

Viagem à Itália

um espírito artístico que dirige o trabalho. A arquitetura adquire sua forma e existência a partir do mero acaso. Uma fonte,[3] muito admirada pelo povo insular, dificilmente existiria, não fosse a Sicília dotada de um belo mármore colorido, e não tivesse um escultor, experiente nas formas animais, ganhado o favor das autoridades. Descrever essa fonte é tarefa muito difícil. Em uma praça de medidas regulares ergue-se uma obra arquitetônica arredondada, cuja altura é menor do que a de um andar térreo, com pedestal, parede e cornija em mármore colorido. Na parede, em linha reta, foram escavados vários nichos, dos quais emergem, com seus pescoços estendidos, várias cabeças de animais, esculpidas em mármore branco; cavalo, leão, camelo, elefante, alternando-se uns aos outros. De modo algum espera-se uma fonte depois do círculo formado por essa coleção. A ela conduzem, dos quatro lados, degraus de mármore escavados de modo a recolher a água que jorra copiosamente.

Algo semelhante acontece com as igrejas, nas quais o amor dos jesuítas pela suntuosidade é ainda superado, mas não por princípio e intenção, e sim por acaso, como aconteceu com todo artesão, escultor de figuras ou folhagens, dourador, laqueador e marmorista, que fez o que quis onde quis, sem gosto e sem orientação.

Encontra-se em meio a tudo isso a habilidade de imitar objetos naturais, por exemplo as tais cabeças de animais, trabalhadas de modo bastante bom. Isso desperta a admiração da multidão, cujo prazer artístico consiste todo ele em reconhecer a possibilidade de comparar o objeto reproduzido com seu original.

À tardinha, travei uma relação interessante quando entrei na loja de um comerciante situada ao longo da rua, para comprar diferentes miudezas. Encontrava-me em pé em frente à loja a fim de olhar as mercadorias quando se ergueu um golpe de vento que, serpenteando ao longo da rua, levantou uma quantidade infinita de pó, distribuindo-o imediatamente por todas as lojas e janelas. "Por todos os santos! Dizei-me", exclamei, "de onde vem

---

3 A fonte na praça Pretoria é obra dos escultores florentinos Francesco Camilliani (1530-1586) e Michelle Naccherini (1535-1622). Foi construída entre 1554-1555 para a villa florentina do vice-rei dom Pedro e transportada para Palermo em 1575.

tanta sujeira em vossa cidade, e nada há que se possa fazer contra isso? Esta rua concorre em comprimento e beleza com o Corso em Roma. Calçadas de ambos os lados, que cada proprietário de loja ou oficina mantém limpas varrendo-as regularmente, deixando, porém, os resíduos no meio da rua, a qual, por causa disso, fica cada dia mais suja, devolvendo-vos, a cada golpe de vento, o lixo que deixastes na rua principal. Em Nápoles há jumentos que levam o lixo todos os dias para os jardins e campos de cultivo. Não deveria algo assim ser introduzido aqui também?"

"As coisas aqui são como são", replicou o homem. "Aquilo que jogamos fora da casa apodrece já mesmo em frente à porta. O senhor vê aqui montes de palha e caniços, restos de comida e todo tipo de lixo que, uma vez ressecado, volta para nós em forma de poeira. O dia todo tentamos nos proteger dela. Mas veja o senhor, se aumentássemos a produção de nossas belas e eficientes vassouras, uma vez que perdessem o cabo, isso só aumentaria a sujeira em frente a nossas casas."

Visto assim de modo cômico, era isso mesmo. Eles têm belas vassouras feitas de palmeira-anã, a qual, com pequenas adaptações, são apropriadas para o serviço. Elas deslizam facilmente, mas os cabos ficam aos milhares pelas ruas. Quando repeti minha pergunta sobre a possibilidade de se tomar alguma medida a respeito do lixo, ele respondeu que corria o boato segundo o qual justamente aqueles que deveriam zelar pela limpeza não podiam, por conta de sua grande influência, ser obrigados a usar seu dinheiro deste ou daquele modo. Além disso, havia a singular circunstância segundo a qual se temia tirar do meio da rua a palha malcheirosa porque então seria evidente o mau estado do calçamento. Desse modo viria também a público a má gestão dos recursos por uma administração desonesta. Isso tudo, porém, disse ele com gestos farsescos, seriam apenas histórias daqueles que têm más intenções. Já ele era da mesma opinião daqueles que afirmam que à nobreza interessava manter assim fofo o solo para que, ao final da tarde, pudesse fazer comodamente seu passeio de coche sobre um caminho macio. E como o homem estava disposto, fez troça ainda de mais alguns abusos das autoridades policiais, o que me serviu como um consolo quanto ao fato de que o homem ainda é capaz de ter humor suficiente para fazer piada sobre o inevitável.

Viagem à Itália

Palermo, 6 de abril de 1787

Santa Rosália, protetora de Palermo, já é tão conhecida por meio da descrição que Brydone[4] fez da festa em sua homenagem que é provável que os amigos tenham lido alguma coisa a respeito do local onde se dá esse culto.

O Monte Pellegrino, uma grande massa rochosa mais larga do que alta, situa-se ao noroeste do golfo de Palermo. Sua bela forma não se deixa descrever com palavras. Uma imagem imperfeita dele se encontra na *Voyage pittoresque de la Sicile*.[5] Trata-se de uma rocha calcária de épocas muito antigas. As rochas são completamente nuas, ali não crescem árvores ou mesmo um único arbusto, pois as superfícies estão cobertas por um pouco de grama e musgo.

Em uma caverna da montanha descobriram-se, no começo do século passado, os despojos da santa, que foram então trazidos a Palermo. Sua presença libertou a cidade da peste e Rosália tornou-se desde então a padroeira do povo. Ergueram capelas em sua homenagem, e em sua honra promoveram suntuosas festividades.

Os crentes fazem assiduamente sua peregrinação ao monte e dispenderam muito dinheiro para construir o caminho que, como um aqueduto, se sustenta sobre pilastras e arcos, erguendo-se em ziguezague entre dois rochedos.

O lugar de culto é mais apropriado à modéstia e humildade da santa que se abrigara ali do que a festa suntuosa que paradoxalmente se faz para celebrar seu total isolamento do mundo.[6] E talvez a cristandade, que construiu suas propriedades, seu luxo e sua alegria festiva sobre a miséria de seus fundadores e profetas, não possua lugar mais santo do que este, cultuado e ornamentado de um modo tão puro e comovente.

---

4 Patrick Brydone (1736-1818), naturalista escocês que viajou pela Itália entre os anos de 1767-1771.

5 *Voyage pittoresque ou description des Royaumes de Naples et de Sicile* (Paris, 1781-6), obra do abade Jean-Claude Richard de Saint-Non (1727-1791), desenhista, gravador e pintor francês.

6 O santuário de Santa Rosália foi construído em 1635. A estátua da santa é obra do escultor florentino Gregorio Tedeschi (morto em 1634).

Uma vez no cimo da montanha, deparamo-nos, em um canto da rocha, com uma parede íngreme, sobre a qual a igreja e o mosteiro foram firmemente construídos.

A aparência exterior da igreja nada tem de convidativo ou promissor. Abrimos a porta sem nenhuma expectativa, mas somos maravilhosamente surpreendidos ao entrar. Vemo-nos então num vestíbulo que se ocupa toda a largura da igreja e se abre para a nave. Veem-se ali os costumeiros recipientes com água benta e alguns confessionários. A nave da igreja é um pátio aberto, delimitado à direita por rochas nuas e do lado esquerdo por uma continuação do vestíbulo. A pedra do calçamento foi assentada com um ligeiro declive, de modo que a água da chuva possa escorrer por elas. Mais ou menos no centro há uma pequena fonte.

A própria gruta foi transformada em coro, sem que com isso tivessem retirado dela sua aparência bruta. Alguns degraus conduzem ao púlpito com o antifonário. De ambos os lados, há assentos. Tudo isso é iluminado pela luz do dia, que vem do pátio ou da nave. Mais atrás, na escuridão da gruta, fica o altar principal, no centro.

Como eu disse antes, não se alterou em nada a aparência da gruta. No entanto, como as rochas estão sempre porejadas de água, foi preciso pensar em manter o lugar seco. Isso foi feito por meio de calhas de chumbo, colocadas nos ângulos das rochas e ligadas umas às outras de diferentes maneiras. Essas calhas são largas na parte de cima, estreitando-se embaixo. Além disso, são pintadas de uma cor verde-sujo, o que causa a impressão de que grandes cactos teriam crescido dentro da caverna. A água é conduzida para um recipiente límpido onde os crentes a recolhem, usando-a contra todo tipo de malefício.

Como eu observava esses objetos com atenção, veio até mim um padre e indagou se eu era porventura um genovês que quisesse encomendar algumas missas. Respondi que viera a Palermo com um genovês que amanhã participaria das festividades. Como sempre um de nós deveria ficar tomando conta da casa, era hoje meu dia de visitar o local. Disse-me então que ficasse à vontade, observasse tudo cuidadosamente e exercesse minha fé. Cuidou de chamar minha atenção especialmente para um altar que ficava à esquerda da gruta, considerado uma relíquia santa, deixando-me depois.

Viagem à Itália

Vi, por entre as aberturas de um grande ornamento de latão em forma de folhagem, lâmpadas queimando sob o altar. Ajoelhei-me bem próximo dele e espiei pelas aberturas. Lá dentro havia ainda grades construídas por um fino trançado de fios de latão, de modo que se podia distinguir os objetos apenas como se estivéssemos por detrás de um véu.

Distingui uma bela jovem sob o brilho de algumas lâmpadas silenciosas.

Ela jazia como se em uma espécie de encantamento, os olhos semifechados, a cabeça apoiada relaxadamente sobre a mão direita, que era ornamentada por muitos anéis. Não me cansava de observar a cena, que me parecia provida de um encanto particular. Seu vestido era feito de latão dourado, material capaz de reproduzir muito bem a riqueza do próprio ouro. A cabeça e as mãos, em mármore branco, são, ainda que não se possa dizer de estilo elevado, trabalhadas de modo tão natural e agradável que se acredita que a jovem deveria respirar e mover-se.

Um anjinho está a seu lado e parece refrescá-la, com um lírio na mão.

Nesse meio-tempo, os padres entraram na gruta, ocuparam seus assentos no coro e entoaram as vésperas.

Sentei-me então em um banco em frente ao altar e ouvi-os por algum tempo. Caminhei novamente em direção ao altar, ajoelhei-me e busquei gravar na memória de maneira ainda mais nítida a bela imagem da santa, abandonando-me por inteiro à atraente ilusão produzida pela forma e pelo lugar.

O canto dos padres cessara. A água corria em direção ao recipiente ali junto ao altar e as rochas do átrio da própria nave da igreja fechavam a cena de maneira ainda mais primorosa. Havia uma grande calma nesse lugar que se tornava novamente ermo, uma grande pureza nessa caverna selvagem. O exagero brilhante do culto católico, do siciliano, especialmente, encontrava aqui a simplicidade natural. A ilusão provocada pela figura da bela adormecida, irresistível também para um olhar experiente — tudo isso fez que só a muito custo eu me afastasse dali, chegando novamente a Palermo só tarde da noite.

Palermo, domingo, 7 de abril de 1797

Passei horas extremamente prazerosas em silêncio no jardim público junto à orla. Esse é o lugar mais extraordinário do mundo. Ainda que tenha sido construído em formas regulares, parece-nos um lugar feérico. Plantado há relativamente pouco tempo, leva-nos direto para a Antiguidade. Canteiros verdes circundam estranhas formações vegetais, alamedas de limoeiros formam adoráveis arcos sob os quais se passeia, enquanto o olhar é atraído pelas altas paredes de aloendro ornadas por milhares de botões vermelhos da flor do cravo. Árvores estranhas, a mim desconhecidas, ainda sem folhagem, provindas talvez de regiões mais quentes, estendem seus ramos singulares. Um banco, situado em posição elevada sobre o espaço plano, leva-nos a desconsiderar essa vegetação que cresceu de modo assim prodigioso, dirigindo nosso olhar a grandes piscinas, nas quais peixes de ouro e prata movem-se graciosamente, ora se escondendo sob caniços cheios de musgo, ora se reunindo de novo em bandos, atraídos por migalhas de pão. Na vegetação predomina um tom verde diferente do que conhecemos, ora mais amarelado, ora mais azulado. Entretanto, o que empresta ao todo uma graça incomum é a densa névoa que se espalha de forma homogênea por toda a paisagem, de modo tão prodigioso que os objetos que distam apenas alguns passos entre si aparentam estar distintamente separados em meio a um espaço de cor azul-clara, de modo que sua cor original se perde, ou ao menos é percebida pelos olhos sob um tom de azul bem mais acentuado.

A prodigiosa aparência dada por tal névoa a objetos distantes como navios e cadeias de montanhas atrai o olhar do artista, uma vez que as distâncias podem ser nitidamente distinguidas, até mesmo medidas. É esse o motivo pelo qual um passeio pelas regiões elevadas é tão atraente. Não se vê mais a natureza, mas apenas imagens em um quadro, separadas entre si pelas camadas de verniz, artisticamente aplicadas pela mão do pintor.

A impressão de um tal jardim das maravilhas afetou-me profundamente. As ondas de cor quase negra ao norte do horizonte erguendo-se contra os contornos da enseada, até mesmo o olor exalado pelo mar, tudo isso me evocara nos sentidos e na memória a ilha dos bondosos feácios. Apressei-me a comprar um Homero, para ler com grande elevação de espírito esse canto, e também fiz em voz alta uma tradução improvisada para Kniep, que bem merecia descansar dos pesados esforços de hoje junto a um bom copo de vinho.

Viagem à Itália

Palermo, 8 de abril de 1787. Domingo de Páscoa

A ruidosa demonstração de júbilo pela exitosa ressureição do Senhor começou ao romper do dia. Petardos, bombas, busca-pés e outras coisas do tipo foram acesos em frente às portas das igrejas, enquanto os fiéis se empurravam pelas entradas laterais. Som de sinos e dos órgãos, os coros das procissões, que se cruzavam com os coros dos eclesiásticos, poderiam facilmente enlouquecer o ouvido daqueles que não estivessem acostumados a um culto tão ruidoso a Deus.

Mal acabara a primeira missa do dia quando dois mensageiros do vice-rei muito bem vestidos vieram visitar nossa hospedaria, com o duplo propósito de congratular pela festa todos os estrangeiros que se encontravam ali, recebendo uma gorjeta em retribuição, e de me convidar para a mesa, o que me obrigou a aumentar o meu donativo.

Depois de passar a manhã visitando as diferentes igrejas e observando os diferentes rostos e figuras do povo, dirigi-me ao palácio do vice-rei, o qual se localiza na parte alta da cidade. Como eu chegara um pouco cedo demais, encontrei as grandes salas ainda vazias. Apenas um homenzinho vivaz, que tomei por um maltês, dirigiu-se a mim.[7]

Quando notou que eu era alemão, perguntou-me se tinha notícias de Erfurt, onde ele passara um tempo bastante agradável. Pude dar-lhe informações suficientes sobre a família Von Dascheröden[8] e sobre o coadjutor Von Dahlberg,[9] pelos quais perguntara, depois do que me indagou cordialmente pela gente de quase toda a região da Turíngia. Com grande consideração indagou ele sobre Weimar. "E como vai o homem que, jovem e ardente, na época de minha juventude, soube causar ali tempestade e tempo firme de uma só vez? Esqueci seu nome, mas basta dizer que era o autor do *Werther*."

---

7 O vice-rei da Sicília era, na época, Francesco Maria Venanzio d'Aquino, príncipe de Caramanico (1738-1795). O Palazzo Reale de Palermo, atualmente chamado Palazzo dei Normanni, data do século IX, época da primeira dominação árabe na Sicília. O maltês era o conde Statella.

8 Refere-se à família do jurista Karl Friedrich von Dacheröden (1732-1809), cuja filha Caroline se casaria em 1791 com Wilhelm von Humboldt.

9 Karl Theodor von Dahlberg (1744-1817), arcebispo, político e escritor, desde 1772 administrador provincial do eleitorado de Mainz em Erfurt.

Depois de uma pequena pausa, com se eu estivesse refletindo sobre alguma coisa, disse-lhe: "A pessoa por quem o senhor pergunta sou eu mesmo!". Com o mais autêntico sinal de espanto, replicou ele de volta: "Então muita coisa deve ter se modificado!". "Ah, sim!", respondi, "de Weimar a Palermo muita cosa em mim já se modificou."

Nesse momento entrou o vice-rei com seu séquito e comportou-se com discreta naturalidade, como convém a um homem de sua posição. Não deixou mesmo de sorrir diante do maltês, que continuava a demonstrar seu espanto por ver-me ali. À mesa, o vice-rei, junto a quem me sentei, falou sobre o objetivo de minha viagem e assegurou que recomendaria que me fosse franqueado acesso a tudo que havia para ver em Palermo e que me apoiaria de todas as maneiras em meu caminho pelo Sicília.

Palermo, segunda-feira, 9 de abril de 1787

Por todo o dia de hoje ocupei-me com o desvario do príncipe Palagonia.[10] Essa experiência teria sido certamente bastante diferente se eu tivesse apenas lido ou ouvido falar sobre ele. Pois aquele que deseja relatar um absurdo vê-se em maus lençóis, devido a seu amor pela verdade. Se deseja dar uma ideia do fato, é preciso transformar em alguma coisa aquilo que em princípio é um nada, mas que deve ser considerado com certa importância. Vejo-me obrigado a fazer ainda uma outra reflexão prévia, segundo a qual nem o mais abominável nem o mais distinto provém diretamente de um homem ou de uma época. Ao contrário, com alguma atenção, é possível rastrear sua genealogia.

Aquela fonte em Palermo[11] é propriedade dos antepassados do delírio palagônico. Já o que se encontra aqui está em solo próprio e brota em toda a liberdade e amplidão. Tento agora desenvolver o processo que deu origem a esse delírio.

---

10 Ferdinando Francesco II, Gravina, Cruylas et Agliata, príncipe de Palagonia (1722-1788). Sua *villa* situa-se em Bagheria, a oeste de Palermo. As notas de Goethe baseiam-se não apenas em sua visita, mas também na obra de Brydone, *Voyage en Sicile et à Malte, fait en l'année 1770* (2v., Amsterdam, 1776).

11 Ver as notas de 5 de abril de 1787.

Viagem à Itália

Nesta região, constroem-se os palácios de veraneio mais ou menos no meio da propriedade. Desse modo, para se chegar à casa senhorial, é preciso atravessar campos cultivados, hortas e outros tipos de agricultura de fins úteis. Assim, esses habitantes do Sul mostram-se mais afeitos à manutenção doméstica do que os do Norte, que frequentemente utilizam grandes faixas de solo cultivável para a criação de um parque, a fim de agradar os olhos com plantas e arbustos infrutíferos. Estes do Sul, por sua vez, fazem erguer dois muros, criando o caminho que leva ao palácio, sem que se saiba, assim, o que se dá à direita ou à esquerda. Geralmente, esse caminho começa por um portal, seguido por um vestíbulo sinuoso, que acaba no pátio do castelo. Para que os olhos não se enfastiem ao longo dos dois muros, são eles na parte superior curvados em arco e guarnecidos de arabescos e pedestais, sobre os quais, aqui e ali, se veem vasos. As superfícies são caiadas, divididas em seções e pintadas. O pátio do castelo faz uma curva composta por casas térreas, onde moram a criadagem e trabalhadores. O castelo, quadrado, eleva-se sobre tudo isso.

Essa é a aparência da propriedade, do modo como foi transmitida aos herdeiros, e como deve ter sido também antes disso, até que o pai do príncipe fez construir o castelo, sem dúvida não de acordo com o gosto mais apurado, mas ainda dentro dos limites deste. O proprietário atual, entretanto, deu livre curso a seus prazeres e paixões, sob a forma de construções equivocadas e de mau gosto, ainda que tenha respeitado a concepção geral básica do conjunto. Dizer que ele tem imaginação é ainda lhe conceder respeito em demasia.

Adentramos então o grande vestíbulo, que começa já no limite da propriedade, e logo encontramos uma construção octagonal, alta demais para sua largura. Quatro gigantes medonhos com modernos coturnos abotoados sustentam a cornija, sobre a qual paira, exatamente defronte à entrada, a Santíssima Trindade.

O caminho para o castelo é mais largo do que o habitual, o muro foi transformado em um pedestal alto e ininterrupto, sobre o qual sustentáculos em baixo-relevo apoiam os estranhos grupos de esculturas. Já no interior dos espaços, aqui e ali foram colocados vasos. O aspecto repugnante dessas aberrações saídas das mãos do mais ordinário quebrador de pedras é ainda aumentado pelo fato de que foram trabalhadas no mais mole tufo conquífero. Por outro lado, um material mais nobre teria salientado ainda mais o desvalor da forma. Eu disse antes a palavra "grupos", utilizando então uma expressão inapropriada, uma vez que tais arranjos não advêm de nenhum tipo de reflexão ou mesmo de convenção arbitrária. Os objetos foram antes simplesmente jogados ali uns ao lado dos outros. De três a três compunham a decoração do tal pedestal quadrado. Suas bases eram dispostas de forma a preencher o espaço entre os quatro cantos. Em geral, eram compostos por duas figuras, e sua base compreendia a extensa parte posterior do pedestal. Eram na maior parte medonhas figuras de homens e animais. De modo a preencher a parte anterior do pedestal, faltavam ainda mais duas figuras; os grupos de tamanho médio representavam costumeiramente um pastor ou pastora, um cavaleiro ou uma dama, um macaco dançante ou um cão. Ainda assim restava um lugar vazio sobre o pedestal. Este era preenchido no mais das vezes por um anão, como sói acontecer em todo lugar onde esse gênero tem um papel importante nas piadas de mau gosto.

A fim de narrar em toda a extensão os desvarios do príncipe, fornecemos uma espécie de inventário. Figuras humanas: mendicantes do sexo masculino e feminino, espanhóis e espanholas, turcos, corcundas, todo tipo de deformações, anões, músicos, polichinelos soldados em trajes antigos, deuses e deusas, gente vestida à antiga maneira francesa, soldados carregando as sacolas de munição e calçando coturnos. Mitologia misturada a ingredientes farsescos: Aquiles e Quíron junto com Polichinelo. Animais: apenas partes, cavalos com mãos humanas, macacos desfigurados, muitos dragões e serpentes, todos os tipos de patas nas mais diferentes figuras, duplicação e troca das cabeças. Vasos: todo tipo de monstros e arabescos, que terminavam lá embaixo no ventre dos vasos e nos suportes sob eles.

Pense-se em tais figuras, empilhadas umas sobre as outras, surgidas sem qualquer espírito ou racionalidade, e reunidas também sem critério ou intenção. Imagine-se esses pedestais e outras deformidades alinhadas a perder de vista e de modo desconexo, e então será possível compartilhar o sentimento desagradável que acomete aquele que se vir obrigado a atravessar esse corredor polonês do desvario.

Viagem à Itália

Aproximamo-nos do palácio e fomos recebidos pelos braços de um pátio em semicírculo. A muralha principal, que confronta o pátio, foi construída como em uma fortaleza feudal. Aqui encontramos uma figura egípcia cercada por uma parede, uma fonte sem água, um monumento, vasos quebrados jogados pelo chão e estátuas intencionalmente deitadas com o rosto para baixo. Adentramos o pátio e encontramos o tradicional círculo rodeado de pequenas construções e dividido em pequenos semicírculos, de modo que não falte diversidade.

O solo é coberto por grama em grande parte. Aqui se encontram, como nos cemitérios em ruínas, vasos de mármore guarnecidos de raros arabescos, herança paterna, misturados casualmente a anões e outras deformidades da época moderna,[12] sem que tenham encontrado um lugar apropriado até o momento. Deparamo-nos mesmo com um caramanchão atulhado de vasos antigos e outros objetos de pedra com arabescos em baixo-relevo.

O que há de mais avesso aos sentidos nesse filistinismo é o fato de que as cornijas das casinhas pendem tortas para um lado ou para o outro, de modo que o sentido para o nível horizontal e para a direção perpendicular, que nos tornam propriamente humanos e constituem a base para toda eurritmia, é em nós destruído e torturado. Da mesma forma, também essa sequência de telhados é toda enfeitada com hidras e pequenos bustos, com coros de macacos fazendo música e outros disparates semelhantes. Dragões e deuses intercalam-se, um gigante Atlas traz nos ombros um barril de vinho, em lugar da esfera celeste.

---

12 A descrição que Goethe faz do Palácio Palagonia lembra em muito o texto de Friedrich Schlegel sobre a arte antiga e a moderna (Über das Studium der griechieschen Poesie [Do estudo da poesia grega], de 1798), em que o escritor, ainda em sua fase de "discípulo de Winckelmann", isto é, em sua fase "clássica", dirá que a poesia moderna sofre de uma heterogeneidade descaracterizante. Descreve a poesia da nova civilização como um "armazém estético", no qual se alinham produtos poéticos variados e de gosto duvidoso: "Como em um armazém estético, encontra-se aqui, lado a lado, poesia popular e poesia de bom-tom, e mesmo o metafísico procura, não sem sucesso, seu próprio sortimento; epopeias nórdicas para os nordófilos e cristanófilos, histórias fantasmagóricas para os apreciadores de horrores místicos e odes iroquesas ou canibais para os apreciadores de carne humana" (Schlegel, *Kritische Schriften und Fragmente*, p.222. Tradução minha).

Caso pensemos em nos salvar de todo esse absurdo no castelo, o qual, construído pelo pai, tem uma aparência externa relativamente racional, logo encontramos, não longe da entrada, a cabeça coroada de louros de um imperador romano posta sobre o corpo de um anão, que monta, por sua vez, um golfinho.

É justamente no castelo, cujo exterior nos faz ter a esperança de um interior sofrível, que o delírio do príncipe tem novamente livre curso. Os pés das cadeiras são serrados de modo desigual, de forma que ninguém possa sentar-se. Quanto às cadeiras sentáveis, o castelão avisa que sob o estofamento coberto de veludo há pregos ocultos. Nos cantos, candelabros de porcelana chinesa, os quais, quando observados mais de perto, percebe-se serem formados pelos cacos colados de diferentes vasilhas, xícaras, pratos e outros objetos do mesmo tipo. Não há um único canto de onde não espreite algum capricho. Até mesmo a incomparável vista que se tem das montanhas é desperdiçada, estragada por vidraças de um tom improvável, que ora tornam a paisagem mais fria, ora a inflamam. É preciso mencionar ainda um gabinete, recoberto por velhas molduras de madeira dourada e trabalhada em baixo-relevo. Todas essa centenas de padrões de baixo-relevo, todas essa dourações heterogêneas na madeira de uma moldura mais antiga ou mais nova, mais ou menos empoeirada e mal conservada, cobrem aqui todas as paredes, em quantidade excessiva, dando ao aposento a aparência de um mercado de trocas arruinado.

Para descrever a capela seria necessário preencher um caderno inteiro. Aqui se encontra a chave para todo o desvario que só poderia proliferar em um espírito supersticioso a esse grau. Deixo-vos supor o tipo de caricatura de uma devoção mal orientada que se encontra aqui. Mas não posso deixar de mencionar o melhor. Bem rente ao teto foi colocado um crucifixo de madeira de bom tamanho, pintado em cores naturais e laqueado em dourado. Um gancho aparece no umbigo do Crucificado, do qual pende uma corrente fixada por sua vez na cabeça de um homem que ora, ajoelhado, figura esta que oscila no ar, pintada e laqueada como tudo o mais ali dentro, e que deve certamente simbolizar a crença inquebrantável do proprietário da capela.

Viagem à Itália

A propósito, o palácio não foi terminado. Um grande salão, decorado de forma rica e alegre pelo pai, mas de modo algum abjeto, permaneceu incompleto. Não chegou ao fim, assim como o desvario sem limites do filho.

Kniep, cujo sentido artístico foi levado ao desespero nessa casa de loucos, mostrou-se pela primeira vez impaciente. Quis que eu me apressasse a gravar e esquematizar os elementos dessa aberração. Teve suficiente boa vontade para desenhar ainda uma das composições, a única que de fato podia compor uma espécie de quadro. Representa uma mulher com cabeça de cavalo sentada em uma poltrona jogando cartas com um cavaleiro com cabeça de grifo, vestido à moda antiga, usando uma grande peruca e uma coroa. A cena alude ao singularíssimo, mesmo depois de todo disparate, brasão da casa Palagonia: um sátiro apresenta um espelho a uma mulher com cabeça de cavalo.

Palermo, terça-feira, 10 de abril de 1787

Subimos hoje a montanha em direção a Monreale. Uma estrada magnífica, construída por um abade do mosteiro em uma época de riqueza inesgotável.[13] Uma subida ampla e cômoda, árvores aqui e ali, mas especialmente chafarizes e poços, decorados com arabescos quase ao estilo palagônico, mas que, a despeito disso, servem de refresco a homens e animais.

O Mosteiro de São Martinho,[14] que fica no cimo da montanha, é uma construção respeitável. Raramente se espera algo sensato de um único celibatário, como se pode ver no caso do príncipe Palagonia; de muitos deles juntos, ao contrário, podem advir grandes obras, como o atestam igrejas e monastérios. É certo, porém, que as sociedades eclesiásticas possuem tal

---

13 Trata-se da abadia beneditina de Monreale, a sudeste de Palermo, fundada em 1174 por Guilherme II. Nota-se aqui que Goethe não deu atenção à catedral e seus mosaicos, obra-prima da arte normanda e bizantina. O caminho foi construído pelo arcebispo Testa, que recebeu esse título em 1760.

14 Mosteiro Beneditino de São Martino delle Scale, a uma hora e meia de distância da abadia de Monreale. Foi construído pelo papa Gregório, o Grande, no século VI. Destruído pelos árabes em 820, foi reconstruído em 1346 e ampliado em 1770. Hoje é uma instituição educacional para os jovens do campo.

efeito duradouro porque podem contar com uma descendência bem maior do que qualquer pai de família.

Os monges permitiram-nos visitar suas coleções. Guardam muita coisa boa da Antiguidade e das ciências naturais. Chamou-nos particularmente a atenção uma medalha com a imagem de uma jovem deusa, que deve ter encantado muita gente. Os bons homens teriam prazerosamente nos presenteado com uma reprodução, mas nada havia à disposição que pudesse servir naquele momento a tal propósito.

Depois de nos terem mostrado tudo, não sem lamentar a comparação entre o estado atual e o anterior dos objetos, levaram-nos a uma pequena e agradável sala, de cuja varanda se tinha uma agradável vista. Aqui se havia posto a mesa para nós dois, e um almoço muito bom foi servido. Depois da sobremesa, entrou o abade, acompanhado de seus monges mais velhos. Deixou-se ficar por cerca de meia hora, quando tivemos de responder a muitas perguntas. Despedimo-nos amistosamente. Os mais jovens nos acompanharam novamente às salas das coleções e depois até o carro.

Voltamos para casa com uma disposição de espírito totalmente diferente da de ontem. Hoje lamentamos a decadência gradativa de uma bela instituição, causada pelo passar do tempo, ao passo que, no outro caso, vimos um empreendimento de mau gosto prosperando a cada dia.

A estrada para São Martinho passa pelas velhas montanhas calcárias. Quebram-se as pedras e extrai-se delas a cal, extremamente branca, pelo método da queima. Para o fogo, utilizam uma espécie de capim longo e resistente, seco e amarrado em um fardo. Aqui se extrai apenas a *calcara*. Nas partes mais altas, encontra-se em forma de aluvião a argila vermelha, que constitui a camada superior de terra cultivável. Quanto mais no alto, mais vermelha a argila, com poucas manchas escuras de vegetação. Vi, à distância, uma vala que parecia ter a cor do cinabre.

O monastério situa-se em meio a rocha calcária, rica em fontes. As montanhas ao redor são em boa parte cultivadas.

Palermo, quarta-feira, 11 de abril de 1787

Depois de ter visitado ainda dois pontos de atração fora da cidade, pusemo-nos a caminho do palácio, onde o serviçal encarregado mostrou-nos os cômodos e o que havia neles. Para nosso horror, a sala onde deveriam estar os objetos da Antiguidade encontrava-se em grande desordem, porque ali se havia procedido à reforma da decoração arquitetônica. As estátuas tinham sido arrancadas de seus lugares, cobertas com panos e escondidas por equipamentos e ferramentas, de modo que, apesar da boa vontade de nosso guia e algum esforço dos artesãos, pudemos fazer apenas uma ideia bastante incompleta do que havia ali. De modo geral, chamaram-me a atenção dois carneiros de bronze,[15] os quais, ainda que vistos sob tais circunstâncias, foram capazes de elevar meu sentido artístico. Foram representados deitados, com uma pata posta à frente, com as cabeças voltadas para lados opostos, como em um reflexo. Poderosas figuras da família mitológica, dignas de serem montadas por Frixo ou Hele.[16] Sua lã não era curta nem encaracolada, mas longa e caindo em ondas, com grande verossimilhança e elegância, produto da melhor época grega. Devem ter vindo do porto de Siracusa.

O guia levou-nos então para as catacumbas, fora do perímetro da cidade. São dotadas de sentido arquitetônico, não se trata de meros pedaços de rocha usadas como túmulos. Em uma parede vertical, feita de um tufo calcário especialmente duro, há aberturas arredondadas e, dentro delas, foram escavados sarcófagos uns sobre os outros, diretamente na pedra, sem ajuda de qualquer outra obra de alvenaria. Os sarcófagos superiores são menores, e no espaço entre as pilastras foram construídos túmulos para crianças.

---

15 Um dos carneiros foi destruído durante a revolução de 1848. O outro se encontra atualmente no Museu de Palermo. Trata-se de uma obra original do começo do período helenístico, descoberta provavelmente em Siracusa.

16 Frixo e Hele são filhos do rei Atama e de sua mulher Néfele. Néfele os raptou, a fim de protegê-los da perseguição por parte de uma outra esposa do rei. Colocou-os às costas de um carneiro alado, que Hermes lhe dera de presente, cujo velo era de ouro. Irmã e irmão cavalgaram esse animal prodigioso, cruzando o ar, a terra e o mar. Hele, acometida de vertigem, caiu no mar, que recebeu por isso o nome de Helesponto. Frixo chegou à Cólquida, onde sacrificou o carneiro a Zeus, presenteando depois o rei Eetes com o velo de ouro.

Johann Wolfgang von Goethe

Palermo, quinta-feira, 12 de abril de 1787

Mostraram-nos hoje o gabinete de medalhas do príncipe Torremuzza.[17] Fui, em certa medida, contra minha vontade. Conheço muito pouco desse assunto e entendo que a companhia de um viajante curioso é odiosa aos verdadeiros conhecedores e mesmo aos amadores. Mas como é preciso começar de algum ponto, adaptei-me e tirei diversão e proveito da oportunidade. Ganha-se muito quando se vê, mesmo rapidamente, quantas cidades do mundo antigo, mesmo as menores, que nos legaram, quando não uma sequência completa da história da arte, ao menos o panorama de algumas épocas, por meio de preciosas moedas. Desses compartimentos em forma de gavetas sorriu-nos uma infinita primavera de flores e frutos da arte, o verdadeiro comércio da vida em seu sentido mais próprio, e tantas outras coisas mais. O brilho das cidades sicilianas, hoje obscurecido, cintila novamente nesses pedaços de metal moldado.

Infelizmente tive em mãos, em minha juventude, apenas as medalhas de família, que não dizem nada, assim como aquelas moedas que repetem tediosamente o perfil do imperador. Imagens de dirigentes, mas não exatamente de homens exemplares da humanidade. Lamento que minha juventude tenha sido tristemente limitada pela Palestina,[18] que não tinha imagens absolutamente, e pela Roma de formas confusas e demasiadas! A Sicília e a Magna Grécia dão-me agora a esperança de uma vida renovada.

O fato de eu me expressar sobre tais objetos de modo tão generalizado é uma prova de que não aprendi ainda muita coisa sobre o assunto. Isso acontecerá com o passar do tempo.

---

17 Gabriele Lancilotto Castello, príncipe de Torremuzza, marquês di Motta d'Affermo, também conhecido pelo pseudônimo de Selinunte Drogonteo (1727-1794), notabilizou-se pelo estudo da numismática e da antiguidade siciliana. Sua coleção se encontra hoje no Museu Nacional de Palermo.

18 Nome greco-romano para o hebreu *Pleschet*, que originalmente caracterizava apenas a costa ao sul de Jafa (hoje incorporada a Tel-Aviv). Logo o termo ampliou seu significado, passando a denominar toda a terra dos judeus (*Meyers Großes Konversationslexikon. Ein Nachschlagewerk des allgemeinen Wissens*, 6.ed., Leipzig/Viena, 1905-9).

Viagem à Itália

Palermo, quinta-feira, 12 de abril de 1787

Esta tarde realizei um dos meus desejos, de maneira bastante peculiar. Eu estava na rua principal, em pé sobre o calçamento, conversando com o vendedor de uma loja. De repente entrou um mensageiro, homem alto e bem-vestido, e apresentou-me uma salva de prata que levava nas mãos, sobre a qual havia alguns centavos de cobre e algumas poucas peças de prata. Como eu não soubesse do que se tratava, sacudi os ombros, balançando ao mesmo tempo a cabeça, o sinal costumeiro por meio do qual se dá a entender que não se entendeu a solicitação ou a pergunta, ou que não se quer entendê-la. Com a mesma rapidez com que chegou, o mensageiro se foi. Naquele momento, então, eu percebi, do outro lado da rua, seu camarada entregue à mesma ocupação.

Perguntei ao comerciante o que significava aquilo. Este, com gestos pensados e ao mesmo tempo um tanto furtivos, apontou para um homem alto e magro, o qual caminhava pela rua principal vestido à maneira da corte, discreto e tranquilo, pisando a sujeira da rua. Com os cabelos frisados e o rosto empoado, trazia o chapéu debaixo do braço, vestindo trajes de seda, com a adaga de lado e belos sapatos ornados com pedras preciosas. Assim se apresentou esse homem já idoso, de maneira séria e tranquila. Os olhos de todos voltaram-se para ele.

"Esse é o príncipe Palagonia", disse o comerciante, "que, de tempos em tempos, anda pela cidade esmolando uns trocados para os cristãos tomados como escravos pelos piratas berberes.[19] Essa coleta não resulta certamente em muito dinheiro, mas o ato permanece na memória do povo e, por vezes, aqueles que deixaram de contribuir enquanto viviam legam somas consideráveis à causa. O príncipe é o responsável por essa obra já há muitos anos, e com isso tem praticado um bem enorme!"

"Ele poderia ter aplicado nisso", exclamei, "as grandes somas que gastou nas tolices que construiu em sua propriedade. Nenhum outro príncipe deste mundo teria feito melhor."

---

19 Francesco Ferdinando II Gravina Cruyllas (1722-1788), VII príncipe de Palagonia.

O comerciante replicou: "E não somos todos nós assim? Pagamos prazerosamente por nossas próprias tolices, ao passo que por nossas virtudes devem outros fazê-lo".

Palermo, sexta-feira, 13 de abril de 1787

O conde Borch foi um diligente predecessor no estudo do reino mineral da Sicília, e quem visitar a ilha com os mesmos propósitos deve com certeza prestar-lhe o devido tributo.[20] É uma agradável obrigação relembrar aqui um predecessor. Pois também eu sou um antecessor de outros no futuro, seja na vida, seja nesta viagem!

A atividade do conde parece-me a propósito maior do que seus conhecimentos. Ele procede com certa autocomplacência, contrária àquela modesta seriedade com a qual se deve tratar de objetos importantes. Entrementes, seu volume *in quarto*, dedicado inteiramente ao reino mineral da Sicília, foi-me de grande proveito, de modo que, devidamente preparado, pude visitar os polidores de pedra os quais, outrora mais ocupados, quando as igrejas e os altares tinham de ser recobertos por mármore e ágata, dedicam-se ainda hoje a seu mister. Encomendei-lhes amostras de pedras moles e duras. É essa a diferença entre o mármore e a ágata, que determina também a diferença dos respectivos preços. Além dessas duas, trabalham muito também com um outro material, um subproduto de seus fornos de cal. Depois da queima, encontra-se uma espécie de vidro fundido, que vai do azul mais claro ao mais escuro, atingindo mesmo a cor negra. Esses grumos são talhados em finas placas, como as outras pedras, selecionados segundo a cor e a pureza e empregados depois com sucesso, em vez do lápis-lazúli, na decoração de altares, túmulos e outros ornamentos eclesiásticos.

Não havia disponível uma coleção completa, tal como eu desejava. Esta será enviada depois a Nápoles. As ágatas são de grande beleza, especial-

---

20 Michel-Jean Borch (1753-1810), naturalista polonês, autor de *Lettres sur la Sicile et sur l'île de Malthe, pour servir de supplément au voyage en Sicilie et à Malthe de Monsieur Brydone* (1777), em que refuta o que considerava equívocos na obra de Brydone, e de *Littologie sicilienne ou conaissance de la nature des pierres de la Sicilie* (1778).

Viagem à Itália

mente as que têm manchas irregulares de jaspe amarelo ou vermelho, misturadas ao quartzo branco congelado, o que produz um belíssimo efeito.

O único objeto racional que encontrei durante a vista ao delírio palagônico naquele dia foi uma imitação bastante precisa de tais ágatas, obtida por meio da aplicação de esmaltes no verso de finas placas de vidro. Tais placas prestam-se melhor à decoração do que a própria ágata, uma vez que, para compor uma placa do tamanho desejado pelo arquiteto é preciso, no caso da pedra original, reunir muitos pequenos pedaços. Essa é seguramente uma obra de arte que merece ser imitada.

Palermo, 13 de abril de 1787

A Itália sem a Sicília não impressiona muito a alma: aqui é que se encontra a chave de tudo o mais.

Nunca se pode louvar suficientemente o clima. Agora é a época de chuvas, mas ela nunca é contínua. Hoje há raios e trovões, e a vegetação se torna mais verde. Já apontam os primeiros nós em parte do linho, enquanto a outra parte floresce. Quase não se veem as lagoas ao fundo, tão belos os campos de linho em tom verde-azulado lá embaixo. São tantos os objetos que atraem nossa atenção! E meu companheiro, ademais, é um homem excelente, um verdadeiro Hoffegut,[21] do mesmo modo como eu desempenho seriamente o papel de Amigo Fiel. Ele já traçou belos contornos e ainda extrairá daí o melhor. Que bela perspectiva essa, a de um dia voltar feliz para casa de posse de meus tesouros!

Eu ainda não disse nada sobre a comida e bebida aqui da região, e vede que não se trata de pouca coisa. Os frutos da horta são magníficos, principalmente as alfaces, delicadas e saborosas como leite. Aqui se entende por que os antigos chamaram-na *lactuca*. O azeite e o vinho, tudo muito bom, e poderiam ser ainda melhores se dispensassem maior cuidado em seu preparo. Os peixes são os melhores, da mais delicada carne. Nos últimos

---

21 *Hoffegut* (Boa Esperança) e *Treuer Freund* (Amigo Fiel), personagens da comédia de Goethe *Die Vögel* [Os pássaros], baseada em Aristófanes.

tempos tivemos também uma carne de vaca muito boa, embora as pessoas em geral não costumem louvá-la.

Passemos agora do almoço à janela! Para a rua! Foi concedida graça a um malfeitor, o que acontece sempre em comemoração à semana da Páscoa, um tempo de absolvição. Foi levado por uma irmandade a um patíbulo feito apenas para esse fim, ali teve de assistir a um serviço religioso e beijar seu diretor espiritual, sendo depois conduzido novamente para fora. Era um belo homem, oriundo das camadas medianas da população, com os cabelos frisados, trajando fraque e chapéu brancos, tudo branco. Levava o chapéu na mão. Bem que o povo poderia tê-lo enfeitado com fitas coloridas, como a um pastor em um baile de máscaras.

Palermo, 13 e 14 de abril de 1787

Eis que pouco antes de minha partida fui surpreendido por uma aventura, da qual dou notícia agora em detalhe.

Já desde o começo de minha estada tenho ouvido à mesa alguma coisa sobre Cagliostro, sobre sua origem e destino. Os habitantes de Palermo são unânimes quanto à existência de um certo Giuseppe Balsamo, o qual, nascido na cidade deles, teria se tornado suspeito de algumas más ações, sendo por isso banido. As opiniões se dividiam quanto a se tratar da mesma pessoa que o conde Cagliostro. Alguns, que o conheceram, julgam reconhecer sua figura naquela gravura em cobre, já suficientemente conhecida entre nós e que chegara também a Palermo.[22]

Durantes essas conversas, um dos hóspedes referiu-se aos esforços dispendidos por um erudito em Direito[23] da cidade de Palermo, a fim de

---

22 Giuseppe Giovanni Battista Vincenzo Pietro Antonio Matteo Franco Balsamo, conhecido como conde Alessandro Cagliostro (1743-1795), famoso aventureiro, alquimista e ocultista italiano. Além de escrever um ensaio sobre ele, "Des Joseph Balsamo, genannt Cagliostro, Stammbaum. Mit einigen Nachrichten von seiner in Palermo noch lebenden Familie" (Árvore genealógica de Giuseppe Balsamo, dito Cagliostro. Com algumas notícias de sua família, que ainda vive em Palermo, 1792), Goethe também o fez personagem de sua comédia *Der Gross-Cophta* [O grande copta, 1791].

23 Trata-se do barão Antonio Vivona, procurador da França na Sicília.

Viagem à Itália

esclarecer a coisa. Ele fora encarregado pelo ministério francês de investigar a origem de um homem que tivera a ousadia de inventar, diante da França, a bem dizer, diante do mundo todo, as mais tolas e falsas histórias em meio a um processo legal importante e perigoso.

Esse erudito, diz-se, teria reconstituído a árvore genealógica de Giuseppe Balsamo e enviado para a França um memorial detalhado, acompanhado de anexos autenticados, do qual provavelmente se faria uso público.

Demonstrei meu desejo de conhecer esse erudito, de quem, a propósito, se falava muito bem. O narrador da história ofereceu-se para levar-me a sua casa e apresentar-me a ele.

Depois de alguns dias, fomos até lá e encontramo-lo ocupado com seus clientes. Quando os despachou e depois de tomarmos o café da manhã, trouxe-nos um manuscrito que continha a árvore genealógica de Cagliostro, uma reprodução dos documentos necessários para sua confirmação, assim como a concepção do memorial que fora enviado para a França.

Apresentou-me a árvore genealógica, fornecendo-me as explicações necessárias, das quais introduzo aqui apenas as imprescindíveis para que se tenha uma noção do caso.

O bisavô de Giuseppe Balsamo pela linha materna foi Matteo Martello. O nome de nascimento de sua bisavó é desconhecido. Desse casamento nasceram duas filhas, uma delas de nome Maria, que se casou com Giuseppe Bracconieri e foi avó de Giuseppe Balsamo. A outra, de nome Vicenza, casou-se com Giuseppe Cagliostro, nascido em uma pequena vila, La Noara, a oito milhas de Messina. Faço notar neste ponto que em Messina vivem ainda dois fabricantes de sinos com esse nome. A tia-avó foi madrinha de batismo de Giuseppe Balsamo. Ele recebeu o nome de seu marido usando no estrangeiro também o sobrenome Cagliostro do tio-avô.

O casal Bracconieri teve três filhos: Felicitas, Matteo e Antonino. Felicitas casou-se com Pietro Balsamo, o filho de um comerciante de fitas em Palermo, Antonino Balsamo, provavelmente de ascendência judia. Pietro Balsamo, o pai do famigerado Giuseppe, foi à bancarrota e morreu em seu 45º ano de vida. Sua viúva, que vive ainda, deu-lhe, além do já mencionado Giuseppe, uma filha, Giovanna Giuseppa-Maria, casada com Giovanni Battista Capitummino, que lhe deu três filhos e faleceu.

Johann Wolfgang von Goethe

O memorial, lido pelo paciente e gentil autor, que a meu pedido o confiou a mim por alguns dias, estava legitimado por certidões de batismo, contratos de casamento e outros instrumentos legais, coletados com muito esmero e cuidado. Continha as circunstâncias aproximadas (como posso perceber agora a partir da cópia do trecho que eu fizera então) que se tornaram conhecidas a partir das atas dos processos de Roma, segundo as quais Giuseppe Balsamo nascera no início de junho de 1743 em Palermo, tendo sido batizado por Vicenza Martello, nome de casada Cagliostro; que em sua juventude fora admitido à Ordem dos Irmãos da Misericórdia, uma ordem que cuidava especialmente dos doentes; que cedo mostrara talento e habilidade para a medicina, mas, devido aos seus maus atos, fora banido; e que mais tarde, em Palermo, tornou-se um mago e caçador de tesouros.

Não deixara de lançar mão de seu grande talento para a imitação de todo tipo de caligrafia, continua o memorial. Ele falsificou ou antes produziu ele mesmo um velho documento, por meio do qual a propriedade de alguns terrenos foi posta em questão. Foi investigado e preso. Conseguiu fugir e teve sua captura ordenada. Viajou da Calábria até Roma, onde se casou com a filha de um fabricante de cintos. De Roma, voltou a Nápoles sob o nome de marquês Pellegrini. Ousou mostrar-se novamente em Palermo, onde foi reconhecido e preso. Sua fuga da prisão deu-se de maneira tal que merece ser aqui contada em detalhes.

O filho de um dos primeiros príncipes sicilianos e grande proprietário de terras, um homem que ocupava posições de importância na corte napolitana, aliava a uma forte compleição física e a um ânimo desenfreado toda a audácia e orgulho que os ricos e poderosos sem cultura e formação se acreditam no direito de exibir.

Donna Lorenza[24] soube ganhá-lo para si, e sobre suas relações com o príncipe o falso marquês Pellegrini alicerçou sua segurança. O jovem príncipe demonstrava publicamente que o casal estava sob sua proteção e foi tomado de uma fúria desmedida ao saber que Giuseppe Balsamo fora novamente encarcerado devido a uma queixa da parte prejudicada por suas falcatruas. Tentou libertá-lo por diferentes meios, e, como estes não surtis-

---

24 A esposa de Cagliostro.

Viagem à Itália

sem efeito, ameaçou, na antecâmara do presidente, surrar da maneira mais cruel o advogado da parte contrária, caso este se negasse a anular a prisão de Balsamo. Como seu oponente se negasse a fazê-lo, o príncipe o agarrou, golpeou-o, jogou-o ao chão e pisoteou-o, e ninguém o teria impedido de prosseguir com seus maus-tratos se o próprio presidente, ouvindo o barulho, não acorresse a restabelecer a paz.

Este, um homem fraco e sem autonomia, não teve coragem de aplicar uma pena ao ofensor. A parte contrária e seu advogado se acovardaram, e Balsamo foi posto em liberdade, sem que se fizesse qualquer registro nos arquivos sobre sua soltura, nem sobre quem fora responsável por ela, ou sobre como acontecera.

Logo depois disso, Balsamo deixou Palermo e fez diferentes viagens, das quais o autor do memorial não foi capaz de dar melhor notícia.

O memorial termina com uma aguda evidência do fato de que Cagliostro e Balsamo seriam a mesma pessoa, uma tese mais difícil de sustentar na época do que hoje, quando já conhecemos tão bem as circunstâncias históricas.

Se naquela ocasião eu não tivesse de contar com a possiblidade de que pudessem fazer um uso público daquele documento na França, de que talvez mesmo já o encontrasse impresso quando de meu retorno, eu teria tido a permissão de copiá-lo e informar mais cedo meus amigos e meu público de algumas circunstâncias interessantes.

Entretanto, soubemos a maior parte, e mais do que aquele memorial poderia conter, por uma fonte da qual normalmente só jorram equívocos. Quem acreditaria que Roma viria a contribuir tanto para o esclarecimento do mundo, para o completo desmascaramento de um farsante quanto o que se fez com a publicação daquele excerto dos autos do processo? Pois embora esse escrito pudesse e devesse ser muito mais interessante, ele continua, porém, a ser um belo documento nas mãos de qualquer pessoa ajuizada que não pode deixar de se aborrecer ao ver que os enganados, os semienganados e os enganadores reverenciavam anos a fio aquele homem e suas farsas, sentiam-se elevados acima de todo o mundo pela associação com ele e, das alturas de sua crédula arrogância, deploravam, quando não desdenhavam, o sadio bom senso.

289

Quem não se manteria em silêncio àquela época? Só agora, depois que a coisa toda já se passou e a controvérsia é finda, posso tomar a mim a tarefa de completar o dossiê, comunicando os fatos de que tenho conhecimento.

Quando notei na árvore genealógica que algumas pessoas, especialmente mãe e irmãs, supostamente ainda viviam, mostrei ao autor meu desejo de vê-las e de conhecer os parentes de um homem tão extraordinário. Ele respondeu que seria difícil, pois tais pessoas, pobres, porém honradas, viviam de modo bastante recluso e não tinham o hábito de receber estrangeiros, o que certamente chamaria a atenção e a suspeita da nação sobre eles. Mas ele gostaria de me mandar seu notário, o qual teria acesso à família. Fora por meio desse homem que ele próprio conseguira todas as notícias e certidões da qual se constituíra a árvore genealógica.

No dia seguinte apareceu o notário, expressando alguns cuidados a respeito do empreendimento. "Tenho evitado até então manter contato com aquela gente, pois para obter-lhes os contratos de casamento, certidões de batismo e outros documentos e fazer cópias legais dos mesmos, tive de me valer eu mesmo de alguns expedientes. Falei-lhes de um auxílio familiar, disponível em algum lugar, fazendo-os crer que o jovem Capitummino estava qualificado a solicitá-lo.[25] Para todos os efeitos, seria necessário traçar uma árvore genealógica, a fim de verificar se o rapaz podia mesmo candidatar-se a esse auxílio. Tudo dependeria depois de alguma negociação, que eu tomaria a meu cargo, se estivessem dispostos a me prometer uma módica quantia da soma recebida em paga de meus esforços. Aquela boa gente concordou alegremente com tudo. Recebi os documentos necessários, as cópias foram feitas e a árvore genealógica elaborada, e desde então tenho o cuidado de me esquivar deles. Há algumas semanas, a velha Capitummino me viu,[26] *e a única desculpa que eu fui capaz de apresentar foi a demora com que tais coisas costumam tramitar.*"

Assim disse o notário. Porém, como eu não quisesse desistir de meu intento, concordamos, depois de alguma reflexão, que eu poderia me apre-

---

25 Giuseppe Capitummino, filho da irmã de Cagliostro.
26 A irmã de Cagliostro.

sentar à família como um inglês que trazia notícias de Cagliostro, o qual, uma vez fora da prisão da Bastilha, se dirigira a Londres.

À hora aprazada, em torno das três da tarde, colocamo-nos a caminho. A casa ficava no beco de uma ruazinha, não longe da rua principal, chamada il Cassaro. Subimos por uma escada miserável e nos vimos imediatamente na cozinha. Uma mulher de estatura média, forte e robusta, sem ser gorda, ocupava-se em lavar a louça. Estava vestida com roupa limpa e levantou uma ponta do avental quando entramos, para esconder o lado que estava sujo. Olhou amistosamente para meu guia e disse: "*Signor Giovanni*, traz-nos boas notícias? O senhor conseguiu alguma coisa?".

Ele replicou: "Não fui bem-sucedido naquele nosso assunto. Aqui está, entretanto, um estrangeiro que vos traz um cumprimento de vosso irmão e deseja contar-vos como se encontra ele presentemente".

O tal cumprimento não fora antes combinado por nós; no entanto, a introdução já fora feita. "O senhor conhece meu irmão?", perguntou ela. "A Europa inteira o conhece", respondi. "E eu creio que lhe será agradável saber que ele se encontra bem e em segurança, pois certamente o destino dele lhes foi até agora motivo de preocupação." "Entrem, por favor", disse ela, "eu os seguirei em um momento." Entrei no cômodo com o notário.

Era um cômodo tão alto e grande que para nós poderia valer como um salão. Parecia, entretanto, ser toda a moradia da família. Uma única janela iluminava as grandes paredes, que algum dia tiveram uma cor e sobre as quais pendiam imagens de santos em cor negra com molduras douradas. Duas grandes camas sem dossel estavam ao lado de uma das paredes; um móvel de cor marrom, que tinha a forma de uma escrivaninha, ficava do outro lado. Velhas cadeiras de junco trançado, cujos encostos foram um dia dourados, ficavam ao lado, e os ladrilhos do chão estavam muito gastos em vários pontos. A propósito, tudo estava muito limpo. Aproximamo-nos da família, reunida na outra ponta do quarto ao redor da única janela.

Enquanto meu guia explicava à velha sra. Balsamo, sentado no canto, o propósito de nossa visita, tendo de repetir muitas vezes suas palavras em tom mais alto por conta da surdez da boa velha, tive tempo de examinar o cômodo e as outras pessoas que ali se encontravam. Uma mocinha de cerca de 16 anos, já bem crescida, cujas feições a bexiga tornara indefinidas,

Johann Wolfgang von Goethe

estava em pé junto à janela. Ao lado dela havia um jovem, cuja fisionomia desagradável, desfigurada também pela bexiga, não me passou despercebida. Em uma poltrona recostada contra a janela estava sentada, ou melhor, deitada, uma pessoa doente, bastante deformada, que parecia acometida por um tipo de doença do sono.

Quando meu guia se fez notar, convidaram-nos a sentar. A velha fez-me algumas perguntas, que eu precisei que traduzissem, pois não sou fluente no dialeto siciliano.

Enquanto isso, eu me comprazia em contemplar a anciã. Ela era de estatura mediana, mas de boa compleição. Sobre os traços regulares de seu rosto, que a idade não fizera degenerar, espalhava-se a paz da qual costumeiramente desfrutam as pessoas a quem falta o sentido da audição. O tom de sua voz era suave e agradável.

Respondi a suas perguntas e minhas respostas também tiveram de ser traduzidas para ela.

A lentidão de nossa conversa deu-me oportunidade de medir minhas palavras. Contei-lhe que seu filho fora libertado na França e que no momento se encontrava na Inglaterra, onde fora bem recebido. A alegria dela ao ouvir tais palavras deixou-se acompanhar de expressões de uma comovida piedade e doçura. Como ela passara a falar de modo um pouco mais alto e vagaroso, fui capaz de entendê-la.

Enquanto isso, sua filha entrara e sentara-se em frente a meu guia, que lhe repetiu fielmente tudo o que eu dissera. Ela vestira um avental limpo e ajeitara os cabelos sob a rede. Quando mais eu a contemplava e a comparava com sua mãe, mais evidente se tornava a diferença entre as duas figuras. Uma viva e saudável sensualidade emanava de toda a constituição da filha, que deveria ser uma mulher de cerca de 40 anos. Com vivos olhos azuis ela olhava de modo inteligente ao redor, sem que eu pudesse sentir qualquer traço de desconfiança neles. Enquanto estava sentada, sua silhueta prometia ser de uma altura maior do que a que exibia quando ela se levantava. Sua postura era determinada, sentou-se com o corpo inclinado para a frente e com as mãos sobre os joelhos. A propósito, seu rosto antes cheio que anguloso fez-me lembrar do retrato do irmão, que conhecemos das gravuras em cobre. Fez-me diferentes perguntas sobre minha viagem,

Viagem à Itália

minha intenção de conhecer a Sicília, mostrando-se convencida de que eu voltaria e comemoraria com eles no dia de Santa Rosália.

Como a avó, nesse momento, passara novamente a dirigir suas perguntas a mim, encontrando-me eu então ocupado em responder-lhe, a filha passou a conversar à meia voz com meu companheiro, mas de modo que me foi possível perguntar a ele do que tratava a conversa. Disse ele que a sra. Capitummino contou-lhe que o irmão ainda lhe devia catorze onças de ouro; ela se desfizera de alguns objetos para conseguir-lhe dinheiro, quando de sua rápida partida de Palermo. Desde então, porém, não ouvira mais falar dele, nem recebera dinheiro ou qualquer tipo de apoio, embora, como ela ouvira falar, ele estivesse de posse de muita riqueza e vivesse de maneira principesca. Talvez eu pudesse me encarregar de, ao retornar, lembrá-lo da dívida, da maneira mais adequada, conseguindo assim algum auxílio para ela, quem sabe eu poderia mesmo levar uma carta, ou de todo modo fazer algo a respeito. Prontifiquei-me a fazê-lo. Ela me perguntou onde eu morava, isto é, para onde ela poderia enviar a carta. Neguei-me a fornecer meu endereço, oferecendo-me a buscar eu mesmo a carta no dia seguinte, à tardinha.

Contou-me então a situação miserável em que se encontrava. Era viúva, com três filhos, dentre os quais uma das meninas fora mandada ao convento para ser educada. A outra estava ali presente e o filho fora neste momento à escola. Além desses três filhos, tinha consigo a mãe, cujo sustento também dependia dela. Além disso, por amor cristão, tinha também consigo aquela infeliz pessoa doente, que tornava seu fardo ainda mais pesado. Toda a sua capacidade de trabalho mal bastava para conseguir para si e para os seus o sustento básico. Ela bem sabia que Deus não deixaria uma tal obra sem recompensa, mas suspirava muito sob o fardo que carregava já havia tanto tempo.

Os jovens envolveram-se na conversa, que se tornou mais animada. Enquanto eu conversava com os outros, escutei a velha perguntar à filha se eu também professava a santa religião. Pude perceber que, de um modo inteligente, a filha tentava esquivar-me da resposta, tanto quanto pude entender, fazendo ver à mãe que o estrangeiro parecia bem-intencionado em relação a eles e que não era nem um pouco adequado questionar alguém assim de modo tão imediato quanto a esse ponto.

Quando ouviram que eu logo partiria de Palermo, tornaram-se mais insistentes e tentaram convencer-me de que eu deveria voltar de toda forma. Elogiaram especialmente os dias paradisíacos da festa de Santa Rosália, sendo que no mundo todo não se veria coisa igual nem mais prazerosa.

Meu companheiro, que de bom grado já teria ido embora há muito tempo, finalmente pôs fim à conversa com seus gestos, e eu prometi voltar no dia seguinte para buscar a carta. Meu companheiro alegrou-se por tudo ter transcorrido de modo tão feliz, depois do que nos despedimos satisfeitos.

Pode-se imaginar a impressão que essa pobre, piedosa e bem-intencionada família teve sobre mim. Minha curiosidade fora aplacada, mas seu comportamento natural e bondoso despertara em mim uma simpatia que só fazia aumentar, quanto mais eu pensava no acontecido.

Logo, entretanto, despontou em mim a preocupação quanto ao dia seguinte. Era natural que minha aparição, que os surpreendera em um primeiro momento, tivesse dado a eles muito o que pensar. Por meio da árvore genealógica, eu sabia que outros membros da família ainda viviam. Era coisa natural que quisessem chamar seus amigos para que se repetisse em sua presença aquilo que no dia anterior ouviram de mim com admiração e espanto. Eu conseguira meu intento, e não me restava senão terminar essa aventura da maneira mais adequada. No dia seguinte, fui sozinho a sua casa logo depois do almoço. Admiraram-se quando entrei. A carta ainda não estava pronta, disseram, e alguns de seus parentes gostariam de me conhecer, o que se daria no final da tarde.

Respondi que partiria logo cedo na manhã seguinte e ainda tinha de fazer algumas visitas e arrumar as malas, e por isso achara preferível ir vê-las mais cedo a não ir de maneira alguma.

Nesse momento entrou o filho, que eu não vira no dia anterior. Parecia com sua irmã na altura e compleição. Trouxera a carta, a qual, como era de hábito em tais regiões, mandava-se escrever por um notário público. O jovem, uma personalidade tranquila, triste e modesta, quis informar-se sobre o tio. Perguntou sobre sua riqueza e modo de vida, acrescentando tristemente que não sabia por que ele teria se esquecido da família. "Seria nossa maior ventura", continuou, "se ele viesse aqui e nos levasse consigo." "Mas", continuou, "como ele confidenciou ao senhor que tinha parentes ainda em Palermo? Dizem que por todo lado ele nos renega e se dá por um homem de alta linhagem." Respondi a essa pergunta, que se devia à imprudência de meu acompanhante quando de nossa primeira visita, dizendo que o tio, embora tivesse motivos para ocultar suas origens do público, não fazia segredo dela para seus amigos e conhecidos.

A irmã, durante essa conversa, se aproximara e, encorajada pela presença do irmão e possivelmente também pela ausência do amigo que ontem me acompanhava, começou a falar igualmente de modo muito correto e animado. Ela pedia ardentemente que a recomendasse ao tio, quando eu escrevesse a ele. Da mesma forma, depois que eu completasse minha viagem pelo reino, que eu voltasse e passasse com eles as festas de Santa Rosália.

A mãe concordava com os filhos. "Meu senhor", disse ela, "ainda que, por ter em casa uma filha adulta, não seja de maneira nenhuma recomendável hospedar homens estranhos, e que tenhamos todos os motivos para nos proteger dos perigos e do falatório, o senhor será bem-vindo todas as vezes em que retornar a esta cidade."

"Ah, sim", intervieram os filhos, "queremos servir-lhe de guia na festa, queremos mostrar-lhe tudo, sentarmo-nos nas arquibancadas, de onde podemos ter a melhor visão das festividades. Como ele gostará do grande carro e especialmente da maravilhosa iluminação!"

Nesse momento a avó já tinha lido e relido a carta. Dando-se conta de que eu me despedia, levantou-se e entregou-me o papel dobrado. "Diga a meu filho", principiou a dizer com nobre vivacidade, até mesmo uma espécie de entusiasmo, "diga a ele que grande alegria me proporcionaram as notícias trazida pelo senhor, diga-lhe que estará sempre em meu coração." Nesse ponto ela estendeu os braços, cruzando-os então sobre o peito. "Diga que todos os dias oro por ele a Deus e à Virgem, que envio minhas bênçãos a ele e à sua mulher, e que meu único desejo é vê-lo ainda uma vez com estes olhos que já derramaram tantas lágrimas por ele."

A delicadeza peculiar da língua italiana favoreceu a escolha e a nobre colocação dessas palavras, que foram ainda acompanhadas de gestos vivazes, com os quais o povo dessa nacionalidade sabe emprestar às suas palavras um encanto incomum.

Despedi-me, não sem comoção. Todos me estenderam as mãos, as crianças acompanharam-me até lá fora e, quando eu descia a escada, apareceram na sacada da janela da cozinha que dava para a rua, chamando-me, acenando e repetindo que eu não esquecesse de voltar. Ainda os vi em pé na sacada, ao virar a esquina.

Não preciso dizer que a simpatia que senti por essa família despertou em mim o vivo desejo de lhes ser útil e ajudá-los em sua necessidade. Tinham sido ludibriados por mim e, com isso, sua esperança de uma ajuda inesperada vinda do norte da Europa estava prestes a ser novamente frustrada.

Minha primeira intenção fora a de restituir-lhes antes de partir as catorze onças que o fugitivo ficara a lhes dever e encobrir meu presente por meio da suposição de que esperava receber dele essa soma de volta. Entretanto, ao chegar em casa refiz minhas contas e revi minhas provisões de dinheiro e documentos, concluindo logo que em uma terra onde a falta de meios de comunicação faz crescer as distâncias ao infinito, colocaria a mim mesmo em dificuldades se ousasse reparar a injustiça perpetrada por um homem empedernido por meio de uma sincera boa ação.[27]

À noitinha, fui até meu comerciante e perguntei-lhe como seria a festa no dia seguinte, pois haveria uma grande procissão atravessando a cidade e o próprio vice-rei acompanharia a pé o cortejo do santo. O mínimo golpe de vento bastaria para envolver a Deus e aos homens na mais densa nuvem de poeira.

O bom homem disse que as pessoas em Palermo gostavam de confiar em milagres. Em muitos casos semelhantes acontecera de cair uma chuvarada capaz de limpar ao menos em parte as ruas da vizinhança, abrindo assim caminho para a procissão. Também desta vez havia motivos para manter

---

27 A carta que foi entregue a Goethe, traduzida para o alemão, foi incluída no ensaio de 1792, além da informação de que depois de seu regresso a Weimar ele enviou para a família as catorze onças de ouro.

Viagem à Itália

essa esperança, uma vez que o céu estava ficando encoberto, prometendo chuva para a noite.

Palermo, domingo, 15 de abril de 1787

E foi isso mesmo que se deu! Durante a noite, caiu do céu um violento aguaceiro. Hoje logo cedo apressei-me a ir para a rua testemunhar o milagre. E, de fato, a coisa era suficientemente estranha. A água da chuva, contida entre as calçadas dos dois lados, tinha varrido a sujeira mais leve para as ruas adjacentes, parte em direção ao mar, parte em direção às calhas, desde que não estivessem entupidas. A sujeira mais grossa fora ao menos deslocada para outro lado e com isso se formaram extraordinários meandros de caminho limpo sobre o calçamento. Havia centenas e centenas de pessoas munidas de pás, vassouras e ancinhos, ocupadas em alargar esses caminhos e fazer conexões entre eles, empilhando a sujeira restante ora daqui, ora dali. Decorreu daí que a procissão, quando começou, teve à sua frente de fato um caminho limpo que serpenteava por entre o lamaçal, de modo que os eclesiásticos com longas vestes, assim como a nobreza de belos sapatos, tendo o vice-rei à frente, puderam caminhar sem obstáculos e sem se sujar. Parecia-me estar vendo os filhos de Israel caminhando por entre os pântanos e a lama, aos quais a mão de um anjo abrira uma trilha seca. A comparação deu dignidade à insuportável visão de tantos homens crentes e distintos caminhando, orando e exibindo-se por entre uma avenida cheia de montes de sujeira úmida.

Por sobre os caminhos calçados de pedra havia ainda acesso desimpedido, mas no centro da cidade, entretanto, para onde nos chamava nossa intenção de ver coisas que havíamos antes negligenciado, era quase impossível passar, embora aqui também não tivessem deixado de varrer e empilhar a sujeira.

Essa festividade deu-nos ocasião de visitar a igreja principal e admirar suas peculiaridades e também de visitar outros edifícios. Agradou-nos especialmente uma casa mourisca, em muito bom estado de conservação — não era grande, mas possuía cômodos amplos, belos, harmônicos e bem-

-proporcionados. Em um clima nórdico, não se poderia habitá-la; no sul, entretanto, uma temporada ali seria muito bem-vinda. Seria desejável que arquitetos experientes fizessem uma planta baixa e a perspectiva dessa construção.

Vimos ainda em um local inóspito vários restos de antigas estátuas de mármore, as quais não tivemos paciência para decifrar.

Palermo, 16 de abril de 1787

Uma vez que ameaço a mim mesmo com a partida iminente deste paraíso, busquei consolo hoje no jardim público, onde li minha dose da *Odisseia* e, durante um passeio até o vale ao pé da montanha de Santa Rosália, trabalhei um pouco na concepção de *Nausícaa*,[28] experimentando as possibilidades dramáticas desse objeto. Tudo isso se deu de modo muito prazeroso, ainda que não tão bem-sucedido. Esbocei o plano e não pude mesmo deixar de rascunhar e dar sequência a alguns trechos que me atraem especialmente.

Palermo, quinta-feira, 17 de abril de 1787

Que infortúnio esse de ser perseguido e tentado por toda sorte de espíritos! Hoje cedo, dirigi-me ao jardim público, com o firme propósito de dar continuidade a meus devaneios poéticos. Entretanto, antes que eu me desse conta, uma outra aparição, que me perseguia já havia alguns dias, tomou conta de mim. Inúmeras plantas, que eu antes só pudera contemplar em vasos e potes, na maior parte do ano apenas por trás do vidro das estufas, encontram-se aqui belas e frescas ao ar livre. Ao cumprirem esse seu

---

28 Inspirado pela natureza e pela localização geográfica, Goethe enseja compor uma peça dramática tendo Nausícaa, filha de Alcínoo, rei dos feácios, como protagonista. A bela e jovem princesa, surpreendida por Ulisses no banho, é a única dentre suas companheiras a não correr assustada, acolhendo Ulisses náufrago e levando-o ao palácio de seu pai (cf. livro VI da *Odisseia*). A peça, entretanto, permanece fragmentária.

Viagem à Itália

destino, tornam-se mais nítidas e visíveis para nós. À vista da imagem de tanta coisa nova e renovada, tornei-me novamente presa da velha obsessão, a de que talvez eu pudesse descobrir a planta primordial em meio a essas tantas. Pois ela há realmente de existir! De outro modo, como se poderia reconhecer um determinado organismo como uma planta, se todas elas não fossem construídas a partir de um mesmo modelo?[29]

Esforço-me por investigar o ponto em que as várias formas desviantes diferem entre si. E sempre as descubro antes semelhantes do que divergentes. Se eu quisesse, poderia criar minha própria terminologia botânica, mas de que isso me valeria, tornar-me-ia ainda mais intranquilo, sem que daí resultasse um auxílio. Eis que minha boa intenção poética se desfez, o jardim de Alcínoo desapareceu e em seu lugar surgiu um jardim mundano. Por que somos nós modernos tão dispersos, por que nos deixamos atrair por empreendimentos que não conseguimos alcançar nem cumprir?

---

29 Mais tarde, em maio de 1787, de Nápoles, Goethe escreve a Charlotte von Stein, pedindo-lhe que informe a Herder que se encontra "muito próximo do segredo da geração e organização das plantas", e que se trata da coisa mais simples que se poderia pensar: "Sob este céu é possível fazer as mais belas observações. Diga--lhe [a Herder] que já não tenho mais dúvidas, que descobri claramente onde se encontra o cerne das coisas, diga-lhe que agora sou capaz de contemplar tudo o mais no Todo e que apenas alguns pontos precisam ainda de melhor definição. A planta primordial será a criação mais prodigiosa do universo, pela qual a própria natureza deverá invejar-me. Com esse modelo e com a chave de acesso a ele pode--se descobrir um número infinito de plantas, em uma série consequente. Isso quer dizer que, mesmo que não existam, sua existência seria certamente possível, não como sombra e aparência artística ou poética, mas sim dotadas de uma verdade e necessidade interna" (Goethe, HA, 2002, p.323-4). Ambos os trechos são muito significativos no que diz respeito à geração de uma noção central do pensamento científico goethiano, que, como se sabe, se expressa em geral por meio de uma linguagem imagética. A possibilidade de fazer coincidir a simultaneidade e a sucessividade, a diversidade e a organicidade será, de uma vez por todas, condensada na intuição da planta primordial, que Schiller, em 1794, chamará de "meramente uma ideia". A afirmação de Schiller legitima a hipótese de que o pensamento de Goethe é sempre mediado pela capacidade de gerar imagens, seja a partir da natureza, seja a partir dos objetos artísticos. Sua velha "obsessão" pela busca da forma original é então alimentada pela diversidade encontrada na vegetação siciliana.

Johann Wolfgang von Goethe

Alcamo, quarta-feira, 18 de abril de 1787

Deixamos Palermo à hora combinada. Kniep e o cocheiro mostraram-se extremamente hábeis em fazer as malas e ajeitá-las na carruagem. Subimos lentamente a magnífica estrada, que já conhecíamos de nossa viagem a São Martinho, admirando uma das exuberantes fontes à beira do caminho, quando um incidente nos preparou para os costumes moderados dessa região. Nosso cavalariço tinha a propósito pendurado no carro um pequeno barril de vinho, como fazem nossas vivandeiras, o qual parecia conter vinho suficiente para alguns dias. Qual não foi nossa surpresa quando ele, indo até uma das fontes, destampou o barril e o encheu de água. Perguntamos, com o autêntico espanto alemão, o que ele estava pensando, queríamos saber se o barrilzinho não estava cheio de vinho. A isso ele respondeu com grande tranquilidade que deixara um terço dele vazio e, uma vez que ninguém bebe vinho puro, era melhor logo misturá-lo todo, pois assim os líquidos se misturam melhor e nunca se sabe se vai se encontrar água em todo lugar. Desse modo estava assim o barrilzinho cheio, e tivemos de nos conformar com esse velho costume das bodas orientais.

Na altura de Monreale, descortinamos belas regiões que falavam mais da história do que da economia do lugar. À nossa direita a vista alcançava até o mar, que traçava sua linha horizontal por entre promontórios singulares, atravessando praias nuas e também margens cobertas de árvores, e, calmo, formava um magnífico contraste com as rochas calcárias. Kniep não perdeu a oportunidade de esboçar a paisagem diversas vezes.

Chegamos então a Alcamo, uma cidadezinha tranquila e bem cuidada. Deve-se elogiar ali a bem equipada hospedaria, uma bela organização a partir da qual se pode visitar comodamente o templo de Segesta, localizado em região bastante afastada.

Alcamo, quinta-feira, 19 de abril de 1787

As acomodações agradáveis em uma tranquila cidadezinha das montanhas atraíram-nos, de modo que decidimos passar aqui o dia todo. Falemos então de acontecimentos não antes registrados. Logo cedo pude negar a originalidade do príncipe Palagonia. Ele teve predecessores e encontrou seu modelo. A caminho de Monreale há duas construções monstruosas ao pé de uma fonte, com alguns vasos sobre a balaustrada, como se o próprio príncipe os tivesse encomendado.

Depois de Monreale, quando se deixa a ótima estrada e se entra nas montanhas pedregosas, veem-se lá em cima sobre a encosta pedras no caminho, que eu, devido a seu peso e erosão, pensei tratar-se de blocos de ferro. Toda a superfície plana é cultivada, com maior ou menor sucesso. A pedra calcária tem aqui aparência avermelhada, assim como a terra erodida nos mesmos locais. Essa terra avermelhada, parecida com argila, é encontrada em vastos espaços. O solo é duro, não há areia por baixo, mas o trigo cresce aqui muito bem. Deparamo-nos com velhas oliveiras, árvores muito fortes, porém mutiladas.

Sob a proteção de uma varanda construída à frente de um albergue muito insatisfatório, fizemos uma refeição moderada. Os cães, ávidos, devoravam as peles das salsichas que rejeitávamos. Um mendigo jovem afastou os cães e saboreou com apetite as cascas das maçãs que havíamos comido, mas, por sua vez, foi logo afastado por um mendigo mais velho. Por aqui reina a concorrência profissional. O velho mendigo anda de lá para cá metido em um desgastado uniforme como criado da casa. Eu já notara em ocasiões anteriores que, quando o hóspede exige algo ao hospedeiro que este não tem em casa, manda logo um mendigo ir buscar ao comerciante.

Nós, porém, estamos em geral a salvo de tal serviço descortês, pois nosso cocheiro cumpre muito bem as tarefas de cavalariço, cicerone, guarda, criado de compras, cozinheiro e tudo o mais.

Nas montanhas mais altas continuamos a ver oliveiras, assim como alfarrobas e freixos. Seu cultivo é também dividido em períodos de três anos. Por aqui se diz: "O estrume faz mais milagres do que os santos". As vinhas são mantidas muito baixas.

Alcano situa-se magnificamente nas montanhas, a alguma distância do golfo marítimo. Fomos atraídos pela grandiosidade da região. Rochas altas junto a vales profundos, porém amplos e cheios de diversidade. Depois de Monreale chega-se a um belo vale duplo, em cujo centro ainda se ergue uma costa rochosa. Os campos são férteis, em verde quietude. Sobre a estrada larga, a vegetação natural e a as sebes brilhavam loucamente, recobertas por gotas de orvalho. O laburno, completamente recoberto do amarelo das papilionáceas, sem que se visse uma única folha verde. O espinheiro-branco, de botão a botão, os aloés crescendo para o alto e prenunciando as flores. Ricos tapetes de trevo avermelhado, a orquídea-mosca, violetas-dos-alpes, jacintos com as campânulas ainda fechadas, borragem, alho-de-espanha e asfódelos.

A água que desce de Segesta traz consigo, além de pedra calcária, fragmentos de sílex córneo, muito duro, de cor azul-escura, vermelha, amarela, marrom, de diferentes nuances. Além disso, vi depósitos dessa pedra mesclando-se ao calcário, com uma salbanda de calcário. No caminho de Alcamo há colinas inteiras formadas por essa composição.

Segesta, 20 de abril de 1787[30]

O templo de Segesta jamais foi concluído, nem o terreno ao redor aplainado, só se nivelou o entorno, onde se ergueriam as colunas; em alguns pontos os degraus ainda hoje se encontram de nove a dez pés embaixo da terra, e não há nenhuma colina nas proximidas de onde pudessem ter deslizado pedras e terra. Além do mais, as pedras estão na maioria das vezes em sua posição natural e não se encontram destroços sob elas.

As colunas estão todas em pé. Duas, que tinham tombado, foram reconstruídas há pouco tempo. Se as colunas se assentavam sobre pedestais é algo difícil de determinar, e sem dispor de um desenho não se pode esclarecê-lo. Ora parece que uma coluna se encontra no quarto degrau, de modo que seria necessário descer mais um degrau para o interior do templo; outras vezes, no entanto, o degrau foi cortado ao meio, quando se tem então a impressão de que as colunas possuíam pedestais. Mas logo esses espaços intermediários são novamente preenchidos, de modo que voltamos ao primeiro caso. Um arquiteto saberá determinar isso melhor.

---

30 Goethe fez um esboço do Templo de Segesta. Foi reproduzido em seus *Tagebücher* [Diários].

Viagem à Itália

As laterais possuem doze colunas, sem contar as dos cantos, os lados da frente e do fundo possuem seis, incluindo as dos cantos. Os ganchos por meio dos quais as colunas foram transportadas ainda se encontram ao redor dos degraus do templo, como prova de que este não fora ainda terminado. Mas o solo é a melhor prova disso. Foi nivelado a partir das laterais em muitos lugares, porém no centro encontra-se ainda a rocha bruta em uma altura superior à do chão nivelado. Também não há qualquer indício de um átrio interior. Tampouco foi aplicado estuque no acabamento, embora se possa supor que essa fora a intenção. No acabamento dos capitéis há partes avançadas para a frente, as quais talvez estivessem destinadas a receber o estuque. O conjunto foi construído com pedra calcária semelhante ao mármore travertino, que agora já está bastante deteriorada. A restauração de 1781 fez bem à construção. A faixa de pedra que circunda e reúne as partes é simples, mas bela. Não pude encontrar as pedras especialmente grandes das quais fala Riedesel,[31] talvez tenham sido utilizadas como material na restauração.

A situação geográfica do templo é peculiar: na ponta mais elevada de um vale amplo e longo, em uma colina isolada, mas ainda assim cercada de penhascos, dele se avista uma vasta porção de terra que se estende até uma longa distância, mas apenas um pedacinho de mar. A região repousa em uma triste fertilidade, tudo cultivado e quase nenhuma habitação. Um número incontável de borboletas voeja por sobre os cardos florescentes. O funcho selvagem do ano passado alcançou a altura de oito a nove pés, e, ainda que já ressequido, foi plantado em tanta profusão e ordem que se poderia tomar o terreno por uma escola de jardinagem. O vento assobia por entre as colunas como se por um bosque, e aves de rapina sobrevoam as vigas de pedra, soltando seus gritos.

Todo o esforço para subirmos e circundarmos as inexpressivas ruínas de um teatro deu-nos ânimo para visitar as ruínas da cidade. Ao pé do templo encontram-se grandes fragmentos de sílex córneo, e o caminho de Alcamo

---

31 Johann Hermann von Riedesel, barão de Eisenach (1740-1785), diplomata e escritor alemão. Goethe se refere ao seu livro *Reise durch Sizilien und Grossgrichenland* [Viagem pela Sicília e Magna Grécia, 1771].

é rico em fragmentos dessa pedra. A estrada também é composta em parte por fragmentos de pedra e seixos, o que torna o solo menos firme. Pude notar no funcho verde a diferença entre as folhas inferiores e superiores. Trata-se sempre do mesmo órgão, que se desenvolve a partir da unicidade para a multiplicidade. Todos aqui se mostram muito ativos, os homens percorrem céleres todo o campo cultivado, como em uma caçada. Há também insetos. Em Palermo pude ver apenas platelmintos, sanguessugas, caramujos de uma coloração em nada mais bela do que a dos nossos, a maior parte acinzentada.

Castel Vetrano, sábado, 21 de abril de 1787

De Alcamo a Castel Vetrano passa-se por montanhas calcárias e colinas de cascalho. Por entre as montanhas íngremes e estéreis há vales amplos e acidentados, completamente cultivados, mas quase nenhuma árvore. As colinas de cascalho têm muitos fragmentos, o que indica a existência anterior das correntes marítimas. O solo é misto, mais macio do que antes, por causa da areia. Salemi fica a uma hora à direita. Seguimos por camadas de gesso, que recobrem o calcário. O solo é cada vez melhor, sempre misto. Lá longe, a oeste, se vê o mar. Em primeiro plano, a topografia sempre acidentada. Vimos figueiras carregadas de frutos, mas o que nos causou mais prazer e admiração foram as massas de flores a perder de vista que se adaptaram à beira da estrada larguíssima e que se agrupavam e repetiam em grandes superfícies coloridas contíguas. As mais belas corriolas, hibiscos e malvas, além de diferentes espécies de trevos. Havia também o alho e a galega. Cavalgávamos assim nos deslocando por esse tapete colorido, seguindo as inúmeras trilhas estreitas que se entrecruzavam. Em meio a tudo isso, uma bela qualidade de gado marrom-avermelhado pastava, não muito grande, de bela compleição, com chifres pequenos e delicados.

As cadeias de montanhas a nordeste enfileiram-se de maneira regular e apenas um único pico, Cuniglione, ressalta-se em meio a elas. Não há muita água nesses montes de cascalho, também pouca água da chuva corre por aqui, não se veem ravinas e tampouco material carregado pela água.

À noite passou-se comigo uma aventura singular. Tínhamos nos atirado muito cansados à cama, em uma hospedaria não muito aconchegante.

À meia-noite acordei e tive a mais agradável das visões: uma belíssima estrela, como eu nunca vira antes. Consolei-me com essa adorável presença, que indica bom agouro, mas logo desapareceu minha luz benfazeja, deixando-me sozinho na escuridão. Ao romper do dia pude perceber o que provocara esse prodígio: havia um buraco no telhado, e uma das mais belas estrelas do firmamento passara naquele momento por meu meridiano. Esse acontecimento natural é, entretanto, interpretado pelos viajantes como um signo de bom agouro.

Sciacca, 22 de abril de 1787

O caminho até aqui não possui interesse mineralógico, segue sempre por entre montanhas de cascalho. Ao se chegar à praia, erguem-se montanhas calcárias. Toda a terra plana é extremamente fértil, há cevada e aveia da melhor qualidade. Também a *salsola kali*[32] é aqui cultivada. Os aloés têm seus pedúnculos mais altos do que os que vimos ontem e anteontem. Os muitos tipos de trevo continuam a nos acompanhar. Por fim chegamos a um pequeno bosque, cheio de arbustos, apenas umas poucas árvores altas. Finalmente também árvores da cortiça!

Girgenti,[33] *22 de abril de 1787*

De Sciacca até aqui são uns bons dias de viagem. Logo ao sair da cidade avistamos os banhos; uma fonte de água quente brota das rochas com um forte cheiro de enxofre, a água tem um gosto salgado, mas não podre.[34] Será que o vapor de enxofre é liberado no momento da erupção da água? Mais acima há um poço de água fresca, sem odor. Bem acima encontra-se o convento, onde ficam as saunas;[35] um forte vapor eleva-se ali em direção ao ar puro.

---

32 Soda-espinhosa.

33 A atual Agrigento.

34 Os banhos são as antigas *Thermae Selinuntinae*, que datam do século VII a.C.

35 O convento das carmelitas no monte San Calogero. As saunas ficam nas cavernas do monte.

O mar movimenta aqui apenas fragmentos de rocha calcária, o quartzo e o sílex córneo desaparecem abruptamente. Observo os pequenos rios; o Calata Belotta e o Macasoli também só trazem consigo sedimentos calcários, o Platani, mármore amarelo e pederneira, a eterna companheira daquela rocha calcária mais nobre.[36] Alguns poucos pedacinhos de lava chamaram-me a atenção, mas não imagino haver formações vulcânicas na região. Pode ser que sejam restos de pedras de moinhos, ou de qualquer outro uso para o qual se tenha trazido para cá tais pedras. Em Monte Allegro só se encontra gesso: gesso denso e selenita, rochas inteiras misturadas ao calcário. Que extraordinárias formações rochosas aqui em Calata Belotta!

Girgenti, terça-feira, 24 de abril de 1787

Uma tão bela paisagem primaveril como a que tivemos hoje ao nascer do sol é um acontecimento inédito na vida. A nova Girgenti encontra-se no alto da antiquíssima fortaleza, em uma extensão suficientemente ampla para abrigar uma cidade.[37] De nossa janela pudemos contemplar a ladeira suave e vasta da antiga cidade, coberta de jardins e vinhedos, sob cujo verde mal se poderia imaginar haver vestígios dos bairros grandes e populosos do passado. Na extremidade meridional desse planalto verdejante e frutífero vemos erguer-se o templo de Concórdia, a leste as escassas ruínas do templo de Juno; as ruínas de outros edifícios sagrados, que formam uma linha reta com este, o olhar não percebe lá de cima; em vez disso ele desliza em direção ao sul rumo à praia, que se estende ainda cerca de meia hora em direção ao mar. Não conseguimos hoje adentrar esses espaços magnificamente verdejante e decerto férteis em meio a galhos e gavinhas, pois nosso guia, um pequeno e bondoso eclesiástico, instou-nos a dedicar nosso dia acima de tudo a visitar a cidade.

Levou-nos primeiramente a contemplar as ruas muito bem construídas, conduzindo-nos depois ao ponto mais alto, onde a vista, ampla, se torna

---

36 Calata Belotta (atual Caltabelotta) não é nome de um rio, como o texto dá a entender, e sim de uma cidade. O Macasoli hoje se chama Magazzolo.

37 A nova Agrigento originou-se de uma fortaleza medieval.

Viagem à Itália

ainda mais magnífica. Por fim, para apreciação da arte, levou-nos à igreja matriz. Esta contém um sarcófago muito bem conservado e salvo por ter sido transformado em altar: Hipólito com seus companheiros de caça e cavalos é abordado pela ama Fedra, que lhe oferece uma tabuleta. A intenção fora representar a beleza dos jovens, por isso a velha ama, pequenina, parecendo uma anã, é uma figura secundária colocada em meio aos jovens, que não deve atrapalhar a beleza do conjunto. Pareceu-me não ter visto nada mais magnífico e além disso, totalmente conservado. A mim certamente essa lembrança será o exemplo do período mais gracioso da arte grega.[38]

Fomos conduzidos a épocas primevas por meio da contemplação de um belo vaso, de tamanho significativo e em perfeito estado de conservação. Além disso, vimos restos da construção antiga meio ocultos aqui e ali, na igreja nova.[39]

Como não há estalagens no local, fomos recebidos por uma amável família que nos preparou uma alcova, em posição mais elevada em um grande cômodo. Uma cortina verde nos separa dos membros da família, que neste mesmo cômodo fabricam macarrão, produto aliás das espécies mais finas, alvas e miúdas, dentre as quais os mais caros são aqueles que, depois de serem primeiro modelados na forma de tubinhos alongados são enrolados ao redor de si mesmos por dedos afilados de moças, assumindo o feitio de um caracol. Tomamos lugar junto às belas crianças, que nos instruíram quanto à preparação. Descobrimos que se trata da melhor e mais difícil variedade de trigo, *grano forte*. Para a fabricação e moldagem é necessário muito mais trabalho humano do que máquinas e formas. E assim, ofereceram-nos a mais fina refeição, lamentando apenas que a melhor variedade entre todas, fabricada apenas em Girgenti, ou melhor, fabricada apenas na casa deles, não poderia ser preparada, pois não tinham provisão dela. Ao que parece, nada se comprara a ela em brancura e leveza.

Também à tarde nosso guia soube moderar-nos a impaciência que nos fazia querer avançar, levando-nos montanhas acima, de onde podíamos

---

38 A igreja matriz é a catedral, construção do século XIII. O sarcófago de Hipólito, obra ática do século III d.C., encontra-se hoje no museu da igreja.

39 Supõe-se que a catedral tenha sido construída no lugar de um antigo templo de Zeus.

desfrutar das mais belas vistas, tendo um panorama do lugar e de todas as coisas notáveis que iríamos visitar pela manhã.

Girgenti, quarta-feira, 25 de abril de 1787

Ao nascer do sol tomamos o caminho lá para baixo, e a cada passo a paisagem se tornava mais pitoresca. Sabendo que nos oferecia o melhor, nosso pequeno guia levou-nos ininterruptamente em diagonal através da rica vegetação, passando por milhares de cenas idílicas que a região oferece. Aqui causa grande efeito a irregularidade do solo, que se estende em um caminho sinuoso por sobre as ruínas. Estas puderam ser cobertas por terra cultivável, pois as antigas construções eram feitas de uma espécie de tufo leve misturado a conchas. E assim chegamos à extremidade leste da cidade, onde as ruínas do templo de Juno degradam-se ano a ano, pois a pedra porosa vai sendo consumida pela erosão.[40] Hoje faremos apenas uma incursão superficial, mas Kniep já escolhe os pontos a partir dos quais pretende amanhã desenhar.

O templo encontra-se atualmente sobre uma rocha desgastada pela erosão. Daqui se estendem os muros da cidade em direção a leste[41] rumo a uma formação calcária que se ergue na vertical sobre a superfície plana da praia, abandonada pelo mar depois que este esculpiu essas rochas e banhou seus flancos. Os muros, por trás dos quais se erguiam os templos, foram em parte construídos e em parte esculpidos nas próprias rochas. Pode-se imaginar a espetacular visão que os diferentes níveis da cidade certamente ofereciam a partir do mar.

O templo de Concordia já resistiu a muitos séculos.[42] Sua arquitetura esbelta o aproxima de nosso padrão do belo e do agradável. Ele se compara

---

40 O templo de Juno foi construído em torno do ano 450 a.C.

41 O correto seria dizer: a oeste.

42 O templo de Concórdia data dos inícios do século V. Seu nome, equivocadamente atribuído, se deve a uma inscrição em latim que originalmente nada tinha a ver com ele. Deve sua boa conservação ao fato de ter sido, no século VI, transformado na igreja de São Pedro e São Paulo. Em 1748, o príncipe de Terramuzza o restaurou em sua forma original.

aos de Pesto como as formas de deuses podem ser comparadas a imagens de gigantes. Não quero me queixar dizendo que a recente e louvável intenção de restaurar esses monumentos foi de mau gosto, uma vez que preencheram as lacunas com gesso branco ofuscante. Mas, desse modo, o monumento também parece arruinado aos nossos olhos. Teria sido fácil dar ao gesso a cor da pedra desgastada! Quando se olha o calcário conquífero, material tão quebradiço do qual se constituem as colunas e os muros, admira-se que tenham perdurado por tanto tempo. Mas aqueles que os ergueram, pensando mesmo na posteridade, tomaram precauções: é possível encontrar indícios de uma leve camada de cal protetora, a qual deveria agradar aos olhos e assegurar uma duração mais longa.

A próxima estação foi junto às ruínas do templo de Júpiter.[43] Este se encontra espalhado, se me permitem a analogia, como os pedaços de um gigantesco esqueleto, as pequenas partes umas dentro das outras e mesmo sob as outras, entrecortado por cercas e permeado de plantas grandes e pequenas. Todos os vestígios da arquitetura desapareceram desse monte de escombros, com exceção de um enorme tríglifo e um fragmento de meia coluna da mesma proporção. Tentei medi-lo com os braços abertos e não pude abrangê-lo totalmente. Já quanto à canelura da coluna, posso dar uma ideia de seu tamanho: em pé dentro dela pude preenchê-la como um pequeno nicho, com os dois ombros pressionados contra a parede. Seriam necessários cerca de 22 homens, dispostos um ao lado do outro, para circundar o raio dessa coluna. Despedimo-nos do lugar com a desagradável sensação de que nada havia para desenhar ali.

O templo de Hércules, ao contrário, permite que se descubram vestígios de uma outrora existente simetria.[44] As duas fileiras de colunas que acompanham o templo de ambos os lados encontram-se na mesma posição em que foram outrora erguidas, norte-sul: uma em linha ascendente em direção à colina, a outra em direção descendente. A colina pode ter sido formada pelos escombros da cela. As colunas, mantidas em pé juntas talvez

---

43 O templo teve sua construção iniciada como monumento à vitória contra os cartagineses do tirano Teron, no ano de 480 a.C. A obra não chegou a ser concluída.

44 O templo de Hércules é o mais antigo de Agrigento. Data do século VI a.C.

pelo entablamento, desabaram de uma só vez, precipitadas provavelmente pela força das tempestades, e jazem ali regularmente dispostas, desfeitas nas partes que antes lhes formavam o todo. Kniep já apontava mentalmente seu lápis de modo a desenhar esse insólito acontecimento.

O templo de Esculápio,[45] à sombra de uma bela figueira-do-egito e quase totalmente cercado por uma casinha rural, oferece um quadro bastante agradável.

Subimos então para o túmulo de Teron e nos alegramos por estar na presença desse monumento tão frequentemente reproduzido, sobretudo porque a nós se oferecia em primeiro plano uma vista singular: quando se olha do oeste para o leste, divisa-se o banco de rochas sobre o qual se assentam os muros da cidades, de construção irregular e, sobre eles, as ruínas dos templos.[46] A mão artística de Hackert transformou essa paisagem em um quadro capaz de provocar deleite. Também Kniep não deixará faltar um esboço.

Girgenti, quinta-feira, 26 de abril de 1787

Quando despertei, Kniep já estava pronto para empreender sua excursão pictórica, junto de um garoto que deveria acompanhá-lo e carregar as pastas de papelão. À janela, rejubilei-me com a mais magnífica das manhãs, ao lado de meu amigo misterioso e silencioso, mas nunca sem voz. Uma timidez devota impediu-me até agora de declinar o nome desse mentor, ao qual recorro de tempos em tempos; trata-se do excelente Von Riedesel, cujo livrinho trago junto ao peito como um breviário ou um talismã. Sempre gostei de me espelhar naqueles que possuem o que me falta: a serenidade de propósito, a segurança quanto ao objetivo, meios adequados e corretos, preparação e conhecimento, além de uma íntima relação com um magistral erudito, Winckelmann. Tudo isso me falta, assim como tudo o mais que daí advém. Não posso deixar de reconhecer que tento adquirir, apropriar-me

---

45 Construção do século V.

46 O chamado túmulo de Teron, morto em 473 a.C., não abrigava de fato os restos mortais do tirano, pois é obra do período romano.

mesmo, com alguma astúcia, daquilo que ao longo da vida me foi negado pelos meios habituais. Que esse excelente homem possa perceber, em meio ao turbilhão do mundo, o quanto um seguidor seu celebra os resultados de seu trabalho, aqui, solitário em uma região solitária, que o atrai tanto a ponto de, esquecido pelos seus e deles se esquecendo, desejar passar aqui o resto de seus dias.

Retomei então os caminhos de ontem tendo meu pequeno eclesiástico por guia, a fim de observar os objetos de outras perspectivas, consultando vez por outra meu dedicado amigo.

Meu guia chamou-me a atenção para uma bela instituição da velha e poderosa cidade. Em meio às rochas e grandes massas de muros de pedra que serviram de fortificação a Girgenti, encontram-se túmulos, destinados provavelmente a servir de descanso aos valentes e aos bons. Que bela recompensa, monumento eternamente vivo de sua glória!

No amplo espaço entre os muros e o mar encontram-se ainda os restos de um pequeno templo, conservado como uma capela cristã.[47] Também aqui a união harmônica entre as meias colunas com os blocos de pedra das paredes consiste em uma alegria para os olhos. Penso estar contemplando o ponto exato a partir do qual a ordem dórica adquiriu sua medida perfeita.

Vimos ainda, rapidamente, alguns monumentos insignificantes da Antiguidade, e logo depois pudemos ver com maior atenção a maneira moderna de se conservar o trigo, em grandes câmaras subterrâneas cercadas por muros. O meu bom velho contou-me alguma coisa sobre o modo de vida aqui, dos habitantes da cidade e da igreja. Nada do que ouvi pareceu-me digno de nota. A conversa logo mudou para o contínuo processo de erosão das ruínas.

As camadas de calcário conquífero estendem-se em direção ao mar. Surpreendentemente, os bancos de rocha, que sofrem processo de erosão por baixo e por trás, foram conservados nas partes superior e posterior, de modo que se assemelham a franjas pendendo para baixo. Incidentalmente

---

47 Trata-se das ruínas do templo de Ceres e Prosérpina, transformadas no período normando em igreja de S. Biagio.

ouvi de meu guia que há, aqui, ódio aos franceses, pois os habitantes locais lhes atribuem a culpa de terem traído os cristãos em favor dos infiéis.

Nas rochas que se estendem a partir do mar, foi escavado um portal antigo.[48] Os muros que restaram foram cavados em nível sobre as rochas. Nosso cicerone chama-se dom Miguel Vella, antiquário, residente em Mestre Gerio, perto de Santa Maria.

Para plantar favas, procedem da seguinte maneira: em uma superfície bastante ampla, fazem buracos na terra um ao lado do outro, enchendo-os depois com uma mancheia de esterco. Esperam chuva, e então colocam os feijões. A palha do feijão é queimada, sendo que as cinzas servem depois para lavar tecidos de linho. Não utilizam sabão. Queimam também as cascas das amêndoas, fazendo uso delas em vez da soda. Lavam primeiramente as roupas com água e depois com tal solução.

O cultivo da terra obedece aqui à seguinte sequência: feijão, trigo, *tumenia* e, no quarto ano, deixam crescer o pasto. Sob o termo "feijões" entende-se aqui as favas. O trigo deles é infinitamente bom. A *tumenia*, cujo nome deve derivar de *bimenia* ou *trimenia*, é uma dádiva magnífica de Ceres: trata-se de um tipo de grão colhido no verão, que amadurece em três meses. Eles o semeiam de janeiro a junho, quando então amadurece sempre no tempo determinado. Essa espécie não precisa de muita chuva, mas sim de calor intenso. No início, tem folhas muito tenras, mas segue o desenvolvimento do trigo e por fim se torna bastante forte. Os grãos em geral são semeados em outubro e novembro e amadurecem em junho. A cevada semeada em novembro já está madura no primeiro de junho, no litoral mais depressa, nas montanhas mais atrasada.

O linho já está maduro e o acanto já desenvolveu sua preciosa folhagem. A *Salsola fruticosa* cresce exuberante.

Sobre as colinas não cultivadas, a esparzeta cresce abundantemente. Ela é em parte arrendada e em parte levada em fardos para a cidade. Da mesma forma, em fardos se vende a aveia, separada do trigo.

---

48 Porta Aurea, situada no lado sul da cidade velha e voltada para o porto.

Os locais fazem na terra pequenas trincheiras bem demarcadas, onde plantam repolho, com o intuito de contribuir para a irrigação do solo.

Os figos já abriram todas as suas folhas e os frutos já despontaram. Estarão maduros para a festa de São João, depois a árvore florescerá novamente. As amendoeiras estão carregadas. Uma alfarrobeira podada está carregada de vagens. As uvas destinadas à alimentação repousam sobre videiras sustentadas por varas altas. Os melões são cultivados em março e amadurecem em junho. Crescem também corajosamente em meio às ruínas do templo de Júpiter, sem qualquer vestígio de umidade.

Nosso cocheiro comia com grande apetite alcachofra crua e nabo. É preciso reconhecer que aqui eles são muito mais tenros e suculentos do que os nossos. Quando se anda pelos campos cultivados, os camponeses permitem que se coma, por exemplo, a fava ainda jovem, o quanto se queira.

O antiquário, ao me ver interessado em uma pedra preta e firme, parecida com lava, disse-me que provinha do Etna e que deveria haver mais delas no porto ou na orla de desembarque.

Pássaros aqui não há muitos; a maioria, codornas. Dentre as aves de arribação há rouxinóis, cotovias e andorinhas. Também os *rinninne*, pequenos pássaros negros, que partem do Levante, reproduzem-se e fazem seus ninhos na Sicília, prosseguindo então viagem ou retornando a sua origem. Por fim, os *ridene*, ou patos selvagens, que vêm em dezembro e janeiro da África, pousam no Acragas[49] e então se estabelecem nas montanhas.

Ainda uma palavra sobre o vaso encontrado na catedral: nele se representa um herói estrangeiro vestindo armadura completa, que se apresenta a um ancião sentado, caracterizado como um rei, por meio de coroa e cetro. Atrás deste uma mulher em pé, a cabeça abaixada e a mão esquerda sob o queixo, em uma postura de quem reflete. Do outro lado, por trás do herói, um outro ancião, igualmente coroado, dirige-se a um homem portando

---

49 Antigo nome do rio de Agrigento, hoje San Biagio.

uma lança, que pode ser um guarda. O ancião parece ter introduzido o herói e dizer ao guarda: "Deixai-o falar ao rei, este é um homem de coragem".

O fundo do vaso parece ser em cor vermelha, sendo o negro pintado por cima. Apenas no traje da mulher o vermelho parece ter sido colocado sobre o negro.

Girgenti, sexta-feira, 27 de abril de 1787

Se Kniep quiser cumprir todos os seus propósitos, precisará desenhar ininterruptamente, enquanto eu circulo com meu bom e velho guia. Fizemos uma caminhada em direção ao mar, de onde se pode ter uma vista privilegiada de Girgenti, segundo nos asseguraram os anciões. A vista se deixa levar pelas ondas. Meu guia chamou-me a atenção para uma longa faixa de nuvens que se deixava ver a partir do sul em linha horizontal, como uma encosta de montanha. "Esse é um sinal da costa africana", disse ele. A mim chamou-me a atenção um outro fenômeno, raro: um arco estreito formado por nuvens tênues, o qual, com uma extremidade na Sicília, erguia-se sobre o céu azul muito límpido, enquanto a outra ponta ao sul parecia apoiar-se sobre o mar. Lindamente colorido pelo sol poente e mostrando-se quase estático, esse arco era um fenômeno raro e muito agradável aos olhos. Asseguraram-me que o arco apontava para Malta e poderia muito bem ter sua outra ponta firmada ali naquela ilha; esse era um fenômeno que por vezes se dava, disseram. O modo como a força de atração entre as duas ilhas se deixava manifestar por meio de um fenômeno atmosférico era sem dúvida algo bastante singular.

Ao longo dessa conversa, assaltou-me novamente a dúvida sobre se eu deveria renunciar a meu intento de visitar Malta. O fato é que as dificuldades e perigos que já uma vez se tinham anunciado permaneciam os mesmos. Assim sendo, decidimos manter conosco nosso *vetturino* até Messina.

Ali, no entanto, novamente me assaltou um de meus caprichos. Até então eu não vira muitas regiões ricas no cultivo de grãos, pois o horizonte encontrava-se limitado em todas as direções por montanhas altas ou baixas. Desse modo, a ilha não parecia ter muitas planícies, onde fosse possível notar o quanto Ceres favorecera esta região. Quando procurei me informar, disseram-me que para ver tal coisa deveria seguir em diagonal pela ilha, em vez de dirigir-me a Siracusa, quando então encontraria numerosas faixas cultivadas de grãos. Seguimos assim a sugestão de deixar Siracusa de fora, uma vez que estávamos cientes de que dessa magnífica cidade pouca coisa mais restava além de seu nome imponente. De todo modo, sempre seria possível visitá-la a partir de Catânia.

Caltanisetta, sábado, 28 de abril de 1787

Hoje finalmente pudemos dizer que se nos tornou claro o motivo pelo qual a Sicília recebeu o nome de celeiro da Itália. Depois de termos deixado Girgenti a alguma distância, começou o solo fértil. Não se trata de grandes extensões de terra, mas sim de montanhas e encostas suaves situadas em paralelo, completamente cultivadas com trigo e cevada, que oferecem aos olhos uma massa contínua de fertilidade. O solo, adequado a esse cultivo, é aproveitado e poupado de tal maneira que não se vê nas cercanias uma árvore, pois todos os pequenos povoados e residências situam-se na encosta da montanha, sobre a qual uma longa faixa de rocha calcária torna o solo completamente inutilizável. Ali habitam as mulheres durante o ano todo, ocupadas em fiar e tecer, ao passo que os homens, durante as épocas de trabalho no campo, passam com elas apenas os sábados e domingos. Nos outros dias, vivem lá embaixo e se recolhem às cabanas de madeira. E assim foi realizado nosso desejo até se tornar entediante nossa estada lá, a ponto de desejarmos possuir o carro alado de Triptolemo,[50] a fim de escapar dessa monotonia.

Cavalgamos então sob o sol quente por entre essa fertilidade deserta, alegrando-nos ao chegar à bem situada e bem construída Caltanisetta, onde, no entanto, procuramos sem sucesso uma estalagem sofrível. Os animais de carga habitam estábulos muito bem construídos, já os servos dormem sobre a grama destinada aos animais. O estrangeiro, no entanto, deve ele mesmo prover sua moradia a partir do nada. Um quarto sofrível,

---

50 Triptolemo, descendente real em Elêusis e favorito de Demétrio, que o presenteou com um carro puxado por dragões alados.

quando há, tem de ser limpo antes, não há cadeiras nem bancos, para sentar usam-se banquinhos de madeira dura. Também não há mesas.

Se se quiser transformar os tais banquinhos em um suporte para um leito, é preciso ir ao marceneiro e alugar quantas tábuas forem necessárias. O grande saco de juta que nos foi dado por Hackert serviu-nos muito bem, uma vez cheio de palha.

Era preciso, no entanto, tomar providências para as refeições. No caminho, compráramos uma galinha. O *vetturino* saíra para arranjar arroz, sal e especiarias, mas, como nunca tinha estado ali antes, levou muito tempo até que soubesse onde se podia cozinhar, pois na estalagem não havia lugar para isso. Finalmente um cidadão de mais idade ofereceu-se para nos fornecer madeira, utensílios de cozinha e mesa por um valor módico e nos mostrar a cidade enquanto se preparava a refeição. Quando chegamos finalmente ao mercado, os cidadãos mais distintos sentavam-se em círculo, à maneira dos antigos, entretendo-se uns aos outros e desejando serem entretidos por nós.

Tivemos de contar sobre Frederico, o Grande, e sua simpatia por esse grande monarca era tão intensa que tivemos de ocultar sua morte, para não nos tornarmos odiados por nossos anfitriões ao trazer notícia tão infeliz.

Caltanisetta, sábado, 28 de abril de 1787

Ainda algumas informações geológicas. Descendo-se a partir do calcário conquífero de Girgenti, tem-se uma terra esbranquiçada, que se explica depois da seguinte maneira: encontra-se novamente o calcário mais antigo e o gesso ligado imediatamente a ele. Com frequência, vales amplos e planos têm essa composição, da parte cultivada até o cume das montanhas. Calcário antigo misturado ao gesso em erosão. A seguir, tem-se um outro tipo de rocha calcária, mais porosa e amarelada, levemente decomposta. Nos campos cultivados é possível reconhecer sua cor nitidamente, a qual amiúde escurece, chegando ao violeta. Mais ou menos na metade do caminho o gesso reaparece. Sobre ele geralmente cresce a vermiculária em um belo tom de violeta, quase um rosa avermelhado e, sobre as rochas calcárias, um belo musgo amarelo.

Viagem à Itália

Esse calcário decomposto reaparece frequentemente, de modo mais intenso já próximo a Caltanisetta, onde jaz em veios misturado a algumas conchas fossilizadas. Adquire então um tom avermelhado, quase como o zarcão, com um leve tom de violeta, como se pôde observar em São Martinho.

Ali pela metade do trajeto observei a presença de quartzo apenas em um pequeno vale, o qual, fechado por três lados, é aberto ao leste, na direção do mar.

À esquerda, ao longe, pude observar a alta montanha junto a Camerata, assim como mais uma, cuja aparência é a de um cone truncado. Não vi uma única árvore, em mais da metade do caminho. O trigo cresce magnífico, embora não no alto como em Girgenti, mas sim na praia, completamente livre de ervas daninhas. De início, avistamos apenas campos verdes, depois campos arados e, em lugares úmidos, pasto. Há choupos também. Logo depois de Girgenti encontramos pereiras e macieiras e, nos lugares mais altos e mais próximos de povoações, também figueiras.

Ao longo dessas trinta milhas, tudo o que pude reconhecer foi rocha calcária, antiga e nova, com gesso de entremeio. O solo deve sua fertilidade à decomposição e ao manejo desses três componentes. Ainda que haja pouca areia, os grãos fazem ranger os dentes. Amanhã comprovaremos uma suposição quanto ao rio Achates.[51]

Os vales têm uma bela forma, e, embora não sejam completamente planos, não se percebe nenhum indício de água de chuva acumulada. Apenas pequenos riachos, quase imperceptíveis, serpenteiam por ali, pois tudo corre imediatamente em direção ao mar. Vê-se pouco trevo vermelho, a palmeira--anã desapareceu, assim como todas as flores e arbustos que se encontram no lado sudoeste. Apenas ao cardo se permite abrir caminho, tudo o mais pertence a Ceres. A propósito, a região tem muito em comum com nossas regiões de colinas cultivadas, por exemplo a terra entre Erfurt e Gotha, especialmente quando se a observa em direção aos Gleichen.[52] Foi preciso que

---

51 Goethe não volta a falar de sua suposição.

52 "Die Gleichen", os iguais, três colinas perto de Gotha, em Thüringen, região onde se encontra também Weimar.

317

muitas circunstâncias se associassem para fazer da Sicília a terra mais fértil do mundo.

Veem-se poucos cavalos durante todo o passeio, na maior parte das vezes os sicilianos usam bois para puxar o arado. Há até mesmo uma proibição quanto a se abater vacas e vitelas. Vimos muitas cabras, jumentos e mulas. Os cavalos são em sua maioria brancos ou acinzentados com patas e crina negras. Há cocheiras extremamente luxuosas, com baias de paredes elevadas. A terra está sendo adubada para o plantio de feijão e lentilha, as outras espécies de legumes e frutas crescem depois dessa colheita. Veem-se os fardos de cevada colhida na espiga, ainda verde; por conta disso, seu trevo avermelhado é vendido aos que passam por ali.

Na montanha acima de Caltanisetta há rocha calcária com petrificações fósseis. As conchas grandes encontram-se na parte inferior; as menores, na superior. Encontramos pectinídeos misturados à rocha calcária no calçamento da cidadezinha.[53]

28 de abril de 1787. Complemento

Depois de Caltanisetta, as colinas descem de forma abrupta e dão origem a alguns vales, que escoam suas águas no rio Salso. O solo é vermelho e argiloso, muita terra permanece inculta. Nas partes cultivadas os frutos são bastante bons, mas nada que se compare com a região anterior, ficam muito atrás.

Castro Giovanni, domingo, 29 de abril de 1787

Hoje continuamos a observar grande fertilidade e ausência de habitantes. Choveu, o que tornou as condições da viagem muito desagradáveis, pois tivemos de atravessar terrenos alagados por várias vezes. No *fiume*

---

53 A frequente descrição das rochas sedimentares misturadas a conchas e moluscos fossilizados parece aludir ao netunismo, teoria defendida por Goethe quanto à constituição da terra, em oposição ao vulcanismo.

Salso, onde em vão procuramos por uma ponte, fomos surpreendidos por um empreendimento nada usual. Homens muito fortes faziam, dois a dois, a travessia do animal de carga, cavaleiro e bagagem, conduzindo-os por entre uma forte correnteza até um grande banco de rocha. Quando todo o grupo fora assim transportado, começavam de novo da mesma maneira, atravessando o segundo braço do rio, onde os homens então mantinham o animal no caminho certo, conduzindo-o por entre a correnteza. Havia alguns arbustos na água, que logo desapareceram em terra. O *fiume* Salso traz em sua correnteza granito, gnaisse metamórfico e mármore, tanto misturado à brecha quando de uma única cor.

Divisamos então à nossa frente a solitária encosta da montanha sobre a qual se encontra Castro Giovanni e que empresta ao lugar um aspecto sério e particular. Enquanto percorríamos a estrada longa e sinuosa, pudemos ver que a montanha é formada por rochas sedimentares, contendo conchas grandes e calcificadas. Não se vê Castro Giovanni até que se atinja o ponto mais alto da encosta, pois a cidade fica no declive da rocha em direção ao norte. Essa prodigiosa cidadezinha, a torre e o povoado de Caltascibetta, situado à esquerda a alguma distância, contemplam-se um ao outro de modo verdadeiramente solene. No terreno plano veem-se os feijões em total florescimento. Mas quem poderia se comprazer de uma tal paisagem! As estradas eram lamentáveis, piores ainda porque haviam sido pavimentadas antes e agora chovia sem parar. A velha Enna[54] recebeu-nos de modo pouco amistoso. Um quarto com chão de pedras nuas e sem mecanismo de abertura das persianas. Desse modo, ou ficávamos no escuro ou suportávamos novamente os açoites da chuva, dos quais acabáramos de nos livrar. Consumimos o que sobrara de nossa provisão da viagem e passamos a noite de modo lastimável. Fizemos então um solene juramento, o de nunca mais determinarmos nosso destino de viagem por conta de um nome mitológico.

---

54 Nome antigo (e atual) da cidade de Castro Giovanni. Trata-se de um antiquíssimo povoado grego, centro do culto a Deméter, que, segundo a lenda, teria ali roubado Perséfone a Hades.

Johann Wolfgang von Goethe

Segunda-feira, 30 de abril de 1787

A estrada a partir de Castro Giovanni é tão desconfortável e rústica que tivemos de conduzir os cavalos. A atmosfera, baixa, pesada e coberta de nuvens, permitiu-nos notar um fenômeno bastante singular nas camadas mais altas. Algo com faixas brancas e cinzentas parecia ter uma concretude corpórea. Mas como poderia haver algo concreto no céu?! Nosso guia tratou logo de nos explicar que esse fenômeno inaudito era um dos lados do Etna, que observávamos por entre as nuvens desfeitas. As faixas que víamos eram formadas pela neve e pela própria encosta da montanha, sendo que ainda nem se tratava do pico mais alto.

Deixamos para trás as rochas escarpadas da velha cidade de Enna, deslocando-nos por entre vales enormes e isolados. Jaziam ali não cultivados e inabitados, entregues ao gado que pastava. Este, de compleição não muito grande, tinha uma bela cor marrom, chifres pequenos, eram graciosos e vivazes como pequenas corças. Essas inocentes criaturas tinham certamente a seu dispor pasto suficiente; entretanto, este era estreitado por enormes touceiras de cardos e se tornava cada vez mais inacessível. Essa planta tem aqui uma bela oportunidade para se reproduzir e perpetuar sua espécie. Utilizam um espaço enorme, equivalente ao espaço necessário para o pasto de algumas grandes propriedades rurais. Como não são perenes, esta seria agora uma boa oportunidade de acabar com elas, ceifando-as antes de florescerem.

Enquanto nos ocupávamos com nossos planos de guerra aos cardos, notamos, para nosso vexame, que eles não seriam totalmente inúteis. Na isolada estalagem onde fizemos nossas refeições, estavam também dois nobres sicilianos que atravessavam o país, dirigindo-se a Palermo, por causa de um processo. Com espanto, vimos esses dois sérios e distintos homens, munidos cada um de uma faca de bolso bem afiada, em pé diante de uma touceira de cardos, arrancando a parte superior dessa planta. Pegaram então com a ponta dos dedos sua espinhosa presa, abrindo-lhe o caule e devorando o que havia em seu interior com grande agrado. Ocuparam-se com isso durante um bom tempo, enquanto nos refrescávamos com vinho, desta vez não diluído, e pão de boa qualidade. Nosso *vetturino* preparou-nos esse

Viagem à Itália

manjar encontrado na medula do caule dessas plantas, assegurando-nos que era tanto saudável quanto refrescante. A nós, entretanto, agradou-nos tão pouco quanto os nabos crus em Segesta.

Em viagem, 30 de abril

Alcançamos o vale por onde serpenteia o rio San Paolo. O solo é negro com tons avermelhados, formado também por calcário em decomposição. A maior parte dos vastos campos está em descanso de cultivo. Um belo vale, que o riozinho torna ainda mais agradável. O bom solo misto de argila tem, em alguns lugares, cerca de 20 pés de profundidade. O aloé encontra-se bastante crescido. Os grãos também estão em boa altura, aqui e ali misturados a ervas daninhas, mas não se comparam aos do sul da ilha. Vimos algumas casinhas espalhadas e nenhuma árvore, até passarmos sob Castro Giovanni. Nas margens do rio há muito pasto, limitado por vastas touceiras de cardos. A correnteza leva consigo principalmente quartzo, tanto puro quanto misturado à brecha.

Molimenti, uma cidadezinha moderna, foi sabiamente construída em meio a belos campos, à margem do rio San Paolo. O trigo nas vizinhanças é de qualidade única, já poderá ser ceifado no dia 20 de maio próximo. A região toda não tem traços de formações vulcânicas, mesmo no leito do rio não há traços desse tipo de sedimentos. O solo, bastante misturado, antes pesado do que leve, tem tons de marrom-café e violeta. As montanhas que circundam o rio são todas de calcário e arenito, cuja proporção não consegui observar. A decomposição dessas rochas é responsável pela invariável fertilidade do vale abaixo delas.

Terça-feira, 1º de maio de 1787

Cavalgávamos aborrecidos descendo um vale de construção irregular, embora naturalmente dotado de grande fertilidade. A má formação do vale nada oferecia para nossos propósitos artísticos. Kniep esboçara uma significativa perspectiva longínqua, porém, uma vez que os objetos ao centro e à frente eram feios demais, colocou, sem qualquer esforço, valendo-

-se de uma piada de bom gosto, um panorama de Poussin[55] em primeiro plano, o que não lhe custou nada e resultou em um belo quadrinho. Fico me perguntando quantas pinturas de viagem não conteriam também tais meias verdades.

Nosso arrieiro prometeu-nos, a fim de animar nosso humor rabugento, uma boa hospedaria. Conduziu-nos de fato a uma estalagem construída há poucos anos, que, localizada a uma boa distância de Catânia, certamente deve ser muito bem-vinda para o viajante. De nossa parte, depois de doze dias, pudemos desfrutar de um pouco de conforto. Chamou-nos a atenção uma extraordinária inscrição, desenhada a lápis na parede em belas letras inglesas. O conteúdo era mais ou menos o seguinte: "Viajante, quem quer que sejas, evitai em Catânia a hospedaria 'Ao leão dourado', pois ela é pior do que se caísseis nas garras de ciclopes, sereias e de Cila". Embora acreditássemos que a bem-intencionada criatura que escrevera tal aviso tivesse aumentado sensivelmente o perigo por meio das alusões mitológicas, decidimo-nos cabalmente a evitar o "Leão Dourado", que nos fora pintado como um animal tão cruel. Quando o condutor dos cavalos de carga nos perguntou onde gostaríamos de nos alojar em Catânia, respondemos de pronto: "Em qualquer lugar, menos no Leão". Ele sugeriu então que ficássemos no mesmo lugar onde ele abrigava seus animais, sendo que teríamos de preparar nossas refeições, como já vínhamos fazendo. Ficamos todos satisfeitos assim. Nosso único desejo era escapar à vingança do Leão.

Perto de Ibla Major[56] aparecem os fragmentos de lava, trazidos pelas águas que vêm do norte. Na enseada encontra-se pedra calcária associada a todo tipo de fragmento, sílex córneo, lava e cal, assim como cinza de lava endurecida coberta por tufo calcário. As colinas de aluvião acompanham-nos até Catânia. Sobre elas depositou-se a lava do Etna. À esquerda vê-se uma verdadeira cratera. (Logo abaixo de Molimenti, os camponeses colhiam o linho.) Aqui se pode perceber o quanto a natureza ama as cores, o quanto ela se diverte com a lava azul-escuro; musgo amarelo-vivo a recobre,

---

55 Nicolas Poussin, nascido em 1594, na Normandia, e morto em 1665, em Roma. O mais importante pintor francês do século XVII.

56 Atual Paternò.

um belo sedum vermelho cresce exuberante sobre ela, bem como outras flores de um belo violeta. Os cactos e as videiras dão prova de quão cuidadoso é o cultivo. Enormes massas de lava penetram ali pelo meio. Motta é um belo e importante penhasco. Aqui as favas crescem como altos arbustos. Os campos alternam-se, ora saibrosos, ora com uma composição melhor.

O *vetturino*, que provavelmente há muito tempo não via essa vegetação de primavera aqui no sudoeste, desmanchou-se em exclamações sobre a beleza dos frutos, perguntando-nos, com um patriotismo cônscio de si mesmo, se em nossa terra havia também algo tão belo. Aqui tudo é sacrificado a essa beleza, veem-se poucas ou quase nenhuma árvore. Tivemos ainda a amável companhia de uma jovem bela e esbelta, uma velha conhecida de nosso *vetturino*, que lhe acompanhou a montaria a pé, enquanto conversava e ao mesmo tempo tecia delicadamente os fios do trabalho que levava consigo. Agora as flores amarelas predominavam. Perto de Misterbianco os cactos enfileiravam-se novamente em sebes. Perto de Catânia, essas sebes formadas por tais plantas de formas tão bizarras tornaram-se mais frequentes e mais belas.

Catânia, quarta-feira, 2 de maio de 1787

Nossas acomodações são mesmo muito ruins. A refeição que o cavalariço preparou não foi das melhores. Uma galinha cozida com arroz que não seria de todo desprezível, não fosse uma desmedida quantidade de açafrão, que tornou tudo tão amarelo quanto intragável. O desconfortável leito levou-nos a recorrer novamente ao saco de juta emprestado por Hackert. Por conta disso, conversamos pela manhã com o amável hospedeiro, que lamentou não poder nos receber melhor. "Lá do outro lado há uma casa onde os hóspedes são bem alojados e têm todos os motivos para estarem satisfeitos." Apontou para uma grande casa de esquina, cuja lateral voltada para nós prometia muito. Apressamo-nos a ir até lá, onde fomos recebidos por um homem muito ativo, que se apresentou como um empregado e, na ausência do hospedeiro, mostrou-nos um belo quarto ao lado de uma saleta, assegurando ainda que os preços seriam bastante favoráveis. Quisemos imediatamente nos informar, como de costume, sobre o quanto pagaríamos pelo quarto, refeições, vinho, café da manhã e tudo o mais.

Tudo era bastante razoável, de modo que logo trouxemos nossa pouca bagagem, acomodando-a nos amplos cômodos ornados de dourado. Pela primeira vez, Kniep pôde abrir sua pasta; organizou seus desenhos, e eu, minhas anotações. A seguir, felizes por conta dos belos aposentos, fomos à varanda da sala para apreciar a vista. Depois de termos desfrutado e louvado a paisagem, voltamos a nossas ocupações, e qual não foi nossa surpresa ao ver acima de nossas cabeças um grande leão dourado. Olhamos um para o outro com uma expressão significativa, primeiro sorrindo e depois às gargalhadas. Olhamos então ao redor, para nos assegurar de que nenhum monstro homérico nos espreitava de algum lugar.

Não havia nada do tipo para se ver, mas por outro lado encontramos no salão uma bela e jovem mulher, entretendo uma criança de cerca de 2 anos, ao mesmo tempo em que era fortemente censurada por nosso meio hospedeiro: ela deveria sair, não tinha nada a fazer ali. "Estás sendo cruel ao mandar-me sair", disse ela, "a criança fica impaciente quando não estás por perto, e os cavalheiros aqui certamente permitirão que eu acalme a criança em presença deles." O esposo não se deixou obstar, ao contrário tentou levá-la para fora, quando então a criança gritou de forma a causar pena, junto à porta. Por fim tivemos de intervir, exigindo que a jovem e bela senhora ficasse ali.

Fomos alertados pelo hóspede inglês que se tratava de uma espécie de comédia, na qual desempenhávamos o papel dos recém-chegados e inocentes, enquanto ele se valia de seu papel de pai amoroso. A criança de fato dava-se muito bem com ele, a suposta mãe deve ter lhe dado um leve beliscão para que ela chorasse.

E ficou ela ali em sua grande inocência, quando o homem saiu para levar uma carta de recomendação ao eclesiástico que atendia a casa do príncipe de Biscari.[57] Ela continuou brincando com a criança até que ele voltou com a notícia de que o próprio abade viria a fim de nos mostrar as cercanias.

---

57 Vicenzo Principe di Biscari (nasc. 1742) era o fidalgo mais rico de Catânia. O abade é Domenico Sestini (1750-1832), botânico italiano, autor da *Descrizione del museo d'Antiqueria e del Gabinetto di istoria naturale del Signore Principe di Biscari* [Descrição do museu de antiguidades e do gabinete de história natural do senhor príncipe de Biscari, 1776].

Viagem à Itália

Catânia, quinta-feira, 3 de maio de 1787

O abade, que veio ontem mesmo nos cumprimentar, apareceu hoje pontualmente e levou-nos ao palácio, uma construção térrea construída sobre uma base elevada.[58] Vimos primeiramente o museu, onde há uma coleção de peças de mármore e ferro e todo tipo de relíquias da Antiguidade. Tivemos então oportunidade de ampliar nossos conhecimentos, mas o que nos atraiu mais poderosamente foram os restos de um Júpiter, cuja reprodução eu já conhecia da oficina de Tischbein e cujos traços são ainda mais belos do que se poderia supor. Um caseiro nos deu a informação histórica necessária e logo depois adentramos um grande e alto salão. As muitas cadeiras encontradas à parede indicavam que ali costumava reunir-se um grande número de pessoas. Esperamos então por uma acolhida favorável. Duas senhoras entraram e deslocaram-se ao longo do salão, indo e voltando. Trocavam vez por outra algumas palavras entre si. Quando deram por conta de nossa presença ali, o abade levantou-se, secundado por mim. Perguntei-lhe quem eram. A mais jovem era a princesa; a mais velha, uma aristocrata de Catânia. Sentamo-nos novamente, enquanto elas continuavam a andar de lá para cá, como se faria em uma praça.

Fomos levados até o príncipe, o qual, conforme já haviam me avisado antes, nos mostrou sua coleção de moedas como uma especial prova de confiança. Já ocorrera antes ao senhor seu pai e a ele próprio que algumas dessas moedas desaparecessem durante essa mostra, o que teria feito diminuir sua disposição de as exibir. Aqui pude mostrar-me um pouco mais instruído, pois havia aprendido algo com a observação da coleção do príncipe Torremuzza. Aprendi muito também desta vez, recorrendo ainda àquele valioso traçado de Winckelmann sobre as diferentes épocas da arte. O príncipe, com um sólido conhecimento desses assuntos, vendo que tinha a sua frente não exatamente estudiosos, mas amadores atentos, mostrou-se bastante disposto a nos instruir sobre tudo o que desejávamos pesquisar.

Depois de termos dedicado um longo tempo a essas observações, embora nunca tempo suficiente, estávamos a ponto de nos retirarmos quando

---

58 O Palazzo Biscari teve sua construção iniciada em 1695 e foi concluída em 1763. Parte de sua coleção se encontra hoje no Museo Comunale.

ele nos levou aos aposentos da senhora sua mãe, onde a propósito estavam as obras de arte menores.

Encontramos uma senhora distinta e naturalmente nobre, que nos recebeu com as seguintes palavras: "Vejam, meus senhores, aqui em meus aposentos os senhores encontram tudo como meu bondoso cônjuge reuniu e organizou. Devo isso à bondade de meu filho, que não apenas me permitiu habitar seus melhores cômodos, como também não deixou que se retirasse ou alterasse minimamente o que o piedoso senhor seu pai adquiriu e organizou.[59] Desse modo, possuo a dupla vantagem de habitar esses cômodos aos quais estou habituada já há muitos anos, além de poder travar conhecimento com os distintos estrangeiros que, oriundos dos mais distantes lugares, vêm conhecer nossos tesouros".

Abriu-nos ela mesma as estantes com portas de vidro onde estavam guardadas as peças em âmbar. A pedra da Sicília difere das que temos no Norte por ter faixas cor de mel e de cera transparentes e opacas, entremeadas a uma paleta completa das nuances de um amarelo intenso que vai até o mais belo vermelho, mesma cor dos jacintos. Havia ali urnas, taças e outros objetos talhados nessa pedra, o que fazia supor a existência de pedaços incrivelmente grandes desse material. Esses objetos, assim como algumas conchas esculpidas como as que há em Trappani, eram especialmente caros à dama, bem como alguns objetos de marfim. Ela conhecia também histórias muito interessantes, que nos narrou alegremente. O príncipe mostrou-nos ainda alguns dos objetos mais importantes, de modo que algumas horas transcorreram de modo prazeroso e instrutivo.

Enquanto isso, a princesa percebera que éramos alemães, e indagou então sobre os srs. Von Riedesel, Bartels e Münter,[60] os quais conhecera. Elogiou os três, mostrando ao fazê-lo que bem sabia diferenciar o caráter e talento de cada um. Foi penoso despedirmo-nos dela, e ela aparentava

---

59 A mãe do príncipe era Anna Morso e Bonnano, princesa de Poggio Reale; o pai era Ignazio, príncipe de Biscari (1719-1786).

60 Riedesel esteve em Catânia em 1767, Münter em 1785 e 1786. Johann Heinrich Bartels (1761-1850), teólogo e jurista, mais tarde prefeito de Hamburgo, esteve em 1786 em Catânia e descreveu sua viagem na obra em três volumes *Briefe über Calabrien und Sicilien* [Cartas sobre Calábria e a Sicília], 1782-92.

Viagem à Itália

também algum pesar em nos deixar ir. Essa situação insular tem algo de extremamente solitário, que é interrompido e aliviado de modo eventual e temporário.

O abade levou-nos então ao mosteiro beneditino, à cela de um frade de meia-idade, cuja aparência melancólica e reservada não prometia muita conversação animada. Acontece que se tratava do homem extremamente talentoso que era o único a saber dominar o enorme órgão dessa igreja. Ao adivinhar, mais do que escutar, nosso desejo, realizou-o silenciosamente. Adentramos a espaçosa igreja, que ele, manipulando o magnífico instrumento, encheu até o mais remoto recanto tanto com o mais leve sopro quanto com os mais poderosos sons.[61]

Quem não tivesse antes visto o homem teria pensado que apenas um gigante pudesse exercer tal força e violência. Nós, entretanto, como conhecêramos antes sua personalidade, admirávamo-nos de como ele ainda não sucumbira em meio a essa luta.

Catânia, sexta-feira, 4 de maio de 1787

Logo depois da refeição, o abade chegou com um carro, que deveria nos levar até uma parte afastada da cidade. Ao subirmos ao carro, deu-se uma curiosa discussão sobre hierarquia. Eu subira antes, de modo que me sentaria a sua esquerda. Ele, ao entrar, pediu-me expressamente que me voltasse de modo a tê-lo a minha esquerda. Eu lhe pedi que deixássemos de tais cerimônias. "Perdoe-me", disse ele, "permita que nos sentemos desta maneira, pois, se eu tomar lugar a sua direita, pensarão todos que viajo com o senhor; se me sento a sua esquerda, fica claro que é o senhor que viaja comigo, que lhe mostro a cidade em nome do príncipe." Como não havia nada a obstar quanto a isso, assim se fez.

Dirigimo-nos rua acima, onde estava ainda visível a lava que destruíra boa parte da cidade em 1699. A corrente de fogo, endurecida, fora traba-

---

61 A igreja de S. Nicolò foi construída entre os anos de 1693 e 1735. O mosteiro ao qual ela pertence data dos anos de 1558-1578. O órgão gigantesco foi construído no século XVIII por Donato del Piano, que está sepultado sob ele. Possui cinco teclados, 72 registros e 2916 tubos.

lhada como se fosse qualquer outro tipo de rocha, até mesmo ruas foram planejadas sobre ela e em parte construídas. Lembrando-me de que já antes de minha partida a questão sobre a natureza vulcânica do basalto estava na ordem do dia,[62] extraí um bom pedaço da lava. Fiz o mesmo em muitos outros lugares, para ter assim diferentes amostras.

Se os próprios habitantes do lugar não fizessem gosto eles mesmos, não se esforçassem eles mesmos, seja em nome de um proveito ou em nome da ciência, por colecionar tudo o que há de extraordinário em sua região, os viajantes teriam muito a lamentar. Já em Nápoles o comerciante de lava me prestara grandes serviços e aqui também o fez, num sentido muito mais elevado, o cavaleiro Gioeni.[63] Em sua rica e elegantemente disposta coleção encontrei a lava do Etna e o basalto que fica ao sopé do monte, além de algumas pedras metamórficas, capazes de ser reconhecidas apenas com alguma dificuldade. Mostrou-nos tudo com a melhor disposição. Admirei sobretudo a zeólita oriundas dos rochedos escarpados que se erguem do mar logo abaixo de Jaci.[64]

Quando perguntamos ao cavaleiro como deveríamos nos preparar para escalar o Etna, ele não quis ouvir uma palavra sobre uma excursão ao cume, especialmente nesta época do ano. "Acima de tudo", disse ele, depois de nos pedir desculpas, "os estrangeiros que aqui chegam veem a coisa de um modo muito simples. Já nós, vizinhos da montanha, damo-nos por felizes

---

62 Goethe refere-se aqui, agora diretamente, à polêmica entre os "vulcanistas" e "netunistas". A. F. von Veltheim afirmara, em 1786, a origem vulcânica do basalto. O geólogo de Freiberg, Werner, dissera então o oposto, considerando os oceanos como fonte de todas as formações rochosas. Goethe, que, a propósito, tendia ao netunismo, serviu como mediador. Cf. carta de Goethe a C. G. Voigt de 26 de janeiro de 1788, assim como seu ensaio *Vergleichsvorschläge, die Vulkanier und Neptunier über die Entstehung des Basalts zu vereinigen* [Sugestões comparativas para reconciliar vulcanistas e netunistas a respeito da origem do basalto] (WA, v.9, segunda parte, p.304 et seq.).

63 Giuseppe Gioeni d'Angiò (1743-1822), naturalista e geólogo italiano, especializado nos estudos de vulcanologia.

64 Trata-se dos "sete escolhos dos Ciclopes" que, segundo Homero, Polifemo lançou contra Odisseu, que o cegara (cf. *Odisseia*, Livro IX). Localizam-se a norte de Catânia, próximo de Aci Castello.

se conseguimos algumas vezes aguardar a melhor oportunidade e chegar ao cume. Brydone, o primeiro a inflamar o desejo de subir a cratera por meio de sua descrição, nunca chegou lá; o conde Borch deixa seu leitor na incerteza, mas também ele foi apenas até certa altura. E além deles posso enumerar muitos outros. Nesta época a neve ainda se precipita muito, criando obstáculos intransponíveis. Se os senhores se dispuserem a seguir meu conselho, devem cavalgar amanhã, com tempo bom, até o pé do Monte Rosso, escalando essa elevação. Dali poderão desfrutar uma belíssima vista, assim como ver a lava da erupção de 1699, que infelizmente atingiu a cidade. A vista é bela e nítida. Quanto ao resto, é melhor instruir-se pelos livros."

Catânia, sábado, 5 de maio de 1787

Seguimos o bom conselho do cavaleiro e pusemo-nos a caminho logo cedo montados em nossos animais, voltando sempre a cabeça para olhar para trás. Atingimos assim a região em que já havia pedaços soltos de lava. Grumos pontudos de lava, assim como placas, apareceram a nossa frente, por meio dos quais nossos animais encontraram trilhas como que por acaso. Paramos junto à primeira elevação significativa. Kniep desenhou com grande precisão o que havia a nossa frente. As massas de lava em primeiro plano, o cume duplo do Monte Rosso à esquerda e exatamente sobre nós o bosque de Nicolosi, a partir do qual se ergue a cratera coberta pela neve e exalando pouca fumaça. Aproximamo-nos um pouco mais da montanha vermelha e eu me pus a subir. A montanha é formada por dejetos vulcânicos de cor vermelha, cinzas e pedras amontoadas. Teria sido possível caminhar confortavelmente ao redor da abertura, não fosse por um forte e insistente vento matinal que tornava cada passo inseguro. Se eu quisesse continuar, teria de despir o casaco, mas o chapéu corria perigo, a cada passo, de cair na cratera, e eu logo atrás dele. Desse modo, sentei-me para me recuperar e contemplar a região. A tempestade vinha do leste e se espraiava sobre a região magnífica que se estendia a meus pés e se desdobrava até o mar. Tinha à frente dos olhos a extensa praia de Messina até Siracusa com suas enseadas e penínsulas, ora nítida, ora parcialmente oculta pelas rochas da margem. Quanto voltei, como que sob encantamento, Kniep empregara muito bem seu tempo, a despeito da chuva, fixando no papel com traços delicados aquilo que a tempestade me impedira de ver, quanto mais de conservar no espírito.

De volta à goela do Leão Dourado, encontramos nosso meio hospedeiro, o qual somente a muito custo tínhamos dissuadido de nos acompanhar. Ele elogiou nossa decisão de evitar a subida ao cume e aconselhou, para o dia seguinte, um passeio de barco em direção às rochas de Jaci. Levaríamos bebida e comida e também alguns utensílios para aquecê-la. Sua mulher estava à disposição para arranjar tudo. Lembrou-se então da feliz ocasião em que um inglês contratara um barco com música, o que proporcionara uma alegria inimaginável.

As rochas de Jaci atraíam-me intensamente, pois eu tinha o desejo de conseguir alguns belos pedaços de zeólita como vira na casa de Gioeni. Poderíamos abreviar o passeio e dispensar a companhia da mulher. Mas prevaleceu o espírito do inglês, como que a nos advertir. Renunciamos então à zeólita e tivemos não pouco orgulho de nossa capacidade de autocontrole.[65]

Catânia, domingo, 6 de maio de 1787

Nosso guia eclesiástico não nos faltou. Levou-nos a conhecer os restos de construções antigas, excursão para a qual o visitante deve levar consigo um grande talento para a restauração. Veem-se ruínas de piscinas, uma naumaquia e outras coisas semelhantes, as quais, no entanto, foram destruídas e enterradas por conta dos diversos ataques à cidade por ação da lava, terremotos e guerras. Só pode esperar, portanto, algum prazer e instrução advindos dessas ruínas o conhecedor mais erudito.

O padre negou-se a uma segunda visita ao príncipe, após o que nos despedimos com vivas expressões de agradecimento e bons votos de ambos os lados.

---

65 Apesar disso, ao seguir viagem rumo a Taormina, Goethe e Kniep não deixaram de visitar Aci Castello.

Viagem à Itália

> *Taormina, segunda-feira, 7 de maio de 1787*

Agradeçamos a Deus por estar tudo o que vimos hoje já suficientemente descrito. Além disso, Kniep decidiu passar amanhã o dia todo desenhando. Quando se vence a subida da parede rochosa, que se ergue não muito longe da praia, encontram-se dois cumes ligados por um semicírculo. Aquilo que a natureza formou, a arte ajudou a transformar em um anfiteatro. Foram anexados muros e outras construções de tijolos, de modo a suprir as necessárias entradas e corredores. Ao pé do semicírculo constituído por níveis, construiu-se o palco, em diagonal, que une as duas rochas completando assim essa monstruosa obra, meio natureza, meio arte.[66]

Quando nos sentamos ali onde antigamente o público mais distinto se sentava, foi preciso reconhecer que jamais público algum teve em um teatro uma vista como essa. Do lado direito, castelos erguem-se sobre rochas elevadas e, mais abaixo, espraia-se a cidade e, embora essas construções sejam modernas, quase certamente outras semelhantes se erguiam ali em tempos passados. É possível ver-se ainda a longa crista do Etna, tendo-se à esquerda a praia até Catânia, e mesmo até Siracusa. Por fim, junta-se à ampla paisagem a imensa e fumegante montanha, nada ameaçadora, uma vez que a atmosfera tênue faz que pareça mais distante e mais amistosa do que realmente é.

Se nos voltamos para o lado oposto ao dos espectadores em direção aos corredores construídos, teremos à esquerda as mesmas paredes de rochas por meio das quais serpenteia o caminho de Messina. Grupos de rochas e rochedos mar adentro, a costa da Calábria à grande distância, a qual apenas com grande atenção se consegue distinguir das nuvens que se erguem delicadamente.

Subimos em direção ao teatro, detendo-nos em suas ruínas, das quais um arquiteto talentoso deveria ao menos tentar esboçar um plano de restauração. Decidimos então abrir uma trilha em meio aos jardins em direção à cidade. Infelizmente ali pudemos aprender o quão impenetrável é o

---

66 Taormina é a antiga Tauromenium. O famoso teatro é da época helenística, do século II a.C. Já a arquitetura suntuosa do palco é da época do Império Romano.

331

obstáculo formado por uma cerca de agaves plantados um junto ao outro. É possível enxergar através das folhas que constituem a barreira, de modo que se pensa ser possível atravessar também. Acontece que os poderosos espinhos na borda das folhas são obstáculos muito sensíveis. Caso se decida pisar sobre uma dessas folhas colossais, na esperança de que nos leve ao outro lado, ela se rompe, e, em vez de sair livres, somos jogados nos braços de uma outra planta vizinha. Conseguimos nos livrar por fim desse labirinto, mas havia pouco o que se aproveitar na cidade. Não conseguimos partir, entretanto, antes do pôr do sol. Foi infinitamente belo contemplar o mergulho na escuridão dessa região tão significativa.

Na praia em Taormina, 8 de maio de 1787

Nunca poderei louvar Kniep o suficiente, esse homem que a sorte trouxe até mim. Ele me tirou dos ombros um peso que me seria insuportável, e que reflete minha própria natureza. Ele subiu, para desenhar em detalhe o que observáramos antes juntos. Terá de apontar seu lápis muitas vezes, e não vejo como poderá terminar. Quisera eu ter visto tudo mais uma vez! Em princípio me senti tentado a acompanhá-lo, mas depois fui atraído pela ideia de ficar aqui. Busquei o aconchego como um pássaro que quisesse construir seu ninho. Sentei-me no feio e arruinado jardim de um camponês, sobre galhos de laranjeiras, e me perdi em meus pensamentos. Sei que isso soa um tanto estranho, galhos de laranjeira sobre os quais se possa sentar, mas o fato é bastante natural, quando se sabe que a laranjeira, se deixada em seu natural, abre-se logo acima da raíz em ramos que com o tempo se tornam galhos vigorosos.

Assim sentado, voltei novamente meu pensamento para o plano de *Nausícaa*, uma concentração dramática da *Odisseia*. Eu a considero possível; é importante, no entanto, não perder dos olhos a grande diferença entre o drama e a epopeia.

Kniep desceu feliz da vida e satisfeito, trazendo consigo duas folhas enormes, já muito bem esboçadas. Vai terminá-las, produzindo para mim uma lembrança eterna deste dia magnífico.

Não posso esquecer de dizer que estamos aqui nesta bela praia sob um céu muito límpido, olhando de um terraço em direção a roseiras e escutando rouxinóis. Asseguram-nos que aqui eles cantam ao longo de seis meses.

De memória

Embora estivesse certo de que teria imagens sólidas e bem escolhidas dessas interessantes regiões, tanto em esboços quanto já terminadas, por meio da presença e atividade de um artista talentoso e também de meus próprios e insuficientes esforços, ainda assim eu me entreguei a um vivo impulso: o de reavivar essas magníficas paisagens, o mar, as ilhas, os portos, por meio de dignas formas poéticas, criando a partir desse sítio uma composição em um sentido e uma dicção como jamais o fizera antes. A claridade do céu, o hálito marinho, os odores, por meio dos quais as montanhas, o céu e o mar se diluem em um único elemento, tudo servia de alimento a meus propósitos. E quando vagueei por entre esse belo jardim público, entre florescentes sebes de oleandros por entre as copas carregadas das laranjeiras e limoeiros, detendo-me junto a árvores e arbustos que eu desconhecia, senti a influência estrangeira da maneira mais prazerosa.

Convencido de que essa viva paisagem seria o melhor comentário à *Odisseia*, consegui um exemplar e li-o, segundo meu hábito, com grande envolvimento. Logo me senti instado a produzir uma obra própria, a qual, por mais singular que possa ter parecido em um primeiro momento, sempre me fora cara e acabou por ocupar-me completamente. Foi quando concebi o pensamento de tratar de modo trágico o tema de Nausícaa.

Não é possível agora dizer o que eu teria feito dele então, mas logo cheguei a um plano harmonioso. A ideia principal era a seguinte: representar Nausícaa como uma bela virgem, cortejada por muitos pretendentes, que até então não mostrara inclinação por nenhum deles, recusando-os a todos. Entretanto, finalmente tocada por um singular estrangeiro, permite-se uma expressão apressada dessa inclinação, comprometendo-se e precipitando a formação de uma situação trágica. Essa trama simples deveria ser enriquecida por motivos subordinados a ela. Os motivos do mar e das ilhas, presentes na elaboração final, seriam responsáveis pelo tom especial e agradável da fábula.

O primeiro ato começa com o jogo de bola entre Nausícaa e suas jovens acompanhantes. Dá-se então o encontro inesperado, e a hesitação da jovem em acompanhar o estrangeiro à cidade já é um indício de sua inclinação por ele.

O segundo ato mostra a casa de Alcínoo e o caráter dos pretendentes, terminando com a entrada de Ulisses.

O terceiro ato é totalmente dedicado à importância do aventureiro, e eu espero poder emprestar à narração dialogada de suas aventuras, que serão recebidas de diferentes maneiras pelos diferentes ouvintes, um caráter artístico e vivaz. Ao longo da narração das aventuras, as paixões se intensificam e a viva inclinação de Nausícaa pelo estrangeiro finalmente se evidencia, por meio de ação e reação.

No quarto ato Ulisses comprova sua valentia fora da cena, enquanto as mulheres permanecem nela e dão livre expressão à afeição, à esperança e a todos os demais sentimentos delicados. Nausícaa não se contém e elogia as muitas virtudes do estrangeiro, comprometendo-se assim de modo irrevogável diante de seus compatriotas. Ulisses, em parte inocente e em parte culpado por ter provocado essa situação, é obrigado a declarar sua intenção de partir, sendo que nada mais resta à excelente jovem senão buscar a morte no quinto ato.[67]

Não há nada nessa composição que eu não pudesse representar a partir de minha própria experiência. Também em viagem, também correndo o perigo de despertar afeições que, embora não venham a ter um fim trágico, poderiam certamente provocar alguma dor, algum perigo e algum dano; e também na mesma situação de pintar com cores vivas, para entreter a sociedade, coisas deixadas na pátria tão distante, aventuras de viagem e incidentes pessoais, correndo o risco de ser tomado pelos jovens por um semideus e pelas pessoas mais conservadoras por um impostor, desfrutando de favores por vezes imerecidos e experimentando obstáculos por vezes

---

67 A trama esboçada por Goethe parece fazer de Nausícaa a heroína de uma tragédia burguesa, como a *Emilia Galotti* de Lessing.

inesperados. Tudo isso me tornou tão ligado a esse plano, a esse propósito, que durante minha estada em Palermo sonhava já com o restante de minha viagem à Sicília. Foi justamente por isso que as dificuldades pouco me importaram, uma vez que, naquele solo mais do que clássico, eu me sentia numa disposição poética que me permitiria reunir e conservar num recipiente encantador tudo o que vivera, tudo o que vira, tudo o que notara, tudo o que viera ao meu encontro.

De acordo com meu bom ou mau hábito, escrevi pouco, ou mesmo nada disso tudo, trabalhando porém mentalmente grande parte da composição em detalhe. E ali ela ficou, soterrada pelas distrações de todo tipo que se seguiram, até restar-me dela apenas uma leve evocação.

8 de maio. A caminho de Messina

À esquerda, temos rochas calcárias altas. São coloridas e formam belas enseadas. Segue-se então um tipo de pedra que se poderia chamar de xisto argiloso ou grauvaca. Nos regatos, seixos de granito. A paisagem é alegrada pelos frutos amarelos da solanácea e pelas flores vermelhas do oleandro. O *fiume* Nisi traz micaxisto, assim como também os outros regatos.

Quarta-feira, 9 de maio de 1787

Atingidos pelo vento leste, cavalgamos entre o mar encapelado à direita e a parede de rochas, à qual subíramos ontem para apreciar a vista. O dia todo tivemos de lutar contra a água. Atravessamos inúmeros regatos, dentre os quais um dos maiores, Nisi, merece o nome de rio. É claro que essas correntes, assim como os sedimentos que trazem, são mais fáceis de vencer do que o mar, que bramia violentamente atravessando nosso caminho, batia na parede de rochas e voltava, molhando-nos a todos. Era magnífico vê-lo, de modo que foi possível suportar o incômodo por conta dessa rara oportunidade.

Não podem faltar também as observações mineralógicas. A erosão causava a precipitação de blocos da enorme parede de rocha calcária, cujas partes mais moles, trazidas pelo movimento das ondas, misturavam-se, deixando

Johann Wolfgang von Goethe

fragmentos coloridos que cobriam a praia, como a pedra do fogo do tipo sílex córneo. Pude recolher alguns exemplares.

Messina, quinta-feira, 10 de maio de 1787

Chegamos assim a Messina e arranjamo-nos da melhor maneira possível, que não foi outra senão passar a primeira noite no alojamento do *vetturino*, buscando então uma hospedagem melhor no dia seguinte. Tal decisão resultou já à entrada na terrível impressão de uma cidade destruída.[68] Cavalgamos então por cerca de um quarto de hora em meio a ruínas até chegar à estalagem, a única construção restaurada em toda a vizinhança, de cuja janela no andar superior se pode vislumbrar um deserto ocupado apenas por ruínas. Para além do círculo desse pátio não havia traços nem de homens nem de animais. À noite reinava um silêncio apavorante. As portas não estavam nem fechadas nem trancadas. Como se tratava de um estábulo, não estavam preparados aqui para hóspedes humanos. No entanto, dormimos comodamente sobre um colchão, o qual nosso expedito *vetturino* conseguiu extrair do estalajadeiro com muita conversa.

Sexta-feira, 11 de maio de 1787

Despedimo-nos hoje de nosso bravo guia, com uma boa gorjeta para compensar sua dedicação. Despedimo-nos alegremente, depois de ele ter arranjado um criado que nos deveria conduzir imediatamente ao melhor albergue e mostrar-nos o que houvesse de interessante em Messina. O hospedeiro, com pressa de se ver livre de nós, ajudou a transportar as malas e todo o restante da bagagem para uns aposentos muito agradáveis, situados na parte mais viva da cidade, isto é, fora do perímetro da cidade propriamente dita. Depois da terrível desgraça que se abateu sobre Messina, na qual 1.200 habitantes foram mortos, não havia casas para abrigar os 30 mil restantes. A maior parte das construções foi destruída, suas pare-

---

68 Em fevereiro e março de 1783, um terremoto destruiu quase toda a cidade de Messina.

des abaladas não ofereciam qualquer segurança. Apressaram-se então em construir na parte norte de Messina uma cidade de tábuas, da qual aquele que já perambulou por Frankfurt nas épocas de feira ou pelo mercado de Leipzig pode fazer uma ideia, pois lojas de todo tipo e oficinas abrem suas portas para a rua. Muita coisa acontece no exterior das casas. Desse modo, há apenas uns poucos edifícios grandes separados da via pública, pois os habitantes passam muito de seu tempo ao ar livre. Vivem assim já há três anos, e essa economia das tendas, choupanas e cabanas tem influência decisiva sobre o caráter da população. A tristeza causada pelo medonho acontecimento e o medo de que ele possa se repetir fá-los desfrutar da alegria do momento com ânimo alegre e boa disposição. O medo de uma nova hecatombe reapareceu no dia 21 de abril, ou seja, há cerca de vinte dias, quando um notável deslocamento de terra abalou o solo novamente. Mostraram-nos uma pequena igreja na qual uma multidão de pessoas aglomerou-se no momento do abalo. Alguns, que vivenciaram o acontecimento, parecem não ter se recuperado ainda do pavor.

Na visita a esses sítios fomos guiados por um cônsul bastante gentil, o qual, sem que requisitássemos, se preocupou muito conosco – o que, nesse deserto de ruínas, é certamente muito digno de gratidão. Quando ele percebeu que pensávamos em partir logo, apresentou-nos um comerciante francês que estava prestes a seguir para Nápoles. Um duplo trunfo, pois a bandeira branca afastará os piratas.

Assim que mostramos a nosso bondoso guia nosso desejo de conhecer o interior de uma das cabanas grandes, ainda que de apenas um andar, para ver sua decoração e arranjos domésticos, juntou-se a nós um homem muito gentil, que logo se apresentou como professor de língua francesa. Depois de um longo e completo passeio, o cônsul expôs a ele nosso desejo de conhecer uma dessas casas, pedindo-lhe que nos levasse consigo para conhecer também sua família.

Entramos então na cabana coberta e calçada de tábuas. A impressão era a mesma de quando se entra em uma casinhola de feira para ver um animal selvagem ou outra coisa assim exótica, a pagamento. A estrutura do teto e das paredes era exposta. Uma cortina verde separava a parte da frente do cômodo, o qual, sem calçamento, parecia ser de terra batida. Havia cadeiras e mesas, junto a utensílios domésticos. O lugar era iluminado de cima por duas aberturas feitas por acaso nas tábuas. Ficamos conversando por algum tempo, quando olhei para a cortina verde que pendia da trave do teto. Por entre o tecido aparecia e se escondia alternadamente um par de adoráveis cabecinhas de meninas, que nos olhavam curiosamente com negros olhos, circundados por negros cachos, mas, assim que se viram observadas, desapareceram rápidas como o raio. A pedido do cônsul, entretanto, e depois de algum tempo decorrido, apareceram novamente, em trajes muito asseados e graciosos, recortando-se, com suas roupas coloridas, contra o verde da cortina. De suas perguntas pudemos depreender que nos tomavam por seres fabulosos vindos de um outro mundo, adorável engano esse que nossas respostas só fizeram fortalecer. O cônsul descreveu com as cores mais alegres nossa fabulosa aparição. A conversa foi muito agradável, foi difícil despedirmo-nos. Só quando já nos encontrávamos à porta nos ocorreu que não víramos os cômodos internos e que preferíramos, à arquitetura da casa, suas moradoras.

Messina, sábado, 12 de maio de 1787

O cônsul disse-me, entre outras coisas, que embora não fosse incondicionalmente necessário, era, entretanto, um belo gesto levar meus respeitos ao governador, um homem idoso e esquisito que, ao sabor de seu estado de espírito e de seus preconceitos, poderia tanto nos prejudicar quanto nos beneficiar. Contaria a seu favor se levasse estrangeiros impotantes à presença de um tal homem, e o recém-chegado jamais podia saber se não precisaria dele por este ou aquele motivo. Acompanhei-o então, a fim de fazer um favor ao amigo.

Ao entrarmos na antessala, ouvimos lá dentro uma terrível confusão. Um mensageiro passa correndo pelo cônsul e lhe diz ao ouvido: "Dia terrível!! Horas de perigo!!". Ainda assim, entramos e encontramos o velhíssimo governador, sentado de costas para nós junto à janela. Grandes pilhas de correspondência amarelada jaziam à sua frente, das quais ele destacava as folhas em branco com grande tranquilidade, mostrando assim sua tendência à economia doméstica. Durante essa pacífica ocupação, ele lançava terríveis insultos e censuras a um homem de aparência respeitável, o qual, de acordo com seus trajes, poderia ser de alguma forma ligado à ordem de Malta. Este se defendia com tranquilidade e precisão, embora o outro lhe deixasse pouco espaço para isso. O insultado tentava, com racionalidade, defender-se de uma suspeita que o governador lhe lançava: a de ter entrado e saído do país sem a devida permissão. O homem apresentou seus passaportes, falando ainda de suas importantes relações em Nápoles. Isso, porém, de nada adiantou, pois o governador continuou cortando seus papéis em branco, separando-os cuidadosamente sem interromper a gritaria.

Além deles, encontravam-se na sala cerca de doze pessoas em um largo círculo, testemunhas dessa batalha bestial, com certeza invejando nossa posição perto da porta, pois a qualquer momento o irritado velho poderia levantar sua bengala e começar a distribuir golpes. Diante daquela cena, a fisionomia do cônsul tinha uma expressão visivelmente contrariada. O mensageiro, que se encontrava já fora dos limites da sala, atrás de mim, tentava tranquilizar-me com todo tipo de gestos farsescos, querendo dizer que a coisa não era tão feia quanto parecia.

Por fim, o abominável negócio terminou de modo surpreendentemente feliz. O governador disse que, embora não houvesse nada que o impedisse de mandar o outro para a prisão, ele poderia ir desta vez, ficando um número determinado de dias em Messina e partindo depois, para não voltar nunca mais. Com grande tranquilidade, sem alterar seus gestos e postura, o homem pediu licença, cumprimentou distintamente a audiência e especialmente a nós, por quem teve de passar para alcançar a porta. Quando o governador ainda uma vez mostrou-se grosseiro com ele, olhou-nos nos olhos, compondo-se, acenou ao cônsul e nós nos aproximamos.

Tratava-se de um homem já de idade bastante avançada, cabeça baixa, com olhos escuros e penetrantes sob as sobrancelhas cinzentas e desgrenhadas. Era outro homem, diferente daquele que víramos e ouvíramos havia pouco. Convidou-me a sentar e, sem interromper o que fazia, perguntou a respeito de muitas coisas sobre as quais lhe dei notícia. Por fim, convidou-me para sua mesa. O cônsul, satisfeito como eu, ou melhor, ainda mais, dado que ele conhecia melhor do que eu o perigo de que escapávamos, desceu correndo as escadas. Perdi por completo qualquer vontade de entrar novamente naquela cova de leões.

Messina, domingo, 13 de maio de 1787

Embora tivéssemos despertado em um belo dia de sol, em uma região muito agradável, encontrávamo-nos ainda na desventurada Messina. Especialmente desagradável era a vista da assim chamada Palazzata, uma sequência de verdadeiros palácios dispostos em forma de foice, que circundavam a orla ao longo de cerca de uma milha. Eram construções em pedra, de quatro andares, e as fachadas de muitas delas ainda estavam inteiras até a cornija principal. Em outros casos, o terceiro, segundo ou primeiro andar tinham desabado, de modo que a outrora esplêndida sequência parecia agora revoltantemente desdentada e esburacada, pois o céu azul resplandecia por entre quase todas as janelas. Os cômodos interiores tinham todos eles desabado.

Tal fenômeno explica-se da seguinte maneira: os habitantes menos favorecidos, a fim de competirem com a suntuosidade arquitetônica das construções dos ricos, ocultaram suas velhas casas construídas com uma mistura de seixos e rocha calcária por trás de fachadas novas, feitas em pedra lavrada. Tais estruturas, já inseguras por si mesmas, vieram abaixo devido ao imenso abalo. Fala-se muito de salvamentos extraordinários em tal infortúnio. Um habitante de uma dessas construções, na hora fatídica, abrigara-se na reentrância de uma janela, enquanto a casa atrás dele desabara por inteiro. Ele esperou, a salvo nas alturas, a hora de ser libertado de seu cárcere aéreo. Uma evidência de que a falta de boas pedreiras na vizinhança, assim como uma arquitetura ruim, foram os responsáveis pela ruína da cidade é encontrada na permanência das construções sólidas. O colégio e a igreja dos jesuítas, construídos em boa pedra lavrada, mantêm-se intactos em sua solidez original. Seja lá como for, a vista de Messina é extremamente melancólica e faz lembrar dos tempos primordiais, quando sicanos e sículos[69] deixaram este solo agitado e povoaram a costa ocidental da Sicília.

---

69 Povos originais da Sicília.

Viagem à Itália

Desse modo passamos a manhã e fomos então tomar uma frugal refeição na estalagem. Estávamos ainda sentados, desfrutando da companhia um do outro, quando o criado do cônsul chegou sem fôlego, anunciando que o governador me procurava por toda a cidade. Ele me convidara para almoçar e eu não atendera a seu convite. O cônsul pedia-me calorosamente que atendesse ao chamado, tivesse eu almoçado ou não, tivesse eu perdido a hora por esquecimento ou de propósito. Só então me dei conta da incrível leviandade com que simplesmente tirara da cabeça o convite do ciclope, feliz por ter escapado da primeira vez. O criado não me permitiu hesitação, suas instruções eram urgentes e precisas. O cônsul temia que o déspota, raivoso, pusesse a cidade e a ele próprio, cônsul, de cabeça para baixo.

Enquanto isso, eu troquei de roupa e penteei os cabelos, criei coragem e segui meu guia com ânimo alegre. Evocando Ulisses, o patrono da causa, pedi a ele sua intercessão junto a Palas Atena.

Ao chegar à cova do leão, fui conduzido pelo engraçado mensageiro para um grande salão, onde havia cerca de quarenta pessoas à mesa, sem que se pudesse ouvir um ruído. Havia um lugar vazio à direita do governador, para onde fui conduzido pelo mensageiro.

Depois de cumprimentar com uma reverência o dono da casa e seus convidados, sentei-me junto a ele, desculpando minha ausência pelas grandes distâncias a serem percorridas na cidade e pelo engano ao qual eu fora já mais de uma vez induzido por conta da maneira inusitada de se contarem as horas. Ele replicou, com os olhos brilhando, que, quando se está em terra estrangeira, é preciso informar-se sobre os hábitos do lugar, orientando-se então por eles. Respondi-lhe que essa fora sempre minha firme intenção, mas que eu descobrira que é possível falhar mesmo tendo os melhores propósitos, quando se é recém-chegado ao local e os hábitos nos são desconhecidos. Isso deveria parecer imperdoável, caso não se levasse em conta como motivo de desculpas o cansaço da viagem, a distração causada pelos objetos a serem visitados, a preocupação por conta de uma acomodação precária e mesmo por uma nova viagem.

A isso ele indagou por quanto tempo eu pretendia demorar-me ali. Respondi que eu desejaria uma estada suficientemente longa, de modo a poder comprovar minha gratidão pela deferência a mim demonstrada seguindo fielmente suas ordens e instruções. Depois de uma pausa, perguntou-me então o que eu vira em Messina. Narrei-lhe brevemente os acontecimentos dessa manhã guarnecidos de algumas observações, acrescentando ainda que o que mais me admirava era a ordem e a limpeza reinantes nessa cidade destruída. Era de fato digno de admiração o modo como haviam retirado os destroços das ruas, lançando-os nos próprios muros já desabados e alinhando as pedras ao lado das próprias casas, deixando assim as ruas novamente livres. Nesse ponto pude adular um pouco o velho com a própria verdade, assegurando-lhe que todos os habitantes de Messina reconheciam-lhe, agradecidos, o benefício resultante de sua dedicação. "Sim, reconhecem-no", bramiu ele, "ainda que antes tenham reclamado em altos brados por causa das medidas rigorosas que foi preciso impor-lhes para seu próprio bem." Falei então dos sábios desígnios dos governos, dos altos propósitos que só mais tarde podem ser avaliados e coisas desse tipo. Ele me perguntou se eu já visitara a igreja dos jesuítas. Respondi-lhe que não, ao que ele prometeu que tomaria as providências para que a mostrassem a mim, sem esquecer nenhum pormenor.[70]

Ao longo dessa conversa, interrompida por breves pausas, vi o resto dos convidados no mais profundo silêncio, não se movendo mais do que o necessário para levar a comida à boca. E assim permaneceram, quando a mesa foi retirada e o café servido, como bonecos de cera junto às paredes. Dirigi-me ao capelão da casa, encarregado de me mostrar a igreja agradecendo-lhe já de antemão pelo esforço. Ele se desviou para ao lado e disse, humildemente, que só tinha olhos para as ordens de Sua Excelência. Dirigi-me então a um jovem estrangeiro a seu lado, o qual, embora fosse francês, não parecia estar muito à vontade. Também ele estava emudecido e rígido como o restante dos convidados, dentre os quais reconheci muitos rostos presentes à cena de ontem, como o cavaleiro da ordem de Malta.

O governador afastou-se e, depois de algum tempo, o capelão disse que era hora de ir. Segui-o, enquanto a sociedade se desfazia, em extremo silêncio. Conduziu-me ao portal da igreja dos jesuítas, o qual, construído

---

70 A igreja era a de S. Gregório, construída em 1542 por Andrea Calamech (1524-1589). Foi destruída por um terremoto em 1908.

de acordo com a famosa arquitetura desses padres, erguia-se suntuoso e imponente. Um porteiro veio a nosso encontro e convidou-nos a entrar, o capelão deteve-me com o aviso de que deveríamos esperar pelo governador. Este não demorou a chegar. Seu coche estacionou não longe da igreja, de onde acenou para nós. Logo nos reunimos os três ali. Ele ordenou ao porteiro que não apenas me mostrasse a igreja, mas que narrasse detalhadamente a história dos altares e outros objetos. Depois deveria abrir também a sacristia, trazendo à minha atenção tudo o que de notável se encontrava ali. Eu era um homem que ele gostaria de honrar e que teria todos os motivos de falar bem de Messina em sua terra natal. "Não deixe o senhor de comparecer", disse ele dirigindo-se a mim com um sorriso, na medida em que isso lhe era possível, "não deixe o senhor de comparecer à hora das refeições, enquanto se demorar aqui, o senhor será sempre bem-vindo." Não tive tempo de responder à honraria. O carro afastou-se apressadamente.

A partir desse instante, o ânimo do capelão se tornou mais alegre e entramos na igreja. O castelão, como se poderia chamá-lo nesses palácios encantados onde não se realiza o culto a Deus, apressou-se em cumprir a obrigação que lhe fora destinada, quando Kniep e o cônsul irromperam no santuário vazio, abraçando-me e demostrando uma viva alegria por me rever, uma vez que me acreditavam já na prisão. Eles passaram por uma aflição terrível, até que o mensageiro enviado, provavelmente tendo recebido do cônsul uma boa soma, narrou-lhes, com centenas de trejeitos farsescos, o final feliz da aventura, o que os deixou cheios de júbilo. Começaram então a procurar por mim, quando souberam da recomendação do governador quanto a minha visita à igreja.

Nesse momento estávamos em frente ao altar-mor, ouvindo a explicação sobre essas antigas preciosidades. Colunas de lápis-lázuli recobertas de sulcos de bronze dourado; pilastras à maneira florentina; uma profusão da preciosa ágata siciliana, com ferro e acabamento em dourado alternando-se e dando harmonia a tudo.

Eis então que se deu então uma singular fuga em contraponto, enquanto Kniep e o cônsul relatavam suas desventuras, ao passo que o guia relatava as preciosidades desse luxo ainda tão bem conservado, cada um deles envolvido por seu tema. Tive assim um redobrado prazer, ao reconhecer a sorte que tivera ao escapar da ira do governador ao mesmo tempo em que pude ver os produtos mineralógicos da Sicília, que eu buscava com tanto esforço, aplicados na arquitetura.

Por meio do estudo de cada objeto singular que constituía o conjunto dessa suntuosidade toda, pude descobrir que o lápis-lazúli das colunas nada mais era do que *calcara*, mas de uma cor tão bela que eu nunca vira antes, e aplicada com perfeição. Mas ainda assim, tais colunas continuaram dignas de admiração, pois era necessária uma quantidade imensa de matéria-prima para compor peças de tal coloração, o que torna o trabalho do cortador, transportador e polidor da pedra extremamente significativo. Mas que obstáculo poderia ser intransponível para aqueles padres?

O cônsul, enquanto isso, não se cansava de me esclarecer sobre o quão ameaçador poderia ter sido meu destino. O governador, descontente consigo mesmo pelo fato de eu ter sido testemunha, à minha chegada, de seu comportamento violento com o suposto cavaleiro da ordem de Malta, decidira dedicar-me atenção especial, plano este que fora contrariado já de início por minha ausência à mesa. Depois de longa espera sentando-se finalmente à mesa, o déspota não conseguia esconder sua impaciência e desagrado, sendo que os convidados não sabiam se deveriam temer mais minha chegada ou uma cena depois de tirada a mesa.

Enquanto isso, o sacristão tentava novamente apossar-se da palavra. Abriu espaços secretos, construídos em belas proporções e decorados de modo distinto e mesmo suntuoso. Ali havia também algumas peças comoventes, remanescentes do aparato da igreja, moldadas e polidas de acordo com o todo da construção. Não vi peça alguma moldada em metais preciosos, tampouco qualquer obra de arte, antiga ou moderna.

Nossa fuga ítalo-alemã, com o padre e o sacristão entoando seus salmos na primeira voz, Kniep e o cônsul na segunda, aproximava-se de seu fim, quando um oficial, o qual eu vira à mesa do governador, se juntou a nós. Pertencia à sua escolta e poderia por sua vez tornar-se novamente um problema, sobretudo porque se ofereceu para me conduzir até o porto, de onde pretendia me levar a alguns pontos de outra maneira inacessíveis a estrangeiros. Meus amigos entreolharam-se. Eu, entretanto, não hesitei em ir a sós com ele. Depois de trocarmos algumas frases sem importância, comecei a falar-lhe com mais confiança. Confessei então ter notado que muitos dos convidados silenciosos à mesa deram-me a entender, por meio de um sinal amistoso, que eu não me encontrava em meio a estranhos indiferentes, mas sim entre amigos, até mesmo entre irmãos, e que, portanto, nada tinha a temer. Considerei minha obrigação agradecer-lhe e pedir-lhe que transmitisse meu agradecimento àqueles que se tinham mostrado tão amistosos. Nesse ponto, o oficial replicou que eles tanto mais tentaram tranquilizar-me porque, por conhecerem o ânimo de seu governador, não temiam por mim. Uma explosão como aquela contra o maltês raramente se dava. O digno ancião costuma censurar-se a si mesmo por conta de explosões como aquela, evitando-as então por longo tempo e exercendo em uma despreocupada segurança suas obrigações, até que, finalmente, surpreendido por um acontecimento inesperado, era mais uma vez levado a novas demonstrações violentas. Meu destemido companheiro acrescentou ainda que ele e seus amigos não desejavam outra coisa senão terem a oportunidade de me conhecer melhor, caso eu quisesse ter a bondade de me juntar a eles, sendo que hoje à noite seria uma bela oportunidade. Recusei polidamente esse desejo, pedindo ainda que perdoassem meu capricho: em minhas viagens, gostaria de ser considerado apenas um homem comum. Se, desse modo, pudesse despertar confiança e angariar simpatia, tanto melhor. Quanto a travar outros tipos de relações, isso me era interdito por diferentes razões.

Não era minha intenção convencê-lo, uma vez que não podia dizer quais eram de fato meus motivos. No entanto, a mim pareceu bastante singular o quanto esses homens de boas intenções eram capazes de se unir, sob um governo despótico, a fim de proteger um estranho. Não lhe ocultei que já conhecia muito bem o comportamento deles em relação a outros viajantes alemães. Estendi-me a propósito dos louváveis intentos que deveriam por certo ser alcançados dessa maneira, deixando-o, no entanto, cada vez mais perplexo com minha insistente e ao mesmo tempo confiada resistência. Ele tentou de todos os modos tirar-me de minha condição de incógnito. Não foi bem-sucedido, em parte porque eu, tendo escapado a um perigo, não desejava entregar-me a outro, sem qualquer propósito e, por outro lado, porque eu já notara muito bem que as intenções desses bravos habitantes insulares eram tão diferentes das minhas que minha aproximação não poderia trazer-lhes nem alegria nem consolo.

Em vez disso, passamos ainda algumas horas à noite com o simpático e ativo cônsul, que nos explicou finalmente a cena com o maltês. Não se tratava propriamente de um aventureiro, mas sim de um nômade de comportamento agitado. O governador, oriundo de uma importante família, respeitada por conta de sua sinceridade e virtudes e, além disso, estimada pelos importantes serviços prestados ao Estado, tinha entretanto a fama de ser voluntarioso ao extremo, exibir uma ira sem limites e férrea teimosia. Desconfiado, em sua condição de ancião e déspota, mais preocupado do que convencido de que tinha inimigos na corte, dedicava extremo ódio a essas figuras que iam e vinham, a quem tomava por espiões. Desta vez, "o pretenso cavaleiro de manto vermelho ficara-lhe engasgado na garganta, uma vez que, depois de longa pausa, o velho precisava desopilar o fígado, entregando-se mais uma vez à ira".

Messina e em viagem marítima, segunda-feira, 13 de maio de 1787

Ambos despertamos com a mesma disposição melancólica, uma vez que, anteriormente, cansados e impacientes com as primeiras impressões desoladas que tivemos de Messina, tínhamos então combinado a viagem de volta com o comerciante francês. Depois, entretanto, do final feliz das aventuras com o governador, depois de termos travado conhecimento com aqueles bravos homens aos quais eu supostamente precisava me apresentar mais de perto, segundo eles próprios disseram, depois ainda da visita a meu banqueiro, que morava em uma região extremamente aprazível, uma estada mais longa em Messina parecia-nos bastante promissora. Kniep, bastante entretido agora por umas belas crianças, nada mais desejava senão que o antes odiado vento contrário durasse ainda por muito tempo. Nesse meio-tempo, a situação tornou-se desconfortável, nossas coisas tiveram de permanecer embaladas e nós, prontos para partir a qualquer momento. Por fim, por volta do meio-dia, atendemos ao chamado e apressamo-nos para ir a bordo. Em meio à multidão que se juntara no porto, encontramos nosso bom cônsul, de quem nos despedimos com muitos agradecimentos.

O mensageiro de roupa amarela também abriu seu caminho através da multidão para garantir sua gorjeta. Foi recompensado e encarregado por mim de avisar a seu senhor sobre nossa partida e pedir que desculpasse minha ausência à mesa. "Aquele que parte de navio está desculpado!", exclamou ele, desaparecendo então, depois de se voltar com um salto bastante peculiar.

Tudo no navio era diferente de quando viajamos na corveta napolitana. Enquanto nos afastávamos lentamente da margem, ocupamo-nos com a bela vista da Palazzata em forma de crescente, da cidadela, das montanhas que se erguiam por detrás da cidade. Do outro lado avistava-se a Calábria. Descortinava-se livremente a vista do estreito de mar ao norte e ao sul, em uma ampla extensão em meio a belas margens de ambos os lados. Enquanto admirávamos uma a uma todas aquelas vistas, chamaram-nos a atenção, para uma agitação das águas um pouco distante de nós, à esquerda e, mais próximo, à direita, para um rochedo que se destacava na margem; à nossa esquerda tínhamos Caríbdis, à direita Cila.[71] Queixamo-nos algumas vezes de que o poeta em sua fabulação colocou próximos esses notáveis objetos os quais, na natureza, se encontram a grande distância. É preciso pensar que a imaginação humana, quando deseja representar objetos como esses de modo significativo, fá-los mais altos do que largos, atribuindo assim ao quadro mais caráter, seriedade e dignidade. Por mil vezes ouvi queixas quanto ao fato de que um objeto conhecido apenas por meio de uma narrativa causa-nos decepção quando o conhecemos de perto. A causa disso é sempre a mesma. A imaginação e a presença real comportam-se da mesma forma que a poesia e a prosa, aquela quer representar os objetos como altos e íngremes, esta os torna mais extensos e planos. Se compararmos os pintores de paisagem do século XVI com os nossos teremos um exemplo evidente. Um desenho de Jodocus Momper[72] junto a um contorno de Kniep faria visível esse contraste.

---

71 Cf. Homero, *Odisseia*, canto XII.

72 Joos de Momper, nascido na Antuérpia em 1564, morto em 1635, pintor de paisagens, filho e aluno de Bartholomäus de Momper.

Distraíamo-nos com tais conversas, enquanto Kniep, que já tomara providências para desenhá-las, não parecia achar as margens suficientemente atraentes.

Fui, no entanto, acometido pelo desagradável enjoo marítimo e, desta vez, esse estado não foi suavizado por distrações agradáveis. A cabine era, porém, suficientemente grande para abrigar bastante gente, e não faltavam colchões confortáveis. Tive de retomar a posição horizontal, enquanto Kniep me alimentava dedicadamente com pão e vinho. Nessa situação, toda a nossa viagem siciliana não me aparecia sob luz muito favorável. Não havíamos visto nada além dos vãos esforços da raça humana no sentido de se preservar diante da violência da natureza, da sub-reptícia perfídia do tempo e do ódio resultante dos próprios cismas e rivalidades. Os cartagineses, gregos, romanos e tantos outros povos que os sucederam ergueram e destruíram cidades e construções. Selinunte[73] foi sistematicamente destroçada; 2 mil anos não foram suficientes para destruir os templos de Girgenti, ao passo que para acabar com Catânia e Messina bastaram algumas horas, ou mesmo instantes. Não deixei que essas verdadeiras observações doentias de um pobre coitado jogado para lá e para cá pelo balanço das ondas tomassem conta de mim.

Em alto-mar, terça-feira, 13 de maio de 1787

Minhas esperanças de fazer desta vez uma viagem mais rápida até Nápoles e de não ser acometido pelos enjoos marítimos não se realizaram. Animado por Kniep, tentei por diversas vezes dirigir-me ao convés, mas esse prazer de desfrutar de tantas coisas belas fora-me interdito. Apenas

---

73 De acordo com Tucídides, Selinunte teria sido fundada em 628 a.C. pelos colonos gregos vindos de Megara Hyblea. A cidade, que no século V a.C. chegou a ter 25 mil habitantes, foi destruída pela vizinha Segesta com a ajuda do exército cartaginês, que assediou a cidade por nove dias. Contaram-se 16 mil mortos. Cerca de 2.600 habitantes encontraram refúgio em Agrigento. Selinunte ressurgiu e sobreviveu por dois séculos, sendo depois novamente destruída por Roma no final da Primeira Guerra Púnica. Hoje é um dos maiores parques arqueológicos . da Europa, dividindo-se entre a Acrópolis, a colina dos templos orientais e o santuário de Demetra Malophoros.

Viagem à Itália

ocasionalmente pude me esquecer de minhas vertigens. O céu estava por completo coberto pelo vapor das nuvens, por entre as quais o sol iluminava o mar, sem que se pudesse divisar sua imagem. Isso produzia um belo e peculiar tom de azul. Um grupo de golfinhos acompanhava o navio, nadando e saltando em volta dele. A mim parecia que eles tomavam aquele ponto escuro e flutuante que podiam divisar sob a água à distância por algum tipo de presa, e esperavam então um bom banquete. A tripulação do navio não os considerava companheiros de viagem, mas sim inimigos. Um deles foi atingido pelo arpão, porém não foi trazido a bordo.

O vento continuava desfavorável, de modo que nosso navio tinha de mudar de curso constantemente. A impaciência cresceu entre os passageiros quando alguns viajantes experimentados afirmaram que nem o comandante nem o timoneiro entendiam de seu ofício: o primeiro mais parecia ser um comerciante, ao passo que o segundo, um marinheiro comum. Nenhum deles demonstrava ser capaz de exercer adequadamente a responsabilidade por tantas vidas humanas e tantos bens.

Pedi a essas pessoas, aliás gente de bem, que guardassem para si suas preocupações, pois o número de passageiros era grande, entre eles mulheres e crianças de todas as idades, uma vez que todos acorreram ao navio francês pensando na segurança que a bandeira branca produzia diante do perigo representado por piratas. A mim pareceu que a desconfiança e o medo deixariam a todos em uma lamentável situação, dado que até agora todos eles enxergavam naquele pedaço de linho branco e sem brasão sua salvação.

De fato, aquele pedaço de pano branco exerce, entre o céu e o mar, um singular efeito, como um talismã. Do mesmo modo como aqueles que partem e aqueles que ficam acenam com um pedaço de pano branco, tomados por um sentimento novo que provém da partida de um amigo e de seu afeto por ele, esse pedaço de pano branco também evoca sentimento semelhante, como se alguém atasse seu lenço a um mastro, anunciando ao mundo que ali vai um amigo.

Alimentado com pão e vinho de tempos em tempos, para aborrecimento do capitão, que exigia que eu comesse aquilo pelo qual havia pagado, pude enfim sentar-me no convés e tomar parte em algumas das conversas. Kniep soube levantar-me o ânimo, pois, diferentemente do que se passou na cor-

349

veta, quando ele contara as vantagens das excelentes refeições, querendo me causar inveja, felicitou-me aqui muitas vezes por minha falta de apetite.

Segunda-feira, 14 de maio de 1787

E assim se passou metade do dia, sem que atracássemos no golfo de Nápoles, como era nosso desejo. Ao contrário, éramos levados cada vez mais para oeste e o navio, ao aproximar-se da ilha de Capri, afastava-se cada vez mais do Cabo Minerva. Todos estavam extremamente aborrecidos e impacientes. Nós, ao contrário, que víamos o mundo com olhos de artista, dávamo-nos por muito satisfeitos. Ao pôr do sol desfrutamos da mais bela paisagem que nossa viagem fora capaz de nos proporcionar. O Cabo Miner-va jazia adornado por cores brilhantes, tendo as montanhas à nossa frente, enquanto as rochas inclinadas em direção ao sul adquiriam um tom azulado. A partir do cabo estendia-se a costa iluminada até Sorrento. O Vesúvio, visí-vel, tinha sobre si uma enorme nuvem de vapor, a partir da qual se estendia uma longa faixa em direção ao leste, de modo que podíamos supor que uma violenta erupção estava em curso. À esquerda estava Capri, com seu ângulo abrupto buscando as alturas. Podíamos divisar nitidamente suas paredes de rochas por entre o vapor azulado. Sob um céu completamente limpo brilhava o mar tranquilo, quase sem movimento, o qual, em meio à ausência de vento, descortinava-se a nossa frente como uma lagoa clara. Enquanto admirávamos a vista, Kniep lamentou-se de que toda a arte da coloração não era suficiente para reproduzir essa harmonia, assim como o mais fino lápis inglês na mais experimentada mão não seria capaz de reproduzir essas linhas. Eu, ao contrário, convencido de que uma lembrança produzida por esse hábil artista, por menos que fosse, mostrar-se-ia altamente desejável no futuro, encorajei-o a preparar mais uma vez os olhos e a mão. Ele se deixou convencer e produziu um de seus desenhos mais exatos, que depois coloriu, dando assim uma amostra de que a apresentação plástica do impossível é possível. Acompanhamos a transformação da tarde em noite com os mes-mos olhos ávidos. Capri jazia agora à nossa frente em grande escuridão, e, para nossa perplexidade, as nuvens sobre o Vesúvio, assim com as faixas no céu, iluminaram-se ainda mais intensamente e por mais tempo, sendo que por fim vimos iluminar-se uma considerável faixa da atmosfera ao fundo de nosso quadro, como um relâmpago.

Entregues a essas cenas tão atraentes, deixamos de notar que uma grande desventura nos ameaçava. O alarido entre os passageiros não nos deixou ignorá-la por muito tempo. Mais experimentados do que nós nas coisas do mar, censuravam duramente o capitão do navio e seu timoneiro. Diziam que a falta de habilidade deles não apenas fizera que passássemos o golfo, mas também pusera em risco o número de pessoas e bens a eles confiados. Tentamos nos informar a respeito da causa dessa agitação, uma vez que não entendíamos como poderia haver algum perigo em meio a uma calmaria completa; mas exatamente essa calmaria é que desesperava aqueles homens. "Encontramo-nos", disseram eles, "já na corrente que se move ao redor da ilha e que, devido a um singular ritmo das ondas, conduz de modo tão lento quanto imperceptível às rochas escarpadas, onde não há nenhum promontório ou enseada no qual possamos aportar com segurança."

Atentos a essas palavras, contemplamos com horror o destino que nos aguardava. Pois, ainda que a escuridão da noite não permitisse que divisássemos o perigo crescente, notamos, entretanto, que o navio, a balançar e inclinar-se, aproximava-se das rochas, que se tornavam cada vez mais escuras à nossa frente, ao passo que na direção do mar um leve rebrilho da tarde ainda se deixava notar. Não se percebia qualquer deslocamento de ar. Todos desdobravam seus lenços, fitas e outros tecidos leves, mas não havia o mínimo indício do desejado vento. A multidão tornava-se cada vez mais ruidosa e selvagem. As mulheres ajoelhavam-se com seus filhos sobre o convés, não exatamente para rezar, mas por que não podiam se mover naquele espaço demasiadamente estreito, de modo que se espremiam umas às outras. Elas, muito mais do que os homens, que pensavam naquele momento em salvamento e em conseguir ajuda, insultavam e esbravejavam contra o capitão. Agora cobravam dele tudo aquilo sobre o qual haviam silenciado durante a viagem: o alto custo pago por acomodações menos do que sofríveis, as refeições insuficientes, além de um comportamento não exatamente inamistoso, mas certamente silencioso. Ele não dera conta a ninguém a respeito de suas ações, guardando silêncio até mesmo na última noite a respeito de suas manobras. Ele e seu timoneiro não passavam de dois aventureiros sem eira nem beira, os quais, sem conhecimento da arte da navegação, souberam aproveitar-se do fato de possuírem um navio, visando apenas seu próprio proveito e, por meio de sua incapacidade e inabilidade, levavam a pique todos aqueles que haviam confiado neles. O capitão manteve seu silêncio e parecia concentrado nos procedimentos de salvamento. Eu, a quem a anarquia sempre foi mais odiosa do que a própria morte, não pude manter-me calado por mais tempo. Dirigi-me a eles, com tanta tranquilidade como se me dirigisse às aves de Malcesine,[74] fazendo-os ver que, nesse exato momento, suas lamentações e gritos só faziam confundir os olhos e ouvidos daqueles que nos deveriam trazer salvação, de modo que, enquanto durasse a balbúrdia, não podiam pensar nem se fazer entender um ao outro. "Quanto a vós", exclamei, "voltai-vos a vós mesmos e dirigi vossas fervorosas preces à mãe de Deus, de quem unicamente depende a intercessão junto a seu Filho, para que ele faça por vós o mesmo que fez outrora por seus apóstolos, quando as ondas já abatiam o barco no lago tempestuoso de Tiberíades. O Senhor dormia, quando foi despertado pelos homens desesperados. Ordenou então ao vento que amainasse, assim como pode ordenar agora ao ar que se desloque, se for essa a Sua vontade."[75]

Essas palavras tiveram um grande efeito. Uma das mulheres, com quem eu já conversara antes sobre temas morais e espirituais, exclamou: *Il Barlamé! Benedetto il Barlamé!*".[76] Uma vez que já se encontravam de joelhos, começaram a entoar suas litanias com um fervor muito mais intenso do que o usual. Puderam fazê-lo com tranquilidade ainda maior, uma vez que os marinheiros tentaram um novo procedimento que, ao menos, saltava aos olhos: desceram o bote, que podia conter cerca de seis a oito homens, fixando-o ao navio por meio de uma longa corda. Os marinheiros, fazendo um tremendo esforço, tentavam trazer o navio para sua direção a golpes de remo. Por alguns instantes foi possível acreditar que eles se moviam em meio à corrente e ter esperança de ser salvo por eles dessa maneira. No

---

74 Alusão à aventura com o *Podestà*.

75 Cf. Mateus 8, 23-27; Marcos 4, 35-41; Lucas 8, 22-25.

76 Refere-se provavelmente ao santo eremita Barlaão, que, segundo uma narrativa medieval, teria convertido ao cristianismo o príncipe indiano Josafá.

Viagem à Itália

entanto, seja porque esses esforços tenham feito aumentar a violência do movimento da corrente, ou seja lá qual tenha sido o motivo, o bote com sua tripulação e a corda traçaram um movimento para trás em forma de arco, como quando o condutor de um carro disfere uma chicotada. Também essa esperança se fora! Preces e lamúrias alternavam-se, e a situação tornou-se ainda mais terrível quando os pastores de cabras que se encontravam sobre as rochas, cujo fogo pudéramos notar antes, soltavam gritos cavos, avisando uns aos outros que havia um navio lá embaixo. Trocavam entre si ainda muitas interjeições incompreensíveis, as quais alguns passageiros familiarizados com a língua acreditavam entender como expressões de alegria pelo saque que poderiam fazer na manhã seguinte. Mesmo a consoladora dúvida quanto à distância em que o navio se encontrava das ameaçadoras rochas foi infelizmente logo dissipada, uma vez que a tripulação empunhou longas estacas destinadas a manter o navio longe delas, se o pior acontecesse, até o momento em que estas se rompessem e tudo estivesse perdido. O navio balançava com violência cada vez maior, a agitação das ondas parecia aumentar, e meu enjoo marítimo, que reaparecera, levou-me à decisão de voltar à cabine lá embaixo. Deitei-me meio inconsciente em meu colchão, com uma sensação agradável que poderia estar relacionada ao lago de Tiberíades, pois pairava-me diante dos olhos a imagem da Bíblia ilustrada de Merian.[77] Comprovou-se dessa maneira o grande poder das impressões de caráter sensível e moral, quando o homem está totalmente entregue a si mesmo. Não saberia dizer por quanto tempo permaneci ali meio adormecido. Fui despertado por um violento abalo no convés. Pude perceber claramente que se tratava das cordas, que eram arrastadas de lá para cá. Isso me deu esperanças de que estivéssemos novamente usando as velas. Dali a pouco Kniep saltou cabine adentro, anunciando que estávamos a salvo, pois um flébil vento se formara e, naquele exato momento, os homens tinham sido capazes de levantar as velas e ele próprio não tinha perdido a chance de ajudar com as próprias mãos. Afastávamo-nos já visivelmente das rochas e, embora não estivéssemos ainda totalmente fora do alcance da corrente,

---

77 Edição in-fólio da Bíblia luterana, com 223 gravuras de Mathäus Merian, o velho (1593-1650). Goethe a conhecia de um exemplar existente em sua casa paterna.

esperávamos poder vencê-la. Logo depois outros passageiros seguiram-no e anunciaram o bom sucesso dos acontecimentos, deitando-se a seguir.

Quando despertei na manhã do quarto dia, encontrei-me renovado e curado, do mesmo modo como acontecera na viagem a Nápoles, decorrido o mesmo período. Isso me mostrou que, durante uma viagem de navio mais longa, meu tributo estaria provavelmente pago depois de três dias de mal-estar.

Do convés, avistei com alegria a ilha de Capri a uma boa distância na lateral e nossa embarcação posicionada de tal modo que logo poderíamos adentrar o golfo, o que de fato aconteceu. Depois da noite difícil que passáramos, tivemos então a alegria de poder contemplar, agora iluminadas pelo lado oposto, as paisagens que nos haviam encantado na tarde da véspera. Logo deixamos para trás aquela perigosa ilha escarpada. Se tivéssemos contemplado ontem o lado direito do golfo à distância, teríamos visto também as fortalezas e a cidade bem à nossa frente, tendo a esquerda Posilipo e as línguas de terra que se estendem em direção a Prócida e Ísquia. Todos estavam no convés quando um sacerdote grego, muito devotado e saudoso de seu Oriente natal, respondeu emocionadamente à pergunta feita a ele pelos habitantes de Nápoles, que saudavam felizes sua cidade, sobre o que ele pensava da comparação entre esta cidade e Constantinopla: "*Anche questa è uma città!*".[78]

Chegamos ao porto na hora certa, rodeados de gente. Era a hora mais movimentada do dia. Nem bem tínhamos desembarcado nossos pertences e nos encontrávamos na praia, quando dois carregadores se apossaram deles. Mal tivemos tempo de dizer que ficaríamos hospedados na estalagem Moriconi, quando correram com nossa bagagem como se fosse o resultado de um saque. Nós mal conseguíamos segui-los com os olhos por meio das ruas cheias de gente e praças movimentadas. Kniep mantinha sua pasta embaixo do braço, de modo que salvaríamos ao menos os desenhos, caso aqueles pobres-diabos napolitanos nos tivessem levado aquilo que as ondas pouparam.

---

78 "Esta também é uma cidade!"

Nápoles

A Herder

Nápoles, 17 de maio de 1787

Cá estou, meu caro, são e salvo. Fui breve ao relatar a viagem à Sicília. Quando eu voltar, poderás julgar meu ponto de vista. Meu hábito de me ater aos objetos deu-me a incrível habilidade de observar tudo de modo imediato e próximo. Considero-me extremamente feliz por trazer tão nítida e completa na alma essa grande, bela e incomparável concepção que tenho agora da Sicília. Não há mais nada que anseie por ver aqui no Sul, principalmente depois de ter estado ontem em Pesto. O mar e as ilhas trouxeram-me prazer e sofrimento, e agora posso retornar satisfeito. Guardarei os detalhes para minha volta. Também aqui em Nápoles não há como recolher minhas experiências e escrever. Poderei descrever-te esta cidade pessoalmente de melhor modo do que o fiz em minhas primeiras cartas. Em 1º de junho viajo a Roma, se um poder mais alto não me impedir, e penso em retornar de lá para casa já nos primeiros dias de julho.[1] Quero ver-te o mais breve possível, passaremos belos dias juntos. Acumulei um número enorme de experiências e objetos e precisarei de tranquilidade para organizar tudo isso.

---

1 Goethe, entretanto, só voltará à Alemanha em abril do ano seguinte.

Johann Wolfgang von Goethe

Agradeço-te mil vezes por tudo de bom e de belo que fizeste por meus escritos. Sempre foi também meu desejo fazer o melhor para te agradar. Nosso modo de pensar é o mais próximo possível, sem que seja um único, e, nos assuntos principais, nossas concepções são sempre muito próximas. Se, durante esse tempo, fizeste e criaste muita coisa, também eu adquiri muito conhecimento, e daí só posso esperar uma boa troca.

Certamente minhas concepções são muito apegadas ao presente, como disseste. Quanto mais vejo o mundo, menos espero que a humanidade possa se tornar sábia e feliz. Talvez haja, entre milhões de mundos, um que possa se vangloriar desse feito. Mas, na forma como é constituído o nosso, espero tão pouco de nós quanto a Sicília pode esperar dos seus.

Em uma folha anexa eu digo alguma coisa sobre o caminho para Salerno e sobre Pesto também.[2] Esta é a última, e quase posso dizer, a mais magnífica visão que levo comigo a caminho do Norte. Penso que prefiro agora o templo central a todos que vi na Sicília.[3]

No que diz respeito a Homero, é como se uma venda me tivesse caído dos olhos. As descrições e comparações chegam-nos de modo poético e ainda assim indizivelmente natural, com pureza e emoção capazes de nos deixar perplexos. Mesmo os acontecimentos mais fantásticos possuem uma naturalidade que só pude sentir na presença dos objetos descritos. Deixa-me que expresse meu pensamento em uma formulação breve: eles representam a existência das coisas, nós, seus efeitos; eles descrevem o terrível, nós, de modo terrível; eles descrevem o agradável, já nós, agradavelmente, e assim poderia dar ainda inúmeros exemplos.[4] Daí é que se

---

2 A folha a que Goethe se refere não foi incluída no livro.

3 Em 23 de março de 1787, em sua primeira visita a Nápoles, Goethe teve uma visão oposta dos templos de Pesto. A arquitetura baixa e compacta do templo fará que ele diga se achar em "um mundo totalmente estranho". As "colunas cônicas e obtusas" são "penosas" de se ver. A temporada na Sicília teria, portanto, familiarizado o viajante com o espírito da Antiguidade também naquilo em que ela lhe parecera estranha e primitiva. O "templo central" a que ele se refere é o mais novo entre eles, o assim chamado Templo de Poseidon, que data do período entre 460-450 a.C.

4 Aqui, Goethe se aproxima bastante do ensaio de Schiller "Sobre poesia ingênua e sentimental", no qual a arquitetura e a estatuária gregas são exemplos da arte

origina todo o maneirismo, toda a falsa graça, todo o rebuscamento, pois, quando se trabalha o efeito e a partir dele, pensa-se que nunca se conseguirá torná-lo suficientemente perceptível. Sei que não afirmo algo novo, mas sei também que pude experimentá-lo a partir de um novo impulso de modo extremamente vivo. Trago agora presentes na alma todas essas praias e promontórios, golfos e enseadas, ilhas e línguas de terra, rochas e faixas de areia, colinas cobertas de arbustos, adoráveis prados, campos cultivados, jardins ornamentados, árvores cuidadas, videiras pendentes, montanhas de nuvens e as sempre límpidas planícies, rochedos e bancos, sendo toda essa diversidade rodeada pelo mar. Para mim, agora a *Odisseia* é uma palavra viva.

Preciso confessar-te ainda que me encontro muito perto de desvendar o segredo da geração e organização das plantas. Trata-se da coisa mais simples que se poderia pensar. Sob um céu desses é possível fazer as melhores observações. Sem dúvida alguma encontrei o ponto nevrálgico do processo, no qual se oculta o núcleo. Tudo o mais se me configura como um todo, sendo que apenas alguns poucos pontos carecem ainda de determinação. A planta primordial será a criação mais extraordinária deste mundo, pela qual a própria natureza haverá de me invejar. Uma vez de posse desse modelo e da chave para ele, é possível criar formas vegetais de modo infinito, formas essas necessariamente consequentes entre si, as quais, se não existirem na natureza, bem poderiam existir.[5] Não se trata de sombras poéticas ou artísticas, mas sim de uma verdade e necessidade intrínsecas. A mesma lei pode ser aplicada a todo organismo vivo.

---

espontânea e primitiva do homem, contrapondo-se ao espírito "sentimental", maneirista e reflexivo, em uma palavra, moderno.

5 É evidente, nos diversos trechos em que Goethe delimita o conceito de planta primordial, a afinidade com os conceitos de "conformidade aos fins interna" e "caráter específico das coisas como fins naturais". Cf. *Crítica da faculdade do juízo*, p.209 et seq. Para as relações cronológicas entre o texto de *Viagem à Itália* e o texto de Kant, ver o artigo de Moura, "Da magia a Kant: considerações sobre as relações de Goethe com a filosofia", *Matraga*, v.18, n.29.

Johann Wolfgang von Goethe

Nápoles, 18 de maio de 1787

Tischbein, que voltou a Roma, deixou, como pudemos perceber, as coisas aqui arranjadas de modo que não sentíssemos sua ausência. Incutiu em seus amigos de Nápoles tanta confiança em nós que todos se mostram abertos, amistosos e prestativos, o que me é extremamente necessário em minha atual situação, pois não se passa um dia em que eu não precise me socorrer com alguém a respeito de um pequeno favor ou em busca de companhia. Estou a ponto de compor um sumário daquilo que ainda gostaria de visitar, pois estamos à mercê da brevidade do tempo que me resta aqui e ela é que deverá determinar aquilo que ainda pode ser recuperado.

Nápoles, 22 de maio de 1787

Passou-se hoje uma agradável aventura, que me levou a refletir e que é digna de ser narrada.

Uma dama, que já durante minha primeira estada aqui favorecera-me com sua atenção, pediu-me que a visitasse e que estivesse pontualmente às 17 horas em sua casa.[6] Um inglês gostaria de conhecer-me e trocar algumas palavras a respeito de meu *Werther*.

Seis meses atrás eu teria certamente recusado, mesmo que estivesse duas vezes mais interessado nela do que hoje. O fato de eu ter aceitado mostrou-me que a viagem à Sicília fizera-me muito bem, de modo que prometi estar lá.

Infelizmente a cidade é muito grande e há muito o que ver, de modo que subi as escadas com quinze minutos de atraso. Encontrando as portas fechadas, preparava-me para tocar a campainha quando surgiu um belo homem de meia-idade, que logo tomei pelo inglês. Nem bem tinha me visto quando exclamou: "O senhor é o autor do *Werther*!". Confirmei minha identidade e pedi desculpas por meu atraso.

"Eu não poderia esperar nem mais um minuto", replicou ele, "o que tenho a dizer é breve e pode ser dito perfeitamente aqui sobre o capacho.

---

6 Trata-se, provavelmente, da esposa de Filangieri.

358

Não quero repetir o que o senhor já ouviu mais de mil vezes. A obra não teve em mim efeito tão violento como teve em outros. Porém, toda vez que penso no que o senhor deve ter passado para escrevê-la, fico mais uma vez admirado."

Fiz menção de expressar algum agradecimento, mas ele logo retomou a palavra: "Não posso demorar-me nem um minuto a mais, meu desejo de lhe dizer isso foi realizado. Adeus e boa sorte!", disse, e desceu as escadas. Fiquei algum tempo pensativo a respeito dessas palavras elogiosas e finalmente toquei a campainha. A dama mostrou bastante agrado em nosso reencontro e contou-me muitas coisas boas a respeito desse homem raro e singular.

Nápoles, sexta-feira, 25 de maio de 1787

Não verei mais minha frívola princesinha.[7] Ela de fato viajou a Sorrento, fazendo-me ainda a honra de me responsabilizar por sua partida, uma vez que preferi a ela a deserta e pedregosa Sicília. Alguns amigos contaram-me mais sobre essa criatura tão peculiar. Nascida em uma família nobre, porém de poucas posses, foi educada em um convento, decidindo-se depois por se casar com um velho e rico príncipe. Amigos tentaram dissuadi-la, pois, embora dotada de bom caráter, não tinha qualquer vocação para o amor. Nessa posição financeiramente vantajosa, mas demasiado estreita por causa das relações familiares, ela refugiou-se em sua inteligência e espírito e, limitada em todos os seus atos, procurou ao menos a não ter papas na língua. Asseguraram-me que seu comportamento é totalmente irrepreensível, embora ela pareça estar firmemente decidida a dar uma bofetada na cara de todas as convenções com sua língua solta. Costumam brincar dizendo que, caso seus discursos fossem escritos, a censura não poderia liberá-los, pois ela não deixa de fora as ofensas à religião, ao Estado e aos costumes.

Contam sobre ela as histórias mais extraordinárias e interessantes, das quais reproduzo aqui uma, embora não seja a mais decente.

---

7 Trata-se da condessa Satriano, irmã de Filangieri que, pouco depois, perderia a razão e morreria mergulhada na demência.

Johann Wolfgang von Goethe

Pouco tempo antes do terremoto que atingiu a Calábria,[8] ela fora passar uma temporada nas propriedades do marido que ali se situavam. Perto do palácio havia uma cabana, melhor dizendo, uma casa de madeira de um único andar, construída imediatamente sobre o chão. Porém, a casa fora atapetada, mobiliada e decorada com algum luxo. Ao primeiro sinal do terremoto a princesa abrigou-se lá. Estava no sofá pregando botões, tendo à sua frente a caixa de costura e do outro lado o abade, o velho eclesiástico da casa. De repente o chão se move, a casa afunda do lado em que ela se encontrava, ao passo que o lado oposto sobe, levando para cima o abade e a mesinha. "Opa!", disse ela, "isso lá é adequado a um homem tão distinto? O senhor parece querer desabar sobre mim, contrariando o decoro e a ordem!"

A casa afundou novamente e ela não conseguia deixar de rir da tola e ridícula figura que o bom velho fazia, de modo que, para além dessa piada, ela nada parecia sentir em relação às calamidades, melhor dizendo, às grandes perdas que atingiram sua família e milhares de outras pessoas. Uma personalidade singularmente dotada, capaz de fazer piada mesmo no momento em que a terra está prestes a engoli-la.

Nápoles, sábado, 26 de maio de 1787

Quando se pensa melhor, é de fato muito bom que haja tantos santos. Assim cada crente pode escolher o seu e dedicar-se com total confiança àquele que lhe parece mais adequado. Hoje foi o dia do meu, ao qual presto minha homenagem devota e fervorosa segundo sua própria maneira e ensinamentos.

Filipe Néri[9] desfruta de grande consideração e de devoção calorosa. Alegramo-nos e edificamo-nos quando ouvimos falar de seu grande temor a Deus, mas também se ouve contar muita coisa a respeito de seu bom

---

8 O mesmo que destruiu Messina.

9 Filipe Néri (Filippo Neri, 1515-1595). Fundou em 1565 a Congregação do Oratório, hoje Confederação do Oratório, também conhecida como Ordem dos Oratorianos, sociedade de vida apostólica para clérigos seculares, sem votos de pobreza e obediência, dedicada à educação cristã da juventude e do povo e a obras de caridade. Foi canonizado em 1622.

Viagem à Itália

humor. Desde muito jovem ele sentiu os fervorosos impulsos religiosos, que se desenvolveram com o passar do tempo na grande dádiva que é o entusiasmo místico da religião. A dádiva da oração espontânea, da devoção profunda e silenciosa, a dádiva das lágrimas, do êxtase e por fim até mesmo a dádiva da levitação, considerada a mais alta dentre todas.

A tantas qualidades interiores misteriosas ele adiciona o mais lúcido bom senso, a mais absoluta valorização, ou melhor, desvalorização das coisas terrenas, dedicando uma ativa solidariedade ao próximo em aflição espiritual ou física. Observa rigorosamente todas as obrigações exigidas a um homem da Igreja, tanto nas festas quanto nas visitas a igrejas, orações, jejuns e tudo mais. Também se ocupa da formação dos jovens, prescrevendo-lhes exercícios de música e eloquência, propondo temas não apenas espirituais, mas também espirituosos, dando ocasião a animadas conversas e disputas. O mais extraordinário de tudo isso me parece ser o fato de que ele tenha conseguido produzir tanta coisa a partir de seus próprios desejos e recursos, sem ter se juntado a uma ordem ou congregação, ou seja, sem ter passado por uma ordenação espiritual.

É ainda notável o fato de que isso aconteceu à época de Lutero, e que, em plena Roma, um homem ativo, temente a Deus, enérgico e empreendedor tenha tido a ideia de unir o espiritual, melhor dizendo, o sagrado ao mundano, introduzindo o celestial no domínio do secular e preparando assim uma reforma. Pois é aqui, apenas aqui que se encontra a chave que abrirá as prisões papais e restituirá seu Deus ao mundo livre.

A cúria papal, no entanto, que mantinha sob sua vigilância em Roma um homem assim significativo, não sossegou até convencê-lo a se tornar padre, ele, que levava já uma vida espiritual e morava em um mosteiro onde instruía outras pessoas e estava mesmo a ponto de fundar, se não uma ordem, uma congregação livre. Com isso, ele passou a receber as vantagens que até então tinham faltado em sua trajetória.

Caso se duvide, como é de se esperar, de sua prodigiosa elevação física, deve-se no entanto ter por certa sua elevação espiritual acima deste mundo. A ele nada era mais abjeto do que a vaidade, a aparência e a pretensão, contra as quais se insurgiu vigorosamente, pois as considerava os maiores obstáculos a uma vida verdadeiramente dedicada a Deus. Fê-lo, entretanto, como alguns relatos o demostram, sempre com bom humor.

361

Encontrava-se ele por exemplo em presença do papa, quando relatam a este que, nas proximidades de Roma, estabelecera-se uma freira dotada das mais prodigiosas graças espirituais. Néri foi encarregado de comprovar a veracidade desse relato. Então montou um lombo de mula, enfrentando um tempo muito ruim e caminhos piores ainda, logo chegou ao convento. Lá o levaram à presença da abadessa, que lhe deu notícia de todos os sinais de graça com grande convicção. Mandaram chamar a freira e ele, sem nem mesmo cumprimentá-la, estendeu-lhe a bota enlameada, com a intenção de que ela a descalçasse. A santa e imaculada jovem recuou assustada e expressou seu desagrado sobre esse atrevimento com palavras enérgicas. Néri ergueu-se tranquilamente, montou sua mula e encontrou-se de novo na presença do papa muito antes do que este esperava, pois, nesses casos de comprovação de tais graças espirituais, os Pais da Igreja Católica prescreveram importantes regras muito detalhadas, uma vez que a Igreja certamente admite tais casos de favorecimento divino, embora não reconheça sua presença sem que haja provas cabais dela. Néri não tardou em revelar ao admirado papa o resultado de sua investigação. "Não se trata de uma santa", disse ele. "Ela não faz milagres! Para isso lhe falta a qualidade mais importante, a humildade."

Essa máxima pode ser considerada um princípio diretor de toda a sua trajetória. Permitam-me contar apenas mais um exemplo: quando Néri fundou a Congregação dos Padres do Oratório, que logo ganhou grande distinção, incutindo em muitos o desejo de fazer parte dela, apresentou-se um jovem príncipe romano, ao qual se concedeu o noviciado e os trajes a ele apropriados. Porém, uma vez que o jovem, depois de algum tempo, solicitara a entrada de fato na Ordem, era preciso antes passar por algumas provas. O jovem logo se declarou pronto a fazê-lo. Néri trouxe então uma longa cauda de raposa e exigiu que o príncipe a amarrasse à parte de trás do traje e andasse com toda a dignidade pelas ruas de Roma. O jovem recusou-se com horror, dizendo que se juntara à Ordem em busca de honra e não de vergonha. Disse então o padre Néri que não era isso que se deveria esperar de sua Ordem, na qual a primeira lei era a renúncia e o desprendimento. Depois disso, o jovem despediu-se e partiu.

Em um breve adágio, Néri condensou sua doutrina principal: "*Spernere mundum, spernere te ipsum, spernere te sperni*", o que se pode traduzir como: "Despreza o mundo, despreza a ti mesmo, despreza o próprio fato de seres desprezado". E com isso já se disse tudo. Um melancólico poderia imaginar-se capaz de cumprir os dois primeiros pontos. Já para viver de acordo com o terceiro, um homem teria de estar a meio caminho da santidade.

Nápoles, 27 de maio de 1787

Recebi ontem de Roma o pacote com as amáveis cartas do mês anterior, que o conde Fries fez chegar às minhas mãos, e deleitei-me ao lê-las e relê-las. Também a tão desejada caixinha estava lá, sendo que eu agradeço milhares de vezes por tudo.[10]

Já é tempo de ir-me daqui, pois, enquanto me ocupo em fixar na memória ainda uma vez Nápoles e suas cercanias, renovando as impressões e tentando finalizar alguns negócios começados, a torrente dos dias me arrasta consigo. Além disso, há algumas pessoas excelentes, tanto novas quanto antigas relações, que eu não poderia deixar de encontrar. Revi uma adorável senhora com quem desfrutei dias agradabilíssimos no verão passado em Karlsbad. Passamos boas horas relembrando amigos queridos, principalmente o bom humor de nosso caro príncipe. Ela possuía ainda o poema com o qual as meninas de Engelhaus surpreenderam-no durante seu trajeto a cavalo.[11] Foi como se voltássemos então àquelas cenas alegres, às divertidas provocações e mistificações e às espirituosas tentativas de exercer mútua provocação. Logo nos sentimos em solo alemão, na boa companhia de alemães, rodeados por rochas e sentindo-nos unidos por causa da estranheza do lugar, mas ainda mais pela consideração, amizade e

---

10 Goethe conhecera o conde Joseph Johann von Fries (1765-1788), de Viena, em Karlsbad. A caixinha referida continha um presente de Charlote von Stein.

11 A senhora de Karlsbad é provavelmente a condessa Aloysia von Lanthieri. O poema de Goethe se intitula "An den Herzog Karl August. Abschied im Namen der Engelhüser Bäuerinnen. Karlsbad, Ende August 1786" [Ao duque Karl August. Despedida em nome das camponesas de Engelhaus. Karlsbad, final de agosto de 1786].

afeto. Assim que nos aproximamos da janela, o clangor napolitano chegou poderosamente a nossos ouvidos, de modo que não restou qualquer lembrança tranquila e pacífica que pudéssemos ter guardado.

Também não foi possível deixar de travar conhecimento com o duque e a duquesa de Ursel.[12] Pessoas excelentes, de moral elevada, fina sensibilidade para as coisas humanas e da natureza, decidido amor pela arte e boa vontade para com os novos conhecidos. Tivemos repetidas conversas, longas e extremamente interessantes.

Hamilton e sua beldade continuam a dedicar-me sua amizade. Jantei com eles e, à noite, Miss Harte mostrou-nos seus talentos musicais e melódicos.

Por intercessão do amigo Hackert, que demonstra comigo uma benevolência cada vez maior e quer mostrar-me tudo o que há de extraordinário, Hamilton levou-nos a sua coleção de arte e coisas antigas. Lá tudo está em meio a uma grande confusão. Produtos de todas as épocas encontram-se dispostos de modo extremamente casual uns junto aos outros: bustos, torsos, vasos, esculturas e utensílios em bronze, todo tipo de utensílios domésticos em ágata siciliana, até mesmo uma capelinha; objetos entalhados, pintados e tudo o mais que ele casualmente adquirira. Em uma grande arca postada no chão, cuja tampa meio quebrada eu, curioso, empurrei para o lado, estavam dois magníficos candelabros de bronze. Chamei a atenção de Hackert com um aceno e sussurrei-lhe perguntando se estes não eram muito parecidos com os que havia nos Portici. Ele me pediu silêncio com um gesto: devem ter vindo parar aqui extraviados de alguma gruta de Pompeia. Por conta deste e outros achados extraordinários, o cavaleiro permite que apenas seus amigos mais íntimos vejam esse tesouro oculto.

Chamou-me a atenção uma arca colocada na parte anterior do salão, pintada de preto por dentro e ornada de luxuosa moldura dourada. O espaço era grande o suficiente para conter uma figura humana em pé, e logo entendemos o porquê. Esse amigo da arte e das mulheres, não contente de observar sua beldade como uma estátua em movimento, quis regozijar-se

---

12 Nobres de Bruxelas.

364

com ela também como uma pintura colorida e única. Assim, ela, vestida em trajes coloridos sobre o fundo negro da arca, imitava as antigas pinturas de Pompeia, como também alguns mestres modernos. Porém, o tempo desse divertimento parecia ter passado. Além do mais, o equipamento era muito pesado para ser transportado para um lugar mais iluminado, de modo que não pudemos participar de tal divertimento.

Aqui se pode observar ainda uma outra ocupação artística à qual os napolitanos se dedicam com paixão. Trata-se das criptas ou presépios, que se veem em todas as igrejas quando chega o Natal. Representam a adoração dos pastores, anjos e reis, com alguma riqueza de detalhes e figuras, alguns mais completos do que os outros e agrupados de maneira primorosa. Nesta alegre Nápoles tais conjuntos são montados até mesmo sobre os tetos das casas. Constrói-se então um leve abrigo em forma de cabana, ornamentado com ramos de árvores sempre verdes e arbustos. Ali estão a Mãe de Deus, a Criança e todos os que os circundam, em pé ou pairando ao redor, vestidos e adornados de modo primoroso, sendo que a família gasta grandes somas com esses adornos e roupas. O que torna, entretanto, o todo singularmente belo é o cenário, que representa o Vesúvio e cercanias.

Algumas vezes colocam-se também personagens vivas entre os bonecos, e gradativamente vem se tornando uma das diversões mais significativas das famílias importantes e ricas introduzir figuras mundanas, seja da história ou da literatura, nos serões em seus palácios.

Se me permitis uma observação certamente imprópria vinda de um hóspede muito bem tratado, devo confessar que nossa beldade aqui me parece uma criatura destituída de espírito, sem dúvida alguma capaz de nos compensar com a contemplação de sua forma, mas incapaz de se fazer valer por meio de uma expressão espirituosa da voz, da linguagem. Até seu canto é destituído de intensidade.

O mesmo ocorre, afinal de contas, com esses divertimentos em que pessoas imitam quadros. Pessoas belas há em todo lugar, porém são raras aquelas dotadas de uma sensibilidade profunda e ao mesmo tempo de aparelhos vocais favoráveis ao canto. Sobretudo são raras aquelas em que a tudo isso se junta uma aparência agradável.

Fiquei muito feliz com o terceiro volume de Herder.[13] Por favor, guardai-o para mim até que eu possa dizer-vos meu novo endereço. Ele certamente terá sido capaz de dar continuidade ao sonho da humanidade por um mundo melhor. Também eu, devo confessar, considero possível que a humanidade vença ao fim de tudo. Entretanto, temo que ao mesmo tempo o mundo se torne um grande hospital e que cada um se torne o enfermeiro humanitário de seu próximo.

Nápoles, 28 de maio de 1787

Vez por outra vejo-me obrigado a divergir do bom e útil Volkmann. Ele diz, por exemplo, que haveria em Nápoles cerca de 30 mil a 40 mil desocupados, e quem não daria razão a ele! Eu suponho, porém, depois de algum conhecimento de como se vive no Sul, que essa seja uma perspectiva bastante típica do Norte, onde se toma por desocupado aquele que não passa o dia todo atabalhoado e ansioso. Por isso presto muita atenção ao povo, quando ele se movimenta ou repousa tranquilo, de modo que posso dizer que há, sim, muitas pessoas malvestidas, mas nenhuma desocupada.

Por conta disso, perguntei a alguns amigos por esses numerosos desocupados, pois queria conhecê-los. Tampouco eles foram capazes de os mostrar a mim, de modo que fui eu mesmo à sua caça, uma vez que isso coincidia com meu desejo de investigar mais a cidade.

Comecei então a me familiarizar com a enorme confusão de diferentes figuras, classificando-os de acordo com sua aparência física, vestes, comportamento e ocupação. Essa tarefa me pareceu mais fácil aqui do que em qualquer outro lugar, uma vez que as pessoas parecem estar mais relaxadas e porque trazem também em seu exterior as marcas do estamento a que pertencem.

Comecei minhas observações logo cedo e todos os que encontrei, em pleno labor ou descansando, eram pessoas cuja ocupação se podia concluir a partir desse primeiro olhar.

---

13 O terceiro volume de *Ideen zur Philosophie der Geschichte der Menschheit* [Ideias sobre a filosofia da história da humanidade], publicado em Riga, em 1787.

Viagem à Itália

Os *carregadores*, que em muitas praças têm seu lugar privilegiado e ficam a aguardar que alguém necessite de seus serviços. Os *condutores de caleças*, seus empregados e ajudantes, que ficam nas praças junto de seus veículos puxados por um único cavalo, cuidando dos animais e à disposição daqueles que precisarem deles. *Marinheiros*, que ficam no molhe fumando seus cachimbos; *pescadores*, que se deitam ao sol, pois talvez esteja soprando um vento desfavorável que os impeça de ir ao mar. Vi muita gente indo de lá para cá, mas todos eles traziam algum sinal de sua ocupação. Não se via nenhum *mendigo*, a não ser alguns homens já muito idosos, completamente incapazes para o trabalho, ou aleijados. Quanto mais eu buscava, quanto melhor observava, fosse na classe mais baixa ou na média, fosse pela manhã ou mais tarde, não fui capaz de encontrar desocupados, de qualquer idade ou sexo.

Acrescento ainda detalhes, para tornar mais dignas de crédito e mais perceptíveis minhas afirmações. Mesmo as *crianças menores* estão ocupadas algumas vezes. Muitas delas trazem peixe de Santa Lucia para vender na cidade. Outras se veem nas imediações do Arsenal ou onde quer que haja carpinteiros trabalhando, recolhendo lascas de madeira, mas também junto ao mar, coletando ramos e pedacinhos de madeira lançados de volta pelas ondas e guardando-os em pequenos cestos. Desse pequeno negócio ocupam-se crianças de pouquíssima idade, que praticamente mal se sustêm nas pernas, na companhia de outras mais velhas de 5 a 6 anos. Vão depois com os cestinhos até a cidade e tomam lugar no mercado com suas pequenas porções de madeira. Os trabalhadores e a gente miúda compram-lhes a mercadoria, para transformá-la em carvão nos seus fogareiros de três pés de modo a se aquecer, ou então para usá-la em sua modesta e frugal cozinha.

Outras crianças ainda trazem para vender a água das fontes sulfurosas, que é bastante apreciada na primavera. Outras ainda procuram obter um pequeno lucro comprando frutas, mel, bolos e doces e oferecendo--os novamente, como pequenos negociantes, às demais crianças, de toda forma apenas para obter de graça seu próprio quinhão. É mesmo belo de se ver como um desses garotos, cujo equipamento consiste de apenas um tabuleiro e uma faca, traz consigo meia abóbora assada ou uma melancia, atraindo ao seu redor um bando de crianças, depondo então seu tabuleiro e começando a partir a fruta em pequenos pedaços. Os compradores conferem com toda a seriedade se receberam a quantidade correspondente à soma de suas moedinhas de cobre, e o pequeno negociante procede também cuidadosamente em relação aos muito ávidos, de modo que também ele não seja enganado em nem uma moedinha. Estou convencido de que, em uma temporada mais longa, haveria oportunidade de conhecer mais alguns exemplos desse comércio infantil.

Um grande número de pessoas, em parte gente de meia-idade, em parte rapazes, a maioria deles vestida de modo miserável, trata de levar o lixo para fora da cidade em lombo de jumentos. O campo mais próximo ao redor de Nápoles é uma horta, e é uma alegria ver a enorme quantidade de legumes trazida de lá todo dia de feira. É muito bom ver como a indústria humana sabe fazer retornar ao campo aquilo que não foi utilizado pelos cozinheiros, de modo a acelerar o círculo da vegetação. O inacreditável consumo de legumes faz que a maior parte do lixo em Nápoles seja formada por talos e folhas de couve-flor, brócolis, alcachofras, repolho, alface e alho. Esses dejetos são muito procurados. Dois grandes cestos de palha flexíveis são colocados sobre o lombo de um jumento e, como se não bastasse enchê-los até a boca, duas pequenas torres construídas com uma arte toda própria se elevam bem acima de suas bordas. Horta alguma consegue sobreviver sem um jumento. Um serviçal, um ajudante, muitas vezes o próprio patrão acorre tantas vezes quanto possível à cidade, que a qualquer hora é para ele uma preciosa jazida. Pode-se imaginar esses cuidadosos colecionadores em meio ao esterco dos cavalos e mulas. Só a contragosto eles deixam a rua quando chega a noite, e os ricos, que saem da Ópera depois da meia-noite, mal sabem que, ao raiar do dia, um diligente trabalhador buscará cuidadosamente os vestígios deixados por seus cavalos. Asseguraram-me que algumas dessas pessoas que se juntam para comprar um jumento e arrendar um pedacinho de terra cultivável de algum grande proprietário, graças ao seu trabalho contínuo sob esse clima favorável, no qual o ciclo da vegetação jamais se interrompe, em pouco tempo pode ver seu negócio crescer de um modo considerável.

Eu me distanciaria muito de meus propósitos se me pusesse a falar de todo tipo de pequenos comércios que prazerosamente se vê florescer aqui

Viagem à Itália

em Nápoles como em toda cidade grande. Mas não posso deixar de mencionar ainda os vendedores ambulantes, a camada mais baixa da população. Alguns carregam pequenos barris de água gelada, copos e limões, de modo que se possa a todo momento e em qualquer lugar fazer limonada, uma bebida que não falta aqui mesmo aos mais pobres. Outros com bandejas sobre as quais há garrafas com diferentes tipos de licor e taças de bojo afilado circundadas por anéis de madeira de modo a protegê-las de uma queda. Outros ainda trazem cestas com todo o tipo de pães e tortas, guloseimas, limões e outras frutas, e parece que todos querem desfrutar e contribuir para a grande festa do prazer que acontece todo dia em Nápoles.

Do mesmo modo como há esse tipo de comércio ambulante, há também um grande número de pequenos negociantes que se deslocam pela cidade expondo suas miudezas sem qualquer cerimônia sobre uma tábua ou uma tampa de caixa, ou mesmo nas praças sobre a terra plana. Não se trata de mercadorias que se poderia comprar nas lojas maiores, mas sim propriamente do comércio de trocas de miudezas. Não há um pedacinho de ferro, couro, linho, feltro e tais que não retorne a esse mercado como mercadoria de troca e que não seja comprado por um ou outro. Muita gente oriunda das camadas mais baixas é também empregada como ajudante junto a comerciantes e artesãos.

É verdade que não se pode dar poucos passos sem encontrar gente malvestida, esfarrapada mesmo, mas isso não faz deles vadios ou ladrões! Eu gostaria mesmo de afirmar o quase paradoxo segundo o qual talvez a maior parte da operosidade em Nápoles se encontre nas camadas mais baixas da população. É claro que não poderíamos compará-la com a operosidade nórdica, que provê não apenas para o dia de hoje, mas que nos dias belos e ensolarados provê para os dias ruins e nublados, no verão pensando no inverno. Uma vez que os nórdicos são obrigados pela natureza a poupar e prover o amanhã, uma vez que a dona de casa precisa salgar e defumar as carnes para prover a cozinha durante o ano todo, que o homem não pode descuidar da provisão de madeira e frutos, assim como da ração para o gado, por conta disso os belos dias e horas são roubados ao desfrute e gozo e dedicados ao trabalho. Ao longo de vários meses distanciamo-nos da vida ao ar livre e protegemo-nos dentro de casa das tempestades, chuva, neve e frio. As estações do ano seguem-se inexoravelmente e aquele que não quiser perecer deverá construir seu reino doméstico. Pois aqui a questão não é se queremos deixar de fazer o trabalho. Não se pode querer deixar de fazê-lo, pois não se pode não o fazer. A natureza nos obriga a isso, a prover, a trabalhar se adiantando a ela. Esses efeitos da natureza, que se mantêm os mesmos há milhares de anos, certamente determinaram o caráter das distintas nações nórdicas em muitos aspectos. Por outro lado, nós julgamos os povos do Sul, com os quais o céu foi tão benevolente, de maneira por demais severa, a partir de nosso ponto de vista. Aqui se aplica perfeitamente bem o que o sr. Von Pauw,[14] em suas *Recherches sur les Grecs*, ousou expressar a respeito dos filósofos cínicos.

Enganamo-nos, disse ele, a respeito da ideia que fazemos do estado miserável de tais homens. Seu princípio, segundo o qual devem prescindir de tudo, é favorecido por um clima que tudo possibilita e provê. Um homem pobre e mal trajado, a nosso ver, poderia naquelas regiões não apenas satisfazer suas necessidades mais prementes, como também desfrutar do mundo da maneira mais bela. Da mesma forma, um mendigo napolitano poderia facilmente desdenhar o cargo de vice-rei na Noruega e recusar a honra caso a czarina da Rússia pretendesse oferecer-lhe o governo da Sibéria.

Um filósofo cínico sobreviveria certamente muito pouco tempo em nossa região, ao passo que nas terras do Sul a natureza convida a esse estilo de vida. O homem muito pobre não se encontra ali nu; aquele que não tem uma casa nem a toma alugada, mas que no verão passa as noites sob as marquises e umbrais das casas fidalgas e igrejas ou em parques públicos e, quando o tempo está ruim, encontra um lugar para dormir a preço bastante módico, não é por isso expulso como um habitante indesejado. Um homem ainda não é pobre por não ter provisões para o dia seguinte. Quando se pensa no mar rico de peixes, alimento do qual todos podem e devem se alimentar em alguns dias da semana, nos muitos tipos de frutas e legumes que há em profusão em qualquer época do ano; quando lembramos de que a região na qual se encontra Nápoles recebeu o nome de *terra di lavoro*, cujo significado

---

14 Cornelius de Pauw (1739-1799), historiador, filósofo e filólogo holandês. Suas *Recherches sur les Grecs*, em 2 volumes, foram publicadas em Berlim em 1787.

aqui não é terra do *trabalho*, mas sim terra do *cultivo*, e que toda a província traz o título honorário de *região feliz* (*campagna felice*) já há séculos, então se entende bem por que viver ali pode ser tão fácil.

Se alguém se dispusesse a escrever uma descrição detalhada de Nápoles, o paradoxo ao qual aludi anteriormente daria ocasião a muitas considerações. Tal empreendimento exigiria não pouco talento e muita observação ao longo de alguns anos. Logo se perceberia, por exemplo, que o chamado *lazzarone* não é em nada menos ativo do que as outras camadas da população. Perceberíamos também a seguir que todos que se enquadram nesse tipo não trabalham apenas para viver, mas também para se divertir e desfrutar. Isso explica muita coisa; por exemplo, por que as técnicas dos artesãos se encontram aqui em estado tão atrasado em relação aos países do Norte, assim como também o motivo de as fábricas não prosperarem. Explica ainda por que, para além dos advogados e dos médicos, não haja muita gente culta, em relação ao grande número de habitantes. Também não há um pintor da escola napolitana que se tenha distinguido e se tornado grande. Os clérigos preferem dedicar a maior parte de seu tempo ao ócio e os ricos preferem desfrutar de suas posses empregando-as em prazeres sensuais, luxo e dissipação.

Reconheço que tudo isso foi afirmado de modo muito geral e que as características de uma camada da população só poderiam ser deduzidas depois de meticulosos conhecimento e observação, mas acredito eu que, no todo, os resultados ainda seriam válidos.

Volto a falar sobre a gente humilde de Nápoles. Assim como crianças alegres a quem se incumbe de alguma tarefa, eles também são capazes de levá-la a cabo, ao mesmo tempo em que conseguem fazer da tarefa uma piada ou brincadeira. Essa classe de pessoas tem um espírito muito vivo e a tudo encara direta e francamente. Sua linguagem é figurada e suas piadas são vivas e mordazes. A velha cidade de Atella[15] fica na mesma região que

---

15 A cidade velha de Atella, a norte de Nápoles, era o lugar onde se passaram as farsas, as chamadas *Fabulae Atellanae* dos romanos, representações dos costumes populares com atores usando máscaras correspondentes aos tipos encontrados entre o povo.

Nápoles. Seu Polichinelo, amado pelo público, continua a fazer seus jogos e piadas, e essa gente toda ainda toma parte em tais farsas.

Plínio, no quinto capítulo do terceiro livro[16] de sua *História natural*, considera a costa da Campânia o único objeto digno de ser descrito em detalhe. "Aquelas regiões são tão bem-aventuradas, graciosas e ricas", diz ele, "que logo se reconhece que a natureza aqui se alegra com sua própria obra. Pois esse ar da vida, essa perene e revigorante temperança do clima, esses campos tão férteis, colinas ensolaradas, esses bosques intocados e clareiras à sombra, o ar tão fresco da montanha! Os largos campos semeados, uma imensidão de vinhedos e oliveiras, a nobre lã das ovelhas, o gordo pescoço do gado, tanta semeadura, uma tal riqueza de rios e fontes que se confundem, tanto mar, tantos portos! A própria terra, que acolhe em seu peito o comércio e, ansiosa por ajudar ao homem, estende seus braços sobre o mar.

"Deixo aqui de mencionar as habilidades do povo, seus costumes, sua força e os muitos povos que venceram por meio de sua língua e de seu poder.

"Os gregos, um povo que sabia elogiar sem medida as próprias qualidades, proferiram a sentença mais adequada e honrosa ao chamarem uma parte desta região de Magna Grécia."

Nápoles, 29 de maio de 1787

Paira por toda a cidade uma alegria geral, que se contempla com muito gosto. As coloridas flores e frutas com as quais a natureza se adorna parecem convidar a todos a enfeitar-se com seus ornatos das cores mais intensas. Lenços, faixas de seda e flores no chapéu daqueles que se podem dar a esse luxo. Mesmo nas casas mais humildes, cadeiras e aparadores são adornados por flores coloridas sobre fundo dourado. Até mesmo as caleças de tração única são pintadas de vermelho gritante, com as partes de madeira em dourado. Os cavalos, adornados com flores artificiais, borlas de um vermelho vivo e lantejoulas. Alguns trazem penachos, outros até

---

16 A citação encontra-se, na verdade, no sexto capítulo da *História natural* de Plínio.

mesmo pequenas bandeirolas nas cabeças, que tremulam a cada movimento. Costumamos considerar bárbara e de mau gosto a predileção por cores muito vibrantes, o que pode muito bem estar certo. Mas sob um céu claro e azul nada consegue ser vibrante, pois nada ultrapassa o brilho do sol e seu reflexo no mar. A cor mais viva é amortecida pela luz poderosa e, uma vez que cada cor, cada verde das árvores e plantas, o amarelo, marrom e vermelho da terra e dos minerais atinge intensamente os olhos, o colorido das flores e dos trajes acaba por integrar a harmonia geral. Os corpetes e saias das mulheres de Nettuno,[17] guarnecidas de ouro e prata, as cores dos trajes nacionais, a pintura dos barcos, tudo parece querer se esforçar e competir para também ser visto sob o intenso brilho do céu e do mar.

E assim como vivem, também enterram seus mortos. Nenhum cortejo fúnebre negro e vagaroso estraga a harmonia desse mundo de prazeres.

Vi levarem uma criança ao túmulo. Um grande tapete de veludo vermelho bordado em dourado cobria o catafalco que trazia um pequeno esquife de madeira talhada, muito adornado de prata e ouro, onde jazia o morto vestido de branco e coberto de faixas cor-de-rosa. Em cada um dos quatro cantos do esquife havia um anjo, de cerca de 2 pés de altura, que segurava grandes maços de flores por sobre a criança. Como estavam presos na parte de baixo apenas por um arame, conforme o carro se movia, balançavam e pareciam exalar um suave perfume de flores. Os anjos balançavam ainda mais forte quando o cortejo se apressava pelas ruas, acompanhando o padre que ia apressado à frente, junto dos que levavam as velas.

Não há uma estação do ano em que não se esteja rodeado de iguarias por todos os lados, e o napolitano se compraz não apenas em comê-las, mas também em arrumá-las em belos arranjos para serem vendidas.

Em Santa Lucia, os peixes são arranjados em geral de acordo com seu gênero em belos cestos. Caranguejos, ostras, mexilhões e pequenos moluscos, tudo posto elegantemente à mesa sobre folhas de salada verde. As lojas onde se vendem frutas secas e também as frutas guarnecidas de casca são decoradas de maneira extremamente variada. As grandes tangerinas e limões

---

17 Nettuno é uma cidade localizada na costa do Lácio.

de todos os tipos, enfeitadas com ramos de louro, são extremamente agradáveis aos olhos. Mas ninguém dispõe sua mercadoria de modo mais atraente do que os açougues, para onde o povo dirige cobiçosamente os olhos, pois o apetite se torna mais aguçado por meio de um período de abstinência.

Nos açougues encontram-se pendurados pedaços de carne de vaca, de vitela e carneiro, sendo que a gordura e parte dos flancos e das pernas sempre recebe uma generosa camada de tinta dourada. Alguns dias do ano, especialmente o Natal, são famosos pelos banquetes e glutonaria. Festeja-se então uma *cocagna* coletiva, na qual tomam parte cerca de 500 mil pessoas.[18] Nessa ocasião, também a rua Toledo e outras ruas vizinhas, assim como as praças, são decoradas de modo apetitoso. Nas quitandas, onde são vendidas verduras, são expostos também uvas-passas, figos e melões, que agradam imensamente aos olhos. As mercadorias pendem em guirlandas sobre as ruas. Há grandes festões formados de salsichas douradas atadas com fitas vermelhas umas às outras, além de gordos perus com uma bandeirola vermelha espetada na cauda. Dizem que foram vendidos cerca de 30 mil deles, sem contar aqueles que as pessoas criaram em casa. Além disso, um grande número de jumentos de carga carregados de verduras, capões e cordeiros são levados pela cidade até o mercado. As pilhas de ovos são tão grandes que não se consegue imaginar como foi possível construí-las. E não basta que tudo isso seja consumido: todo ano um funcionário da polícia, munido de uma trombeta, corre a cidade anunciando em todas as praças e encruzilhadas, quantos milhares de bois, vitelas, carneiros e porcos foram consumidos pelos napolitanos. O povo escuta atento e se alegra imensamente ao ouvir os números elevados, sendo que cada um se lembra com prazer de ter tomado parte nesse gozo.

No que diz respeito às iguarias feitas com farinha e leite, que nossas cozinheiras sabem preparar de maneiras tão variadas, este povo que gosta de abreviar o tempo despendido com semelhantes coisas e não dispõe de cozinhas bem aparelhadas procede de duas maneiras. O macarrão, uma delicada e bastante trabalhada massa de farinha fina moldada em diferentes formas

---

18 Trata-se do carnaval napolitano, durante o qual o rei distribuía, de cima de um palanque, peixe e vinho ao povo. A festa foi abolida em 1783.

Viagem à Itália

e depois cozida, encontra-se em toda parte por um preço bastante módico. É geralmente cozido apenas em água, e o queijo ralado por cima tempera e ao mesmo tempo dá alguma gordura ao prato. Além disso, em quase toda esquina das grandes ruas há um vendedor dessas iguarias de farinha com suas frigideiras cheias de óleo fervente, especialmente nos dias de jejum de carne, quando peixe e massa são logo preparados para quem desejar. Esses vendedores têm um movimento inacreditável, pois milhares de pessoas buscam ali seu almoço e jantar embrulhado em um simples pedaço de papel.

Nápoles, 30 de maio de 1787

Hoje à noite, passeando pela cidade, fui ter ao Molo. Lá pude divisar em um mesmo quadro a lua, seu reflexo na espuma das nuvens, assim como seu suave brilho que se move, claro e vivo, sobre a crista das ondas que vão e vêm. Pude ver ainda a luz das estrelas, as lâmpadas do farol, o fogo do Vesúvio, seu reflexo sobre a água e muitas outras luzes que se acendiam nos navios. Seria bom ver como Van der Neer[19] daria conta da tarefa de pintar uma cena tão múltipla e variada.

Nápoles, quinta-feira, 31 de maio de 1787

As comemorações da festa de Corpus Christi romana, assim como as tapeçarias tecidas a partir dos desenhos de Rafael impregnaram-me os sentidos de modo tão violento que não me deixei errar mais tempo em meio a esses prodigiosos fenômenos da natureza, ainda que não houvesse nada semelhante no mundo. Tomei então energicamente as providências para viajar. Um passaporte foi emitido e um cocheiro foi contratado. Kniep estava ocupado em mudar para seus novos aposentos, muito melhores do que os antigos no que se refere ao espaço e à localização.

Já antes, quando essa mudança estava sendo ainda planejada, esse amigo afirmara algumas vezes que era certamente desagradável e em certa medida

---

19 Aert van der Neer (1603-1677), pintor holandês famoso por suas paisagens sob o luar, efeitos da luz e do fogo.

pouco decente mudar-se para uma casa sem trazer mobília alguma. Até mesmo uma simples armação de cama incutiria algum respeito ao senhorio. Hoje, enquanto andávamos pelo Largo de Castelo, onde fervilha o comércio de itens usados, vi uma cama de ferro, pintada de bronze, a qual eu logo adquiri por meio de uma pechincha e ofereci a meu amigo como a base de um quarto de dormir tranquilo e sólido. Um dos sempre disponíveis carregadores levou-a, junto com as tábuas necessárias, ao novo alojamento, cuja arrumação agradou tanto a Kniep que este imediatamente pensou em deixar-me e mudar-se para lá. Grandes cavaletes, papel para desenho e tudo o mais foi providenciado. Deixei-lhe uma parte dos esboços feitos durante nossa viagem às Duas Sicílias, conforme nosso acordo.

Nápoles, 1º de junho de 1787

A chegada do marquês Luchesini[20] retardou minha partida em alguns dias. Foi realmente um prazer conhecê-lo. Pareceu-me ser uma dessas pessoas que possuem um bom estômago moral, o que lhes possibilita sempre tomar parte do grande banquete do mundo, ao passo que nós outros nos empanturramos como ruminantes, sendo incapazes de comer mais nada, até que novamente se complete o ciclo da ruminação e digestão. Ela também agradou-me imensamente, é uma valente alma alemã.[21]

É de bom grado que parto agora de Nápoles, eu de fato preciso ir. Dediquei estes últimos dias ao prazer de fazer visitas. A maior parte das pessoas que conheci é interessante e estou muito satisfeito com as horas que dediquei a elas. Mas se ficasse ainda outras duas semanas, isso teria me desviado de meus objetivos. E, além disso, aqui se está sempre inativo. Desde minha volta de Pesto vi pouca coisa além dos tesouros de Portici. Há ainda alguma coisa que eu deveria ver, porém não me sinto disposto a levantar um pé para isso. Aquele museu, no entanto, é o alfa e o ômega de

---

20 Girolamo Luchesini (1751-1825), homem de Estado prussiano, enviado em missão diplomática ao Vaticano.

21 Refere-se à esposa do marquês, Charlotte Luchesini, nascida von Tarrach (1759-1833).

Viagem à Itália

todas coleções da Antiguidade. Ali se vê com clareza o quanto o mundo antigo era superior a nós em seu feliz sentido para a arte, ainda que estejam atrás de nós no que diz respeito a uma habilidade artesanal rigorosa.

Adendo a 1º de junho de 1787

O empregado que trouxe meu passaporte disse-me que lamentava minha partida, pois uma poderosa onda de lava, expelida pelo Vesúvio, estava a caminho do mar. Já se encontrava quase nas partes mais altas e inclinadas da montanha e em poucos dias deveria alcançar a praia. Vi-me então em uma grande dificuldade. O dia de hoje foi empregado em visitas de despedida que eu devia a tantas pessoas benevolentes e prestativas. Já prevejo como será amanhã. Não se pode escapar totalmente da vida social. Mesmo o que as pessoas nos oferecem de proveitoso e prazeroso nos afasta de nossos mais honestos propósitos, sem que nos favoreçamos dos delas. Estou extremamente aborrecido.

À noite

Minhas visitas de agradecimento não transcorreram sem alegria e instrução. Mostraram-me ainda amavelmente coisas que haviam sido antes ocultadas ou que eu não vira por falta de tempo. O cavaleiro Venuti[22] franqueou-me até mesmo seus tesouros escondidos. Pude contemplar com grande devoção seu inestimável Ulisses, ainda que mutilado. Conduziu-me

---

22 Marquês Domenico Venuti (1745-1817), filho do arqueólogo e primeiro diretor das escavações de Herculano, marquês Marcello Venuti (1700-1755). Sob sua direção, a fábrica de porcelana passou a produzir objetos neoclássicos e cópias de estátuas antigas. Foi também físico e químico. Quanto ao citado Ulisses, não restaram provas materiais de sua existência. Em uma carta de 20 de janeiro de 1789, Heinrich Meyer escreve a Goethe: "O cavaleiro Venuti possui uma extraordinária cabeça de Ulisses em mármore. Da testa do herói emanam a coragem e a sabedoria, e dos olhos, não muito grandes e algo afundados na face, emana a astúcia. É pena que essa obra bela e rara esteja em estado tão deplorável e lhe falte o nariz".

à saída à fábrica de porcelana, onde pude me fartar de admirar o Hércules e encher os olhos mais uma vez com os vasos da Campânia.[23]

À despedida, realmente comovido e extremamente amável, confessou-me desejar minha companhia por mais tempo. Meu banqueiro, que visitei à hora do almoço, não queria deixar-me partir. Tudo teria sido muito bom e agradável, não tivesse a lava excitado minha imaginação. Entre ainda algumas ocupações, pagamentos e arrumação da bagagem, chegou a noite. Eu, entretanto, dirigi-me apressado ao Molo.

Pude ver ali todos as chamas e luzes, assim como seu reflexo, que agora se movia mais sobre o mar agitado; a lua cheia em toda a sua magnificência junto à chuva de fogo expelida do vulcão e então a lava recente em sua chamejante trajetória. Eu deveria voltar, mas isso implicava tantas providências complicadas que teria chegado apenas na manhã seguinte. Não quis estragar com impaciência o quadro do qual desfrutava. Deixei-me ficar ali sentado, desapercebido da multidão que ia e vinha, de suas explicações, narrativas, comparações e disputas quanto ao rumo que a lava deveria tomar e toda a sorte de outros disparates, até que os olhos não mais conseguiram manter-se abertos.

Nápoles, sábado, 2 de junho de 1787

E também o dia de hoje deveria ter sido agradável e proveitoso, pois o passei entre pessoas de fato excelentes, no entanto o fiz contra todos os meus propósitos e de coração pesado. Olhava com nostalgia para o vapor deixado pela lava que descia a montanha em direção ao mar, vagarosamente. Também a noite não seria livre. Eu prometera visitar a duquesa de Giovane,[24] que morava no palácio. Abriram-me caminho por entre os muitos degraus, sendo que a parte de cima da escada tinha o trânsito estreitado

---

23 A fábrica de porcelana, fechada em 1806 pelos franceses, encontrava-se em Capodimonte.

24 A duquesa Giuliana de Giovane, ou Giovene (1766-1805), nascida baronesa de Mudersbach-Redewitz, era na época dama de companhia da rainha Maria Carolina. Foi casada com o duque napolitano Nicola Giovene di Girasole (morto em 1820), dez anos mais velho do que ela, de quem se separou depois de quatro anos infelizes.

378

por caixas, estantes e todo tipo de objetos agora inúteis pertencentes a um guarda-roupa da corte. Em um cômodo espaçosos e alto, que não tinha nada de especial, encontrei uma jovem de belas formas, dotada de uma conversa delicada e educada. Sendo alemã de nascimento, não lhe era desconhecido o fato de que nossa literatura se desenvolve em direção a uma humanidade mais livre e dotada de perspectivas mais amplas. Prezava especialmente os esforços de Herder e de outros nesse sentido. Também o claro entendimento de Garve[25] tocara seu íntimo. Procurava sempre se manter atualizada a respeito das escritoras alemãs, e logo se podia notar que era seu desejo tornar-se ela própria a dona de uma pena experimentada e elogiada. Conduziu a conversa para esse assunto, deixando logo perceber sua intenção de influenciar as filhas das famílias da nobreza. Uma tal conversa normalmente se estende bastante. Já chegara o crepúsculo e os criados ainda não tinham trazido as velas. Andávamos de um lado para o outro no recinto quando ela, aproximando-se de uma janela fechada por persianas, abriu uma delas, e eu pude ver aquilo que se vê só uma vez na vida. Caso tenha feito aquilo para me surpreender, atingiu completamente seu objetivo. Estávamos em frente a uma janela do andar superior, com o Vesúvio logo a nossa frente; o sol se pusera havia muito, as chamas da lava que escorria encosta abaixo cintilavam nitidamente e a fumaça que as acompanhava começava agora a adquirir um tom dourado. A montanha ribombava poderosamente, tendo sobre ela uma nuvem de vapor enorme e densa, cujas diferentes partes se iluminavam a cada erupção, relampeando como um corpo sólido. Dali até o mar estendia-se uma faixa de matéria ígnea e vapor brilhante. O mar e a terra, as rochas e a vegetação ao redor recortavam-se nítidos no crepúsculo, pacificamente, em uma espécie de calma encantada. Poder contemplar tudo isso com um único olhar, tendo ainda a lua cheia que despontava por trás da montanha como o mais magnífico complemento do quadro, causou necessariamente grande impacto e comoção.[26]

---

25 Christian Garve (1742-1798) foi um mais conhecidos filósofos do Iluminismo tardio alemão.

26 A cena lembra um pouco a de *Os sofrimentos do jovem Werther*, o popular romance de Goethe de 1774. Werther e Carlota encontram-se à janela, no dia em que se conheceram. A jovem fala de suas leituras e do tipo de literatura que pode ser

Johann Wolfgang von Goethe

Nosso olhar podia abarcar tudo isso a partir de uma única perspectiva, e mesmo que não lograsse divisar cada objeto único, a impressão do todo ficou ali para sempre. Nossa conversa, interrompida por esse espetáculo, tomou por conta disso uma direção ainda mais agradável. Tínhamos diante de nós um texto para cujo comentário não bastariam milênios. Quanto mais a noite avançava, mais claridade a região parecia ganhar. A lua resplandecia como um segundo sol; as colunas de fumaça se metamorfoseavam em massas e faixas brilhando tão nítidas que se pensava poder distinguir a olho nu os blocos de rocha ardente lançados pela montanha em forma de cone. Minha anfitriã, como quero chamá-la, pois a mim fora preparada uma deliciosa ceia, mandou trazer as velas para o lado oposto da sala de modo que essa bela mulher, iluminada pelo luar, cuja imagem em primeiro plano antecedia aquele espetáculo inacreditável, pareceu-me tornar-se ainda mais bela. Achei sua amabilidade ainda maior e mais acolhedora, uma vez que nesse paraíso do Sul eu podia ouvir uma dicção alemã muito agradável. Esqueci-me de quão tarde se fazia, de modo que ela por fim, a contragosto, teve de me pedir que me retirasse, pois se aproximava a hora em que suas galerias se fechavam, com a pontualidade de um convento. Despedi-me então, hesitante, dos objetos à distância e dos próximos, abençoando meu destino que me recompensara à noite de maneira ainda mais bela pela involuntária gentileza que eu exibira durante o dia.

Uma vez ao ar livre, disse a mim mesmo que ver de perto essa grande lava seria apenas repetir o que eu já vira antes ao longe, e que minha despedida de Nápoles não poderia ter sido diferente dessa vista de que eu hoje desfrutara. Em vez de ir para casa, dirigi meus passos ao molhe, para ver o grande espetáculo a partir de um outro primeiro plano. Entretanto, não sei se o cansaço depois de um dia tão rico, ou o sentimento de que não seria certo misturar a última imagem desfrutada com qualquer outra, fez-me retornar a Moriconi, onde encontrei Kniep, o qual, vindo de seus novos aposentos, me fazia uma visita noturna. Junto a uma garrafa de vinho, dis-

---

salutar às mulheres burguesas. De repente, ao ouvir um trovão e ver a natureza iluminada por raios, ambos se comovem e exclamam ao mesmo tempo o nome do poeta Klopstock. Esse é o início da desditosa paixão de Werther.

Viagem à Itália

cutimos nossas relações no futuro. Prometi a ele que, logo que eu pudesse mostrar alguns de seus trabalhos na Alemanha, ele poderia ser recomendado ao excelente duque de Gotha, recebendo ali encomendas. Despedimo-nos com viva alegria, diante da perspectiva segura de uma futura atividade em comum.

Nápoles, domingo, 3 de junho de 1787. Festa da Santíssima Trindade

Parti então, em um estado de semientorpecimento, deixando para trás a vida incessante dessa cidade incomparável, que eu provavelmente não voltaria a ver, mas, ainda assim, feliz por não ter deixado para trás nem arrependimento nem dor. Pensei no bom Kniep e enviei-lhe, ainda que à distância, minhas melhores recomendações.

No posto policial mais distante da periferia da cidade, fui perturbado momentaneamente por um agente da alfândega, que me olhou amistosa-mente, mas logo desapareceu. Enquanto os outros agentes ainda não ti-nham acabado a inspeção junto ao cocheiro, vejo abrir-se a porta da pequena tenda de café e dela sair Kniep, levando uma grande xícara chinesa cheia de café preto, sobre uma espécie de bandeja de oferenda. Aproximava-se vaga-rosamente do carro, imbuído de uma seriedade que, provinda do coração, lhe caía muito bem. Senti-me ao mesmo tempo perplexo e comovido por essa atenção sem igual. "O senhor", disse ele, "me proporcionou tanta coisa boa e amável, cuja influência perdurará pelo resto de minha vida, que senti o desejo de lhe proporcionar também algo que simbolize minha gratidão."

Em tais ocasiões a linguagem falta-me, de modo que só fui capaz de dizer, laconicamente, que ele é que me havia tornado seu devedor por meio de sua atividade e que a utilização futura de nossos tesouros comuns tor-naria esse laço ainda mais apertado.

Despedimo-nos como raramente se despedem pessoas que conviveram casualmente por um curto tempo. Talvez os homens tivessem mais gratidão e proveito na vida se disséssemos tudo aquilo que esperamos dos outros. Se isso ocorre, ficam então ambas as partes satisfeitas, e a convivência cômoda e agradável, que deve ser o começo e o fim de tudo, manifesta-se então como um mero complemento.

Em viagem, 4, 5 e 6 de junho

Como agora viajo sozinho, tenho tempo suficiente para evocar as impressões dos últimos meses, trabalho ao qual me dedico com grande satisfação. E ainda assim surgem frequentemente lacunas nas observações. Mesmo que a viagem pareça, àquele que a realizou, fluir como uma torrente contínua de acontecimentos e que assome à imaginação também como uma sequência sem cortes, sente-se que uma verdadeira comunicação dos acontecimentos é impossível. Aquele que narra deve apresentar os eventos pontualmente, em seu caráter singular. Como então poderia se formar um todo na alma de um terceiro que o ouve e lê?

Por conta disso, nada poderia ser mais prazeroso e confortador do que as afirmações em vossas últimas cartas, segundo as quais vos ocupais assiduamente com a Itália e a Sicília, ledes descrições de viagens e observais gravuras em cobre. O valor que minhas cartas adquirem por meio disso é meu mais alto consolo. Se o tivésseis feito ou dito antes, eu teria sido ainda mais diligente do que fui em minhas pesquisas e observações. Quando penso que todos os meus esforços foram insuficientes, tranquiliza-me o fato de que homens excelentes como Bartels, Münter e arquitetos de diferentes nações me tenham precedido, os quais perseguiram de maneira mais detalhada e cuidadosa objetivos externos, enquanto eu tinha olhos apenas para os internos.

Além disso, se cada ser humano deve ser considerado apenas um complemento do outro, de modo que sua atuação seja sempre mais proveitosa e mais digna de admiração quando tem isso em mente, o mesmo deve valer, de modo ainda mais apropriado, para os relatos de viagens e para os viajantes. A personalidade de cada um, seus objetivos, as relações temporais, as circunstâncias favoráveis e as desfavoráveis, tudo isso se mostra diferente de um caso a outro. Mesmo que eu conheça os predecessores de um viajante, ainda assim não deixarei de me alegrar com seu trabalho, valer-me-ei de seus conhecimentos e esperarei por seu sucessor, indo também alegremente a seu encontro, mesmo que nesse meio-tempo me tenha sido concedida a dádiva de visitar a mesma região.

Segunda temporada romana —
De junho de 1787 a abril de 1788[1]

Longa sit huic aetas dominaeque potencia terrae,
Sitque sub hac oriens occiduusque dies.[2]

Junho
Correspondência

Roma, 8 de junho de 1787

Cheguei em segurança há dois dias. Ontem fui novamente consagrado romano pela festa de Corpus Christi. Confesso de bom grado que minha partida de Nápoles me causou algum sofrimento; não tanto pela região maravilhosa que deixava para trás, como pela poderosa lava que abria seu caminho do cume da montanha para o mar, e que eu poderia ter observado de perto, acrescentando à minha experiência o conhecimento de sua natureza e constituição, sobre as quais já li tanta coisa.

Hoje, contudo, meu desejo por essa grandiosa cena da natureza foi novamente aplacado, nem tanto pela confusão ao mesmo tempo festiva e

---

1 Dos escritos que serviram de base a esta parte só se conservaram poucas cartas e notas em cadernetas e folhas esparsas.

2 Versos finais da prece de Rômulo nos *Fastos* de Ovídio: "Seja-lhe concedida longa vida e poder para dominar o mundo, que lhe seja súdito o sol que nasce e se põe".

piedosa, cujo conjunto portentoso era vez ou outra interrompido por algum detalhe de mau gosto que feria os sentidos, mas principalmente pela visão das tapeçarias compostas segundo os desenhos de Rafael,[3] que me alçaram novamente ao círculo da contemplação dos objetos mais elevados. Os mais belos, que devem sua origem certamente a ele, foram expostos lado a lado. Os outros, provavelmente obra de seus alunos e artistas contemporâneos, circundam-nos de maneira bastante digna, cobrindo assim todos os espaços daquelas salas enormes.

Roma, 16 de junho

Meus caros, permiti que dirija mais uma palavra a vós. Encontro-me muito bem, cada vez mais voltado a mim mesmo e aprendendo a distinguir aquilo que é próprio de minha personalidade daquilo que não é. Tenho me dedicado diligentemente a meu aperfeiçoamento, abrindo-me para todas as influências e amadurecendo de dentro para fora. Dias atrás fui a Tivoli e lá pude contemplar um dos primeiros jogos da natureza. Ali as quedas d'água, as ruínas e todo o conjunto da paisagem combinados formam um daqueles quadros cujo conhecimento nos enriquece no mais fundo de nosso ser.[4]

Deixei de escrever-vos no último correio. Cansei-me muito em Tivoli de tanto andar e desenhar sob o calor. Lá estive com o sr. Hackert, dono de uma inacreditável maestria e habilidade para reproduzir a natureza ao mesmo

---

3 As dez composições de Rafael para os Atos dos Apóstolos são parte das obras mais importantes do período tardio do artista e da alta Renascença italiana. Os padrões originais, criados entre os anos de 1515 e 1516, serviram de modelo para as tapeçarias destinadas a cobrir as paredes inferiores da Capela Sistina. Os tapetes, executados em Bruxelas por Pieter van Aelst sob a direção de Bernard van Orley, foram entregues a seu destino em 1519. As tapeçarias sofreram grandes danos em 1527 durante o assim chamado *Sacco di Roma*. Foram roubados e retornaram a seu lugar original apenas em 1553. Durante o período napoleônico, foram levados a Paris e continuaram a sofrer sob um destino incerto. Hoje se encontram na Pinacoteca do Vaticano. Goethe já vira um exemplar em Estrasburgo, durante uma recepção pública a Maria Antonieta (Cf. *Dichtung und Wahrheit*, v.9 da edição de Hamburgo das obras de Goethe, p.362 et seq.).

4 Tivoli é a antiga Tibur, situada a noroesta de Roma, junto às cataratas do Aniene. As ruínas são dos Templos da Sibila e de Vesta (seculo I a.C.).

Viagem à Itália

tempo em que dá uma forma bem determinada ao desenho. Nesses poucos dias, pude aprender muito com ele.

Não posso dizer muito mais sobre isso. Novamente se apresenta à minha frente um ponto de inflexão nas coisas terrenas.

O sr. Hackert elogia-me, critica-me e continua a me ajudar. Aconselhou--me, meio de brincadeira, meio a sério, a ficar dezoito meses na Itália e a me exercitar a partir de princípios sólidos. Depois desse tempo, assegura-me ele, eu poderia me satisfazer com meus trabalhos. Agora percebo bem o que e como se deve estudar a fim de vencer determinadas dificuldades, que de outro modo me teriam feito rastejar por toda a vida.

Ainda uma observação. Agora as árvores, as rochas, a própria Roma começa a se me tornar cara. Até então, eu a sentira apenas como algo estranho a mim. Agora, ao contrário, alegro-me com pequenos objetos que trazem alguma semelhança com outros de minha juventude. Só agora começo a me sentir em casa aqui, e isso só é possível, intimamente, na presença dos objetos da primeira fase da vida. Isso me deu ensejo a diferentes reflexões sobre a arte e a imitação da natureza.

Durante minha ausência, Tischbein descobrira uma pintura de Daniel de Volterra[5] no mosteiro da Porta del Popolo. Os frades queriam vendê-lo por mil escudos, quantia que Tischbein, como artista, não seria capaz de amealhar. Ele então sugeriu à sra. Angelika, por intermédio de Meyer, que o comprasse, o que ela fez. Angelika levou o quadro para si e pagou mais tarde a Tischbein a metade que lhe cabia segundo os termos contratuais. O quadro de Volterra era uma excelente pintura, representado o sepultamento de Cristo, com muitos personagens. Existe também um desenho de Meyer feito com muito esmero a partir desse quadro.

Roma, 20 de junho

Agora que já revi essas excelentes obras de arte, meu espírito purifica-se e adquire nova determinação. O fato é que eu precisaria de mais um ano

---

5 Daniele Ricciarelli, chamado Daniel da Volterra, nascido em 1509 em Volterra e falecido em 1566 em Roma, aluno de Sodoma e Michelangelo. É provável que Tischbein tenha recomprado o quadro e o levado consigo para Nápoles. A cópia em aquarela está na casa de Goethe em Weimar.

385

em Roma para poder aproveitar essa estada à minha maneira, e vós sabeis que não consigo fazer a coisa de outro jeito. Se eu partir agora, tudo o que saberei é sobre os sentidos que me faltam desenvolver, mas deixemos esse assunto para outra hora.

O Hércules Farnese foi levado, mas pude vê-lo ainda sobre as próprias pernas, autênticas, as quais lhe foram restituídas depois de muito tempo. Não se compreende como é que foi possível contentarem-se com as primeiras, executadas por Porta. Agora a estátua tornou-se uma das obras mais perfeitas da Antiguidade. O rei planeja construir em Nápoles um museu onde se exponham, reunidas, todas as suas obras de arte, o Museu Herculano, as pinturas de Pompeia, as pinturas de Capodimonte, toda a herança farnesina. Nosso compatriota Hackert é a mola propulsora desse empreendimento. Até mesmo o Touro Farnese[6] deve ser transportado a Nápoles, onde deverá ser exposto no passeio junto à orla. Se pudessem levar do Palácio Farnese também a Galeria Caracci, certamente o fariam.

Roma, 27 de junho

Estive com Hackert na Galeria Colonna, onde se encontram reunidas obras de Poussin, Claude e Salvator Rosa. Hackert disse-me muita coisa boa sobre esses quadros, fruto de reflexão profunda. Copiou alguns deles e estudou outros a partir de seus fundamentos. Alegrou-me perceber que eu tivera as mesmas impressões gerais, durante minhas primeiras visitas à galeria. Tudo o que ele me disse não alterou meus conceitos, apenas os ampliou, determinando-os melhor. É preciso ter a oportunidade de transitar rapidamente entre a contemplação da natureza e aquilo que foi criado ou de

---

6 O Touro Farnese, reconstituição da época do Império de um grupo de mármore da metade do século II a.C., atribuído aos escultores gregos Apolônio e Taurisco. Representa os dois jovens Zetos e Anfíon, atando sua perversa madrasta, Dirce, aos chifres de um touro selvagem. O grupo foi encontrado durante o pontificado do papa Paulo III Farnese em 1545, nas termas de Caracalla, e se tornou uma das obras mais importantes da coleção farnesina de arte antiga. Foi colocado no segundo pátio do Palácio Farnese, construído por Michelangelo e Giacomo della Porta.

certa forma imitado pelos artistas. Isso amplia e purifica a alma, fornecendo-lhe por fim o mais elevado conceito da relação entre a natureza e a arte. Não descansarei até que tudo se me torne ideia viva, e não mera palavra e tradição. Isso foi meu impulso e ao mesmo tempo minha maldição, desde a juventude, e agora, mais velho, quero ao menos apropriar-me daquilo que se deixar apropriar e fazer aquilo que for possível fazer, depois de ter suportado por tanto tempo, merecida ou imerecidamente, o destino de Tântalo e Sísifo.

Não deixeis de me amar e de acreditar em mim. Minha vida em meio aos homens é agora bastante suportável, pois tenho um comportamento mais aberto. Estou bem e regozijo-me com meus dias.

Tischbein é uma pessoa excelente, mas temo que ele nunca atingirá o estado em que possa trabalhar com liberdade e alegria. Meu retrato foi bem-sucedido, há muita semelhança, e a concepção geral agradou a todos. Angelika também faz um retrato meu,[7] mas dali nada resultará. Ela se aborrece muito porque não consegue dar-lhe semelhança ao modelo. Trata-se de um belo homem, sem dúvida, mas não há ali nenhum vestígio de mim.

Roma, 30 de junho

Chegou finalmente o dia da grande festa de São Pedro e São Paulo. Ontem assistimos à iluminação da cúpula e aos fogos de artifício a partir da vista do Castelo de Sant'Ângelo. A iluminação extraordinária faz com que nos sintamos em um conto de fadas, é impossível confiar nos próprios olhos. Como de um tempo para cá me habituei a ver apenas as coisas e não mais, como antigamente, nelas e com elas aquilo que não estava ali, agora é preciso um espetáculo grandioso como este para me trazer alegria. Ao longo de minha viagem relatei uma dúzia de coisas, mas esta deve figurar entre as primeiras. Ver a bela forma da colunata e da igreja, especialmente da cúpula, ser contornada pelo brilho do fogo e depois se transformar em

---

7 O retrato de Goethe pintado por Angelika Kauffmann foi adquirido pela nora de Goethe, Ottilie, na década de 1840, e se encontra atualmente na casa de Goethe em Weimar.

uma massa ardente é algo único e magnífico. Quando se pensa que, nesse momento, este descomunal edifício serve apenas como suporte e armação para o fogo, entende-se que não pode haver nada semelhante no mundo. O céu estava claro e limpo, a lua apareceu e transformou o fogo das chamas em um brilho suave e vaporoso. Quando, por fim, a segunda iluminação tornou-se em brasa, a luz da lua se apagou. A queima de fogos de artifício é um belo espetáculo, mas não se compara à iluminação da igreja. Hoje à noite poderemos ver as duas coisas mais uma vez.

Também isso acabou. O céu estava belo e limpo, e a lua, cheia, deu à iluminação um brilho mais suave, sendo que tudo parecia mesmo um conto de fadas. A bela forma da igreja e da cúpula delineadas em um traço de fogo constituem um espetáculo grandioso e sedutor.

Roma, fim de junho

Passei a frequentar uma escola demasiado grande para mim, o que me impede de concluir rapidamente o aprendizado. Meus conhecimentos artísticos e meus parcos talentos devem ser aqui totalmente exercitados e amadurecidos, de modo que eu não vos restitua, em meu retorno, um amigo pela metade, e que toda a ansiedade, o esforço, a lentidão e o penoso rastejar não se repitam. Eu não terminaria nunca de narrar se quisesse vos contar como, ao longo deste mês, tudo se arranjou da melhor maneira, sim, como tudo me foi dado de bandeja, por assim dizer, tudo o que eu desejara. Estou muito bem alojado, com bons criados e serviços domésticos. Tischbein está em Nápoles e eu ocupo seu estúdio, uma sala grande e fresca. Quando pensardes em mim, vede-me como um homem afortunado e feliz. Quero escrever frequentemente, de modo que estejamos e permaneçamos juntos.

Tenho tido também muitos pensamentos e ideias novas, sou capaz de reviver minha primeira juventude em detalhe quando estou entregue apenas a mim mesmo, e ao retornar ao mundo exterior, a elevação e dignidade dos objetos leva-me tão alto e tão longe quanto minha atual existência pode permitir. Meu olhar se forma de maneira incrível e minha mão não há de ficar atrás. Só existe uma Roma no mundo, e aqui eu me sinto como um

Viagem à Itália

peixe na água, nadando para cima como uma bala de canhão no mercúrio, que, em qualquer outro líquido, se precipitaria. Nada turva a atmosfera de meus pensamentos, de modo que posso compartilhar minha bem-aventurança com aqueles que me são caros. O céu está magnificamente límpido, sendo que só pela manhã e ao cair da noite se forma em Roma alguma neblina. Nas montanhas, entretanto, em Albano, Castello e Frascati, onde estive por três dias na semana passada, o ar está sempre puro e o céu límpido. Eis aí uma natureza que deve ser estudada.

Nota

Uma vez que é minha intenção comunicar adequadamente aqui minhas considerações sobre as disposições de espírito, impressões e sentimentos daquela época, extraindo assim de minhas próprias cartas os trechos de interesse comum, certamente capazes de reproduzir as peculiaridades do momento melhor do que qualquer narrativa posterior, faço uso também das cartas dos amigos, que devem servir de maneira ainda mais excelente ao propósito. Decido assim incluir aqui e ali esses documentos epistolares, começando imediatamente por introduzir as vivas narrativas de Tischbein,[8] que deixara Roma e se encontrava em Nápoles. Elas asseguram a vantagem de introduzir o leitor imediatamente em tais paragens, assim como na fruição imediata das relações pessoais, iluminando especialmente o caráter desse artista que teve uma atuação importante por tanto tempo. E, caso ele vez por outra pareça possuir algo de insólito, continua merecendo, por suas aspirações em relação àquilo que logrou realizar, ser lembrado com gratidão.

Tischbein a Goethe

Nápoles, 10 de julho de 1787

Nossa viagem de Roma a Cápua transcorreu de maneira feliz e agradável. Em Albano, Hackert juntou-se a nós. Em Velletri, fomos convidados a

---

8 Goethe corrigiu a ortografia e a gramática das cartas de Tischbein, aperfeiçoando também o estilo.

almoçar pelo cardeal Bórgia e visitamos o museu, para meu especial prazer, pois pude notar dessa vez muita coisa que me escapara na primeira visita. Às 15 horas pusemo-nos novamente a caminho, em meio aos pântanos pontinos, que dessa vez me agradaram mais do que no inverno, pois as árvores verdejantes e as sebes emprestam a essa extensa planície uma graciosa variedade. Pouco antes do pôr do sol encontrávamo-nos em meio aos pântanos, onde mudamos de carro. Enquanto os cocheiros empregavam toda a sua eloquência para nos tirar dinheiro, um bravo garanhão branco conseguiu soltar-se e fugir correndo. Isso resultou em um espetáculo interessante. Era um belo cavalo, branco como a neve e de formosa compleição. Arrebentou as correias que o prendiam, escoiceando com as patas da frente aquele que pretendia detê-lo, pateando depois poderosamente para trás, quando soltou um relincho amedrontador, que fez todos recuarem. Começou a saltar então sobre os pântanos e galopar livremente na relva, relinchando e arreganhando os dentes sem parar. A cauda e a crina flutuavam no ar, e sua figura em liberdade era tão bela que todos exclamavam: *"O che belleze! Che belleze!"*. Galopou então em direção a uma outra lagoa, retornando logo e buscando um trecho mais estreito para atravessar e juntar-se às centenas de potros e éguas que pastavam do outro lado. Conseguiu por fim atravessar, juntando-se então às éguas que pastavam tranquilamente. Elas se assustaram com seu comportamento selvagem e seus relinchos, fugindo então em uma longa fila que atravessava a terra plana. Ele, entretanto, continuava atrás, galopando como se as perseguisse.

Por fim conseguiu apartar uma égua, isolando-a das outras. Esta se apressou em juntar-se a um outro bando também numeroso, do outro lado do pântano. Também essas, amedrontadas, galoparam em direção ao primeiro bando. A planície estava então coberta de cavalos negros, sendo que o garanhão branco saltava de um lado para o outro, aterrorizando os outros animais com seu comportamento selvagem. O rebanho corria de um lado para o outro em longa fila, o vento soprava forte e a terra como que tremia, abalada pela força dos pesados cavalos. Assistimos com grande prazer por um bom tempo ao galope desse bando de centenas de cavalos ao redor da planície, ora formando um grupo coeso, ora separados, ora dispersos em galope solitário, ora novamente enfileirados fazendo o solo estremecer.

Viagem à Itália

Por fim, a escuridão da noite que caía roubou-nos esse entretenimento único, e quando a lua, claríssima, surgiu por trás das montanhas, eclipsou--se a luz de nossas lanternas. Como eu ficara por muito tempo admirando-a e comprazendo-me com seu brilho suave, não pude mais resistir ao sono, sendo que, embora temendo os efeitos do ar insalubre, dormi por mais de uma hora, acordando apenas quando chegamos a Terracina, onde trocamos os cavalos.

Desta vez os postilhões foram muito gentis e solícitos, por conta do medo que o marquês Lucchesini lhes incutira. Deram-nos os melhores cavalos e condutores, pois a estrada entre os penhascos e o mar é muito perigosa. Já aconteceram aqui muitos acidentes, principalmente à noite, quando os cavalos ficam um pouco amedrontados. Enquanto atrelavam os cavalos e nossos passaportes eram mostrados à guarda romana, enveredei--me por entre as altas rochas e o mar, contemplando então esse grande efeito: a rocha negra iluminada pelo brilho da lua, que projetava vivamente uma tremulante coluna de sombra sobre o mar azul, rebrilhando então sobre as ondas que iam e vinham na praia.

Lá em cima, no cume da montanha, ao azul do crepúsculo, encontravam--se as ruínas da fortaleza de Genserich. Fizeram-me pensar nos tempos passados, pude sentir o desejo malogrado de Conradin por salvação, assim como o de Cícero e Marius, que aqui também foram reféns do medo.

Foi belo caminhar de volta entre os grandes blocos de rocha que rolaram das montanhas, junto à espuma do mar, sob o brilho da lua. Os grupos de oliveiras, palmas e pinheiros em Fondi estavam extremamente nítidos e iluminados. Os limoeiros, entretanto, não se deixaram ver em sua beleza, que só se manifesta quando o sol brilha sobre seus frutos reluzentes como ouro. Dirigi-me então ao outro lado, onde há muitas oliveiras e alfarrobeiras, e já era dia quando chegamos às ruínas da antiga cidade, onde há tantos restos de monumentos tumulares. O maior deles deve ter sido dedicado a Cícero, exatamente no lugar onde ele foi assassinado.[9] O dia já se adiantava quando

---

9 Alusão às ruínas da cidade de Formiae, onde Marco Túlio Cícero tinha uma propriedade. Ao receber a notícia de que fora declarado inimigo de Estado, Cícero empreendeu fuga, mas foi capturado e executado por seus perseguidores.

391

Johann Wolfgang von Goethe

divisamos o alegre braço de mar em Mola de Gaeta. Os pescadores voltavam com sua provisão do dia, o que dava muita vida à praia. Alguns levavam peixes e frutos do mar dentro de cestos, enquanto outros preparavam as iscas para a próxima pescaria. Dali fomos a Garigliano, onde o cavaleiro Venuti conduz escavações. Ali, Hackert nos abandonou, pondo-se a caminho de Caserta, e nós seguimos na direção contrária da estrada rumo ao mar, onde um café da manhã nos esperava, o qual podia valer por um almoço. Havia ali expostas algumas peças oriundas das escavações, que se encontravam, todavia, em um lamentável estado. Entre outras coisas belas encontrava-se a perna de uma estátua que não ficava muito a dever ao Apolo de Belvedere. Seria uma grande sorte se se pudesse achar o restante do corpo.

Deitamos para um breve sono, que nos recuperou do cansaço, e, quando despertamos, encontramo-nos na companhia de uma agradável família, que mora nessa região e estava incumbida de trazer-nos a refeição. Uma tal atenção devíamos certamente ao sr. Hackert, que entrementes já partira. A mesa fora posta novamente. Eu, no entanto, não consegui me manter sentado, a despeito da boa companhia. Dirigi-me então ao mar, passeando por entre as pedras, entre as quais havia umas bem curiosas. Algumas, perfuradas pelos insetos marinhos, tinham a aparência de uma esponja.

Aqui encontrei algo deveras prazeroso. Um pastor de cabras conduzia seu rebanho junto à praia. As cabras vieram até a água e se refrescaram. Eis que então surge também o guardador de porcos e, enquanto os dois rebanhos se refrescavam nas ondas, ambos os pastores sentaram-se à sombra e começaram a fazer música. O guardador de porcos com uma flauta, o pastor das cabras com uma gaita de foles típica do sul da Europa. Aproximou-se por fim um jovem nu, cavalgando, e entrou tão fundo no mar a ponto de o cavalo que o sustentava ter se posto a nadar. Foi uma linda visão quando o belo jovem se aproximou tanto da margem que pude vê-lo de corpo inteiro. Quando recuou novamente na direção das águas fundas, não se via então nada além da cabeça do cavalo que nadava, e a figura do jovem até os ombros.

Às 15 horas continuamos nosso caminho, e quando tínhamos viajado cerca de 3 milhas a partir de Cápua e a noite caíra, quebrou-se a roda de trás de nosso carro. Isso nos deteve por algumas horas, até que se conseguisse substituí-la. Quando isso finalmente se deu e já tínhamos avançado algumas milhas, quebrou-se o eixo. Ficamos muito aborrecidos, pois estávamos tão perto de Nápoles e ainda assim não poderíamos ver nossos amigos. Por fim, algumas horas depois da meia-noite conseguimos chegar à cidade, quando encontramos tanta gente na rua como em outras cidades não se vê nem mesmo ao meio-dia.

Aqui encontramos todos os nossos amigos muito bem e gozando de boa saúde. Todos se alegraram muito ao ter notícias vossas. Alojei-me na casa do sr. Hackert. Há dois dias, estive com o cavaleiro Hamilton em Pausilipo, na sua casa de veraneio. Lá pode-se ver o que há de mais magnífico nesta terra de Deus. Depois da refeição, vimos o belo espetáculo de um grupo de cerca de doze jovens nadando no mar. Durante suas brincadeiras, dividiam-se em grupos menores e construíam muitas posições diferentes. O cavaleiro os pagava, de modo a desfrutar desse prazer todas as tardes. Hamilton agradou-me extraordinariamente. Conversamos sobre vários assuntos, tanto em sua casa quanto em passeios junto ao mar. Foi muito agradável saber tanta coisa de e sobre ele, e espero poder desfrutar ainda mais das boas histórias que ele tem a oferecer. Não deixe de me enviar o nome de seus outros amigos aqui em Nápoles, de modo que eu também possa conhecê-los e saudá-los. Logo o senhor deverá ter mais notícias daqui. Lembranças a todos os nossos amigos daí, especialmente a Angelika e Reiffenstein.

P. S. Nápoles parece-me muito mais quente do que Roma, com a diferença, apenas, de que aqui o ar é mais saudável e de que frequentemente sopra um vento fresco; mas o sol é bem mais forte. Os primeiros dias foram-me quase insuportáveis. Não vivi senão de gelo e neve derretida.

Mais tarde, sem data

Ontem desejei que o senhor estivesse aqui em Nápoles. Eu jamais vira um tal burburinho, uma tal quantidade de gente reunida apenas para comprar comida. O fato é que também muitas dessas guloseimas não de verão jamais novamente reunidas. A longa rua de Toledo estava coberta de

Johann Wolfgang von Goethe

barracas de vendedores. Só aqui conseguimos ter uma ideia de quem é esse povo, que vive em uma região tão bem-aventurada na qual todas as estações do ano produzem frutos diariamente. Imagine que hoje se encontram aqui 500 mil pessoas banqueteando-se à larga, e isso ao modo napolitano. Estive ontem em um desses banquetes onde se come à farta. Fiquei perplexo com o exagero quase pecaminoso. Kniep também estava presente e serviu-se largamente de tudo, sobretudo das iguarias. Comeu tanto que temi por seu bem-estar, mas isso não o derrubou. Na ocasião, contou-nos do apetite que tivera na viagem de navio e na Sicília, ao passo que o senhor, em parte por não se encontrar bem, em parte por moderação, jejuara e, por assim dizer, quase passara fome.

Hoje já se devorou tudo o que foi vendido ontem. Amanhã as ruas estarão novamente repletas, dizem, tanto quanto ontem. As lojas estão todas decoradas com iguarias, que pendem em guirlandas sobre a rua. Algumas das salsichas foram pintadas de dourado e atadas com fitas vermelhas. Os perus têm uma bandeirola vermelha espetada atrás. Calcula-se que ontem foram vendidos cerca de 30 mil deles, incluídos aqueles para engorda. É espantoso o grande número de jumentos carregados de capões, assim como de tangerinas. Desse fruto dourado há imensas pilhas equilibrando-se sobre o calçamento das ruas. O que me parece mais belo, entretanto, são as pequenas quitandas onde se vendem verduras e hortaliças, nas quais estão expostos também uvas-passas, figos e melões. Tudo delicadamente arranjado para ser visto, de modo a alegrar aos olhos e ao coração. Nápoles é uma cidade na qual Deus abençoou todos os sentidos do homem.

Adendo, sem data

Envio-vos um desenho dos turcos que foram feitos prisioneiros aqui. O *Hércules*, como se chamou primeiramente, não foi responsável por sua captura, mas sim um navio que acompanhava os pescadores de coral. Os turcos viram esse navio cristão e invadiram-no, para levá-lo consigo, mas se saíram mal nisso. Os cristãos eram mais fortes e os renderam, conduzindo-os então como prisioneiros. Havia trinta homens no navio cristão, 24 no navio turco; quatro turcos pereceram na batalha, um deles ficou ferido. Não houve baixa entre os cristãos, a Madonna os protegeu.

Viagem à Itália

O capitão do barco fez um grande saque. Encontrou muito dinheiro e mercadorias, seda e café, assim como belas joias, pertencentes a uma jovem moura.

Foi extraordinário ver os milhares de pessoas que se aproximavam, em pequenos barcos, para ver os prisioneiros, especialmente a jovem moura. Muitos pretendentes quiseram comprá-la, oferecendo muito dinheiro, mas o capitão quis conservá-la para si.

Dirigi-me todos os dias ao porto e, numa dessas vezes, encontrei o cavaleiro Hamilton e Miss Hart, que muito se comovera, chorando ao ver a jovem moura. Miss Hart quis comprá-la, mas o capitão recusou-se terminantemente a vendê-la. Agora não se encontram mais aqui. O desenho dá conta de dizer o restante.

Adendo
Tapeçaria papal

O grande sacrifício que infligi a mim mesmo quando decidi deixar de contemplar a lava que descia do cume da montanha até quase atingir o mar foi ricamente compensado. Pude contemplar as tapeçarias que são estendidas por ocasião do dia de Corpus Christi e que nos evocam na lembrança do modo mais brilhante Rafael, seus alunos e sua época.

Na Holanda, a tapeçaria com agulhas verticais, denominada *hautelisse*, alcançou já um grau muito elevado. No século XII, as figuras eram em geral bordadas e então unidas por meio de um tecido intermediário. Ainda podemos ver esse tipo de trabalho nas cadeiras do coro nas velhas catedrais, sendo que se nota algo em comum entre esse trabalho e os vitrais, os quais eram então confeccionados a partir de pedaços muito pequenos de vidro colorido. No caso dos tapetes, agulha e linha desempenham a função do nível e do ponteiro. Os primórdios da arte e da técnica têm em comum essa característica. Pudemos ver ainda uma preciosa tapeçaria chinesa, confeccionada da mesma maneira.

É bastante provável que essa técnica ricamente artística tenha atingido seu ponto mais alto na pujante e luxuosa Holanda já no século XVI, influenciada pelo modelo oriental. Trabalhos semelhantes faziam também o caminho inverso de volta ao Oriente e foram certamente conhecidos em Roma, ainda que por meio de um padrão imperfeito, executado segundo o modelo do desenho bizantino. Leão X, um espírito grande e livre, especialmente no que diz respeito a questões estéticas, desejara poder ver ao seu redor, reproduzido de modo igualmente grandioso e livre em tapeçarias, aquilo que já conhecia de afrescos, e foi assim, por sua sugestão, que Rafael elaborou os modelos, escolhendo seus temas, afortunadamente não apenas aqueles que representam a vida de Cristo junto a seus apóstolos, mas também os atos desses homens bem-aventurados depois da partida do Mestre.[10]

No Dia de Corpus Christi pode-se conhecer de fato essa tapeçaria, pois as colunatas e os espaços abertos são transformados em suntuosos salões de exposição e galerias decoradas. Isso permite que tenhamos diante dos olhos, de forma bastante definida, a produção desse homem de talento incomparável, que nos dá o melhor exemplo do encontro da arte e do artesanato em seu ponto mais alto.

Os modelos de Rafael, conservados agora na Inglaterra, continuam sendo uma das maravilhas do mundo. Alguns provêm diretamente do mestre, outros devem ter sido produzidos a partir de seus desenhos e orientações, ao passo que outros foram realizados até mesmo depois de sua morte. Tudo aqui dá o testemunho de uma realização artística extremamente harmoniosa, sendo que artistas do mundo todo vêm aos magotes, a fim de elevar o espírito e aumentar suas habilidades.

Isso nos dá a oportunidade de pensar sobre a tendência dos artistas alemães a dedicar sua mais elevada apreciação e a se orientar pelas primeiras obras de Rafael, tendência esta da qual já pudemos notar alguns indícios.

---

10 O ensaio sobre a tapeçaria papal foi incluído durante a elaboração do texto da "Segunda temporada romana" (1829). A respeito das reproduções em cobre dos modelos de Rafael, ver ainda o diário (*Tagebuch*) de Goethe nas datas de 30 de abril e 1º de maio de 1829. Os tapetes de Rafael, hoje conservados em Roma, na Pinacoteca do Vaticano, foram a princípio destinados à Capela Sistina. Representam quatro cenas da vida de Pedro e seis cenas da vida de Paulo. Foram encomendados pelo papa Leão X provavelmente entre 1513 e 1514. Os tapetes foram confeccionados na oficina de Pieter van Aelst, em Bruxelas. Sete desses modelos encontram-se ainda no Museu Victoria and Albert, em Londres.

Viagem à Itália

É bem mais fácil nos sentirmos congeniais diante de um artista jovem, delicado e extremamente talentoso, que se dedica ao leve, ao gracioso e ao natural. Sentindo-nos a ele irmanados, não ousamos, entretanto, nos comparar a ele, ainda que no íntimo nos permitamos pensar em rivalizar com ele, esperando sermos capazes de fazer um dia aquilo que ele já fez.

Não é com o mesmo agrado que nos voltamos ao artista já maduro e completo, pois nesse caso temos de imaginar as terríveis condições sob as quais o que era claramente natural se desenvolveu em direção ao máximo da maestria artística. Se não quisermos simplesmente nos desesperar, devemos então retroceder a voltar a nos comparar com o aspirante ainda em formação.

É essa a razão pela qual os artistas alemães dedicaram sua inclinação, respeito e confiança às obras ainda algo inconclusas da fase inicial de Rafael, pois ali eles ainda podiam conceder a si mesmos algum valor, afagando a esperança de poder realizar empreendimento semelhante, algo para o que, no entanto, foi necessário o decurso de alguns séculos.

Voltemos aos desenhos de Rafael, dizendo que eles possuem um estilo viril. Uma seriedade moral e uma grandeza divinatória predominam por toda a obra e, embora alguns exemplos tenham um aspecto misterioso, são inteiramente claros àqueles que, instruídos nas Sagradas Escrituras, conhecem o significado da ascensão de Cristo e das prodigiosas dádivas que ele deixa a seus companheiros.

Consideremos sobretudo a humilhação e o castigo de Ananias,[11] a pequena gravura de cobre atribuída não sem razão a Marcantonio[12] a partir de um desenho de Rafael, comparando-a à reprodução do modelo por Dorigny,[13] comparação que pode ser bastante instrutiva.

Poucas composições podem ser colocadas ao lado da primeira. Trata-se aqui de uma ideia grandiosa, de uma ação altamente importante em sua

---

11 Cf. Atos dos Apóstolos 5, 1-6.

12 Marcantonio Raimondi (nascido em 1480, em Bolonha, e morto entre 1527 e 1534) foi o mais importante gravador da Renascença italiana e se tornou conhecido principalmente por meio das obras de Rafael.

13 Nicolas Dorigny (1657-1746), pintor e gravador francês.

singularidade e perfeita variedade, representada de modo extremamente nítido.

Os apóstolos aguardam para fazer a doação piedosa de seus bens comuns. De um lado, os crentes que trazem as doações e, do outro, os necessitados que as recebem. No centro, Ananias, que fraudou a confiança comum, é cruelmente punido. A simetria provém da própria situação, sendo antes renovada que obscurecida pelas exigências do tema. Vê-se como a indispensável proporção simétrica do corpo humano ganha um penetrante interesse apenas por meio do movimento vital.

A contemplação de tais obras de arte dá ensejo a um sem-fim de observações. Queremos ainda marcar mais uma vantagem importante que advém dessa reprodução. Duas figuras masculinas que se aproximam trazendo fardos de roupas são necessariamente gente do grupo de Ananias. Mas como se pode reconhecer, a partir daí, que uma parte das doações foi reservada para eles próprios, fraudando-se assim a lei maior do bem-comum? Nesse ponto, entretanto, chama-nos a atenção a figura de uma jovem mulher, a qual, com o rosto sereno e alegre, conta dinheiro, passando-o da mão direita para a esquerda. Logo nos lembramos do nobre ditado: "A mão esquerda não deve saber o que a direita dá", e passamos a ter certeza de que se trata de Safira, que conta o dinheiro devido aos apóstolos, a fim de conservar para si ainda uma parte dele, o que se pode depreender de seus gestos e da expressão alegre e astuta. Essa é uma ideia espantosa e assustadora. À nossa frente o marido, já com os membros retorcidos e contorcendo-se horrivelmente no chão. Um pouco atrás, a esposa, sem perceber o que ocorria a seu redor, comporta-se de modo malicioso ao tentar enganar os homens de Deus, sem ter ideia do destino que a aguardava. Um tal quadro se coloca como um problema permanente à nossa frente, que o admiramos cada vez mais, na mesma medida em que sua solução vai se tornando cada vez mais clara. A comparação entre a gravura em cobre de Marcantonio, feita a partir de um desenho de Rafael do mesmo tamanho, e a cópia de Dorigny, maior, conduz-nos a uma reflexão profunda sobre a sabedoria com que um tal talento foi capaz de dar ensejo a alterações e elevações do objeto, em um segundo tratamento da mesma composição. Confesso, com prazer, que um tal estudo me proporcionou uma das maiores alegrias de uma vida longa.

Viagem à Itália

Julho
Correspondência

Roma, 5 de julho de 1787

A vida que levo atualmente se assemelha muito a um sonho de juventude. Vejamos se me encontro destinado a gozá-la ou a descobrir que isso, assim como muita coisa mais, é mera vaidade. Tischbein partiu, seu estúdio foi esvaziado, limpo e lavado, de modo que agora me agrada muito estar ali. Ter uma moradia agradável é algo muito importante agora. Faz um calor violento. De manhã, ao nascer do sol, levanto-me e me dirijo à Acqua Acetosa, uma fonte de água mineral sulfurosa distante cerca de meia hora do portão junto ao qual resido. Tomo água, que se assemelha à de Schwalbach, só que mais fraca. Neste clima, entretanto, é muito eficaz. Perto das 8 horas estou novamente em casa e me ocupo de tudo o que me vier à cabeça, de acordo com minha disposição. Encontro-me muito bem. O calor expulsa os líquidos corporais e faz que as inflamações apareçam à flor da pele. Assim, é melhor haver-se com a coceira provocada do que com a ardência e o incômodo de um mal que não aflora. No desenho, continuo a aperfeiçoar a mão e o gosto. Comecei a tomar a arquitetura a sério, tudo me parece surpreendentemente fácil (isto é, os conceitos, pois o exercício é algo que exigiria a dedicação de toda uma vida). O melhor de tudo é que, quando cheguei aqui, não tinha qualquer capricho ou pretensão, não buscava nada. E agora cuido diligentemente para que nada permaneça mero nome, mera palavra. Quero ver com meus próprios olhos e aprender a reconhecer tudo o que é belo, grandioso e digno de respeito. Sem a imitação, isso não é possível. Neste momento, pretendo dedicar-me às cabeças em gesso. (O método mais apropriado foi-me mostrado por artistas e eu tento arranjar-me do melhor modo possível.)

No começo da semana, não pude me furtar a atender a alguns convites para jantar. Agora me solicitam por todo lado. Eu deixo passar e preservo minha tranquilidade. Moritz, alguns conterrâneos na casa e um bravo suíço são minha companhia habitual. Também frequento a casa de Angelika e do conselheiro Reiffenstein. Em todo lugar conservo minha personalidade reservada, e não há ninguém por perto a quem eu abra meu espírito. Lucchesini está aqui outra vez. Um homem que viu o mundo todo e a quem veem como a um homem do mundo. Se não estou enganado, é alguém que faz muito bem seu trabalho. Logo mais escreverei sobre algumas pessoas a quem espero ser apresentado em breve.

Tenho me ocupado do *Egmont* e espero chegar a bom termo. Ao menos durante a elaboração tenho percebido sintomas que não me enganam. É extremamente peculiar o fato de que eu tenha sido impedido já várias vezes de terminar a peça e que isso aconteça só agora, em Roma. O primeiro ato já teve sua revisão feita e está maduro. Há cenas inteiras na peça que não precisarei mais tocar, estão prontas.

Tive tantas oportunidades para refletir sobre todo tipo de arte que isso resultou no crescimento de meu *Wilhelm Meister*. Mas antes de tudo, é preciso terminar as coisas mais antigas. Já estou velho o suficiente e, se quiser empreender ainda mais coisas, não posso me perder. Como podes facilmente perceber, tenho a cabeça cheia de coisas novas, e não se trata de pensar nelas, mas sim de *realizá-las*. Que coisa maldita é essa, ter de colocar os objetos de uma maneira única, como se eles tivessem de existir apenas assim e não de outro modo! Tenho vontade de falar muita coisa sobre arte, mas o que se pode falar dela sem as obras! Espero poder me afastar de certas ocupações mesquinhas, por isso, concedei-me a dádiva do tempo que passo aqui de um modo tão maravilhoso e singular, concedei-o a mim com o aplauso de vosso amor.

Preciso agora terminar, deixando a contragosto uma página ainda em branco. O calor do dia foi intenso e deixou-me sonolento à tarde.

Roma, 9 de julho

De agora em diante, pretendo escrever-vos semanalmente, de modo que os dias dos correios ou qualquer outro obstáculo não me impeçam de enviar-vos notícias. Ontem vi e revi muita coisa, estive em cerca de doze igrejas, onde vi os mais belos retábulos.

Estive depois com Angelika em visita ao inglês Moore, um pintor de paisagens, cujos quadros em sua maioria têm uma composição bastante afortu-

Viagem à Itália

nada.[14] Entre outras coisas há uma pintura do Dilúvio que é algo único. Ao contrário de outros, que pintam um mar aberto, o que dá sem dúvida a ideia de amplitude, mas não de altura das águas, ele imaginou um vale fechado por montanhas, no qual as águas crescentes acabam por irromper. Pela forma das rochas pode-se perceber que o nível das águas aproxima-se do cume. Isso causa um efeito amedrontador, uma vez que o vale se fecha em diagonal e as rochas são muito íngremes. O quadro todo é em tons de cinza, a água suja e revolta une-se intimamente à chuva que cai, e as formidáveis massas caem com força sobre as rochas como se quisessem se diluir no elemento primordial. O sol brilha como uma lua pálida sobre o corredor de água, sem iluminar nada, e ainda nem mesmo é noite. No centro do primeiro plano há uma superfície isolada de rocha plana, sobre a qual alguns pobres desesperados encontram abrigo naquele instante, pois as águas subirão e cobrirão a todos. O todo é incrivelmente bem pensado. O quadro é grande, deve ter cerca de 7 a 8 pés de largura por 5 ou 6 de altura. Não direi nada sobre os outros quadros: uma manhã magnífica e uma belíssima noite.[15]

---

14 James Moore (*c.* 1740-1793), pintor de paisagens de origem escocesa.

15 No sublime apresentado na arte, Goethe aproximar-se-á do sublime da natureza bruta como o descrevera Kant. Na pintura, o impacto causado pela representação do terrível pode ser contemplado "à distância", o que preserva a racionalidade daquele que o contempla, afastando o temor. Na citação anterior, é possível perceber que Goethe busca, algo intencionalmente, a representação do sublime na *natureza bruta*. Uma vez que o próprio *Dicionário Goethe* aponta para uma afinidade do sublime em Goethe com a *Crítica* de Kant, seguimos então trechos da *Analítica do sublime* para encontrar ali a possível fonte filosófica das descrições do sublime da natureza em *Viagem à Itália*. Apenas a *natureza bruta* pode apresentar o sublime, pois, diferente dos "produtos da arte (edifícios, colunas etc.), onde um fim humano determina tanto a forma como a grandeza, [ou das] coisas da natureza, *cujo conceito já comporta um fim determinado* (por exemplo, animais de conhecida determinação natural", a natureza bruta, enquanto "não comporta nenhum atrativo ou comoção por perigo efetivo", simplesmente contém grandeza. "Pois nesta espécie de representação a natureza não contém nada que fosse monstruoso (nem o que fosse suntuoso ou horrível); a grandeza que é apreendida pode ser aumentada o quanto se queira, desde que somente possa ser compreendida pela imaginação em um todo. [...] Um juízo puro sobre o sublime [...] não tem de ter como fundamento de determinação absolutamente nenhum fim do objeto, se ele deve ser estético, e não mesclado com qualquer entendimento do juízo ou da razão" (Kant, 1999, p.99). Aquilo que à

Johann Wolfgang von Goethe

Por três dias inteiros deu-se a festa de Araceli[16] em honra de beatificação de duas santas da ordem de São Francisco. A decoração da igreja, a música, a iluminação e os fogos de artifício atraíram à noite uma grande quantidade de gente. O Capitólio, situado nas vizinhanças, foi iluminado e os fogos de artifício foram queimados ali na praça. A visão do todo era muito bela, embora se tratasse apenas de um arremedo da festa de São Pedro. As romanas se deixam ver à noite, acompanhadas de seus maridos ou amigos, vestidas de branco com um cinto negro. Ficam belas e elegantes. Agora também no Corso há frequentes passeios, a pé e de carruagem, pois durante o dia ninguém sai de casa. O calor está suportável e nestes dias tem soprado um ventinho fresco. Fico feliz da vida e sossegado em minha sala fresca.

---

primeira vista parece ser um problema quanto à anteriormente afirmada afinidade entre o sublime goethiano e sua fonte kantiana pode ser explicado por meio do seguinte argumento: se Kant afirma que "não se tem de apresentar o sublime em produtos da arte [...] onde um fim humano determina tanto a forma como a grandeza, nem em coisas da natureza cujo conceito já comporta um fim determinado", a descrição de um quadro, produto da arte humana, poderia ser entendida como um objeto capaz de apresentar esse sublime? Ora, ao contrário de edifícios e colunas, os exemplos da arte humana citados por Kant, a pintura não possui ela mesma uma finalidade. Ela é simplesmente um suporte material no qual Goethe poderá apreciar, com distanciamento, a grandeza que emana do suposto horror ali representado. Pois "rochas que pendem audaciosamente em direção ao abismo, nuvens tempestuosas que se chocam no céu, provocando raios e trovões, vulcões em sua plena força destruidora, furacões que deixam atrás de si a devastação, o oceano sem limites que cresce incessantemente, a imensa queda d'água de um rio poderoso e outras coisas semelhantes contrariam nossa capacidade de percepção, tornando tudo o mais uma insignificância em comparação com seu poder. Mas contemplá-los se torna ainda mais agradável, por mais temíveis que sejam, *quando nos encontramos em segurança*, deixando-nos descobrir em nós uma capacidade totalmente diferente, que nos encoraja a nos medirmos com o que parece ser a violência da natureza" (Kant, 1957, p.185). Na descrição do quadro, Goethe, repetindo quase literalmente o trecho de Kant, a natureza *representada* não permite que se instale o temor que as forças brutais da natureza provocariam no espectador, pois este se encontra *em segurança*, distanciado, em uma relação mediada pela arte.

16 A Basílica de Santa Maria em Aracoeli, no Monte Capitolino. Segundo a lenda, foi construída no lugar em que a Sibila Tiburtina mostrou ao imperador Augusto uma imagem da Virgem com o Menino no céu, profetizando a vinda de Cristo com as palavras *Haec est Ara Filii Dei* (este é o altar do Filho de Deus), donde teria vindo o nome de Ara Coeli (altar celestial).

Viagem à Itália

Tenho sido diligente, meu *Egmont* vai progredindo bastante. É estranho como agora, no ponto em que as cenas se passam em Bruxelas, aquilo que escrevi há doze anos pode ser entendido em alguns trechos como uma pasquinada.

Roma, 16 de julho

Já é tarde da noite e mal se nota, pois a rua está cheia de gente cantando e deixando-se acompanhar por cítaras e violinos, alternando as vozes e os instrumentos, andando para lá e para cá. As noites são frescas e o calor do dia não é de todo insuportável.

Ontem estive com Angelika na Galeria Farnesina, onde se encontra pintada a fábula de Psiquê. Quantas vezes, e em quantas diferentes situações, contemplei em vossa companhia as cópias coloridas em minha casa! Percebo agora que conheço o quadro de cor, por meio de tais cópias. Este salão, ou melhor, galeria, é o que de mais belo conheci até agora em termos de decoração, por mais que tenha sofrido danos e restaurações.

Hoje foi dia de luta de animais no túmulo de Augusto. Esse grande edifício, vazio por dentro e aberto em cima, perfeitamente redondo, serve agora como palco de liças e touradas, decorado como um anfiteatro. É capaz de abrigar entre 4 mil e 5 mil pessoas. O espetáculo em si não me disse nada.

Na terça-feira, 17 de julho, estive à noite com Albacini, o restaurador de estátuas antigas, para ver um torso encontrado junto aos objetos da coleção farnesina, que seguirão para Nápoles.[17] É o torso de um Apolo sentado, que em beleza não se compara, talvez, a seus semelhantes. Ao menos pode-se afirmar que é possível colocá-lo junto aos primeiros objetos que nos restaram da Antiguidade.

Jantei com o conde Fries; o abade Casti, que viaja com ele, declamou uma de suas novelas, *O arcebispo de Praga*, algo imprópria, mas extraordinariamente bem-composta em oitava-rima. Eu já o apreciava como o autor

---

17 Carlo Albacini (*c.* 1739-depois de 1807), escultor italiano, famoso como restaurador de estátuas antigas. Foi um dos executores testamentários de Angelika Kaufmann.

de *Re Teodoro em Venezia*, um de meus favoritos. Ele tem ainda um *Re Teodoro in Corsica*, do qual já li o primeiro ato, uma obra extremamente agradável.[18]

O conde Fries compra muitas obras de arte. Adquiriu uma Madonna de Andrea del Sarto por 600 cequins.[19] Em março passado, Angelika oferecera 450 e teria chegado mesmo ao valor total, caso seu atento esposo não tivesse obstado. Hoje ela se arrepende por ambos. É um quadro inacreditavelmente belo, não há como ter ideia sem vê-lo.

Assim, para meu deleite, a cada dia aparece algo novo a ser visto, associando-se ao que é antigo e permanente. Meu olho vai assim se formando muito bem, penso mesmo que com o tempo eu poderia me tornar um conhecedor.

Tischbein queixa-se em uma carta sobre o calor desolador em Nápoles. Aqui ele também é bastante forte. Na terça-feira estava tão quente que alguns estrangeiros afirmavam nunca ter experimentado calor igual mesmo em Portugal ou Espanha.

Egmont estende-se já até o quarto ato, espero poder contentar-vos em breve. Penso que em três semanas o terei pronto, depois do que o enviarei a Herder.

Dedicamo-nos aqui com afinco ao desenho e às iluminuras. Não se pode sair de casa, fazer o passeio mais breve, sem que se encontrem objetos dignos de admiração. Minha imaginação e minha memória encontram-se infinitamente repletas de objetos belos.

Roma, 20 de julho

Há pouco tempo, dois de meus erros capitais se me tornaram claros, erros estes que me perseguiram e torturaram por toda uma vida. Um deles é

---

18 Giovanni Battista Casti (1724-1803), poeta e libretista italiano. *L'Arcivescovo di Praga* [O arcebispo de Praga] é a 34ª de suas novelas em oitava rima (*Novelle galanti*, publicadas postumamente em 1804). *Il Re Teodoro in Venezia. Drama eroicomico per musica* [O rei Teodoro em Veneza. Drama herói-cômico para música], de 1784, é um libreto de ópera musicado por Giovanni Paisiello (1740-1816). A sequência, *Il Re Teodoro in Corsica* [O rei Teodoro na Córsega] permaneceu inédito.

19 Andrea del Sarto (1486-1530), *Madonna com o Menino e São João* (*c.* 1521). Desde 1937 pertence à Anthony Rothscild Collection, em Ascott.

que eu nunca desejei aprender o trabalho artesanal necessário para uma arte de que eu gostasse ou que quisesse exercer. Daí resultou que eu, dotado de tanto talento natural, conseguisse fazer e realizar tão pouco. Só havia duas possibilidades: ou meus empreendimentos se davam necessariamente pela força do espírito, sendo assim bem ou malsucedidos, conforme a sorte e o acaso desejassem, ou então, caso eu me dedicasse a algo de modo decidido e consciente, amedrontava-me e eu não conseguia terminar. O outro erro, aparentado ao primeiro, é que eu nunca desejei dedicar a um trabalho ou negócio o tempo suficiente e necessário para sua realização. Como sou abençoado pela capacidade de pensar e relacionar muita coisa em tempo muito curto, uma execução passo a passo se me torna insuportavelmente tediosa. Pois bem, pensei eu, é tempo de me emendar. Encontro-me na terra das artes, vamos portanto trabalhar a matéria, para que tenhamos sossego e contentamento para o resto da vida, podendo dedicar-me mais tarde às diferentes coisas que virão.

Roma é um lugar magnífico para isso. Não apenas se encontram aqui objetos de todo tipo, mas também pessoas de todo tipo, que levam o empreendimento a sério, estão no caminho certo e junto a quem um iniciante pode se desenvolver de modo bastante cômodo e acelerado. Deus seja louvado, pois começo a me instruir por meio de outros e a receber com agrado o aprendizado que me proporcionam.

Encontro-me, física e mentalmente, na melhor forma em que jamais estive! Tomara que vos seja possível ver isso em minhas produções e reconhecer as vantagens de minha ausência! Encontro-me unido a vós por meio daquilo que faço e penso. A bem dizer, encontro-me de fato muito só e por conta disso é preciso modificar o tema de minhas conversas. Aqui, entretanto, isso pode ser feito de modo mais fácil do que em qualquer outro lugar, pois sempre se tem algo interessante para se falar com qualquer pessoa.

Mengs diz em algum lugar, a respeito do Apolo de Belvedere,[20] que uma estátua na qual se alia tão grande estilo à verdade da carne seria aquilo

---

20 Anton Raphael Mengs (1728-1779), pintor alemão precursor do Classicismo. Em "Fragment eines zweyten Antwortschreibens an Herrn Fabroni, die Gruppe der Niobe betreffend" [Fragmento de uma nova resposta ao sr. Fabroni a respeito

Johann Wolfgang von Goethe

de mais grandioso em que o homem conseguiria pensar. A mim parece que seu desejo foi realizado por meio daquele torso de Apolo ou Baco ao qual aludi antes. Meu olho ainda não está suficientemente formado para decidir em matéria tão delicada. Mas encontro-me inclinado a considerar esse fragmento como a coisa mais bela que já pude ver. Infelizmente se trata apenas de um torso e, além disso, a epiderme está em alguns lugares bastante danificada. A peça deve ter sido exposta continuamente ao escoamento da água da chuva.

Domingo, 22 de julho

Almocei com Angelika. Agora ficou combinado que sou seu hóspede aos domingos. Antes fomos ao Palácio Barberini,[21] para ver o excelente Leonardo da Vinci e um retrato da amante de Rafael,[22] pintado por ele próprio. A observação de pinturas ao lado de Angelika é algo muito agradável, pois seus olhos são muito treinados e ela tem um conhecimento mecânico da arte muito grande. Além disso, ela é sensível a tudo o que é belo, verdadeiro e delicado e, além disso, inacreditavelmente modesta.

À tarde fui ver o cavaleiro d'Agincourt,[23] um rico francês que emprega seu tempo e seu dinheiro em escrever uma história da arte que vá de sua decadência até seu renascimento. A coleção que amealhou é extremamente

---

do Grupo de Níobe] Mengs escreve: "Ouso afirmar que se o Apolo de Belvedere tivesse a aparência da carne tenra como a do assim chamado Antínoo, exposto aqui neste mesmo museu, seria indubitavelmente ainda mais belo" (*Hinterlassene Werke* [*Escritos póstumos*, organizados e traduzidos por G. F. Prange. 1786], v.3, p.101).

21 O Palácio Barberini, na praça Barberini, foi iniciado em 1625 pelo arquiteto Carlo Maderno em colaboração com Francesco Borromini e terminado por Lorenzo Bernini em 1633.

22 No que diz respeito a Leonardo da Vinci, trata-se da obra *Vaidade e modéstia*, hoje atribuída a Bernardo Luini. A "amante de Rafael" é a assim chamada *Fornarina*, quadro com a assinatura de Rafael, desde 1642 exposto no Palazzio Barberini. A concepção é do próprio Rafael e a execução, de Giulio Romano, por volta de 1518.

23 Jean Baptiste Louis Georges Seroux d'Agincourt (1730-1814), historiador da arte francês que viveu na Itália a partir de 1768. Sua obra *Histoire de l'art par les monuments depuis de sa décadence au IV\`e siècle jusqu'à son renouvelement au XVI\`e siècle* [História da arte pelos monumentos desde sua decadência no século IV até sua renovação

interessante. Vê-se ali como o espírito humano sempre esteve ativo, mesmo em tempos obscuros. Há de ser uma obra bastante notável.

Tenho em mente agora algo que me ensinará muita coisa. Ideei e desenhei uma paisagem que é colorida em minha presença por um talentoso artista, Dies.[24] Com isso, o olho e o espírito acostumam-se sempre mais à cor e à harmonia. Tudo vai indo bastante bem, eu continuo, como sempre, fazendo coisas demais. Minha maior alegria deve-se ao fato de que meu olho vai sendo treinado a partir de formas seguras, acostumando-se rapidamente à forma e suas relações de proporção. Além disso, meu velho sentido para a distribuição da luz e para a composição do todo retornou com força, de modo que tudo agora depende apenas do exercício.

Segunda-feira, 23 de julho

Subi à tarde à coluna de Trajano, para desfrutar da incomparável vista.[25] A partir dali, ao sol poente, tem-se uma magnífica vista do Coliseu, com o Capitólio bastante próximo e o Palatino ao fundo, com a cidade ao redor. Só bem tarde retornei, caminhando vagarosamente pelas ruas. A praça de Monte Cavallo com seu obelisco é algo notável.

Terça-feira, 24 de julho

Fui à Villa Patrizzi[26] para ver o pôr do sol, aproveitar o ar puro e alimentar o espírito com a imagem desta grande cidade, ampliando e simplifican-

---

no século XVI], publicada em Paris entre 1810 e 1823, em seis volumes, é um marco no desenvolvimento da história da arte.

24 Albert Christoph Dies (1755-1822), pintor de paisagens e gravador alemão.

25 Situada no Fórum de Trajano, a coluna foi construída por ordem do Senado Romano em 112-113 d.C., para celebrar a vitória do imperador Trajano (98-117) sobre os Dácios no ano 107. Era originalmente coroada por uma águia. Esta foi posteriormente substituída por uma estátua do imperador e a coluna foi transformada em monumento funerário em que se depositaram suas cinzas. Em 1587 foi colocada no lugar da estátua uma imagem do apóstolo Pedro.

26 Originalmente situada fora dos muros da cidade, a vila foi construída pelo arquiteto Sebastiano Cipriani (*c.* 1660-1740) para a família Patrizi Naro Montoro. Desde 1907 abriga a sede administrativa das ferrovias estatais.

Johann Wolfgang von Goethe

do meu campo de visão ao contemplar essas longas linhas e enriquecendo-o com a presença de tantos objetos belos e variados. Esta noite pude contemplar a praça da coluna Antonina[27] e o Palácio Chigi[28] iluminados pela lua. A coluna, escurecida pelo tempo, parecia clara ao céu noturno, sobre um pedestal branco e reluzente. Em um simples passeio a pé encontramos uma infinidade de objetos belos. Mas quanto esforço é despendido para que consigamos nos apropriar deles! Para isso é necessário o tempo de uma vida inteira, ou melhor, a vida de vários homens, que aprendam um após o outro, geração após geração.

Quarta-feira, 25 de julho

Visitei, em companhia do conde Fries, a coleção de gemas do príncipe Piombino.[29]

Sexta-feira, dia 27

Todos os artistas, jovens e velhos, ajudam-me a desenvolver meu parco talento. Encontro-me adiantado no que diz respeito à perspectiva e arquitetura, assim como na composição de paisagem. Entretanto, no que diz respeito às criaturas vivas, a coisa ainda tarda, há um abismo a vencer ali,

---

27 Construída entre os anos de 176 e 192, a coluna de Marco Aurélio, na Piazza Colonna, celebra, à semelhança da coluna de Trajano, a vitória do imperador Marco Aurélio (121-180) sobre os povos do Danúbio no ano 175. Possivelmente era adornada com a estátua do imperador e de sua mulher, Faustina. Por ordem do papa Sisto V foi colocada em seu topo uma imagem do apóstolo Paulo. O nome Coluna Antonina se deve ao fato de que na época ela foi erroneamente considerada um monumento ao imperador Antonino Pio (86-161).

28 O Palazzo Chigi teve sua construção iniciada em 1562 por Giacomo della Porta (1532-1602) e concluída em 1580 por Carlo Maderno (1556-1629) para a família Aldobrandini. Foi adquirido em 1659 pela família Chigi, quando foi remodelado por Felice della Greca (1625-1677). Desde 1961 é sede do Governo da República Italiana e residência do presidente do Conselho de Ministros.

29 O Palazzo Piombino ficava localizado no Corso, junto à Piazza Colonna. Foi demolido em 1889.

Viagem à Itália

abismo esse que se poderia no entanto transpor por meio de seriedade e aplicação.

Não sei se já disse alguma coisa sobe o concerto que ofereci no final de semana passado. Convidei as pessoas que me têm proporcionado tanta alegria e divertimento aqui para ouvir os cantores da Ópera Cômica exe-cutarem os melhores *intermezzos*, entre os mais recentes. O concerto foi apreciado por todos.

Meu salão encontra-se agora muito bem organizado e limpo. Pode-se viver muito bem aqui, mesmo no auge do calor. O tempo hoje está fechado, com trovões e tempestade. Tivemos apenas uns poucos dias claros, e não muito quentes.

Domingo, 29 de julho de 1787

Visitei com Angelika o Palácio Rondanini. Certamente vos lembrai ainda de uma Medusa que citei em minhas primeiras cartas romanas, que então me impressionou muito, e em cuja contemplação encontrei agora grande prazer. Já apenas a noção de que algo assim possa existir no mundo, que tenha sido possível construir algo assim, nos torna homens superiores. Como eu gostaria de dizer algo sobre ela, caso falar qualquer coisa sobre uma obra assim não fosse um mero e vazio exalar, um ciciar sem sentido. A arte existe para ser contemplada, e não para que se fale dela, ao menos não em sua presença. Envergonho-me imensamente de todo o palavreado artístico no qual consenti e me envolvi outrora. Se for possível conseguir uma reprodução em gesso dessa Medusa, irei levá-la comigo, mas tal re-produção terá de ser moldada novamente. Há algumas aqui à venda, mas não gosto delas, pois elas mais nos estragam a ideia original do que nos dão e conservam o conceito dela. Especialmente a boca é indizivelmente grandiosa e única, inimitável.

Segunda-feira, 30 de julho

Fiquei o dia todo em casa, trabalhando com afinco. *Egmont* está quase pronto, o quarto ato praticamente terminado. Assim que acabar, enviarei

Johann Wolfgang von Goethe

pelo correio. Que alegria será ouvir de vós que a peça teve alguma aprovação! Escrevê-la me fez sentir jovem novamente. Tomara que ela possa provocar uma impressão nova também no leitor. À noite, foi organizado um pequeno baile no jardim atrás da casa, para o qual também fomos convidados. Ainda que esta não seja a época do ano em que se dança, havia bastante animação. As moças italianas têm lá seus encantos. Há dez anos, algo poderia ter acontecido. Mas agora, essa fonte secou, e essa festinha mal conseguiu despertar meu interesse para ficar ali até o fim. As noites de lua são inacreditavelmente belas. O nascer da lua, antes que ela tenha se firmado por entre os vapores, amarela e quente, *comme il sole d'Inghilterra*,[30] deixa a noite clara e acolhedora. Um vento fresco sopra, e tudo adquire vida. As festas na rua duram até de manhã, o povo canta e toca instrumentos, ouvem-se duetos, tão belos ou às vezes mais belos do que na Ópera e nos concertos.

Terça-feira, 31 de julho

Desenhei algumas paisagens enluaradas no papel, vamos praticando assim alguma arte de qualidade. À noite, fiz uma caminhada na companhia de um conterrâneo, quando divergimos sobre quem era superior, Michelangelo ou Rafael. Tomei o partido do primeiro, ele do segundo, sendo que acabamos por fechar a discussão com um elogio comum a Leonardo da Vinci. Que ventura, a minha! Ao ouvir tais nomes, percebo que deixaram de ser apenas nomes para mim, e uma ideia viva do valor desses homens excelentes torna-se cada vez mais nítida e completa.

À noite, fui à Ópera Cômica. Um novo intermezzo, *L'impresario in angustie*,[31] deverá garantir diversão por boa parte da noite, também no que diz respeito à encenação. Um quinteto, formado pelo *poeta* que lê sua peça, tendo de um lado o *impresario* e a *prima donna*, que o aplaudem, e do outro lado o compositor e a *seconda donna*, que o criticam. Ao fim entram todos

---

30 "Como o sol da Inglaterra."

31 Ópera de Domenico Cimarosa (1749-1801). Goethe retrabalhou o tema em suas *Theatralische Abenteuer* [Aventuras teatrais].

em uma disputa geral, que foi encenada com muito sucesso. Os *castrati* travestidos de mulheres atuam cada vez melhor e agradam cada vez mais. De fato, para uma pequena trupe da temporada de verão, que certamente acabou de se formar, saíram-se muito bem. Atuam com grande naturalidade e bom humor. Os pobres-diabos sofrem miseravelmente com o calor.

Em retrospecto
Julho

A fim de vos apresentar considerações anteriores que sempre pensei em enviar, será preciso incluir aqui alguns trechos do volume anterior, trechos estes que podem ter me escapado no decorrer dos acontecimentos de então e por meio dos quais são apresentados assuntos importantes aos amigos das ciências da natureza.

Palermo, terça-feira, 17 de abril de 1787

Que infortúnio esse de ser perseguido e tentado por toda sorte de espíritos! Hoje cedo, dirigi-me ao jardim público, com o firme propósito de dar continuidade a meus devaneios poéticos. Entretanto, antes que eu me desse conta, uma outra aparição, que me perseguia já havia alguns dias, tomou conta de mim. Inúmeras plantas, que eu antes só pudera contemplar em vasos e potes, na maior parte do ano apenas por trás do vidro das estufas, encontram-se aqui belas e frescas ao ar livre. Ao cumprirem esse seu destino, tornam-se mais nítidas e visíveis para nós. À vista da imagem de tanta coisa nova e renovada, tornei-me novamente presa da velha obsessão, a de que talvez eu pudesse descobrir a planta primordial em meio a essas tantas. Pois ela há realmente de existir! De outro modo, como se poderia reconhecer um determinado organismo como uma planta, se todas elas não fossem construídas a partir de um mesmo modelo?

Dirigi meus esforços à investigação do ponto em que as muitas formas variantes divergem. Conclui que elas possuem antes semelhanças do que divergências ente si. Quis então adequar minha terminologia, no que fui bem-sucedido, mas foi um esforço infrutífero, deixou-me angustiado sem que me fosse útil. Assim, foi destruído meu bom propósito poético, o jardim de Alcínoo desapareceu e em seu lugar surgiu um jardim mundano. Por que nós modernos somos tão dispersivos, por que nos deixamos atrair por empreendimentos que não somos capazes de atingir e concluir?!

Nápoles, 17 de maio de 1787

Preciso confessar-te que me encontro bem próximo do segredo da geração e organização das plantas, e que se trata da coisa mais simples que eu jamais pudera imaginar. Sob este céu aqui pode-se fazer as melhores observações. Já delimitei com clareza e segurança o ponto principal, o núcleo dessa ideia. Apenas alguns pontos precisam ainda ser melhor determinados. A planta primordial será a criatura mais prodigiosa deste mundo, pela qual a própria natureza há de invejar-me. Munido desse modelo e da chave para ele, pode-se conceber infinitamente plantas que tenham uma organização lógica e consequente. Isso significa que mesmo que não existam, poderiam existir. Não se trata de sombras artísticas e poéticas, ou de aparências, mas sim de organismos dotados de uma verdade e necessidade intrínsecas. Essa mesma lei há de ser aplicada a todas as outras formas viventes.

Falemos aqui brevemente de algo necessário para preparar o conhecimento posterior: ocorreu-me que naquele órgão das plantas a que costumeiramente chamamos folha encontra-se oculto o verdadeiro Proteu, capaz de se ocultar e revelar-se em todas as formas. Quer consideremos o processo regressiva ou progressivamente, a planta é sempre apenas folha, unida de modo tão inseparável ao futuro broto que não se pode pensar um sem o outro. Compreender um tal conceito, suportá-lo e reconhecê-lo na natureza é tarefa ao mesmo tempo penosa e doce.

Observações impertinentes sobre a natureza

Aquele que já experimentou em si a formação de uma ideia rica em conteúdo, tenha sido ela engendrada por ele próprio ou comunicada e inoculada por outrem, poderá confessar a violenta comoção que se dá em nosso espírito, nosso entusiasmo ao conseguir intuir previamente no todo aquilo que deverá se desenvolver a partir do que já está assentado. Com isso em mente, admito ter sido tomado e conduzido por essa experiência da percepção como por uma paixão violenta. Desse modo, mesmo que não exclusivamente, ao longo de toda a vida que me resta deverei ocupar-me com isso.

Por mais que eu tenha sido tomado por essa inclinação, não foi possível pensar em um estudo sistematizado depois de meu retorno a Roma. A poesia, a arte e a Antiguidade, cada uma delas me exige seu quinhão, de modo que não tive na vida dias mais operosos, fatigantes e ocupados. Aos estudiosos da matéria há de parecer certamente ingênuo o modo como me aproprio diuturnamente, em cada jardim, cada passeio e cada excursão, das plantas que noto ao redor. Pareceu-me especialmente importante observar como algumas das sementes que começam a amadurecer surgem à luz do dia. Voltei então minha atenção ao broto do *Cactus opuntia*, que cresce de modo informe, e percebi, com alegria, que ele inocentemente se divide, como as dicotiledôneas, em duas tenras folhinhas, desenvolvendo-se mais tarde como organismo informe ao longo do crescimento.

Notei também algo incomum a respeito das cápsulas de sementes. Eu trouxera para casa algumas cápsulas do *Acantus mollis* e as deixara em uma caixinha aberta. Aconteceu então que certa noite escutei um estalinho e logo depois uns pequenos saltos no telhado e na parede, como se causados por corpos muito pequenos. Não consegui explicar esses sons, mas depois disso encontrei minhas vagens abertas e as sementes ao redor espalhadas. O ar seco do quarto tinha levado o processo de maturação até o fim, provocando essa elasticidade.

Dentre as muitas sementes que pude observar dessa maneira, tenho ainda de mencionar algumas cujo crescimento, segundo minhas lembranças de Roma, era maior ou menor. As sementes de pinheiro atingem uma altura considerável, crescendo dentro de uma espécie de ovo, desfazendo-se logo, porém, desse invólucro e dando já mostra de sua forma futura em uma coroa de agulhas de cor verde.

Junto a esse meu interesse pela reprodução vegetal através de sementes, voltei minha atenção também para a reprodução por meio de mudas, instado pelo conselheiro Reiffenstein, o qual, durante todas as nossas caminhadas, arrancava aqui e ali um ramo, afirmando com certa arrogância que bastaria enfiá-lo na terra para que imediatamente começasse a se reproduzir. Como prova definitiva dessa possibilidade, apontava um rebento semelhante bem enraizado em seu próprio jardim. Tal tentativa de reprodução, que eu gostaria muito de ter vivenciado, tornou-se bastante importante, em geral, para a jardinagem botânica.

Mais notável ainda me pareceu uma espécie de cravo em forma de arbusto, que atinge grande altura. É conhecida a grande vitalidade e o poder de sobrevivência e reprodução dessa planta. Os caules estão cheios de entrenós, apertados lado a lado, e os nós afunilam-se uns dentro dos outros. Com o passar do tempo, essa disposição se intensifica e os entrenós, ao irromper dessa insondável estreiteza, são forçados a atingir seu mais alto desenvolvimento, de modo que a própria flor assim gerada é capaz de dar origem a quatro novas flores completas a partir de seu cálice.

Na falta de um meio de conservação dessa forma prodigiosa, decidi-me eu mesmo a desenhá-la com precisão, o que me proporcionou ainda uma melhor contemplação intrínseca do conceito geral da metamorfose. Entretanto, as distrações causadas por tantas obrigações eram ainda mais prementes, tornando minha estada em Roma, cujo fim eu já podia prever, ainda mais penosa e sobrecarregada.

Depois de ter me mantido tranquilo e sossegado por um bom tempo, distante sobretudo daquela sociedade extremamente ruidosa e dispersiva, cometemos um erro, que chamou a atenção de toda a comunidade, assim como de uma sociedade ávida por acontecimentos novos e inauditos. A coisa deu-se assim: Angelika nunca ia ao teatro, por um motivo que desconhecíamos. No entanto, dado que nós, amantes apaixonados do palco, não nos cansávamos de elogiar, em sua presença, a graça e a habilidade dos cantores, assim como o efeito da música de nosso Cimarosa, e que desejávamos do fundo do coração que também Angelika pudesse desfrutar de tais prazeres, deu-se que um de nossos companheiros mais jovens, Bury, que tinha ótimas relações com os cantores e músicos, conseguiu que estes animadamente oferecessem uma apresentação em nosso salão, para nós,

Viagem à Itália

estes seus apaixonados amigos e admiradores, quando fariam música e cantariam. Tal empreendimento, muitas vezes discutido, recomendado e adiado, transformou-se finalmente em uma feliz realidade, de acordo com o desejo de nosso jovem companheiro. O maestro Kranz, um experiente violinista que estava liberado de suas funções na corte ducal de Weimar em uma viagem de aperfeiçoamento na Itália, deu uma decisiva contribuição por meio de sua chegada inesperada.[32] Seu talento ajudou a fazer peso na balança dos amantes da música, pelo que nos vimos então em condições de convidar madame Angelika, seu esposo, o conselheiro Reiffenstein, os srs. Jenkins e Volpato[33] e a quem mais devêssemos uma pequena gentileza, para uma festa bastante digna. O salão foi adornado por decoradores judeus e tapeceiros, o taberneiro vizinho encarregou-se da comida e bebida, e assim oferecemos um brilhante concerto em uma bela noite de verão, sendo que sob as janelas juntou-se uma grande quantidade de pessoas, que aplaudia como se estivesse no teatro.

O mais extraordinário de tudo foi um grande carro, ocupado por uma orquestra de músicos diletantes, o qual exatamente naquela hora fazia sua alegre ronda noturna pela cidade. Parou em silêncio sob nossas janelas, e, depois de ouvir o que se executava lá em cima, o grupo de diletantes aplaudiu com vivacidade. Ouviu-se então uma poderosa voz de baixo, acompanhada de todos os instrumentos, entoando uma das árias preferidas da ópera da qual acabáramos de executar um trecho. Devolvemos então o aplauso entusiasmado, ao qual se juntou o povo, e todos asseguravam jamais ter participado de um divertimento noturno tão completo e casualmente tão bem-sucedido.

Deu-se então que nossa modesta e tranquila residência, situada em frente ao Palácio Rondanini, chamou a atenção do Corso sobre si. Um rico milorde, diziam, teria se mudado para lá, mas ninguém conseguia identificá-lo em meio às personalidades conhecidas. O certo é que ele teria pagado as

---

32 Johann Friedrich Kranz (1754-1807), músico da corte em Weimar até 1799. Posteriormente mestre de capela em Stuttgart.

33 Thomas Jenkns (1723-1798), pintor inglês, mais tarde negociante de arte e banqueiro. Giovanni Volpato (1733-1803), gravador italiano, autor de gravuras célebres a partir de obras de Leonardo e Rafael.

415

despesas da festa em dinheiro vivo, festa que fora oferecida por artistas a outros artistas e que, portanto, deveria ter um orçamento reservado e modesto, mas que, entretanto, dera origem a custos altíssimos. Quanto a nós, continuamos a levar nossa vida moderada, mas não pudemos mais nos livrar da fama de ricos e de alta estirpe que nos foi desse modo atribuída.

A chegada do conde Fries deu ocasião a uma animada convivência. Ele trouxera consigo o abade Casti, o qual proporcionou grande entretenimento com a leitura de suas narrativas galantes, então ainda não publicadas. Sua leitura livre e entusiasmada parecia dar vida àquelas caracterizações espirituosas e um tanto geniais em demasia. Lamentamos apenas que um diletante tão rico e tão bem-intencionado como o conde nem sempre se deixasse servir por gente confiável. Uma gema lapidada adquirida em condições duvidosas dera motivos para muito falatório e aborrecimento. Por outro lado, ele pôde se orgulhar ao mesmo tempo da aquisição de uma bela estátua, um Páris, ou como acreditam outros, um Mitras. Seu complemento está agora no Museu Pio Clementino, ambas as obras foram encontradas na mesma cova de areia.[34] Mas não eram apenas os contrabandistas no negócio das artes que o espreitavam, ele teve de passar por muitas aventuras ainda. E como ele não sabia se poupar, nessa época tão quente do ano, não pôde evitar ser vítima de muitos males, que amargaram os últimos dias de sua estada em Roma. Para mim isso foi muito doloroso, uma vez que devo a sua amabilidade tanta coisa boa, por exemplo a oportunidade de visitar a esplêndida coleção de gemas do príncipe de Piombino.

Junto ao conde Fries encontram-se não apenas os contrabandistas de objetos de arte, mas também aquele tipo de literatos que por aqui trazem vestimentas eclesiásticas, como de abades. Com esse tipo não há como ter uma conversa agradável. Nem bem se começa a falar da literatura nacional, buscando instrução sobre um ou outro ponto, logo se é instado, sem mais

---

34 O Museu Pio Clementino teve sua construção iniciada em 1771 pelo papa Clemente XIV e concluída em 1784 por Pio VI como expansão da coleção de antiguidades do Belvedere.

Viagem à Itália

nem menos, a responder à pergunta sobre qual dos poetas nacionais, Tasso ou Ariosto, se considera o maior. Respondo então: que sejam louvados Deus e a natureza, responsáveis por presentear a nação com esses dois homens excelentes. Cada um deles, de acordo com a época e as circunstâncias, com os lugares onde viveram e as sensibilidades, proporcionaram momentos magníficos, apaziguando-nos e encantando-nos. Mas essa reposta sensata não é suficiente. A seguir, o poeta pelo qual nosso interlocutor se decidiu é colocado nas alturas, enquanto o outro é rebaixado cada vez mais. Nas primeiras vezes, tentei tomar a defesa do poeta rebaixado, valorizando suas características. Mas isso não resultou em coisa alguma, pois já haviam tomado partido ferreamente. Como a situação se repetia amiúde, e o assunto era-me sério demais para que me entregasse a disputas dialéticas sobre tais temas, passei a evitar esse tipo de conversa, principalmente quando percebi que se tratava apenas de frases vazias que se proferiam, sem que houvesse propriamente interesse pelo assunto.

Era ainda pior quando o assunto era Dante. Um jovem de boa família e dotado de espírito, que de fato admirava esse homem extraordinário, mostrou seu desagrado diante de meu aplauso e elogios, assegurando sem qualquer reserva que os estrangeiros não deviam se dedicar a compreender um espírito assim extraordinário, uma vez que os próprios italianos não eram capazes de compreendê-lo inteiramente. Depois de alguns ditos e contraditos aborreci-me finalmente e disse que eu me sentia obrigado a confessar que minha tendência era a de concordar com o que ele dizia. Pois eu nunca pudera entender o modo como se deve abordar tal produção poética. A mim o "Inferno" parecia abominável, o "Purgatório", dúbio e o "Paraíso", aborrecido. Isso o deixou extremamente satisfeito, pois deu-lhe munição para sua próxima afirmação: isso comprovava que eu não era capaz de atingir a compreensão da profundidade e do caráter sublime desse poema. Despedimo-nos como os melhores amigos, sendo que ele ainda prometeu transmitir-me e explicar-me alguns trechos difíceis, sobre os quais já refletira bastante e sobre cujo sentido ele finalmente havia chegado a uma conclusão definitiva.

A conversa com artistas e diletantes não era, por sua vez, mais esclarecedora. Perdoa-se facilmente em outro o erro que encontramos em nós mesmos. Ora era Rafael, ora era Michelangelo o preferido, depois do que se chegava à conclusão de que o homem é uma criatura tão limitada que, embora seu espírito possa se abrir ao que é grandioso, ele nunca será capaz de honrar adequadamente essa grandeza e mesmo de a reconhecer.

Ainda que sentíssemos falta da presença e da influência de Tischbein, a vivacidade de suas cartas mantinha-nos em forma. Além de alguns acontecimentos prodigiosos narrados com muito espírito, e de sua forma genial de abordar certos temas, pudemos também conhecer, por meio de desenhos e esboços, um quadro com o qual ele se tornou famoso em Nápoles. Orestes, em meia figura, é reconhecido por Ifigênia junto ao altar, enquanto a Fúria que o perseguia até então retrocede. Ifigênia era o retrato perfeito de Lady Hamilton, que nessa época brilhava no ponto mais alto de sua beleza e distinção. Também uma das Fúrias fora enobrecida por meio da semelhança com ela, pois Lady Hamilton de fato era o tipo perfeito para todas as heroínas, musas e semideusas. Um artista que conseguisse tal coisa seria certamente muito bem recebido no importante círculo social do cavaleiro Hamilton.

Agosto
Correspondência

1º de agosto de 1787

Devido ao calor, mantive-me ocupado e tranquilo o dia todo. Meu maior consolo neste calor imenso é pensar que também vós tereis um bom verão na Alemanha. Aqui a plantação do feno é uma grande distração, pois raramente chove nesta época e pode-se plantar a qualquer tempo. É pena que lhes falte uma técnica mais apurada.

Ontem banhamo-nos no Tibre, em cujas margens há pequenas barracas muito bem assentadas para abrigar os banhistas. Depois nos dirigimos a Trinità de' Monti para tomar ar fresco e apreciar o brilho da lua. O luar aqui é exatamente como se pensa ou imagina.

O quarto ato de *Egmont* está pronto. Na próxima carta, espero poder anunciar-vos a conclusão da peça.

418

Viagem à Itália

11 de agosto[35]

Decidi ficar na Itália até a próxima Páscoa. Não posso abandonar os estudos agora. Se eu perseverar, tenho certeza de que chegarei tão longe em meu aperfeiçoamento a ponto de poder satisfazer a meus amigos tanto quanto a mim. Minhas cartas seguirão regularmente, de modo que tereis de mim a ideia de um amigo ausente porém vivo, ao contrário da ideia que fizestes tantas vezes, lamentando-me como a um amigo presente, porém morto.

Egmont está pronto e seguirá ao fim deste mês. Esperarei temeroso vosso julgamento.

Não se passa um dia sem que eu aumente meu conhecimento e meu exercício da arte. Do mesmo modo como se enche facilmente uma garrafa ao imergi-la na água, pode-se aqui também preencher-se a si mesmo, quando se tem sensibilidade e se está preparado; o elemento artístico flui poderosamente por todos os lados.

Posso imaginar o belo verão de que desfrutais. Temos céu limpo e uniforme o tempo todo e, no meio do dia, um calor desesperador, do qual me abrigo em meu fresco salão. Pretendo passar setembro e outubro no campo e desenhar a partir da natureza. Talvez eu vá a Nápoles, para aproveitar as aulas de Hackert. Os catorze dias que passei com ele no campo foram tão proveitosos, levaram-me tão longe em meu aperfeiçoamento quanto eu conseguiria em alguns anos, se entregue apenas a mim mesmo. Deixo ainda de enviar meus desenhos e esboços, de modo a poder mandar alguma coisa boa de uma única vez.

Esta semana segue tranquila e proveitosa. Fiz algum progresso, principalmente no que se refere à perspectiva. Verschaffelt,[36] o filho do diretor

---

35 Carta endereçada a Charlotte von Stein.

36 Maximilian von Verschaffelt (1754-1818), pintor e arquiteto. Filho do diretor da Academia de Desenho de Mannheim, Peter von Verschaffelt. Residiu em Roma entre 1782-93, depois do que assumiu o lugar do pai na Academia de Mannheim. Em Munique, foi diretor de parques e jardins. Provável criador do Englischer Garten. Depois de Goethe ter desenhado a entrada do Capitólio a partir de uma perspectiva não usual, Verschaffelt desenhou a mesma vista e enviou a folha a Goethe. O desenho se encontra hoje na sala majólica na casa de Goethe em Weimar.

da Academia de Mannheim, estudou bastante esse assunto e tem compartilhado comigo suas técnicas. Em minha prancheta de desenho têm aparecido algumas paisagens sob o luar, ao lado de algumas outras ideias, um tanto amalucadas a ponto de não ser prudente compartilhá-las ainda.

Roma, 11 de agosto de 1787[37]

Escrevi à duquesa[38] uma longa carta, aconselhando-a a adiar a viagem à Itália em mais um ano. Se ela partir em outubro, chegará a este belo país exatamente na época em que a temperatura muda, e seu prazer será estragado pela meteorologia. Se ela seguir meu conselho, neste e em outros assuntos, com sorte poderá aproveitar bastante. Estou muito feliz por ela no que diz respeito a essa viagem.

Tudo está arranjado, para mim e para aqueles com quem me preocupo, de modo que nos resta aguardar o futuro com tranquilidade. Ninguém é capaz de reformar-se por inteiro, assim como ninguém pode fugir a seu destino. Por meio desta carta mesmo conhecerás e aprovarás meus planos, é o que espero. Escreverei sempre e, ao longo do inverno, estarei convosco em espírito. O *Tasso* chegará depois do Ano-Novo. O *Fausto*, envolto em sua capa de mensageiro, anunciará minha chegada. Fiz algumas alterações, situando a época principal um pouco mais recuada no tempo, reescrevi o que era preciso e posso ainda recomeçar onde pareça ser necessário. Sinto em mim um ânimo leve e sou quase um outro homem em relação a quem eu era no ano passado.

Vivo em meio à riqueza e mesmo ao excesso de tudo aquilo que me é caro e valioso. Foi apenas nestes últimos meses que pude efetivamente gozar meu tempo aqui, pois as coisas se tornaram mais claras e, assim como Minerva nascida da cabeça de Júpiter, a arte se tornou minha segunda natureza, nascida da cabeça dos grandes homens. Haverá muito o que vos falar sobre isso ainda.

---

37 Carta endereçada a Herder.

38 A carta à duquesa Anna Amalia não se conservou. A duquesa esteve na Itália entre setembro de 1788 e maio de 1790.

Desejo a todos um belo mês de setembro. Ao fim de agosto, quando nossos aniversários todos se concentram,[39] dirigirei carinhosamente meu pensamento a vós. Assim que o calor amainar um pouco, irei ao campo para desenhar. Enquanto isso, faço o que é possível aqui no estúdio, com frequentes pausas por causa do calor. À noite, entretanto, é preciso tomar cuidado, pois pode-se pegar um resfriado.

Roma, 18 de agosto de 1787

Durante esta semana foi preciso abandonar um pouco meus hábitos germânicos de me manter sempre ocupado, os primeiros dias foram quentes demais. Não fiz tudo o que planejava, portanto. Há dois dias temos, porém, um belo vento tramontana e mesmo um ar bastante fresco. Setembro e outubro serão certamente meses celestiais.

Ontem, antes de o sol nascer, dirigi-me a Acqua Acetosa; a claridade, a diversidade, a perfumada transparência do ar e as cores celestiais da paisagem são de enlouquecer, principalmente quando contempladas à distância.

Moritz dedica-se agora ao estudo da arte da Antiguidade.[40] Dessa forma, ele a põe à disposição da juventude e de todo estudioso, humanizando-a e tirando dela todo o ranço livresco e o pó das estantes escolares. Moritz tem uma maneira correta e afortunada de abordar os tópicos, e eu espero que ele tenha tempo suficiente para se aprofundar no assunto. À noite, saímos a passear, quando então ele me diz a que tópico se dedicou naquele dia, que autores leu e, desse modo, preenche-se também essa lacuna, que precisei negligenciar por conta de minhas últimas ocupações e a qual poderia recuperar mais tarde apenas com muito esforço. Enquanto isso, contemplo edifícios, ruas, regiões e monumentos e, quando chego em casa à noite, arrisco de brincadeira no papel o desenho de uma imagem que me tenha

---

39 Herder fazia aniversário em 25 de agosto; Goethe e Gottfried, filho de Herder, em 28 de agosto. O duque de Weimar aniversariava em 3 de setembro e Wieland, em 5 de setembro.

40 Os resultados dos estudos de Moritz foram expostos nos livros *Götterlehre oder mythologische Dichtungen der Alten* [Mitologia, ou a poesia mitológica dos antigos, 1791] e *Anthusa oder Roms Alterthümer* [Anthusa, ou as antiguidades de Roma, 1791].

especialmente agradado, enquanto conversamos sem compromisso. Segue aqui um esboço que foi feito ontem à noite. É uma ideia aproximada da vista que se tem do Capitólio, quando se sobe pelo lado de trás.[41]

Visitei, com nossa boa Angelika, a coleção de pinturas do príncipe Aldobrandini,[42] especialmente um excelente Leonardo da Vinci. Angelika não está feliz como mereceria estar alguém dotado de um talento realmente grande, que cresce dia a dia. Está cansada de pintar por encomenda, mas seu velho marido acha isso muito bom, ver entrar um dinheiro tão pesado por um trabalho muitas vezes leve. Ela, por sua vez, gostaria de pintar pelo prazer da atividade em si, trabalhando com mais esforço, cuidado e estudo, coisa da qual certamente seria capaz. Eles não têm filhos e certamente não esgotariam suas economias, se ela assim decidisse fazer. Além disso, com um trabalho cotidiano moderado, ela continuaria a ganhar o suficiente para viverem. Mas isso não acontecerá. Ela fala comigo de modo muito franco, de forma que me senti à vontade para expressar minha opinião e mesmo aconselhá-la, incutindo-lhe confiança, quando estou a seu lado. Como falar em privações e infortúnio quando aqueles que possuem recursos suficientes não podem ou não sabem aproveitá-los? Ela possui um talento inacreditável, um talento extraordinário para uma mulher. É preciso ver e apreciar o que ela faz, e não aquilo que ela deixa de fazer. Quantos artistas não se veriam em maus lençóis, se fôssemos calcular o que lhes falta!

E assim, meus caros, a cada dia adquiro um conhecimento mais profundo de Roma, do modo de ser romano, da arte e dos artistas. Examino as relações, que me parecem mais próximas e naturais, por meio da convivência e do ir e vir. Uma mera visita pode criar impressões erradas. O que me incomoda é a sociedade. Todos se esforçam por me arrancar de minha paz e tranquilidade, levando-me para a vida mundana. Eu me protejo como posso. Prometo, hesito, esquivo-me, prometo mais uma vez, fazendo-me de italiano em

---

41 O esboço, datado de 17 de agosto, encontra-se no *Corpus der Goethezeichnungen* [Corpus dos desenhos de Goethe], v.3, reprodução n.42.

42 O príncipe Aldobrandini era um príncipe da família Borghese, o segundo filho da casa, possuidor da coleção Aldobrandini, que se encontrava no Palácio Borghese. O suposto Leonardo, *Cristo entre os doutores*, foi enviado em 1800 à Inglaterra e hoje se encontra na National Gallery, como obra de Luini.

meio aos italianos. Buoncompagini, o cardeal secretário de Estado, vem se aproximando muito,[43] mas eu conseguirei esquivar-me, indo para o campo na metade de setembro. Escondo-me das damas e cavalheiros como de uma doença ruim. Sinto-me mal até mesmo por vê-los passar em suas carruagens.

Roma, 23 de agosto de 1787

Recebi anteontem tua carta de número 24[44] quando me encontrava a caminho do Vaticano. Levei-a comigo e li e reli várias vezes na Capela Sistina, depois de ter descansado de tanta contemplação e observação. Não há como dizer o quanto desejei que estivesses a meu lado, de modo que pudesses ter uma ideia do que é capaz de fazer um único homem. Sem ter visto a Capela Sistina, é impossível conceber o que pode a humanidade. Ouve-se e lê-se muito a respeito de gente extraordinária, mas aqui, aqui se tem tudo isso vivo sobre nossa própria cabeça e diante de nossos próprios olhos. Já falamos muito sobre isso e eu gostaria, neste momento, que tivéssemos tudo anotado no papel. Então queres saber o que penso disso! Eu poderia dizer tanta coisa... Pois sofri realmente um processo de renovação e aprendizado. Sinto que a soma de minhas forças se concentra, e tenho a esperança de conseguir ainda produzir algo. Tenho refletido seriamente sobre a pintura de paisagem e a arquitetura, tenho também me arriscado eu mesmo em alguma coisa, de modo que agora quero ver aonde isso pode me levar.

Agora fui tocado por aquilo que é o alfa e o ômega de todas as coisas conhecidas, ou seja, pela figura humana. Digo então: "Senhor, não te deixarei ir se não me abençoares, ainda que tivesse de lutar até ficar inválido".[45] Não há como fazer progresso no desenho, de modo que me dediquei a modelar, e isso parece estar funcionando. Ao menos consegui elaborar um método

---

43 Ignazio Gaetano Boncompagni-Ludovisi (1743-1790), nobre e cardeal italiano. Ocupou o cargo de Cardeal Secretário de Estado de Pio VI de 1785 a 1789.

44 A carta é de Charlotte von Stein.

45 Cf. Gênesis 32, 26.

que me facilita muito as coisas. Detalhá-lo exigiria muito tempo, é melhor fazer do que falar. Por ora é suficiente dizer que meu repetido e persistente estudo da natureza e o cuidado e diligência com os quais me dediquei às obras da anatomia comparada colocam-me em condições de contemplar no todo, na natureza e nas obras da Antiguidade, aquilo que os artistas penosamente buscaram apenas como singularidade. Quando finalmente lograram se apoderar do que buscavam, conservaram-no apenas para si, incapazes de o transmitir a outros.

Voltei a me dedicar aos meus exercícios de fisiognomia, que eu abandonara devido a uma espécie de implicância com o profeta.[46] Têm-me parecido bastante aceitáveis. Comecei uma cabeça de Hércules. Vejamos se serei bem-sucedido.

Encontro-me tão distante do mundo e de todas as coisas mundanas que tudo me parece realmente extraordinário quando leio um jornal. A aparência desse mundo passa,[47] eu gostaria de poder ocupar-me apenas das coisas perenes e, segundo a doutrina de ***,[48] conseguir assim a eternidade de meu espírito.

Ontem vi muitos desenhos, na companhia do cavalheiro Von Worthley,[49] que viajou pela Grécia, pelo Egito e outros países. O que mais me interessou foram as reproduções de alguns baixos-relevos que se encontram no Templo de Minerva em Atenas, um trabalho do escultor Fídias. Não se pode imaginar nada mais belo do que essas figuras simples. A propósito, havia pouca coisa atraente nos muitos objetos desenhados. A reprodução da paisagem não foi muito feliz, a da arquitetura era melhor.

Despeço-me por hoje, com minhas saudações. Estão fazendo um busto meu, e isso já me custou três manhãs desta semana.

---

46 Goethe refere-se aqui jocosamente ao fisionomista Johann Kaspar Lavater (1741-1801).

47 Cf. I Coríntios 7, 31.

48 Segundo a edição de Hamburgo da obra de Goethe, os asteriscos referem-se a Spinoza, em um tom jocoso.

49 Sir Richard Worthley (1751-1805), ou Worsley, baronete inglês, colecionador de antiguidades. Publicou, sob o título de *Museum Worsleianum* (2v., 1794), um catálogo de sua coleção de tesouros artísticos.

Viagem à Itália

28 de agosto de 1787[50]

O dia de hoje trouxe muita coisa boa. Em comemoração pela data, chegou-me às mãos o livrinho de Herder, cheio de pensamentos divinos.[51] Foi um consolo e um alívio lê-los, puros e belos, em meio a esta Babel, a mãe de tantos equívocos e disparates. É bom pensar que é exatamente nestes tempos que se pode e se deve disseminar tais pensamentos. Em minha solidão, lerei ainda muitas vezes o livrinho e meditarei sobre seu conteúdo. Farei observações que darão ocasião a nossas conversas futuras.

Continuei a dedicar-me, nestes últimos dias, à observação da arte. Consigo agora ter uma visão mais ampla da tarefa que tenho a cumprir. E mesmo depois de cumprida, ainda assim nada terá sido feito. Talvez haja algum outro estímulo que torne menos penoso cumprir com maior habilidade uma tarefa para a qual se está determinado pelo talento e afinidade.

A Academia Francesa expôs seus trabalhos. Há bastante coisa interessante entre eles. Píndaro,[52] que pede aos deuses um fim venturoso, cai nos braços de um jovem que o ama, morrendo então. O quadro tem muito mérito. Um arquiteto, por sua vez, teve uma ideia muito boa. Desenhou a Roma contemporânea a partir de uma perspectiva da qual se pode ter uma boa visão de todas as suas partes. Em uma outra folha, desenhou então a Roma antiga, como se fosse possível vê-la a partir do mesmo ponto de vista. Fica-se então sabendo ao menos o local onde se ergueram outrora os monumentos antigos, conhecemos assim sua forma. De muitos permanecem ainda as ruínas. O arquiteto fez então desaparecer tudo o que é moderno, recolocando em seu lugar as construções antigas, como podem ter sido à época de Diocleciano. Isso foi feito tanto com bom gosto como com muito estudo, e colorido por fim de modo adorável.

De minha parte, vou fazendo o que posso, arrebanhando todas essas ideias e talentos, o tanto que consigo carregar. Dessa forma, approprio-me certamente do que há de mais real e sólido.

---

50 Carta endereçada a Herder.

51 *Gott. Einige Gespräche* [Deus. Alguns diálogos, 1787].

52 O autor do quadro é Jean Baptiste Frédéric Desmarais, nascido em 1756, em Paris, e morto em 1813, em Carrara.

Johann Wolfgang von Goethe

Eu já te disse antes que Trippel[53] vem trabalhando em um busto meu? O príncipe de Waldeck fez-lhe a encomenda. Está quase pronto, e faz uma bela figura, tem um estilo sólido. Quando o modelo estiver pronto, será feita uma forma de gesso a partir dele e logo depois, imediatamente, começar-se-á a esculpir o mármore, o qual o artista deseja trabalhar a partir do modelo vivo. Esse material permite possibilidades que nenhum outro é capaz de dar.

Angelika pinta agora um quadro que sairá certamente muito bem. A mãe dos Gracos[54] exibe seus filhos a uma amiga, que por sua vez lhe mostra suas joias, como seu maior tesouro. Trata-se de uma composição natural e muito feliz.

Como é bom semear e depois poder colher! Eu ocultei completamente das pessoas daqui o fato de que faço aniversário hoje. Logo ao acordar, pensei: será que lá de casa ninguém me manda nada para comemorar? E vê, logo chegou teu pacote, que me alegrou indizivelmente. Pus-me a ler teu livro imediatamente, estou quase no fim, e logo mais escreverei meus agradecimentos a partir dessa leitura.[55]

Ao receber tua carta hoje, pus-me novamente a refletir e concluí que devo insistir em minha decisão de ficar ainda mais um tempo aqui. Meus estudos da arte, minha personalidade autoral, tudo exige esse tempo. No que diz respeito à arte, tenho de chegar ao ponto em que tudo se torna conhecimento vivo e visto, que nada permaneça mera tradição e nome. Penso que posso

---

53 Alexander Trippel, nascido em 1744, em Schaffhausen, morto em 1795, em Roma. Escultor, treze anos mais velho do que Antonio Canova, tem estilo semelhante ao dele, antecipando e superando-o no que diz respeito ao novo ideal do Classicismo. Goethe conheceu-o assim que chegou a Roma. O busto de Goethe, feito para o príncipe Waldeck, foi terminado em novembro de 1787. Encontra-se hoje no Palácio Arolsen. Em sua temporada em Roma, a duquesa Anna Amalia encomendou um segundo busto, hoje propriedade da Biblioteca Estadual de Weimar [Weimar Landesbibliothek].

54 Cornélia, mãe dos Gracos. São conhecidas três versões dessa tela. Duas de 1785, feitas para George Bowles e para a rainha de Nápoles, respectivamente, e mais uma para o príncipe Poniatowsky. O quadro ao qual Goethe se refere trata-se possivelmente deste último.

55 A carta é destinada a Herder.

conseguí-lo nos próximos seis meses, e não há lugar melhor do que Roma para isso. Minhas coisinhas poéticas (pois agora sempre penso nelas no diminutivo), devo terminá-las com concentração e coração alegre.

Isso feito, tudo me levará de volta para a terra natal. E se eu levar então uma vida privada e isolada, terei tanta coisa para recuperar e reunir que me vejo trabalhando nisso ao longo de pelo menos dez anos.

No que diz respeito à história natural, levar-te-ei novidades inesperadas. Penso estar muito próximo de como os organismos se constroem. Tu te alegrarás como essas manifestações (e não fulgurações) de nosso Deus e me instruirás a respeito de quem, nos tempos novos e antigos, terá contemplado a mesma coisa a partir da mesma perspectiva ou de um ponto de vista levemente diferente.[56]

Em retrospecto
Agosto

No começo deste mês amadureceu em mim o firme propósito de passar em Roma ainda o próximo inverno. O sentimento e a percepção de que eu me afastaria dali ainda completamente imaturo, aliado ao fato de que em nenhum outro lugar eu encontraria tanto espaço e tanta tranquilidade para terminar minhas obras acabaram por me convencer. No momento em que comuniquei minha decisão a todos em casa, começou um novo tempo.

O calor imenso, que só fez aumentar, obrigando-nos a nos livrar de todas as tarefas de modo extremamente rápido, tornara agradáveis e desejáveis os espaços onde se pudesse aproveitar o tempo em um ambiente tranquilo e fresco. A Capela Sistina oferecia essa oportunidade do modo mais belo. Exatamente por aquela época os artistas renovavam seu culto a Michelangelo. Junto a todas as suas outras grandes habilidades, também no colorido ele não seria ultrapassado por nenhum outro. Estavam em voga as disputas sobre quem teria mais gênio, Michelangelo ou Rafael. A *Transfiguração* deste último vinha sendo severamente criticada e a *Disputa* era

---

56 Em seu livro, Herder rejeita a expressão "fulguração", utilizada por Leibniz para definir a ação de Deus. A expressão "manifestação", por sua vez, não é de Herder, mas do próprio Goethe.

Johann Wolfgang von Goethe

considerada seu melhor trabalho. Isso é certamente um sinal da preferência tardia pelas obras da velha escola, as quais um observador desapaixonado poderia tomar apenas por um sintoma de um talento mediano e submisso, jamais se satisfazendo com elas.

Já é tão difícil abarcar um talento grandioso, o que dizer então de dois. Tomamos partido para facilitar as coisas. É por isso que as apreciações dos artistas e escritores oscilam sempre, de modo que um ou outro vence, a cada vez. A mim tais disputas não induziram a erro ou confusão, pois esperava que se acalmassem e me ocupava depois com a observação imediata de tudo que era valioso e digno. Essa preferência pelo grande florentino logo se transmitiu dos artistas também para os amadores. Naquele momento, Bury e Lipps[57] trabalhavam em cópias na Capela Sistina, encomendadas pelo conde Fries. O guardião, bem recompensado, deixou-nos entrar pela porta de trás até o altar, e pudemos então andar à vontade. Não faltou nem mesmo uma pequena refeição, e eu me lembro de, cansado devido ao calor, ter feito uma sesta sentado no trono papal.

Foram feitos desenhos cuidadosos das cabeças e figuras do retábulo, postas a nossa disposição pelo guardião. Primeiramente, com giz branco sobre uma tela de gaze, depois com giz vermelho sobre grandes folhas de papel.

Na mesma disposição de nos voltarmos aos antigos, louvava-se também Leonardo da Vinci, cujo quadro muito apreciado, *Cristo entre os fariseus*, visitei com Angelika na Galeria Aldobrandini. Tornara-se uma tradição, aos domingos, que Angelika, seu marido e o conde Reiffenstein passassem por minha casa ao meio-dia e que depois nos dirigíssemos, sob um calor de forno, com toda a calma e tranquilidade, a alguma coleção de arte, onde passávamos algumas horas; e depois almoçássemos em casa dela, em uma mesa muito bem-posta. Era extremamente instrutivo discutir arte, na presença de obras tão significativas, com essas três pessoas, cada uma delas tão bem formada à sua maneira, teórica, prática, estética e tecnicamente.

---

57 Friedrich (Fritz) Bury (1763-1823), pintor alemão. Johann Heinrich Lips (1758-1817), gravador suíço que Goethe levou para Weimar em 1789, nomeando-o então professor na escola de Desenho.

Viagem à Itália

O cavaleiro Worthley, que acabara de chegar da Grécia, amavelmente permitiu que víssemos os desenhos que trouxera consigo, entre os quais se encontram as reproduções dos trabalhos de Fídias no frontal da Acrópole. Tais desenhos produziram em mim uma impressão decisiva e indelével, tanto mais porque, iniciado nas formas poderosas de Michelangelo, vinha dedicando maior atenção ao estudo do corpo humano.

A exposição da Academia Francesa, ao final do mês, foi um acontecimento que fez época, na já agitada vida artística da comunidade. O *Horacianos de David*[58] fez que o peso da balança pendesse para o lado dos franceses. Por meio dele, Tischbein sentiu-se estimulado a começar seu *Heitor desafiando Páris na presença de Helena*, em tamanho natural. A fama dos franceses aumenta com nomes como Drouais, Gagneraux, Desmarais, Gauffier e St. Ours; Bouquet[59] vem adquirindo um bom nome como paisagista, à maneira de Poussin.

Enquanto isso, Moritz dedica-se arduamente à mitologia antiga. Ele veio a Roma para, como já fizera antes, conseguir os meios para uma viagem oferecendo-se para escrever a descrição dessa viagem.[60] Um livreiro proveu-

---

58 Jacques Louis David, nascido em 1748, em Paris, e falecido em 1825, em Bruxelas. Principal nome da pintura histórica do Classicismo francês. Sua obra *O juramento dos horacianos*, iniciada em Paris, em 1782, e terminada em Roma, em 1784, desencadeou a chamada *révolution Davidienne*. O quadro se encontra hoje no Louvre.

59 Germain-Jean Drouait, nascido em 1763, em Paris, e falecido em 1788, em Roma. Sua morte prematura é comentada por Goethe páginas adiante, na entrada de 22 de fevereiro de 1788, em Roma. Sua obra mais famosa, *Como Marius atemorizou o assassino em Minturnae com seu olhar*, encontra-se hoje no Louvre. Bénigne Gagneraux, nascido em 1756, em Dijon, e falecido em 1795, em Florença. Seu quadro mais famoso, *O encontro de Gustavo III da Suécia com Pio VI no Gabinete da Antiguidade no Vaticano*, tem um exemplar conservado no Museu Nacional em Estocolmo e outro no Rudolfinum, em Praga. Sobre Desmarais, ver nota 52 desta seção (à p.425). Louis Gauffier, nascido em 1761, em Rochefort, e falecido em 1801, em Livorno. Foi residente da Academia Francesa em Roma entre 1784-9. Pintor de cenas históricas e paisagem. Jean-Pierre Saint-Ours, nascido em Genf, em 1752, e falecido em 1809. Mestre da pintura histórica. Didier Bouquet, nascido em 1755, em Chantilly, e morto em 1839, em Roma. Paisagista.

60 *Reise eines Deutschen in England im Jahr 1782* [Viagem de um alemão à Inglaterra em 1782], publicado em Berlim em 1783. O livreiro era Joachim Heinrich Campe de Braunschweig. Em 1792, foi publicada ainda *Viagem de um alemão à Itália nos anos*

-lhe um adiantamento. Porém, ao longo de sua estada em Roma, Moritz percebeu que um diário de viagem feito às pressas e superficialmente não poderia escapar ileso das críticas. Por meio de conversas diárias e da contemplação de tantas obras de arte importantes, despertou nele a ideia de escrever uma história dos deuses antigos de um ponto de vista meramente humano, ilustrando-a com gravuras entalhadas em pedra. Ele se dedica diligentemente a esse trabalho, e em nossa convivência não deixamos de conversar de modo bastante produtivo sobre isso.

Travei um diálogo extremamente agradável e instrutivo com o escultor Trippel, diálogo esse que veio diretamente ao encontro de meus desejos e intenções. Conversávamos em sua oficina, enquanto ele modelava meu busto em mármore para o príncipe de Waldeck. Nossas conversas esclareceram-me um pouco sobre o estudo da forma humana, o cânone da proporção e as divergências em relação a ele. Essa ocasião foi duplamente interessante, pois Trippel ouvira falar de uma cabeça de Apolo que se encontrava na coleção Giustiniano e que até então nunca fora notada. Ele a considerava uma nobilíssima obra de arte e tinha esperanças de poder comprá-la, o que, entretanto, não aconteceu. Essa obra da Antiguidade tornou-se famosa, desde então, tendo sido comprada mais tarde pelo sr. de Pourtalès em Nêuchatel.[61]

No que diz respeito a mim, dava-se como àquele que se lança ao mar, tendo seu destino determinado ora para um lado, ora para o outro, dependendo das condições do vento e da atmosfera. Verschaffelt oferecia um curso sobre perspectiva. Todos o frequentávamos e reuníamo-nos à noite, em grande número, ouvindo seus ensinamentos e imediatamente os exer-

---

de 1786-1788, obra da qual há uma edição brasileira, traduzida por Oliver Tolle e publicada em 2008 pela Imprensa Oficial do estado de São Paulo.

61 O assim chamado *Apolo Pourtalès* é referido por Joachim Sandrarts no volume I de sua *Academia alemã*, de 1675, como parte da coleção Giustiniani. Parece ter caído então no esquecimento. Sua redescoberta é descrita por Kotzebue e Zoëga. Quando se deu o leilão da coleção Giustiniani, na época napoleônica, a cabeça de Apolo entrou para a coleção Pourtalès em Neufchâtel. Desde 1865 encontra-se no British Museum, em Londres. É possível que Trippel tenha se inspirado nessa cabeça para a confecção de seu apolíneo busto de Goethe.

Viagem à Itália

citando. A coisa mais agradável a respeito disso é que aprendíamos apenas o suficiente, e nunca em demasia.

Todos gostariam de me arrancar dessa tranquilidade contemplativa e ao mesmo tempo laboriosa. Aquele malfadado concerto que eu decidira oferecer tinha sido muito comentado em Roma, onde o vem e vai do falatório cotidiano se dá como em uma cidade pequena. Todos estavam atentos a mim e a minha atividade autoral. Eu lera a *Ifigênia* e mais uma ou outra coisa a um pequeno círculo de amigos, o que logo deu margem a comentários. O cardeal Buoncompagni exigiu ver-me. Eu, entretanto, mantive-me firme em meu já conhecido isolamento. Isso havia ficado ainda mais fácil para mim, uma vez que o conselheiro Reiffenstein dissera que, como eu não fora apresentado por ele, não poderia sê-lo por mais ninguém. Isso me serviu muito bem, de modo que eu me utilizei muitas vezes de sua posição e dignidade para me manter em uma seleta e decidida distância.

Setembro
Correspondência

1º de setembro de 1787

Hoje posso dizer que terminei *Egmont*. Vim trabalhando nele nos últimos tempos. Vou enviá-lo a Zurique, pois eu gostaria que Kayser[62] compusesse a música dos entreatos e o que mais for necessário. Depois disso, a peça estará à vossa disposição para vos entreter.

Meus trabalhos artísticos vêm progredindo bastante. O princípio que criei adequa-se a tudo e tudo se revela a mim. Tudo aquilo que os artistas conseguem amealhar apenas com muito esforço, aos poucos, encontra-se agora a minha frente, em sua totalidade e liberdade. Percebo agora o quanto ainda não sei, mas o caminho está aberto para tudo saber e compreender.

A doutrina sobre Deus de Herder fez muito bem a Moritz, ela certamente marcará época em sua vida. Tem se mostrado muito dedicado a

---

62 Phillip Cristoph Kayser (1755-1823), de Frankfurt am Main, vivia como compositor em Zurique. Goethe escreveu-lhe em 14 de agosto de 1787 pedindo-lhe que compusesse a música para *Egmont*. Kayser chegou a Roma em novembro de 1787.

Johann Wolfgang von Goethe

ela e, por meio de nossas conversas, tornou-se tão receptivo como o fogo alimentado por lenha seca.

Roma, 3 de setembro

Hoje se completa um ano de minha partida de Karlsbad. E que ano! E que dia extraordinário este em minha vida, que marca o aniversário de meu duque e o aniversário de uma nova vida para mim. Não posso dar conta agora a mim ou a qualquer outro do modo como utilizei este ano. Tenho a esperança de que chegará o tempo em que serei capaz de, na hora certa, repassar tudo isso convosco.

Neste momento, dou prioridade a meus estudos, e eu não teria conhecido Roma absolutamente, se tivesse partido antes. Não se faz ideia do tanto que há para se ver e aprender aqui. Não há como sabê-lo à distância.

Ocupo-me novamente das coisas egípcias. Visitei algumas vezes o grande obelisco de Sesóstris,[63] que se encontra ainda danificado, em meio à lama e ao lixo em um pátio. Foi erguido em honra de Augusto e funcionava como ponteiro do grande relógio de sol desenhado no solo do Campo de Marte. Esse monumento, o mais velho e precioso dentre muitos, encontra-se ali fragmentado, tendo sofrido danos em alguns lados, provavelmente pelo fogo. E ainda assim ali está ele, as faces que restaram incólumes ainda frescas como se tivessem sido esculpidas ontem, um dos mais belos trabalhos em seu gênero. Encomendei reproduções em gesso da esfinge que fica no topo e dos rostos de esfinges, homens e pássaros. É preciso adquirir essas coisas assim tão valiosas, uma vez que se diz por aí que o papa o deseja restaurar, de modo que não se conseguirá mais ter acesso aos hieróglifos. Pretendo fazer o mesmo com os melhores objetos etruscos e o que mais parecer necessário. Venho modelando essas formas em argila, de modo a melhor me apropriar delas.

---

63 Na verdade, o obelisco de Psamético II (período de regência 595 a 589 a.C.). Proveniente de Heliópolis, foi levado a Roma por Augusto e permaneceu no Campo de Marte até o século IX. Encontra-se hoje em frente ao Palácio Montecitório.

Viagem à Itália

5 de setembro

Preciso registrar que esta é uma manhã festiva para mim, pois hoje *Egmont* ficou definitivamente pronto. O título e o nome das personagens foram escritos, assim como foram preenchidas algumas lacunas que eu deixara. Já desfruto antecipadamente o prazer da hora em que vós o recebereis e lereis. Seguem também alguns desenhos.

6 de setembro

Eu planejara escrever-vos uma longa carta contendo tudo o que quero dizer, mas fui interrompido. Amanhã viajo para Frascati. Esta carta deverá seguir no domingo à noite, de modo que vos escrevo como despedida apenas umas poucas palavras. É provável que agora também tenhais aí um tempo bom, assim como o desfrutamos aqui sob esse céu aberto. Tenho sempre novas ideias e, uma vez que os objetos se me afiguram de mil maneiras diferentes, despertam-me para concepções diferentes, conduzindo minha atenção ora para esta, ora para aquela ideia. A partir de muitos caminhos diferentes, tudo conduz para um único ponto. Posso mesmo dizer que agora vejo claramente até onde irei no aperfeiçoamento de minhas habilidades e de mim mesmo. É preciso envelhecer a ponto de sermos capazes de ter uma noção sofrível de nossa própria situação. Não são, portanto, de acordo com o provérbio, apenas os suábios que precisam de quarenta anos para se tornarem sábios.[64]

Soube que Herder não está bem, o que me deixou muito preocupado. Espero receber boas notícias em breve.

Quanto a mim, estou muito bem, tanto de corpo quanto de espírito. Quase chego a ter esperança de me curar radicalmente. Tudo me sai com facilidade das mãos e por vezes sinto um hálito da juventude a me bafejar. *Egmont* segue com esta carta. Chegará mais tarde, todavia, pois enviei-o pela

---

64 Alusão a uma velha tradição da região da Suábia (parte da Baviera e Baden-Würtemberg), segundo a qual os habitantes dessa região se tornam mais inteligentes aos quarenta anos.

mala-posta. Estou bastante curioso para saber vossa opinião a respeito da peça.

Talvez seja uma boa ideia começar logo com a impressão. Eu ficaria muito feliz se o público a recebesse assim saída do forno. Vede como melhor arranjais tudo, não quero atrasar-me com o restante do volume.

O *Gott*[65] assegura-me a melhor das companhias, Moritz foi realmente edificado pela obra, faltava-lhe exatamente algo como esse livro, que tem agora a função de pedra angular, concentrando e arrematando seus pensamentos, que sempre ameaçavam dispersar-se. Seu livro deverá tornar-se de fato excelente.[66] Moritz incentivou-me, por sua vez, a continuar minhas pesquisas no âmbito da natureza, no qual, especialmente na botânica, cheguei a uma expressão que me deixou perplexo: ἕν καὶ πᾶν.[67] Ainda não consigo visualizar quais serão seus desdobramentos mais profundos.

---

65 A obra já mencionada de Herder: *Deus. Alguns diálogos.*

66 Goethe refere-se à já mencionada *Götterlehre* [Mitologia] de Moritz.

67 A expressão ἕν καὶ πᾶν significa "uno e plural" e remete ao filósofo grego do século VI a.C. Xenófanes de Colofão. A leitura do *Gott* de Herder reavivou o sentido dela para Goethe, que a conhecia da época de seus estudos espinosianos. É também o nome de um poema goethiano criado entre 1820 e 1822, "Eins und alles": *Im Grenzenlosen sich zu finden,/ Wird gern der einzelne verschwinden,/ Da löst sich aller Überdruß;/ Statt heißem Wünschen, wildem Wollen,/ Statt lästigem Fordern, strengem Sollen/ Sich aufzugeben ist Genuß./ Weltseele, komm, uns zu durchdringen!/ Dann mit dem Weltgeist selbst zu ringen,/ Wird unsrer Kräfte Hochberuf./ Teilnehmend führen gute Geister,/ Gelinde leitend höchste Meister/ Zu dem, der alles schafft und schuf./ Und umzuschauen das Geschaffne,/ Damit sichs nicht zum Starren waffne,/ Wirkt ewiges, lebendiges Tun./ Und was nicht war, nun will es werden/ Zu reinen Sonnen, farbigen Erden;/ In keinem Falle darf es ruhn / Es soll sich regen, schaffend handeln, / Erst sich gestalten, dann verwandeln; / Nur scheinbar steht's Momente still. / Das Ewige regt sich fort in allen: / Denn alles muß in Nichts zerfallen, / Wenn es im Sein beharren will.* ["Uno e plural": Para se encontrar no ilimitado,/ O indivíduo desaparecerá de bom grado,/ Então todo fastio se dissipará;/ Entregar-se à indômita vontade, em lugar do desejo ardente,/ Ao rigoroso dever, em lugar da fastidiosa avidez,/ é prazer./ Alma do mundo, vem nos impregnar!/ Então, lutar com o próprio espírito do mundo/ Será a suma vocação de nossas forças./ Bons espíritos propícios nos conduzem,/ Sumos mestres nos guiam com suavidade/ Àquele que a tudo cria e criou./ E para recriar o criado,/ A fim de que não se enrijeça,/ Atua a ação eterna e viva./ E o que não era, agora quer tornar-se/ Puro sol, terra colorida;/ E não deve jamais repousar./ Deve agitar-se, agir criadoramente,/ Primeiro tomar forma, então se transformar;/ Só em aparência o momento é estático./ O eterno se agita continuamente em tudo:/ Pois tudo tem de se desfazer em nada,/ Se quiser permanecer no Ser].

Viagem à Itália

Meu princípio, do qual me sirvo para interpretar as obras de arte e desvendar de uma vez aquilo que artistas e conhecedores se empenham em vão por deslindar e estudar desce o renascimento da arte, parece-me mais correto a cada vez que o aplico. Trata-se realmente de um segundo ovo de Colombo. Sem deixá-los saber que me encontro em posse dessa chave mestra, converso com artistas sobre temas determinados e específicos, o que me permite saber o quanto se encontram adiantados, quais são seus trunfos e quais suas dificuldades. As portas estão abertas para mim. Posto-me no limiar e a partir dali, infelizmente, uma vez admitido ao templo, poderei apenas olhar ao redor e retirar-me novamente.

É sabido de todos que os artistas da Antiguidade tinham um grande conhecimento da natureza e também uma grande noção daquilo que se pode representar e como tais coisas devem ser representadas. Nesse ponto, sabiam tanto quanto Homero. Desafortunadamente, o número de obras de arte de primeira classe é muito pequeno. Quando conseguimos vê-las, entretanto, nada mais se deseja a não ser conhecê-las profundamente e depois seguir em paz nosso caminho. Essas altas obras de arte foram produzidas pelos homens de acordo com leis verdadeiras e naturais, do mesmo modo que as mais elevadas obras da natureza. Diante delas, desfaz-se toda a arbitrariedade e toda a presunção. Ali está a necessidade, ali está Deus.

Em alguns dias, conhecerei os trabalhos de um talentoso arquiteto, que esteve ele próprio em Palmira[68] e desenhou os objetos que lá se encontram com grande racionalidade e gosto. Logo darei notícias a respeito e aguardarei ansioso vossas considerações sobre essas importantes ruínas.

Alegrai-vos comigo, pois me encontro feliz, posso mesmo dizer que nunca o fui nesta medida. Não é pouca coisa poder satisfazer uma paixão com a qual se nasceu e poder esperar que um prazer inesgotável se torne um proveito duradouro. Eu gostaria de ser capaz de comunicar a vós, meus amados amigos, um pouco de minha alegria e de minhas sensações.

---

68 Palmira, na Síria, foi destruída no ano de 271. O talentoso arquiteto referido por Goethe era o paisagista, decorador e desenhista Louis François Cassas (1756-1827).

Johann Wolfgang von Goethe

Espero que as nuvens pesadas no céu da política tenham se dissipado. Nossas guerras modernas[69] tornam muitos desafortunados enquanto duram, e ninguém afortunado, quando acabam.

12 de setembro de 1787

Tudo contribui, meus caros, para que eu seja um homem que vive do esforço. Nestes últimos dias, mais uma vez, trabalhei mais do que gozei. Agora a semana chega ao fim e é hora de receberdes notícia minha.

É uma pena que o aloé nos jardins do Belvedere resolva florescer justa-mente em minha ausência. Na Sicília era muito cedo para isso e aqui agora, neste ano, apenas um floresce, não muito grande, e se encontra num lugar tão alto que mal se pode chegar perto. Trata-se de uma planta indiana, que também aqui não se sente em casa.

As descrições do inglês não me agradam muito.[70] Os eclesiásticos na Inglaterra precisam refrear-se muito, e, com isso, o público foge. O inglês de espírito livre obriga-se a escrever de modo muito limitado quando o assunto é a moral.

Os humanos com caudas não me causam espanto, trata-se de algo muito natural, segundo a descrição.[71] Diariamente, aparecem coisas prodigiosas a nossa frente, das quais não nos damos conta porque estão distantes de nossos interesses e inclinações.

É muito bom que B., assim como outros desprovidos do sentimento de amor a Deus ao longo de suas vidas, decida, a essa altura, tornar-se pio, como dizem, desde que não espere que nos juntemos a ele em sua devoção.

---

69 Goethe refere-se aqui à guerra que ameaçava acontecer entre a Prússia e a Holanda, que efetivamente se deu entre setembro e outubro de 1787.

70 Não foi possível identificar quem seria este inglês, assim como a pessoa referida mais abaixo como B.

71 Na edição desta *Viagem à Itália* pelos editores Kürschner e Düntzer, na coletânea *Deutsche Nationalliteratur*, 1882/97, v.21/2, p.2, encontra-se a seguinte nota: "Em 1768, o frade capuchinho Ribei afirmara ter visto tais indivíduos junto ao rio Japurá [nas Guianas]".

Estive alguns dias em Frascati com o conselheiro Reiffenstein. Angelika veio domingo para nos buscar. O lugar é um paraíso.

Erwin e Elmira encontra-se na metade do processo de revisão. Tentei dar mais interesse e vida a essa pequena peça, retirando os diálogos banais ao extremo. Trata-se de um trabalho de estudante, ou melhor, de um rascunho. Ficaram, naturalmente, todas as boas canções, ao redor das quais tudo gira.

Continuo dedicando-me às artes, a todo vapor.

Meu busto ficou muito bom, todos estão satisfeitos com a obra. Foi executado em um belo e nobre estilo, e não me desagradaria que o mundo póstumo imaginasse minha aparência daquela maneira. Agora começará o trabalho em mármore, e por fim também o mármore será trabalhado segundo o modelo natural. O transporte da peça é muito custoso e difícil; não fosse isso, eu mandaria uma reprodução em gesso. Talvez se possa transportá-lo futuramente por navio, pois pretendo enviar também algumas caixas por esse meio.

Kranz ainda não chegou aí? Enviei por meio dele uma caixa para as crianças.

No Teatro in Valle estão levando agora uma encantadora opereta, depois de duas outras que foram um completo fiasco. Os atores atuam com muita alegria, e isso dá harmonia ao conjunto. Logo seguirei para o campo. Choveu um pouco, a temperatura ficou mais fresca e a região reverdeja.

Penso que devereis ter notícia sobre a erupção do Etna[72] pelos jornais, se é que já não tivestes.

15 de setembro

Acabo de ler a biografia de Trenck.[73] É muito interessante e dá margem a bastante reflexão.

---

72 A grande erupção do Etna ocorreu em 18 de julho de 1787.

73 Friedrich von Trenck (1726-1794), ordenança e protegido de Frederico, o Grande, mais tarde feito prisioneiro por acusação de calúnia. Morreu em Paris, guilhotinado. Em 1786 foram publicados em Berlim e em Viena os três volumes de sua *Merkwürdige Lebensgeschichte* [História de uma vida extraordinária].

Minha próxima carta deverá tratar das relações que devo travar amanhã com um extraordinário viajante.

Alegrai-vos com minha estada aqui! Roma se tornou completamente familiar para mim, e não há quase mais nada nesta cidade que me deixe espantado. Os objetos atraem-me para si e elevam-me cada vez mais. Desfruto de um conhecimento cada vez mais límpido e maior, e minha boa estrela continuará me ajudando.

Vai anexa uma folha que peço que seja copiada e compartilhada com os amigos. Algo que contribui para tornar a estada aqui tão interessante é o fato de Roma ser um centro para o qual tanta coisa conflui. Os trabalhos de Cassas são extraordinarimante belos. Roubei em pensamento algumas coisas que levarei comigo para vós.[74]

Continuo me dedicando muito ao trabalho. Acabo de desenhar uma pequena cabeça a partir de uma reprodução em gesso, para verificar se meu princípio se mantém. Penso que ele se adequa perfeitamente e facilita o trabalho de modo extraordinário. Ninguém quis acreditar que eu tivesse feito esse desenho e, no entanto, isso ainda não é nada. Agora vejo muito bem até onde podemos chegar com aplicação e dedicação.

Segunda-feira vou novamente a Frascati. Vou cuidar de postar uma carta daqui a oito dias. Depois seguirei para Albano, onde me ocuparei desenhando a partir da natureza. Não vou querer saber de mais nada, a não ser produzir alguma coisa e exercitar apropriadamente meus sentidos. Sofro dessa doença desde a juventude. Prouvera Deus que me livrasse dela.

22 de setembro

Ontem deu-se uma procissão que trazia o sangue de São Francisco. Fiquei estudando cabeças e rostos, enquanto a fila de eclesiásticos da ordem passava por mim.

---

74 A folha referida é uma carta, conservada no acervo de Eckermann, datada de 17 de setembro de 1787,contendo a descrição dos desenhos de Cassas que serviu de base ao relato que se encontra mais adiante.

Consegui uma reprodução em gesso de duzentas das melhores gemas antigas. É o que há de mais belo entre os trabalhos dessa época. Em parte, foram escolhidas também por causa dos belos pensamentos inscritos. Não se pode trazer de Roma nada de mais precioso, sobretudo porque as reproduções são extraordinariamente belas e nítidas.

Entre tanta coisa boa que trarei comigo em meu pequeno barco quando voltar estará, acima de tudo, um coração feliz, capaz de desfrutar a ventura do amor e da amizade que me dedicam. Nunca mais terei de empreender algo que esteja além de minhas habilidades, algo em relação ao qual me debato apenas, sem conseguir criar nada.

22 de setembro

Ainda uma folha, amigos queridos, quero enviar-vos rapidamente por este correio. Hoje tive um dia extraordinário. Recebi cartas de muitos amigos, da duquesa mãe, notícias das comemorações por meu aniversário e, por fim, da chegada de meus escritos.

A mim parece realmente extraordinário que esses quatro pequenos volumes, resultado de metade de uma vida, alcancem-me aqui em Roma.[75] Posso dizer tranquilamente: não há ali uma letra que não tenha sido vivida, sentida, desfrutada, sofrida e pensada, e deste modo o que escrevi tem esse vivo efeito sobre mim. Minha preocupação e minha esperança é que os próximos quatro não lhes fiquem atrás. Agradeço-vos por todo o cuidado, por tudo o que fizestes por essas folhas, e desejo que eu vos possa proporcionar por meio delas alguma alegria. Fazei pelos próximos volumes o que fizestes por estes, meus leais amigos!

Provocais-me por causa da expressão "províncias", e eu reconheço que ela foi mesmo muito imprópria. Por aí se pode ver o quanto se pensa grande aqui em Roma. De fato, acredito estar me tornando um deles, pois se atribui aos romanos a culpa de pensarem e falarem apenas de *cose grosse*.

---

75 Trata-se dos quatro primeiros volumes da edição de oito volumes da obra de Goethe editada por Göschen, Leipzig, 1787-1790.

Continuo me dedicando diligentemente ao trabalho e atenho-me agora à figura humana. Como é longa a arte e como se torna infinito o mundo, quando desejamos nos ater apenas àquilo que é finito!

Na terça-feira, dia 25, irei a Frascati, e também lá me dedicarei esforçadamente ao trabalho. A coisa está apenas começando. Eu gostaria que ao menos uma vez tudo saísse bem.

Ocorreu-me outro dia que em uma cidade grande, em um círculo amplo, até a pessoa mais pobre, mais desprovida, se sente alguém. Já em uma cidade pequena, mesmo o melhor, o mais rico, não pode sentir a si mesmo, não consegue respirar.

Frascati, 28 de setembro de 1787

Estou muito feliz aqui, desenhamos, pintamos, colorimos e colamos de manhã à noite. A arte e o artesanato são produzidos *ex professo*. O conselheiro Reiffenstein, meu hospedeiro, acompanha-nos, e todos estão animados e alegres. À noite, saímos para ver as *villas* ao luar, e mesmo no escuro desenhamos seus motivos mais impressionantes.[76] Retomarei mais tarde alguns dentre os que coletamos. Só espero agora que chegue também o tempo da perfeição. A perfeição só está longe daquele que enxerga longe.

Ontem fomos e voltamos de Albano. Também ao longo desse caminho foram abatidos alguns pássaros no voo. Aqui, em meio a essa plenitude, pode-se fazer algo por si mesmo. Eu ardo em desejo de me apropriar disso tudo e percebo que meu gosto se refina na mesma medida que minha alma compreende mais objetos. Se eu, em vez de tanta conversa, pudesse ao menos uma vez enviar algo bom! Algumas coisinhas seguem até vós por meio de um compatriota.

Eu provavelmente terei o prazer de me encontrar com Kayser em Roma. Assim, também a música se associará a mim, para completar o círculo que

---

76 Frascati é famosa por suas *villas*: Villa Aldobrandini (1598-1603), construída por Giacomo della Porta para o cardeal Pietro Aldobrandini; Villa Falconieri (1545-1548), construída para o bispo Alessandro Rufino; Villa Mondragone, construída por Giovanni Vasanzio para o cardeal Altemps; Villa Torlonia, construída no século XVI.

as artes tecem ao meu redor, quase como se quisessem erguer uma parede entre mim e meus amigos. E, ainda assim, mal ouso começar a desfiar o rosário sobre como me sinto só, sobre a saudade que me assalta e a vontade de me achar entre vós. Vivo em uma espécie de vertigem e não quero, neste momento, pensar adiante.

Passei horas muito agradáveis na companhia de Moritz, quando comecei a explicar-lhe meu sistema botânico, anotando a cada vez o quanto progredíamos juntos. Somente dessa maneira pude colocar algo de meus pensamentos no papel. Vejo, em meu novo aluno, o quanto mesmo o caráter mais abstrato dessa concepção pode se tornar concreto, quando é corretamente transmitido e encontra um espírito preparado para o receber. Ele se mostra muito feliz com nossas conversas e muitas vezes faz o conceito progredir, a partir das chaves que encontra. De toda maneira, é difícil expô-lo em uma teoria escrita e impossível compreendê-lo a partir da mera leitura, ainda que tudo fosse apresentado da maneira mais própria e clara.

Assim vou vivendo feliz, porque estou naquilo que pertence a meu pai.[77] Saúdo a todos que se comprazem comigo e que, direta ou indiretamente, me ajudam, me encorajam e me sustentam!

Em retrospecto
Setembro

Tive hoje motivos duplos, mesmo triplos, para festejar este memorável dia 3 de setembro. Foi o dia de aniversário de meu duque, o qual tem retribuído com tanta bondade minha fiel dedicação. É também o aniversário de minha hégira de Karslbad. Ainda não ouso olhar para trás e contemplar o significado desse ano, que me trouxe tanta coisa importante e nova, que tanto efeito teve sobre mim. Além disso, não me sobra muito tempo para tanta reflexão.

Roma tem a grande vantagem de ser o centro da atividade artística. Os viajantes cultos não se cansam de dizer que devem muita coisa ao tempo que passaram aqui, seja esta uma estada curta ou longa. Eles continuam

---

77 Cf. Lucas 2, 49.

seu périplo, colecionando e recolhendo, até que, ao voltar para casa, enriquecidos por esses tesouros, têm honra e alegria de expor aquilo que conseguiram amealhar, fazendo ainda um tributo de agradecimento a seus mentores passados e aos atuais.

Um arquiteto francês, de nome Cassas, acaba de chegar de sua viagem pelo Oriente. Ele mediu e desenhou os antigos monumentos, especialmente aqueles que ainda não tiveram qualquer imagem publicada. Em alguns desenhos, apresenta as paisagens em seu estado atual. Em outros, reconstitui plasticamente monumentos e edifícios em ruínas. Parte desses desenhos foi preenchida a traços de pena e depois colorida em aquarela, apresentando-se viva a nosso olhar. Seguem algumas descrições.

1. O serralho de Constantinopla visto da perspectiva a partir do mar, com uma parte da cidade e da mesquita de Santa Sofia. Na ponta mais atraente da Europa, a residência do sultão foi construída do modo mais alegre que se possa imaginar. Entre grandes grupos de árvores altas e frondosas veem-se não muros altos ou palácios, mas sim casinhas, portões de ferro, corredores, quiosques, tapetes estendidos em cordas, tudo tão doméstico, pequeno e amistosamente misturado entre si que dá alegria de ver. O desenho, colorido em aquarela, causa um efeito bastante simpático. Uma bela faixa de mar banha a costa assim ocupada. Do outro lado está a Ásia, sendo possível ver o estreito de mar que conduz aos Dardanelos. O desenho tem cerca de sete pés de comprimento por três ou quatro de altura.

2. Vista geral das ruínas de Palmira, no mesmo tamanho. Ele nos mostra antes um esboço da cidade, do modo como a deduziu a partir das ruínas.

    Uma colunata, de cerca de uma milha italiana de comprimento, atravessa a cidade saindo do portão em direção ao Templo do Sol, não em uma linha reta, mas fazendo uma curva suave na metade do caminho. A colunata era composta de quatro fileiras de colunas, as colunas com altura correspondente a dez vezes seu diâmetro. Não se sabe se havia um capitel lá em cima. O arquiteto acredita que a

Viagem à Itália

cobertura era feita por tapetes. Nesse desenho grande, uma parte das colunas aparece em primeiro plano, ainda inteiras e incólumes. Uma caravana que atravessa esse espaço naquele momento foi reproduzida de modo bastante feliz. Ao fundo, o Templo do Sol, e, do lado direito, estende-se uma grande superfície sobre a qual alguns janízaros passam a galope. O fenômeno mais curioso no desenho é que uma linha azul contorna o desenho, como se fosse o azul do mar. O arquiteto nos explicou que o horizonte do deserto se torna azul à distância e contorna nosso círculo de visão assim como o mar o faz, e que o olho humano na natureza é enganado por esse fenômeno, assim como nós o fôramos pelo desenho, embora soubéssemos que Palmira se encontra a boa distância do mar.

3. As tumbas de Palmira.

4. A restauração do Templo do Sol em Balbec, também uma paisagem de ruínas, no estado em que se encontram agora.

5. A Grande Mesquita de Jerusalém, construída sobre o Templo de Salomão.

6. Ruínas de um pequeno templo na Fenícia.

7. A região ao pé do Monte Líbano, extremamente graciosa, como se pode imaginar. Um pequeno bosque de pinheiros, uma corrente de água margeada por salgueiros pendentes sobre túmulos, com a montanha à distância.

8. Sepulturas turcas. Cada sepultura tem sobre a pedra o turbante do falecido, e, como os turcos se distinguem pelo turbante, pode- -se logo saber a posição daquele que ali jaz. Sobre os túmulos das virgens são cultivadas flores.

9. A pirâmide egípcia com a grande cabeça de esfinge. Ela fora es- culpida em pedra calcária, disse Cassas, e como esta tinha muitas irregularidades e desníveis, foi preciso estucar e pintar essa obra colossal, como se pode notar ainda hoje nas dobras do turbante. Cada lado do rosto tem cerca de 10 pés de altura. Cassas diz que foi capaz de andar pelo lábio inferior sem qualquer dificuldade.

10. Uma pirâmide que foi reconstituída a partir de documentos, prin- cípios de construção e suposições. Ela tem galerias salientes nas

quatro faces, ladeadas por obeliscos. Dessas alas saem corredores ocupados por esfinges, como ainda se veem no Alto Egito. Esse desenho é a ideia arquitetônica mais colossal que já vi na vida, e, com isso, encerro a descrição.

Depois de termos contemplado toda essa bela coleção em grande tranquilidade, fomos, à noite, passear nos jardins do Palatino, que tornaram férteis e graciosos os espaços entre as ruínas dos palácios imperiais. Ali, em um espaço aberto ao público, foram deixados, em meio a árvores magníficas, em uma espécie de círculo, fragmentos de capitéis decorados, colunas lisas e caneladas, pedaços de gravuras em baixo-relevo e outras coisas assim. Mesas e bancos foram ali dispostos para proporcionar uma animada convivência da sociedade ao ar livre. Lá passamos as horas mais atraentes do dia com o coração alegre, e quando, ao pôr do sol, contemplamos com olhos ao mesmo tempo descansados e exercitados o rico panorama que se abria, tivemos de reconhecer que esse quadro se contemplava com mais gosto do que todos os outros que víramos hoje. Seria um quadro encantador, se desenhado e colorido ao modo de Cassas. Assim, nossos olhos, cada vez mais exercitados pela contemplação de objetos artísticos, tornam-nos mais sensíveis para a presença da natureza e mais receptivos para as belezas que ela nos oferece.

Nos dia seguinte, fizemos pilhéria sobre o fato de que justamente tudo aquilo que tínhamos visto de grandioso e ilimitado junto ao artista deveria antes provocar em nós um sentimento de estreiteza nada elevado ou digno. É que os magníficos monumentos egípcios faziam-nos lembrar do grande obelisco do Campo de Marte, que, colocado ali por ordem de Augusto, servira como ponteiro do relógio de sol, mas que agora, em pedaços, rodeado por uma cerca de madeira, esperava, em um canto sujo da cidade, pelo ousado arquiteto que o ressuscitaria. (Agora ele já se encontra no Monte Citorio e, restaurado, serve novamente de indicador solar como nos tempos da velha Roma.) Foi esculpido no mais puro granito egípcio, recoberto de delicadas figuras primitivas escavadas no estilo familiar à época. Uma vez que estávamos ao lado de sua ponta, que se eleva no ar, era formidável ver em sua extremidade superior esfinge atrás de esfinge, desenhadas com a maior graça, antigamente impossíveis de serem alcança-das por olhos humanos, apenas pelos raios do sol. Esse é um dos casos em que o caráter religioso da arte não é calculado segundo o efeito que possa causar à contemplação humana. Tomamos providências para mandar fazer cópias dessas imagens sagradas, para poder contemplar mais tarde aquilo que outrora fora exposto apenas às regiões onde as nuvens habitam.

Naquele espaço repulsivo no qual nos encontráramos em presença da mais digna das obras de arte, não pudemos nos furtar a ver Roma como um *quodlibet* único em seu gênero. Pois também nesse sentido este lugar terrível tem as maiores vantagens: aqui, o acaso não criou nada, ele apenas destruiu. Tudo o que se encontra ainda em pé é magnífico, toda ruína é digna de respeito. A falta de simetria das ruínas remete à regularidade primeva, que se renova nas grandes formas modernas das igrejas e palácios.

Aquelas reproduções em gesso, prontas, fizeram-nos lembrar que na grande coleção de Dehnisch sobre pasta de vidro, onde as reproduções foram em parte adquiridas, também há alguma coisa egípcia para se ver. E, como uma coisa leva à outra, escolhi os melhores exemplares, encomen-dando-os ao proprietário. Tais reproduções são um grande tesouro e um fundamento do qual o amador de meios limitados poderá dispor, no futuro, para sua grande vantagem.

Os quatro primeiros volumes de minha obra editados por Göschen chegaram. O exemplar de honra foi imediatamente para as mãos de An-gelika, que pensou encontrar ali motivo para renovar seus elogios a sua língua natal.

Não posso deixar de mencionar aqui as considerações a que fui levado ao contemplar minhas antigas atividades. Eu não sabia o quão longe o ca-minho tomado me levaria, não podia prever o quanto cada uma das antigas aspirações seriam realizadas e em que medida o sucesso desses anelos e transformações recompensaria o esforço empregado.

Mas não me sobravam nem tempo nem espaço para pensar sobre o pas-sado. As ideias sobre a natureza orgânica que me foram inoculadas, assim como suas imagens e transformações, não me concediam pausa. E, uma vez que minhas reflexões se desenvolviam uma a partir da outra, eu carecia de algumas horas de meu cotidiano dedicadas a meu próprio aperfeiçoamento, quando pudesse então comunicar essas ideias. Tentei esse método com Moritz, comunicando-lhe, o tanto quanto me foi possível, minha metamorfose das plantas. Ele, um recipiente bastante singular, o qual, sempre vazio e em busca de conteúdo, sempre sedento por objetos do conhecimento, me compreendeu prontamente, ao menos de forma a encorajar-me a continuar minhas preleções.

Neste ponto, chegamos a um livro extraordinário, que provocou um efeito bastante significativo, ainda que não exatamente útil. Falo da obra de Herder, a qual, sob um título lacônico, tratava de Deus e das coisas divinas, esforçando-se por comunicar as diferentes perspectivas em forma de diálogo. Essa forma de comunicação conduziu-me para os tempos em que, ao lado daquele precioso amigo, eu era levado a conversar sobre tais assuntos. Esse volume versando sobre considerações tão pias contrastava, no entanto, de modo extraordinário, com o culto ao qual éramos chamados pela festa dedicada a um santo muito particular.

Em 21 de setembro deu-se a festa em honra a São Francisco, quando seu sangue é levado pela cidade por uma longa procissão composta de frades e fiéis. O cortejo chamou-me a atenção pelo fato de haver tantos frades cujas vestes, muito simples, faziam que olhássemos apenas para as cabeças. Percebi que usavam cabelos mais longos e barbas, marcando assim as características do sexo masculino. Primeiramente com atenção e depois com algum espanto, notei a longa sequência passando à minha frente e fiquei realmente encantado com o fato de que um rosto desses, colocado em uma moldura, se distinguiria bastante em relação aos homens do povo, a maioria sem barba. A mim pareceu que tais rostos, pintados em quadros, deveriam causar uma indizível atração em quem os contemplasse.

O conselheiro Reiffenstein, que levava muito a sério sua missão de conduzir e divertir os visitantes estrangeiros, logo pôde perceber, ao longo do exercício de seu mister, que pessoas cuja intenção ao vir a Roma é apenas o prazer de ver e o de divertir-se sem limites passam a sofrer do tédio mais cruel, quando se lhes resulta impossível preencher as muitas horas de ócio em uma terra estrangeira. Esse pragmático conhecedor dos homens logo percebeu também o quanto é cansativo o mero contemplar, e o quanto se faz necessário prover seus amigos de algum tipo de atividade própria, de modo a mantê-los tranquilos. Para isso, buscou dois meios diferentes. A pintura com cera e a fabricação de pasta de gesso ou vidro para modelar reproduções de pedras preciosas e moedas. A arte de utilizar pedaços de cera cáustica como agente aglutinante dos pigmentos das cores entrara então novamente em voga, e, como no mundo da arte trata-se principalmente de manter os artistas ocupados, apareceu essa nova forma de fazer o que já se fazia antes, renovando a atenção e o interesse em relação a algo que já não se queria fazer do modo antigo.

O ousado empreendimento de produzir uma cópia das galerias de Rafael para a imperatriz Catarina,[78] assim como a reprodução de todo o complexo arquitetônico em Petersburgo, com toda a sua decoração, foi favorecido por meio dessa nova técnica, e talvez até não pudesse ser realizado sem ela. Os mesmo painéis, paredes, pedestais, pilastras, capitéis e cornijas foram reproduzidos em pranchas e sólidos blocos de madeira, os quais, cobertos por uma camada de linho, então serviram de base segura para a encáustica.[79] Essa obra, com a qual especialmente Unterberger, entre outros artistas, se ocupara anos a fio, sob a supervisão de Reiffenstein, foi conduzida com grande maestria e já não mais se encontrava em Roma quando de minha chegada. Pude apenas contemplar o que restara de um empreendimento tão grandioso.

A técnica da encáustica tornou-se então, por conta do empreendimento, muito respeitada. Estrangeiros com algum talento puderam ser iniciados nela. As cores, preparadas de antemão, eram acessíveis a preços módicos, e qualquer um podia cozinhar seu próprio sabão de cera. Desse modo, sempre se podia fazer algo nos momentos de ócio. Também os artistas medíocres foram empregados como instrutores e ajudantes, e eu tive a

---

78 A cópia das galerias de Rafael para a imperatriz Catarina da Rússia foi realizada por Christoph Unterberger (1732-1798), um aluno de Raphael Mengs. A obra encontra-se atualmente no Museu Eremitage de São Petersburgo.

79 *Enkaustik*: trata-se de uma técnica de pintura conhecida já na Antiguidade, na qual as cores são misturadas à cera e então aquecidas. É ainda especialmente empregada na restauração de obras na Itália (ver *Goethe Wörterbuch*, v.3, colunas 109-110, Akademie der Wissenschaften der DDR, Akademie der Wissenschaften in Göttingen und Heidelberger Akademie der Wissenschaften, Stuttgart, 1978).

oportunidade de ver algumas vezes como alguns estrangeiros levaram de volta para casa, com muito agrado, como sendo seus, os trabalhos em cera assim produzidos em Roma.

A outra atividade, a produção de cópias de gemas ou moedas em pasta de vidro, era mais apropriada aos homens. Na *villa* de Reiffenstein, um grande e velho forno servia muito bem a esse objetivo. Na cozinha, tinha-se espaço mais do que suficiente a essa atividade. A massa refratária, resistente ao fogo, era finamente moída e depois peneirada. A pasta daí resultante era firmemente prensada contra as gemas ou moedas, posta a secar cuidadosamente e então, rodeada por um anel de ferro, era levada ao fogo. Depois disso, a massa de vidro derretido era prensada sobre ela, o que resultava sempre no surgimento de uma pequena obra de arte, que alegrava o artesão que a fizera com as próprias mãos.

O conselheiro Reiffenstein, que me introduzira de boa vontade nessa laboriosa atividade, logo percebeu que minha contínua ocupação nessa sorte de trabalho não me era adequada, uma vez que meu verdadeiro impulso consistia em aperfeiçoar ao máximo a mão e o olho por meio da reprodução da natureza e dos objetos artísticos. Nem bem terminara a época do calor mais intenso, quando ele me introduziu na convivência de alguns artistas em Frascati. Ali, em uma casa particular muito bem provida e decorada, encontrava-se pousada e todo o necessário para as primeiras necessidades, e se podia passar o dia todo ao ar livre. À noite, reuníamo-nos prazerosamente ao redor de uma grande mesa de bordo. Georg Schütz, natural de Frankfurt, habilidoso sem possuir um talento impressionante, era notável antes por seu discreto charme e alegria de viver do que por uma atividade artística duradoura, motivo pelo qual os romanos o chamavam de *Il Barone*.[80] Schütz acompanhava-me em minhas caminhadas e foi-me útil de diferentes maneiras. Se pensarmos que aqui durante séculos a arquitetura predominou, no sentido mais alto da palavra, então compreenderemos como o olho e a mente se encantam ao perceber, à vista dessas variadíssimas linhas horizontais e dessas miríades de linhas verticais interrompidas e

---

80 Johann Georg Schütz (1755-1815), pintor de paisagens alemão.

Viagem à Itália

adornadas, como que uma música silente, e como tudo o que há de pequeno e limitado em nós é espicaçado e banido. Em especial a profusão de imagens enluaradas ultrapassa toda a nossa imaginação, pois então os detalhes que poderíamos chamar de divertidos ou dispersivos desaparecem e apenas as grandes massas de luz e sombra oferecem ao olhar vultos gigantescos de enorme graça, simetria e harmonia. Por outro lado, não faltam à noite também as distrações instrutivas e também, muitas vezes, jocosas.

É preciso dizer ainda que os jovens artistas, que conheciam algumas características do valoroso Reiffenstein e costumavam chamá-las de fraquezas, frequentemente faziam pilhéria em segredo. Certa noite, o Apolo de Belvedere voltou a ser a fonte inesgotável de nossas conversas sobre arte. Quando se falou que as orelhas não seriam especialmente trabalhadas, a conversa chegou ao elogio da beleza e distinção desse órgão humano, falando-se também da dificuldade de encontrar um modelo belo na natureza com o fito de o reproduzir apropriadamente na arte. Como Schütz era conhecido por suas orelhas bem formadas, pedi a ele que se sentasse junto a mim sob a lâmpada, até que eu conseguisse desenhar a orelha mais bonita, sem dúvida, a direita. Com isso, acabou sentando-se, em sua pose fixa de modelo, em frente ao conselheiro Reiffenstein, do qual ele não conseguia nem podia desviar os olhos. Este começa a declamar suas sempre repetidas lições: não devemos voltar nossa atenção primeiramente ao que é melhor, mas sim começar por Carracci, na Galeria Farnesina, passando por Rafael e por fim ao Apolo de Belvedere, desenhando-o tantas vezes até que se o conheça de cor, porque depois disso não haverá mais nada a desejar e a esperar.

O bom Schütz foi assaltado por um ataque de riso interior que mal conseguia disfarçar externamente. Sua aflição só fazia aumentar, quanto mais eu o instava a permanecer imóvel. Isso mostra que o mestre, o benfeitor, sempre pode esperar alguma ingratidão por conta de suas idiossincrasias.

Uma vista magnífica esperava-nos das janelas da *villa* do príncipe Aldobrandini, o qual, também passando uma temporada no campo, nos convidara amavelmente, recebendo-nos junto a seus hóspedes, eclesiásticos e mundanos, ao redor de uma mesa festivamente provida. O lugar da construção do castelo deve ter sido escolhido pensando-se na possibilidade de se abarcar com um único olhar a magnificência das colinas e da planície ao mesmo tempo. Fala-se muito de palácios de verão; mas seria preciso olhar ao redor, aqui onde nos encontramos, para saber que dificilmente um palácio terá sido construído em lugar mais feliz.

Neste ponto, obrigo-me a acrescentar uma consideração cujo significado sério eu me sinto em posição de salientar. Ela traz luz sobre o que já foi relatado e ilumina o que ainda será dito. Além disso, alguns bons espíritos em formação terão oportunidade de se porem à prova por meio dela.

Espíritos ambiciosos e cheios de energia não se contentam com o prazer, eles exigem conhecimento. Este os leva à atividade independente, e, se essa é bem-sucedida, sentem por fim que não são capazes de julgar nada que também não sejam capazes de produzir. O homem não tem, entretanto, noção disso, e daí resultam aspirações errôneas, que se tornam tão mais angustiantes quanto mais a intenção seja honesta e clara. Por esse tempo, começaram a surgir em meu espírito dúvidas e suposições que me trouxeram intranquilidade em meio a essas condições tão agradáveis. Pois logo tive de reconhecer que o desejo e a intenção de minha estada aqui dificilmente poderiam ser realizados.

Entretanto, depois de alguns dias prazerosos, voltamos a Roma, onde fomos compensados da falta que sentimos da liberdade ao ar livre por meio de uma ópera nova e encantadora, encenada no teatro iluminado e cheio de gente. Os lugares dos artistas alemães, em uma das primeiras filas no piso térreo, estavam como sempre totalmente ocupados. Também dessa vez não faltaram os aplausos e gritos, para expiar nossa culpa pelos prazeres presentes e passados. Conseguimos, porém, fazer silenciar o público que conversava alto por meio de um chamado de "psiu!", primeiramente moderado e depois mais imperioso, toda vez que tinha início o *ritornello* da parte preferida de uma ária. Isso fez nossos amigos lá em cima no palco gentilmente dirigirem para nosso lado da plateia suas exibições mais interessantes.

Viagem à Itália

Outubro
Correspondência

Frascati, 2 de outubro

É hora de começar uma nova folha, se eu quiser que ela chegue a vós no tempo certo. Na verdade, tenho ao mesmo tempo muito e nada para dizer. Continuo desenhando e, em silêncio, penso em meus amigos. Nestes dias senti novamente muita saudade de casa, talvez exatamente porque tudo aqui esteja tão bem, mas ainda assim eu sinta que me falta aquilo que me é mais caro.

Encontro-me em uma situação peculiar e quero juntar minhas forças para aproveitar cada dia e fazer o que há para fazer, trabalhando ao longo deste inverno.

Não acreditais o quanto me foi útil, mas também penoso, viver este ano entre gente absolutamente estranha, especialmente porque Tischbein – aqui entre nós – não se mostrou a pessoa que eu imaginara que ele fosse. Ele é realmente uma boa pessoa, mas não tão puro de intenções, tão natural, tão aberto quanto mostram suas cartas. Só conseguirei descrever seu caráter verbalmente, junto a vós, para não lhe fazer injustiças, e, afinal, para que serve uma descrição assim? A vida de um homem é seu caráter. Tenho esperanças de visitar Kayser, o que me trará grande alegria. Praza aos céus que nada se interponha a esse desejo!

Minha primeira intenção permanece sendo a de alcançar um tal estágio no desenho, no qual tudo se deixe fazer com facilidade e nada tenha de ser aprendido mais uma vez, de modo que eu não tenha de permanecer quieto e inativo como o fiz ao longo da melhor parte da vida. Mas é preciso desculpar a si mesmo. Desenhar por desenhar seria como falar por falar. Se não tenho nada para expressar, se nada me atrai, se tenho de buscar com grande esforço objetos dignos e raramente os encontrar em meio a essa busca, de onde virá o impulso para a imitação?[81] Nesta terra é necessário tornar-se um artista, tudo nos obriga a isso, tornamo-nos cada vez mais repletos de ideias e somos levados a produzir. De acordo com minha situação e meu conheci-

---

81 Aqui, traduzindo literalmente *Nachahmungstrieb*.

mento do caminho, estou convencido de que, em alguns anos, eu aqui seria capaz de ir muito longe.

Demandais, meus caros, que eu escreva algo sobre mim. Vede como o faço: quando nos reencontrarmos, tereis alguma coisa a escutar. Tive oportunidade de refletir muito sobre mim e sobre os outros, sobre o mundo e a história, assuntos que retomarei falando alguma coisa boa mais tarde, ainda que não inédita, à minha maneira. Tudo estará por fim compreendido e finalizado no *Wilhelm*.[82]

Moritz tem sido até aqui minha companhia predileta, embora eu temesse e ainda tema que ele se torne, na convivência comigo, apenas mais inteligente e não mais sábio ou mais feliz. Essa é uma preocupação que sempre me faz retroceder, em vez de me abrir completamente a ele.

A convivência entre muitos tem bons efeitos sobre mim. Observo o tipo de ânimo e a maneira de negociar de cada um. Este joga seu jogo, o outro não, este irá para a frente, o outro, dificilmente. Um, amealha, o outro, dissipa. A um, tudo basta, a outro, nada. Este tem talento e não o exercita, o outro não o tem e trabalha muito. Vejo a tudo isso e a mim mesmo no meio. Essa convivência me alegra e me diverte, sobretudo quando penso que não tenho participação, qualquer responsabilidade em relação a essas pessoas. É apenas, meus caros, quando cada um age a seu modo acreditando ser essa a maneira correta e pretendendo que eu concorde com ele, é apenas então que nada mais me resta a não ser partir ou enlouquecer.

Albano, 5 de outubro de 1787

Vou tentar enviar esta carta ainda com o correio da manhã para Roma, pois disse nesta folha apenas um milésimo daquilo que tenho a dizer.

---

82 *Os anos de aprendizado de Wilhelm Meister*, o segundo romance da assim chamada "trilogia do Meister", que foi publicado entre 1795-6. A trajetória do jovem Wilhelm Meister assemelha-se ao do autor Goethe em muitos aspectos. Jovem de família burguesa que recusa levar adiante os negócios da família, Meister acredita-se vocacionado para o teatro, assim como Goethe para a pintura. Ao contrário do que afirmou a crítica especializada ao longo do século XIX, o romance de formação de Goethe apresenta antes a narrativa de uma falha do que o discurso triunfalista sustentado pelo mérito burguês.

Viagem à Itália

Recebi ontem vossas cartas junto com as *Folhas dispersas*, ou melhor, *Folhas reunidas*, junto com as *Ideias*[83] e os quatro volumes em marroquim,[84] quando estava prestes a partir de Frascati. Tenho agora um tesouro para toda a temporada.

Li *Persépolis*[85] ontem à noite. Agradou-me imensamente, mas não tenho nada a acrescentar porque esse estilo de escrita ainda não é usual. Quero agora procurar os livros que indicastes em alguma biblioteca e novamente vos agradecer. Continuai, eu vos peço, continuai a iluminar a tudo com vossa luz, pois tendes de fazê-lo!

Não toquei ainda nas *Ideias* ou nos poemas. Devo dar prosseguimento agora a meus próprios escritos, quero seguir fielmente esse caminho. As quatro placas de cobre para os últimos volumes serão feitas aqui.

Com as pessoas a quem mencionais, minhas relações tornaram-se uma espécie de trégua bem-intencionada de ambos os lados. Eu sempre soube que só aquilo que está destinado a florescer, florescerá. A distância vai aumentando progressivamente e, por fim, se tudo correr bem, se transforma numa separação silenciosa, despreocupada. Um deles é um tolo cheio de pretensões de inocência. "Minha mãe tem gansos" é mais fácil de cantar do que "Glória a Deus nas alturas". Ele também é um –: "Eles não deixaram que o feno e a palha, que o feno e a palha os enganassem" etc. etc.[86] Quero distância dessa gente! A primeira ingratidão é melhor que a última. O outro pensa que vem de uma terra estrangeira para encontrar os seus e

---

83 Trata-se da terceira coleção das *Zerstreuten Blätter* [Folhas dispersas] de Herder, publicadas em Gotha, em 1787, da terceira parte de *Ideias para uma filosofia da história da humanidade*, Riga/Leipzig, 1787.

84 Trata-se dos quatro volumes da obra de Goethe que serão oferecidos a Angelika Kauffmann.

85 *Persepolis. Eine Mutmassung* [Persépolis. Uma suposição] é o quarto ensaio contido na terceira coletânea das *Folhas dispersas* e trata das reproduções plásticas dos objetos da Antiguidade em Persépolis. Os livros indicados são descrições de viagem de Engelbert Kaempfer (1651-1716), Jean Chardin (1643-1713), Cornelis de Bruyn (1652-*c.* 1727) e Carsten Niebuhr (1733-1815).

86 "Minha mãe tem gansos" é o verso inicial de um pequeno poema de Matthias Claudius (1740-1815). "Eles não deixaram que o feno e a palha, que o feno e a palha os enganassem" faz alusão a outro verso de Matthias Claudius, do poema "Weihnachts-Kantilene" [Cantilena de Natal].

encontra pessoas que procuram a si mesmas sem querer confessá-lo.[87] Ele se achará estranho e talvez não saiba por quê. Ou eu muito me engano, ou a magnanimidade de Alcibíades é um truque de prestidigitação do profeta de Zurique, que é hábil e inteligente o bastante para trocar bolas grandes por pequenas com incrível rapidez, misturá-las umas às outras e, de acordo com sua alma de poeta teológica, fazer valer e desaparecer o verdadeiro e o falso.[88] Que o leve ou o guarde o diabo que, desde o início, sempre foi um amigo das mentiras, da demonologia, dos pressentimentos, dos anseios etc.!

Tenho agora de começar uma folha nova. Peço-te que leias como eu escrevo, com o espírito, mais do que com os olhos, pois escrevo antes com a alma do que com as mãos.

Continua, pois, meu caro, a encontrar, a unir, a escrever prosa e poesia, sem te preocupares com os outros. É preciso escrever como se vive; antes de tudo, existe-se por causa de si mesmo, e só então existimos para as pessoas que nos são afins.

Platão não quis admitir qualquer ἀγεωμέτρητον[89] em sua academia. Se eu estivesse em condições de criar uma, não admitiria ninguém que não escolhesse seriamente um estudo apropriado das ciências da natureza. Dias atrás, em uma declamação do profeta de Zurique, meio apostólica, meio ao estilo dos frades, deparei-me com as seguintes palavras sem sentido: "Tudo o que vive, vive por causa de algo exterior a si mesmo".[90] Ou alguma coisa

---

87 Cf. João i, 11.

88 Goethe alude aqui a uma suposta intriga, aliás falsa, envolvendo Johann Kaspar Lavater (o "profeta" de Zurique), Johann Georg Hamann, seu protetor Franz Kaspar Bucholtz (que chamava Hamann de seu "Alcibíades") e o círculo da princesa Adelheid Amalie von Gallitzin (1748-1806) em Münster, que é considerada uma das fundadoras do catolicismo romântico.

89 Referência à advertência: *Ageometrètos mèdeis eisito*. "Quem não é geômetra, não entre!" A referência é datada posteriormente, nos escritos de João Filopono e de Olympiodoro, neoplatônicos, que viveram no século VI; e por João Tzetzes, autor bizantino do século XII (*Chiliades*, 8, 972). Cf. Saffrey, Ageômetrètos mèdeis eisitô, *Revue des Études Grecques* apud Cornelli; Coelho, "Quem não é geômetra, não entre!", Geometria, Filosofia e Platonismo, *Kriterion*.

90 A frase completa seria: "Toda vida vive através de algo externo a ela; toda vida tem um princípio. O Cristo do Evangelho é o princípio de toda vida imortal". Encontra-se num escrito de Lavater dedicado a Goethe: Nathanael. "Oder, die

parecida. Isso só poderia ter sido escrito por um missionário, um conversor de ateus, e é preciso acrescentar que, no processo de revisão, o Gênio não o estava puxando pela manga. Essa gente ainda não compreendeu as mais simples leis da natureza e ainda assim faz questão de se sentar nas poltronas ao redor do trono, poltronas essas que pertencem a outros ou mesmo a ninguém. Por isso digo-te, faz como eu, pois agora para mim as coisas são mais fáceis!

Não quero descrever aqui detalhadamente como passo meus dias. Tudo vai muito bem. Ocupo-me sobretudo do desenho de paisagens, para o que somos convidados pela excelência deste céu e desta terra. Encontrei até mesmo alguns idílios! O que não farei ainda! Agora eu o sei bem, gente como eu precisa sempre de novos temas e objetos, assim se está assegurado e tranquilo.

Adeus, alegra-te e aproveita, e quando a tristeza te acometer, lembra-te de que estais todos juntos e do que sois um para o outro, enquanto eu, exilado por minha própria vontade, errando de lá para cá com um propósito, um tolo munido de um desígnio, estrangeiro em todo lugar e em todo lugar em casa, deixando antes minha vida escorrer do que propriamente vivendo-a, sem saber absolutamente aonde tudo isso vai levar.

Adeus, mandai minhas lembranças à duquesa. Já planejei com o conselheiro Reiffenstein toda a estada dela em Frascati. Se tudo der certo, será uma beleza. Estamos em negociação com uma *villa* que foi em parte arrestada e posta para alugar. As outras ou estão ocupadas ou seriam oferecidas pelas famílias fidalgas como uma cortesia, o que nos envolveria em relações e obrigações. Escreverei tão logo se possa dizer alguma coisa com mais certeza. Também em Roma já está arranjada uma bela acomodação para ela, com jardim. Meu desejo é arrumar as coisas de modo que ela se encontre em casa em todo lugar, pois, do contrário, não se aproveita nada. O tempo voa, o dinheiro se vai, e a gente se vê como alguém a quem um

---

ebenso gewisse, als unerweisliche Göttlichkeit des Christentum. Für Nathanaele, das ist, für Menschen, mit geradem, gesundem, ruhigem, truglosem Wahrheitssinne (1786) [Natanael. Ou: a divindade tão certa quanto indemonstrável do Cristianismo. Para Natanaéis, ou seja, para pessoas com um senso de verdade reto, sadio, tranquilo e sincero].

pássaro escapou da mão. Se for possível, arranjarei tudo de modo que ela nem mesmo tenha de tropeçar em qualquer pedra em seu caminho.

Preciso parar agora, embora ainda haja espaço no papel. Adeus, e perdoa-me pela pressa destas linhas.

Castel Gandolfo, 8 de outubro

Na verdade, 12 de outubro, pois esta semana passou sem que eu pudesse escrever. Segue então esta cartinha apressadamente até Roma, para que chegue ainda até vós.

Aqui se vive como nos banhos aí, mas eu me reservo as manhãs para desenhar. Depois disso, passa-se o dia todo em companhia, o que está muito bom para este período tão curto. Assim, eu convivo com pessoas sem perder muito tempo, vendo muitos de uma vez só.

Angelika também está aqui em uma casa nas vizinhanças; algumas moças animadas, algumas mulheres, o sr. de Maron, cunhado de Mengs, com a família, parte em casa, parte na vizinhança.[91] A sociedade é animada, e sempre há motivo para rirmos. À noite se vai à Comédia, onde Polichinelo é o personagem principal. Desse modo, no dia seguinte, comentam-se os *bon mots* da noite anterior. *Tout comme chez nous* — com a diferença de que se está sob um céu límpido e adorável. Ontem ergueu-se um vento que me fez decidir ficar em casa. Se alguém deseja que eu saia um pouco de mim mesmo, deve aproveitar estes dias para isso, mas eu recaio sempre de volta para dentro de mim, e minha dedicação é toda dirigida para a arte. A cada dia uma nova luz se acende para mim, e é como se ao menos eu pudesse aprender a ver.

Erwin e Elmira está praticamente pronto. É questão de apenas algumas manhãs diligentes dedicadas a escrever. Tudo já está pensado.

Herder pediu-me que escreva algumas perguntas e sugestões para a viagem que Forster[92] vai empreender ao redor do mundo. Eu o faria com

---

91 Anton von Maron (1733-1808), pintor austríaco, casado com a pintora Therese Concordia Mengs (1725-1806), irmã de Anton Raphael Mengs.

92 Georg Forster (1754-1794), naturalista, etnólogo, jornalista e autor de livros de viagem alemão, planejou uma viagem ao redor do mundo, com o apoio da imperatriz Catarina da Rússia, mas o plano não se concretizou.

muito prazer, mas preciso de tempo e de concentração. Veremos o que consigo.

Vós aí já tendes dias frios e nublados, ao passo que nós aqui esperamos poder passear ao ar livre por mais um mês. Mal consigo dizer o quanto apreciei as *Ideias* de Herder. Como não espero pela vinda de nenhum Messias, tornou-se meu evangelho preferido. Saudações ternas a todos, estou sempre convosco em pensamento.

Não recebereis notícias minhas pelo próximo correio, meus queridos, pois a agitação em Castello tem sido grande, e, além disso, eu também quis desenhar.[93] Aqui a rotina é bastante parecida com a de nossos balneários. Como estou hospedado em uma casa onde há sempre visitas, preciso me adaptar aos costumes. Conheci aqui mais italianos do que durante todo este ano, o que me deixou também bastante satisfeito.

Interessei-me por uma senhora de Milão que aqui ficou por oito dias.[94] Em comparação com as romanas, ela se caracteriza com vantagem por sua naturalidade, seu bom senso e seus modos discretos. Angelika, por sua vez, sempre compreensiva, bondosa, agradável e receptiva. É preciso ser seu amigo, pode-se aprender muito com ela, principalmente no que diz respeito a seu trabalho, é inacreditável tudo o que ela tem produzido.

Nestes últimos dias a temperatura esfriou um pouco, estou feliz por ter voltado a Roma.

Ontem à noite, ao ir para a cama, senti com intensidade o prazer de estar aqui. Foi como se eu me deitasse sobre um solo amplo e seguro.

Gostaria de falar com Herder a respeito de seu *Diálogos sobre Deus*. Tenho a acrescentar um ponto importante: toma-se esse livrinho por uma iguaria, quando na verdade ele é a bandeja que a contém. Aquele que não tem ele próprio algo a acrescentar ali considera a obra vazia. Deixa-me alegorizar um pouco, Herder saberá esclarecer minha alegoria da melhor maneira possível. Por meio de alavancas e cilindros pode-se mover cargas bastante pesadas. Para mover fragmentos do Obelisco, são necessários guinchos, roldanas

---

93 Aqui se inicia uma nova carta.
94 Maddalena Riggi (1765-1825).

etc. Quanto maior a carga ou mais sutil o objetivo (por exemplo, em um relógio), mais coeso e artificial deverá ser o mecanismo, que terá de ser dotado de unidade intrínseca. Assim são todas as hipóteses, ou melhor, todos os princípios. Aquele que não tem um grande peso a mover toma a alavanca e despreza minhas roldanas. De que vale ao entalhador um formão sem ponta? Se L. emprega toda a sua energia para tornar real um conto de fadas, se J. se mata de trabalhar para endeusar uma tola criação de cérebros infantis, se C.[95] quer fazer de um mero mensageiro ambulante um evangelista, então está claro que todos eles devem abominar tudo aquilo que dá acesso ao que há de mais profundo na natureza. Não fora o primeiro capaz de dizer sem pejo "Tudo o que vive, vive por meio de algo que lhe é exterior?". E o segundo não deveria se envergonhar por confundir os conceitos de "conhecimento" e "crença", "tradição" e "experiência"? Não deveria o terceiro baixar ainda alguns degraus, caso não estivessem todos energicamente ocupados em arranjar as cadeiras ao redor do trono do Cordeiro?[96] Mas não. Eles evitam cuidadosamente o risco de pisar o solo firme da natureza, onde todos têm as mesmas prerrogativas.

Por outro lado, quando se tem em mãos um livro como essa terceira parte das *Ideias*, vê-se logo do que se trata, e então surge a pergunta: teria o autor conseguido escrevê-lo sem possuir o conceito de Deus? Não, nunca. Pois tudo o que ele tem de autêntico, de grande e de espiritual, ele o tem por meio da internalização desse conceito de Deus e do mundo.

Se algo falta aqui não é a mercadoria, mas os compradores; não faltam os engenhos e as máquinas, mas sim aqueles que sabem fazer uso deles. Sempre observei com um sorriso silencioso a censura que me faziam quando, em nossas conversas metafísicas, não me tomavam completamente a sério. Porque sou um artista, isso me é indiferente. A mim é confortante saber que o princípio a partir do qual trabalho permanece oculto. Deixo-lhes a alavanca e uso meu formão sem ponta já há bastante tempo, cada vez com mais alegria e comodidade.

---

95 Johann Kaspar Lavater, Friedrich Heinrich Jacobi (1743-1819) e Matthias Claudius. Este último costumava assinar seus escritos com o pseudônimo de "O mensageiro de Wandsbeck".

96 Cf. Apocalipse 22, 3.

Viagem à Itália

Castel Gandolfo, 12 de outubro de 1787

A Herder

Ainda uma palavra rápida, e os mais vivos agradecimentos pelas *Ideias*! Chegaram-me como o mais adorável evangelho, sendo que lá também se encontram juntos os estudos mais interessantes que venho fazendo ao longo da vida. Onde um parou, outro haverá de complementar e terminar. Com esse livro, fizeste renascer em mim a alegria por tudo que é bom! Encontro-me na metade da leitura. Peço-te que me mandes, o mais rápido possível, o trecho de Camper que mencionas na página 159, para que eu veja quais são as regras do ideal da arte grega que ele deduziu.[97] Lembro-me apenas do percurso de sua demonstração do perfil modelado em cobre. Escreve-me sobre isso e manda-me o excerto que considerares útil a mim, de modo que eu me atualize no conhecimento do progresso feito nessa investigação. Pois sou ainda a criança recém-nascida. Será que a *Phisiognomia*[98] de Lavater tem algo interessante sobre isso? Gostaria de atender a teu pedido a respeito de Forster, ainda que eu não veja claramente como isso seria possível. Pois não sou capaz de elaborar questão alguma. Para isso preciso discutir minhas hipóteses inteiramente e depois relatá-las. Sabes o quanto o esforço mecânico de escrever pode ser-me nocivo. Avisa-me sobre o último prazo, a data em que deve estar pronto, e para onde devo mandar o texto. Embora esteja com a faca e o queijo na mão, não sou capaz de cortá-lo.[99] Se eu o fizer, precisarei ditar. Já vejo isso como um sinal.

O que me parece mais difícil é que terei de fazer tudo de cabeça, não tenho comigo sequer uma mísera folha de minhas coletâneas, nenhum desenho, não tenho nada aqui, sem dizer que os livros novos absolutamente não são encontrados aqui.

---

97 Peter Camper ou Pieter Camper, na forma latinizada Petrus Camper (1722-1789), médico, anatomista e botânico holandês.

98 Ver os *Fragmentos fisionômicos* [Physiognomische Fragmente] de Lavater: v.3, p.40 et seq.: "Sobre o ideal dos antigos; a bela natureza. Imitação". Leipzig e Winterthur, 1777.

99 A expressão original refere-se ao provérbio *"Im Rohre ist gut Pfeiffen schneiden"*, cuja tradução literal é: "Quando se tem caniços, é fácil fazer um bom cachimbo".

Ficarei mais catorze dias em Castel Gandolfo, levando essa vida de balneário, como se faz aí também. Pela manhã eu desenho, depois é gente e mais gente. É preferível que venham todos assim juntos, pois vê-los particularmente a cada um seria uma grande maçada. Angelika está aqui e me ajuda a suportar tudo.

Consta que o papa recebeu a notícia de que Amsterdam teria sido anexada pela Prússia.[100] Os próximos jornais nos dirão ao certo. Essa seria a primeira expedição na qual nosso século se mostra em toda a sua grandeza. É isso que eu chamo de *sodezza*![101] Sem um golpe de espada, apenas alguns tiros de canhão e acabou-se, ninguém quer levar a coisa adiante. Adeus. Sou um filho da paz e quero mantê-la sempre mais, com o mundo todo, uma vez que consegui fazer as pazes comigo mesmo.

Roma, 27 de outubro de 1787

Encontro-me de volta ao círculo mágico e me sinto mais uma vez encantado, satisfeito, trabalhando com tranquilidade, esquecido de tudo que se dá ao redor de mim. As imagens de meus amigos visitam-me cordial e pacificamente. O primeiro dia foi usado para escrever cartas, trabalhei um pouco nos desenhos que fiz no campo e na próxima semana iniciarei um trabalho novo. Ouso comentar a lisonja demasiada que me fez Angelika, que me dá esperanças quanto a minhas paisagens, dentro de certas condições. Quero continuar, ao menos para me aproximar daquilo que jamais alcançarei.

Espero com impaciência notícias sobre a chegada de *Egmont* e sobre o que acharam da peça. Já lhes disse que Kayser virá? Espero-o dentro de alguns dias, com a coleção completa de nossas *scapinadas*.[102] Podes imaginar que festa vai ser isso. Logo começaremos uma ópera nova e aperfeiçoaremos *Claudine* e *Erwin* com a colaboração dele.

---

100 A capitulação deu-se em 8 de outubro de 1787.

101 *Sodezza* (italiano): firmeza, dureza.

102 *Scapinno*: tipo da *commedia dell'arte* presente também na comédia de Goethe *Scherz, List und Rache* [Brincadeira, perfídia e vingança], de 1784.

Acabei de ler as *Ideias* de Herder com grande satisfação. O final é magnífico. Ele, assim como o livro, poderá exercer influência benéfica sobre a humanidade, talvez sob um pseudônimo e em um tempo futuro. Quanto mais sua concepção ganha espaço, mais afortunado será o homem que pensa e reflete. Também eu, ao longo deste ano de convivência com estranhos, observei e descobri que todo ser humano realmente inteligente, em maior ou menor medida, chega à conclusão de que o momento é tudo e que o único privilégio de um homem racional consiste em que ele aja de modo que sua vida contenha o maior número de momentos racionais e felizes.

Seria preciso escrever um novo livro para dizer o que me ocorreu com a leitura desta ou daquela parte do livro de Herder. Releio agora determinados excertos, conforme o folheio, para me comprazer a cada página, pois o livro é todo ele refinadamente pensado e escrito.

Considero especialmente bom o trecho sobre a época grega.[103] Ainda que eu não o diga, pode-se imaginar que sinto falta de algo mais concreto quanto à época romana. Isso é, com certeza, natural. Atualmente ocupa meu espírito a ideia do colosso que o Estado romano foi um dia, *per se*. A mim ele parece algo distinto e exclusivo, como a ideia de pátria. É preciso avaliar o valor dessa instituição única em relação à totalidade do mundo, sendo que no processo muita coisa certamente diminuiria ou desapareceria na fumaça.

Assim, o Coliseu sempre me parece imponente, quando penso na época em que foi construído, e que o povo que ocupava esse enorme círculo já não era mais o povo da República romana, mas sim do Império.

Chegou até nós um livro sobre a pintura e a escultura romanas. Trata-se de um produto alemão e, o que é pior, de um aristocrata alemão.[104] Parece tratar-se de um homem jovem, que tem energia, mas é cheio de pretensão. Ao que tudo indica, deu-se ao trabalho de viajar, tomar notas, ouvir, cole-

---

103 Refere-se ao Livro XIV da obra de Herder, que trata cultura grega até a Antiguidade tardia. No Livro XV é descrito o Império Romano.

104 Trata-se de Friedrich Wilhelm Basilius von Ramdohr (1757-1822). Sua obra *Über Malerei und Bildhauerarbeit in Rom für Liebhaber des Schönen in der Kunst* [Sobre a pintura e a escultura romanas para os amadores do belo na arte] foi objeto de pesada crítica de Goethe e Schiller. Em uma carta a Goethe de 7 de setembro de 1794, Schiller fala de um "estilo amalucado" e de uma "filosofia horrível".

tar informações e ler. Ele soube dar à obra uma aparência de completude, e decerto há ali muita coisa de bom e verdadeiro, mas também de falso e tolo, invenção e conversa, *longueurs* e informações falsas, provavelmente por negligência. Quem conseguir ver com distância e reserva, logo notará que monstruoso híbrido entre compilação e ficção autoral é essa obra volumosa.

Muito me alegra e tranquiliza a chegada de *Egmont*. Aguardo ansioso uma palavra sobre ele, que certamente estará a caminho. O exemplar em marroquim ofereci a Angelika. Quanto à ópera de Kayser, queremos proceder de modo ainda mais sagaz do que nos foi aconselhado. Vossas sugestões são muito boas; quando Kayser chegar, falaremos mais sobre isso.

A resenha foi feita de fato no estilo do Velho,[105] ou seja, ele falou ao mesmo tempo demais e de menos. Neste momento, só me interessa produzir. Vejo agora que a obra produzida, ainda que não seja perfeita, será retomada por milhares de anos, enquanto se puder dizer algo sobre sua natureza.

Começa agora para mim uma nova era. Meu espírito foi tão ampliado por meio de tanta coisa que vi e conheci que posso agora me limitar a qualquer sorte de trabalho. A individualidade de um homem é coisa extraordinária. Finalmente conheci a minha, ao depender exclusivamente de mim mesmo ao longo de um ano, tendo de me relacionar, por outro lado, com gente completamente estranha.

Em retrospecto
Outubro

No começo deste mês, desfrutamos de uma verdadeira vilegiatura em Castel Gandolfo, sob tempo ameno e ensolarado. Em meio a essa região incomparável, sentimo-nos confirmados como filhos desta terra magnífica. Sr. Jenkins, o rico comerciante de arte inglês, tem aqui uma bela e bem equipada casa, antiga residência do jesuíta-mor. Um grande número

---

105 Goethe refere-se aqui à resenha dos primeiros quatro volumes de sua obra, publicada por Wieland no *Teutscher Merkur*.

de convidados pode ser recebido aqui, alojado comodamente nos quartos, desfrutando da companhia animada na salas e percorrendo-as em alegre excursão.

Pode-se comparar esta temporada outonal com as temporadas de banhos em nosso país. Pessoas sem a mínima relação entre si são levadas pelo acaso a conviver momentaneamente na mais íntima proximidade. Café da manhã e almoço, passeios, festas e jogos, conversas sérias e não sérias favorecem rapidamente as relações e a confiança. Seria de se admirar se justamente aqui, onde a doença e os tratamentos nas águas não nos ocupam de todo, não se constituíssem, em meio ao mais perfeito ócio, as mais firmes afinidades eletivas. O conselheiro Reiffenstein decidiu, com razão, que deveríamos nos lançar a nossos passeios e outras perambulações artísticas logo cedo, antes de sermos assaltados pelos magotes de gente chamando-nos para as diversões de todo o tipo. Éramos sempre os primeiros e não deixávamos de, orientados pelo guia, buscar as paisagens na região segundo nossos interesses, sempre recompensados assim pelo belo deleite e pela instrução que daí advinham.

Depois de algum tempo, percebi a presença de uma bela vizinha romana, que morava não longe de nós no Corso. Viera acompanhada da mãe. Ambas passaram a responder algo mais calorosamente a meus cumprimentos desde que recebi o título de "milorde". Ainda assim, nunca lhes dirigira a palavra, embora eu frequentemente passasse muito perto delas, quando se sentavam à noitinha em frente à porta de sua casa. Eu me mantinha completamente fiel a meu voto de não me deixar desviar de meu objetivo principal por relações desse tipo. Mas agora nos encontrávamos como velhos conhecidos. O concerto que oferecêramos em Roma foi o primeiro assunto de conversação, e nada era mais agradável do que ouvir uma romana como ela falar, deixando-se levar alegre e naturalmente à conversa, fazendo observações referentes à mais comezinha realidade, ao mesmo tempo em que tecia uma graciosa relação dos fatos com sua pessoa, tudo isso no sonoro dialeto romano, falado rápida e ainda assim nitidamente. Sua pronúncia era refinada, peculiar às classes médias que se elevam sobre sua própria origem e emprestam ao caráter natural, ou mesmo vulgar de seu dialeto, uma certa nobreza. Eu certamente já conhecia essas qualidades e propriedades, mas nunca as experimentara de modo tão sedutor.

Johann Wolfgang von Goethe

Mãe e filha apresentaram-me a uma jovem milanesa[106] que viera com elas, a irmã de um funcionário do sr. Jenkins, um jovem que, devido a sua honestidade e competência, desfrutava de grande consideração junto a seu patrão. Ambas pareciam estar ligadas uma à outra e serem amigas.

As duas beldades, pois realmente eram belas, formavam um decidido, ainda que não dramático, contraste. A romana tinha cabelos em tom castanho-escuro, a milanesa, castanho-claro; aquela tinha a pele do rosto amorenada, esta, clara, de pele delicada. Os olhos desta, quase azuis, os da outra, castanhos. A romana, em certa medida era séria e reservada, a milanesa, dotada de uma personalidade mais aberta, ainda que não tão receptiva, era curiosa sobre as coisas. Durante um jogo de tômbola, sentei-me entre as duas e fiz o caixa do jogo com a romana. No transcorrer do jogo deu-se que eu tentasse minha sorte com a milanesa em algum tipo de aposta. Bastou para que também deste lado se constituísse uma certa parceria, sem que eu, inocentemente, notasse que esse tipo de atenção compartilhada não era apropriado. Findo o jogo, a mãe, encontrando-me afastado dos outros, fez ver ao prezado estrangeiro, polidamente, mas imbuída da verdadeira dignidade das matronas, que, uma vez tendo ele demostrado tal interesse por sua filha, não seria adequado entabular as mesmas relações com outra jovem. Considera-se o costume, nesse tipo de temporada de lazer, que as pessoas que se aproximam em um determinado grau mantenham essa relação em público, entretendo assim uma convivência inocente, alegre e agradável a ambos. Desculpei-me da melhor maneira que pude, argumentando no entanto que não é fácil para um estrangeiro reconhecer tais regras, uma vez que o uso, em nossa terra, é mostrarmo-nos cordiais e prestativos a todas as damas do grupo, sem distinção. Ademais, tal comportamento neste caso seria tanto mais adequado pelo fato de serem ambas ligadas pela amizade.

Mas que pena! Enquanto eu tentava assim me desculpar, senti, da maneira mais prodigiosa, que minha inclinação já se tinha decidido pela milanesa, de modo inesperado e insistente como acontece nos corações

---

106 A jovem milanesa era Maddalena Riggi (1765-1825). Goethe não mencionará seu nome ao longo de todo o livro. Só ficou conhecido graças a uma carta de Angelika Kaufmann datada de 1º de novembro de 1788.

Viagem à Itália

desocupados, que, entregues a uma autoconfiança vaidosa e tranquila, nada temem e nada desejam. Quando se aproxima o objeto de desejo de modo inesperado, deixa-se então de perceber, nesse momento, os perigos que nos espreitam sob esses traços tão sedutores.

Na manhã seguinte, encontramo-nos os três a sós, e a balança pendeu para o lado da milanesa. Ela tinha em relação à amiga a grande vantagem de mostrar, em suas declarações, certa ambição. Ela se queixava por ter recebido uma educação restrita, ainda que não negligenciada. "Não nos ensinam a escrever", disse ela, "porque temem que usemos a pena para escrever cartas de amor. Não nos deixariam ler, caso não tivéssemos de fazê-lo para ler o livro de orações. Nem se pensaria em nos ensinar uma língua estrangeira. Eu daria tudo para falar inglês. Ouço com frequência o sr. Jenkins e meu irmão, madame Angelika, o sr. Zucchi, os srs. Volpato e Camuccini conversarem uns com os outros em inglês com um sentimento que se poderia chamar de inveja. E esses jornais do comprimento de uma jarda que estão sobre a mesa, ali há notícias do mundo todo que não posso conhecer."

"É mesmo uma pena, considerando-se que o inglês é uma língua fácil de aprender", repliquei. "A senhora a aprenderia em pouco tempo. Façamos uma tentativa agora", prossegui, ao mesmo tempo em que erguia uma daquelas enormes folhas inglesas que estavam por todo canto.

Olhei rapidamente e encontrei um artigo que falava de uma jovem que caíra na água, mas fora felizmente salva e devolvida aos seus. Havia circunstâncias no caso que o tornavam intrincado e interessante. Não estava claro se ela se jogara na água voluntariamente, buscando a morte, assim como não se sabia qual dos pretendentes, o escolhido ou o preterido, arriscara-se para salvá-la. Indiquei a ela o trecho e pedi-lhe que o olhasse com atenção. Em seguida traduzi para ela todos os substantivos, examinando-a para ver se tinha memorizado seus significados. Logo ela podia ter uma boa visão desses nomes próprios e comuns, familiarizando-se com o lugar que eles tinham nos períodos. Passei então para os advérbios e adjetivos, fazendo-a notar o quanto eles tornavam viva a frase toda. Catequizei-a por tanto tempo até que ela fosse finalmente capaz de ler sem esforço o trecho todo como se estivesse em italiano, o que ela não conseguia fazer sem se movimentar com delicadeza. Eu raramente vira tal expressão de alegria interior como ela demonstrava, quando me agradeceu efusivamente pela possibilidade de penetrar nesse novo campo. Ela mal podia acreditar na possibilidade de ver realizado, ainda que apenas como um primeiro ensaio, esse seu desejo tão acalentado.

O grupo aumentara, também Angelika tinha chegado. Em uma grande mesa, meu lugar foi designado a sua direita, sendo que minha aluna sentara-se do lado oposto, e nem bem todos haviam se cumprimentado, ela deu a volta à mesa para sentar-se a meu lado. Minha outra vizinha pareceu notar isso com algum espanto, e não foi preciso mais do que um olhar de uma mulher inteligente para perceber que algo ali deveria haver, isto é, que um amigo que se mantinha distante das mulheres até o ponto da descortesia via-se final e surpreendentemente fisgado.

Fui capaz de me manter no controle das coisas, mas não pude evitar uma comoção interior causada por um certo desconforto, ao ter de dividir minha atenção entre minhas duas vizinhas. Eu tentava entreter com vivacidade minha amiga mais velha, que mantinha silêncio, ao passo que a outra, ainda influenciada pelo acontecimento com a língua estrangeira, parecia se encontrar naquele estado de alguém que tem a visão ofuscada por uma luz sempre desejada, sem conseguir se adaptar às circunstâncias imediatas. Ela tentava amenizar isso por meio de uma participação cordialmente tranquila na conversa, quase ausente.

Esse estado de excitação estava, no entanto, prestes a sofrer um formidável abalo. No final da tarde, em busca de minhas jovens amigas, encontrei-me na companhia das mulheres mais velhas em um pavilhão de onde se oferecia uma magnífica vista. Esquadrinhei a paisagem ao redor, mas o que meus olhos encontraram foi algo diferente das paisagens pitorescas: havia se espraiado pela região uma certa cor que não era devida nem ao pôr do sol nem aos primeiros ares da noite. A vívida luz dos sítios mais altos e a sombra azul e fria dos vales pareciam mais belas do que em óleo ou aquarela. Não me cansava de ver; no entanto, senti que gostaria de me retirar dali, para me deliciar com a última visão do sol em companhia mais íntima.

No entanto, não pude recusar o convite da mãe romana e de suas vizinhas para sentar-me junto a elas, especialmente porque me abriam um lugar à janela da qual se tinha a melhor vista. Quando notei sobre o que conversavam, vi que falavam sobre a guarnição da nova residência de uma noiva, assunto que voltava sempre à baila e nunca se esgotava. Falou-se sobre todos os esforços que tinham sido necessários, sobre o número e características dos diferentes presentes, sobre as doações feitas pela família, as diversas contribuições dos amigos e amigas, em parte ainda secretas, sobre todo o necessário para um casamento em narrativa minuciosa; tudo isso foi por mim pacientemente escutado, uma vez que as senhoras ainda haviam me reservado para uma caminhada.

Por fim, a conversa chegou aos méritos do noivo. Descreveram-no de maneira suficientemente favorável, sem ocultar, entretanto, seus defeitos, na consoladora esperança de que a graça, a razão e a amabilidade de sua noiva os amenizassem no futuro.

Por fim impaciente, quando o sol mergulhava no mar distante produzindo uma visão incalculavelmente bela por meio das longas sombras e das faixas de luz vaporosas e, ainda assim, vívidas, perguntei do modo mais inocente quem seria a noiva. Admiradas de que eu desconhecesse o que era sabido por todos, só então lhes ocorreu que eu não era um amigo da casa, mas um estranho.

Certamente não é preciso descrever a decepção que tomou conta de mim quando compreendi que se tratava de minha amável aluna, com quem eu travara relações há tão pouco tempo. O sol se pôs, e eu fui capaz de me afastar discretamente do grupo que, sem o saber, me instruíra de modo assim cruel.

Cheguei tarde em casa e, na manhã seguinte, com minha pasta embaixo do braço, fiz um caminho mais longo, com a desculpa de que não tomaria as refeições em companhia dos amigos.

Eu tinha idade e experiência suficientes para me refazer, ainda que sentindo dor. "Seria bastante singular", disse a mim mesmo, "se um destino semelhante ao de Werther te encontrasse aqui em Roma, amargando uma experiência que tem sido tão importante e benéfica até agora."

Logo me voltei ao trabalho paisagístico que eu nesse meio-tempo negligenciara, reproduzindo a natureza do modo mais fiel possível. Fui mais bem-sucedido, entretanto, no desígnio de contemplá-la. A pouca técnica que possuía mal bastava para um contorno dessemelhante, mas a intensa fisicalidade que emanava das rochas e árvores, vales e montanhas, lagos calmos e vívidos regatos era mais perceptível a meus olhos do que nunca, e eu não pude deixar de me reconciliar com a dor que tornava mais acentuada minha sensibilidade.

Deste ponto em diante, preciso resumir minha narrativa. O grande número de visitas enchia a casa em que nos encontrávamos e as casas da vizinhança. Foi possível evitarmo-nos sem afetação. Além do mais, a autêntica cordialidade que decorre de tal estado de espírito é bem recebida em sociedade. Meu comportamento agradava, e eu não tive de passar por nenhuma cena desagradável, a não ser um pequeno entrevero com nosso hospedeiro, o sr. Jenkins. Na volta de uma excursão pelas montanhas e florestas, eu trouxera deliciosos cogumelos e entreguei-os ao cozinheiro, que os preparou na forma de um prato raro mas altamente apreciado na região, servindo-o à mesa. Todos os consideraram deliciosos, mas quando alguém, à guisa de cumprimento, disse que eu os trouxera da floresta, nosso hospedeiro zangou-se, ainda que discretamente, com o fato de que um estranho trouxesse uma iguaria para a refeição comum sem o conhecimento do dono da casa, que nada tinha sugerido ou encomendado. Não era adequado surpreender o dono da casa em sua própria mesa, com uma iguaria pela qual ele não podia se responsabilizar. Tudo isso me foi revelado pelo conselheiro Reiffenstein depois da refeição. Eu, que tinha de suportar em meu íntimo um outro tipo de dor completamente diferente de qualquer coisa que possa ter alguma relação com cogumelos selvagens, respondi com humildade que pensara que o cozinheiro avisaria o dono da casa. Assegurei que, se no futuro acontecesse de ter em mãos iguarias desse tipo, as apresentaria de imediato a nosso estimado hospedeiro, para sua verificação e aprovação. Para ser justo com ele, é preciso conceder que seu aborrecimento deveu-se ao fato de que essa iguaria, certamente dúbia, veio à mesa sem uma investigação apropriada. O cozinheiro, por fim, assegurou-me, lembrando também ao patrão, que esse tipo de cogumelo, embora não seja frequente, é apreciado como uma rara especialidade nessa época do ano.

Essa aventura culinária deu-me ensejo de pensar, silenciosamente e não sem algum humor, que eu, contaminado por um outro tipo de veneno,

Viagem à Itália

tornar-me-ia suspeito de envenenar o grupo todo por meio de minha negligência.

Não foi difícil retomar meus propósitos anteriores. Tentei esquivar-me dos estudos de inglês saindo pela manhã logo cedo e evitando ver minha secretamente amada pupila a não ser na presença de outras pessoas.

Logo esse comportamento ajustou-se a meu espírito bastante ocupado, e da maneira mais graciosa. Pensar nela como uma noiva, a futura esposa de alguém, distinguiu-a a meus olhos, elevando-a em relação ao grupo de moças comuns. Eu lhe dedicava ainda o mesmo afeto, mas de um modo mais elevado e totalmente desinteressado. Eu não era a seus olhos um jovem leviano, mas um homem capaz de uma cordial amizade. Minha corte, se é que se pode chamar assim a atenção livre que eu lhe dedicava, caracterizava-se pela ausência de qualquer urgência e por uma espécie de respeito ou reverência em sua presença. Ela, que agora bem sabia que eu estava ciente de seu compromisso, ficou completamente tranquila e satisfeita com meu comportamento. O resto do mundo não notou nada ou não criou qualquer suspeita, de modo que os dias e as horas seguiram tranquilamente seu curso.

Haveria muito o que dizer sobre as numerosas diversões. Havia até mesmo um teatro ali, onde o Polichinelo, tão aplaudido por nós no Carnaval, exercia nos outros dias do ano seu ofício de sapateiro, surgindo assim como um honesto cidadão. Ali ele nos divertia com seus absurdos de pantomima, mímica e ditos lacônicos, conduzindo-nos prazerosamente à tão agradável percepção da nulidade da existência.

Nesse meio-tempo, eu recebera cartas de casa que me fizeram notar que minha tão longamente planejada, sempre adiada e tão bruscamente empreendida viagem à Itália provocara nos que ficaram alguma inquietação e impaciência, até mesmo o desejo de me seguir e aproveitar a mesma bem-aventurança da qual minhas cartas efusivas e instrutivas davam a mais favorável ideia. É certo que no espirituoso círculo dos amantes das artes da duquesa Amália pensava-se na Itália como a Nova Jerusalém dos homens verdadeiramente cultivados. Só Mignon[107] expressaria adequadamente o

---

107 Uma das "personagens italianas" do romance *Os anos de aprendizado de Wilhelm Meister* (1794-5), que canta, acompanhada da harpa, a famosa canção que leva seu nome.

vívido desejo de ir para lá[108] que havia nos corações e nas mentes. Agora, finalmente, os obstáculos tinham sido removidos do caminho e ficava cada vez mais claro que a duquesa Amália e os seus, por um lado, Herder e o jovem Dahlenerg, por outro, faziam sérios planos de atravessar os Alpes. Meu conselho fora que deixassem passar o inverno e chegassem a Roma pouco antes da metade do ano, podendo então aproveitar cada vez mais tudo de bom que a região da velha capital do mundo tinha a oferecer, assim como a parte mais ao sul da Itália.

Esse meu conselho, sincero e adequado como era, acabou se mostrando vantajoso também para mim. Eu vivera até então dias extraordinários, em uma situação completamente nova em meio a pessoas completamente estranhas. Isso me fizera apreciar esse modo de viver ao qual eu tinha sido levado de maneira casual, ainda que natural. Uma vida restrita ao círculo fechado da terra natal, entre velhos conhecidos e familiares acaba por nos conduzir a uma situação singular. Ali, por meio de um suportar recíproco, por meio daquilo que se compartilha e daquilo que nos falta, surge um medíocre sentimento de resignação, no qual a dor e a alegria, o tédio e o prazer se transformam em rotina e hábito, aniquilando-se mutuamente. Surge assim um sentimento morno que anula completamente qualquer singularidade, de modo que tanto no desejo quanto na satisfação não nos entreguemos livremente nem à dor nem à alegria.

Tomado por esses sentimentos e previsões, decidi-me a não esperar pela chegada dos amigos a Itália. Pois eu podia já prever claramente que minha forma de ver as coisas não coincidiria com a deles, uma vez que eu mesmo há um ano tentara livrar-me das concepções ciméricas e do modo de pensar nórdico, acostumando-me a olhar ao redor e respirar livremente sob uma abóbada azul-celeste. Os viajantes vindos da Alemanha, nos primeiros tempos, constituíam um peso para mim. Buscavam o que deveriam esquecer e não eram capazes de reconhecer aquilo que desejavam já havia tanto tempo, mesmo que estivesse a sua frente. Até para mim fora difícil

---

108 Tradução literal de *"dahin gehen"*, expressão do desejo de Mignon na canção a que Goethe se refere indiretamente.

manter-me, por meio de pensamento e ação, no caminho que eu decidira reconhecer como o certo.

Fui capaz de evitar alemães com os quais eu não tinha relação alguma. No entanto, pessoas tão próximas, honradas e queridas incomodavam-me por conta de seus equívocos e falta de profundidade, até mesmo por meio de sua tentativa de adentrar meu modo de pensar. O viajante nórdico pensa que encontrará em Roma um suplemento de sua existência, algo para preencher uma falta. No entanto, com crescente desconforto, ele notará que suas expectativas precisarão ser mudadas e que será obrigado a começar de novo.

Tudo isso me parecia tão claro que mantive incerta a data de minha partida e continuei a usar meu tempo com cuidado, mantendo uma reflexão independente, ouvindo a de outros e observando seus esforços, além de minhas próprias tentativas práticas.

Aqui foi de imensa valia o apoio de Heinrich Meyer, de Zurique, cuja convivência, embora pouco frequente, teve efeitos muito favoráveis. Ele, um artista competente e severo em relação a si próprio, sabia aplicar melhor seu tempo do que os mais jovens, que pensavam poder aliar ao progresso nas ideias e na técnica uma vida vivida de modo prazeroso e superficial.

Novembro
Correspondência

Roma, 3 de novembro de 1787

Kayser chegou, e eu ainda não escrevi coisa alguma a respeito, ao longo de toda a semana. Antes de tudo ele se ocupa em afinar o piano, e a opereta vai pouco a pouco sendo composta. Com sua presença se reinicia uma época singular, e eu vejo que devemos prosseguir serenamente em nosso caminho, os dias trazem tanto o melhor quanto o pior.

Fico feliz com a acolhida de meu *Egmont*, e espero que ele não perca nada com a releitura, pois sei tudo o que coloquei nesta peça, e que isso não se deixa apreender de uma vez a uma primeira leitura. O que louvais nela é o que eu quis fazer; se dizeis que está feito, é porque alcancei meu objetivo. Foi uma tarefa indizivelmente penosa, que eu não teria conseguido levar a cabo não fosse a desmedida liberdade de vida e de espírito. Pensai no que significa isto: retomar uma obra que se escreveu há doze anos, terminá-la, sem alterar sua estrutura. As circunstâncias especiais de tempo facilitaram-me o trabalho e também o tornaram mais difícil. Agora se encontram à minha frente ainda duas pedras: *Fausto* e *Tasso*. Como o Senhor misericordioso parece ter me libertado do castigo de Sísifo, espero conseguir levar essas duas pedras pesadas para o cimo da montanha. Uma vez lá no alto, tudo recomeçará, e eu espero receber vosso aplauso, uma vez que me dedicais já vossa afeição, sem que o mereça.

Não entendo muito bem o que dizes sobre a personagem Clarinha e espero por tua próxima carta. Vejo que parece faltar-te a nuance entre a cortesã e a deusa. Pretendi tornar sua relação com Egmont exclusiva. Seu amor reside antes na perfeição do objeto amado, seu encanto, no prazer de desfrutar do que é incompreensível. Este homem lhe pertence, e é isso que a torna encantadora, mais do que sua sensualidade. Ela aparece na peça como uma heroína e, em sua percepção interior da eternidade, entrega-se a seu amor por ele, até que em um sonho dá-se sua transfiguração. De modo que eu não sei onde situar essas nuances. Talvez eu deva confessar logo que, por necessidade dramática, eu tenha apresentado esses meios-tons de modo muito solto. Ou talvez eles estejam sim conectados, mas por meio de alusões muito leves. É provável que uma segunda leitura ajude e que talvez em tua próxima carta digas algo mais palpável.

Angelika desenhou, e Lips gravou um frontispício para o *Egmont*, algo que, pelo menos na Alemanha, não teria sido nem desenhado nem gravado.

Roma, 3 de novembro

Tenho infelizmente de deixar para trás as artes plásticas, pois, de outro modo, não terminarei minhas obras dramáticas, que também exigem alguma concentração e tranquilidade, se algo de bom tiver de ser feito. Trabalho agora em *Claudine* que será completamente reescrita, ao mesmo tempo em que também a palha seca que se acumulou em minha existência será extraída e jogada fora.

Viagem à Itália

Roma, 10 de novembro

Agora que Kayser chegou, vivemos a três, pois a música juntou-se a nós. Trata-se de um homem excelente, que se adaptou muito bem à vida natural que levamos. Tischbein logo voltará de Nápoles, de modo que nossos alojamentos terão de ser mudados e tudo o mais. Creio que, graças ao nosso bom temperamento, tudo estará resolvido em cerca de oito dias.

Sugeri à duquesa-mãe que me permitisse gastar em seu nome a soma de 200 cequins em pequenas obras de arte. Peço-te que apoie essa minha sugestão, não preciso do dinheiro logo nem de uma vez só. Trata-se de um ponto importante, cujo alcance tu logo perceberás. A necessidade e a utilidade de minha sugestão poderiam ser facilmente reconhecidas se soubesses quanta coisa tenho aqui à mão. Com tais ninharias serei capaz de proporcionar-lhe grande alegria e, quando ela encontrar aqui as coisas com as quais eu já a terei presenteado antes, o impulso de tudo adquirir, que acomete todo recém-chegado a Roma, terá sido saciado de antemão. Assim, ela evitará muitos custos e incômodos, ou mesmo ter de se conformar refreando dolorosamente o desejo de adquirir tais coisas. Eu poderia ainda preencher muitas páginas sobre esse assunto.

Roma, 10 de novembro[109]

O aplauso com o qual meu *Egmont* foi recebido causa-me grande alegria. Nenhuma outra peça minha foi feita com tanta liberdade de espírito e com mais consciência moral. Ainda assim, é difícil contentar o leitor, quando já se escreveu outras coisas. Ele continua exigindo mais do mesmo que já se fez antes.

Roma, 24 de novembro[110]

Perguntas em tua última carta sobre a cor da paisagem daqui. Posso dizer-te que nos dias claros, especialmente no outono, a paisagem é tão

---

109 Carta a Charlotte von Stein.
110 Carta a Charlotte von Stein.

Johann Wolfgang von Goethe

colorida quanto as tintas permitam reproduzir. Espero poder enviar-te em pouco tempo os desenhos feitos por um alemão que se encontra em Nápoles.[111] As aquarelas têm um brilho reconhecidamente menor do que as cores na natureza, e, ainda assim, parece impossível essa reprodução. O mais bonito nelas é que as cores vivas são atenuadas a uma pequena distância pelos tons do céu, e que os contrastes entre os tons frios e quentes (é como são chamados) sejam tão visíveis. As sombras azul-claras contrastam de modo extremamente atraente com os verdes iluminados, amarelos, vermelhos e marrons, indo depois se dissolver na vaporosa distância azulada. É ao mesmo tempo brilho e harmonia, uma gradação de tons no todo, da qual os habitantes do Norte não conseguem ter uma ideia. Aí tudo ou é pesado ou escuro, colorido demais ou em um único tom. Ao menos lembro-me de ter visto em pouquíssimas ocasiões alguns poucos efeitos que me tivessem dado uma degustação prévia daquilo que hoje está dia após dia à minha frente. Talvez eu acredite agora que meus olhos já se encontram exercitados o suficiente para achar beleza também ao Norte.

A propósito, posso dizer que vejo agora à minha frente quase todos os bons caminhos que levam a todas as artes plásticas, ao mesmo tempo em que sou capaz de medir com maior clareza a extensão e distância em que se encontram. Já sou velho demais para fazer alguma outra coisa que não seja obra de amador. Vejo também os outros a meu redor, alguns encontram o bom caminho, mas nenhum deles dá grandes passadas. Acontece com o desejo artístico o mesmo que com a sorte e a sabedoria: suas imagens primordiais dançam à nossa frente, mas só conseguimos tocar de leve as fímbrias de suas vestes.

A chegada de Kayser, acrescida de todos os arranjos domésticos que tivemos de fazer, fez-me perder um pouco de tempo, meus trabalhos todos estacaram. Agora recomeçamos, e minha ópera está próxima de ser terminada. Ele é muito aplicado, compreensivo, organizado e centrado, seguro e sólido em seu trabalho como poucos. Trata-se de alguém cuja presença torna-nos mais saudáveis. Além disso, ele tem um coração muito bom, uma

---

111 Trata-se de Christoph Heinrich Kniep.

perspectiva voltada à vida em comunidade, por meio da qual seu caráter severo se torna mais maleável e ganha uma graça toda própria.

Em retrospecto
Novembro

Eis que aos pensamentos silenciosos sobre um afrouxamento gradativo dos laços que me prendem a este lugar juntou-se um novo laço, por meio da chegada de um velho amigo. Trata-se de Christopher Kayser, nascido em Frankfurt, que à época de nossa juventude costumava juntar-se a Klinger e a mim, entre outros.[112] Kayser, dotado naturalmente de talento musical, começou a compor, há alguns anos a música para *Egmont*, à mesma época em que iniciou a composição de *Scherz, List und Rache*.[113] Aqui de Roma avisei-o que a peça fora terminada e que uma cópia ficara em minhas mãos. Decidimos que, em lugar de trocarmos correspondência a respeito, ele deveria vir imediatamente para cá. Uma vez que ele não desperdiçou seu tempo, deixando-se ficar a passeio com o carro do correio pela Itália, logo se juntou a nosso círculo artístico no Corso defronte ao Palácio Rondanini, sendo muito bem recebido.

Logo, entretanto, em vez do necessário recolhimento e concentração de que necessitávamos, surgiram novas distrações e dispersões.

Em primeiro lugar, passaram-se muitos dias até que pudéssemos conseguir um piano, experimentá-lo, afiná-lo e encontrar o lugar certo para colocá-lo, de acordo com o desejo do caprichoso artista, para quem ainda sempre faltava alguma coisa. No entanto, todo esse esforço e tempo empregados foram logo compensados por um talento extremamente adequado a sua época, capaz de executar as obras mais difíceis daquele período com

---

112 Friedrich Maximilian Klinger (1752-1831), poeta e dramaturgo alemão. Sua peça *Sturm und Drang* [Tempestade e Ímpeto, 1776] deu nome a todo um período literário.

113 *Scherz, List und Rache* [Brincadeira, perfídia e vingança] é um *Singspiel* (peça com partes musicais cantadas e instrumentais). Além do mencionado Kayser, vários outros compositores ao longo do tempo escreveram música para o libreto de Goethe, entre eles o romântico E. T. A. Hoffmann (1776-1822).

facilidade. Em termos de um conhecedor de música, sirvo-me da analogia com Schubart,[114] considerado incomparável àquela época, quando a pedra de toque de um pianista virtuoso era a execução de variações, nas quais um tema simples, elaborado de modo extremamente artístico, reaparecia por fim em sua forma natural, permitindo então que o ouvinte voltasse a respirar.

Ele trouxera consigo a abertura para *Egmont*, o que fez reviver em mim o antigo desejo, o qual, naquela época, mais do que nunca, voltava-se por necessidade e por passatempo ao teatro musical.

Erwin e Elmira, assim como *Claudine de Villa Bella*, tinham de ser enviados para a Alemanha. Eu, no entanto, decidira, durante o trabalho em *Egmont*, contra minha própria vontade, não os enviar na forma em que se encontravam. É certo que muito da poesia lírica que lá havia era-me cara e preciosa. Era um testemunho das muitas horas certamente tolas, porém felizes, às quais a juventude está exposta quando se trata de amores e mágoas. O diálogo em prosa, por outro lado, lembrava demais aquelas operetas francesas, das quais sem dúvida alguma temos boas lembranças, uma vez que trouxeram para nossos teatros alegres composições apropriadas para o canto. A mim, um italiano naturalizado, para quem ao canto melódico devem ser associadas a recitação e a declamação, elas não bastam mais.

É assim que retrabalhamos ambas as óperas. As composições vêm encontrando aplauso aqui e ali, contribuindo para tornar mais caudalosa a corrente dramática de nossa época.

Costuma-se censurar nos textos italianos o fato de que as frases se sucedem umas às outras, sem que haja tempo para se pensar algo de entremeio. Elas são certamente simples e alegres, e não exigem nada mais do compositor e do cantor desde que ambos se entreguem a uma disposição alegre de espírito. Sem querer estender-me muito, lembro-me de *Il matrimonio segreto*.[115] Não se sabe quem é o autor, mas seja quem for, terá sido um dos mais hábeis que já trabalharam nesse gênero de composição. Minha inten-

---

114 Friedrich Christian Daniel Schubart (1739-1791), poeta e compositor. Foi libertado em 1787 de sua prisão em Hohenasperg e nomeado diretor musical em Stuttgart.

115 *Il matrimonio segreto*, ópera de Domenico Cimarosa (1749-1801) com libreto de Giovanni Bertati (1735-1808), apresentada pela primeira vez em Viena, em 1792.

ção foi a de proceder dessa maneira, atuando, em meio à mesma liberdade, em direção a um objetivo definido, e eu mesmo não saberia dizer o quanto teria me aproximado dele.

Infelizmente, eu e o amigo Kayser estávamos já havia algum tempo presos a um empreendimento que parecia cada vez mais duvidoso e menos possível de execução.

É preciso lembrar que falamos de uma época da inocência da ópera alemã, no qual um simples intermezzo como a *Serva padrona* de Pergolesi encontrara acolhida e aplauso.[116] Nessa época, um bufo alemão[117] de nome Berger apresentava-se, junto a uma bela, estupenda mulher, a qual dava alegres e convidativas apresentações nas cidades alemãs, sempre com pouco guarda-roupa e música ruim. Desnecessário dizer que o tema era sempre a ilusão e humilhação de um velho tolo apaixonado.

Eu pensara em acrescentar-lhes uma terceira voz, fácil de cantar, e assim surgiu há alguns anos o *Singspiel Scherz, List und Rache*, que enviei a Kayser em Zurique, o qual, homem sério e cheio de princípios, fez duras críticas e começou a retrabalhá-la para uma apresentação. Eu mesmo já havia ultrapassado a extensão de um *intermezzo*, e o tema, aparentemente modesto, tinha se desdobrado em diferentes árias, de modo que apenas três pessoas dificilmente teriam dado conta da apresentação. Agora Kayser trabalhava cuidadosamente nas árias de acordo com o antigo estilo, e pode-se dizer que o fazia de modo bastante bem-sucedido em alguns pontos, emprestando ao todo certa graça.

Mas a pergunta era: como e onde poderia ser encenada? Infelizmente, em virtude de certos princípios de moderação anteriores, a peças sofria de certa escassez de vozes. Não ia além de um terceto, e por fim teríamos de bom grado dado vida ao pote de teriagas do doutor, a fim de obter um coro.[118]

---

116 *La serva padrona* [A criada patroa, 1733], *intermezzo* cômico de Giovanni Battista Pergolesi (1710-1736) com libreto de Gennaro Antonio Federico (morto em 1744).

117 Anton Berger apresentou-se em 1777 para a corte de Weimar.

118 A peça tem apenas três persongens: Scapin, Scapine e o Doutor. No segundo ato da peça o Doutor prepara uma teriaga (uma poção, espécie de panaceia que cura todos os males) para Scapine, que se finge de doente e melancólica.

Todos os nossos esforços para excluir o que havia de simplório e limitado foram a pique com a entrada em cena de Mozart. *O rapto do serralho*[119] bateu todas as outras peças, de modo que nunca mais se falou no teatro sobre a nossa, à qual dedicáramos tanto cuidado.

A presença de nosso amigo Kayser fizera aumentar nosso amor pela música, o qual, até então, se restringira aos espetáculos teatrais. Ele era atento às festas cristãs, de modo que nos sentimos motivados a acompanhá-lo em tais dias às audições de música solene. Encontramo-la executada por orquestras seculares completas, ainda que o canto predominasse. Lembro-me de ter escutado no dia de Santa Cecília uma ária de virtuosos, cantada por um impressionante coro.[120] Ela teve um efeito extraordinário sobre mim, assim como o têm sobre o público as árias desse tipo executadas no teatro.

Além dessas, Kayser tinha mais uma virtude. Como se interessava por música antiga, costumava pesquisar também sobre história da música em diferentes bibliotecas, especialmente na *Minerva*,[121] onde sua lealdade ao conhecimento foi apoiada e bem recebida. Um dos efeitos colaterais de sua pesquisa bibliográfica foi que atentássemos também para as antigas gravuras de cobre do século XVI que ilustravam os frontispícios de obras como *Speculum romanae magnificentiae*,[122] *Arquiteturas*,[123] de Lomazzo, e mesmo a última edição da *Admiranda Romae*,[124] e tudo o mais que havia desse tipo

---

119 *O rapto do serralho* foi encenada pela primeira vez em 1782, em Viena, e em 1785, em Weimar.

120 Em *Os anos de aprendizado de Wilhelm Meister*, especialmente no livro VI, "Confissões de uma bela alma", Goethe discorrerá sobre os efeitos da música de coro, sobretudo do canto gregoriano, a respeito dos ouvintes. Esse gênero de música é, segundo o narrador, capaz de introduzir o ouvinte em um estado estético semelhante ao que Schiller descreve em sua *Educação estética da humanidade*.

121 *Minerva* é a Biblioteca Casanatense, fundada em 1698 pelo cardeal Girolamo Casanate (1620-1700) no convento de Santa Maria sopra Minerva.

122 Obra de Antonio Lafreri (1512-1577).

123 Giovanni Paolo Lomazzo (1538-1600), *Trattato dell'arte della pittura, scultura ed architettura*, Milão, 1584. Considerado o tratado mais detalhado sobre o maneirismo.

124 *Admiranda romanorum antiquitatum ac veteris sculpturae vestigia*, ed. de Giovanni Pietro Bellori (1613-1696), Roma, 1693.

de coisa. Esses livros e arquivos, aos quais também nós peregrinávamos, têm um valor especial quando a reprodução que temos à nossa frente é de boa qualidade. Eles trazem à tona a época em que a Antiguidade era ainda olhada com seriedade e reverência, e seus vestígios gravados de forma habilidosa. É assim que vemos, por exemplo, os colossos, quando ainda se encontravam em seu antigo lugar, no Jardim Colonna. As ruínas de Sétimo Severo[125] dão ainda hoje uma ideia aproximada desses edifícios desaparecidos. A Catedral de São Pedro ainda sem fachada, o edifício central desprovido da cúpula; o velho Vaticano,[126] em cujo pátio ainda hoje se dão cavalhadas e torneios, tudo isso nos impele para os tempos antigos e deixa-nos claramente perceber as alterações provocadas pelo transcorrer dos últimos dois séculos e os enormes esforços empreendidos para recuperar aquilo que se perdeu.

Heinrich Meyer, de Zurique, de quem já vos falei algumas vezes, ainda que viva reservadamente e trabalhe com afinco, sempre está presente onde há algo para se contemplar, vivenciar e aprender. As pessoas desejam sua companhia em sociedade, pois ele se mostra modesto na mesma medida em que se aprende muito com as coisas que ele diz. Ele segue com segurança o caminho aberto por Winckelmann e Mengs. Seus bustos à maneira de Seydelmann[127] são dignos de elogio. Ninguém melhor do que ele conhece as delicadas nuances entre a arte antiga e a moderna.

---

125 A obra, construída sob Sétimo Severo (146-211, imperador romano de 193 a 211), manteve-se até a época do papa Sisto V (1585-1590). Tratava-se da suntuosa fachada de um nifeu com três andares de colunatas.

126 O Palácio do Vaticano, cujas origens remontam ao século V, tornou-se permanentemente a residência papal desde o retorno dos papas de Avignon em 1377. Sob a expressão "o velho Vaticano, em cujo pátio ainda hoje se dão cavalhadas e torneios", deve-se entender o estado do edifício sob a regência do papa Sisto V (1585-90).

127 Jakob Crescenz Seydelmann (1750-1829), pintor e desenhista alemão. Famoso por suas cópias em sépia de modelos antigos e de pintores italianos modernos. Sua mulher, Apollonia Seydelmann (em solteira de Forgue, 1767-1840), era uma excelente pintora de miniaturas.

Johann Wolfgang von Goethe

Quando combinamos a visita ao Museu, ao Vaticano e ao Capitólio iluminados por tochas, vista buscada igualmente por todos os estrangeiros, artistas, amadores e leigos, Meyer juntou-se a nós. Encontrei entre meus papéis um de seus ensaios, por meio do qual a relação com as ruínas da arte, que flutuam diante do espírito como um sonho encantador que se desfaz, é vista também pela perspectiva de seu efeito vantajoso ao conhecimento e à imaginação, revestindo-se assim de um importante significado. Segue um trecho do texto.

"O costume de contemplar o Museu Pio Clementino no Vaticano, assim como o Capitólio, à luz de tochas, parece ter sido um bastante recente nos anos 80 do século passado. No entanto, não saberia dizer quando realmente o início desse costume se deu.

"Enumero as vantagens da contemplação à luz das tochas: cada um dos objetos é considerado em si mesmo, separado de todo o resto, de modo que a atenção do espectador concentra-se apenas nele. À luz poderosa das tochas, as delicadas nuances do trabalho aparecem muito mais nítidas, cessam todas as contradições que atrapalham a contemplação (como ocorre em uma estátua de pedra polida e brilhante), as sombras se tornam mais definidas e as partes iluminadas assomam mais claras em primeiro plano. Uma das maiores vantagens é decididamente o fato de que peças que porventura tenham sido colocadas de modo desfavorável recebem aqui o que lhes é devido por direito. É assim que o grupo Laocoonte, no nicho onde se encontra, só poderá ser contemplado com justiça sob a luz das tochas, pois do modo como está não recebe diretamente luz alguma, mas apenas um reflexo do pequeno pátio circular do Belvedere, rodeado de colunas. Acontece o mesmo também com o Apolo e os assim chamado Antínoo (Mercúrio). Mais necessária ainda é a luz de tochas para se poder avaliar devidamente os méritos do Nilo e do Meleagro. A nenhuma outra estátua a luz das tochas é mais favorável do que ao chamado Fócio, pois só assim, e não por meio de iluminação ordinária sob a qual ele infelizmente se encontra, pode-se perceber a rara delicadeza das partes do corpo que se revelam por sob a veste simples. Belos também são o precioso fragmento de um Baco sentado, assim como o torso de um Baco com uma bela cabeça e

Viagem à Itália

um Tritão em meio corpo, mas, acima de tudo, o milagre da arte, o famoso e nunca suficientemente louvado Torso.

"Os monumentos do Museu Capitolino são certamente menos importantes do que os do Pio Clementino. Entretanto, há alguns muito significativos, e é aconselhável deixar-se instruir sobre seus méritos, apreciando-os sob a luz das tochas. O assim chamado Pirro, trabalhado primorosamente, encontra-se ao lado da escada e nunca recebe a luz do dia. Na galeria, em frente a três colunas, uma bela figura em meio corpo, que pode ser tomada por uma Vênus vestida, recebe uma luz tênue por três lados. A Vênus desnuda, a mais bela estátua desse tipo em Roma, não é favorecida pela luz do dia, uma vez que foi posta em um canto do salão. A assim chamada Juno em belos trajes fica recostada à parede entre duas janelas, recebendo apenas uma faixa de luz. Também a famosa cabeça de Ariadne no Salão das Miscelâneas não pode ser vista em toda a sua magnificência a não ser à luz das tochas. Há ainda outras peças nesse Museu que, colocadas em posição desfavorável, carecem da iluminação por tochas, se se quiser vê-las e apreciá-las em todo o seu mérito.

"No entanto, como tudo o mais que está na moda, também a iluminação das tochas pode ser mal utilizada. Ela só pode trazer benefícios quando se entende para que serve. Sua utilidade consiste principalmente, como já se disse antes, em deixar ver objetos que recebem apenas uma insuficiente luz do dia, de modo que todos os altos e baixos-relevos, as dobras e articulações das partes possam ser corretamente distinguidos. Acima de tudo, a luz de tochas é favorável aos objetos do melhor dos períodos da arte (se o condutor da tocha souber de qual período se fala), pois sob essa luz veem-se melhor as massas, como também as mais delicadas nuances são ressaltadas. As obras do estilo arcaico, mesmo as do mais elevado, pouco têm a ganhar nesse caso. Os escultores, nessa época, não estavam ainda conscientes dos efeitos de luz e sombra, portanto não poderiam tê-lo feito figurar em suas obras. O mesmo aconteceu com obras do período posterior, em que os artistas começaram a se tornar negligentes, em que o gosto decaiu tanto, que se deixou de considerar o efeito de luz e sombra e a doutrina das massas foi esquecida. Para que serviria a iluminação de tochas nesses casos?"

É apropriado lembrarmo-nos, em ocasião tão festiva, do sr. Hirt,[128] que foi, mais de uma vez, prestativo e generoso em relação a nosso grupo. Nascido em 1759 na região de Fürstenberg, foi acometido, depois de estudar os escritores antigos, pelo irresistível desejo de ir a Roma. Ele chegou ali alguns anos antes de mim e se familiarizou seriamente com obras de arte e arquiteturas antiga e moderna, tornando-se assim um guia bastante adequado e rico em ensinamentos para estrangeiros ávidos de conhecimento. Também eu fui objeto de sua generosa atenção.

Seu estudo principal era a arquitetura, o que não o impediu de levar sua atenção até os lugares clássicos e a tantas outras coisas notáveis. Suas perspectivas teóricas sobre arte deram oportunidade a acaloradas discussões, naquela Roma que adorava uma boa controvérsia e tomar partido nela. A tese de Hirt baseava-se na premissa de que toda a arquitetura grega e romana derivava necessariamente das antigas construções de madeira, de modo que julgava as novas construções baseando-se nisso, sabendo servir-se muito bem de exemplos da história. Os que discordavam dele diziam que, na arquitetura, assim como nas outras artes, o arquiteto via-se por vezes instado a fazer uso de certos expedientes artísticos e artificiais, ainda que de bom gosto, de modo que, dada a diversidade com a qual se deparava, era obrigado, de uma forma ou de outra, a se desviar das regras estritas.

Em sua busca pela beleza, ele também entrou em discordância com outros artistas, quando colocou os fundamentos desta no que é característico, com o que concordaram todos aqueles que têm a convicção de que o caráter deve de fato ser o fundamento de qualquer obra de arte, ao passo que o tratamento deve ser orientado pelo senso estético e o gosto, cuja função é representar cada caráter tanto em sua proporcionalidade quanto em sua graça.

---

128 Aloys Ludwig Hirt, nascido em 1759, em Behla (Schwarzwald), e falecido em 1837, em Berlim. Arqueólogo e historiador da arte. Desde 1796, professor da Academia de Arte em Berlim e professor de Arqueologia na universidade. Goethe compartilhava de sua tese de que a arquitetura grega em pedra se originara da arquitetura em madeira, defendida anteriormente também por Winckelmann. Para maiores aprofundamentos da relação entre Goethe e Hirt a respeito da arquitetura, comparar os dois ensaios de Goethe sob o título de *Baukunst* [Arquitetura], de 1788 e 1795.

Viagem à Itália

Ainda que a arte consista em ações e não em palavras, continuamos a falar mais do que a agir. Compreende-se, portanto, que, naquela época, discussões desse tipo não tinham fim, e continuam assim nos dias de hoje.

Se, por um lado, as opiniões divergentes dos artistas davam margens a fatos desagradáveis e mesmo a rompimentos, acontecia alguma vezes, embora raramente, que se dessem eventos engraçados a partir dessas controvérsias. O que narro agora poderá servir de exemplo.

Um grupo de artistas, depois de passar o domingo no Vaticano, dirigia-se à Porta[129] da cidade junto à Colunata, passando pelos vinhedos para depois cruzar o Tibre, evitando assim o caminho mais longo por dentro da cidade. Vinham discutindo por todo o caminho, chegaram discutindo à margem do rio e a discussão se intensificou durante a travessia. Chegando a Ripetta, viram-se na iminência de desembarcar e de separarem-se, sufocando ainda ao nascer os argumentos supérfluos que preparavam. Concordaram então em permanecerem juntos e continuar a viagem para lá e para cá, dando livre vazão a sua dialética sobre a oscilante embarcação. Uma vez, porém, não fora suficiente. Estavam no meio de sua argumentação e pediram ao barqueiro que retornasse, mais uma vez. Este estava de pleno acordo, pois, a cada vez que cruzava o rio, recebia um *baiocco*[130] por pessoa, um ganho considerável, que ele jamais esperaria em hora assim tão avançada. Por isso, ele assentia em completo silêncio, atendendo ao desejo do grupo. Seu filhinho, entretanto, perguntou-lhe com espanto: "O que fazem eles? Que desejam com isso?", ao que ele respondeu com grande tranquilidade: "Eu não sei, talvez sejam loucos".[131]

Mais ou menos por essa época, recebi pelo correio esta carta, enviada de casa:

---

129 Porta Angélica, hoje não mais existente.

130 Moeda de cobre do Estado do Vaticano. Dez *baiocchi* valiam um *Paolo*, e cem um *Scudo*.

131 Essa mesma história é contada por Heinrich Meyer nas *Conversações com Goethe* de Eckermann, em 14 de abril de 1829.

Johann Wolfgang von Goethe

Monsieur, je ne suis pas etonné que vous ayes de mauvais lecteurs; tant de gens aimant mieux parler que sentir, mais il faut les plaindre et se féliciter de ne pas leur ressembler. — Oui, Monsieur, je vous dois la meilleure action de ma vie, par conséquent la racine de plusieurs autres, et pour moi votre livre est bon. Si j'avois le bonheur d'habiter le même pays que vous, j'irois vous embrasser et vous dire mon secret, mais malheureusement j'en habite un où personne ne croiroit au motif que vient de me déterminer à cette démarche. Soyez satisfait, Monsieur, d'avoir pu, à 300 lieues de votre demeure, ramener le coeur d'un jeune homme à l'honnêteté et à la vertu, tout une famille va être tranquille, et mon coeur jouit d'une bonne action. Si j'avais des talens, des lúmières ou un rang qui me fit influer sur le sort des hommes, je vous dirois mon nom, mais je ne suis rien et je sais ce que je ne voudrois être. Je souhaite, Monsieur, que vous soyez jeune, que vous ayez le goût d'écrire, que vous soyez l'époux d'une Charlotte qui n'avait point vu de Werther, et vous serez le plus heureux des hommes, car je crois que vous aimez la vertu.[132]

Dezembro
Correspondência

Roma, 1º de dezembro[133]

Eis o que posso assegurar-te: encontro-me mais do que certo a respeito dos pontos mais importantes, e, mesmo que o conhecimento possa

---

132 Senhor, não me admira que tenha maus leitores; as pessoas preferem mais falar do que sentir, mas é preciso ter compaixão e alegrar-se por não se parecer com elas. – Sim, Senhor, eu lhe devo a melhor ação da minha vida, e consequentemente muitas outras e, para mim, seu livro é bom. Se eu tivesse a alegria de morar no mesmo lugar que o senhor, iria abraçá-lo e dizer meu segredo, mas, infelizmente, moro em um lugar onde ninguém acreditaria na razão que me levou a tomar essa iniciativa. Alegre-se, Senhor, por ter conseguido, a 300 léguas de sua morada, devolver à honestidade e à virtude o coração de um jovem rapaz, o senhor tranquilizou toda uma família, e meu coração se deleita por uma boa ação. Se tivesse talentos, luzes ou uma posição que me fizesse influenciar o destino dos homens, eu lhe diria meu nome, mas não sou ninguém e sei que não gostaria de ser. Espero que o Senhor seja jovem, que tenha gosto pela escrita, que seja casado com uma Charlotte que jamais tenha visto algum Werther, e o Senhor será o mais feliz dos homens, pois creio que ama a virtude.

133 Carta a Herder.

expandir-se ao infinito, tenho ainda assim uma ideia clara e sólida da relação entre finito e infinito, sendo que sou mesmo capaz de transmiti-la a outros.

Tenho em mente a concretização de coisas extraordinárias. Tento manter recuada minha necessidade teórica de conhecer, a fim de dirigir minha energia apenas para a atividade. Pois ali se dão coisas magníficas e tão compreensíveis como a palma da minha mão.

Roma, 7 de dezembro de 1787

Dediquei a semana ao desenho, já que as coisas não progrediam com a poesia. É preciso ver e buscar, aproveitar todos os momentos. Nossa academia doméstica continua a todo vapor. Temos nos esforçado para despertar o velho Angantir[134] de seu sono. À noite ocupamo-nos da perspectiva, e eu procuro aprender a desenhar cada vez melhor as partes do corpo humano. Como tudo que é fundamental, é muito difícil e exige grande dedicação ao exercício.

Angelika mostra-se sempre muito boa e amável, ela me fez seu devedor de todas as formas. Passamos junto os domingos e visito-a ainda uma noite por semana. Ela trabalha tanto e tão bem que não temos a mínima ideia de como isso seja possível, e no entanto continuamos a pensar que ela não faz nada.

Roma, 8 de dezembro[135]

Alegra-me muito saber que gostastes de minha cançãozinha.[136] Não imaginas que prazer me dá saber que consegui produzir um som que se adequa a tua voz. Eu desejaria a mesma coisa em relação a *Egmont*, do qual falas tão pouco e, quando o fazes, parece que te causa mais mal do que bem. Ah, bem sabemos o quanto é difícil harmonizar uma composição tão

---

134 Personagem da mitologia nórdica, Angantir é despertado do sono pela filha.
135 Carta a Charlotte von Stein.
136 Carta a Charlotte von Stein.

grandiosa. Ninguém, no fundo, tem uma ideia correta da dificuldade que reside na arte, a não ser o próprio artista.

Há muito mais *aspectos positivos* na arte do que normalmente se acredita, e com isso quero dizer muito mais *aspectos instrutivos e passíveis de ser transmitidos a outrem*. São muitos os meios mecânicos através dos quais se pode produzir os efeitos espirituais (desde que se possua uma alma). Quando se conhece esses pequenos truques artísticos, muito do que parece um prodígio é apenas um jogo. Não há melhor lugar para se aprender esse tipo de coisa do que em Roma, para o bem e para o mal.

Roma, 15 de dezembro[137]

Escrevo-te tarde para poder ainda escrever alguma coisa. Esta semana transcorreu de modo muito prazeroso. Na semana anterior, eu estacara em minhas duas ocupações principais, a escrita e o desenho. Na segunda--feira, fez um tempo belíssimo. A par disso, meu conhecimento dos sinais meteorológicos deu esperança de mais dias de bom tempo, de modo que Kayser, eu e meu segundo Fritz[138] pusemo-nos a caminho, atravessando sítios que eu já conhecia e outros ainda inéditos para mim.

Na terça-feira chegamos a Frascati, na quarta, visitamos as belas *villas*, especialmente o precioso Antínoo em Monte Dragone.[139] Na quinta, fomos de Frascati a Monte Cavo, passando por Rocca di Papa, de onde tens certamente os desenhos, pois palavras e descrições de nada valem. Continuamos depois descendo em direção a Albano. Na sexta-feira, Kayser deixou-nos, pois não passava muito bem. Segui, na companhia de Fritz II, em direção a Aricia, Genzano, junto ao lago de Nemi, retornando então a Albano. Hoje visitamos Castel Gandolfo e Marino e dali voltamos a Roma. O tempo nos favoreceu incrivelmente, quase que se pode dizer que esses

---

137 Carta a Charlotte von Stein.

138 O "segundo Fritz" é Fritz Bury. A alcunha serve para distingui-lo do primeiro Fritz, filho de Charlotte von Stein.

139 Villa Mondragone, em Frascati. A cabeça colossal representando Antínoo (ca. 110/112-130), um favorito do imperador Adriano que se afogou no Nilo, encontra-se hoje no Museu do Louvre.

foram os melhores dias que tivemos durante o ano. Ao lado das árvores sempre verdes, alguns carvalhos mantêm ainda suas folhas, como também as jovens castanheiras, embora de cor amarelada. As cores da região têm grande beleza, junto das magníficas formas que se revelam no escuro da noite. Tudo isso me proporcionou grande alegria, que te reporto agora à distância. Senti-me muito feliz e tranquilo.

Roma, 21 de dezembro[140]

O fato de eu me entregar ao desenho e estudar arte, em vez de se mostrar como um obstáculo à minha prática poética, é-lhe favorável. É preciso escrever pouco e desenhar muito. Quero comunicar-te meu atual conceito de artes plásticas. Ainda que não seja independente, é promissor, pois é verdadeiro e indica sempre o caminho adiante. A razão e a influência dos grandes mestres é inacreditável. Se, quando cheguei à Itália, senti-me renascer, agora posso dizer que se inicia meu processo de educação.

Até agora só te enviei tentativas levianas e sem consequências. Desta vez mando por meio de Thurneisen um pacote que te deixará feliz. As melhores coisas são de outros artistas.

Roma, 25 de dezembro

Desta vez, Cristo nasceu entre raios e trovões; exatamente à meia-noite tivemos uma forte tempestade.

O brilho das grandes obras de arte não me cega mais. Perambulo agora em contemplação, usufruindo do verdadeiro conhecimento capaz de distinguir e reconhecer. Não posso dizer o quanto sou devedor nesse ponto a um suíço, solitário e diligente, de nome Meyer. Ele foi o primeiro a me abrir os olhos para o detalhe, sobre as características das formas singulares, iniciando-me propriamente na prática da arte. Ele é muito modesto e precisa de pouca coisa para viver. Ele usufrui das obras de arte muito mais do que os grandes colecionadores que as possuem, mas não as entendem.

---

140 Carta a Charlotte von Stein.

Usufrui mais do que outros artistas, os quais se angustiam pelo desejo de imitar o inalcançável. Tem uma clareza meridiana dos conceitos aliada a um coração angelicalmente bom. Nunca conversamos sem que eu deseje anotar tudo o que ele diz, tão determinadas e corretas são suas palavras, capazes de demarcar nitidamente as linhas. Ele me instrui como nenhum homem poderia fazer, e separar-me dele seria para mim uma perda insubstituível. Junto a ele, em algum tempo espero chegar a um determinado patamar no desenho que nem ouso imaginar. Tudo o que aprendi, ouvi, pensei na Alemanha está para sua orientação como a casca da árvore para a semente do fruto. Não tenho palavras para expressar a bem-aventurança silenciosa e desperta com a qual começo agora a observar as obras de arte; meu espírito está suficientemente aberto para compreendê-las e se educa cada vez mais a fim de poder de fato apreciá-las.

Há novos estrangeiros aqui, com os quais eu vou algumas vezes visitar galerias. Eles aparecem como as vespas em meu quarto, que se chocam com a vidraça da janela, confundindo-a com o ar livre, e saem novamente zumbindo pelas paredes.

Nessa situação, isolado e silencioso, não preciso de inimigos. E ser tomado por doente ou temperamental convém-me menos do que nunca. Portanto, meu amigo, pense, faça, pratique o melhor para mim e preserve minha vida que, de outro modo, perecerá sem trazer proveito a ninguém! Preciso confessar que, ao longo deste ano, fiquei muito mal-acostumado, do ponto de vista da moral. Totalmente isolado de todo mundo, passei um bom tempo entregue a mim mesmo. Eis que agora se construiu um novo e estreito círculo ao meu redor, no qual todos são bons e se encontram no caminho certo. Pois sou impiedoso e intolerante com aqueles que se perdem ou se desviam em seus caminhos e ainda assim querem ser tomados por mensageiros e porta-vozes. Por meio de piadas e escárnio, vou levando a relação até que modifiquem seu modo de viver ou se separem de mim. Pois aqui se trata de pessoas corretas e boas. Não faço cerimônia para descartar os tolos ou fracos de caráter. Dois ou três homens são gratos a mim pelas mudanças em suas vidas e em seu modo de pensar, e continuarão agradecendo por toda a vida. A esse respeito, posso sentir que minha natureza se tornou mais sã e mais ampla. Pois a mim também me doem os pés em calçados apertados, e tampouco eu consigo ver através de um muro de tijolos.

Viagem à Itália

Em retrospecto
Dezembro

O mês de dezembro começou com um tempo bom e bastante estável, o que deu ocasião a uma ideia que asseguraria dias muito agradáveis a nosso alegre grupo. A ideia era imaginar que acabáramos de chegar a Roma e, como estrangeiros apressados, precisávamos conhecer os melhores objetos e monumentos da maneira mais rápida. Começamos então uma excursão nesse sentido, de modo que aquilo que já nos era conhecido se renovasse ao espírito e aos sentidos.

Começamos sem demora a pôr essa ideia plenamente em prática, e com alguma assiduidade. Infelizmente pouca coisa restou do muito que observavamos e pensamos nessa ocasião. Quase não há cartas, notas, desenhos e esboços dessa época, mas ainda assim alguma coisa será aqui narrada.

Em uma área baixa de Roma, não muito longe do Tibre, fica uma igreja grande, chamada Igreja das Três Fontes.[141] Estas tiveram origem, dizem, do sangue derramado na decapitação de São Paulo, e continuam vertendo água ainda hoje.

A igreja está situada em um local bastante profundo, de modo que os canos de água que penetram em seu interior contribuem para aumentar a umidade do ar, bastante densa. O interior da igreja é pouco decorado e quase negligenciado, utilizado apenas em raros dias de missa, quando então é limpo e arejado. Seu ornamento mais nobre consiste na pintura de Cristo e seus apóstolos, reproduzidos em sequência nos pilares da nave, em tamanho natural, a partir de um desenho de Rafael. Esse espírito extraordinário, que em outras ocasiões representou esses homens santos reunidos e trajados de maneira uniforme, caracterizou-os de modo particular aqui,

---

141 S. Paolo alle Tre Fontane, em frente à Porta S. Paolo, construída no século V, no local onde o apóstolo Paulo sofreu seu martírio. Em 1599, a igreja foi restaurada por Giacomo della Porta. Os afrescos referidos, entretanto, encontram-se na igreja vizinha de San Vicenzo e San Anastasio, uma construção do século VII, restaurada no século XIII. Provavelmente foram executados segundo diferentes desenhos de Rafael por Marco Antonio Raimondi.

Johann Wolfgang von Goethe

onde cada um aparece como um objeto único, não como se estivessem seguindo o Senhor. Representou cada um deles, depois da Ascensão, tendo de enfrentar e sofrer seu próprio destino, individualmente.

De modo a nos relembrar da excelência dessas imagens, já decorrido tempo e em meio à distância, temos reproduções dos originais feitas pela mão fiel de Marco Antônio, os quais nos dão oportunidade de reavivar nossa memória e fixar nossas observações.[142] Acrescento a seguir um artigo meu publicado em 1789 na *Deutscher Merkur*.

"A tarefa de representar digna e apropriadamente o mestre transfigurado, acompanhado de seus primeiros e mais diletos alunos, os quais dependem inteiramente de suas palavras e de sua existência, e que contribuíram em grande parte para coroar suas existências simples com a coroa do martírio, foi executada com tamanha simplicidade e diversidade ao mesmo tempo, com tamanho sentimento e rica compreensão da arte, que essas folhas devem ser tomadas por um dos mais belos monumentos da vida afortunada do artista.

"Rafael fez um uso sutil de tudo que nos chegou pela tradição e pelas Escrituras a respeito do caráter, posição social, ocupação, vida e morte de cada um dos apóstolos, criando assim uma série de figuras que, sem se parecerem umas com as outras, possuem uma relação intrínseca. Vamos comentá-las uma a uma, de modo a chamar a atenção de nosso leitor para essa interessante coleção.

"Pedro. Rafael representou-o de frente, dando-lhe uma forma sólida e compacta. As extremidades são um pouco grandes demais, como em outras figuras, o que faz que a figura pareça um tanto pequena. O pescoço é curto, assim como os cabelos, os mais encaracolados de todos os treze. As dobras das vestes coincidem com o meio do corpo, e o rosto é visto de frente, como o restante da figura. Trata-se de uma forma sólida como uma pilastra, que deve ser capaz de suportar um grande peso.

"Paulo também é representado em pé, mas voltando-se para o lado, como alguém que faz menção de partir e que, ainda uma vez, olha para trás.

---

142 Marcantonio Raimondi (*c.* 1480-*c.* 1534), gravador italiano.

Viagem à Itália

O manto levantado pelo mesmo braço que segura o Livro. Tem os pés livres, nada impede sua caminhada. Cabelos e barba chamejantes, e o rosto reflete o brilho de um espírito entusiasmado.

"João. Um jovem nobre com belos e longos cabelos, encaracolados nas pontas. Parece tranquilo e satisfeito por portar e exibir os símbolos da religião, o Livro e o cálice. Trata-se de um feliz expediente artístico o fato de que a águia, ao levantar a asa, erga também as vestes do apóstolo, de modo que as belas dobras sejam mostradas da maneira mais perfeita.

"Mateus. Um homem rico e feliz com sua existência. A grande tranquilidade que exala é contrabalançada por um olhar grave, quase tímido. As dobras das vestes que lhe caem sobre o corpo e a bolsa de dinheiro são uma ideia indescritível de prazenteira harmonia.

"Tomás é um das figuras mais belas e expressivas, de grande naturalidade. Está envolvido em seu manto, que forma dobras quase simétricas de ambos os lados, mas que se diferencia de modo ao mesmo tempo completo e imperceptível, por meio de pequenas alterações. Dificilmente uma imagem causaria impressão mais calma, pacífica e mesmo humilde. A cabeça virada para o lado, a gravidade, quase tristeza do olhar e a boca refinada harmonizam-se muito bem com a tranquilidade exalada pelo todo da figura. Apenas os cabelos se movimentam, denotando um ânimo apaixonado por sob uma aparência tranquila.

"Tiago Maior. A figura suave de um peregrino que passa envolvido em seu manto.

"Felipe. Se colocarmos sua figura entre os dois anteriores e observarmos o desenho das dobras, perceberemos o quanto são ricas e amplas as de suas vestes em comparação com as outras. A segurança com que segura firmemente a cruz e a contempla com o olhar preciso se harmoniza perfeitamente com a riqueza das vestes, de modo que o todo da figura deixa transparecer grandeza interior, paz e ao mesmo tempo solidez.

"André mais abraça e acaricia sua cruz do que a carrega. As dobras simples do manto são traçadas com grande habilidade.

"Judas Tadeu. Um jovem que ergue seu longo manto, como o fazem os monges em viagem, para que ele não impeça seus passos. Essa simples ação dá origem a dobras muito belas. Ele leva nas mãos, como um cajado, a lança com o machado, símbolo de seu martírio.

"Matias. Um ancião jovial, envolto em roupas simples mas cheias de pregas primorosamente desenhadas, inclina-se em direção a uma lança. Seu manto arrasta-se atrás de suas costas.

"Simão. As dobras do manto e das vestes sob ele com as quais está coberta essa figura que aparece ao espectador quase de costas estão entre as mais belas da coleção. Há também grande harmonia em sua postura, nos gestos e no comprimento dos cabelos.

"Bartolomeu se encontra selvagemente envolto em seu manto de maneira artisticamente não artística. Sua postura, seus cabelos, o modo como segura o punhal, quase nos levam a pensar que ele está prestes a esfolar alguém, em vez de ser ele mesmo objeto dessa operação.

"Jesus Cristo, por fim, não deixaria satisfeito quem buscasse nele a imagem prodigiosa do Deus feito homem. Ele se apresenta singelo e pacífico, para abençoar o povo. Poder-se-ia dizer com razão que suas vestes, erguidas assim pelo movimento do braço e formando belas dobras sobre o corpo, não se manteriam um momento sequer nessa posição, mas cairiam imediatamente. Talvez Rafael tenha suposto que a figura houvesse puxado para cima e segurado as vestes com a mão direita e que, naquele momento preciso, erguia o braço para abençoar e as deixava cair. Seria um belo exemplo do belo expediente artístico de sugerir a ação imediatamente anterior pelo seu efeito ainda perceptível nas dobras do tecido."[143]

Essa pequena e modesta igrejinha não fica muito longe da monumental igreja dedicada ao maior dos apóstolos: a Igreja de São Paulo Fora dos Muros,[144] um monumento constituído de magníficas ruínas antigas, ricas e artisticamente reunidas. Ao entrar na igreja tem-se uma impressão su-

---

143 Ver o *Laocoonte* de Lessing, seção XVIII.

144 Composta por cinco naves, a Basilica de San Paolo Fuori le Mura foi erguida em 386 pelo imperador Constantino sobre o túmulo do apóstolo Paulo; posteriormente, foi ampliada pelos imperadores Valentiniano, Teodósio e Arcádio. Goethe viu a basílica ainda em seu estado antigo. Em 1823, um incêndio lhe causou grandes danos.

Viagem à Itália

blime, as poderosas fileiras de colunas suportam altas paredes decoradas, as quais, fechadas em cima pelo madeiramento do teto, causam a nossos olhos mimados a impressão de uma espécie de galpão, ainda que essas estruturas, cobertas por tapetes nos dias de festa, possam causar um efeito incrível. Aqui se encontram razoavelmente conservados alguns magníficos restos de uma arquitetura colossal e altamente adornada, provenientes das ruínas do antigo Palácio de Caracalla, que antes se situava próximo daqui e que agora praticamente desapareceu.

O estádio, que recebeu o nome desse imperador, embora destruído em boa parte, dá-nos ainda a ideia de um espaço imenso. Se o desenhista se colocar junto à ala esquerda daqueles que se dirigem à arena, terá à sua direita, acima, sobre os destroços dos assentos dos espectadores, o túmulo de Cecília Metela, em meio à vizinhança moderna, a partir do qual a linha dos antigos assentos segue em direção ao infinito, deixando ver à distância importantes *villas* e palácios de verão. Ao fazer o movimento inverso, o olho pode seguir, imediatamente à sua frente, as ruínas de Spina, e aquele que possuir alguma imaginação arquitetônica poderá fazer reviver a ousadia daqueles tempos. Os edifícios que ora se encontram em ruínas à nossa frente causariam, de toda maneira, uma impressão agradável, caso um artista experiente e dotado de espírito decidisse reconstruí-los. Teriam então, com certeza, o dobro de largura em relação à altura.

A Pirâmide de Céstio recebeu a saudação de nosso olhar desta vez, e as ruínas das termas antoninas ou de Caracalla, das quais Piranesi[145] nos deu tão ricos efeitos, também não foram capazes de satisfazer nosso olhos acostumados à contemplação do belo. Lembramos, nessa oportunidade, de Hermann von Schwanefeld,[146] que, com seu estilete sutil e capaz de expressar o mais puro sentimento da natureza e da arte, fez reviver esse passado, transformando-o em uma das mais graciosas fontes de nosso presente vivo.

---

145 Giovanni Battista Piranesi, nascido em 1720, em Mogliano Veneto, e falecido em Roma, em 1778. Em suas obras-primas, *Vedute di Roma* e *Antichità Romane*, Piranesi logra representar magnificamente o sentido histórico de Roma. Sua perspectiva da cidade foi essencial para Goethe, que possuía o primeiro volume de *Antichità*.

146 Herman van Swanefelt (1600-1655), pintor e gravador de paisagens e monumentos arquitetônicos. Trabalhou em Roma entre 1629 e 1638.

Na Praça de São Pedro em Montorio saudamos a poderosa corrente de Acqua Paola, que se divide em cinco ao passar por um Arco de Triunfo seguido de uma Porta, sendo capaz então de encher uma grande bacia. Essa corrente provém de um aqueduto reconstruído por Paulo V e percorre um caminho de cerca de 25 milhas a partir do lago Bracciano,[147] fazendo um espetacular zigue-zague por entre elevações até chegar aqui. Provê assim a necessidade dos moinhos e fábricas, avolumando-se no Trastevere.

Os amigos da arquitetura aqui louvaram a feliz ideia de dar a essas águas uma entrada aberta, visível, triunfante. Colunas e arcos, cornijas e áticos nos lembram aqueles portões suntuosos através dos quais guerreiros vencedores de outrora costumavam entrar; aqui a nutriz pacífica entra com a mesma força e energia e recebe imediatamente agradecimentos e admiração pelas fadigas de seu longo percurso. As inscrições também nos dizem que a providência e a benevolência de um papa da família Borghese mantêm aqui, por assim dizer, um cortejo eterno, ininterrupto, imponente.

Um visitante que acabara de chegar do Norte objetou, entretanto, que se faria melhor empilhando algumas rochas nuas para prover a essa corrente uma emersão natural à luz do dia. Poder-se-ia contestá-lo dizendo que não se trata de uma corrente natural, mas artificial, de modo que seu ponto de afluência poderia ser decorado também da mesma forma, artificialmente.

Em relação a esse ponto houve tão pouca concordância como quanto ao magnífico quadro da Transfiguração de Rafael, o qual vistamos em um mosteiro próximo. Houve muita conversa. Os mais calmos dentre nós aborreceram-se por ver repetida a velha crítica à "ação dupla".[148] Não é diferente nos negócios do mundo, quando uma moeda sem valor, junto a outra que vale muito, acaba encontrando também algum uso no comércio, especialmente ali, onde, na pressa para expedir algum negócio e sem pensar e hesitar muito, pensa-se estar neutralizando certas diferenças por meio desse expediente. No entanto, é sempre muito surpreendente que alguém

---

147 O lago Bracciano é o antigo *Lacus sabatinus* na Etrúria, a noroeste de Roma.

148 A "velha crítica à ação dupla" foi levantada pela primeira vez pelo inglês Jonathan Richardson (1667-1745) em seu "Essay on the Theory of Painting", Londres, 1715, tendo sido repetida por Falconet, Ramdohr e Volkmann, entre outros.

Viagem à Itália

possa encontrar defeito na unidade dessa grandiosa concepção. Na ausência do Senhor, são os desesperados pais de um jovem possuído que representam o Sagrado. Eles já teriam tentado expulsar o mau espírito. Até mesmo já se buscara em um livro alguma fórmula antiga capaz de agir contra esse mal. Mas debalde. Nesse momento surge Aquele, o Único que tem poder, plenamente reconhecido por meio de seus grandes antepassados. Logo todos se voltam a essa visão como a única fonte possível de cura. Por que se quer separar o Alto e o Baixo? Ambos são apenas um. Embaixo os que sofrem, os necessitados. Em cima O que ajuda, O que age em prol daqueles, ambos em relação recíproca. Seria possível expressar isso de outra maneira, separando o ideal do real?

Os que pensavam da mesma forma sentiram-se fortalecidos em sua convicção e diziam: "Rafael notabilizou-se por seu pensamento correto. Deve, portanto, o homem com o talento divino, que aqui se mostra plenamente, teria ele, no auge de sua vida, pensado erroneamente, agido erroneamente? Não! Ele, como a natureza, teve sempre razão, e tanto mais profundamente naquilo em que menos somos capazes de compreendê-la".

Um compromisso como o nosso, de percorrer Roma ligeiramente em boa companhia e apenas entre nós, não pôde ser concluído a princípio da maneira que pensávamos. Um ou outro faltava, detido talvez por uma casualidade, outros se juntavam a nós, para visitar um ou outro monumento que ficava em seu caminho. Ainda assim, o núcleo original do grupo foi mantido, ora recebendo novos membros, ora isolando-se, ora atrasando--se, ora apressando-se. Algumas vezes tivemos a oportunidade de ouvir as mais extraordinárias declarações. Existe um certo tipo de julgamento empírico, colocado em voga já há algum tempo, principalmente por viajantes ingleses e franceses. Expressa-se o juízo espontâneo no calor da hora, sem considerar as condições a que o artista se via atado, seja por seu especial talento, seja por antecessores e mestres, seja pelos mecenas e clientes. Não se considera nada do que seria necessário para uma avaliação digna, de modo que resulta daí uma terrível mistura de elogio e censura, de afirmações e negações, por meio dos quais o valor próprio do objeto em questão é totalmente anulado.

Nosso bom amigo Volkmann, um guia tão atencioso como útil, parece ter se deixado levar por alguns desses críticos estrangeiros, motivo pelo qual suas apreciações parecem bastante peculiares.[149] É possível, por exemplo, expressar-se de maneira mais infeliz do que o faz ele na Igreja de Maria della Pace?

"Na primeira capela, Rafael pintou algumas sibilas que foram bastante prejudicadas. O desenho é correto, mas a composição é ruim, o que provavelmente pode ser atribuído ao espaço incômodo no qual o artista teve de trabalhar. A segunda capela é decorada com arabescos segundo desenhos de Michelangelo, muito apreciados, mas não suficientemente simples. Sob a cúpula notamos três pinturas. A primeira, de Carlo Maratti, representando a visitação de Maria, pintada com frieza, mas bem arranjada; a segunda, do Cavaleiro Vanni, o nascimento de Maria à maneira de Pedro de Cortona; a terceira, de Maria Morandi, a morte de Maria. A composição é um pouco confusa e cai numa certa rudeza. Na abóbada sobre o coro Albani pintou, com um colorido débil, a ascensão de Maria. As pinturas de sua autoria nas colunas sob a cúpula foram mais bem sucedidas. O pátio para o mosteiro contíguo a esta igreja é obra de Bramante."[150]

Esse tipo de juízo insuficiente e oscilante confunde o leitor que escolhe esse livro como um guia. Muita coisa está de fato errada, por exemplo, o que consta aqui sobre as sibilas. Rafael jamais se importou com o espaço que a arquitetura lhe proporcionava; ao contrário, dá prova da grandiosidade e da elegância de seu gênio o modo como ele sabia preencher e ornamentar qualquer espaço da maneira mais graciosa, como se pode ver com toda a

---

149 Entre os "críticos estrangeiros" a que Goethe alude merece menção especial o astrônomo francês Joseph Jérôme Lefrançois de Lalande (1732-1807), cuja obra *Voyage d'un François en Italie* [Viagem de um francês pela Itália, 1769] serviu de base para o livro de Volkmann.

150 Trata-se de quatro pintores italianos do período barroco: Carlo Maratti (1625-1713), Raffaello Vanni (*c.* 1590-1673), Giovanni Maria Morandi (1622-1717) e Francesco Albani (1578-1660). Além das pinturas mencionadas por Goethe, adorna a cúpula ainda uma quarta, *Apresentação da Virgem Maria no Templo*, de Baldassarre Tommaso Peruzzi (1481-1536). Donato di Angelo del Pasciuccio, dito o Bramante (1444-1514), foi um arquiteto italiano da Renascença.

clareza na Farnesina. Quadros magníficos como *A missa de Bolsena*, *A libertação de São Pedro* e o *Parnaso* não poderiam ser pensados de modo tão engenhoso não fosse pela prodigiosa limitação de espaço arquitetônico. Da mesma forma, no caso das sibilas, há uma simetria oculta, da qual toda a composição depende e que a tudo determina de maneira genial. Pois, da mesma forma como acontece nos organismos naturais, também na arte a perfeição da manifestação da vida se anuncia nos espaços mais restritos.

Mas, seja como for, deixemos por conta de cada um escolher sua própria maneira de compreender as obras de arte. Essas nossas excursões tornaram mais forte em mim o sentimento e a compreensão de estar pisando aquilo que a contemporaneidade decidiu chamar de solo clássico. A mim, essa sensação se me afigura como uma convicção tanto no plano do sensível como do suprassensível, de que neste lugar está e estará para sempre o que há de mais grandioso. O fato de que tudo o que é grande e magnífico perecerá está na natureza do tempo e na dos elementos morais e físicos, que atuam reciprocamente. Considerando tudo de um modo muito geral, não pudemos passar com tristeza por tudo o que foi destruído, sentimo-nos antes muito felizes por tanta coisa ter perdurado, tanto ter sido recuperado e restaurado de modo ainda mais esplendoroso e colossal.

A Basílica de São Pedro foi planejada de modo tão grandioso, e mesmo mais grandioso e audacioso do que qualquer um dos templos antigos, e o que tínhamos diante de nossos olhos não era apenas aquilo que dois milênios deveriam destruir, e sim, ao mesmo tempo, o que uma cultura mais elevada poderia mais uma vez produzir.

Mesmo a oscilação do gosto artístico, a aspiração pela grandeza simples, o retorno à pequenez múltipla, tudo isso é sinal de vida e movimento; a história da arte e a da humanidade exibiam-se sincronicamente diante de nossos olhos.

Não devemos nos abater pela percepção inevitável de que o que é grande perecerá; ao contrário, quando nos damos conta de que o passado foi grandioso, isso deve nos encorajar a produzir algo significativo, que, por sua vez, quando já em ruínas, desperte nossos pósteros a uma nobre atividade, a qual não faltou a nossos antepassados.

Johann Wolfgang von Goethe

Esses pensamentos tão instrutivos e elevados foram, ainda que eu não possa dizer interrompidos, certamente mesclados por um sentimento doloroso que passou a me acompanhar por todo lugar. Vim a saber que o noivo daquela excelente jovem milanesa retirara sua palavra e desfizera seu compromisso com ela, sob circunstâncias que eu desconhecia. Se, por um lado, eu louvava minha própria capacidade de não me deixar subjugar por minha inclinação e de logo ter me afastado daquela adorável criança, e ainda o fato de que, segundo uma inquirição das mais minuciosas feita a pretexto daquela vilegiatura em Castel Gandolfo, essa minha inclinação não tinha figurado entre os motivos do rompimento, foi-me imensamente penoso ver agora escurecida e desfigurada a feliz imagem que até então me acompanhara. Pois eu logo vim a saber que a querida criança fora acometida de uma forte febre causada pelo choque dos acontecimentos e que sua vida estava em perigo. Eu ia diariamente me informar sobre seu estado, no começo, duas vezes ao dia; senti a grande tristeza de ver algo impossível acontecer em minha imaginação: aquele rosto, aqueles traços que pertenciam à luz clara do dia, aquela expressão despreocupada, aquela vida que progredia em paz e tranquilidade, serem turvados pelas lágrimas e transformados pela doença, ver uma juventude tão fresca empalidecer e consumir-se prematuramente pelo sofrimento moral e físico.

Nesse estado de ânimo, a contemplação de uma sequência das mais importantes obras de arte em sua inabalável dignidade foi certamente um grande antídoto muito desejável aos olhos. Todos foram vistos, entretanto, com profunda tristeza no coração.

Vi os monumentos antigos que se desintegravam em massas disformes depois de tantos séculos, ao mesmo tempo em que a presença dos suntuosos edifícios modernos fazia já lamentar a decadência de tantas famílias em tempos recentes. Sim, mesmo a vida ainda fresca trazia já em si oculto o verme que a consumiria. Pois como poderia aquilo que é terreno subsistir em nossos dias apenas por meio dos suportes moral e religioso, mas destituído da força física? E do mesmo modo, como é possível fazer reviver as ruínas por meio de uma disposição alegre, da mesma forma como uma vegetação fresca e verde pode restituir a vida a paredes que desabaram e a fragmentos de rochas, também um pensamento triste despe a existência viva de seu mais belo ornamento, reduzindo-a a um esqueleto nu.

Eu demorava a decidir-me a participar de uma excursão às montanhas que pensávamos fazer em animada companhia. Foi quando recebi a notícia de que se dera uma melhora em seu estado. Pude então ser informado de sua recuperação, nos mesmos sítios onde eu a conhecera, feliz e adorável, nos belos dias de outono.

Já as primeiras cartas provenientes de Weimar sobre o *Egmont* continham opiniões sobre isso e aquilo. Renovava-se ali a velha observação segundo a qual o amador apoético, em sua cômoda autocomplacência burguesa, leva um choque a cada vez que o poeta busca resolver uma dificuldade, atenuar ou ocultar algo. Tudo deve suceder em um ritmo natural, diz o cômodo leitor. Mas também o extraordinário pode ocorrer de forma natural; acontece que aquele que insiste em permanecer ferreamente atado a suas concepções não o pode perceber. Uma carta com um teor semelhante havia chegado. Tomei-a e dirigi-me à Villa Borghese. Ali, fui obrigado a ler que algumas cenas foram consideradas longas demais. Refleti sobre isso e conclui que eu não seria capaz de abreviá-las, uma vez que motivos tão importantes são ali desenvolvidos. O que, no entanto, pareceu mais censurável às amigas foi a autorização lacônica com a qual Egmont recomenda sua Clarinha a Ferdinand.

Eis um trecho de minha resposta de então, a qual poderá dar uma boa ideia de minha resolução.

"Como eu gostaria de atender a vosso desejo e ser capaz de modificar alguma coisa na recomendação de Egmont a Ferdinand! Em uma bela manhã, dirigi-me à Villa Borghese, onde por duas horas refleti a respeito da peça, de seu ritmo, dos personagens e da relação que mantêm entre si, e não pude encontrar nada que pudesse ser abreviado. O quanto me agradaria comunicar-vos a todos minhas reflexões, meus argumentos a favor e contra vossas sugestões. Seria possível escrever com eles um livro e uma dissertação sobre a economia de minha peça. No domingo, fui ver Angelika e mostrei-lhe as questões que propusestes. Ela estudou a peça e possui uma cópia. Quem dera tu pudesses ter estado lá, para ver como a delicadeza feminina é capaz de interpretar a tudo corretamente. Disse

Angelika que a explicação que vos parece faltar dos próprios lábios do herói está implícita na aparição. Segundo ela, a aparição mostra o que vai na alma do herói adormecido, de modo que ele não poderia expressar mais intensamente com palavras o quanto a ama e considera senão por meio desse sonho, no qual a amável criatura não é elevada até ele, mas eleva-se por sobre ele. Angelika disse ainda que muito lhe agradava a ideia de que aquele que sonhou acordado pela vida toda, usufruindo com egoísmo da vida e do amor, que ele por fim, sonhando ainda, desperte, mostrando-nos o quão profundamente ele tem a amada em seu coração e a elevada posição que lhe é ali reservada. Angelika fez ainda outras observações. Disse, por exemplo, que na cena com Ferdinand, Clarinha só poderia mesmo aparecer em segundo plano, de modo a não diminuir o interesse pela partida de seu jovem amigo, o qual, de todo modo, não estava em condições de ouvir ou compreender coisa alguma."

Moritz como etimologista

Muito tempo atrás um homem sábio proferiu estas palavras verdadeiras: "O homem cujas forças e habilidades não são suficientes gosta de se ocupar com o desnecessário e o inútil".[151] Talvez alguma coisa do que vem a seguir possa ser avaliado segundo essa máxima.

Nosso companheiro Moritz continua a se ocupar ininterruptamente, no círculo da arte elevada e da bela natureza, das questões concernentes ao íntimo do homem, a seus talentos e capacidades de desenvolvimento. Por conta disso, dedicou-se também precipuamente à universalidade da linguagem.

Àquela época, em consequência da premiada obra de Herder *Sobre a origem da linguagem*[152] e do modo geral de pensar, predominava a seguinte concepção sobre a origem do homem: o gênero humano não se dissemi-

---

151 A frase é de Francis Bacon (Baco de Verulamio, 1561-1626) em *De dignitate et augmentis scientiarum* [Da dignidade e do avanço das ciências, 1605], L.III, cap.6: *Hoc enim habet ingenium humanum, ut cum ad solida non sufficiat, in supervacaneis se atterat.*

152 O ensaio de Herder "Über den Ursprung der Sprache" recebeu o prêmio da Academia de Berlim em 1771.

nara sobre a terra a partir de um casal proveniente do Alto Oriente. Sua origem tivera lugar em uma época extraordinariamente produtiva da Terra, na ponta final do processo hierárquico que dera procedência às diferentes espécies animais. Em alguns sítios mais favoráveis, a espécie humana teria surgido, em diferentes graus de desenvolvimento e aperfeiçoamento. A linguagem ter-se-ia então desenvolvido no homem em completo acordo com seus órgãos, assim como com suas capacidades intelectuais. Não fora necessário nenhum tipo de instrução ou mesmo tradição. Nesse sentido, haveria uma linguagem universal, que um determinado ramo autóctone da humanidade teria tentado expressar pela primeira vez. A afinidade entre as línguas seria um resultado da ideia comum de que essa energia criadora originara a espécie humana e seu organismo. Daí seria possível depreender que, em parte devido a um impulso intrínseco básico, em parte devido a um estímulo exterior, um número muito reduzido de vogais e consoantes teria sido empregado para expressar emoções e assertivas, de modo correto ou incorreto. Seria então natural e mesmo necessário que diferentes grupos autóctones ora se encontrassem, ora se separassem uns dos outros, fato que resultaria na decadência ou no fortalecimento de cada uma das línguas. O que valia para os radicais linguísticos valia também para as desinências e partículas, capazes de operar a relação entre os diferentes conceitos e ideias nominais, determinando melhor seu significado. Esse sistema, justificável e bom em si mesmo, seria algo impossível de se investigar de modo analítico, permanecendo portanto um mistério.

Vasculhando meus papéis, encontrei as seguintes notas:

"Estou bastante satisfeito que Moritz tenha abandonado sua inércia obsessiva, seus medos e dúvidas e se voltado a uma atividade que lhe faz tão bem. Seus caprichos terão assim uma base firme e suas fantasias, um objetivo e um sentido. Ocupa-o agora uma ideia da qual também compartilho e que nos entretém a ambos. É difícil relatá-la, porque soa de modo tolo. Ainda assim, vou tentar.

"Ele criou um alfabeto para a razão e a sensibilidade, por meio do qual mostra que as letras não são arbitrárias, mas têm suas bases na natureza humana e, quando pronunciadas, correspondem a determinados estratos interiores, expressando os afetos humanos. Assim, cada língua pode ser considerada a partir desse alfabeto. Entende-se que todos os povos já tentaram expressar suas emoções de acordo com ele, mas teriam se desviado por conta da arbitrariedade e do acaso. Em consequência disso, sempre estamos em busca das palavras de uma língua que expressam mais afortunadamente aquilo que queremos dizer; trocamos as palavras, até que nos pareçam adequadas; criamos novas etc. Sim, e quando queremos jogar corretamente esse jogo, inventamos nomes para as pessoas e verificamos se o desta ou daquela se adequa ao seu feitio etc.

"Tantos já se dedicam ao jogo da etimologia, de modo que nós também nos dedicamos a ele alegremente. Assim que nos encontramos, tem início como que um jogo de xadrez, quando tentamos centenas de combinações. Quem nos ouvisse, tomar-nos-ia por loucos. Também quero ensinar os amigos mais próximos a jogá-lo. Em uma palavra, é o jogo mais engraçado e engenhoso deste mundo e exercita incrivelmente nosso sentido linguístico".

Filipe Néri, o santo humorista

Filipe Néri, nascido em Florença em 1515, já desde a infância parecia ser um rapaz talentoso, de boa compleição física e moral. Seu retrato foi felizmente conservado nas *Teste Scelte* de Fidanza, v.V, placa 31.[153] Seria difícil imaginar um rapaz mais valoroso, sadio e honesto. Como um filho de família nobre, ele foi instruído em tudo de bom e digno de ser conhecido que havia na época e por fim, para completar seus estudos, foi enviado a Roma, não se sabe com que idade. Aqui ele se desenvolveu e se tornou um jovem esplêndido. Seu belo rosto e seus fartos cachos o distinguem, ele é ao mesmo tempo atraente e distante, graça e dignidade recobrem sua figura.

Aqui, em uma triste época, poucos anos depois do cruel saque à cidade,[154] ele se entregou, seguindo o exemplo de outros homens nobres, ao exercício da piedade e caridade, sendo que seu entusiasmo era fortaleci-

---

153 Paolo Fidanza (1731-1790), gravador italiano: *Teste scelte di personaggi illustri in lettere e in armi* [Cabeças selecionadas de personagens ilustres nas letras e nas armas, 1752-1759].

154 Referência ao saque de Roma pelos soldados alemães e espanhóis, sob o condestável de Bourbon, em 1527.

Viagem à Itália

do pela energia e frescor da juventude. Sabemos de sua contínua visita às igrejas, principalmente às Sete Igrejas Principais. Ouvimos falar de suas fervorosas preces para a concessão da Graça, suas frequentes comunhões e confissões, de sua busca pelos bens espirituais.

Em um desses momentos de êxtase espiritual, ele se lançou abruptamente aos degraus do altar, quebrando algumas costelas. Mal curadas, elas lhe causaram palpitações pela vida toda, intensificando ainda mais a elevação de seus sentimentos.

Juntaram-se ao redor dele outros jovens, dedicando-se à caridade e à piedade, incansáveis no cuidado dos pobres e dos doentes, e, ao que parece, jovens que não consideraram seus estudos algo importante. Provavelmente, usaram seus recursos familiares para fins de caridade, dando o que era seu sem conservar nada para si. Mais tarde, Néri chegou mesmo a recusar expressamente qualquer ajuda dos seus, empregando os recursos que lhe chegavam às mãos para prover os necessitados, passando ele próprio por privações.

Essas ações caridosas tinham um caráter por demais fervoroso, o que os levou a discussões dos mais importantes temas sobre as coisas do espírito, de modo apaixonado. A pequena companhia não tinha ainda uma sede própria, reuniam-se ora em um, ora em outro mosteiro, onde fosse possível encontrar salões desocupados. Primeiramente faziam uma oração breve em silêncio, passando depois à leitura de uma passagem das Escrituras, quando então um deles tomava a palavra, interpretando ou aplicando os ensinamentos lidos. Tudo o que discutiam era empregado na atividade imediata, a discussão dialética e os sofismas eram ali completamente proibidos. O resto do dia era sempre dedicado ao atencioso cuidado aos doentes, ao serviço em hospitais e ao apoio aos pobres e necessitados.

Uma vez que não havia nenhum tipo de norma que limitasse o ir e vir dos membros, o número de participantes aumentou bastante, assim como os temas das reuniões se tornaram mais graves e mais abrangentes. Havia leituras sobre a vida dos santos. A história da Igreja e dos Pais da Igreja guiava os aconselhamentos, quando então quatro dos membros tinham o direito e o dever de falar ao longo de meia hora.

Esse dia a dia de atividades piedosas, assim como o tratamento prático e quase familiar dado às mais elevadas questões da alma, despertava cada vez mais atenção não apenas dos indivíduos, mas também das corporações. As reuniões passaram a acontecer nos espaços abertos e nas dependências desta ou daquela igreja, e a procura aumentou. A Ordem dos Dominicanos mostrou-se especialmente propensa a essa forma de cultivo espiritual, juntando-se em grande número ao já numeroso grupo que crescia sempre e, por meio da energia e inteligência de seu líder, progredia cada vez mais, ainda que tivesse de lutar contra algumas adversidades.

Uma vez que o elevado entendimento do excelente mestre afastava todo tipo de especulação, que toda a atividade era regulada e voltada para a vida, e que a vida não pode ser concebida sem alegria, aquele soube, também a esse respeito, prover as necessidades e desejos inocentes dos seus discípulos. No início da primavera ele os levou a Santo Onofrio, uma região que, ampla e elevada, lhes proporcionou naqueles dias a mais agradável estada. Ali, onde, na época mais jovem do ano, tudo o mais que é jovem deveria comparecer, apresentou-se, depois da oração silenciosa em comum, um belo rapaz, que recitou uma prédica aprendida de cor. Seguiram-se as orações, e um coro composto por cantores especialmente convidados fez-se ouvir ao final. Isso era tanto mais significativo porque, naquela época, a música não era nem muito divulgada nem muito culta, e provavelmente essa fora a primeira vez que um canto religioso se entoava ao ar livre.

Sempre agindo dessa maneira, a congregação crescia, tanto em número de membros quanto em importância. Os florentinos então exigiram que seu compatriota passasse a ocupar o Mosteiro de São Girolamo, mantido por eles, onde então a instituição continuou a crescer e a ampliar seu campo de ação, até que o papa lhes concedesse um convento nas proximidades da praça Navona, o qual, sendo um prédio completamente renovado, pôde abrigar um bom número de pios frades. Ali, ainda, procedia-se da mesma forma como no começo da ordem, aproximando a palavra de Deus, isto é, esses nobres ensinamentos santos, tanto do senso comum como da vida cotidiana. As pessoas continuavam a se reunir como antes, oravam, seguiam a leitura de um texto, ouviam como se discorria a respeito dele e, por fim, se deleitavam com a música; e o que naquela época acontecia com frequência, ou mesmo diariamente, acontece ainda agora aos domingos, e qualquer viajante que tenha tomado um conhecimento mais próximo desse santo fundador da ordem irá certamente encontrar no futuro, tomando parte nesses ritos inocentes, uma excelente oportunidade de elevação, caso ele permita que aquilo que expusemos e comunicamos exerça sua influência sobre sua mente e seus pensamentos.

Chegamos ao ponto agora de lembrar que essa instituição continuava a existir ao lado do mundo temporal. Apenas poucos dentre os membros haviam se tornado padres, apenas o número suficiente de ordenados necessários para ouvir as confissões e dar a comunhão aos fiéis. O próprio Filipe Néri chegou aos 36 anos sem se ordenar padre, pois é provável que se considerasse, em seu presente estado, mais livre e independente do que o seria se estivesse atado às amarras da Igreja. Seria então certamente um membro honrado da alta hierarquia, contudo também mais limitado.

No entanto, as autoridades superiores não se mostraram satisfeitas com esse estado de coisas, seu confessor fez da necessidade de fazer os votos e ordenar-se sacerdote um caso de consciência. E foi o que aconteceu. Desse modo a igreja admitiu sagazmente em seu círculo um homem que, até então de espírito independente, assumiu uma posição na qual o sagrado e o profano, a prática da virtude e a vida cotidiana deveriam se unir e harmonizar. Esta transformação, a entrada no sacerdócio, parece não ter exercido a menor influência sobre o seu comportamento exterior.

Ele praticava então de modo ainda mais severo o desprendimento e a renúncia e vivia em um pequeno e desconfortável monastério de modo ainda mais frugal. Em épocas de grande necessidade, ele dava a outro o pão que lhe era destinado e continuava assim seu trabalho em prol dos desafortunados.

Mas estranhamente a ordenação teve uma influência crescente sobre seu comportamento interior. O sacramento da eucaristia na missa causam-lhe um entusiasmo, um êxtase tão grande, que fazia desaparecer por completo o homem natural que se conhecia até então. Ele mal sabe por onde anda, cambaleia frente ao altar como se estivesse em transe. Ao elevar a hóstia, não consegue fazer baixar novamente os braços. É como se uma força invisível o segurasse. Ao verter o vinho, treme convulsivamente. E, uma vez consumada a transubstanciação, quando deve provar essa misteriosa dádiva, fá-lo com extrema sofreguidão, se não com luxúria. Morde o cálice apaixonadamente, enquanto acredita sorver o sangue do corpo há pouco devorado com avidez. Entretanto, uma vez findo esse delírio, reencontramos um homem de natureza apaixonadamente excêntrica, mas ainda e sempre dotado de grande razão e senso prático.

Um jovem assim, um homem assim, tão apaixonado e causando um efeito tão singular, deve ter tido uma atuação extraordinária sobre seus contemporâneos e, exatamente por conta de suas virtudes, deve ter provocado certa antipatia e mesmo rejeição. É provável que ele tenha encontrado alguma hostilidade nos primeiros anos, mas, depois que se ordenou e passou a viver de modo frugal e quase miserável, hospedado em um monastério muito pobre, seus inimigos vieram a público, perseguindo-o incansavelmente com ironia e escárnio.

Ouso mesmo ir mais longe e dizer que ele teria sido um homem superior, que, entretanto, buscava moderar sua tendência inata à liderança e ocultar seu próprio brilho por meio de renúncia, privação, benevolência, humildade e humilhação. Almejava aparecer ao mundo como um tolo, de modo a submergir cada vez mais profundamente em Deus e nas coisas divinas. Esse foi sempre seu desejo e determinação, assim como um princípio para a educação de si próprio e de seus discípulos. A máxima de São Bernardo

Spernere mundum
Spernere neminem
Spernere se ipsum
Spernere se sperni[155]

parece ter tomado todo o seu ser, ou, melhor ainda, parece ter tido seu sentido renovado por ele.

Intenções e situações desse tipo levam os homens a buscar máximas capazes de os elevar. É certo que os homens superiores e orgulhosos de si

---

155 "Desprezar o mundo/ não desprezar ninguém/ desprezar a si mesmo/ desprezar o fato de ser desprezado."

Viagem à Itália

mesmos fazem uso dessas máximas porque coincidem com seu propósito de se oporem a um mundo sempre contrário ao que é belo e bom, sorvendo o amargo cálice da experiência e esgotando-o até o fundo, antes mesmo que lhes seja oferecido. Correm muitas histórias de como ele colocava seus discípulos à prova. Algumas delas causam em nós, aqueles que amamos a alegria da natureza humana, certo desconforto, uma vez que aqueles que tiveram de passar por tais provas devem tê-las considerado extremamente dolorosas e quase insuportáveis. Essa seria a razão pela qual nem todos conseguiram sucesso.

Antes que penetremos em tais histórias extraordinárias e certamente não muito agradáveis aos leitores, examinemos mais de perto as tais grandes habilidades que seus contemporâneos lhe atribuíam e tanto louvavam. Seus conhecimentos e formação, diziam, ele os adquirira muito mais por meio da natureza do que pela instrução e educação formal. Todos os conteúdos dos quais outros se apropriavam apenas com muito esforço foram-lhe incutidos imediatamente. Ele teria, também, a grande habilidade de distinguir o que vai pelo espírito dos homens, sabendo apreciar e valorizar suas habilidades e qualidades. Além disso, se aprofundava nas coisas deste mundo com tanta acuidade e perspicácia que tiveram de lhe atribuir o dom de dizer profecias. Ademais, parece ter exercido uma grande atração, que se disseminava não apenas em direção aos seres humanos, mas também aos animais, força essa para a qual os italianos têm a bela palavra *attrativa*. Conta-se, por exemplo, que o cachorro pertencente a um amigo passou a segui-lo o tempo todo, sem querer voltar de modo algum para seu primeiro dono, que tudo fizera para recuperá-lo. Ao contrário, associou-se cada vez mais ao homem que escolhera para dono, nunca mais tendo dele se separado. Anos depois, conta-se, morreu junto a ele em seus aposentos. Sabe-se que a atividade de conduzir e levar cães consigo era, na Idade Média, e especialmente em Roma, vista com maus olhos. A despeito disso, esse piedoso homem conduzia pela cidade cãezinhos pela correia. Seus discípulos teriam também levado esses animais em seus braços pelas ruas, expondo-se assim à galhofa e ao desprezo da multidão.

Ele encorajava seus discípulos e contemporâneos a outras atividades consideradas indignas. Um jovem príncipe romano, que desejava a honra de ser admitido à ordem, foi aconselhado a desfilar por Roma com uma cauda de raposa amarrada ao traseiro. Uma vez que se recusou a isso, sua admissão à ordem foi negada. Um outro foi mandado desfilar na cidade sem as roupas de cima e outro, ainda, com as mangas da camisa rasgadas. Um nobre teria se apiedado desse último, oferecendo-lhe novas mangas, que o jovem entretanto recusou. Teve depois de aceitá-las e usá-las, agradecendo a seu benfeitor, por ordem do mestre. Durante a construção da nova igreja, fez que seus discípulos carregassem material para lá e para cá, como trabalhadores contratados por dia, ficando ainda à disposição destes para o que fosse preciso.

Outro hábito seu era o de estragar e destruir qualquer vaidade intelectual ou espiritual que alguém pudesse porventura sentir. Se acontecia de o sermão feito por um jovem padre ser muito bem-sucedido, de modo que o próprio orador se comprouvesse dele, Filipe interrompia-o no meio da prédica, para colocar em seu lugar um outro discípulo menos talentoso, o qual, encorajado pela inesperada chance, tinha a ventura de se sair melhor do que nunca no púlpito.

É preciso nos transportarmos para a segunda metade do século XVI e para a situação desoladora na qual, sob o domínio de diversos papas, Roma parecia um ambiente febricitante, para que se possa compreender que um tal comportamento tinha de ser eficaz e enérgico, a fim de fortalecer assim a vontade interior dos homens por meio das inclinações e do temor, da entrega e da obediência. Só assim essa vontade persistiria a despeito de todas as distrações externas, resistindo a tudo que fosse capaz de fazer falhar o poder da razão e da compreensão, da tradição e daquilo que é mais aconselhável.

Uma notável, embora já conhecida narrativa sobre essas provas pelas quais os neófitos tinham de passar, será repetida ainda, por conta de sua graça especial. O Santo Padre fora avisado de que, em um convento rural, havia uma noviça que operava milagres. Nosso homem fora incumbido de investigar mais de perto esse assunto tão importante para a Igreja. Ele montou sua mula e pôs-se a caminho para se desincumbir da tarefa. No entanto, voltou antes do que o Santo Padre esperava. Ao espanto de seu pai espiritual, Néri interpôs as seguintes palavras: "Santíssimo Padre, aquela mulher não faz milagres, pois lhe falta a primeira das virtudes cristãs, a humildade. Os caminhos até o convento estavam muito ruins, por conta do mau tempo. Ao chegar, fiz-me anunciar em Vosso Nome. Ela apareceu e, em vez de cumprimentá-la, estendi-lhe a bota enlameada, dando a entender que deveria descalçar-me. Horrorizada, ela retrocede, recusando-se à minha intenção com xingamentos e ira. 'Por quem eu a tomava!', exclamou, ela era a serva do Senhor, mas não a de qualquer um que ali chegasse e exigisse dela serviços de criada. Levantei-me tranquilamente, montei de novo meu animal e cá me encontro diante de vós, certo de que não exigireis nenhuma outra prova". Isso teria feito sorrir também ao papa, e provavelmente dali em diante não mais se reconheceu a essa noviça a realização de qualquer milagre.

Se, por um lado, Néri se permitia aplicar tais provas em outros, ele também teve de sofrê-las, aplicadas por homens que pensavam da mesma maneira que ele e que percorriam o caminho para a autoaniquilação. Um monge peregrino e mendicante, que praticamente já exalava os hálitos da santidade, interpelou-o na rua mais movimentada e ofereceu-lhe um gole da garrafa de vinho que ele levava cuidadosamente consigo. Filipe Néri não hesitou nem um momento ao colocar o longo pescoço da garrafa envolta em palha diretamente na boca, inclinando a cabeça. O povo ria e zombava, ao ver dois homens santos bebendo daquela maneira.

Filipe Néri, o qual, a despeito de sua piedade e humildade, deve ter se aborrecido, disse: "Vós pusestes-me à prova, agora é minha vez". E assentou com força seu barrete de quatro pontas sobre a cabeça calva do monge, o que também provocou gargalhadas. Néri prosseguiu calmamente dizendo: "Aquele que consegue tirar isso de minha cabeça pode ficar com ele". Retomou por fim o barrete e os dois se separaram.

É certo que, para ser capaz dessas ousadias e ser ainda assim capaz de atos moralíssimos, é preciso ser um grande homem como Filipe Néri, cujas ações muitas vezes foram tomadas por milagres. Como confessor, ele se fez temido e, por isso, digno de grande confiança. Revelava os pecados que os penitentes escondiam, defeitos que eles nem sequer tinham percebido em si mesmos. Suas orações fervorosas e feitas em êxtase, por parecerem sobrenaturais, colocavam a audiência em um estado de perplexidade, no qual as pessoas acreditavam estar experimentando com os sentidos aquilo que a imaginação, provocada pela emoção, configurava em seus espíritos. A isso ainda se junta o fato de que o extraordinário, até mesmo o impossível, contado e recontado, acabe por tomar o lugar do que é real e ordinário. Dentre essas histórias, conta-se que não apenas o povo o teria visto em diferentes ocasiões elevar-se por sobre o altar, mas também se encontrariam testemunhas que o teriam visto levitar certa vez em que estava ajoelhado à cabeceira de um doente, tocando então o teto com a cabeça.

Em tal estado completamente devotado à emoção e à imaginação, parecia bastante natural que não faltasse ainda a intromissão de espíritos contraditórios.

Lá em cima, entre as ruínas dos banhos antoninos,[156] o piedoso homem teria avistado certa vez uma criatura contraditória coxeando de modo simiesco, que imediatamente desaparecera entre as ruínas e rochas fendidas ao lhe ouvir a voz. Mais importante, porém, do que esse fato isolado, é o modo como ele procedia com seus discípulos, que relatavam, encantados, terem sido agraciados com bem-aventuradas visões, como da Mãe de Deus e outros santos. Ele, ciente de que convicções desse tipo são capazes de provocar uma espécie de vaidade intelectual e espiritual, assegurou que, por trás dessa claridade e beleza celestiais, se ocultava a mais terrível treva. A fim de prová-lo, aconselhou-os a cuspir diretamente no rosto da Santa Virgem, se sua imagem voltasse a lhes aparecer. Eles lhe obedeceram, sendo que a coisa se comprovou quando, no lugar da Virgem, surgiu a face do diabo.

Esse grande homem pode ter ordenado isso conscientemente, ou, o que é mais provável, a partir de seu instinto. O que importa dizer é que ele estava seguro de que uma tal imagem, capaz de provocar fantásticos amor e comoção, só poderia se transformar na carantonha do diabo por meio de ódio e desprezo equivalentes e recíprocos.

Além dessa tão pouco usual pedagogia, atribuíam-lhe ainda os dons naturais mais extraordinários, que pairam entre o mais altamente espiritual e o mais altamente físico: a percepção de que alguém se aproxima sem que se possa vê-lo; o pressentimento de que certos acontecimentos se darão, assim

---

156 As termas de Caracalla.

Viagem à Itália

como a consciência dos desejos e necessidades expressos nos pensamentos de uma pessoa à sua frente.

Outros também possuem dons desse tipo, sendo que alguns podem se gabar vez ou outra, mas a posse contínua de tais habilidades, o exercício sempre pronto desses efeitos tão dignos de espanto, isso só se pode conceber em um século no qual as forças do corpo e do espírito, unidas de modo indissociável, manifestem-se com uma inacreditável energia.

Consideremos, porém, uma natureza como a sua, cheia de anseio e ímpeto para uma ação independente e irrestrita, e como ela devia se sentir contida pelas amarras rigorosas da Igreja Romana.

As missões de São Francisco Xavier[157] entre os pagãos devem ter causado grande comoção em Roma. Encorajados por elas, Néri e alguns de seus amigos sentiram-se atraídos pela assim chamada Índia e teriam mostrado seu desejo de ser enviados para lá, com a devida permissão papal. Entretanto, o confessor deles, provavelmente muito bem instruído pelos superiores, dissuadiu-os, dizendo que para homens piedosos como eles, voltados ao aperfeiçoamento do próximo e à disseminação da religião, a própria Roma era um lugar onde encontrariam essa mesma Índia, e constituía um digno cenário para suas atividades. Fez-lhes ver que a grande cidade estava com certeza prestes a sofrer um grande infortúnio, uma vez que as três fontes em frente à Porta de São Sebastião há algum tempo se turvaram e passaram a jorrar sangue, o que deveria ser interpretado como um inegável sinal de mau agouro.

Provavelmente desestimulados pelo confessor, o digno Néri e seus companheiros teriam então levado uma vida pródiga em benemerência e atos prodigiosos, e, tanto quanto se sabe, crescendo ano a ano na consideração e confiança de grandes e pequenos, de velhos e jovens.

A natureza humana é extraordinariamente complexa, nela se associam os mais evidentes opostos, o sensível e o espiritual, o ordinário e o impossível, o contraditório e o encantador, o limitado e o ilimitado, e poder-se-ia ainda ir longe com o registro deles. Quando uma tal contradição se apodera e se

---

157 Francisco Xavier (1506-1552) empreendeu campanhas missionárias no Brasil, na Índia e no Japão.

Johann Wolfgang von Goethe

manifesta em um homem assim excelente, ela torna mais fraca a razão por meio da influência daquilo que é incompreensível, soltando as amarras da imaginação e ultrapassando os limites da fé, tornada superstição. Permite assim o contato íntimo e imediato do natural com o sobrenatural, até mesmo sua união. Se aplicarmos essas considerações à vida de Néri, logo compreenderemos o alcance de sua influência, exercida ininterruptamente por quase um século, em um cenário tão grandioso como Roma. A consideração em que o tiveram foi tanta que não apenas seus atos perpetrados durante o período saudável de sua vida geraram proveito, curas e emoções piedosas, mas também suas doenças fizeram crescer a confiança nele, pois viam nelas sinais de sua íntima relação com Deus e com o divino. Compreendemos assim como ele, ainda em vida, alcançou a dignidade de um santo e como sua morte fortaleceu ainda mais a crença nos poderes que lhe foram atribuídos por seus contemporâneos.

Foi por esse motivo que, logo depois de sua morte, ocorrida em circunstâncias ainda mais milagrosas do que sua vida, seus seguidores pediram ao papa Clemente VIII a permissão para dar início ao chamado processo que antecede a beatificação. O papa respondeu: "Sempre o tomei por um santo. Portanto, nada tenho a obstar se a Igreja em geral decidir declará-lo como tal".

Merece atenção ainda o fato de que Néri, ao longo dos muitos anos que lhe foram concedidos para viver, viu quinze papas comandarem a Igreja. Nasceu sob o papado de Leão X e morreu sob Clemente VIII. Reside aí provavelmente a origem de sua ousada afirmação de independência em relação ao papa, ao mesmo tempo em que, como membro da Igreja, se manteve em completa harmonia com a hierarquia geral, embora não a tenha respeitado em detalhes, tendo mesmo mostrado sua vontade imperiosa diante do comandante da Igreja. É preciso dizer ainda que ele recusou vivamente as honrarias cardinalícias e, em sua *chiesa nuova*,[158] manteve um comportamento indócil, como um cavaleiro rebelde em relação a seu patrono.

O caráter de tais relações, o modo ímpar como elas foram configuradas segundo os códigos daqueles tempos rústicos no final do século XVI pode

---

158 Em italiano: igreja nova.

Viagem à Itália

ser vivenciado da melhor forma e apresentado nitidamente ao espírito por meio de um memorando que Néri, pouco antes de sua morte, endereçou ao novo papa, Clemente VIII, no qual se pode ler uma surpreendente resolução.

Depreendem-se desse documento as relações, que de outra maneira não poderiam ser descritas, de um homem de quase oitenta anos, prestes a alcançar a dignidade de um santo, com um importante chefe da Igreja Católica Romana, muito respeitado ao longo de seu duradouro e soberano papado.

Memorando de Filipe Néri ao papa Clemente VIII

"Santíssimo Padre! Que tipo de pessoa sou eu, a quem os cardeais vêm visitar? Ontem à noite, recebi especialmente a visita dos cardeais de Florença e Cusano. Como eu precisava de um pouco de maná em folhas, o dito cardeal de Florença mandou buscar duas onças em San Spirito, pois o senhor cardeal tinha enviado uma grande quantidade para aquele hospital. Ele ficou até a segunda hora da noite e disse muita coisa boa a respeito de Vossa Santidade, mais do que me pareceu justificável. Pois, uma vez que sois papa, deveis ser a humildade em pessoa. À sétima hora da noite, Cristo veio e incorporou-se em mim. Vossa Santidade poderia vir à nossa igreja, às vezes. Cristo é homem e Deus e me visita regularmente. Vossa Santidade é apenas um homem, filho de um homem santo e direito, mas Cristo é filho de Deus Pai. A mãe de Vossa Santidade é a *Signora* Agnesina, uma mulher muito temente a Deus; mas a outra é a Virgem de todas as virgens. O que eu não diria ainda, se desse livre curso à minha bílis. Eu ordeno a Vossa Santidade que faça minha vontade quanto a uma jovem que desejo enviar a Torre de' Specchi. Ela é filha de Claudio Neri, cujos filhos Vossa Santidade prometeu proteger. Eu venho lembrar-vos de que é bonito quando um papa mantém sua palavra. Foi por isso que Vossa Santidade encarregou-me de tal negócio, de modo que eu me pudesse valer de vosso nome em uma necessidade. Além disso, estou certo do desejo da jovem, e de que ela se deixa comover pela entrega a Deus. Beijo-vos os santos pés, com a grande humildade que me é exigida."

Johann Wolfgang von Goethe

Resolução de próprio punho do papa, a respeito do memorando

"O papa diz que esse memorando contém um certo espírito de vaidade em sua primeira parte, uma vez que a ele se dá ciência de que Vossa Reverendíssima é visitado pelos cardeais tão frequentemente; e que tais senhores têm preocupações espirituais, como se ainda não o soubéssemos. Quanto ao fato de que ele, o papa, não vem visitar-vos, informa ele que Vossa Reverendíssima não o merece, uma vez que não quereis aceitar o cardinalato que tantas vezes vos foi oferecido. Quanto à ordem, o papa se diz satisfeito, uma vez que, com vossa mania de ordenar, assegurareis àquelas boas mulheres do convento um bom motivo de conversa, se não fizerdes como pretendeis. O papa ainda vos ordena que vos abstenhais de conceder a confissão sem sua permissão. Caso Nosso Senhor venha ainda vos visitar, pedi por nós e pelas urgentes necessidades da cristandade."

Janeiro
Correspondência

Roma, 5 de janeiro de 1788

Perdoai se escrevo pouco. Este ano começou sério e laborioso, eu mal tenho tempo para qualquer coisa.

Depois de uma pausa de algumas semanas que me foram penosas, tenho novamente as mais belas revelações, se é que posso usar esse termo. Pude lançar um olhar para dentro da essência das coisas e de suas relações, o que abre para mim uma riqueza abismal. Esses efeitos têm origem em meu próprio ânimo, pois continuo a aprender sempre, a partir de outros. Quando se é o professor de si mesmo, a força de trabalho e de elaboração é apenas uma única, de modo que o progresso se dá de forma mais lenta e as passadas são menores.

Dedico-me agora inteiramente ao estudo da forma humana, tudo o mais desaparece diante desse estudo, que sempre se deu de forma singular, por toda a minha vida, assim como se dá agora. Não há o que dizer sobre isso. O tempo dirá o quanto serei ainda capaz de fazer.

Viagem à Itália

As óperas não me aprazem, apenas o que é interior e verdadeiro pode alegrar-me agora.

Sinto que se delineia o clímax de uma época de minha vida, daqui até a Páscoa. Ainda não sei dizer do que se trata.

Roma, 10 de janeiro[159]

Com esta carta, recebes também *Erwin e Elmira*. Tomara que essa pequena peça traga alguma alegria! É claro que, para uma opereta, ainda que seja boa, a leitura não basta. É preciso que se junte a música, para que a ideia completa do autor ganhe expressão. *Claudine* seguir-se-á a ela. Há mais trabalho, em ambas as peças, do que se pode deduzir pela aparência, pois em ambos os casos estudei antes com Kayser a configuração das árias.

Continuo firme no estudo do corpo humano, assim como nas aulas de perspectiva à noite. Preparo-me para uma decisão à qual eu possa me entregar com o ânimo tranquilo. Praza aos céus que os deuses se decidam até a Páscoa. Que aconteça o melhor.

Meu interesse pela forma humana ofusca todos os outros interesses. Eu bem o percebo e dou as costas a tudo o mais, do mesmo modo como damos as costas ao sol ofuscante. Não se pode aprender nada fora de Roma. Sem um fio condutor, que só aqui se aprende a tecer, não há como sair desse labirinto. Infelizmente, dá-se que meu fio não é longo o suficiente, bastando-me apenas para os primeiros passos.

Se a mesma constelação orientar a elaboração de minha obra literária, então eu terei de me apaixonar por uma princesa, para poder escrever o *Tasso*, e me entregar ao diabo, para poder escrever o *Fausto*, ainda que não me encontre disposto a nenhuma das duas coisas. Até agora tem sido assim. Para renovar meu interesse em *Egmont*, o Kaiser de Roma iniciou uma querela com o povo de Brabante. Para aperfeiçoar minha ópera, o Kayser suíço veio até Roma. Tornei-me um verdadeiro patrício romano, como Herder gosta de dizer. Acho muito engraçado tornar-me eu próprio a causa final

159 Carta a Charlotte von Stein.

Johann Wolfgang von Goethe

de tais ações e eventos que, de fato, nada têm a ver comigo. Isso é, efetivamente, sorte. Esperemos então pela princesa e pelo diabo.

Roma, 10 de janeiro[160]

De Roma envio uma pequena amostra de índole e arte alemã, *Erwin e
Elmira*.[161] Ficou pronta antes de *Claudine*, mas não desejo que seja impressa
antes desta.

Tu logo perceberás que tudo foi feito tendo em mente as necessidades do
palco lírico, que só aqui tive oportunidade de estudar. Trata-se de utilizar
cada personagem em uma certa sequência, em uma certa medida, de modo
que cada cantor tenha tempo suficiente para descansar e assim por diante.
Há centenas de coisas a ser observadas, às quais os italianos sacrificam o
sentido da composição. Eu espero ter conseguido satisfazer as exigências
dramáticas e musicais com essa pequena peça, que não é totalmente sem
sentido. Tive ainda o cuidado de fazer as coisas de tal modo que ambas as
operetas possam ser lidas também, sem envergonhar seu vizinho *Egmont*.
Ninguém lê um libreto italiano, a não ser na noite da apresentação, e a ideia
de colocá-lo em um volume junto com a tragédia seria aqui considerada tão
impossível como o fato de que se possa cantar em alemão.

Quanto ao *Erwin*, devo dizer que encontrarás a medida trocaica com frequência, principalmente na segunda parte. Não se trata de acaso ou hábito,
mas sim de um exemplo tomado aos italianos. Essa métrica é especialmente
adequada à música, sendo que o compositor pode variá-la de tal modo por
meio de diferentes compassos e movimentos, a ponto de não poder mais
ser reconhecida pelo ouvinte. Em regra, os italianos preferem as medidas
e ritmos simples.

O jovem Camper[162] é um cabeça de vento que sabe muito, tem facilidade
de compreender e passa por cima de tudo.

---

160 Carta a Herder.

161 Alusão à coletânea de ensaios de Herder *Von deutscher Art und Kunst* [Da índole e
da arte alemãs], 1773.

162 Trata-se de Gilles Adrian Camper, filho do anatomista holandês Peter Camper,
que estava em Roma à época.

Boa sorte com a quarta parte das *Ideias!*[163] A terceira tornou-se aqui um livro sagrado para nós, que mantenho a sete chaves. Só recentemente dei-o a ler a Moritz, que se disse feliz por viver neste tempo da educação da humanidade. Ele compreendeu muito bem o livro e mostrou-se muito entusiasmado ao fim.

Se tu pudesses ao menos uma vez ser meu hóspede aqui no Capitólio! É um de meus maiores desejos neste momento.

Minhas ideias titânicas eram apenas figuras no ar, que uma época mais séria dissipou. Dedico-me agora inteiramente ao estudo da forma humana, o *non plus ultra* de todo o saber e fazer dos homens. Minha laboriosa preparação no estudo da natureza, especialmente na osteologia, ajuda-me a progredir em passadas largas. Agora eu vejo, agora eu desfruto do melhor, daquilo que a Antiguidade nos legou: as estátuas. Percebo claramente que, ao final de uma vida inteira dedicada ao estudo, ainda se pode dizer: "Só agora eu vejo, só agora desfruto".

Vou recolhendo todas as pontas soltas de modo que, por volta da Páscoa, possa fechar um ciclo da minha vida, que agora consigo divisar. Não quero deixar Roma com desagrado, espero poder continuar na Alemanha alguns estudos de modo cômodo e ainda assim profundo, embora lentamente. Aqui, a corrente logo nos leva longe, assim que subimos ao barco.

Em retrospecto
Janeiro

Cupido, menino travesso e caprichoso!
Pediste-me pousada para algumas horas.
Quantos dias e noites aqui ficastes!
E agora te tornaste amo e senhor da casa.

Fui expulso de meu largo leito;
Agora me acomodo no chão, em noites de tormento.

---

163 Menção à quarta parte de *Ideias sobre a filosofia da história da humanidade*, de Herder, obra publicada em 1791.

Johann Wolfgang von Goethe

Tua malícia atiça as chamas da lareira,
Queima as provisões de inverno e me chamusca, pobre de mim!

Reviraste e espalhaste minhas ferramentas.
Eu busco e pareço um cego desorientado.
Fazes um barulho tão grande; eu temo que a pobre almazinha
Fuja, para escapar de ti, e deixe a cabana vazia.[164]

Se não interpretarmos literalmente o sentido dessa cançãozinha, se não pensarmos naquele espírito a que costumeiramente chamamos de Amor, mas sim em uma coleção de espíritos ativos que falam ao coração dos homens, incitam-no, fazendo-o errar de lá para cá, dividindo suas tenções e interesses, poderemos fazer uma ideia do estado em que me encontrava, e do qual os fragmentos das cartas e notas até aqui inseridas dão conta de representar. É preciso reconhecer que um grande esforço é necessário para se manter firme diante de tanta coisa, não esmorecer na atividade e não se tornar preguiçoso e negligente frente ao que se apresenta.

Admissão na Sociedade da Arcádia

Já no final do ano passado abateu-se sobre mim uma solicitação que vejo como consequência daquele famigerado concerto, por meio do qual meu anonimato veio à luz do modo mais leviano. Pode ser também que tenha havido outras causas, mas o fato é que de todos os lados brotam solicitações para que eu me torne um dos ilustres pastores da Arcádia. Resisti por

---

164 Esses versos foram acrescentados à versão de *Claudine de Villabella*, que Goethe trabalhou em Roma. Sobre as circunstâncias, ver as *Conversações com Eckermann*, 5, 6 e 8 de abril de 1829. *Cupido, loser, eingensiniger Knabe,/ Du hast mich um Quartier auf einige Stunden!/ Wie viele Tage und Nächte bist du geblieben,/ Und bist nun herrisch und Meister im Hause geworden.// Von meinem breiten Lager bin ich vertrieben,/ Nun sitz' ich an der Erde Nächte, gequälet,/ dein Mutwill' 'schüret Flamm'auf Flamme des Herdes,/ Verbrennt den Vorrat des Winters und senget mich Armen.// Du hast mir mein Gerät verstellt und verschoben,/ Ich such' und bin wie blind und irre geworden./ Du lärmst so ungeschickt, ich fürchte, das Seelchen/ Entflieht, um dir zu entfliehen, und räumet die Hütte.*

Viagem à Itália

muito tempo. Entretanto, tive de ceder aos amigos daqui, que parecem reconhecer ali algo de especial valor.

O significado dessa sociedade já é conhecido, de modo geral. Não seria, porém, desagradável saber um pouco mais sobre isso.

Ao longo do século XVII, a poesia italiana sofreu um processo de decadência. Ao final desse período, homens cultos e bem-intencionados criticaram nela a falta de conteúdo e a ausência de beleza interior, que ela perdera completamente. Lamentável eram também seus aspectos formais, a beleza externa, pois ela sacrificara toda a graça e doçura por meio do uso de expressões bárbaras, versos insuportavelmente duros, figuras inadequadas e tropos, e, o que era pior, pelo uso frequente e desmedido de hipérboles, metonímias e metáforas.

Como costuma acontecer nesses casos, os autores assim criticados trataram de manter longe de si tudo o que havia de autêntico e de excelente, de modo que seus malfeitos permanecessem intocáveis. Isso, por fim, os homens cultos e sensatos não puderam suportar, de modo que no ano de 1690 um grupo de homens de visão e determinação reuniu-se para discutir e encontrar um novo caminho.

A fim de não chamar a atenção sobre si e evitar assim qualquer tipo de ação contrária, passaram a se reunir ao ar livre, em jardins e bosques, os quais havia dentro dos muros da cidade de Roma. Desse modo, usufruíam do duplo ganho de ficarem próximos à natureza e de poder respirar, no ar puro, o espírito primevo da poesia. Ali, em lugares escolhidos casualmente, podiam deitar-se sobre a grama, sentar-se sobre ruínas arquitetônicas e blocos de pedra. Até mesmo cardeais ali presentes sentaram-se sobre as mesmas pedras, tendo por privilégio apenas uma almofada mais macia. Ali conversaram sobre suas convicções, princípios e propósitos. Ali leram poemas nos quais o sentido mais elevado da Antiguidade e da velha escola toscana[165] foram ressuscitados. Em meio a esse entusiasmo, um deles exclamou: "Esta é nossa Arcádia!". Isso deu nome à sociedade, ao mesmo tempo que ocasionou o caráter idílico de suas instalações. Não queriam a proteção de nenhum homem influente e poderoso, recusaram-se a ter um

---

165 Refere-se a Dante e Petrarca.

presidente. Um guardião era responsável pela abertura e fechamento dos espaços destinados à Arcádia e, em casos emergenciais, seria assessorado por um conselho eleito, composto pelos membros mais velhos.

Deve ser lembrado com respeito o nome de Crescimbeni, o qual pode ser considerado um dos fundadores da sociedade e, como seu primeiro guardião, exerceu fielmente seu mandato, vigiando para que se conservasse um gosto puro e bom e mantendo longe os barbarismos.[166]

Seus diálogos sobre a *poesia volgare*, conceito que não deve ser traduzido como "poesia popular", mas sim como a poesia que traduz o espírito de uma nação, quando é exercida por talentos decididos e autênticos e não pelos caprichos e singularidades de alguns cabeças-viradas, seus diálogos, nos quais ele deixou o melhor de seus ensinamentos, são declaradamente um produto dessas reuniões da Arcádia e muito importantes, quando comparados com nossas aspirações modernas. Nesse sentido, são dignos de toda a nossa atenção também os poemas da Arcádia publicados por ele.[167] A esse respeito, permitimo-nos apenas as considerações seguintes.

Esses valorosos pastores, em meio ao ar livre e acomodados sobre a relva verde, com certeza se acreditaram mais próximos à natureza, situação em que o amor e a paixão se apoderam vagarosamente do coração humano. No entanto, a sociedade era composta por senhores eclesiásticos e outros dignitários, aos quais não era permitido envolver-se com o Amor daquele triunvirato romano,[168] que eles por isso mesmo eram obrigados a afastar energicamente. Desse modo, nada mais restou ao poeta senão se entregar a um amor sem urgência e desejo, àquela ânsia sobrenatural e ideal, em parte platônica, ou seja, nada menos do que se envolver alegoricamente com o amor e a paixão. Por conta disso, seus poemas tinham um caráter respeitoso e ao mesmo tempo peculiar, o que os deixava literalmente nos calcanhares de seus grandes antecessores, Dante e Petrarca.

---

166 Giovanni Maria Crescimbeni (1663-1728), poeta e historiador da literatura. Suas obras sobre a *poesia volgare* são as seguintes: *Istoria della volgar poesia* (1698), *Tratato della belezza della volgar poesia* (1700) e *Commentario intorno alla volgar poesia* (1702-1711).

167 Trata-se de *Le vite degli Arcadi illustri* [Vidas dos Árcades ilustres], de 1708-1727.

168 Os poetas Catulo, Tíbulo e Propércio, autores de elegias amorosas.

Viagem à Itália

Quando cheguei a Roma, essa sociedade existia já havia cerca de cem anos, tendo alcançado muita consideração e respeito, por meio de alterações sofridas tanto em sua forma pública quanto nos locais de reuniões e em seu escopo. É praticamente impossível que um estrangeiro razoavelmente famoso passe algum tempo em Roma sem que tentem atraí-lo para a Sociedade da Arcádia, tanto mais que é apenas por esse meio que o guardião dessa bucólica agremiação poética recebe uma modesta contribuição.

A cerimônia durante a qual fui admitido deu-se mais ou menos assim: na antessala de um edifício discreto, fui apresentado a um importante senhor eclesiástico, que me disseram ser o responsável por me introduzir à Sociedade, apresentando-me então ao meu padrinho. Adentramos um grande salão, onde havia já muitas pessoas, tomando assento na primeira fila de cadeiras dispostas no centro, em frente a uma cátedra que fora erguida. Entravam cada vez mais espectadores. Na cadeira vazia à minha direita tomou assento um homem imponente e de mais idade, o qual, por suas roupas e pelo respeito que lhe devotavam, tomei por um cardeal.

O guardião, da cátedra, fez um discurso introdutório, chamando então mais pessoas, que se expressaram ora em verso, ora em prosa.[169] Depois de um tempo que se poderia chamar de longo, ele deu início a um discurso que deixo de reproduzir, pois é quase idêntico ao texto do diploma que recebi. Por meio dele, fui declarado formalmente um membro da Sociedade e admitido entre eles sob forte aplauso.

Meu assim chamado padrinho e eu havíamos nos levantado e agradecíamos com muitas reverências. Ele, por sua vez, fez um discurso breve, muito bem articulado e adequado, depois do qual o aplauso geral se fez ouvir. Tive em seguida a oportunidade de agradecer-lhes pessoalmente a cada um deles, recomendando-me. O diploma, que recebi no dia seguinte, segue reproduzido aqui no original, sem tradução, uma vez que perderia muito em outra língua. Por fim, esforcei-me para que o guardião da Sociedade ficasse satisfeito com seu novo pastor.

---

169 O guardião, na época, era o abade Giocchino Pizzi (1716-1790), cujo nome de pastor era Nivildo Amarinzio.

521

Johann Wolfgang von Goethe

C. U. C.
Nivildo Amarinzio
Custode generale d'Arcadia

Trovandosi per avventura a beare le sponde del Tebbro uno di quei Genj di prim'Ordine, ch'oggi fioriscono nella Germania qual'è l'Inclito ed Erudito Signor DE GOETHE Consigliere attuale di Stato di Sua Altezza Serenissima il Duca di Sassonia Weimar, ed avendo celato fra noi con filosofica moderazione la chiarezza della sua Nascità, de' suoi Ministerj, e della virtù sua, non ha potuto ascondere la luce, che hanno sparso le sue dottissime produzioni tanto in Prosa ch'in Poesia per cui si è reso celebre a tutto il Mondo Letterario. Quindi essendosi compiaciuto il suddetto rinomato Signor DE GOETHE d'intervenire in una delle pubbliche nostre Accademie, appena Egli comparve, come un nuovo astro di cielo straniero tra le nostre selve, ed in une delle nostre Geniali Adunanze, che gli Arcadi in gran numero convocati co' segni del più sincero giubilo ed applauso vollero distinguerlo come Autore di tante celebrate opere, con annoverarlo a viva voce tra i più illustri membri della loro Pastoral Società sotto il Nome di Megalio, e vollero altresi assegnare al Medesimo il possesso delle Campagne Melpomenie sacre alla Tragica Musa dichiarandolo con ciò Pastore Arcade di Numero. Nel tempo stesso il Ceto Universale commise al Custode Generale di registrare l'Atto publico e solenne di si applaudita annovenerazione tra i fasti d'Arcadia, i di presentare al Chiarissimo Novello Compastore megalio Melpomenio il presente Diploma in segno dell'altissima stima, che fa la nostra Pastorale Letteraria Reppublica de' chiari e nobili ingegni a perpetua memoria. Dato dalla Capanna del Serbatojo dentro il Bosco Parrasio alla Neomenia di Possideone Olimpiade DCXLI. Anno II. Dalla Ristorazione d'Arcadia Olimpiade XXIV. Anno IV. Giorno lieto per General Chiamata.

Nivildo Amarinzio Custodio Generale[170]

---

170 C. U. C. [Coetus Universi Consulto: por decisão de toda a sociedade] / Nivildo Amarinzio – Guardião geral da Arcádia. Encontrando-se por acaso à margens do Tibre um daqueles Gênios de primeira Ordem que hoje florescem na Alemanha,

O selo representa meia folha de louro e meia pinha dentro de uma coroa, no meio, uma flauta de Pã. Sob tudo isso, *Gli Arcadi*.	Corimbo Melicronio Florimonte Egiréo	Sotto-custodi[171]

---

o Ínclito e Erudito Senhor GOETHE, atual Conselheiro de Estado de Sua Alteza Sereníssima, o Duque de Sachsen-Weimar, e tendo ocultado entre nós, com filosófica moderação, a distinção de seu Nascimento, de seu Mister e de sua virtude, não pôde esconder a luz que espalharam suas eruditíssimas produções tanto em Prosa quanto em Poesia, pelas quais se tornou célebre em todo o Mundo Literário. Assim, tendo o renomado, Senhor GOETHE acima referido condescendido em se apresentar em uma de nossas Academias públicas, logo que Ele surgiu, qual um novo astro de céu estrangeiro, em nossos bosques e em uma de nossas Assembleias Geniais, os Árcades, convocados em grande número, quiseram distingui-lo com as demonstrações do mais sincero júbilo e de aplauso como Autor de tantas obras festejadas, inscrevendo-o a viva voz entre os mais ilustres membros de sua Sociedade Pastoral sob o Nome de Megalio, e quiseram ainda atribuir ao Mesmo a posse dos Campos de Melpômene consagrados à Musa Trágica, declarando-o com isso Pastor Árcade de Número. Ao mesmo tempo, a Assembleia Universal encarregou o Guardião Geral de registrar o Ato público e solene de uma afiliação tão aplaudida entre os fastos da Arcádia, e de entrega ao Ilustríssimo Noviço Compastor Megalio Melpomenio o presente Diploma em sinal da altíssima estima que lhe dedica nossa República Literária Pastoral dos engenhos ilustres e nobres de perpétua memória. Dado na Cabana do Reservatório [isto é: a sala do arquivo da Academia], no seio do Bosque Parrásio [o palacete que servia de sede à Academia] na Neomênia de Posideion Olimpíada DCXLI. Ano II da Restauração da Arcádia Olimpíada XXIV. Ano IV. Dia alegre por Chamada Geral. Nivildo Amarinzio – Guardião Geral.

171 Corimbo/ Melicronio / Florimonte / Egiréo / Sub-guardiães. A admissão de Goethe na Arcádia aconteceu no dia 4 de janeiro de 1787. A datação do documento possivelmente não é exata (em carta de 27 de abril de 1829, o próprio Goethe pergunta a Riemer sobre a correspondência entre as datas). Neomênia era o primeiro dia do mês no calendário lunar grego. Posideion, o sexto ou sétimo mês do mesmo calendário (variando de acordo com as fórmulas criadas para fazê-lo coincidir com o calendário solar) e corresponde aproximadamente ao mês de dezembro.

Johann Wolfgang von Goethe

Carnaval romano[172]

Ao nos propormos a descrever o Carnaval romano, devemos esperar objeções quanto ao fato de que uma festa como essa não pode ser descrita. Uma tal massa viva de tantos objetos sensuais deveria movimentar-se apenas diante dos olhos e cada um deveria poder contemplá-la e compreendê-la à sua maneira.

Torna-se ainda mais séria essa objeção quando somos nós mesmos obrigados a confessar que, para um espectador estrangeiro que o vê pela primeira vez, o Carnaval romano não oferece uma impressão alegre, não oferece consolo aos olhos nem tranquiliza a alma. Não se vê mais a longa e estreita rua, coberta que está por uma multidão que se agita de um lado para o outro; mal se distingue alguma coisa em meio a esse tumulto, em que os olhos possam se fixar. O movimento é uniforme e monótono, o barulho, ensurdecedor, e o fim do dia nos deixa em um estado de grande intranquilidade e insatisfação. Todas essas objeções, entretanto, são anuladas quando contemplamos tudo mais de perto. E agora tratemos de ver aonde chegamos com a descrição.

O Carnaval romano é uma festa que não é dada ao povo, mas que o próprio povo dá a si mesmo.

O Estado põe poucas reservas e objeções. Os grupos de amigos movimentam-se por conta própria, e a polícia os governa com rédea solta.

Não se trata de uma festa, como muitas das festas religiosas de Roma, que deslumbram os olhos do espectador; não há fogos de artifício que garantam uma vista única e admirável a partir do Castelo de Sant'Ângelo. Não há iluminação da Basílica de São Pedro e da cúpula, que atrai e satisfaz os estrangeiros do mundo todo. Tampouco há uma procissão chamejante, cuja aproximação faz o povo orar e admirar, encantado. Nessa festa, ao

---

172 Escrito em 1788, o ensaio foi publicado como livro pela primeira vez provido de vinte iluminuras, desenhadas por Georg Schütz e pintadas por Georg Melchior Kraus. Foi republicado em 1790 no *Journal des Luxus und der Moden*, dessa vez sem as iluminuras. Uma parte das iluminuras encontra-se no Instituto de Artes Städel, em Frankfurt am Main.

Viagem à Itália

contrário, é dado um sinal de que todos podem se comportar do modo mais louco e tolo que quiserem, e que, com exceção de socos e golpes de faca, tudo o mais é permitido.

A distinção entre as camadas mais elevadas e as mais baixas parece anulada por um instante. Todos se aproximam de todos, cada um agarra, com facilidade, aquilo que vem a seu encontro, e a ousadia e a liberdade se alternam uma à outra, sendo equilibradas por um bom humor geral.

Nesses dias, os romanos se mostram satisfeitos pelo fato de que, embora o nascimento de Cristo tenha adiado a festa saturnal e sua liberdade e liberalidades por algumas semanas, não a aboliu por completo.

Esforçar-nos-emos para trazer à imaginação e a nosso leitor toda a alegria e tumulto desses dias. Também nos gabamos de servir àqueles que porventura já tiveram a experiência do Carnaval romano e que agora poderão relembrar animadamente esses tempos. Prestamos um serviço também àqueles que ainda farão a viagem, a quem estas poucas páginas poderão provocar o gosto prévio de uma alegria avassaladora e torrencial.

O Corso

O Carnaval romano se concentra no Corso.[173] Essa rua limita e determina as comemorações públicas desses dias. Em cada praça a festa tem um outro caráter. Decidimo-nos por descrever, entre todas as outras coisas, o próprio Corso.

O nome provém, assim como o de outras ruas longas das cidades italianas, da corrida de cavalos com a qual termina cada noite de Carnaval e com a qual, em outros locais se encerra a comemoração do santo padroeiro, uma festa religiosa.

A rua vai da Piazza del Popollo diretamente ao Palácio Veneziano. Tem cerca de 3.500 passos de comprimento e é ladeada por magníficos edifícios. Sua largura não é proporcional ao seu comprimento e à altura dos edifícios. Ambos os lados são guarnecidos de calçadas para pedestres de cerca de 6 a 8 pés. No centro, o espaço para os carros tem apenas cerca de 12 a 14

---

173 A Via del Corso, onde Goethe morou em Roma.

passos. Logo se depreende que, nessa largura, apenas três veículos podem passam um ao lado do outro.

O obelisco na Piazza del Popollo é o marco inferior do limite da rua no Carnaval; o Palácio veneziano, o superior.

Passeio no Corso

Em todos os domingos e dias de festa do ano o povo ocupa o Corso. Os romanos mais ricos e distintos passeiam por aqui durante uma hora ou uma hora e meia antes do cair da noite, em uma numerosa fila. Os carros saem do Palácio Veneziano, mantêm-se do lado esquerdo e dirigem-se, se o tempo está bom, ao Obelisco, em direção à Porta e ao Caminho Flamínio, às vezes até a Ponte Molle.

Aqueles que estão no caminho de volta, mais cedo ou mais tarde, mantêm-se do outro lado, de modo que ambas as fileiras de carros movimentam-se organizadamente.

Os embaixadores têm o privilégio de poder transitar em ambas as colunas, nas duas direções. Também ao Pretendente,[174] que se encontrava em Roma sob o nome de um certo duque da Albânia, tal privilégio era assegurado.[175]

Assim que chega a noite, essa ordem é rompida, e cada um transita do lado em que lhe der na telha, muitas vezes causando incômodo para outras equipagens, que são desse modo impedidas de circular e ficam detidas naquele espaço estreito.

Esse passeio ao cair da noite, um evento brilhante em todas as grandes cidades italianas e imitado em todas as cidades pequenas, ainda que apenas com alguns coches, atrai muitos pedestres ao Corso. Todos acorrem para ver ou ser vistos.

O Carnaval é, como logo poderemos perceber, de fato apenas uma continuação ou, melhor ainda, o clímax desses prazeres rotineiros dos domingos

---

174 Carl Edward Stuart (1720-1788), neto do rei James II da Inglaterra. Era chamado o Pretendente por causa de sua tentativa, frustrada, de recuperar a Coroa para sua linhagem, que ocorreu em Londres entre 1745 e 1746.

175 E também ao governador e aos senadores.

e dias de festa. Não há nada de novo, nada de estranho, nada de único, mas sim um evento que se agrega naturalmente ao modo de vida romano.

Clima e vestes sacerdotais

Tampouco nos parecerá estranho quando virmos uma multidão de fantasias ao ar livre, uma vez que estamos acostumados a tantas cenas do cotidiano passadas sob o límpido e alegre céu ao longo do ano todo.

Por ocasião dessa festa, os tapetes pendurados nos muros e paredes, as chuvas de flores e os tecidos estendidos nas ruas transformam-nas em grandes salões e galerias.

Nenhum morto é levado ao túmulo sem os ornamentos da irmandade a que pertence. Os muitos trajes monacais acostumam o olho a estranhas e insólitas formas. O ano todo parece ser carnaval, e os abades em suas vestes negras, entre outras fantasias eclesiásticas, parecem vestir os nobres tabardos.

Início

Já a partir do começo do ano, as casas de espetáculo são abertas e o Carnaval se inicia. Aqui e ali, vê-se nas galerias uma beldade que, vestida de oficial, exibe ao povo suas dragonas com grande contentamento. Aumenta o número de participantes no passeio do Corso. Mas a expectativa geral dirige-se ao últimos oito dias de festa.

Preparativos para os últimos dias

Alguns preparativos anunciam ao público as horas paradisíacas que estão por vir. O Corso, uma das poucas ruas romanas mantida limpa ao longo do ano todo, é varrido com cuidado ainda maior. O calçamento é composto por belas pedras de basalto, de formato bastante regular. Aquelas que perderam essa regularidade são então retiradas e substituídas.

Há ainda outros prenúncios sendo preparados. Toda noite de Carnaval se encerra, como já dissemos, com uma corrida de cavalos. Os cavalos que melhor servem a esse propósito são em geral pequenos e, devido a sua origem estrangeira, são chamados *barberi*.[176]

Esses cavalinhos são cobertos com um tecido de linho branco que se fecha na cabeça, no pescoço e no dorso, cujas costuras são adornadas com fitas coloridas. São então levados ao lugar onde a corrida terá início, em frente ao Obelisco. São acostumados a se manter por um momento quietos, com a cabeça voltada para o Corso, e depois disso são rapidamente conduzidos pela rua em direção ao Palácio Veneziano, onde recebem um pouco de aveia, para incentivá-los a percorrer rapidamente sua trilha.

Esse exercício é repetido com cada um dos cavalos, cerca de quinze a vinte. A cada vez, o passeio é acompanhado pelos gritos de alegres garotos, o que já serve como um exemplo prévio do grande barulho e alegria que logo terão início.

Antigamente, tais cavalos eram alimentados pelas mais distintas casas romanas em seus estábulos. Considerava-se uma honra quando um deles conseguia o prêmio. Faziam-se apostas, e a vitória era comemorada com uma ceia oferecida pela família.

Nos últimos tempos, entretanto, esse costume perdeu muito de seu prestígio, e o desejo de alcançar alguma glória por meio dos cavalos desceu à classe média, para não dizer à classe mais baixa da população.

Vem ainda daquela época o costume de o cavaleiro da tropa cavalgar por toda a Roma, acompanhado dos trompetistas, mostrando o prêmio e sendo recebido nas casas das famílias distintas, e recebendo uma pequena contribuição em dinheiro depois de uma breve execução musical.

O prêmio consiste em um pedaço de tecido dourado ou prateado de cerca de 3,5 côvados de comprimento por 1 côvado de largura, preso a um pedaço de pau como uma bandeira, em cuja ponta inferior desenhou-se em diagonal a imagem de alguns cavalos de corrida.

Esse prêmio é chamado de pálio e, quantos dias durar o Carnaval, o mesmo número desses estandartes será levado pelas ruas pelo mencionado cortejo.

---

176 Berberes, ou seja, oriundos da Berbéria ou Berberia, nome que era dado às regiões costeiras de Marrocos, Argélia, Tunísia e Líbia.

Enquanto isso, o Corso começa a sofrer alterações em sua configuração. Agora, o Obelisco marca o limite da rua. Defronte a ele se armou uma arquibancada com várias fileiras de assentos, com vista direta para o Corso. Em frente à arquibancada, foram colocadas as barreiras por entre as quais os cavalos serão trazidos à corrida.

De ambos os lados são ainda erguidas outras grandes arquibancadas, que se unem às primeiras casas do Corso, prolongando desse modo o comprimento da rua até o interior da praça. Em ambos os lados das barreiras há pequenas cabines elevadas com cobertura em forma de arco para as pessoas que devem regular a saída dos cavalos.

Subindo o Corso se veem também arquibancadas erguidas diante de algumas casas. As praças de San Carlo e a da Coluna Antonina são separadas da rua por barreiras, e tudo isso é um sinal evidente de que toda a festa deve ser e será circunscrita ao espaço longo e estreito do Corso.

Por fim, o centro da rua é salpicado com sílica para evitar que os cavalos escorreguem facilmente sobre o calçamento liso.

Sinal da plena liberdade carnavalesca

Assim, a expectativa vai sendo mantida e alimentada a cada dia, até que um sino no Capitólio logo depois do meio-dia dá sinal de que é permitido ser tolo a céu aberto.

Nesse momento, o romano sério e grave, que durante o ano todo evita cometer erros e maus passos, despe-se de sua seriedade e de seus cuidados.

Os trabalhadores, que até então assentavam as pedras do calçamento, empacotam suas ferramentas e põem fim ao trabalho, fazendo gracejos. Todas as varandas e janelas vão sendo cobertas por tapetes. De ambos os lados do calçamento são colocadas cadeiras. Os mais modestos moradores e todas as crianças vão para a rua, que deixa então de ser rua. Fica parecendo antes um grande salão de festas, uma enorme galeria enfeitada. Também as arquibancadas são cobertas com tapetes. As muitas cadeiras dão impressão de que os aposentos se multiplicaram e o céu, sempre amistoso, faz-nos esquecer de que não há um teto.

Assim, a rua parece cada vez mais habitável. Quando se sai de casa, não se tem a impressão de se estar ao ar livre entre estranhos, mas sim em um salão em meio a velhos conhecidos.

Vigilância

A multidão acorre cada vez em maior número ao Corso e, entre as muitas pessoas que trajam suas roupas costumeiras, dá-se que aqui e ali aparece um Polichinelo. Os militares concentraram-se em frente à Porta del Popolo. Comandados pelo general a cavalo, marcham ao longo do Corso em uniformes novos. Ocupam todas as entradas, deixando alguns vigias nas praças principais e tomando para si a responsabilidade de manutenção da ordem por todo o evento.

Os homens que alugam as cadeiras e lugares nas arquibancadas gritam repetida e insistentemente aos passantes: *"Luoghi! Luoghi, padroni! Luoghi!"*.[177]

Fantasias

Começam a aumentar em número as máscaras e fantasias. Homens jovens, metidos nas roupas de festa das mulheres das classes mais baixas, com decotes exagerados e uma audaciosa autossuficiência, são vistos em maior número. Insinuam-se aos homens que encontram a sua frente e se comportam de modo vulgar e confiado com as mulheres como se fossem suas iguais. Fazem o que lhes dá na telha, seja gracejo ou falta de cortesia.

Lembro-me especialmente de um jovem que fazia perfeitamente o papel de uma mulher apaixonada e briguenta, que não se acalmava de modo algum. Andou por todo o comprimento do Corso arrumando sarilhos, enquanto suas companheiras pareciam fazer de tudo para acalmá-la.

Aparece então um Polichinelo, com um grande chifre balouçante amarrado às coxas por cordões coloridos. Com um sutil movimento, feito enquanto conversava com as mulheres, dá conta de imitar, impudente, a

---

177 "Lugares! Lugares, senhores! Lugares!"

Viagem à Itália

figura do velho deus dos jardins,[178] e isso na Santa Roma! Sua leviandade provoca mais excitação do que desagrado. Logo mais aparece um outro de sua laia, que, mais modesto e satisfeito, traz consigo sua cara-metade.

Também às mulheres apraz vestirem-se em roupas masculinas, de modo que não faltam aquelas que escolheram o traje de Polichinelo, um dos mais populares. Confesso que algumas ficam muito atraentes nesse disfarce sexualmente ambíguo.

Com passadas rápidas, aproxima-se um advogado perorando como se estivesse no tribunal. Ele grita para dentro das janelas, agarra os passantes, mascarados ou não, ameaçando-os com um processo, passando logo a narrar uma longa história sobre os delitos ridículos que supostamente praticaram, atribuindo a exata especificação de suas culpas. Acusa as mulheres casadas de terem um *cescibeo*,[179] às donzelas acusa terem um amante. Ele se vale de um livro que traz consigo, apresenta documentos, e tudo isso é feito com voz penetrante e língua afiada. O advogado procura deixar a todos envergonhados e confusos. Quando se pensa que ele parou, volta à carga. Quando se pensa que foi embora, está de volta. Vai atrás de alguém mas não lhe dirige a palavra, agarra alguém que já tinha passado por ali. Se aparece um colega de profissão, então a loucura atinge seu mais alto grau.

Mas a atenção do público não se fixa em um ou outro acontecimento, logo mais à frente a maior das loucuras já foi ultrapassada em tamanho e diversidade.

Os *quacqueri*,[180] por sua vez, não fazem muito barulho, mas chamam tanta atenção quanto os advogados. A fantasia de *quacqueri* parece ter se tornado popular pela facilidade com que se encontram as peças de roupa da época dos antigos francos nos mercados de usados.

A exigência principal é que a roupa seja da época dos antigos francos, mas bem conservada e de tecido nobre. Raramente são vistos trajando veludo ou seda, vestem coletes de brocado ou bordados. O *quacquero*, ademais, tem de ser corpulento. A máscara cobre-lhe todo o rosto, as bochechas

---

178 Príapo.

179 Um "amigo da casa", com insinuação de uma relação amorosa entre ele e a dona da casa.

180 Quakers.

são cheias e os olhos, pequenos. A peruca tem uma trancinha singular, e o chapéu é pequeno, no mais das vezes com borda.

Percebe-se que essa fantasia é muito parecida com a de *buffo caricato* da ópera cômica.[181] Assim como aquele, representa o velho tolo de personalidade marota, apaixonada e traído. Também há os equilibristas, que, pulando com grande facilidade, dão cambalhotas para um lado e para o outro e usam grossas armações negras sem lentes à guisa de *lorgnon*, através das quais espiam em todos os carros e todas as janelas. Fazem com frequência uma profunda e exagerada reverência, e sua alegria ao encontrar um símile se deixa reconhecer pelos pulos que dão no ar e por um som agudo, penetrante e inarticulado que emitem, aparentado às consoantes "brr".

Com frequência, usam esse som como um sinal, que é repetido pelo outro, de modo que em pouco tempo todo o Corso está a emitir e responder a esse aviso.

Enquanto isso, garotos travessos sopram por uma grande concha curvada, ofendendo nosso ouvido com sons insuportáveis.

Logo se percebe que, dada a estreiteza do espaço e a semelhança entre as fantasias (pois há centenas de Polichinelos e centenas de *quacqueri*), poucos devem ter a intenção de ser notados. Estes têm de aparecer mais cedo no Corso. Trata-se muito mais de se divertir, dar livre curso à própria loucura e aproveitar ao máximo a liberdade destes dias.

As jovens e as mulheres buscam especialmente se divertir à sua maneira nessa época. Cada uma delas está interessada em poder sair de casa, disfarçando-se do modo que for possível e, uma vez que poucas estão em condição de gastar muito, são suficientemente engenhosas para inventar seus próprios recursos para antes se esconder do que se adornar.

As fantasias de mendigos e mendigas são muito fáceis de fazer. Para isso é preciso ter belos cabelos, uma máscara para o rosto totalmente branca, uma panelinha de barro amarrada por um fio colorido, um cajado e um chapéu na mão. Colocam-se com gestos humildes sob as janelas e recebem de todos, em vez de esmolas, doces, castanhas e outras coisas do gênero.

---

181 Ator cômico que representa papéis afetados.

Viagem à Itália

Outras se vestem de maneira mais confortável, cobrem-se de peles ou trazem um bom traje doméstico, usando apenas a máscara no rosto. Na maior parte das vezes, não há um homem a seu lado, e elas levam como arma de defesa e ataque uma vassourinha amarrada a um caniço, com a qual afastam os inconvenientes, mas também, muito marotas, agitam à frente do rosto de conhecidos e desconhecidos que não usam máscaras.

Aquele que for escolhido como alvo de um grupo de quatro ou cinco dessas moças não tem como escapar. O empurra-empurra da multidão impede-o de fugir e, para onde quer que se volte, sente uma vassourinha sob o nariz. Tentar defender-se seriamente desse tipo de assédio poderia ser muito perigoso, uma vez que os mascarados são considerados intocáveis e a polícia está ali para protegê-los.

Da mesma forma, os trajes costumeiros de todos os estamentos da sociedade podem servir como fantasias. Empregados de estábulo vêm, munidos de suas grandes escovas, esfregar as costas de quem bem lhes aprouver. Cocheiros oferecem seus serviços com sua costumeira impertinência. Outras fantasias são mais bonitas e delicadas, como as das moças do campo, das mulheres de Frascati, dos pescadores, marinheiros e esbirros napolitanos e gregos.

Outras vezes, imitam-se fantasias do teatro. Alguns tornam tudo mais cômodo ao se cobrirem de tapetes ou lençóis de linho, que amarram na cabeça. A branca aparição trata então de interromper o caminho de alguém saltando à sua frente, acreditando estar assim fazendo-se de fantasma. Outros se caracterizam por composições inesperadas de trajes, mas o tabardo é certamente a fantasia mais nobre, pois não se sobressai demais.

Fantasias zombeteiras e satíricas são raras, pois têm um objetivo determinado e seriam necessariamente notadas. Mas havia um Polichinelo caracterizado como um marido traído. Os chifres eram móveis e ele podia fazê-los esticar ou contraírem-se, como faz uma lesma. Quando ele deixava apenas uma pequena extensão deles à mostra, sob a janela de um casal recém-casado, ou os exibia em todo o seu comprimento sob uma outra janela, fazendo soar atrevidos os chocalhos que havia nas pontas dos cornos, captava por alguns momentos toda a atenção do público, e algumas vezes este caía em gargalhadas.

Um mágico misturou-se à multidão, mostrando-lhe um livro com números e fazendo-a lembrar de sua paixão pelo jogo de loteria.

Outro se embrenha no meio da turba. Sua máscara tem faces de ambos os lados. Não se sabe onde é a frente, onde é a parte de trás, se ele vem ou vai.

Os estrangeiros também precisam submeter-se ao escárnio nesses dias. Os longos trajes dos que vêm do Norte, os grandes botões e os singulares chapéus redondos não escapam aos romanos, de modo que o estrangeiro, a seu ver, também usa uma fantasia.

Também os pintores estrangeiros, sobretudo os que estudam paisagens e edifícios, que são vistos por todo lugar em Roma a desenhar, são diligentemente representados no Carnaval, mostrando-se com seus grandes portfólios, longos sobretudos e colossais pincéis e penas, muito ocupados com seu ofício.

Os aprendizes de padeiro alemães mostram-se em Roma sempre muito bêbados, representados em geral com uma garrafa de vinho na mão, em seus trajes costumeiros ou levemente ornamentados, andando de forma cambaleante pela rua.

Lembro-me de ter visto apenas uma fantasia com alusões obscenas. Um obelisco deveria ser erguido em frente à Igreja Trinità de' Monti. O povo não estava muito satisfeito com isso, seja porque o espaço era muito estreito, seja porque seria necessário construir um pedestal muito alto para conseguir elevar o pequeno obelisco a uma altura considerável. Alguém aproveitou a ocasião para vestir um grande pedestal branco à guisa de boné, sobre o qual se erguia um minúsculo obelisco vermelho. Ao redor do pedestal, letras garrafais, cujo sentido só era compreendido certamente por poucos.

Coches

Enquanto aumenta o número de fantasias, cresce também o número de coches que passeiam pelo Corso, na mesma ordem que descrevemos anteriormente, quando falamos do passeio aos domingos e dias de festa. A única diferença agora é que os coches que vêm do Palácio Veneziano pela esquerda viram ali onde termina a Rua do Corso e retomam imediatamente o caminho pelo outro lado.

Viagem à Itália

Já aludimos antes ao fato de que a rua, quando se desconsidera a calçada elevada para os pedestres, tem uma largura onde não cabem mais do que três coches um ao lado do outro.

As elevações laterais estão bloqueadas com arquibancadas e ocupadas com cadeiras, sendo que muitos espectadores já tomaram ali seus lugares. As filas de coches trafegam muito próximas das arquibancadas e cadeiras, de um lado e do outro. Os pedestres ficam circunscritos a uma largura de cerca de 8 pés entre ambas as fileiras. Cada um abre seu caminho aos empurrões como pode, e de todas as janelas e sacadas vê-se gente aos magotes, espremendo-se uns aos outros dos dois lados da rua.

Nos primeiros dias, vê-se em geral apenas a equipagem costumeira, pois todos guardam para os dias seguintes o que quer exibir de mais ornamentado e suntuoso. Quase ao fim do Carnaval, aparecem mais carros abertos, alguns com seis assentos. Duas damas sentam-se sobre um assento elevado uma diante da outra, de modo que se possa ver toda a sua figura. Quatro cavalheiros tomam os assentos em cada canto, os cocheiros e serviçais estão fantasiados, até mesmo os cavalos são enfeitados com tule e flores.

Muitas vezes, um belo cãozinho branco adornado com fitas cor-de-rosa fica aos pés do cocheiro. Nos arreios, soam pequenos sinos, de modo que a atenção do público fica presa a esse cortejo por alguns instantes.

Facilmente se adivinha que apenas as mulheres belas ousam expor-se assim diante do povo, e que apenas a mais bela entre elas se deixa ver sem a máscara. Quando o carro se aproxima, o qual certamente é obrigado a mover-se vagarosamente, todos os olhos se voltam para ela, que tem então o prazer de ouvir por todos os lados: *"O quanto è bella!"*.

Consta que, antigamente, esses carros luxuosos eram ainda mais frequentes e mais ricos, tornados mais interessantes pelas representações mitológicas e alegóricas. Hoje em dia, porém, os mais distintos parecem perder-se no todo, em meio ao prazer e divertimento proporcionado pela festa. Querem antes desfrutar do que se mostrar.

Quanto mais perdura o Carnaval, mais alegres se tornam as equipagens.

Mesmo as pessoas sérias, que se sentam nos carros sem fantasia, permitem a seus cocheiros e criados que as usem. Os cocheiros escolhem, de regra, trajes femininos. Nos últimos dias de festa, os carros parecem ser guiados apenas por mulheres. Estão sempre vestidos de modo discreto e mesmo atraente. Em contrapartida, há um sujeito gordo e feio, vestido na última moda e com um penteado alto, uma grande caricatura. E assim como aquelas beldades puderam ouvir os espectadores elogiar-lhes a beleza, este aqui precisa aguentar que lhe digam na cara: "*O fratello mio, che brutta puttana sei!*".[182]

É costume que os cocheiros ofereçam a algumas de suas amigas que encontram na multidão lugar junto a eles na boleia. Elas então sentam-se ao lado deles em trajes masculinos e agitam graciosamente as belas perninhas de Polichinelo com os pezinhos metidos em sapatos de saltos altos ao redor da cabeça dos passantes.

A mesma coisa fazem os criados, acolhendo seus amigos e amigas na parte de trás do carro, e não faltaria mais nada senão que alguém se sentasse sobre o teto, como acontece nos carros ingleses no campo.

Os patrões parecem até mesmo ver com agrado seus carros assim lotados de gente. Nesses dias, tudo é permitido e apropriado.

A massa humana

Quando se olha por sobre a rua longa e estreita, vê-se gente comprimindo-se e debruçando-se das varandas e janelas por sobre tapetes coloridos, para olhar as arquibancadas também cheias de gente e as longas filas de cadeiras colocadas de ambos os lados da rua. Duas fileiras de coches movimentam-se lentamente no espaço central, e o espaço que poderia ser tomado por um terceiro coche está cheio de gente, que não se movimenta de um lado para outro, mas se empurram mutuamente. Os coches sempre mantêm uma certa distância entre si, quando possível, para evitar se chocarem uns contra os outros a cada parada. Muitos pedestres, a fim de conseguir respirar um pouco, ousam sair da massa humana por entre as rodas do carro que vai à frente e os varões dos cavalos do carro que vem atrás. Quanto maior o perigo e as atribulações do pedestre, mais a multidão parece divertir-se e mais seu atrevimento aumenta.

---

182 "Oh, meu irmão, que puta mais feia és!".

Viagem à Itália

A maior parte dos pedestres que se movimentam entre as duas fileiras de carros evita a rodas e os eixos, a fim de proteger suas pernas e braços, assim como suas roupas. Desse modo, acabam por deixar um espaço maior do que o necessário entre si próprios e o carro. Assim, aquele que não suporta mais se movimentar em meio à massa vagarosa e tem coragem de se enfiar pelo meio das rodas, poderá encontrar em pouco tempo um bom pedaço de caminho livre até o próximo obstáculo.

É possível que essa minha descrição esteja ultrapassando os limites do verossímil, e eu não ousaria continuar se outros que também conheceram o Carnaval romano não pudessem testemunhar que me ative estritamente à verdade e que, como se não fosse suficiente, tudo se repete ano a ano. É possível mesmo que alguns futuramente possam observar tudo com este mesmo livro nas mãos, conferindo-lhe a verossimilhança.

O que dirão então os leitores, se eu lhes assegurar que tudo o que foi narrado até agora é apenas o primeiro estágio do ajuntamento humano, do delírio, do barulho e da permissividade?

O cortejo do governador e do senador

Enquanto os coches avançam cuidadosamente e, quando há um congestionamento, param, os pedestres são atormentados de diversos modos.

Vez por outra a guarda papal cavalga por entre a multidão, por conta de alguma desordem ou para desfazer os congestionamentos dos coches. Dá-se então que um pedestre que tenta se desviar dos carros sente, antes que possa se dar conta, a cabeça de um cavalo em sua própria nuca. Mas há ainda incômodos piores.

O governador usa um grande carro oficial, com uma comitiva formada por outros coches, e se desloca por entre o espaço que permeia as duas fileiras habituais de carros. A guarda papal e os criados que seguem à frente anunciam-no e vão abrindo espaço, de modo que esse cortejo toma, por um momento, toda a largura da rua que há pouco era ocupada pelos pedestres. Estes se espremem como podem entre os carros restantes e a calçada, de ambos os lados da rua. E do mesmo modo como a água se divide por um instante no momento que segue à passagem de um navio, voltando a se juntar imediatamente depois, também a massa de mascarados, acrescida dos pedestres comuns, junta-se de novo atrás do cortejo. Mas não por muito tempo, porque logo se segue um novo movimento que separa novamente a multidão que se comprime.

O senador de Roma desfilava em um cortejo semelhante. Era como se seu grande carro oficial, assim como os carros de seu séquito, nadasse sobre o mar de cabeças da multidão comprimida. Cada habitante da cidade ou mesmo cada estrangeiro, cativado e encantado pela amabilidade do atual senador, o príncipe Rezzonico, saudava-o prazenteiro.[183] Mas talvez o Carnaval seja a única ocasião em que a multidão se sente aliviada quando seu objeto de saudação se afasta.

Depois da passagem desses dois primeiros cortejos das autoridades que desfilavam pelo Corso no primeiro dia, para abrir o Carnaval, o duque da Albânia percorria com seu cortejo o mesmo caminho diariamente, para grande incômodo da multidão. Essa atitude fazia Roma lembrar-se, nessa época de zombaria geral, da comédia das próprias pretensões reais do duque.

Os embaixadores, que tinham igual direito, faziam uso dele moderadamente, mostrando assim uma sobriedade bastante solidária e humana.

O mundo elegante no Palácio Ruspoli

Mas a circulação no Corso não é impedida apenas por esses cortejos. No Palácio Ruspoli e cercanias, onde a rua fica mais larga em uma medida quase imperceptível, o calçamento se eleva de ambos os lados.[184] Ali a bela sociedade toma seu lugar, e logo todas as cadeiras são ocupadas ou reservadas. As mais belas mulheres da classe média, vestindo atraentes fantasias e cercadas de seus amigos, mostram-se ao olhar curioso dos passantes. Todos os que passam por ali se detêm um instante para olhar. Curiosos, percorrem

---

183 Abbondio Faustino Rezzonico (1742-1810), sobrinho do papa Clemente XIII, era desde 1765 senador romano.

184 Palazzo Ruspoli, na esquina do Corso com a Via de' Condotti, foi construído em 1556 por Bartolommeo Ammanati (1511-1592).

as fileiras de figuras masculinas ali sentadas para descobrir talvez em um oficial de baixa patente o objeto de sua paixão. Esse é o trecho no qual o cortejo primeiro se detém, pois os coches demoram-se ali o máximo possível. Se é preciso deter-se, que o façamos então nessa agradável companhia.

Confetes

Se nossa descrição, até aqui, já provocou alguma sensação de medo, causará ainda impressão mais singular quando narrarmos o modo como essa alegria é iniciada por uma guerra, na maior parte das vezes, uma guerra de mentira, mas que frequentemente pode se tornar séria.

Digamos que uma beldade lance a seu amigo que passa um punhado de amêndoas confeitadas, para se fazer notar em meio à multidão de fantasiados. Nada mais natural senão que ele se volte e descubra assim a amiga, desacompanhada. Trata-se de um costume comum, e depois desse lançamento dos confeitos, o que se vê são dois rostos sorridentes que se reconhecem. Entretanto, as pessoas eram muito apegadas ao orçamento doméstico para ver desperdiçar assim esses quitutes açucarados e, ademais, seria preciso ter um estoque muito grande deles à disposição.

Assim, encontraram algo para substituir essas guloseimas. São pequenas drágeas de gesso, feitas em um funil e colocadas em grandes cestos para serem vendidas à multidão.

Ninguém está a salvo de um ataque. Todos se mantêm em estado de alerta, de modo que aqui e ali começa um duelo, motivado pela audácia de uns ou pela necessidade de defesa de outros, uma escaramuça ou mesmo uma batalha. Passantes, cocheiros, espectadores acomodados nas janelas, arquibancadas ou cadeiras atacam-se e se defendem alternadamente.

As mulheres têm cestinhos dourados e prateados cheios desses grãozinhos, e seus acompanhantes sabem defendê-las. Com as janelas dos coches abertas, as pessoas esperam pelo ataque, brincam com os amigos, opõem uma resistência encarniçada aos desconhecidos.

Em nenhum outro local essa batalha é mais intensa do que no Palácio Ruspoli. Todos os fantasiados ali estão munidos de cestinhos, bolsinhas ou lencinhos. Mais atacam do que se defendem. Nenhum coche consegue passar ileso, nenhum passante está livre deles. Quando veem passar um abade em suas roupas pretas, atacam-no de todos os lados, e, uma vez que gesso e giz mancham a roupa, logo o pobre homem vê-se pontilhado de branco e cinza. Outras vezes, porém, a coisa se torna séria, e percebe-se, com perplexidade, quanta rivalidade e ódio pessoal são assim demonstrados.

Imperceptivelmente, uma figura disfarçada esgueira-se por entre um grupo e lança um punhado de confete sobre uma das primeiras beldades, de modo tão direto e violento que parte de sua máscara sai do lugar, machucando seu belo pescoço. Seus acompanhantes de ambos os lados revidam vigorosamente atirando com força sobre o insolente as cápsulas que tiram de seus cestinhos e bolsinhas. Este, porém, está tão bem fantasiado e protegido pelos tecidos e armações do próprio disfarce que nem sente os repetidos ataques. Quanto mais seguro se encontra, mais violentos seus ataques. Os defensores da jovem protegem-na com seus tabardos e, uma vez que o atacante, na violência de suas ações, acaba ferindo os vizinhos e ofendendo alguém por conta de sua falta de modos e insolência, também aqueles que se sentam ao redor passam a tomar parte na briga, não poupando grãozinhos de giz e valendo-se algumas vezes de munição extra, do tamanho das amêndoas açucaradas. Desse modo, ao atacante inicial, cercado por todos os lados, nada mais resta senão bater em retirada, principalmente porque sua munição acabou.

Em geral, quem se envolve em uma aventura dessas tem de ter um ajudante que lhe passe rapidamente a munição, enquanto os outros homens estão ocupados com suas cestinhas.

Tive a oportunidade de ver, nas imediações, uma dessas batalhas durante a qual os participantes, ficando sem munição, passaram a bater com as cestinhas douradas sobre as cabeças uns dos outros, não se contendo nem mesmo diante dos avisos dos guardas, os quais também foram fortemente atingidos.

Provavelmente essas altercações poderiam terminar em facadas, caso o terrível instrumento de punição da polícia italiana, a *corde*,[185] não estivesse

---

185 Instrumento de repressão semelhante a um patíbulo, ao qual o infrator era içado amarrado pelos braços, atados atrás das costas.

Viagem à Itália

espalhado pelos quatro cantos, lembrando a todos, no meio de toda essa alegria e confusão, que seria muito perigoso naquele momento utilizar armas também perigosas.

Em sua maioria, entretanto, essas brigas são mais brincadeira do que algo sério.

Foi o caso, por exemplo, de um carro cheio de Polichinelos que se aproximava de Ruspoli, com a intenção de alvejar os espectadores um após o outro, enquanto passava. Infelizmente, o congestionamento era muito intenso e o carro teve de estacar no meio da rua. O grupo todo tornou-se um alvo, e de todo os lados chovia munição sobre o carro. Os Polichinelos esgotaram sua munição e ficaram um bom tempo expostos ao fogo cruzado que partia de todos os lados, até que o carro, como que coberto de neve e granizo, passou a se mover lentamente, acompanhado de gargalhadas e gritos de desaprovação.

Diálogo na extremidade superior do Corso

Enquanto essas brincadeiras animadas e um tanto violentas ocupam a bela sociedade na metade do Corso, uma outra parte do público dedica-se, na extremidade superior da rua, a um outro tipo de diversão.

Não longe da Academia Francesa, o assim chamado *capitano* do teatro italiano, metido em um traje espanhol com penacho, adaga e luvas longas, em meio aos fantasiados que se acomodam sobre uma arquibancada, trata de narrar em tom enfático seus grandes atos em terra e mar.[186] Não demora muito até que um Polichinelo se lhe aparece na frente e põe-se a duvidar e a fazer objeções ao que foi narrado. Depois de fingir ter admitido e acreditado em tudo, passa a ridicularizar o discurso petulante do outro por meio de jogos de palavras e expressões grosseiras.

Também ali os passantes se detêm para escutar a animada discussão.

---

186 O *capitano* do teatro italiano corresponde ao *miles gloriosus* (soldado fanfarrão) da farsa latina.

Johann Wolfgang von Goethe

O rei dos Polichinelos

Frequentemente, um novo cortejo junta-se à multidão. Uma dúzia de Polichinelos reúne-se, escolhem um rei, coroam-no, põem-lhe um cetro na mão, acompanham-no com música e conduzem-no, sob grande alvoroço, pelo Corso, em um pequeno carro todo enfeitado. Todos os Polichinelos acorrem enquanto o carro passa, aumentam o cortejo e abrem caminho aos berros com o chapéu na mão.

Percebe-se então o quanto cada um deles procura aumentar a diversidade dessa mascarada geral com detalhes diferentes.

Um usa uma peruca, o outro, um turbante feminino sobre a cara preta, ao passo que um terceiro traz, em vez de chapéu, uma gaiola sobre a cabeça, na qual um casal de passarinhos, vestidos de Abade e Dama, salta de lá para cá sobre um pequeno balanço.

Ruas laterais

A enorme multidão assim comprimida, da qual buscamos dar ao nosso leitor a ideia mais fiel possível, faz dispersar, naturalmente, alguns foliões pelas ruas laterais do Corso. Ali, os casais apaixonados podem usufruir de mais tranquilidade e intimidade, enquanto os camaradas engraçados encontram oportunidade para todo tipo de brincadeiras e troças.

Um grupo de homens vestidos com as roupas de domingo das camadas populares, em ceroulas curtas e coletes com enfeites dourados e os cabelos envoltos em uma longa rede balouçante, passeiam acompanhados de jovens travestidos de mulheres. Algumas delas parecem estar em adiantado estado de gravidez e andam pacificamente de um lado para o outro. Em certo momento, os homens se desentendem e começa uma animada troca de insultos. As mulheres intrometem-se e a discussão se torna cada vez mais intensa. Por fim, os briguentos sacam grandes facas de papel prateado e caem uns sobre os outros. As mulheres tentam detê-los com mais gritaria, começa um empurra-empurra, enquanto os circunstantes tomam partido como se a briga fosse a sério. Outros tentam acalmar os litigantes. Enquanto isso, a grávida começa a passar mal por causa do susto. Trazem uma cadeira, as outras mulheres circundam-na enquanto ela faz gestos que demonstram um terrível sofrimento. Antes que possamos nos dar conta, ela dá à luz, para alegria dos circunstantes, uma coisa sem forma. A peça acaba e a trupe continua seu caminho, a fim de encenar a mesma peça ou alguma parecida em outro lugar.

Assim o romano, que tem sempre diante do espírito as histórias de assassinato, brinca em qualquer oportunidade com as ideias de homicídio. Até mesmo as crianças têm uma brincadeira, a que chamam de *"chiesa"* e lembra nosso "pega-pega". Na verdade, trata-se de tentar pegar, por todos os meios, um assassino que se esconde na escadaria de uma igreja. Os outros, que fazem o papel dos esbirros, tentam pegá-lo de todas as maneiras, sem que possam, entretanto, pisar o lugar que lhe dá abrigo.

Desse modo, em todas as ruas laterais, principalmente na *strada* Babuino e na praça de Espanha, há muita diversão.

Também os *quacqueri* acorrem aos bandos, para poder praticar suas galanterias mais livremente.

Eles têm uma manobra que faz rir a todos. Doze homens chegam na ponta dos pés, em passadas breves e rápidas, formando uma frente em linha reta. Quando chegam a uma praça, dobram à direita ou à esquerda, um após o outro, com passinhos pequenos, formando uma coluna. A frente é então novamente formada com mais uma dobra à direita, e com isso já atravessaram mais uma rua. Antes que possamos nos dar conta, nova dobra à esquerda. A coluna é empurrada como um espeto em direção à porta de uma casa, e os loucos então desaparecem lá dentro.

À noite

Cai a noite e a cidade inteira parece ter acorrido ao Corso. O movimento dos coches já estacou há um bom tempo, pode mesmo acontecer que, duas horas antes da noite, nenhum carro mais consiga se mover do lugar.

A guarda papal e a polícia a pé estão ocupadas, tanto quanto possível, em retirar os carros do meio da rua, organizando-os em fila, e a multidão está agitada e aborrecida. É preciso retroceder, empurrar e levantar, e, quando um cocheiro é obrigado a recuar, todos atrás dele têm de fazê-lo também, até que o espaço fica tão estreito que um deles tem de fazer seus cavalos se voltarem novamente para o meio da rua. Isso provoca insultos da guarda papal e ameaças da polícia.

O infeliz cocheiro tenta inutilmente mostrar a impossibilidade em que se encontra. Ele é insultado e ameaçado. Ou ele se junta novamente à fileira organizada ou deverá sair da formação na próxima ruazinha lateral. O que também é impossível, pois em geral as ruas laterais estão igualmente cheias de carros parados, que chegaram muito tarde e, como o movimento dos carros já se encontra impedida, não mais puderam mais entrar no Corso.

Preparativos para a corrida de cavalos

Aproxima-se o momento da corrida de cavalos, e o interesse das pessoas aumenta na mesma medida.

Os que alugam as cadeiras e os donos das arquibancadas gritam com mais frequência: "*Luoghi! Luoghi avanti! Luoghi nobili! Luoghi, patroni!*".[187] É preciso fazer isso para que, nos últimos instantes, todos os assentos sejam ocupados, mesmo que por um preço menor.

E é mesmo uma sorte que ainda haja lugar, pois o general cavalga agora pelo Corso com parte da guarda entre as duas fileiras de coches, expulsando assim os pedestres do único espaço que lhes restava. Todos procuram então uma cadeira, um lugar na arquibancada, em um coche, entre os carros ou à janela de algum conhecido, pois tudo está apinhado de gente.

Enquanto isso, a praça do Obelisco foi esvaziada de gente, dando lugar a talvez uma das mais belas vistas que se pode ter no mundo contemporâneo. A praça está fechada pelas três faces das arquibancadas, cobertas com tapetes. Milhares de cabeças projetam-se para a frente a partir das fileiras, dando a mesma impressão de um anfiteatro ou circo da Antiguidade. Sobre a arquibancada do meio ergue-se no ar todo o comprimento do obelisco, pois ela chega apenas até a altura de seu pedestal. Só agora se pode perceber

---

187 "Lugares! Lugares à frente! Lugares privilegiados! Lugares, senhores!"

sua imensa altura, quando ele se torna critério e medida para uma massa humana tão grande.

A praça, livre, assegura um belo descanso para os olhos. O povo contempla cheio de expectativa as pistas vazias, circundadas por cordas.

Agora o general vem subindo o Corso, para mostrar que a rua está livre, e atrás dele a polícia não permite que ninguém saia da formação dos coches. Ele toma seu lugar em uma das galerias.

O ponto de partida

Os cavalos são levados em formação livre pelos cavalariços, vestidos em suas melhores roupas, para as pistas atrás das cordas. Não têm nada sobre o corpo, nem mesmo uma manta. Aqui lhes colocam as esporas junto ao corpo, protegendo com couro o lugar onde serão pressionadas até o momento da partida. Também são coladas neles grandes folhas de latão dourado. Em sua maioria, são selvagens e impacientes, quando trazidos às pistas, e os ajudantes precisam de muita força e habilidade para contê-los.

O desejo de começar a correr fá-los indomáveis, a presença de tanta gente os intimida. Com frequência eles fogem para a baia vizinha, assim como pulam as cordas de contenção. Todo esse movimento e desordem aumenta a cada instante o interesse e a expectativa do público.

Os cavalariços estão extremamente tensos e atentos, pois, no momento da partida, a habilidade para soltar os cavalos, assim como outras circunstâncias casuais, podem reverter para a vantagem de um ou outro cavalo.

Finalmente a corda se solta, e os cavalos começam a correr.

No espaço livre, tentam ganhar a dianteira um do outro, mas, caso adentrem o estreito espaço entre as duas fileiras de coches, todo o esforço da competição é inútil.

Alguns, no uso de todas as suas forças, mantêm-se na dianteira. A despeito da sílica que foi pulverizada no solo, saltam faíscas das pedras do calçamento. As crinas voam, os ouropéis rebrilham, e antes que se possa perceber, já passaram. A manada impede o avanço uns dos outros, empurrando e forçando para a frente. Às vezes, um dos que estava atrás consegue avançar, e os fragmentos de ouropel despedaçado cintilam na pista percorrida. Logo os cavalos estão além de nosso campo de visão, o povo acode e ocupa novamente a pista.

À frente, junto ao Palácio Veneziano, outros cavalariços aguardam a chegada dos cavalos. Habilidosos, conseguem detê-los e mantê-los em um círculo na linha de fechada. O vencedor recebe o prêmio.

Termina assim essa cerimônia, com uma impressão poderosa e momentânea, pela qual tanta gente esperou por tanto tempo. Poucos são capazes de dizer o motivo de terem esperado avidamente por esse momento, e o porquê de terem se regozijado com ele.

Depois de ler nossa descrição, é possível perceber facilmente que esse jogo entre animais e homens pode se tornar perigoso. Queremos falar de uns poucos casos. Basta, por acaso, no estreito espaço entre os carros, que uma roda traseira esteja ligeiramente desalinhada e que haja um espaço um pouco maior atrás desse mesmo carro. Um cavalo, que, como os outros, vem em uma corrida desabalada, busca aproveitar o espaço mais largo, pulando para a frente e chocando-se então contra a roda desalinhada.

Vi pessoalmente um caso desses acontecer, quando o cavalo, abalado pelo choque, desabou ao chão. Três outros que vinham atrás caíram sobre ele. Os últimos conseguiram saltar sobre os que caíram e continuar sua corrida.

Com frequência dá-se que um cavalo morra no lugar do acidente. Muitas vezes os espectadores tiveram de lamentar essa morte em tais circunstâncias. Podem acontecer desgraças desse tipo também quando os cavalos mudam sua direção inesperadamente.

Já ocorreu que gente malvada e invejosa, ao perceber a grande vantagem de um cavalo na corrida, batesse-lhe nos olhos com a capa, fazendo-o assim se voltar e correr pela lateral. É ainda pior quando os cavalariços não conseguem conter os cavalos no Palácio Veneziano. Eles então fazem o caminho de volta, sem controle, e, uma vez que a pista já está cheia de gente, provocam acidentes, que a gente não vê ou não quer prestar atenção.

Suspensão da ordem

A corrida de cavalos acontece, costumeiramente, ao cair da noite. Assim que chegam ao Palácio Veneziano, são disparados tiros de morteiro. Esse

Viagem à Itália

sinal é repetido no meio do Corso e dado pela última vez na região do Obelisco.

Nesse instante, a guarda abandona seu posto, a ordem dos coches deixa de ser mantida e certamente também para o espectador, que a tudo observa tranquilamente de sua janela, é um momento angustiante, quando se aguardam aborrecimentos e acidentes. Vale a pena determo-nos aqui em algumas considerações.

Já vimos antes que o cair da noite, hora fundamental para tanta coisa na Itália, dá início também aos tradicionais passeios nos domingos e dias de festa. Não há ali vigilância nem polícia, manter a ordem do ir e vir é parte de uma velha tradição, de uma convenção geral. No entanto, assim que soa a Ave-Maria, ninguém quer se ver destituído de seu direito de ir e vir como e quando melhor lhe aprouver. No Carnaval, o desfile dá-se na mesma rua e sob as mesmas leis e, embora outras circunstâncias façam uma grande diferença, também agora ninguém quer se ver privado de seu direito de se furtar à ordem, assim que cai a noite.

Se nos lembramos da imensa multidão e aperto no Corso e das pistas de corrida que se esvaziam por um instante, voltando a ser inundadas de gente logo depois, parece-nos bastante racional e digna de aprovação a lei que determina às equipagens que mantenham a ordem e busquem a primeira via lateral, apressando-se a ir para casa.

Porém, assim que se escutam os sinais, alguns carros colocam-se no meio da rua, pressionando e confundindo os pedestres, e, uma vez que, no estreito espaço central, alguém decide ir para cima e o outro, para baixo, nenhum dos dois consegue sair do lugar, frequentemente impedindo o caminho dos mais razoáveis, que se mantiveram na fila intentando manter o fluxo.

Se um cavalo, em seu caminho de volta, depara-se com tal congestionamento, aumenta o perigo de ocorrer acidentes e aborrecimentos por todos os lados.

Noite

E essa confusão vai se desfazendo, tarde, mas, na maioria das vezes, sem maiores problemas. A noite chegou, e todos desejam alguma tranquilidade.

Teatro

Todos tiraram as máscaras do rosto, e grande parte do público se apressa em direção ao teatro. Só nas galerias vê-se ainda alguns tabardos e damas fantasiadas. No rés do chão, todos usam os trajes usuais.

Os Teatros Aliberti e Argentina levam óperas sérias com bailados. No Valle e no Capranica, comédias e tragédias, com óperas cômicas de *intermezzo*. O Teatro Pace os imita, embora imperfeitamente. Há também alguns espetáculos menores, como teatro de bonecos e equilibristas no arame.

O grande Teatro Tordenona, que queimou em um incêndio, e, logo depois de reconstruído, desabou, não diverte mais o público, infelizmente, com seus dramas históricos do século XVII entremeados pelas farsas breves e outras maravilhosas representações.[188]

A paixão dos romanos pelo teatro é grande e, naquele tempo, tornava-se mais intensa no Carnaval, pois podia ser então satisfeita. Atualmente, há ao menos uma casa aberta no verão e no outono, sendo que o público pode satisfazer um pouco seu apetite em boa parte do ano.

Distanciar-nos-íamos por demais de nossos objetivos caso quiséssemos agora nos deter em uma circunstanciada descrição do teatro, e, mais especificamente, do teatro romano. Nossos leitores hão de se lembrar que tratamos desse assunto em outras ocasiões.

Festina

Da mesma forma, há pouco a dizer sobre a assim chamada Festina. Trata-se daquele grande baile de máscaras que acontecia no Teatro Aliberti, lindamente iluminado.

Também são os tabardos a fantasia considerada mais adequada para os cavalheiros e as damas. O salão está cheio de formas negras; algumas poucas fantasias coloridas mesclam-se entre elas.

A curiosidade aumenta quando surgem algumas formas nobres, as quais, ainda que em pequeno número, escolhem suas fantasias a partir do

---

188 De todos os teatros mencionados nesta passagem, apenas o Teatro Argentina continua a exisitir.

repertório da história da arte e entre as muitas estátuas que se encontram em Roma, reproduzindo-as com maestria.

Surgem então divindades egípcias, sacerdotisas, Baco e Ariadne, a musa trágica, a musa da História, uma cidade, vestais, um cônsul romano, representados com mais ou menos habilidade.

A dança

As danças em geral se dão em longas filas à maneira inglesa. A diferença é que, em seus poucos volteios, sempre há algum tipo de pantomima. Por exemplo, um casal de apaixonados se separa e depois se reconcilia, perdem-se e encontram-se novamente.

Os romanos estão acostumados, nas danças desse tipo, a uma gesticulação muito característica. Eles cultivam amorosamente, em suas danças de salão, uma expressão que a nós pareceria exagerada e afetada. Ninguém ousa dançar com moderação, como se tivessem aprendido a dança como uma técnica; o minueto, sobretudo, é considerado uma verdadeira arte e é executado ao mesmo tempo por poucos pares. Esse pares são então circundados pelos outros dançarinos, admirados e aplaudidos.

Manhã

Enquanto o mundo elegante se diverte assim até o amanhecer, no Corso já há gente ocupada em limpar e arrumar tudo. Os trabalhadores cuidam especialmente para que haja uma camada lisa e uniforme de sílica no meio da rua.

Não demora e os cavalariços trazem o cavalo de corrida que chegou por último ontem, levando-o à frente do Obelisco. Escolhem um cavaleiro franzino para montá-lo, enquanto um outro cavaleiro maneja um chicote à frente do animal, de modo que este se esforça ao máximo para cumprir velozmente seu caminho.

Todo dia, mais ou menos às 14 horas, depois de soar o sinal costumeiro, começa o ritual da festa já descrito. Os pedestres põem-se a passear, a guarda toma seu lugar, varandas, janelas e arquibancadas são cobertas por tapetes, enquanto o número de fantasiados aumenta e começa a perpetrar suas tolices. Os coches deslocam-se de um lado para o outro da rua, mais ou menos populosa, dependendo da temperatura e de outras circunstâncias favoráveis ou desfavoráveis. No fim do Carnaval, como era de se esperar, aumenta o número de espectadores, de fantasiados, o número de carros, o apuro na decoração e o barulho. Nada se compara, no entanto, à grande multidão, à licenciosidade e ao exagero da última noite.

O último dia

A maioria dos coches já deixou de circular cerca de duas horas antes de cair a noite. Ninguém deixa mais seu lugar nas ruas e vielas laterais. As cadeiras e arquibancadas foram ocupadas mais cedo, ainda que os lugares tenham se tornado mais caros. Todos procuram conseguir um lugar o mais rápido possível, e a partida da corrida de cavalos é aguardada com uma espécie de ansiedade mesclada já à nostalgia.

Por fim, também esse momento se vai, em delirante velocidade. Soam as sinais de que a festa acabou. Porém, nem carros, nem foliões, nem espectadores movem-se de seu lugar.

Tudo está tranquilo, quieto, enquanto a escuridão aumenta pouco a pouco.

Moccoli

Assim que escurece na rua estreita e alta, veem-se acenderem-se as luzes nas janelas, nas arquibancadas, e em pouco tempo a circulação do fogo aumenta de tal modo que logo a rua toda é iluminada por velas de cera.

As varandas são decoradas com lanternas de papel transparente, todos acorrem às janelas com uma vela, as arquibancadas se iluminam. Também os coches oferecem uma bela visão, pois seus ocupantes iluminam a capota com pequenos candelabros de cristal. Enquanto isso, em outro carro, as damas, com velas coloridas nas mãos, parecem convidar à contemplação de sua beleza.

Os criados guarnecem a beirada da capota dos coches com pequenas velas, os carros abertos trazem lanternas de papel colorido, e entre os pedestres há aqueles que levam uma pirâmide de luz sobre a cabeça. Outros puseram sua vela dentro de caniços encaixados uns nos outros e levantam essa vara a uma altura de dois ou três andares.

Todos consideram mesmo uma obrigação trazer nas mãos uma vela acesa, e a imprecação favorita dos romanos, *"Sia ammazzato!"*, deixa-se ouvir por todo lado.

"Sia ammazzato chi non porta moccolo!" "Morte àquele que não traz consigo um coto de vela!", dizem uns aos outros, enquanto tentam apagar a vela do outro. Acender e apagar, acompanhados de uma gritaria sem limites. O grito de *"Sia ammazzato"* traz vida, movimento e interação entre a imensa multidão.

Sem distinguir entre conhecidos e desconhecidos, tenta-se sempre apagar a luz mais próxima ou reacender a sua própria. Quanto mais forte ressoa o grito *"Sia ammazzato"* por todos os cantos, mais a expressão perde seu caráter temível, mais se esquece de que se está em Roma, onde essa declaração pode ser cumprida a qualquer momento por conta de uma ninharia.

O significado da expressão vai se perdendo, completamente. Assim como em outras línguas imprecações e xingamentos podem se tornar sinais de admiração e alegria, também *"Sia ammazzato"* torna-se, nessa noite, uma espécie de senha, de grito de alegria, um refrão de todas as piadas, brincadeiras e cumprimentos.

Ouve-se, por exemplo, expressões de escárnio como: *"Sia ammazzato il Signore Abbate che fa l'amore"*. Ou então, à passagem de um bom amigo, *"Sia ammazzato il Signore Filippo"*. Ou então, associado a adulações e cumprimentos: *"Sia ammazzata la bela Principessa!"* *"Sia ammazzata la Signora Angelica, la prima pittrice del secolo"*.[189]

Todas essas frases são proferidas de modo intenso e rápido, acentuando-se longamente a penúltima ou antepenúltima sílaba. Em meio a essa gritaria sem fim, o acende e sopra continua ininterruptamente. Quer seja

---

189 Respectivamente: "Morte ao senhor Abade, que se entrega ao amor"; "Morte ao sr. Filippo", "Morte à bela princesa", "Morte à sra. Angelika, a maior pintora do século".

dentro das casas, na escada, um grupo reunido em uma sala, em uma janela vizinha, por todo lugar tenta-se vencer ao outro apagando-lhe a luz.

A disputa dá-se entre todas as classes de gente e em toda as idades, sobe-se ao estribo dos carros, nenhum candelabro ou lanterna estão seguros; o filho apaga a vela ao pai e não para de gritar: "*Sia ammazzato il Signore Padre!*". É inútil qualquer censura do pai diante da falta de modos do menino. Este se atém à liberdade dessa noite e amaldiçoa o pai ainda mais intensamente. Assim que a confusão se desfaz nas duas extremidades do Corso, ainda mais indomável ela se junta novamente ao meio da rua, emergindo então uma multidão cujo tamanho ultrapassa qualquer noção de medida, mesmo a lembrança mais viva e poderosa não é capaz de reproduzi-la na memória.

Ninguém mais consegue se mexer do lugar onde se encontra, em pé ou sentado. O calor de tanta gente junta, tantas luzes, o vapor de tantas velas que se apagam, os gritos de tanta gente que ficam cada vez mais fortes, pois não conseguem mexer um membro, obscurecem o mais racional bom senso. Parece impossível que não se dê alguma desventura, que algum cavalo de corrida não escape do controle, que alguns não sejam machucados e esmagados.

E assim, porque todos finalmente anseiam, em maior ou menor medida, por ver-se fora dali, por tomar uma ruazinha que lhes dê passagem ou uma praça onde possam respirar ar puro e achar descanso, essa massa se desfaz, derretendo-se a partir das extremidades em direção ao meio. Termina então essa festa da liberdade e da licenciosidade universal, essa Saturnal moderna, com uma nota de estupefação geral.

O povo então se apressa a se regalar com uma bela refeição de carne, que será proibida depois da meia-noite. O mundo elegante acorre às casas de espetáculos, para se despedir das peças agora muito abreviadas, e a meia-noite aproxima-se, pondo um fim também a esses prazeres.

Quarta-Feira de Cinzas

A festa do exagero passa como um sonho, como um conto de fadas, e talvez reste menos dela na alma dos participantes que na de nossos leitores, a cuja imaginação e entendimento expusemos o todo em seu contexto.

Se, no transcorrer dessa loucura, o grosseiro Polichinelo nos fez lembrar, de modo licencioso, dos prazeres do amor aos quais devemos nossa existência, se Baubo[190] revelou, em praça pública, os segredos da maternidade, se tantas velas acesas nos trouxeram à lembrança cerimônias de que participamos, isso significa que, em meio ao desvario, estavam presentes as cenas mais importantes de nossas vidas.

Mais ainda nos faz pensar em nossa própria trajetória neste mundo a rua estreita, longa, abarrotada de gente, onde cada espectador e ator, com ou sem máscara, da arquibancada ou da varanda, não vê diante de si ou ao seu redor senão um espaço muito restrito, no qual ele só logra avançar passo a passo, seja de coche ou a pé, sendo antes empurrado do que andando por si mesmo, antes detido do que se mantendo parado por vontade própria, ansioso por chegar onde as coisas transcorrem de um modo melhor e mais alegre, apenas para se ver de novo num espaço estreito e, por fim, novamente premido e contido.

Se nos for dado continuar a falar com a seriedade permitida pelo assunto, notamos que os prazeres mais altos e mais intensos são como os cavalos que passam voando. Manifestam-se apenas por um instante, comovem-nos e mal deixam uma marca na alma, pois liberdade e igualdade só podem ser usufruídas no redemoinho da loucura. O ponto máximo do desejo só pode ser atingido na presença do perigo e das voluptuosas sensações, entre doces e inquietantes, que ele provoca.

Desse modo, sem tê-lo planejado, encerramos nosso Carnaval com nossas considerações sobre a Quarta-Feira de Cinzas, não temendo com isso entristecer nossos leitores. Nosso propósito é antes fazer que cada um de nós seja lembrado de que a vida, em seu todo, é imprevista como o Carnaval romano, impossível de ser contemplada e aproveitada em sua totalidade, que ela é mesmo controversa. Que nos lembremos, por meio dessa despreocupada sociedade fantasiada, da importância dos prazeres momentâneos, ainda que nos pareçam efêmeros e escassos.

---

190 Baubo é a ama de Deméter, que tenta, por meio de prazeres licenciosos, animar a mãe que chora pela filha.

Johann Wolfgang von Goethe

Fevereiro
Correspondência

Roma, 1º de fevereiro

Como ficarei feliz quando a terça-feira acabar e os tolos silenciarem. É mesmo um grande aborrecimento ver a loucura dos outros quando não se está também contagiado por ela.

Continuei com meus estudos da maneira que foi possível. Também *Claudine* avançou, e, se os espíritos não falharem em sua ajuda, o terceiro ato será enviado a Herder em oito dias, e desse modo terei terminado o quinto volume. Mas então restará ainda uma outra dificuldade, na qual ninguém pode me aconselhar ou auxiliar. O *Tasso* tem de ser retrabalhado, do modo como está não é possível nem continuar nem jogar tudo fora. Tantos trabalhos Deus deu aos filhos dos homens![191]

O sexto volume conterá provavelmente *Tasso*, *Lila*, *Jerry e Bätely*, tudo retomado e reescrito, de modo que não será possível reconhecê-los.

Também fiz a revisão de meus poemas breves e pensei no oitavo volume, que talvez eu publique antes do sétimo. É mesmo algo extraordinário, dedicar-se a uma *summa summarum* de uma vida inteira. Restam tão poucos traços de toda uma existência!

Aqui me aborrecem com as traduções de meu *Werther*, mostram-mas e perguntam-me qual delas seria a melhor e se tudo teria sido verdade. Tenho a impressão de que essa é uma praga que me perseguiria até mesmo na Índia!

Roma, 6 de fevereiro[192]

Eis o terceiro ato de *Claudine*. Eu gostaria que ele te desse apenas metade do prazer que tive ao terminá-lo. Como agora conheço melhor as demandas e necessidades do teatro lírico, sacrifiquei muita coisa a favor do compositor e do ator. O tecido sobre o qual se borda deve ter fios largos e, no caso

---

191 Cf. Eclesiastes 1, 13 e 3, 10.
192 Carta a Herder, escrita de fato a 9 de fevereiro.

de uma ópera cômica, é preciso tecer como a uma entretela. É claro que, neste caso, assim como em *Erwin*, preocupei-me também com a leitura. Por fim, eu fiz o que pude.

Estou tranquilo e de alma limpa, como já te assegurei antes, entregue e pronto para qualquer chamado. Sou muito velho para as artes plásticas, não importa se aqui e ali eu me entregue a rabiscar e borrar alguma coisa. Minha sede foi aplacada. Encontro-me no caminho certo, como observador e estudioso. Fruo de modo tranquilo e satisfatório.[193] Acima de tudo, dá-me tua bênção. Não tenho mais nada a fazer, a não ser terminar as três últimas partes. Então irei me dedicar a *Wilhelm* e tudo o mais.

Roma, 9 de fevereiro

Os loucos fizeram ainda bastante barulho na segunda e na terça-feira, especialmente na noite da terça, quando o frenesi com os *moccoli* estava a todo vapor. Agradeçamos a Deus e à Igreja pelo período da Quaresma que começou na quarta-feira. Não fui a nenhum *festin* (é assim que chamam aqui os bailes), tenho trabalhando bastante, na medida em que minha cabeça consegue guardar alguma coisa com essa confusão. Agora que terminei o quinto volume, quero dedicar-me a alguns estudos artísticos, indo depois diretamente para o sexto volume. Nesses dias, li o livro de Leonardo da Vinci sobre a pintura.[194] Compreendo agora o motivo de não ter conseguido compreender antes nada do que está ali.

---

193 Nas *Conversações* com Eckermann, mais de quarenta anos passados, Goethe afirmará, a respeito de seu estado de ânimo naquele momento longínquo: "Mas o que eu queria dizer é que na Itália, em meu quadragésimo ano de vida, fui sensato o bastante para conhecer-me o suficiente e saber que não tinha nenhum talento para as artes plásticas, e que essa minha inclinação era um equívoco" (10 de abril de 1829).

194 O famoso livro de pintura de Leonardo da Vinci foi publicado um século e meio depois de sua morte por Rafael Trichet Du Fresne: *Trattato dela pittura di Lionardo da Vinci, novamente dato in luce com la vita dell'istesso autore scritta da Raff. Du Fresne*, Paris, 1651. A primeira edição italiana foi publicada em Nápoles, em 1733; a segunda, em Bolonha, em 1786.

Ah, como é feliz o espectador! Acham-se tão inteligentes, consideram-se sempre certos. Assim como também os amadores e os conhecedores. Tu não imaginas que gente adorável eles são, enquanto o bom do artista estiver de acordo com o que pensam. Nos últimos tempos, tenho sentido um tal nojo, ao ouvir o julgamento de alguém que não é ele próprio um artista, que nem consigo expressar. Uma tal conversa é-me tão insuportável como a fumaça do tabaco.

Angelika fez um agrado a si mesma e comprou duas obras. Uma de Ticiano, outra de Paris Bourdon.[195] Ambas a um alto preço. Sendo tão rica, capaz de não apenas economizar seus rendimentos, mas também de os aumentar a cada ano, é louvável que os empregue em coisas que lhe deem prazer e elevem seu impulso para a arte. Assim que recebeu os quadros em casa, passou a pintar de uma maneira nova, aprendendo a se apropriar de determinadas excelências peculiares a tais mestres. Ela não se cansa de, sozinha, trabalhar e estudar. É uma grande alegria visitar objetos de arte a seu lado.

Kayser também continua trabalhando diligentemente. A música que compõe para *Egmont* avança a passos largos. Não a ouvi inteira ainda, mas já me parece muito apropriada ao fim a que se destina.

Deve compor ainda "Cupido, pequeno atrevido..." etc. Logo te envio, para que seja cantada sempre em minha memória. Trata-se de minha cançãozinha preferida.

Minha cabeça está vazia, de tanto escrever, agir e pensar. Não fico mais inteligente a cada dia, exijo muito de mim mesmo e assumo cargas pesadas demais para mim.

Roma, 16 de fevereiro

Recebi há algum tempo, pelo correio prussiano, uma carta de nosso duque, amistosa, amável e animadora como poucas. Uma vez que pôde escrever sem reservas, descreveu-me toda a situação política, a sua própria e assim por diante. Quanto a mim, mostrou-se o mais amável possível.

---

195 Paris Bordone, aluno de Ticiano, nascido em 1500, em Treviso, e morto em Veneza, em 1571.

Viagem à Itália

Roma, 22 de fevereiro

Deu-se esta semana um caso que entristeceu toda a nossa comunidade artística. Um francês de nome Drouais, um jovem de cerca de 25 anos, filho único de uma mãe dedicada, rico e de ótima formação, considerado o mais promissor dentre os estudantes de arte, morreu por conta da varíola. Foi uma lamentação geral. Em seu estúdio agora vazio, vi a figura em tamanho natural de um Filoctetes[196] que tenta aliviar a dor de seus ferimentos com a asa de uma ave de rapina abatida. É um quadro pensado com muita inteligência, que tem muito mérito na execução, mas permanece inacabado.

Trabalho bastante e tenho fé no futuro. A cada dia fica mais claro para mim que de fato nasci para a poesia e a literatura, e que, nos próximos dez anos, no máximo, em que ainda serei capaz de trabalhar, devo cultivar esse talento e ainda produzir algo de bom, uma vez que, no fogo da juventude, deixei seguir muita coisa sem estudo aprofundado. Minha longa temporada em Roma teve o mérito de permitir que eu renunciasse ao exercício das artes plásticas.

Angelika elogia-me, dizendo que não conhece muitos em Roma que sejam tão capazes como eu de *ver* nas artes. Eu sei muito bem daquilo que ainda não sou capaz de ver, e sinto que me torno a cada dia melhor, sabendo o que fazer para progredir sempre. Em uma palavra, afirmo que realizei meu desejo. Deixei de tatear cegamente em um assunto que é para mim uma paixão.

Logo te enviarei um poema, "Amor como pintor de paisagens", desejando a ele boa acolhida. Tentei dar alguma ordem a meus poemas breves, eles me parecem agora um tanto estranhos. Os poemas sobre Hans Sachs e sobre a morte de Miedings fecham o oitavo volume, assim como esta edição de minhas obras. Se eu morrer e for enterrado junto à pirâmide de Cestius,[197] que esses poemas sirvam-me de oração fúnebre e inscrição lapidar.

---

196 O quadro, *Filoctetes em Lemnos*, encontra-se no Museu de Chartres.

197 Em fevereiro de 1788, Goethe desenhou seu próprio túmulo junto à pirâmide de Cestius. Ver *Corpus der Goethezeichnungen*, v.2, reprodução 332.

Amanhã teremos a capela papal, e o início da famosa série de músicas antigas, que na Semana Santa atinge o grau mais elevado de interesse. Irei logo cedo todos os domingos de agora em diante, para me familiarizar com esse estilo. Kayser, que de fato estudou essas coisas, certamente será capaz de explicá-los a mim. Aguardamos a chegada pelo correio de um exemplar impresso da "Música da Quinta-Feira Santa", que Kayser deixou em Zurique. Será então tocada ao piano e depois cantada na capela.

Em retrospecto
Fevereiro

Aqueles que nasceram para ser artistas e para se entregar à contemplação de todos os objetos da arte podem encontrar proveito até mesmo em meio ao tumulto e aos disparates e tolices dos dias de Carnaval. Eu via o Carnaval pela segunda vez, e logo percebi que essa festa popular, como todas as outras festas móveis e cíclicas, tinha também um transcurso particular.

Acabei por me reconciliar com o tumulto e a confusão, passando a vê-los como mais uma decorrência da natureza do povo e como um acontecimento nacional importante. Interessei-me pelo fenômeno nesse sentido, observei corretamente a sequência de tolices e desvarios, e o modo como, a despeito de tudo, davam-se de forma adequada. Anotei os eventos em sequência, transferindo-os depois para o ensaio aqui publicado, pedindo então a meu companheiro de casa, Georg Schütz, que fizesse um esboço em cores de algumas fantasias, ao que ele prontamente atendeu com sua costumeira amabilidade.

Esses desenhos foram posteriormente reproduzidos *in quarto* por Melchior Kraus, natural de Frankfurt am Main e diretor do Instituto Livre de Desenho de Weimar.[198] Foram depois desenhados como iluminura, de acordo com os originais, na primeira edição de minha obra feita por Unger, algo que raramente acontece.[199]

A fim de atingir os objetivos elencados anteriormente, tive de me intrometer por entre a multidão fantasiada, algo que, apesar de toda a pers-

---

198 Georg Melchior Kraus (1737-1806), pintor alemão, discípulo de Tischbein.
199 Johann Friedrich Unger (1753-1804), livreiro, editor e gravador alemão.

pectiva artística, provocou quase sempre uma impressão muito repulsiva. O intelecto, acostumado aos objetos dignos com os quais se ocupara ao longo de todo o ano em Roma, parecia se dar conta de que estava no lugar errado.

Logo, porém, encontraria alívio para o espírito. No Palácio Veneziano, no ponto em que os ocupantes dos coches, antes de estes se juntarem novamente à fila, lançam os olhos para os pedestres, vi o carro de madame Angelika e pus-me à frente para cumprimentá-la. Mal tinha ela se curvado amavelmente para me saudar quando deixou ver, sentada a seu lado, a bela moça milanesa, agora recuperada de seus males. A mim pareceu-me a mesma. Pois a juventude saudável recupera-se depressa! Seus olhos pareciam mesmo mais jovens e brilhantes ao se depararem comigo, transparecendo uma alegria que me comoveu intimamente. Assim ficamos por um bocado de tempo sem palavras, quando madame Angelika então, curvando-se para a frente, disse: "Tenho de fazer as vezes de intérprete, uma vez que minha jovem amiga não consegue expressar aquilo que há tempos deseja fazer e que frequentemente me assegura. Deseja expressar o quanto deve ao senhor pela atenção que dispensou a ela com relação a sua doença e a seu destino. A primeira coisa que causou consolo e teve um efeito restaurador sobre ela, em sua reentrada na vida, foi a simpatia dos amigos e especialmente a vossa. Ela afirma ter saído da profunda solidão em que estava imersa, encontrando-se, entre tantas pessoas boas, junto ao círculo formado pelas melhores".

"Tudo isso é verdade", disse a jovem, estendendo-me a mão, que pude tocar com a minha, mas não com os lábios.

Com tranquila satisfação afastei-me, dirigindo-me de novo à multidão de foliões, sentindo-me extremamente grato a Angelika, que soubera tomar a seus cuidados a boa moça logo depois do ocorrido, consolando-a, e, algo raro em Roma, aceitando em seu círculo nobre uma mulher até então desconhecida. Comoveu-me ainda mais o fato de que eu podia me gabar de ter contribuído, em não pouca medida, para a recuperação daquela boa criança.

O senador de Roma, conde Rezzonico, ao voltar da Alemanha, fez-me uma visita. Ele construíra uma amizade estreita com o sr. e a sra. Von Diede, e trazia-me os cumprimentos desses valorosos benfeitores e amigos.[200] Eu, como de costume, negara-me uma relação mais próxima, mas, por fim, tive de ceder e ser recebido nesse círculo.

Certa feita, o sr. e a sra. Von Diede retribuíam uma visita a seu valoroso amigo, sendo que eu mesmo não pudera me escusar ao convite. A dama, famosa por sua habilidade ao piano, faria um concerto na residência do senador no Capitólio e amavelmente convidara nosso companheiro Kayser, cuja habilidade começava também a ficar conhecida, para tormar parte. A vista incomparável que se tinha ao pôr do sol a partir dos aposentos do senador, do Coliseu e de tudo o mais que estava próximo assegurava a nossos olhares de artistas um magnífico espetáculo. Era-nos vedado, no entanto, entregarmo-nos a ele a nosso bel-prazer sem cometer uma falta de atenção e uma grosseria com a sociedade presente. A sra. Von Diede tocou então, com muita habilidade, um importante concerto. Logo depois foi a vez de nosso amigo, que também soube se mostrar digno do apreço, a se confiar nos elogios que recebeu. Por algum tempo, tocaram alternadamente, até que uma senhora cantou uma ária amorosa. Por fim, quando chegou novamente a vez de Kayser, este executou um tema animado ao fundo, variando-o de maneira extremamente criativa.

Tudo estava perfeitamente bem, quando o senador, em uma cordial conversa, não conseguiu ocultar, naquela espécie de censura velada veneziana que se mistura a um certo tom de lamento, que não tinha muito apreço por tais variações. Ao contrário, encantavam-no muito mais os expressivos adágios executados pela esposa.

Não desejo afirmar aqui que aqueles tons lânguidos dos adágios e *largos* fossem-me avessos, mas o fato é que eu amava cada vez mais, na música, o caráter animado, uma vez que nossos próprios sentimentos, nossa contínua reflexão sobre as perdas e as falhas frequentemente nos deprimem e ameaçam apoderar-se de nós.

---

200 Wilhelm Christoph von Diede zum Fürstentein (1752-1807), conselheiro privado dinamarquês e mais tarde embaixador em Regensburg, e sua esposa, Louise Diede zum Fürstenstein (1752-1803), nascida condessa von Callenberg, que se tornou conhecida como pianista.

Viagem à Itália

Por outro lado, não seria capaz de me aborrecer com nosso senador. Ao contrário, alegrei-me por ele emprestar seus ouvidos àqueles tons que lhe faziam lembrar que ele abrigava, nos mais espetaculares aposentos do mundo, uma amiga que amava e respeitava tanto.

Para nós convidados, especialmente os alemães, foi um prazer singular poder ouvir ao piano, naquele momento, uma mulher que há muito admirávamos e prezávamos, ao mesmo tempo em que podíamos contemplar da janela essa paisagem única no mundo, e, com um mínimo voltar da cabeça, ver o magnífico quadro que se estendia à esquerda do Arco de Sétimo Severo,[201] ao longo do Campo Vaccino[202] até o Templo de Minerva e da Paz, tendo por trás o Coliseu. A seguir, voltando os olhos para a direita, acompanhando os Arco de Tito, podíamos nos perder no labirinto das ruínas palatinas e naqueles terrenos baldios adornados pelos jardins e vegetação natural, onde o olhar por fim se detém.

(Sugerimos que se veja aqui, depois da descrição anterior, uma vista nordeste de Roma desenhada e gravada por Fries e Thürmer, em 1824, tomada a partir da torre do Capitólio. Ela foi executada de uma altura de alguns andares acima da janela do senador e mostra as escavações recentes, mas reproduz a mesma luz crepuscular que vi naquela tarde. Certamente os artistas tiveram de imaginar as luzes brilhantes com os contrastes de sombra azulada e todo o encantamento que dali provém.)

Nessa oportunidade, tive também a boa fortuna de poder contemplar com tranquilidade aquele que deve ser talvez o melhor quadro de Mengs, o retrato do papa Clemente XIII Rezzonico,[203] a quem nosso benfeitor, o senador, deve seu posto. Reproduzo aqui um trecho do diário de nosso amigo[204] para que se possa avaliar melhor o valor do quadro.

---

201 O arco do triunfo de Sétimo Severo encontrava-se à época parcialmente fechado. Apenas em 1803 foi totalmente aberto, por ordem do papa Pio VII.

202 *Campo Vaccino* era como se chamava o Fórum Romano, antes de ter sido escavado em 1813. O nome se deve ao fato de que ali se realizava uma feira de gado.

203 Clemente XIII, nascido Carlo della Torre-Rezzonico (1693-1769), foi papa de 1758 até a data de sua morte. Mengs retratou o papa por duas vezes logo depois do início do papado. Um exemplar está na Pinacoteca de Bolonha, o outro na Ambrosina em Milão.

204 O amigo é Heinrich Meyer.

"Entre os quadros pintados por Mengs sobressai-se o retrato do papa Rezzonico como uma obra na qual se confirma sua maior habilidade. Nesse quadro, o artista imitou os venezianos, no colorido e no tratamento dos elementos, tendo chegado a um resultado muito feliz. As cores são verdadeiras e quentes, e a expressão do rosto é viva e espirituosa. A cortina de tecido dourado sobre a qual se ergue belamente a cabeça e o todo da figura passa por ser uma das peças mais ousadas da pintura; foi, no entanto, muito bem-sucedida, pois, por meio dela, o quadro ganha uma rica harmonia, uma aparência que agrada e comove o olhar."

<h2 style="text-align:center">Março
Correspondência</h2>

Roma, 1º de março

No domingo fomos à Capela Sistina, onde o papa oficiou a missa ao lado dos cardeais. Os últimos, por causa da Quaresma, não vestiam vermelho, mas roxo, o que dava uma nova aparência ao espetáculo. Alguns dias antes eu vira uma pintura de Albrecht Dürer e sentia-me agora satisfeito por encontrar algo semelhante na vida real. O conjunto era singularmente grande e, ainda assim, simples. Eu não me admiraria se estrangeiros que chegassem exatamente durante a Semana Santa não acreditassem no que vissem a sua frente. Eu mesmo conheço muito bem a capela, no verão passado cheguei a almoçar lá dentro e a fazer a sesta sobre o trono papal. Conheço quase de cor as pinturas e, ainda assim, quando se juntam todos os elementos da função, tudo se torna outra coisa, e dificilmente conseguimos reconhecer o que era antes.

Um velho moteto, da autoria de um espanhol de nome Morales, foi cantado, dando-nos uma amostra prévia do que ainda estava por vir.[205] Kayser também é da opinião de que só aqui se pode e se deve ouvir esse tipo de música, em parte porque em nenhum outro lugar os cantores seriam capazes de se exercitar nesse tipo de canto sem órgão e instrumentos, em parte

---

205 Cristóbal de Morales (*c.* 1500-1553), sacerdote católico e compositor espanhol, um dos maiores mestres da música sacra espanhola.

Viagem à Itália

porque ele se adequa de modo muito apropriado ao inventário antigo da capela e ao conjunto da obra de Michelangelo, ao Juízo Final, aos profetas e às narrativas bíblicas. Kayser deverá escrever oportunamente sobre esse assunto. Ele é um grande admirador da música antiga e estuda com desvelo tudo o que diz respeito a esse assunto.

Temos em casa uma extraordinária antologia de salmos. Foram traduzidos para o verso italiano e musicados por um nobre veneziano, Benedetto Marcello, no começo deste século.[206] Marcello utilizou em muitos deles a entonação da música judaica, em outros da espanhola e em outros da alemã, em outros ainda utilizou como base melodias gregas, executando-as com grande inteligência, conhecimento artístico e moderação. São solos, duetos e coros inacreditavelmente originais, ainda que seja necessário antes desenvolver um gosto para eles. Kayser admira-os bastante e pretende copiar algumas. Talvez se possa conseguir a obra toda, que foi impressa em Veneza em 1724 e contém os cinquenta primeiros salmos. Herder deveria tentar encontrá-la, talvez ele ache essa obra tão interessante em algum catálogo.

Tive coragem bastante para planejar ao mesmo tempo os últimos três volumes da edição de minhas obras, e agora não sei o que fazer. Que os céus me deem determinação e fortuna para levar essa tarefa a cabo.

Esta foi uma semana rica, que fica em minha memória como se tivesse se passado um mês.

Primeiramente, escrevi o plano para o *Fausto*, e espero ser bem-sucedido nessa operação. Escrever a peça agora é totalmente diferente de a ter escrito há quinze anos.[207] Penso que o texto não perdeu nada, ainda mais porque acredito ter reencontrado agora as linhas condutoras. Também no que diz respeito ao tom do conjunto, estou satisfeito. Já introduzi uma cena nova e, quando eu começar a rabiscar o papel, tenho certeza de que não

---

206 Benedetto Giacomo Marcello (1686-1739), compositor, escritor e poeta italiano. A obra referida por Goethe é o *Estro poetico-armonico: parafrasi sopra li primi (e secondi) venticinque salmi* [Estro poético-harmônico: paráfrases sobre os primeiros (e segundos) vinte e cinco (isto é, sobre os 50 primeiros) salmos, 1724-6], com texto de Girolamo Ascanio Giustiniani (1697-1749).

207 A primeira versão do *Fausto*, que ficaria conhecida posteriormente como *Urfaust* [Primeiro Fausto], foi escrita entre 1773 e 1775.

563

saberão distingui-la das outras. É extraordinário como o longo período de tranquilidade e isolamento conduziu-me novamente a mim, sendo que é notável o quanto me assemelho a mim mesmo e o quão pouco meu íntimo se alterou ao longo dos anos e vicissitudes. O velho manuscrito faz-me pensativo. Ainda é o mesmo, as mesmas cenas principais escritas sem um conceito geral, mas agora está amarelado pelo tempo, tão disperso (as folhas não tinham sido encadernadas), tão deteriorado que mais parece um fragmento de um velho códex, de modo que, assim como naquela época eu me fazia transportar em espírito e anelos para um mundo primevo, agora devo transportar-me para uma pré-história particular e própria.[208]

O plano para o *Tasso* também está em ordem e os poemas mesclados do último volume estão quase todos revistos. "A errância do artista na terra" [*Des Künstlers Erdenwallen*] deve ser reescrito e a "Apoteose", acrescentada. Para essas inspirações da juventude tenho prontos apenas os estudos preliminares, sendo que os detalhes ainda aparecem muito vívidos. Alegro-me ao pensar na conclusão desses três volumes e tenho esperança de consegui-lo. Já os vejo completos à minha frente e espero ter o tempo livre e a tranquilidade de ânimo para dar seguimento, passo a passo, ao que foi planejado.

Para a configuração dos diferentes poemas curtos, vali-me de tua coletânea "Folhas dispersas" como modelo.[209] Espero que a reunião de coisas tão díspares entre si encontrem assim um bom meio de difusão, bem como um modo de tornar palatável fragmentos tão individuais e momentâneos.

Depois que escrevi as observações anteriores, chegou-nos a nova edição dos escritos de Mengs,[210] um livro infinitamente interessante para mim, pois agora possuo os conhecimentos sensíveis necessários para entender

---

208 O antigo manuscrito foi mais tarde destruído pelo próprio Goethe. O Primeiro Fausto só é conhecido através de uma cópia feita por Luise von Göchhausen (1752-1807), dama de companhia da duquesa Anna Amalia.

209 Na terceira coletânea das *Folhas dispersas* [Zerstreute Blätter], de Herder, haviam sido publicados os poemas da juventude de Goethe, sob o título de *Bilder und Träume* [Imagens e sonhos].

210 Trata-se aqui provavelmente da edição de 1787, editada por Carlos Fea. Na biblioteca de Goethe, entretanto, há apenas a edição de Azaras, de 1780, lida por ele já em 1782. Quanto aos *Fragmente über die Schönheit*, trata-se dos "Sogni sulla bellezza" e "Frammento di uma nuova opera sulla Bellezza".

564

um pouco essa obra. É um livro excelente em todos os aspectos, não se lê uma página sem que haja algum real proveito. Também a seu *Fragmente über die Schönheit* [Fragmentos sobre a beleza], um livro considerado por alguns ininteligível, devo alguns esclarecimentos.

No mais, continuo a me dedicar a especulações de todo o tipo sobre a cor, que me interessam muito, pois se trata da parte que menos compreendo. Vejo que com algum exercício e reflexão contínua poderia me apropriar também desse deleite que a superfície do mundo nos oferece.

Em uma dessas manhãs estive na Galeria Borghese, aonde não ia já havia um ano e, para minha alegria, percebi que a vejo agora com muito mais compreensão e bom senso. São indizíveis os tesouros artísticos na posse do príncipe.

Roma, 7 de março

Mais uma semana boa, tranquila e produtiva se vai. No domingo, em vez de ir à capela papal, fui com Angelika ver um belo quadro, atribuído a Coreggio.

Visitei a coleção da Academia São Lucas, onde se encontra o crânio de Rafael, uma relíquia cuja autenticidade me pareceu fora de dúvida. Uma bela construção óssea, em cujo interior uma bela alma podia se mover confortavelmente.[211] O duque exigiu uma reprodução, que eu provavelmente devo conseguir. O quadro pintado por Rafael e pendurado na mesma sala é digno de seu talento.

Fui visitar novamente o Capitólio, assim como outros lugares que negligenciara antes, como a Casa Cavaceppi.[212] Entre os muitos objetos preciosos, gostei particularmente de duas reproduções das cabeças dos colossos

---

211 Já desde 1833, com a descoberta do túmulo de Rafael no Pantheon, sabe-se que o crânio conservado na Academia San Lucca não pertencera a ele. O crânio em San Lucca era do fundador da Congregazione dei virtuoso di S. Giuseppe di Terra Santa del Panteon. A reprodução em gesso desse crânio encontra-se ainda hoje no Goethe Nationalmuseum.

212 A casa, construída em 1775, pertencia a Bartolommeo Cavaceppi (1716-1799), célebre restaurador de esculturas antigas, amigo de Winckelmann.

de Monte Cavallo. Na Casa Cavaceppi pode-se vê-las de perto, em toda a sua grandiosidade e beleza. Infelizmente a melhor delas perdeu, devido ao tempo e às intempéries, cerca de um décimo de polegada de espessura da superfície lisa do rosto, de modo que, de perto, parecia ter sido atacada pelas manchas da varíola.

Hoje deram-se as exéquias do cardeal Visconti na Igreja de São Carlos.[213] Uma vez que o coro da capela papal cantaria lá, fomos apurar os ouvidos para amanhã. Executaram um réquiem para dois sopranos, a música mais incomum que se pode ouvir. Também dessa vez não havia nem órgão nem qualquer acompanhamento musical.

Que instrumento terrível é o órgão! Pude perceber isso ontem quando o Coro de São Pedro foi acompanhado dele nas vésperas. Ele absolutamente não se mescla à voz humana, tão poderoso que é. Como soaram atraentes, por outro lado, as vozes na Capela Sistina, onde não havia acompanhamento.

Nos últimos dias, o tempo tem sido nublado e quente. As amendoeiras floresceram em grande parte e agora vão se tornando verdes novamente, só poucos brotos se deixam ver ainda nas copas. Agora é a vez das cerejeiras, que enfeitam os jardins com sua bela cor. O laurotino floresce por todas as ruínas, o sabugueiro anão e outros arbustos que não conheço vão ganhando folhas. Os muros e tetos vão se tornando verdes, sobre alguns deles há flores. Em meu novo gabinete, para onde me mudei, pois esperamos a volta de Tischbein de Nápoles, tenho uma deliciosa vista de pequenos jardins e das galerias internas de muitas casinhas.

Comecei a modelar um pouco. No que diz respeito ao conhecimento teórico, faço progresso. Já no que diz respeito à prática, estou um pouco confuso. Acontece o mesmo com todos os meus irmãos.

Roma, 14 de março

Na próxima semana, não haverá nada aqui para se pensar ou para se fazer, será preciso seguir a corrente das festividades religiosas. Depois da

---

213 O cardeal Antonio Eugenio Visconti (1713-1788) foi velado na Basilica dei Santi Ambrogio e Carlo al Corso e sepultado na Basilica di Santa Croce in Gerusalemme.

Páscoa pretendo ainda visitar lugares que deixei de ver, afrouxar os laços, fazer minhas contas, juntar minha tralha e partir daqui com Kayser. Se tudo correr como desejo, ao fim de abril estarei em Florença. Enquanto isso, continuarei dando notícias.

É estranho como minha estada em Roma foi ficando cada vez mais bela, proveitosa e agradável à medida que tive de cumprir uma determinação externa.[214] Posso mesmo dizer que desfrutei dos tempos mais felizes de minha vida nessas últimas oito semanas e que agora ao menos estou ciente da temperatura pela qual deverei regular o termômetro de minha vida futura.

Esta semana foi boa, a despeito do tempo ruim. No domingo, ouvimos um moteto de Palestrina[215] na Capela Sistina. Na terça, quis o destino que, em honra de uma convidada estrangeira, ouvíssemos em um salão doméstico diferentes partes da música do ofício da Semana Santa. Ouvimo-la em grande conforto, pois tínhamos formado já um conceito prévio, dado que a tínhamos cantado tantas vezes ao piano. Trata-se de uma obra grandiosa e simples, cuja apresentação, sempre renovada, não poderia se dar em outro lugar que não esse e em outras circunstâncias que não essas. A observação mais atenta identifica algumas tradições de corporações de aprendizes, que tornam a obra extraordinária e inaudita. Em suma, trata-se de uma obra algo insólita, um conceito completamente novo. Kayser saberá oportunamente explicá-lo em detalhe. Ele terá o prazer de ouvir o ensaio na capela, ao qual, em geral, ninguém é admitido.

Por fim, nesta semana dediquei-me a modelar um pé, depois de estudar os ossos e músculos dessa parte do corpo humano. Fui elogiado por meu mestre. Se eu tivesse feito o mesmo com todas as partes do corpo, seria agora mais hábil, desde que o tivesse feito em Roma, com todos os recursos à disposição e o conselho dos artistas experientes. Utilizei o pé de um esqueleto, além de um belo modelo anatômico reproduzido a partir do natural, junto a uma meia dúzia dos mais belos pés da Antiguidade,

---

214 O duque de Weimar pedira a Goethe que permanecesse em Roma até a chegada da duquesa Anna Amalia.

215 Giovanni Pierluigi da Palestrina (aproximadamente 1525-1594), fundador de um novo estilo de música religiosa, conhecido como o estilo de Palestrina, composto de acordo com as recomendações do Comcílio Tridentino para a música sacra.

alguns não tão bons, aqueles para imitar e estes últimos como advertência. Sempre posso pedir ajuda à natureza e, em cada *villa* que entro, não perco a oportunidade de os observar. Nos quadros, vejo como os pintores pensaram e realizaram. Três ou quatro pintores vêm diariamente a meus aposentos, de cujo conselho e observações me valho. Dentre eles, entretanto, é Heinrich Meyer que me faz ir mais longe, com sua orientação. Se um navio não se move com um vento desses, é porque não tem velas ou seu timoneiro está fora do juízo.

Continuo a me deslocar pela cidade, em busca de objetos que negligenciei antes. Ontem estive pela primeira vez na *villa* de Rafael,[216] onde ele preferiu desfrutar a vida com sua amante em vez de toda fama e toda arte. É um monumento sagrado. O príncipe Doria adquiriu-a e pretende renová-la da maneira como merece. Rafael pintou 28 vezes sua amante na parede em todo tipo de trajes. Mesmo nos assuntos históricos, as mulheres parecem-se com ela. A casa fica em um belo local. Será melhor narrar ao vivo do que escrever sobre ela. É preciso dar conta de todos os detalhes.

Estive na *villa* Albani para uma visita algo superficial.[217] Tivemos hoje um belo dia, mas à noite choveu muito, agora o sol reaparece, e à frente de minha janela vejo um paraíso. A amendoeira toda verde, os frutos da cerejeira começam a cair e os do limoeiro aparecem na copa da árvore.

Minha partida daqui comoverá profundamente três pessoas.[218] Elas nunca mais encontrarão em outro o que tiveram de mim. Também as deixo

---

216 A assim chamada *villa* de Rafael, em frente à Porta del Popolo na Villa Borghese, nunca foi de fato habitada por Rafael ou possuída por ele. Não se sabe quem foi seu construtor e primeiro proprietário. Em 1785 foi adquirida pelo cardeal Giuseppe Doria, depois pelo advogado Nelli, passando por fim a pertencer ao parque do príncipe Borghese. Em 1849, devido aos distúrbios em Roma, o prédio sofreu grandes danos. Três dos afrescos ali contidos estão hoje na galeria do Casino Borghese: *O casamento de Alexandre com Roxana*, *O casamento de Vortumnus e Pomona* e *Alegoria dos vícios*.

217 A Villa Albani (também conhecida como Villa Albani-Torlonia) é um palácio de Roma, construído por volta de 1758 para o cardeal Alessandro Albani (1692-1779), sobrinho do papa Clemente XI.

218 Goethe refere-se aqui certamente a sua amante romana, que ele não nomeia no texto de *Viagem à Itália*, mas que aparece nas entrelinhas. Nas *Elegias romanas* e em uma carta endereçada ao duque de Weimar, datada de 16 de fevereiro de 1788,

Viagem à Itália

dolorosamente. Em Roma, encontrei primeiramente a mim mesmo. Ao entrar em harmonia comigo, tornei-me feliz e racional. Foi esse homem que esses três amigos conheceram, possuíram e desfrutaram, em diferentes sentidos e graus.

Roma, 22 de março

Hoje não vou a São Pedro e quero escrever um pouco. Enfim terminou a Semana Santa, com seus milagres e suas dores. Amanhã receberemos uma bênção e então o ânimo mudará e começará uma vida nova.

Graças à amabilidade e aos esforços de alguns bons amigos, pude ver e ouvir tudo. Especialmente a cerimônia do lava-pés e a comunhão dos peregrinos são muito concorridas e acontecem em meio a muito empurra-empurra.

A música de capela é indizivelmente bela. Especialmente o *Miserere* de Allegri e os chamados *Improperi*, as censuras que Jesus crucificado faz a seu povo.[219] São cantados na manhã da Sexta-Feira Santa. O momento em que o papa, despido de todo o seu luxo, desce do trono para rezar junto à cruz e todos os demais permanecem em silêncio, ouvindo então o coro que começa *"Populus meus, quid fecit tibi?"*,[220] é um dos mais belos entre todas as extraordinárias funções do ofício da Semana Santa. Tudo deve ser cantado sem o acompanhamento musical. Kayser transportará para a música instrumental tudo o que for possível e trará então consigo essas partituras. Quanto a mim, procedi de acordo com meu desejo, desfrutando de tudo o que havia para ser desfrutado e guardando em silêncio minhas observações. Não houve, como se costuma dizer, um efeito sobre mim, não fui

---

pode-se avaliar seu significado para o autor. As outras duas pessoas citadas são Angelika Kauffmann e Karl Philipp Moritz.

219 Goethe se refere à música executada entre a quarta-feira e a Sexta-feira Santa. A partitura do *Miserere* para nove vozes de Gregorio Allegri (1584-1652) não podia ser copiada. Mozart a reproduziu de ouvido. Os *Improperi* são uma obra de Palestrina, composta em 1560.

220 O texto original diz *Popule meus, quid feci tibi? Aut in quo constristavi te? Responde mihi* (Povo meu, o que te fiz? Em que te ofendi? Responde-me).

propriamente comovido, mas a tudo admirei, pois é preciso conceder-lhes o mérito de terem transposto perfeitamente para a música as tradições cristãs. Durante os ofícios celebrados pela papa, especialmente na Capela Sistina, dá-se o ritual costumeiro das missas católicas, com a diferença de que o que antes era desagradável para o observador, agora é conduzido com bom gosto e grande dignidade. Isso, porém, só se pode dar em um espaço onde todas as artes estão à disposição da Igreja já há centenas de anos.

Não seria este o momento para contar tudo em detalhes. Se eu não tivesse obedecido àquela determinação externa e aceitado uma prorrogação de minha estada em Roma, poderia partir já na próxima semana. No entanto, também essa prorrogação veio a meu favor. Aproveitei esse tempo para, uma vez mais, estudar bastante, e, com isso, fechou-se o círculo de uma época de minha vida pela qual tanto ansiei. É sempre uma sensação estranha abandonarmos um caminho pelo qual andáramos com passadas tão firmes e largas. Porém, é preciso se reorientar e não tornar esse processo muito emocional. Em cada grande separação há um germe de desvario. É preciso evitar nutri-lo e não deixar que amadureça em nosso espírito.

Recebi alguns belos desenhos vindos de Nápoles. Mandou-os Kniep, o pintor que me acompanhou à Sicília. São os frutos belos e adoráveis dessa minha viagem, que certamente vos agradarão, pois são capazes de trazer aos olhos aquelas imagens. Alguns dentre eles são realmente preciosos, por conta do tom das cores. Mal acreditareis na beleza daquele mundo.

Posso dizer agora que a cada dia me torno mais feliz em Roma, a cada dia meu prazer aumenta. E, se me entristeço por ter de partir em breve, pois, mais do que tudo, mereço ficar, é também um grande consolo poder ter ficado tanto tempo a ponto de ter chegado aonde estou agora.

Enquanto isso, o Senhor Jesus Cristo ressuscita com um barulho insuportável. Lançam tiros de canhões do Castelo,[221] soam todos os sinos

---

221 Trata-se do Castelo de Santo Ângelo (em italiano Castel Sant'Angelo), também conhecido como Mausoléu de Adriano, à margem direita do Tibre, diante da ponte de Santo Ângelo e próximo ao Vaticano. Foi construído entre 135 e 139. Sepultura dos imperadores romanos de Adriano a Sétimo Severo, mais tarde fortaleza e prisão, desde 1906 abriga um museu.

da cidade, e em todos os cantos ouvem-se rojões, foguetes e rastilhos de pólvora. Às onze horas da manhã.

Em retrospecto
Março

Lembramo-nos de como Filipe Néri frequentemente se obrigava a fazer a peregrinação pelas sete igrejas principais de Roma, dando com isso uma devota e profunda prova de sua fé. Queremos observar que aqui se exige de todo peregrino que chega para o Jubileu uma tal peregrinação às ditas igrejas e que, uma vez que o caminho deve ser percorrido em um dia, a distância entre as diferentes estações faz que esse trajeto seja bastante fatigante e difícil.

As sete igrejas são: São Pedro, Santa Maria Maior, São Lourenço Extramuros, São Sebastião, São João de Latrão, Santa Cruz em Jerusalém e São Paulo Extramuros.

Tal excursão é também empreendida por algumas piedosas almas locais na Semana Santa, principalmente na Sexta-Feira Santa. Ao conforto espiritual de que as almas desfrutam por meio da indulgência associada à peregrinação junta-se ainda um prazer corpóreo, o que torna o objetivo final ainda mais atraente.

Aqueles que, depois de cumprida a peregrinação, adentram a torre de São Paulo munidos das respectivas comprovações da jornada recebem ali mesmo um bilhete que lhes permite participar, em dias determinados, de uma festa religiosa na Villa Mattei.[222] Ali os que obtêm permissão de entrada recebem uma refeição de pão, vinho, um pouco de queijo ou ovos. São então acomodados ao redor do jardim, de preferência no pequeno anfiteatro ali existente. À frente, no cassino da Villa, reúne-se a alta sociedade: cardeais, prelados, príncipes e senhores, para desfrutar da vista e com isso receber também seu quinhão da doação feita pela família Mattei.

---

222 Villa Mattei, atualmente Villa Celimontana, construída em 1582, hoje é um parque urbano público.

Johann Wolfgang von Goethe

Vimos uma procissão de meninos de cerca de 10 a 12 anos, vestidos não como seminaristas, mas sim como modestos aprendizes em dia de festa. As roupas tinham a mesma cor e o mesmo feitio, e os meninos, cerca de quarenta, andavam aos pares. Cantavam e declamavam piedosamente suas litanias, andando de maneira tranquila e ordenada.

Um homem mais velho de constituição forte como um artesão seguia ao lado deles e parecia conduzi-los. Notável era o fato de que o grupo dos garotos assim bem vestidos era seguido por um outro bando de mendicantes, descalços e em andrajos, os quais, porém, se moviam com tanta ordem e decoro como os primeiros. Fomos então procurar informarmo--nos. Esse homem, sapateiro de profissão e sem filhos, viu-se certa vez levado a empregar um menino pobre como aprendiz e, com a colaboração de outros benfeitores, dar-lhe de vestir e cuidar de seu desenvolvimento na vida. Por meio de seu exemplo, convenceu outros mestres artesãos a receber outras crianças, a que ele também tratava de instruir e cuidar. Desse modo, criou-se um pequeno grupo, do qual ele cuidava ininterruptamente sob o temor e respeito a Deus, a fim de evitar o ócio prejudicial nos domingos e feriados, chegando mesmo a exigir deles a visita às sete igrejas principais. Assim, essa piedosa instituição crescia sempre. Ele continuava a organizar as peregrinações e, uma vez que o número de garotos que desejavam pertencer a uma instituição assim útil era maior do que o que se podia aceitar, o sapateiro valia-se desse meio para despertar a caridade do povo, agregando ao cortejo as crianças que precisavam de roupas e calçados. Isso garantia aqui e ali uma doação suficiente para prover a um ou outro.

Enquanto procurávamos descobrir mais a respeito disso, um dos garotos bem vestidos e mais velhos acercou-se com um prato nas mãos, pedindo com modéstia, em uma linguagem educada e correta, uma contribuição para os que estavam quase nus e descalços. Ele a recebeu fartamente não apenas de nós, os estrangeiros comovidos, mas também dos romanos distintos, em geral tão avarentos, que não deixaram de acrescentar um acréscimo piedoso a uma doação mediana, acompanhando-a de pios elogios a tal inciativa meritória.

Comenta-se que esse piedoso protetor das crianças sempre divide as doações com seus pupilos depois de cada excursão pela cidade, de modo que nunca faltam contribuições razoáveis para seu nobre propósito.

Viagem à Itália

SOBRE A IMITAÇÃO CONFORMADORA DO BELO

de Karl Philipp Moritz. Braunschweig, 1788.

Sob este título foi impresso um opúsculo que mal perfazia quatro páginas, cujo manuscrito Moritz enviou para a Alemanha, a fim de apaziguar um pouco seu editor com relação ao adiantamento que lhe fizera por conta de uma descrição de sua viagem à Itália. Contudo, esta não era tão fácil de produzir quanto a de uma aventurosa jornada a pé através da Inglaterra.

Mas não posso deixar de mencionar o referido opúsculo; ele se originara de nossas conversações, que Moritz utilizou e elaborou ao seu modo. Seja como for, talvez tenha algum interesse histórico por proporcionar uma noção das ideias que se revelavam a nós naquela época, as quais, tendo sido mais tarde desenvolvidas, analisadas, aplicadas e divulgadas, convergiram de uma maneira muito feliz com o modo de pensar do século.

Inserimos aqui algumas folhas centrais da dissertação, talvez deem ensejo a uma reimpressão do todo.

"Mas o horizonte da força ativa tem de ser, no gênio conformador, tão amplo quanto a própria natureza: quer dizer, a organização tem de ser entretecida com tanta finura e oferecer uma tal infinidade de pontos de contato para a natureza todo-circundante que em certa medida os fins extremos de todas as relações da natureza em grande dimensão, colocando-se aqui uns aos lados dos outros em dimensão reduzida, tenham espaço suficiente para não poderem expulsar uns aos outros.

Se então uma organização desta trama mais fina em seu inteiro desenvolvimento, na obscura intuição de sua força ativa, apreende de uma vez um todo que não coube nem em seu olho nem em seu ouvido, nem em sua imaginação nem em seus pensamentos, deve necessariamente surgir entre as forças que se contrabalançam uma agitação, uma desproporção que durará até que elas reencontrem seu equilíbrio.

Em uma alma cuja mera força ativa já apreende, em obscura intuição, o grande e nobre todo da natureza, nem o clarividente poder do pensamento, nem o poder representativo ainda mais vivo da imaginação, nem o claríssimo espelho do sentido exterior podem mais se contentar com a observação do particular na contextura da natureza.

Todas as relações daquele grande todo intuídas apenas obscuramente na força ativa têm necessariamente de se tornar, de algum modo, ou visíveis, ou audíveis, ou ao menos apreensíveis para a imaginação; e para que isso ocorra a força ativa nas quais elas dormitam precisa dar-lhes forma à semelhança de si mesma, a partir de si mesma. — Ela tem de apreender todas aquelas relações do grande todo e, nelas, o belo supremo como na extremidade de seus raios, num ponto focal. — Desse ponto focal uma imagem do belo supremo delicada, mas fiel, tem de se configurar numa medida apropriada ao olho, uma imagem que apreende em sua pequena dimensão as relações mais perfeitas do grande todo da natureza, de modo tão verdadeiro e correto quanto ela própria.

Mas, uma vez que essa cópia do belo supremo tem necessariamente de aderir a alguma coisa, a força conformadora, determinada por sua própria individualidade, escolhe algum objeto visível, audível ou mesmo apreensível pela imaginação, para o qual ela transpõe o resplendor do belo supremo numa escala reduzida. — E por que esse objeto, por outro lado, se ele fosse de fato aquilo que representa, não poderia perdurar com a contextura da natureza que fora de si mesma, não tolera nenhum todo verdadeiramente autônomo, somos de novo levados ao ponto em que já uma vez estivemos: que a cada vez o ser interior teria de se transformar em aparência antes de poder tomar forma através da arte num todo que exista por si próprio e espelhar livremente as relações do grande todo da natureza em sua completa extensão.

Mas por que agora aquelas grandes relações em cuja extensão total reside o belo não mais pertencem à esfera da força de pensamento, também a concepção viva da imitação conformadora do belo só pode ter lugar no momento primeiro da origem, no sentimento da força ativa que o produz, quando a obra, como algo já completo, se apresenta de uma só vez diante da alma em obscura intuição através de todos os estágios de seu vagaroso devir e, neste momento da primeira criação existe, por assim dizer, ainda antes de sua verdadeira existência; com o que então surge também aquele encanto inominável que leva o gênio criador à incessante produção de formas.

Viagem à Itália

Mediante nossa reflexão sobre a imitação conformadora do belo, unida ela própria à pura fruição das belas obras de arte, pode de fato surgir em nós algo que se aproxime daquela concepção viva que intensifique em nós a fruição das belas obras de arte. – Mas como é impossível à nossa fruição máxima do belo apreender em si, por nossa própria força, o seu devir, a fruição suprema do belo continua a ser sempre exclusiva do próprio gênio criador que o produz, e o belo, portanto, já alcançou seu objetivo supremo em sua origem, em seu devir; nossa fruição posterior do mesmo é apenas uma consequência de sua existência – e o gênio conformador existe, portanto, no grande plano da natureza, primeiramente para si mesmo, e só depois para nós; pois afinal, ainda existem, além dele seres que, embora não possam eles mesmos criar e produzir formas, podem, contudo, apreender em sua imaginação as formas criadas, depois de estas terem sido produzidas.

A natureza do belo consiste justamente em que sua essência íntima reside fora dos limites da força do pensamento, em sua origem, em seu próprio devir. Justamente por isso, por que a força do pensamento não pode mais, diante do belo, perguntar por que ele é belo, é que ele é belo. – Pois a força do pensamento carece totalmente de um termo de comparação segundo o qual ela possa contemplar e julgar o belo. Pois que outro termo de comparação existe para o belo genuíno, senão com o epítome de todas as relações harmônicas do grande todo da natureza, que nenhuma força de pensamento pode apreender? Todo belo particular, espalhado aqui e ali pela natureza só é belo na medida em que esse epítome de todas as relações daquele grande todo se revela nele em maior ou menor medida. Não pode, portanto, jamais servir de termo de comparação para o belo das artes conformadoras, assim como também não pode servir de modelo para a verdadeira imitação do belo; porque o belo supremo no particular da natureza ainda não é belo o bastante para a orgulhosa imitação das grandes e majestosas relações da totalidade todo-abrangente da natureza. O belo, por isso, não pode ser conhecido, ele tem de ser produzido – ou então sentido.

Pois uma vez que na total ausência de um termo de comparação o belo não é de modo algum objeto da força de pensamento, nós, na medida em que não o podemos produzir, teríamos de renunciar também inteiramente à sua fruição, por que jamais podemos nos apoiar em algo do qual o belo

575

se aproximasse mais do que o menos belo — se algo não substituísse em nós a força criadora, algo que chegue tão próximo dela quanto possível sem ser, no entanto, ela própria: — isto é, então, aquilo a que chamamos gosto ou capacidade de sentir o belo e que, quando permanece dentro de seus limites, pode substituir a falta do gozo supremo de produzir o belo pela tranquilidade imperturbável da contemplação serena.

Se, portanto, o órgão não possui uma textura fina o bastante para oferecer ao todo afluente da natureza tantos pontos de contato quantos são necessários para refletir em dimensões reduzidas todas as suas grandes relações, e ainda nos falta um ponto para o total fechamento do círculo, nós podemos então ter, em lugar da força conformadora, apenas a capacidade de sentir o belo: toda tentativa de tornar a representá-lo fora de nós seria malograda e nos tornaria tanto mais insatisfeitos conosco mesmos quanto mais próxima nossa capacidade de sentir o belo estiver das fronteiras da capacidade conformadora que nos falta.

Pois uma vez que a essência do belo consiste justamente em sua completude em si mesma, o último ponto que falta o prejudica tanto quanto outros mil, pois ele desloca todos os demais pontos do lugar ao qual eles pertencem. — E uma vez que falta esse ponto de perfeição, uma obra de arte não recompensa o esforço do começo e o tempo de seu devir; ela cai abaixo do nível do que é mau para o do que é inútil, e sua existência deve necessariamente ser anulada pelo esquecimento em que ela afunda.

Da mesma forma também o último ponto que falta à sua completude é tão prejudicial quanto mil deles à capacidade conformadora enraizada no tecido mais fino da organização. O valor mais elevado que ele possa ter como capacidade de sentir o belo é, como força conformadora, tão relevante quanto o mais baixo. No ponto em que a capacidade de sentir ultrapassa seus limites, ela deve necessariamente cair abaixo de si mesma, anular-se e aniquilar-se.

Quanto mais completa for a sensibilidade para um determinado gênero do belo, mais ela corre o risco de se iludir, de tomar a si mesma por força conformadora e, dessa forma, destruir a paz consigo mesma por causa de milhares de tentativas malogradas.

Viagem à Itália

No momento da fruição do belo em alguma obra de arte, por exemplo, ela olha através do devir da mesma simultaneamente para a força conformadora que a criou; e intui, de um modo obscuro, justamente o grau mais alto da fruição deste belo no sentimento desta força, que foi poderosa o bastante para produzi-lo a partir de si mesma.

Para obter então para si esse grau mais alto da fruição, que lhe seria impossível de ter numa obra que já existe, a sensibilidade, tomada de uma comoção demasiado vivaz, anseia em vão por produzir algo semelhante a partir de si mesma, odeia sua própria obra, rejeita-a e ao mesmo tempo estraga a fruição de todo e qualquer belo que já existe fora dela mesma, no qual ela não encontra mais nenhuma alegria justamente pelo fato de esta obra existir sem sua cooperação.

Seu único desejo e anseio é participar da fruição mais elevada que lhe foi negada, que ela apenas intui obscuramente: espelhar-se a si mesma numa bela obra que lhe deve sua existência, com a consciência de sua própria força conformadora...

Mas o seu desejo lhe será eternamente negado, pois é fruto do egoísmo e o belo só por amor de si mesmo se deixa pegar pela mão do artista e, de boa vontade e obedientemente, se conformar por ele.

Mas onde ao impulso conformador tomado pela vontade de criar vem se imiscuir imediatamente a lembrança da fruição do belo que, quando a obra estiver pronta, ela deverá proporcionar; e quando essa lembrança se torna o primeiro e mais forte impulso de nossa força ativa, que não se sente compelida em si e por si mesma para aquilo que começa a fazer, o impulso conformador sem dúvida não é puro: o foco ou o ponto de perfectibilidade do belo se desloca para além da obra, para o efeito; os raios se dispersam; a obra não pode tomar uma forma acabada em si mesma.

Acreditar-se tão próximo à fruição suprema do belo que se produziu a partir de si mesmo e, no entanto, ter de renunciar a ela parece de fato uma dura luta – que, contudo, se torna extremamente fácil quando eliminamos deste impulso conformador que nos vangloriamos de possuir todo e qualquer traço de egoísmo, a fim de enobrecê-lo, e tanto quanto possível afastamos qualquer ideia da fruição que o belo que queremos produzir nos proporcionará, quando tiver ganho existência, pelo sentimento de nossa própria força, de modo que se só pudéssemos concluí-lo com o nosso último suspiro, nós ainda assim ansiaríamos por concluí-lo...

Se o belo que intuímos conserva apenas em si e por si mesmo em sua produção encanto suficiente para mover a nossa força ativa, então podemos seguir despreocupadamente nosso impulso conformador, pois ele é genuíno e puro...

Mas se ao pôr completamente de parte a fruição e o efeito se perde também o encanto, então não é necessária mais nenhuma luta, a paz se estabeleceu em nós e a capacidade de sentir que tornou a assumir os seus direitos se abre, para recompensa por seu retorno humilde aos seus limites, à mais pura fruição do belo que pode subsistir com a natureza de sua essência.

É claro que então se pode errar e ultrapassar com extrema facilidade o ponto em que a capacidade conformadora e a sensibilidade se separam, de modo que não é de se admirar se para uma única cópia genuína do belo supremo entre as obras de arte surjam outras mil falsas e pretensiosas, oriundas do falso impulso conformador.

Pois uma vez que a genuína força conformadora já traz em si logo na origem primeira de sua obra também a primeira fruição suprema da mesma como recompensa segura, e só se diferencia do falso impulso conformador por receber o primeiríssimo momento de seu estímulo através de si mesma e não da intuição da fruição de sua obra; e por que nesse momento de paixão a própria força do pensamento não pode exarar um veredicto certeiro, é, então, quase impossível de se fugir a essa autoilusão sem certo número de tentativas malogradas.

E mesmo essas tentativas malogradas ainda não são um sinal de falta de força conformadora, pois mesmo quando esta é genuína, ela frequentemente toma uma direção totalmente errônea ao querer colocar diante de sua imaginação aquilo que deve ser colocado diante de seu olho, ou diante de seu olho o que deve ser colocado diante de seu ouvido.

Justamente por que a natureza nem sempre permite que a força conformadora imanente chegue à completa maturidade e desenvolvimento, ou por que permite que ela enverede por um caminho errado, no qual ela jamais se poderia desenvolver, é que o belo genuíno permanece sendo algo raro.

Viagem à Itália

E também porque ela permite que o vulgar e o ruim surjam sem empecilhos do pretenso impulso conformador é que o belo e o nobre genuíno se diferenciam justamente por meio de seu raro valor daquilo que é vulgar e ruim...

Assim, na capacidade de sentir permanece frequentemente a lacuna que só pode ser preenchida pelo resultado da força conformadora. — Força conformadora e capacidade de sentir se relacionam entre si como homem e mulher. Pois também a força conformadora é, na origem primeira de sua obra no momento da fruição suprema, ao mesmo tempo capacidade de sentir, e cria como a natureza a cópia de seu ser a partir de si mesma.

Assim, tanto a capacidade de sentir quanto a força coformadora se fundamentam no tecido mais fino da organização, na medida em que esta é, em todos os pontos de contato, uma cópia completa ou quase completa das relações do grande todo da natureza.

Tanto a capacidade de sentir quanto a capacidade conformadora apreendem mais que a força de pensamento, e a força ativa, na qual ambas se fundamentam, apreendem ao mesmo tempo tudo o que a força de pensamento apreende, pois trazem consigo as causas primeiras de todos os conceitos que jamais podemos ter, quase sempre os tecendo a partir de si mesmo.

Na medida em que essa força ativa apreende produtivamente em si tudo o que não pertence ao âmbito da força de pensamento, ela se chama força conformadora: e na medida em que ela contêm em si aquilo que reside fora dos limites da força de pensamento, em tendência oposta à produção, ela se chama sensibilidade.

Força conformadora não pode ocorrer por si mesma sem sentimento e força ativa; a mera força ativa, ao contrário, pode ocorrer por si mesma sem uma verdadeira sensibilidade e força conformadora, para as quais ela é apenas o fundamento.

Somente na medida em que essa mera força ativa também se funda na trama mais fina da organização é que o órgão pode ser em todos os seus pontos de contato uma cópia das relações do grande todo, sem que seja exigido o grau de completude que pressupõe a sensibilidade e a força conformadora.

Portanto, das relações do grande todo que nos rodeia convergem sempre tantas em todos os pontos de contato de nosso órgão, que sentimos obscuramente esse grande todo sem que nós próprios o sejamos. As relações daquele todo entretecidas em nós anseiam por se expandir para todos os lados; o órgão deseja se estender para todos os lados até o infinito. Ele não quer apenas espelhar em si o todo ao redor, e sim, tanto quanto puder, ser ele próprio o todo ao redor.

Por isso, toda organização superior, por sua própria natureza, captura aquela que lhe está subordinada e a transfere para o seu próprio ser. A planta, à matéria desorganizada, através do mero devir e crescimento; o animal à planta através do devir, do crescimento e da fruição; o ser humano não apenas transforma animal e planta através do devir, do crescimento e da fruição em seu ser interior, como também compreende na extensão de sua existência quase tudo o que se subordina a sua organização, através da superfície extremamente polida e espelhada de seu ser e a representa exteriormente, embelezada, quando seu órgão, dando forma a si mesmo se completa em si mesmo.

Quando não, então ele precisa atrair, através da destruição, para dentro do âmbito de sua verdadeira existência, tudo o que está ao seu redor e se propagar devastadoramente até onde puder, uma vez que a mera contemplação inocente não pode saciar sua sede de uma existência verdadeira e expandida.

Abril
Correspondência

Roma, 10 de abril

Meu corpo ainda se encontra em Roma, mas não minha alma. Uma vez tomada a decisão de partir, nada mais me interessava, e teria sido melhor partir duas semanas mais cedo. Na verdade, fico ainda este tempo por causa de Kayser e de Bury. Kayser precisa completar alguns estudos que ele só pode fazer em Roma e coletar ainda algumas partituras. Bury deve ainda completar um desenho que fez a partir de um quadro, e para tanto precisa de meu conselho.

De todo modo, marquei a partida para 21 ou 22 de abril.

Viagem à Itália

Roma, 11 de abril

Os dias passam e eu não consigo mais fazer nada. Mal suporto ir ver alguma coisa. Meu fiel Meyer está a meu lado, e eu ainda desfruto os momentos finais da instrutiva convivência com ele. Se não fosse por Kayser, eu o teria levado comigo. Se ele tivesse ficado a meu lado por um ano, eu teria chegado bem mais longe. Sua colaboração teria sido especialmente útil para os desenhos de cabeças.

Estive com meu bom Meyer esta manhã na Academia Francesa, onde há uma coleção de reproduções das melhores estátuas da Antiguidade. Como expressar o que senti ali na despedida? Na presença de tais objetos, tornamo-nos mais do que aquilo que somos. Sentimos que o objeto mais nobre com o qual podemos nos ocupar é a forma humana, a qual vemos aqui em toda a sua magnificência e diversidade. Entretanto, uma tal visão nos faz logo dar conta de nossa insuficiência. Mesmo com o espírito preparado, sentimos nossa pequenez. Ainda que eu tenha buscado esclarecer em alguma medida para mim mesmo os conceitos de proporção, anatomia, e regularidade do movimento, aqui se tornou por demais evidente para mim que a *forma*, enfim, a tudo engloba, a finalidade dos membros, as relações, o caráter e a beleza.

Roma, 14 de abril

A confusão não poderia ser maior! Enquanto eu ainda não desisti de continuar modelando aquele pé, ocorre-me que eu deveria retomar o *Tasso* imediatamente, e meus pensamentos se voltam a ele, um companheiro bem-vindo de minha viagem iminente. Enquanto isso, começo a fazer as malas, de modo que está à vista agora tudo aquilo que reuni e arrastei comigo por esse tempo todo.

Em retrospecto
Abril

Minha correspondência das últimas semanas não oferecia muita coisa importante. Minha situação estava por demais enredada entre a arte e a amizade, entre a posse e a aspiração, entre um presente familiar e um futuro ao qual era preciso me acostumar novamente. Nesse estado, minhas cartas não poderiam conter muita coisa. A alegria de rever meus velhos e fiéis amigos era expressada ainda de forma moderada, ao passo que mal conseguia ocultar a dor da partida. No presente relato, feito tempos depois, tento resumir algo daquela época, tomando apenas aquilo que posso recuperar em parte por meio de papéis e documentos e em parte evocar na memória.

Tischbein ainda estava em Nápoles, embora já tivesse anunciado repetidas vezes sua chegada na primavera. Foi bom viver com ele, com exceção de uma pequena mania que, depois de um certo tempo, se tornava incômoda. Ele deixava tudo o que precisava fazer em uma espécie de indeterminação, certamente destituída de má vontade, mas que causava a outros perdas e desprazeres. Eu deveria mudar-me, quando de seu retorno, a fim de que todos estivéssemos bem acomodados. Uma vez que o andar superior de nossa casa estava vazio, tratei de alugá-lo e ocupá-lo, de modo que ele encontrasse no andar de baixo tudo pronto para recebê-lo.

Os aposentos de cima eram iguais aos de baixo, apenas a parte de trás tinha a vantagem de possuir uma adorável vista sobre o jardim da casa e das casas vizinhas, as quais se espalhavam por todos os lados, uma vez que nossa casa era situada em uma esquina.

Era possível ver os jardins mais diferentes, regularmente separados por muros, mantidos e cultivados em infinita variedade. Uma arquitetura nobre e simples tratava de tornar ainda mais magnífico esse paraíso verdejante e florescente. Pavilhões, varandas e terraços, assim como uma galeria aberta sobre as casas mais altas da parte anterior e, em meio a tudo isso, todas as espécies de árvores e plantas da região.

Em nossa estufa, um velho irmão leigo cultivava um certo número de limoeiros de bom tamanho, em vasos de barro cozido. No verão, mantinha-os ao ar livre, e, no inverno, eram recolhidos ao pavilhão. Depois de maduros, os frutos eram cuidadosamente colhidos, envolvidos em papel macio, empacotados e enviados. Eram especialmente apreciados no comércio. Uma *orangerie* como essa seria considerada um pequeno capital em uma família burguesa, do qual se extraem anualmente os lucros correspondentes.

Viagem à Itália

A mesma janela, da qual se podia contemplar nos dias claros tanta beleza, oferecia também uma luz perfeita para a contemplação de obras de pintura. De acordo com o que tínhamos combinado, Kniep acabara de enviar as aquarelas feitas a partir dos esboços que ele traçara durante nossa viagem à Sicília, que agora podiam ser observadas a essa luz tão favorável, trazendo alegria e admiração a todos nós. Talvez nenhum outro artista tenha sido tão feliz na combinação entre a luminosidade e a composição do fundo que ele logrou produzir aqui. Esses desenhos causam mesmo um encantamento a quem os contempla, pois se acredita estar revendo e sentindo novamente a umidade do mar, as sombras azuis das rochas, o tom vermelho-amarelado das montanhas, os tons fugidios ao longe no céu luminoso. Não só essas folhas tinham esse aspecto encantador, todos os quadros dessa série causavam grande efeito em nós. Lembro-me de ter entrado algumas vezes no quarto e sentido a influência quase mágica dessas imagens.

O segredo de uma iluminação favorável ou desfavorável, direta ou indireta da atmosfera não fora ainda descoberto àquela época. Mas por meio dessas obras foi possível percebê-la perfeitamente com os sentidos e contemplá-la com espanto, considerando-a com um inexplicável efeito do acaso.

As novas acomodações permitiram que um certo número de reproduções em gesso que eu adquirira aos poucos fossem postas em uma ordem agradável e sob uma boa luz, de modo que só então pude desfrutar a posse dessa tão digna coleção. Em Roma, onde se está sempre na presença de obras da Antiguidade, é comum sentirmo-nos como na presença da natureza, diante de algo infinito e insondável. A impressão causada pelo sublime e pelo belo, por mais benfazeja que possa ser, intranquiliza-nos, fazendo-nos desejar sermos capazes de transformar nossos sentimentos em palavras. Para isso, entretanto, teríamos antes de reconhecer, aprofundarmo-nos no objeto, compreendê-lo; começamos então a classificar, distinguir, hierarquizar e, se a tarefa não for de todo impossível, é extremamente difícil, de modo que por fim voltamos ao estágio inicial de uma admiração contemplativa e prazerosa.

Johann Wolfgang von Goethe

Acima de tudo, porém, o efeito mais decisivo de toda obra de arte é que ela nos transfere para as circunstâncias temporais e individuais de quando foi gerada. Rodeado por estátuas antigas, sentimo-nos em uma animada vida natural, percebemos a diversidade da forma humana e somos conduzidos de volta ao estado mais puro da humanidade. Isso torna o próprio observador mais rico e autenticamente humano. Até mesmo os trajes, em harmonia com a natureza, fazem ressaltar de algum modo ainda a forma. Tudo isso nos faz bem. Quando se desfruta diariamente desse ambiente, como em Roma, tornamo-nos viciados. Passamos a exigir a presença desses objetos em nossa proximidade, e as reproduções em gesso, como fac-símiles que são, dão-nos essa oportunidade. Quando abrimos os olhos de manhã, sentimo-nos tocados pela presença dessas obras excelentes. Todo o nosso pensamento e nossos sentidos são então acompanhados por essas formas, de modo que se torna impossível recair novamente na barbárie.

A Juno Ludovisi[223] ocupa o primeiro lugar em meus aposentos, ainda mais valorizada e admirada, uma vez que dificilmente se pode contemplar o original. Considero uma grande sorte poder tê-la para sempre sob os olhos. Nenhum de nossos contemporâneos, ao contemplá-la pela primeira vez, pode dizer que a ele estava reservado um momento como esse.

Ao seu lado, à guisa de comparação, estão algumas Junos menores, alguns bustos de Júpiter e uma bela reprodução da Medusa Rondanini; uma obra insólita e fascinante, a qual, em um estado intermediário entre a vida e a morte, entre a dor e a luxúria, exerce uma atração inominável sobre nós.[224]

Cito ainda um Hércules Anax, tão grande e poderoso quanto compreensivo e leniente. Também um adorável Mercúrio. Ambos os originais encontram-se agora na Inglaterra.[225]

Trabalhos em médio-relevo, reproduções de algumas belas obras em cerâmica cozida, também dos objetos egípcios, retirados da colina no

---

223 Goethe presenteou Angelika Kauffmann com essa reprodução, antes de sua partida. A reprodução em gesso que se encontra na casa de Goethe em Weimar foi um presente do conselheiro Schütz, em 1823.
224 Já mencionada anteriormente, em 25 de dezembro de 1786.
225 Nenhum dos dois foi identificado.

Viagem à Itália

grande Obelisco, e todo tipo de fragmentos, entre eles alguns de mármore, encontram-se expostos e alinhados em círculo.

Falo desses tesouros, os quais ficaram apenas por poucas semanas no apartamento novo, como alguém que faz seu testamento, olhando seus bens ao redor ainda em posse de seu juízo, mas completamente comovido. A complexidade do processo, os esforços e os custos, assim como certa inabilidade minha em tais assuntos, impediram-me de enviar o melhor dessa coleção imediatamente à Alemanha. Pensei em deixar Juno Ludovisi à nobre Angelika, alguma outra coisa aos artistas mais próximos, outros objetos ainda pertenciam a Tischbein. Outros, que deveriam permanecer intocados, ficaram com Bury, que ocupou depois de mim o apartamento e organizou os objetos a sua maneira.

Ao escrever isso, meu pensamento se volta para a juventude e são evocadas as ocasiões em que tomei pela primeira vez contato com objetos como aqueles, que despertaram meu interesse e, junto a um pensamento ainda imaturo e insuficiente, provocaram um entusiasmo exagerado. Como consequência, fui acometido por um anelo sem limites pela Itália.

Quando menino, não tive contato com quaisquer objetos das artes plásticas em minha cidade natal. Em Leipzig, o fauno dançante e tocando címbalos causou-me uma impressão tão profunda que até hoje sou capaz de recordar essa reprodução em sua singularidade, assim como aquilo que a cercava. Fiquei um longo tempo à deriva, até que descobri a coleção de Mannheim, em um salão muito bem iluminado por uma abertura no teto.

Depois disso, começaram a aparecer em Frankfurt os moldadores em gesso, que cruzavam os Alpes vindos da Itália com reproduções em primeira mão, as quais então copiavam, vendendo as primeiras por um preço razoável. Foi quando adquiri uma cabeça do Laocoonte bastante boa, as filhas de Níobe, uma pequena cabeça atribuída mais tarde a Sapho e algumas outras coisas. Essas formas nobres atuaram como uma espécie de antídoto doméstico quando pairava sobre mim a ameaça de sucumbir ao que era fraco, falso ou amaneirado. Mas, na verdade, eu sempre sentira uma dor interior, em virtude de um desejo insatisfeito por algo que eu não conhecia, desejo que era abafado mas sempre voltava. Foi grande a tristeza quando, ao partir

585

de Roma, tive de me desfazer daquilo que, por muito tempo desejado, eu finalmente alcançara.

As leis que determinam a organização das plantas, das quais me inteirei na Sicília, ocuparam-me durante todo o tempo, como costuma acontecer com aquelas inclinações que se apoderam de nosso íntimo e, ao mesmo tempo, parecem estar na medida de nossas capacidades. Visitei o Jardim Botânico, o qual, em seu estado algo negligenciado, exercia pouca atração. Em meu caso, entretanto, exerceu favorável influência, pois tudo o que havia lá era-me novo e inesperado. Aproveitei a ocasião para recolher algumas plantas raras e continuar minhas observações, que passaram a incluir também sementes e núcleos que eu mesmo cultivei.

Por ocasião de minha partida, muitos amigos mostraram o desejo de dividir entre si especialmente estes últimos. Plantei um broto de pinha já de um certo tamanho, o modelo de uma árvore futura, no jardim de Angelika.[226] Ali ele cresceu por alguns anos até uma altura considerável, como me contaram alguns viajantes para recíproca satisfação, fazendo-me recordar muita coisa sobre aquele sítio. Infelizmente, depois da morte de minha inestimável amiga, os novos proprietários não consideraram adequado ver crescerem pinheiros sobre seus canteiros de flores. Mais tarde, viajantes amigos procuraram pelo lugar e encontraram-no vazio, apagando-se assim os resquícios de uma amável existência.

Melhor sorte tiveram algumas tamareiras que eu plantara. Eu observara que o notável desenvolvimento de certos espécimes dava-se por meio do sacrifício de alguns exemplares, de tempos em tempos. Ofertei os sobreviventes, recém-despontados, a um amigo romano, que os plantou em um jardim da Via Sistina, onde vivem até hoje, tendo chegado à altura de um homem, como um distinto viajante teve a bondade de me assegurar.[227] Que nunca se

---

226 Angelika Kauffmann morou de 1782 até sua morte, em 1807, no apartamento de Raphael Mengs, na Via Sistina, 72.

227 Goethe se refere à Villa Malta. Seu proprietário na época era Giovanni Antonio Parmiggiani. O "viajante distinto" é o rei Ludovico I da Baviera, que adquiriu a villa em 1827.

Viagem à Itália

tornem indesejáveis aos proprietários do jardim e continuem a verdejar e a crescer em memória de mim!

No inventário daquilo que deveria ser visitado antes de minha partida de Roma, havia objetos bastante díspares, a Cloaca Máxima[228] e as catacumbas de São Sebastião.[229] A primeira era ainda maior do que o colosso que conhecemos por meio de Piranesi. A visita às catacumbas, entretanto, não foi bem-sucedida, pois, quando dei os primeiros passos naquele ambiente abafado, senti um mal-estar tão grande que voltei imediatamente para a luz do dia e esperei o regresso do grupo ao ar livre. Os outros, em melhor condição do que eu, puderam observar tranquilamente os objetos que ali se encontravam.

Na grande obra *Roma soterranea*, de Antonio Bosio Romano, instruí-me mais tarde amplamente a respeito daquilo que eu vira ali ou deixara de ver, de modo que considero ter sido capaz de reparar o dano.[230]

Uma outra peregrinação foi realizada com maior proveito e consequência. Na Academia São Lucas pude admirar o crânio de Rafael, que ali é mantido como relíquia, desde que foi retirado do túmulo desse homem extraordinário, aberto por ocasião de alguns trabalhos de construção.

Algo verdadeiramente prodigioso de se ver! Um belo invólucro de formas arredondadas, sem aquelas protuberâncias e mossas que pude mais tarde notar em outro crânio, que são tão significativas segundo a doutrina de Galli.[231] Eu não conseguia deixar de contemplá-lo e, ao partir, pensei o quanto seria importante para os estudiosos das ciências naturais e da arte possuir uma reprodução em gesso, caso fosse possível. O conselheiro

---

228 A Cloaca Máxima, que desaguava no Tibre acima da Pons Aemilius ("Ponte Rotto"), foi construída por Tarquínio para o escoamento da água na região do Fórum e restaurada no século I a.C.

229 As catacumbas de São Sebastião, sob a Basílica de San Sebastiano fuori le mura, uma das sete igrejas principais de Roma, junto à Via Appia. Guardaram durante algum tempo as relíquias dos apóstolos Pedro e Paulo.

230 Antonio Bosio (1575-1629), arqueólogo maltês. Sua *Romma soterrana* foi publicada em 1632.

231 A *Schädellehre* [Frenologia] de Franz Joseph Galls (1758-1828). Goethe conheceu Galls em 1805, em Halle.

Reiffenstein, esse valoroso e influente amigo, nutriu minhas esperanças de obtê-lo, concretizando-as mais tarde ao enviar-me uma reprodução para a Alemanha, cuja vista ainda evoca em mim frequentemente as considerações mais variadas.

Pude ver ainda o adorável quadro saído das mãos de Rafael no qual a Mãe de Deus aparece a São Lucas, que a pinta em toda a sua graça divina e dignidade natural. Trata-se de uma visão das mais afortunadas e felizes. O próprio Rafael, ainda jovem, aparece a uma certa distância e contempla o evangelista em seu trabalho. Não é possível representar e professar de modo mais gracioso uma vocação.

O quadro pertenceu a Pedro de Cortona,[232] que o legou à Academia. Foi danificado e depois restaurado em alguns pontos, mas é sempre um quadro de grande valor.

Nestes últimos dias, fui posto à prova por uma tentação muito particular, que ameaçou retardar minha partida e atar-me novamente a Roma. Acabara de chegar de Nápoles o sr. Antonio Rega, artista e comerciante de arte. Veio visitar o amigo Meyer, a quem confidenciou ter trazido no navio, que se encontrava em Ripa Grande, a estátua de uma bailarina ou musa, que estivera em Nápoles por um tempo incalculável em um nicho no Palácio Caraffa Colombrano e que era tida por uma peça de valor. Ele pensava em vendê-la, mas em segredo, e por isso perguntava se talvez Herr Meyer ou algum de seus amigos próximos teriam interesse no negócio. Estava oferecendo a peça por um preço bastante razoável, o qual certamente aumentaria, caso a transação não fosse feita em meio à consideração entre vendedor e comprador existente nesse caso.

Logo fui comunicado do assunto, e nos apressamos a ir os três para o porto de Ripa Grande, lugar bastante afastado de nossa casa. Rega retirou imediatamente uma tábua da caixa que estava no deque do navio e vimos uma adorável cabecinha, que ainda não havia se separado do dorso, espiando por entre os cachos soltos do cabelo. Pouco a pouco descobriu--se uma forma adoravelmente dinâmica, decorosamente vestida, em muito

---

232 Não a Pedro de Cortona, mas a Federigo Zuccari.

Viagem à Itália

bom estado de preservação, sendo que uma das mãos estava perfeitamente conservada.[233]

De imediato nos recordamos muito bem de a termos visto no lugar ao qual pertencera originalmente, sem imaginar que um dia estaria tão perto de nós.

Ocorreu-nos então, e a quem não ocorreria, que alguém que tivesse se dedicado a escavações dispendiosas por um ano todo considerar-se-ia extremamente afortunado ao topar por fim com tal tesouro. Mal podíamos tirar os olhos dela, pois jamais antes tínhamos visto uma peça da Antiguidade em um estado tão bom e tão fácil de ser restaurada. Despedimo-nos com o propósito de uma decisão breve a respeito da compra.

Ambos estávamos verdadeiramente divididos, sob muitos aspectos a compra parecia-nos desaconselhável. Decidimos então levar o caso à boa sra. Angelika, a qual, como dona de um grande patrimônio e com relações entre restauradores, pareceu-nos a pessoa mais indicada. Meyer tomou a si o encargo de lhe apresentar a proposta de compra, como o fez em outra oportunidade a respeito do quadro de Daniel de Volterra. Esperávamos o melhor. No entanto, a prudente mulher, talvez mais ainda seu econômico marido, recusaram o negócio, dizendo que de fato costumavam empregar grandes somas na aquisição de pinturas, mas não se decidiam absolutamente a fazer o mesmo com esculturas.

Essa resposta negativa levou-nos a novas reflexões. Parecia que tínhamos sido objeto de um favorecimento da fortuna sem igual no mundo. Meyer observou novamente a peça e convenceu-se de que, segundo seu conjunto de características, era provavelmente um trabalho grego, datando de um tempo bastante anterior a Augusto, talvez da época de Hiero II,[234] tirano de Siracusa.

Eu possuía crédito suficiente para adquirir a peça, Rega estava disposto até a consentir em um pagamento em parcelas, e houve mesmo um mo-

---

233 Já mencionada anteriormente como a "dançarina", em 7 de março de 1787. A cabeça representa uma mênade e é de um período muito mais recente que o do corpo, ao qual não pertence de fato.

234 Hiero II de Siracusa governou de 269 a.C. a 215 a.C. Na verdade, o modelo original da estátua data aproximadamente do final do século V.

mento em que já nos vimos na posse da figura, acreditando-a já exposta em nosso grande salão bem iluminado.

Da mesma forma como é preciso decorrer muita ponderação entre o surgimento da paixão amorosa e o contrato de casamento, era também aqui o caso, de modo que fui buscar o conselho do sr. Zucchi e sua bondosa esposa, pois se tratava mesmo de união, no sentido ideal, como no mito de Pigmalião. Não nego que o desejo de possuir tal criatura já deitara profundas raízes em mim. Prova do quanto eu me deixava seduzir por essa ideia é a confissão de que eu considerava esse evento um sinal de espíritos mais altos, que, desejando me deter em Roma, punham em movimento as mais eficazes razões para aniquilar minha decisão de partir.

Afortunadamente, eu já me encontrava na idade em que a razão vem em socorro do entendimento, de modo que a inclinação artística, o prazer da posse e tudo o mais que os acompanham, minha dialética e superstição, tudo isso se rendeu às ponderações sensatas que a nobre Angelika soube dirigir a mim, com benevolência e razão. Por meio de seus argumentos, ficaram extremamente claras as dificuldades e aborrecimentos que acompanham um empreendimento desse tipo. Homens pacíficos e estudiosos, que até então se dedicavam ao estudo da arte e da Antiguidade, entram de repente no mercado de artes e atraem o ciúme daqueles que costumam se dedicar a esse negócio por tradição. Também são muitas e variadas as dificuldades dos processos de restauração, e é preciso indagar em que medida se é servido por gente capaz e honesta. Mesmo se, no envio desse tipo de mercadoria, tudo correr da melhor forma, é possível que ao fim da viagem haja impedimentos por conta da licença para se transportar obras de arte. Isso sem mencionar a possibilidade de acidentes durante a viagem, o desembarque e a chegada das peças a seu destino. Desse modo, dizia ela, o comerciante de arte profissional equilibra-se entre o perigo e o esforço, dado o volume de seu trabalho. Por outro lado, um empreendimento de uma única ocasião, como seria o caso, é controverso sob todos os pontos de vista.

Essa argumentação teve o condão de atenuar, pouco a pouco, o apetite, o desejo e a intenção, enfraquecendo-os sem, no entanto, apagá-los, uma vez que a estátua foi mais tarde objeto de uma grande honra. Encontra-se atualmente no Museu Pio Clementino em um pequeno gabinete anexo, mas com ligação com o museu, cujo chão é decorado por mosaicos de máscaras e festões. As outras esculturas no gabinete são: 1) Vênus sentada sobre os calcanhares, em cuja base se gravou o nome Bupalus;[235] 2) um pequeno e belo Ganimedes;[236] 2) a bela estátua de um jovem que recebeu o nome de Adonis, com direito a ele ou não;[237] 4) um fauno de Rosso Antico;[238] 5) um Discóbolo em posição de repouso.[239]

Visconti,[240] no terceiro volume de sua obra, dedicado ao museu, descreveu essa coleção à sua maneira e reproduziu-a na prancha de número 30. Todo amante da arte lamenta o fato de não termos conseguido agregá-la a alguma grande coleção na Alemanha.

Os leitores certamente pensarão que não me esqueci daquela graciosa milanesa em minhas visitas de despedida. Antes de partir, tive tempo de ouvir ainda notícias bastante felizes sobre como ela tinha se tornado mais próxima de Angelika e como tinha se saído bem na alta sociedade, à qual passou a pertencer por meio dessa relação. Pude ainda nutrir as esperanças de que certo jovem rico e amigo dos Zucchi não tivesse se mantido insensível às suas graças e estivesse inclinado a demostrar suas sérias intenções.[241]

Encontrei-a em uma asseada toalete matinal, como eu a vira antes em Castel Gandolfo. Recebeu-me com uma graça sem reservas e expressou com delicadeza natural seus repetidos agradecimentos, de maneira adorável. "Não me esquecerei nunca", disse ela, "que, durante minha recuperação,

---

235 Afrodite agachada: cópia romana de uma obra de Doidalsas de Bitínia (séc. III a.C.). A inscrição que a atribui a Bupalus é falsificada.

236 Estatueta representando Ganimedes raptado pela águia, encontrada em 1780. Cópia em miniatura da época de Adriano de uma obra do período clássico tardio ou início do helenístico, talvez obra de Leocares (séc. IV a.C.).

237 Estátua de Apolo do séc. IV a.C.

238 Sátiro em mármore vermelho segurando na mão direita erguida um cacho de uvas. Cópia do período imperial de uma obra do helenístico.

239 Encontrado em 1771 e adquirido pelo Vaticano em 1772, cópia de uma obra do círculo de Policleto (séc. V a.C.).

240 Ennio Quirino Visconti (1751-1818), *Il Museo Pio-Clementino*, 7v., Roma, 1782-1807.

241 Maddalena Riggi de fato se casou com esse jovem rico. Trata-se de Gioseppe Volpato, filho do gravador Giovanni Volpato. Ela ainda se casaria uma segunda vez. Teve sete filhos e uma filha.

ouvi também o seu entre os nomes honrados e caros dos que perguntavam por meu bem-estar. Muitas vezes busquei assegurar-me de que isso era verdade. O senhor demonstrou sua preocupação semanas a fio, até que meu irmão o visitou, expressando então o agradecimento de nós ambos. Pergunto-me se ele o fez da forma que o encarreguei de fazê-lo. Eu mesma teria ido com ele, se isso fosse adequado." Ela me perguntou pelo caminho que eu deveria fazer e, quando lhe contei meu plano de viagem, acrescentou: "O senhor é afortunado por poder conceder a si mesmo esse prazer. Nós outros somos obrigados a ficar no lugar que Deus e seus santos nos determinaram. Há tempos que vejo de minha janela os navios que vêm e vão, descarregam e carregam. Isso ajuda a passar o tempo e por vezes eu me pergunto de onde estão vindo e para onde vão". As janelas davam vista para as escadas de Ripetta, onde o movimento era mesmo muito intenso.

Ela falou ainda do irmão com ternura, alegrando-se por ser capaz de lhe manter de modo organizado os arranjos domésticos, possibilitando-lhe assim aplicar algo do moderado soldo que recebia em algum negócio lucrativo. Em uma palavra, ela permitiu que eu me familiarizasse completamente com sua situação doméstica. Eu me sentia feliz com sua loquacidade. Talvez eu fizesse uma estranha figura, pois me sentia compelido a reviver rapidamente todos os momentos de nossas ternas relações. Por fim entrou o irmão, e a despedida se fez em meio a uma prosa amável e moderada.

Quando me dirigi à porta, não encontrei meu cocheiro, e mandei um moleque atrás dele. Ela apareceu à janela do mezanino, pois morava em um belo sobrado. A janela não era muito alta, de modo que poderíamos ter apertado as mãos um do outro.

"Veja a senhora, não querem que me afaste de si", exclamei, "parece que sabem o quanto me custa deixá-la."

Não revelarei o que ela respondeu e o que eu disse ainda por fim, não quero conspurcar aqui, pela repetição e narração, o curso dessa graciosa conversa, a qual, livre de todas as amarras, revelou o íntimo de dois apaixonados não totalmente conscientes da paixão. Foi uma confissão final extraordinária, introduzida pelo acaso, lacônica e provocada pelo impulso interior de uma inclinação inocente e terna, a qual, por isso mesmo, nunca deixou minha mente e meus sentidos.

Viagem à Itália

Minha despedida de Roma, contudo, deveria ser preparada de um modo especialmente solene; três noites antes a lua cheia brilhava num céu radioso, e o encantamento que se derramava sobre a gigantesca cidade, já tantas vezes experimentado, se fez então sentir com toda a intensidade. As grandes massas de luz, claras, como que iluminadas por um dia ameno, com seus contrastes de profundas sombras aqui e ali iluminadas por reflexos e fazendo-nos adivinhar os detalhes, como que nos transportavam para um outro mundo, diferente, mais simples, maior.

Depois de passar alguns dias num estado de perplexidade, por vezes tristeza, fiz ainda inteiramente só o giro pela cidade que costumava fazer com os poucos amigos. Depois de percorrer o longo Corso pela última vez, subi ao Capitólio, que se erguia como um palácio feérico. A estátua de Marco Aurélio fazia lembrar o comendador em *Don Giovanni* e interpelava o passante, dando-lhe a entender que fizera algo incomum.[242] Sem lhe prestar atenção, subi a escada por trás dele. O Arco do Triunfo de Sétimo Severo erguia-se ali, entre sombras muito escuras. Na solidão da Via Sacra, os objetos antes familiares pareciam estranhos e fantasmagóricos. Quando cheguei às sublimes ruínas do Coliseu e olhei o interior pelas aberturas das grades, não posso negar que fui tomado por um arrepio e apressei meu passo para retornar.

A visão de grandes massas imponentes produz em mim uma impressão ao mesmo tempo sublime e perceptível pela razão e pelos sentidos. Na presença delas esbocei uma *summa summarum* de toda a minha estada em Roma. Em uma alma agitada, isso provocou uma disposição que posso chamar de heroico-elegíaca, a partir da qual uma elegia em forma poética queria nascer.

Nesse estado de espírito, como não evocar na memória Ovídio, o qual, banido, assim como eu, teve de deixar Roma em uma noite de luar. Eu não conseguia tirar da cabeça seu poema "Cum repeto noctem", composto junto ao mar Negro, em um estado de tristeza e lamentação. Consegui então evocar parte do poema na memória, palavra por palavra, mas o efeito

---

242 A estátua equestre de bronze em tamanho maior que o natural do imperador Marco Aurélio fazia parte de um monumento à vitória que o senado romano mandou edificar em 164 d.C.

disso foi frustrar e impedir o surgimento de uma composição própria, que, mais tarde retomada, nunca pôde chegar a bom termo.

Cum subit illius tristíssima noctis imago,
Quae mihi supremum tempus in urbe fuit;
Cum repeto noctem, qua tot mihi cara reliqui;
Labitur ex oculis nunc quoque gutta meis.

...

Iamque quiescebant voces hominumque canumque:
Lunaque noturnos alta regebat équos.
Hanc ego suspiciens, et ab hanc Capitolia Cernens,
Quae nostro frustra iuncta fuere Lari.

Quando me vem à mente a tristíssima imagem daquela noite,
A última para mim na cidade de Roma,
Relembro a noite em que perdi tudo que amava
E uma lágrima cai-me dos olhos.

...

Aquietavam-se as vozes dos homens e dos cães,
Luna altiva guiava sua carruagem noturna
Elevei o olhar para ela e vi o Capitólio,
Tão próximo de nosso lares, inutilmente.[243]

---

243 A tradução no corpo do texto foi feita a partir da tradução alemã de Friedrich Wilhelm Riemer utilizada por Goethe. A seguir, reproduzimos a tradução da professora Patricia Prata, direto do latim: "Quando me vem à mente a imagem tristíssima daquela noite/ Que foram meus últimos momentos na cidade,/ Quando relembro a noite na qual abandonei tantas coisas a mim caras,/ Ainda agora, escorre uma lágrima de meus olhos.// ... // E já as vozes de homens e de cães se aquietavam/ E a altiva lua guiava os cavalos noturnos:/ Erguendo os olhos a ela e distinguindo o Capitólio à sua luz,/ Que inutilmente ficava próximo ao nosso lar". (Tradução de Patricia Prata, *O caráter intertextual dos* Tristes *de Ovídio*, p.138-40. Agradeço ao professor e colega da Unesp Brunno Vieira pela indicação.)

SOBRE O LIVRO

Formato: 16 x 23 cm
Mancha: 27,8 x 48 paicas
Tipologia: Venetian 301 12,5/16
Papel: Off-white 80 g/m² (miolo)
Couché fosco encartonado 120 g/m² (capa)

1ª edição Editora Unesp: 2017

EQUIPE DE REALIZAÇÃO

Edição de texto
Silvia Massimini Felix (Copidesque)
Tomoe Moroizumi (Revisão)

Capa
Andrea Yanaguita

Editoração eletrônica
Eduardo Seiji Seki

Assistência editorial
Alberto Bononi
Richard Sanches

Impressão e acabamento: